JN452259

王陽明 年譜

왕양명의 평생과 사상

王陽明 年譜

왕양명의 평생과 사상

錢德洪 지음

권오향·정인재 옮김

學古房

역자의 글

왕수인의 제자들이 스승의 말과 글을 모아 스승이 살아온 평생, 사회적·정치적 업적, 사상을 상세히 적어 「왕양명 연보」를 엮었다. 이 글은 『왕양명 전집』, 하권에 실어져 있다. 연보 앞부분은 그의 생애를 적었고 중반에는 그의 업적을, 후반에는 그의 사상과 강학에 대해 적었다. 맨 마지막에는 연보를 엮고 판각하는 과정과 빠진 부분을 추가로 적었는데 역자가 이 글을 번역하였다.

왕수인은 좋은 가문에서 태어나 어린 시절 시를 짓고, 주자학을 공부하며 성인이 되겠다는 포부를 지녔다. 그는 젊은 시절 주희의 이학을 공부하며 이론을 실제로 현실에 체현해 보니, 석연치 않은 점이 상당히 있음을 알게 되어 스스로 고뇌하였다. 그가 28세에 진사가 되어 관직을 얻었으나 다른 사람의 올바른 언행을 변명하다가 무종의 총애를 받던 환관 유근에게 미움을 받아 곤장 40대를 맞고 옥에 갇히고 또다시 귀양가는 어려움을 겪게 된다.

그의 귀양지 귀주 용장은 황량한 오지였다. 그곳에서 온갖 어려움을 겪으며 오히려 다양한 체험을 통하여 마침내 마음의 역할을 깨닫는다. 그의 깨달음이 불교의 돈오(頓悟)와 다른 이유는 꾸준히 학문의 맥을 이어 공부하였고 그 공부를 실생활에서 체험하며 깨달았기 때문이다. 실제로 그가 이룬 심학의 도통道通은 공자→ 맹자→ 정호→ 양시→ 나종언→ 이통→ 육상산→ 진헌장→ 왕양명으로 정리할 수 있다. 육구연의 심즉리 본체론과 심성론, 이통의 묵좌징심默坐澄心과 체인천리體認天理의 수양론이 백사 진헌장에게 전해지고 다시 왕양명에게 이어졌다.

그는 생애 3차례 깨달음을 거치며 사상을 내놓았다. 첫째, 정덕 4년(1509) 용장의 궁핍한 환경에서 『대학』의 격물치지를 새롭게 해석하는데 격물格物은 성의誠意가 핵심이라는 점을 깨닫는다. 이를 용장오도龍場悟道라 부른다. 두 번째, 정덕 14년(1519) 주신호의 반란을 막기 위해 전투하던 중 『맹자』의 양지良知가 마음의 본체임을 깨닫고 세 번째, 『대학』의 8조목에서 치지致知를 양지와 결합하여 치양지致良知 사상을 내놓았다. 그리고 죽기 전 해 가정 6년(1527) 천천교에서 제자 전덕홍·왕기와 토론하며 심心, 의意, 지知, 물物의 관계인 사구교四句教를 완성하였다. 심학이 온전해진 것은 왕양명의 지행합일과 치양지의 발견이며 사구교로 그의 사상이 완성되었다.

왕수인은 호가 양명이다. 양명은 마음을 중시한 심리학자이다. 그보다 앞서 선불교에서 '마음이 곧 부처다.' 하고, '만사는 마음이 만든다.[一切唯心造]'라고 하였기 때문에 양명의 심리학은 불학과 다르지 않다는 비평을 받았다. 하지만 그가 세운 심리학은 어린 시절 공부했던 정이천과 주희가 이룩한 이학(理學)을 사상적 배경에 두고서 심을 핵심으로 하여 생겨난 이론이기에 불교와는 다르다. 그의 심리학은 서양에서 탄생한 'psychology'가 동양으로 유입되며 심리학으로 번역되었기 때문에, 그 명칭이 '심학'이 되었고 이는 또 '양명학' 혹은 '양명심학'으로 불린다.

이치만을 따지는 이학理學에서 벗어나 인간의 마음에 초점을 맞춘 왕양명의 심학心學은 당시 세간에서 주목받기 시작했고 후대 많은 지식인에게 논쟁과 공감을 불러일으켰다. 명 중엽 이후로 제자들에 의해 심학은 '양명학'으로 불리게 되었다. 양명학은 누구나 성인聖人이 될 수 있다는 전제하에 마음을 어떻게 수양할 것인지에 초점을 맞춘 학문이다. 그의 학문은 유儒, 불佛, 도道 3교의 일치론을 낳았고 주자학 일색이던 동아시아 사상 체계의 흐름을 바꾸었으며 많은 제자가 그의 학문과 사상을 따르면서 양명 후학을 이루었고 근현대 중국뿐만 아니라 일본에까지 영향을 미쳤다. 그는 동아시아 심학의 조종祖宗이라 할 수 있다.

필자는 전공이 명대 실학이었는데 2011년에 성균관대 장윤정 박사가 정인재 교수님과 함께 연보 번역과 양명학 공부를 함께 하자고 요청하여 번역이 시작되었다. 그리고 당시 세 명의 이름으로 연보 번역본 출간을 기획하였다. 공부하던 초기에 장윤정 박사가 북경으로 공부하러 떠나 교수님과 둘이 번역하다가 성균관 대학 대학원에서 박사학위를 했거나 준비 중인 몇몇 친구들이 함께 공부했다. 처음 함께한 분들은 김권한 박사와 정현수 선생, 김준승 선생이었는데 김 박사는 대학 강의와 교사 일로, 정 선생과 김 선생은 논문을 써야 해서 그만두었다. 그 후로 여러 친구가 와서 같이 공부했으나 단기간 공부하고 그만둔 분들이 많아 공부했던 분들의 명단을 모두 올릴 수 없음이 안타깝다. 가장 마지막에 함께 공부했던 분은 권행완 박사, 이해임 박사, 김현주 박사, 정빈나 박사이다.

매주 오목교 정인재 교수 연구실에서 만나 10년을 함께 공부하며 번역했는데 코비드-19로 말미암아 2019년에 번역을 마무리 짓지 못하고 일단 중단되었다. 이후 정인재 교수로부터 빨리 마무리하고 정리하여 책을 내자는 재촉을 받았으나 당시 필자가 이미 초벌 번역을 해 두었던 『왕정상 전집』을 수정하고 있어 그 일을 마무리하느라 지금까지 미루게 되었다. 마지막으로 정인재 교수님 돌아가시기 2달 전 출판 준비를 하겠다고 통화했었는데 갑작스럽게 안타까운 비보를 듣게 되었다. 지금은 교수님이 이 세상에 계시지 않으니 마음 한 곳에 죄송함만 가득할 따름이다. 출간이 많이 늦었지만, 이 저서를 고인이 되신 정인재 교수께 바친다.

樂知齋에서 海餘 권오향

일러두기

가) 이글은 『왕양명전집』에서 연보를 번역하였다.

나) 번역은 직역을 원칙으로 하였다.

다) 황제에게 상소로 올린 글 외에는 존댓말을 생략했다.

라) 인물 검색은 『명사明史』, 「열전」과 『명유학안』, 「왕문학안王門學案」, 『중국 역대 인명 대사전』을 참고로 하였다.

마) 등장하는 제자와 등장인물의 이력은 [각주]를 달고 찾아보기 난을 두었다. 그들의 저서는 적지 않았다.

CONTENTS

연보 2
年譜 二

연보 3
年譜 三

연보 부록 1
年譜 附錄 一

연보 저자

전덕홍錢德洪의 생애와 사상 요약

『명유학안·절중왕문학안浙中王門學案』에서

◈ 전덕홍의 생애

전덕홍은 자는 홍보洪甫이고 호는 서산緒山이며 절강성 여요餘姚 사람이다. 왕수인이 신호의 난을 평정하고 월 땅으로 돌아왔을 때 스승과 같은 향리에 거주하는 범인년范引年, 관주管州, 정인鄭寅, 시봉柴鳳, 서산徐珊, 오인吳仁 등 수십 명은 중천각中天閣에 모여 스승과 학문을 논했다. 이듬해 고향에서 과거에 붙으니 당시 사방의 선비들이 월 땅에 학문을 배우러 왔다. 그는 왕기王畿와 더불어 양명 학문의 큰 뜻을 논하고 왕문王門에서 공부를 마친 후 한때 교수教授로 불렸다.

가정 5년(1526)에 스승이 사은과 전주로 출정하셨는데 그와 왕기는 월중서원에 머무르며 서원을 지켰다. 가정 7년(1528)에 남궁에서 과거를 거행하였는데 스승의 부음을 듣고 시험을 치르지 않고 돌아왔다. 스승의 초상을 준비하느라 바빴다. 그가 귀계貴溪에 도착하여 상복에 대해 예를 물으니, 소죽봉邵竹峰이 말했다: "옛날 공자가 죽었을 때 자공이 마치 부모의 상을 당한 것 같았어도 상복을 입지 않았으니 그것이 예이다." 그가 말했다: "우리 스승님은 객사하셨다. 당장 상주가 없으니, 제자가 상복을 입지 않을 수 없다. 하지만 저도 부모님이 계시니 베옷과 베 두건은 어찌 감히 갖출 수 있겠는가?" 마당에 움막을 짓고 마음을 다하였다.

가정 11년(1532) 조정에 가서 전시를 치르고 소학蘇學 교수가 되었다. 나라 안에 어려움을 당하여 조정에서 국자감승을 제수하고 궐내의 일을 돕게 했다. 형부 주사로 승진하고 원외랑으로 옮겼다. 다시 섬서성 사사司事가 되어 관아를 짓고 밤에 서산西山을 유람하며 무정후武定侯 곽훈郭勛을 불렀는데 오지 않은 적이 있었다. 곽훈은 음서로 무정후가 되어 황제의 총애를 받아 무척 거만했고 마음대로 법을 어겼다. 그가 급사중이 되어 곽훈의 비리를 조사하여 하옥하고 형부로 전송했다. 그는 법에 따라 10가지를 논죄하고 보고하지 않았다. 그 일로 조정에서는 오히려 선생을 규탄하여 감옥에 넣었다. 곽훈이 죽고 나서 비로소 출옥했다. 목종(가정 연간) 시기 왕조의 대부로 올랐는데 사임하고 고향으로 돌아왔다.

만력 초에 한 단계 진급하여 조정으로 불렀으나, 나가지 않고 제자들에게 강학하는 데 힘썼다. 재야에서 30년 동안 하루도 강학하지 않은 날이 없었다. 강서성, 절강성, 선주, 흡주, 초 지역, 오 지역에 모두 강학하는 장소가 있었다. 그는 왕문의 제자로 왕기와 쌍벽을 이루었다. 나이 일흔에 『이한소頤閑疏』를 지어 사방에 알렸으며, 밖을 나가지 않았다. 만력 2년 10월 26일에 79세의 나이로 사망했다.

그는 『전습록傳習錄·왕문성공전서王文成公全書』 편집의 중심이 되었으며, 온건 독실한 학풍을 전하였다. 왕수인·왕기와 함께 토론한 《천천증도문답天泉證道問答》이 유명하다.

◆ 전덕홍의 사상

전덕홍은 만년에 양명의 '치양지'의 학문을 집중적으로 강학했다. 초기에는 정좌靜坐와 징심澄心을 위주로 가르쳤다. 그 때문에 배우는 자들은 대부분 고요함을 좋아하고 움직임을 싫어하는 폐단이 생겼다. 그는 만물의 근본이 움직인다는 것을 알고 있었기 때문에 지나치게 비판적인 태도를 보였다. 그러나 양지良知는 미발지중未發之中이고, 신독愼獨이 바로 치양지致良知라고 하며 심신을 닦는 것을 위주로 하지 않은 적은 없다. 고향 동곽東廓에서는 삼가고 두려워하는 계구戒懼와 나정암의 고요함을 주로 하는 주정主靜을 가르쳤는데 이 역시 양명이 전해준 것이다.

전덕홍과 용계 왕기는 스승과 가장 오랫동안 가까이 지냈고 스승의 긴요한 말을 많이 들었다. 하지만 둘은 서로 다르게 받아들였다. 용계가 말했다: "고요함은 마음의 본체인데 고요함으로 비추어 작용을 삼고 헛된 앎을 지켜 전하여 밝히니 이것은 그 작용이 어긋난 것이다." 덕홍은 말했다: "미발은 결국 어느 곳에서 찾는가? 이발을 떠나 미발을 구하는 것은 반드시 가능하지 않다." 이 두 사람의 양지는 모두 지각의 견해에서 말한 것이다.

스승 문하의 큰 뜻에서는 조금의 차이도 있어서는 안 된다. 용계는 변화를 깨달음에서 거처하지 않는 몸을 보았고 덕홍은 다만 사물에서 실제로 마음을 단련해야 한다고 하니 옛 스승의 투철한 깨달음이 용계와 달랐다. 덕홍은 사물에만 전념하여 단련했기 때문에, 그의 철저한 깨달음은 용계만 못하지만, 용계가 수양하여 자신을 확립함은 덕홍만 못하다. 정말로 용계는 선禪에 들어가고 선생은 유가의 법도를 잃지 않았다. 어째서인가? 용계가 절벽에서 손을 놓는 것은 스승 문하의 큰 뜻에 얽매이지 않은 것이다. 선생이 닻줄을 놓아 배를 띄웠지만 다만 큰 성과도 큰 실수도 없었을 뿐이다.

염암 나홍선이 말했다: "서산 전덕홍의 학문은 수없이 변하였는데, 그 처음에는 선을 행하고 악을 없애는[為善去惡] 것에 중점을 두었고, 후에 다시 지知는 양지를 실현하는[致良知] 것으로 삼았다." 전덕홍이 말했다: "양지는 선도 악도 없다[無善無惡]. 내가 어찌 양지가 있다고 부여잡고서 그것을 행하고 또 그것을 버리겠는가?" 그는 다시 말했다: "내가 말한 악은 악을 말한 자가 혼동하는 것이다. 선도 없고 악도 없는데 보이는 것은 양지가 아니다. 나는 오직 내가 아는 것에서, 선하다고 여겨지면 행동하고 악으로 여겨지면 버리는 것이니, 이는 내가 할 수 있는 것이다." 또 말했다: "스승이 나에게 말해준 것은 둘이며 하나가 아니다." 사부가 나에게 말한 적이 있는데 '지선至善은 마음의 본체이기에 반드시 움직인[動] 후에 선하지 않음이 있게 된다. 나는 반드시 선하지 않음[不善]이 없을 수 없는데, 움직임이 없었을 따름이다. 그것은 의도가 동하는 것이지 몸의 움직임을 말하는 것이 아니다. 내가 움직임[動]을 말한 것이 곧 움직임에서 동動한 것이라면 내가 오직 움직임이 없을 때는 나는 항상 한결같은 것이다. 선생이 움직이지 않는다는 것은 바로 호수가 물결을 움직이려는 의도를 일으키지 않은 것이다. 어찌 의도가 생기지도 않았는데 미발이 아니겠는가? 하지만 '이발已發을 떠나 미발未發을 구하는 것은 가능하지 않다.'라고 말하는 것은 선생님의 마지막 말이 아니다.

전덕홍 씀

陽明先生年譜序 양명선생 연보 서문

錢德洪 전덕홍

1563년 5월

嘉靖癸亥夏五月，陽明先生年譜成，門人錢德洪稽首敍言曰：昔堯、舜、禹開示學端以相授受，曰“允執厥中，四海困窮，天祿永終。”

가정 42년 계해년(1563) 여름 5월에 양명선생 연보가 완성되었다. 문인 전덕홍은 머리를 조아리고 펴내는 말을 써서 말한다: “옛적에 요, 순, 우임금이 학문의 실마리를 열어 보여주고 서로 주고받으며 말하기를, ‘진실로 알맞음[中]을 잡아라, 사해에 곤궁하면 하늘의 복이 영원히 끝나리라.’ 하였다.”

噫！此三言者，萬世聖學之宗與?“執中”，不離乎四海也。“中”也者，人心之靈，同體萬物之仁也。“執中”而離乎四海，則天地萬物失其體矣。故堯稱峻德，以自親九族，以至和萬邦；舜稱玄德，必自定父子以化天下。

아! 이 세 마디 말은 만세 성학聖學의 종지인가? ‘알맞음을 잡음[執中]’은 온 세상에서 분리되지 않는다. ‘알맞음[中]’이라는 것은 인간의 마음이 영명하여 만물을 한 몸으로 삼는 인仁이다. ‘알맞음을 잡음’이 온 세상에서 분리된다면 천지 만물은 그 본체를 잃는 것이다. 그 때문에 요임금은 준덕峻德이라고 칭하고 준덕으로 구족을 친애하는 것으로부터 준덕으로 만방을 조화롭게 하는 데에까지 이르렀다. 순임금은 현덕玄德이라고 일컫는데, 반드시 스스로 부자 관계를 안정시켜서 천하를 교화했다.

堯、舜之爲帝，禹、湯、文、武之爲王，所以致唐虞之隆，成三代之盛治者，謂其能明是學也。後世聖學不明，人失其宗，紛紛役役，疲極四海，不知"中"爲何物。

요, 순은 황제가 되고, 우, 탕, 문, 무는 왕이 되었다. 당우唐虞[1] 시대의 성대함을 이루게 되고 삼대三代[2]가 왕성한 다스림을 이룬 것은 그것이 이 학문을 밝힐 수 있었다고 말한다. 후세에는 성학聖學이 밝혀지지 않아 사람들이 그 종지를 잃어버렸다. 번잡하게 애써서 온 세상을 극도로 지치게 했다. 중中이 무엇인지를 알지 못했다.

주

1 당우唐虞는 중국 고대 도당씨陶唐氏 요堯와 유우씨有虞氏 순舜을 아울러 이르는 말이다.

2 삼대三代는 유가儒家의 인仁·덕德이 바탕이 된 왕도정치王道政治가 행해졌던 하夏·은殷·주周 시대를 말한다. 시기적으로 BC2070~BC256년까지 약 1800년간이다.

伯術興，假借聖人之似以持世，而不知逐乎外者遺乎內也。佛老出，窮索聖人之隱微以全生，而不知養乎中者遺乎外也。教衰行弛，喪亂無日，天祿亦與之而永終。

백 가지 술수가 일어나 성인의 비슷함을 빌려서 세상을 지키고, 밖을 좇는 것이 안을 버리는 것임을 알지 못했다. 부처와 노자가 나와서, 성인의 은미함을 끝까지 찾아내어 생을 온전히 하였으나, 알맞음을 기르는 것이 밖을 버렸음을 알지 못했다. 가르침이 쇠하고 행함이 느슨하여 상란喪亂[1]이 군주[2]를 없애버리니, 천록天祿[3]도 그것과 더불어 영원히 끝나버린다.

주

1 상란喪亂은 전쟁, 전염병, 천재지변 따위로 인하여 사람이 많이 죽는 일이다.

2 일日은 해이며 군주를 가리킨다.

3 천록天祿은 하늘이 주는 복록이다. 즉, 행복, 부귀 등을 뜻한다.

噫, 夫豈無自而然哉! 寥寥數千百年, 道不在位, 孔子出, 祖述堯、舜, 顏、曾、思、孟、濂溪、明道繼之, 以推明三聖之旨, 斯道燦燦然復明於世。惜其空言無徵, 百姓不見三代之治, 每一傳而復晦, 寥寥又數百年。

아! 어찌 저절로 그러함이 없겠는가? 거의 수천수백 년간 도는 자리에 있지 않았는데, 공자가 나와서 요순을 조술祖述[1]하고, 안회, 증삼, 자사, 맹자, 주렴계, 정명도가 그것을 이어서 세 성인[2]의 종지를 미루어 밝혔고, 이 도가 찬란하게 다시 세상에 밝혀졌다. 애석하게도 그 헛된 말이 징험할 것이 없어서 백성들이 삼대의 다스림을 보지 못했고 한 번 전할 때마다 다시 어두워졌다. 거의 또 수백 년을 잠잠했다.

주

1 조술祖述은 선인先人이 말한 바를 근본으로 하여 서술하고 밝히는 것이다. 『논어·태백』: 舜有臣五人 而天下治. 五人 禹, 稷, 契, 皐陶, 伯益.[순임금은 신하 다섯 사람이 있었는데 천하가 다스려졌다. 다섯 사람은 우, 직, 설, 고요, 백익이다.]
『논어·태백』: 孔子曰 才難不其然乎 唐虞之際 於斯爲盛 有婦人焉 九人而已[공자께서 말씀하시기를, "인재를 얻기 어렵다고들 하니, 그렇지 아니한가? 요·순임금 때만이 주나라보다 성하였으나 열 명 신하 중에 부인이 있었으니, 아홉 명일 뿐이다.
『중용』: 子曰, 舜其大孝也. 與德爲聖人, 尊爲天子, 富有四海之內, 宗廟饗之, 子孫保之[공자께서 말씀하셨다. 순임금은 그 대효이실 것이다. 더불어 덕은 성인이 되시고 존귀함은 천자가 되시고 부는 사해의 안을 소유하시어 종묘를 흠향하시며 자손을 보전하셨다] 등의 많은 내용을 조술하였다.

2 세 성인[三聖]은 요임금, 순임금, 공자이다. 세 성인의 종지는 인仁·덕德으로 정치하는 왕도정치이다.

吾師陽明先生出，少有志於聖人之學。求之宋儒不得，窮思物理，卒遇危疾，乃築室陽明洞天，爲養生之術。靜攝既久，恍若有悟，蟬脫塵坌，有飄飄遐擧之意焉。然即之於心若未安也，復出而用世。

내 스승 양명선생이 세상에 나오셨는데, 어려서 성인의 학문에 뜻을 가졌다. 주자학에서 구했으나 얻지 못하고, 물의 이치를 끝까지 생각하다 마침내 위급한 병을 얻어 이에 양명동천에 거처를 지었는데 양생의 수단을 위해서였다. 고요하게 섭생한 것이 오래되니 황홀하게 마치 깨달음이 있는 것 같았고, 매미가 허물을 벗고 세차게 멀리 거동하는 뜻을 가진 것 같았다. 그러나 마음에서 다가갔지만, 아직 평안하지 않은 것 같았다. 다시 나와서 세상에 쓰일 것이다.

謫居龍場，衡困拂鬱，萬死一生，乃大悟"良知"之旨。始知昔之所求，未極性真，宜其疲神而無得也。蓋吾心之靈，徹顯微，忘內外，通極四海而無間，即三聖所謂"中"也。

용장으로 유배 가서 거주하는데, 어려움을 뚫고 답답함을 떨치고 죽음을 만 번 겪고 살아나서는 곧 양지의 종지를 크게 깨우쳤다. 비로소 옛적에 구했던 것이 본성의 참된 것에 도달하지 않는다는 것을 알게 되었고 진정 그것은 정신만 피곤하게 하고 얻음이 없었다. 대개 내 마음의 영명함은 드러남과 은미함을 꿰뚫고 안팎을 잊어버리고 온 세계를 다 통하며 틈이 없다. 즉, 세 성인이 말한 '중'이다.

本至簡也而求之繁，至易也而求之難，不其謬乎?征藩以來，再遭張、許之難，呼吸生死，百煉千摩，而精光煥發，益信此知之良，神變妙應而不流於蕩，淵澄靜寂而不墮於空，徵之千聖莫或紕繆，雖百氏異流，咸於是乎取證焉。

근본은 지극히 간단하지만, 그것을 구함이 번거롭고, 지극히 쉽지만, 그것을 구함이 어렵다. 그것은 잘못된 것이 아닌가? 번을 정복한 이래로 다시 장충과 허태에게 어려움을 당하여 생사를 넘나드는 순간 백 번 연마하고 천 번 갈아서 고운 빛이 환하게 피어났다. 더욱 이 양지를 믿게 되고 정신이 변하여 신묘하게 응하니 흐린 데로 흐르지 않는다. 연못이 맑고 고요하며 평온하여 공중에서 떨어지지 않는다. 천 명의 성인을 소집하거나 아니면 혹 착오로 비록 백씨百氏[1]가 다르게 흘러가더라도 모두 다 여기에서 증거를 취할 것이다.

주

1 백씨百氏는 백 가지 학설을 주장하는 학자들이다. 백은 많음을 뜻하고 전국시대에는 여러 학설이 난무하여 활발하게 논쟁하고 토론하던 백가쟁명百家爭鳴이 있었다. 전덕홍이 세상에 다양한 학설이 난무해도 결국은 양명의 학문으로 근거 삼을 것이라고 하였다.

噫！亦已微矣。始教學者悟從靜入，恐其或病於枯也，揭“明德”、“親民”之旨，使加“誠意”、“格物”之功，至是而特揭“致良知”三字，一語之下，洞見全體，使人人各得其中。

아! 아직 미미하다. 처음 배우는 자들은 따라서 조용하게 들어가 깨치며 그것이 혹은 메마름에서 병통 될까 두려워하였다. ‘명덕明德’과 ‘신민親民’의 종지를 들어 ‘성의誠意’와 ‘격물格物’의 공부를 덧붙이게 하여 이에 이르러 특별히 ‘치양지致良知’ 세자를 들어 한 마디로 동굴에서 전체를 보았고 사람마다 각기 그 올바름을 얻게 되었다.

由是以昧入者以明出，以塞入者以通出，以憂憤入者以自得出。四方學者翕然來宗之。噫！亦云兆矣。天不憖欲遺，野死遐荒，不得終見三代之績，豈非千古一痛恨也哉！

이로 말미암아 어두워서 들어간 자가 밝아져 나오고 막혀서 들어간 자가 통해져 나오며 근심과 번민으로서 들어간 자가 자득하여 나온다. 사방의 학자들이 일제히 와서 그것을 종지로 삼는다. 아! 역시 조짐을 말하였다. 하늘은 떠나보내는 것을 원하지 않는데 들은 죽어서 멀리 떠나게 한다. 끝내 삼대의 업적을 볼 수 없으니 어찌 천고에 통한이 아니겠는가?

師既沒，吾黨學未得止，各執所聞以立教。儀範隔而真意薄，微言隱而口說騰。且喜爲新奇譎秘之說，淩獵超頓之見，而不知日遠於倫物。甚者認知見爲本體，樂疏簡爲超脫，隱幾智於權宜，蔑禮教於任性。未及一傳而淆言亂衆，甚爲吾黨憂。

스승이 이미 돌아가셨는데도 우리 동아리의 배움은 그치지 않으니 각자 들은 것을 가지고서 가르침을 세웠다. 예의범절이 스승과 차이가 있었고 진정한 뜻은 얕으며 뜻이 깊은 말은 숨었고 입으로 하는 말들이 높았다. 또 속이고 숨기는 학설을 새롭고 기이하게 여기어 기뻐하고 뛰어넘어 조아리는 견해를 달려가 잡으며 날마다 윤리적인 것들에서 멀어짐을 알지 못했다. 심한 자는 보고 인지한 것을 본체로 여기고 즐거움이 적고 단순한 것이 초탈한 것으로 여기니 권도의 마땅함에서 몇몇 지혜를 숨기고 타고난 본성에 맡겨서 예교를 업신여긴다. 오로지 전한 것이 미치지 않고 말을 뒤섞어 대중을 어지럽히니 심히 우리 동아리의 걱정거리가 되었다.

邇年以來，亟圖合並，以宣明師訓，漸有合異統同之端，謂非良知昭晰，師言之尚足徵乎?譜之作，所以徵師言耳。始謀於薛尚謙，顧三紀未就。同志日且凋落，鄒子謙之遺書督之。

이해 이래로 합병을 빠르게 꾀하고 스승의 가르침을 널리 밝힘으로써 점점 이단자를 모아서 같음을 통합하는 실마리가 있었다. 양지가 아니고 밝게 빛나는 것을 말하여, 스승의 말이 여전히 사람을 불러들일 만한가? 연보는 선생의 말을 모집하여서 만들었을 따름이다. 처음에는 설상겸薛尚謙[1]에게 의논하여 세 기록을 살펴보았는데 나아가지는 않았다. 동지들은 날로 또 시들하여 떨어져 나갔다. 추겸지鄒謙之[2]가 남은 글의 제작을 독려했다.

주

1 설간薛侃(1486~1546)은 자가 상겸尚謙이다. 조주부潮州府 게양揭陽 사람이다. 설간은 정덕 5년(1510) 향시에 급제하였고, 정덕 12년(1517) 정축과에 급제하였다. 세종 시기 중리산中離山에 머물며 강연을 계속하였다. 스승인 왕수인이 '중리선생'이란 호를 주었다. 그는 청대 황종희가 『명유학안』에서 월민왕문粵閩王門으로 구분하였다.

2 추수익鄒守益(1491~1562)은 자가 겸지謙之이고 호는 동곽東廓이며 강서 안복安福 사람이다. 정덕 6년(1511)진사 제 3등인 심화探花 붙었으며 관직은 남경 국자감 좨주를 했고 정덕 14년(1519) 왕수인에게 공부하여 감주에서 강학을 했다. 주신호가 반란을 일으키자, 왕수인을 따라 정벌에 참여했다. 세종이 즉위하고 다시 벼슬을 하며 왕수인을 찾아가 월주越州에서 가르침을 청했다. 융경 원년(1567)죽어 남경예부우시랑에 추증되었고 시호는 문장文莊을 받았다. 왕수인의 제자로 강우왕문江右王門에 속한다.

洪亦大懼湮沒，假館於史恭甫 嘉義書院，越五月，草半就。趨謙之，而中途聞訃矣。偕撫君胡汝茂往哭之。返見羅達夫閉關方嚴，及讀譜，則喟然嘆曰："先生之學，得之患難幽獨中，蓋三變以至於道。今之談'良知'者，何易易也！"遂相與刊正。

나는 또 자취도 없이 사라질까 크게 두려웠다. 사공보史恭甫[1]의 가의서원에서 객사를 빌렸고 5개월을 넘겨서 초안이 반쯤 나아갔다. 겸지를 찾아가는 중도에 부고를 들었다. 함께 상대를 위로하는데 호여무胡汝茂[2]는 이따금 울었다. 도리어 나달부羅達夫[3]가 빗장을 잠그니 바야흐로 엄숙하였고 급기야 연보를 읽고 한숨을 쉬며 탄식하고 말했다: "선생의 학문은 환란에서 조용히 홀로 있는 중에 얻었다. 대개 세 번 변하여 도에 이르렀다. 지금 이야기하는 양지는 어찌 바꾸기가 쉽겠는가! 이윽고 서로 함께 교정하였다.

주

1 사제史際(1494~1571)는 자가 공보恭甫이고 초기 호는 연봉燕峰이고 만호는 옥양玉陽이다. 강소성 율양溧陽 사람이다. 그는 왕수인과 담약수를 스승으로 모셨다. 남경 국자감에서 공부했다. 가정 11년(1532)진사가 되어 선부주사를 제수받았다. 이부선사吏部選司로 옮겼고 다시 춘방청기랑春坊清紀郎 겸 한림원 시서侍書로 옮겼다. 잠시 관직을 그만두고 고향에서 공부했고 가정 29년(1550)에 가의서원을 세웠다. 가정 35년(1556)에 다시 태부사소경을 하고 물러났다.

2 호송胡松(1503~1566)은 명 중기 대신이다. 자가 여무汝茂이고 호는 승암承庵이며 남직예 휘주부徽州府 적계현績溪縣 사람이다. 정덕 9년(1514) 진사가 되어 가흥부 추관(嘉官)을 제수받았다. 정덕 14년(1519)에 섬서도감찰어사로 승진했다. 정덕 16년(1521)에 산동도감찰어사로 임명되어 영왕 주신호 도당을 탄핵하는 상소를 올렸다. 가정 원년(1522) 이 일로 벼슬을 그만두고 귀향했다. 가정 6년(1527), 다시 기용되어 절강도감찰어사에 임명되었으나, 계악의 미움을 사서 염주추관으로 좌천되었다. 이후 광신부추관, 복건안찰사첨사, 포정부사우참의, 남영병비도부사, 운남포정부사우참정, 귀주안찰사, 광동포정부사좌포정부사, 도찰원우부도어사를 역임했다. 융경 6년(1572) 83세에 세상을 떴다.

3 나홍선羅洪先(1504~1564)은 자가 달부達夫이고 호는 염암念菴이다. 강서성 길수吉水에서 태어났다. 1529년에 진사 제 1등으로 붙어 한림수찬을 제수받았다. 후에 관직을 그만두고 왕수인의 가르침을 받았다. 사욕을 버리고, 인仁을 깨달아 실천해야 한다고 주장하였다.

越明年正月，成於懷玉書院，以復達夫。比歸，復與王汝中、張叔謙、王新甫、陳子大賓、黃子國卿、王子健互精校閱，曰："庶其無背師說乎?"命壽之梓。

올해 정월이 지나 회옥서원에서 완성하여 나달부에게 돌려보냈다. 편집하여 돌아와 다시 왕여중王汝中[1], 장숙겸, 왕신보, 진대빈, 황국경黃國卿[2], 왕건과 서로 정밀하게 교정보고 검열하고 말했다: "거의 스승의 말씀에 어긋남이 없지요?" 오래가는 것은 가래나무에 새기는 것이다.

주

1 왕기王畿(1498~1583)는 자가 여중汝中이고 호는 용계龍溪이며 절강성 소흥부 산음현山陰縣 사람이다. 명대 유학자이며 사상가이고 관원이었다. 왕문 7파중 절중파浙中派를 창시하였다. 가정 2년(1523) 진사 시험에 낙제하여 귀향하여 왕수인에게 가르침을 받았다. 이후 왕수인을 도와 학생들을 지도했다. 가정 13년(1534)에 진사가 되어 남경병부주사를 했고 남경무선낭중을 역임했다. 그 당시 왕수인의 학술 사상이 당시 수석 보좌관 하언의 악행을 받아 해임되었다. 관직에서 물러난 후 강서성, 절강성, 복건성, 베트남 등지를 오가며 40여 년간 강의했고, 가는 곳마다 청중이 많이 모였다. 만력 11년(1583) 86세로 세상을 떠났다.

2 황국경黃國卿(1511~1562)은 자가 군임君任이고 호는 창계滄溪이며 도산도桃山都 계빈촌溪濱村 사람이다. 가정 23년(1544) 진사가 되어 절강온주추관을 제수받았다. 가정 34년 호부주사가 되고 후에 강서제학부사에 발탁되었다. 가정 41년 절강참정이 되고 이해 12월 관서에서 죽었다.

然其事則核之奏牘，其文則稟之師言，罔或有所增損。若夫力學之次，立教之方，雖因年不同，其旨則一。洪竊有取而三致意焉。噫！後之讀譜者，尚其志逆神會，自得於微言之表，則斯道庶乎其不絕矣。

僭爲之序。

그러나 그 일이라면 조사한 것이 상소의 글이고 그 문장이라면 선생의 말을 아뢴 것이니 없거나 혹은 보태거나 빠진 것은 있다. 만약 힘써 공부하는 것이 부차적이라면 가르침을 세우는 쪽이 비록 해에 따라 달라도 그 종지는 하나이다. 내가 몰래 취함이 있으나 셋이 보내온 뜻이다. 아! 후에 연보를 읽는 자는 오히려 그 뜻이 신회神會[1]를 만나 깊이 있는 말의 표현을 스스로 얻는다면 이 도는 거의 끊어지지 않을 것이다.

감히 서문을 쓰다.

주

1 신회神會는 깨닫고 이해하는 것이다.

年譜 一 연보 1

1472년~1518년까지

自成化壬辰始生 至正德戊寅征贛

성화[1] 임진년(1472) 태어나면서부터 정덕[2] 무인년(1518) 감주贛州[3]를 정벌하기까지

주

1 성화成化는 1465년~1487년간의 시기이고, 명나라 제8대 황제 헌종憲宗 주견심朱見深의 연호이다.

2 정덕正德은 1506년~1521년간의 시기이고, 명나라 제10대 황제 무종武宗 주후조朱厚照의 연호이다.

3 감주贛州는 강서성江西省에 위치한다. 간칭으로 건虔이라 하고 별칭으로 건성虔城 혹은 감남贛南이라 불린다.

先生諱守仁，字伯安，姓王氏。其先出晉光祿大夫覽之裔，本琅琊人，至曾孫右將軍羲之，徙居山陰；又二十三世迪功郎壽，自達溪徙餘姚；今遂爲餘姚人。

선생은 이름이 수인이고 자는 백안이고 성은 왕씨이다. 그의 선조는 진晉나라 광록대부光祿大夫[1] 남覽의 후예로 태어났고 본적은 낭야琅琊[2] 사람이었다. 증손 우장군右將軍 왕희지王羲之[3]에 이르러 산음山陰[4]으로 옮겨가 살았다. 또 23대 적공랑 수壽[5]가 달계達溪[6]부터 여요餘姚[7]로 옮겨왔다. 지금 마침내 여요 사람이 된 것이다.

주

1 광록대부光祿大夫는 명대 종1품의 관명이며 고문관이다. 이는 원, 명대에 이르러 송나라 제도를 이어받은 것이다.

2 낭야군琅琊郡은 안휘성 저주滁州시에 붙어있다. 중국 고대에도 하나의 군이었다. 진秦나라 조정은 중국을 36군으로 나누었는데 낭야는 그 중 하나이다. 낭야현은 당시 진나라 최대 항구였다.

3 왕희지王羲之(307~365)는 동진 시기 저명한 서예가이다. 자가 일소逸少이고 산동성 낭야琅琊 사람인데 회계 산음으로 옮겨왔다. 처음에는 비서랑秘書郎이 되었고 그 후 강주자사, 회계내사會稽內史를 역임했고 나중에 우장군右將軍에 봉해졌다. 어릴 때부터 서예를 좋아하여 장지, 종요 등 한, 위 이래의 제가의 서예를 배웠고, 직접 숙부 왕이의 지도를 받아 만년에 이르러 서예를 완성하였다. 해서, 행서, 예서, 초서에 뛰어나 서성書聖으로 불렸으며 그의 아들 왕헌지와 함께 '이왕'이라 불렸다.

4 산음山陰은 지금의 절강성浙江省 소흥부紹興府 산음현이다. 수나라 시기 회계로 고쳤다. 대력 2년(767)에 자사 설경훈이 산음을 회계와 합치자고 주청했다.

5 왕수壽는 적공랑으로 양명의 23대 선조이다.

6 달계達溪는 귀주성貴州省 대방현大方縣 달계진達溪鎮이다.

7 여요餘姚는 중국 절강성浙江省 영소寧紹 평원에 위치한다.

壽五世孫綱，善鑒人，有文武才。國初誠意伯劉伯溫薦爲兵部郎中，擢廣東參議，死苗難。子彥達綴羊革裹尸歸，是爲先生五世祖。御史郭純上其事於朝，廟祀增城。彥達號秘湖漁隱，生高祖，諱與准，精《禮》、《易》，嘗著《易微》數千言。永樂間，朝廷擧遺逸，不起，號遁石翁。曾祖諱世傑，人呼爲槐里子，以明經貢太學卒。

수의 오대손인 강綱[1]은 사람을 잘 판별하고 문무의 재능을 지녔다. 명나라 초기에 성의백 유백온劉伯溫[2]이 강을 병부낭중[3]에 천거하여, 광동참의[4]에 발탁되었으나 묘난苗難[5]에 죽었다. 아들 언달彥達[6]이 양가죽을 꿰매어 시체를 싸서 돌아왔으니, 이분이 선생의 오대 조상이다. 어사御史[7] 곽순郭純이 조정에 그 사건을 올리고 증성增城[8]에서 사당을 짓고 제사 지냈다. 언달은 호가 비호어은이고 고조를 낳았는데 이름은 여준與准[9]이며 『예기』와 『역경』에 정통하고 일찍이 『역미易微』 수천 마디를 저술했다. 영락 연간[10]에 조정에서는 유일遺逸[11]을 등용했는데 나아가지 않아서 호가 둔석옹이다. 증조부는 이름이 세걸世傑[12]이고 사람들이 괴리자라고 불렀으며 경전에 밝았기 때문에 태학에서 공생貢生[13]으로 죽었다.

주

1 왕강王綱은 왕수인의 18대 선조이다. 성의백 유기가 병부낭중에 천거하였고 광동참의로 있으며 묘난에 전사했다.

2 유기劉基(1311~1375)은 한족으로 원말 명초의 군사 전문가이고, 정치가이며 문학가이며 명나라 개국공신이다. 자가 백온伯溫이며 절강성 청전현青田縣 남전향南田鄕(지금의 온주) 사람이다. 옛적에는 유청전이라 불렀다. 원나라 순제順帝 원통元統 원년(1333) 진사가 되고, 고안현승高安縣丞과 강절유학부제거江浙儒學副提擧를 지냈다. 방국진方國珍이 처음 병사를 일으켰을 때 강절행성도사江浙行省都事로 강력하게 진압을 주장했다. 이를 당국이 채용하지 못하자 사직하고 고향에 숨어 지냈다. 고향에서 향군을 조직하여 방씨에 저항했다. 명나라 홍무洪武 3년(1370)에 성의백으로 봉해졌고 홍무 4년(1371)에 역법曆法 제정과 군정 체제 건립에 공헌한 뒤 홍문관학사弘文館學士로 치사致仕했다. 나중에 호유용胡惟庸의 참소를 받고 울분 끝에 죽었다. 무종 정덕正德 9년에 태사太師로 추증되었다. 시호는 문성文成이다.

3 낭중郎中은 원외의 직급에 속한다. 각 부서의 사무를 나누어 담당하여 병부 낭중은 병부를 담당한 직위이다. 낭중은 상서尚書 시랑侍郎, 승상丞相 다음 정도에 속하는 고급 관원이다. 낭중은 원래 제왕을 시중드는 관원의 통칭이고, 그 직책은 호위하고 따르고 수시로 건의하는 일을 하였다.

4 광동참의廣東參議는 광동성의 참의이다. 참의는 관명으로 명나라 초에 생겨난 중서성中書省의 참의부參議府에 참의관參議官이 있었다. 홍무洪武 13년(1380)에 중서성을 없애버렸다.

5 묘난苗難은 묘족이 일으킨 난을 말한다.

6 왕언달王彦達은 왕수인의 17대 선조이고 왕강王綱의 아들이다.

7 어사御史는 감찰의 책무를 담당한 관원이다.

8 증성增城은 광동성 광주시廣州市 중동부에 있다.

9 왕여준王與准의 자가 공도公度이며 호는 둔석遯石이다.

10 영락永樂 연간은 1403년~1424년이고 명 3대 황제인 성조成祖 주체朱棣의 연호이다.

11 유일遺逸은 벼슬에 등용되지 못하고 초야草野에 묻혀 있는 사람을 뜻한다. 왕수인의 고조부 여준은 조정에서 유일들을 등용하고자 하여 그를 불렀으나 그가 관직에 나아가지 않자, 그를 아는 사람들이 '둔석옹'이라고 불렀다.

12 왕세걸王世傑은 왕수인의 증조부이고 괴리자로 불렸다.

13 명대 과거제도는 향시鄕試·회시會試·전시殿試의 3종이 있다. 향시는 각성各省에서, 회시는 예부禮部에서, 전시는 궁전宮殿에서 시행하였다. 향시에 붙으면 거인이 되고 거인이 회시를 치러 합격하여 얻게 되는 것이 공사貢士이다. 공사가 전시에 붙으면 진사進士가 된다. 하지만 공생貢生은 공사貢士와는 다르다. 향시에 붙은 부府, 주州, 현縣의 생원生員이 거인이 되는데, 향시에 붙고도 거인의 인원수에 제한이 있어 거인의 자격을 받지 못한 사람 중에 우수한 자는 국자감에 입학 허가를 받았는데 이들을 공생貢生이라 하였다. 즉, 거인이 회시會試에 붙으면 공사貢士가 되나 거인이 국자감에 들어가면 공생貢生이 된다.

祖諱天敍，號竹軒，魏嘗齋瀚嘗立傳，敘其環堵蕭然，雅歌豪吟，胸次灑落，方之陶靖節、林和靖。所著有《竹軒稿》、《江湖雜稿》行於世。封翰林院修撰。自槐裏子以下，兩世皆贈嘉議大夫、禮部右侍郎，追贈新建伯。

조부는 이름이 천서天敍[1]이며 호는 죽헌이다. 상재 위한魏瀚이 일찍이 전기를 썼는데, 그의 돌담집은 텅 비어있고 우아하게 노래하고 호탕하게 읊조리는 것이 가슴이 시원하니 도정절陶靖節[2], 임화정林和靖[3]을 모방하였다고 서술했다. 저서로 『죽헌고竹軒稿』, 『강호잡고江湖雜稿』가 세상에 간행되었다. 한림원翰林院[4] 수찬修撰[5]으로 봉해졌다. 괴리자 이후로 두 세대는 모두 가의대부嘉議大夫[6], 예부우시랑禮部右侍郎[7]이 내려졌고 죽은 후 신건백新建伯[8]이라는 벼슬이 내려졌다.

주

1 왕천서王天敍는 왕수인의 조부이며 죽헌옹竹軒翁이다.

2 도잠陶潛(365~427)은 중국 동진의 시인이다. 자가 연명淵明·원량元亮이고 강서성 구강현 사람이다. 자호는 오류선생이고 시호는 정절靖節이다. 고을의 좨주祭酒가 되었지만, 사직한 뒤 고향으로 돌아갔다가 다시 생활을 위해 진군참군鎭軍參軍과 건위참군建衛參軍 등의 관직을

지냈으며 팽택현령彭澤縣令 때 오두미五鬥米 때문에 허리 굽히는 일은 할 수 없다고 하고 사임하고는 고향으로 돌아가 전원생활을 했다.

3 임포林逋(967~1028)은 북송의 시인이다. 자가 군복軍復이며 시호가 화정和靖이다. 전당錢塘 출신이다. 항주 서호 고산에 오두막집을 짓고 20년간 성시城市에 나오지 않고 스스로 묘를 오두막 옆에 지었다. 매화나무를 심어 처로 삼고 학을 길러 자식으로 삼았다고 하여 사람들이 그를 매처학자梅妻鶴子라고 불렀다. 매화시인으로 불릴 정도로 매화를 노래한 작품에 걸작이 많다.

4 한림원翰林院은 당나라 때 처음 생긴 이후, 주로 황실과 나라의 문화·예술 사업과 실록 등 학술 활동을 총괄하는 기관이다. 이곳에서 일하는 학사를 한림학사翰林學士라 부르며 조선의 집현전, 홍문관과 같은 일을 행한다. 명나라 이후로는 국자감을 졸업한 학생들이 특채로 한림원에 들어가 한림학사로 일하였다.

5 수찬修撰은 저작하고 편찬하는 일을 맡은 관리이다.

6 가의대부嘉議大夫는 문관의 관직명이다. 원元대에 정삼품으로 되어 명대에도 정삼품의 층위를 받았다. 원래는 가정대부였는데 세종이 즉위하여 연호를 가정으로 쓰니 그 이름을 피하여 가의대부로 고쳤다.

7 예부우시랑禮部右侍郎은 예부의 관직이다. 예부시랑은 예부상서 아래의 부 장관에 해당한다. 각부에 시랑은 좌·우시랑 두 명을 두었다. 우시랑은 명대 정삼품에 해당한다.

8 신건백新建伯은 명대 왕양명에게 내려진 작호이다. 후에는 신건후新建侯로 추대되었다.

父諱華，字聽輝，別號實庵，晚稱海日翁，嘗讀書龍泉山中，又稱龍山公。成化辛丑，賜進士及第第一人，仕至南京吏部尚書，進封新建伯。龍山公常思山陰山水佳麗，又爲先世故居，復自姚徙越城之光相坊居之。先生嘗築陽明洞，洞距越城東南二十里，學者咸稱陽明先生云。

부친의 이름은 화華[1]이고 자가 덕휘이며 별호는 실암인데 만년에는 해일옹이라고 불렀다. 용천산龍泉山[2]에서 책을 읽은 적이 있어 용산공으로도 불리었다. 성화 신축년(1481) 진사에 장원급제하였다. 벼슬은 남경이부상서에 이르렀고 신건백에 봉해졌다. 용산공은 항상 산음의 산수가 아름다움을 그리워하고 또 선대의 고거를 위하여 다시 여요로부터 월성越城[3]의 광상방光相坊으로 옮겨 살았다. 선생은 양명동에 집을 지은 적이 있었는데 양명동은 월성에서 거리가 동남 방향으로 20리 떨어져 있었고 학자들은 모두 '양명선생'이라고 불렀다고 한다.

주

1 왕화王華(1446~1522)는 자가 덕휘德輝이고 호는 실암實庵이며 만호는 해일옹海日翁이다. 일찍이 용천산에서 공부하여 학자들은 그를 '용산공'이라 불렀다. 절강 여요餘姚 사람이다. 명대 관원이고 저명한 사상가이며 문학가이고 군사가인 왕수인의 부친이다. 헌종 성화 17년(1481) 진사 제1인 장원으로 급제하여 한림원 수찬을 제수받았다. 한림원학사, 첨사부우춘방우유덕詹事府右春坊右諭德, 첨사부소첨사詹事府少詹事, 예부우시랑을 역임했다. 정덕 원년 예부좌시랑과 남경이부상서를 했다. 왕화의 명성이 널리 알려져 명문가에서 그를 선생으로 모시려고 애썼다.

2 용천산龍泉山은 호북성 무한시武漢市 동호 부근에 있는 산이다.

3 월성越城은 절강성 동부 회계산기슭에 있다. 지금의 소흥시紹興市에 속한다. 멀지 않은 곳에 왕희지의 별장인 난정蘭亭이 있다.

1472년, 선생 1세

憲宗成化八年壬辰九月丁亥，先生生。

헌종 성화 8년 임진년(1472) 9월 정해일 선생이 태어났다.

是爲九月三十日。太夫人鄭娠十四月。祖母岑夢神人衣緋玉雲中鼓吹，送兒授岑，岑警寤，已聞啼聲。祖竹軒公異之，即以雲名。鄉人傳其夢，指所生樓曰"瑞雲樓"。

이때는 9월 30일이었다. 태부인 정씨는 14개월을 임신했다. 조모 잠씨는 꿈에서 신인이 붉은 비단의 옥색 옷을 입고 구름 속에서 북을 치고 나팔을 불며, 아이를 잠씨에게 보내주었고, 잠씨가 놀라 잠에서 깨니 아기 우는 소리가 들렸다. 조부 죽헌공은 그것을 기이하게 여겨 곧바로 운雲이라고 이름을 지었다. 마을 사람이 그 꿈을 퍼뜨려, 그가 태어난 누각을 '서운루瑞雲樓'라고 불렀다.

1476년, 선생 5세

十有二年丙申，先生五歲。

성화 12년 병신년(1476) 선생이 5세였다.

先生五歲不言。一日與群兒嬉，有神僧過之曰："好個孩兒，可惜道破。"竹軒公悟，更今名，即能言。一日誦竹軒公所嘗讀過書。訝問之。曰："聞祖讀時已默記矣。"十有七年辛丑，先生十歲，皆在越。

선생은 5세에 말을 하지 못했다. 하루는 아이들과 놀았는데, 신승神僧이 그곳을 지나며 말했다: "좋은 아이인데 안타깝게도 앞길이 망가졌구나." 죽헌공이 깨닫고 지금의 이름으로 바꾸었더니 바로 말을 할 수 있었다. 하루는 죽헌공이 늘 읽는 책을 암기했다. 놀라 그에게 물었고 선생이 말했다: "조부가 읽는 것을 들었을 때 이미 묵묵히 기억했습니다." 성화 17년 신축년(1481) 선생이 10세에 모두 월越[1]에 있었다.

주

1 월越은 월 땅을 말한다. 절강성浙江省 소흥紹興에 있는 우왕禹王의 능을 중심으로 월越나라가 있었다. 지금도 절강 지역을 월이라 부른다.

是年龍山公擧進士第一甲第一人。

이 해 용산공이 진사 제일 갑[1]의 장원으로 뽑혔다.

주

1 진사 제일 갑進士第一甲: 중국 수나라 양제가 과거제도 중에 최후의 단계인 조정에서 시험을 치르는 전시殿試에 붙은 자는 진사進士가 되는 제도를 마련하여 명대에도 그대로 따랐다. 원元, 명明, 청淸 때에는 전시를 거쳐 진사가 되었고, 급제及第한 자는 모두 출신出身을 주었고 진사라 칭했다. 하지만 진사를 삼갑三甲으로 분리했다. 1갑一甲은 진사급제進士及第, 2갑은 진사출신進士出身, 3갑은 동진사출신同進士出身을 주었다. 1갑에서 1등은 장원狀元, 2등은 방안榜眼. 3등은 탐화探花라고 불렀다.

1482년, 선생 11세

十有八年壬寅，先生十一歲，寓京師。

성화 18년 임인년(1482) 선생 11세에 수도에 살았다.

龍山公迎養竹軒翁，因攜先生如京師，先生年纔十一。翁過金山寺，與客酒酣，擬賦詩，未成。先生從傍賦曰："金山一點大如拳，打破維揚水底天。醉倚妙高臺上月，玉簫吹徹洞龍眠" 客大驚異，復命賦蔽月山房詩。先生隨口應曰："山近月遠覺月小，便道此山大於月。若人有眼大如天，還見山小月更闊。"

부친 용산공이 조부 죽헌공을 모셔 와서 봉양하였기 때문에 조부가 선생을 데리고 수도로 갔고, 선생이 겨우 11세였다. 죽헌옹은 금산사[1]를 들러 나그네들과 술에 거나하

게 취하여 시를 지으려고 했는데 완성하지 못했다. 선생이 옆에서 듣고 시를 지었다:

◈ 시

금산은 한 점의 크기가 주먹과 같고,
유양維揚[2]의 물을 치니 하늘까지 이르네.[3]
취하여 묘고대妙高臺에 기대어 달을 올려다보니,
옥퉁소 부는 소리가 용의 잠을 깨우는구나.

나그네들이 크게 놀랍고 기이하여 다시 패월산방蔽月山房으로 시를 지어보라고 했다. 선생이 입에서 나오는 대로 대답하였다:

◈ 시

산은 가깝고 달은 멀어 달이 작다고 느끼고는,
곧바로 이 산이 달보다 크다고 말하네.
만약 사람이 심안을 지녔다면 산의 크기가 하늘 같아도
도리어 산은 작고 달이 더 넓게 보일 것이네.

주

1 금산사는 강소성 진강시 서북부 단도현 금산에 있는 절이다.

2 유양維揚은 양주揚州시 중북부에 위치한다.

3 '금산이 주먹만하다.'는 것은 금산의 미미한 모습을 과장된 기법으로 표현하였으며, 유양의 물이 하늘까지 오르는 것은 산과 물과 하늘의 공간 대비를 이루어 자연경관을 읊은 것이다.

明年就塾師，先生豪邁不羈，龍山公常懷憂，惟竹軒公知之。一日，與同學生走長安街，遇一相士。異之曰："吾爲爾相，後須憶吾言：鬚拂領，其時入聖境；鬚至上丹臺，其時結聖胎；須至下丹田，其時聖果圓。"先生感其言，自後每對書輒靜坐凝思。嘗問塾師曰：“何爲第一等事?”塾師曰：“惟讀書登第耳。”先生疑曰：“登第恐未爲第一等事，或讀書學聖賢耳。”龍山公聞之笑曰：“汝欲做聖賢耶?”

다음 해 숙사塾師[1]에게 갔는데 선생이 호방하고 구속받지 않아 부친 용산공은 항상 걱정하는 마음을 품었으나 오직 조부 죽헌공은 그를 알아주었다. 하루는 동학생과 장안의 거리를 걷는데 한 상사相士[2]를 만났다. 그를 기이하게 여겨 말했다: "내가 너를 위해 관상을 보았는데 훗날 반드시 내 말을 기억해야 한다. 수염이 옷깃까지 내려오면, 그때는 성경聖境[3]에 들어가고, 수염이 상단대[4]에 이르면 그때 성태聖胎[5]를 맺고, 수염이 하단전에 이르면 그때는 성과聖果[6]가 원만하게 될 것이다." 선생이 그 말에 감동하여 그 후로부터 책을 대할 때마다 곧 정좌하여 생각을 모았다. 일찍이 숙사에게 물어보며 말했다: "무엇이 제일 중요한 일입니까?" 숙사가 말했다: "오직 책을 읽어 과거에 급제하는 것뿐이다." 선생이 의심하여 말했다: "급제는 아마도 제일 중요한 일은 아닐 것입니다. 아마도 책을 읽어 성현을 배우는 것일 뿐입니다." 용산공이 그것을 듣고 웃으며 말했다: "너는 성현이 되고 싶은 것이냐?"

주

1 숙사塾師는 글방 선생님이다.

2 상사相士는 상공相工, 상자相者, 상사相師라고도 부르고 지금의 점보는 사람이다.

3 성경聖境은 도교에서 신도들이 들어가고 싶은 성聖의 경지이다. 또 유교에서 성인聖人의 경지이기도 하다.

4 단대는 단전과 같으며, 상단대는 눈썹 부분까지를 말하고 중단전은 가슴이며 하단전은 배꼽 부분이다.

5 성태聖胎는 성인聖人의 태胎인데, 도교 금단金丹의 다른 이름을 성태라고 한다. 내단가內丹家가 모체로써 태胎를 결집하는데, 정精, 기氣, 신神 셋을 응집하여 단을 훈련하여 이루는[煉成之丹] 것을 성태라 한다.

6 성과聖果는 성자聖者가 되는 수행을 쌓아 얻은 진정한 과果이다. 성과는 불교에서는 열반이다.

1484년, 선생 13세

二十年甲辰，先生十三歲，寓京師。

성화 20년 갑진년(1484) 선생 13세에 수도에 살았다.

太夫人鄭氏卒。居喪哭泣甚哀。

어머니 태부인 정씨가 돌아가셨다. 상을 치르며 울면서 심히 애통해하였다.

1486년, 선생 15세

二十有二年丙午，先生十五歲，寓京師。

성화 22년 병오년(1486) 선생 15세에 수도에 살았다.

先生出遊居庸三關，即慨然有經略四方之志：詢諸夷種落，悉聞備御策.；逐胡兒騎射，胡人不敢犯。經月始返。

선생은 거용삼관居庸三關[1]에 나가 거닐었는데, 곧 개탄하여 사방을 다스릴 뜻을 가졌다. 모든 이민족의 부락을 돌아보고, 방비책을 다 들었다. 호인의 아이를 쫓으며 말 타고 활을 쏘니, 호인胡人[2]이 감히 범접하지 못하였다. 한 달이 지나 비로소 돌아왔다.

주

1 거용삼관居庸三關은 명나라 때 만리장성의 방어기지로 관문이다. 거용삼관은 거용居庸 · 도마

倒馬 · 자형紫荊으로 내삼관內三關이라고 하며, 거용관과 하북성의 산해관, 감숙성의 가욕관을 삼관三關이라고 한다.

2 호인胡人은 미개하여 문화 수준이 낮은 사람을 뜻하기도 하지만 여기서는 만리장성 밖에 거주하는 다른 민족이다.

一日，夢謁伏波將軍廟，賦詩曰："卷甲歸來馬伏波，早年兵法鬢毛皤。雲埋銅柱雷轟折，六字題文尚不磨。"時幾內石英、王勇盜起，又聞秦中石和尚、劉千斤作亂，屢欲爲書獻於朝。龍山公斥之爲狂，乃止。

하루는, 꿈에 복파장군伏波將軍[1]의 사당을 알현하고 시를 지어 말했다:

◈ 시

갑옷을 말아 들고 마복파가 돌아왔으나
젊은 날 전쟁터에서 귀밑머리 하얗게 되었네.
구름은 구리기둥을 묻고 우레 벼락이 끊어졌으나
여섯 글자로 지은 문장은 아직 닳지 않았네.[2]

그때 얼마 안 되어 나라 안에서 석영石英, 왕용王勇의 도적들이 일어났고, 또한 진秦 땅에서는 석화상石和尚, 유천근劉千斤이 난을 일으켰다는 것을 듣고, 누차 글을 써서 조정에 바치고자 했다. 용산공이 어리석다고 그것을 책망하여 곧 멈추었다.

주

1 마원馬援(BC14~49)은 자가 문연文淵이고 섬서성 우부풍右扶風 무릉현茂陵縣 사람이다. 복파장군伏波將軍으로 불렸다. 그의 조상은 환관이었는데 그는 죄를 짓고 북으로 망명하여 목축업에 종사하였다. 신新의 왕망王莽이 불러 신에서 대윤大尹이 되었고, 신이 망한 후 외효隗囂 밑에서 벼슬하다가 동한에 귀순하여 낙양으로 이주하였다. 외효가 한을 배신하여 그는 광무제光武帝의 신하로 들어갔다. 건무 11년35에 농서태수隴西太守가 되어 감숙성의 강羌 · 저氐 등의

이민족을 토벌하였다. 건무建武 17년(41) 이후 복파장군伏波將軍에 임명되어 군사를 이끌고 남하하여 이정 봉기를 평정하고 영남을 안정시키며 공로로 신식후를 봉했다. 64세 전쟁 중에 죽었다.

2 여섯글자 문장은 '銅柱折 交趾滅'이다. 복파장군이 교지를 정벌하고 구리 기둥을 세우고 위에 6글자를 새겼다. 그 뜻은 '구리기둥이 무너지면 교지는 멸망한다.'였다. 왕양명이 꿈속에서 복파장군의 사당에 갔는데 기둥에 글자가 닳지 않고 남아있었다고 한다.

1488년, 선생 17세

孝宗 弘治元年戊申，先生十七歲，在越。

효종 홍치 원년 무신년(1488) 선생 17세에 월越 땅에 있었다.

17세 7월

七月，親迎夫人諸氏於洪都。

7월 부인 제씨를 홍도洪都[1]에서 친영親迎[2]했다.

주

1 홍도洪都는 강서성 남창이다.

2 친영親迎은 신랑이 신부네 집에 가서 신부를 직접 맞이하는 의식이다.

外舅諸公養和爲江西布政司參議，先生就官署委禽。合巹之日，偶閑行入鐵柱宮，遇道士趺坐一榻，即而叩之，因聞養生之說，遂相與對坐忘歸。諸公遣人追之，次早始還。

장인 제양화諸養和[1]는 강서포정사江西布政司 참의參議[2]였고, 선생은 관서官署에 나아가 납채納采[3]에 기러기를 보냈다. 혼례식 날 우연히 한가로이 걷다가 철주궁鐵柱宮으로 들어갔고 걸상에 가부좌한 도사를 만나 다가가서 그에게 물어 양생養生[4]의 말을 들었기 때문에 마침내 서로 함께 마주 앉아서 돌아감을 잊었다. (장인이 될) 제공이 사람을 보내 그를 찾게 하였는데, 다음 날 아침 비로소 돌아왔다.

주

1 제양화諸養和는 자가 양화養和이고, 여요 제씨이다. 성화 11년(1475)에 진사가 되었으며 관직은 강서성 참의를 하였다. 왕수인의 장인이다.

2 강서포정사江西布政司는 강서승선포정사司江西承宣布政使司를 줄인 명칭이다. 감사가 집무하던 관청이고 참의參議는 관직 명칭이다. 강서포정사의 관아는 남창에 있었다. 포정사에는 좌·우참의를 두었다.

3 납채納采는 혼인 할 때 사주단자의 교환이 끝난 후 정혼定婚이 이루어진 증거로 신랑 집에서 신부의 집으로 예물을 보내는 것이다. 그 예물은 보통 밤에 푸른 비단과 붉은 비단을 혼서婚書와 더불어 함에 넣어 신부의 집으로 보낸다.

4 양생養生은 도가의 양생술이다. 도가에서는 마음을 다스리고 금단과 곡식을 먹지 않는 방법을 써서 불로장생하고자 한다.

官署中蓄紙數篋，先生日取學書，比歸，數篋皆空，書法大進。先生嘗示學者曰："吾始學書，對模古帖，止得字形。後擧筆不輕落紙，凝思靜慮，擬形於心，久之始通其法。旣後讀明道先生書曰：'吾作字甚敬，非是要字好，只此是學。'旣非要字好，又何學也？乃知古人隨時隨事只在心上學，此心精明，字好亦在其中矣。"後與學者論格物，多擧此爲證。

관서 내에는 종이를 담은 궤짝들을 쌓아두었는데, 선생은 날마다 가져다가 글씨쓰기를 공부하였다. 돌아갈 적에는 궤짝들이 모두 비었고, 서법이 크게 나아졌다. 선생은 일찍이 배우는 이들에게 보여주며 말했다: "나는 처음 서예를 배우면서 고첩을 대조하고 모사하여 글자의 형태를 얻는 데 그쳤다. 후에 붓을 들고 가볍게 써 내려가지 않고, 생각을 모으고 생각을 고요히 해서 마음에서 형태를 만들어 그것을 오래 행하니 비로소 그 법을 통달하였다. 얼마 안 있어 명도明道선생[1]의 책을 읽고 말하기를, '나는 글씨 씀[作字][2]을 매우 중시한다. 글씨를 잘 쓰려 함이 아니라 단지 이것이 배움이다.' 글자를 잘 쓰려 함이 아니라면, 또 무엇을 배우는가? 이에 옛사람들도 언제나 모든 일이 단지 마음에서 배운다는 것을 알았고 이 마음은 정밀하고 밝으니 글자 잘 쓰는 것 또한 그 가운데 있다." 후에 학자들과 격물을 논하였는데, 대부분 이를 들어서 증거로 삼았다.

주

1 정호程顥(1032~1085)는 자가 백순伯淳이고 호는 명도明道이며 하남성 낙양洛陽 사람이다. 명도선생明道先生으로 불렸다. 시호는 순純이며 북송의 이학자이다. 동생 정이程頤(1033~1107)와 병칭하여 이정二程이라 불린다.

2 작자作字는 글씨를 쓰는 것이다. 자호字號를 매기는 일 역시 작자라고 한다.

1489년, 선생 18세

二年己酉，先生十八歲，寓江西。

홍치 2년 기유년(1489) 선생 18세에 강서에 살았다.

18세 12월

十二月，夫人諸氏歸餘姚。

12월 부인 제씨가 여요로 돌아왔다.

是年先生始慕聖學。先生以諸夫人歸，舟至廣信，謁婁一齋諒，語宋儒格物之學，謂"聖人必可學而至"，遂深契之。

이 해에 선생은 처음 성인의 학문을 마음에 두었다. 선생은 제諸 부인이 돌아오게 되어 배가 광신廣信[1]에 이르니 일재一齋 누량婁諒[2]을 알현했는데, 송유의 격물지학을 말해주면서 "성인은 반드시 배워서 이를 수 있다."라고 말하여 마침내 깊이 와 닿았다.

주

1 광신廣信은 광신현으로 지금의 강서성 상요시上饒市이다.

2 누량婁諒(1422~1491)은 명대 이학자로 강재康齋 오여필吳與弼에게 수학했다. 자가 극정克貞이고 호는 일재一齋이다. 광신廣信 사람이다. 어려서부터 성학에 뜻을 두었고 임천臨川에서 강학했다. 오여필의 문인으로 진헌장陳獻章, 호거인胡居仁, 누량婁諒 세 사람을 으뜸으로 꼽는다. 왕양명이 그에게 가르침을 구한 적이 있다.

明年龍山公以外艱歸姚，命從弟冕、階、宮及妹婿牧，相與先生講析經義。先生日則隨衆課業，夜則搜取諸經子史讀之，多至夜分。

이듬해 용산공이 외간外艱[1] 때문에 여요로 돌아와서 사촌 동생인 면冕, 계階, 궁宮은 매제 목과 선생과 더불어 서로 경전의 뜻을 강론하고 분석하도록 명했다. 선생은 낮이면 그들을 따라 수업하고, 밤이면 모든 경전, 철학서, 역사책을 찾아 가져와 그것을 읽었는데, 허다하게 한밤중에 이르렀다.

주

1 외간外艱은 아버지의 상사喪事 또는 아버지가 없을 때 할아버지의 상사喪事를 말한다.

四子見其文字日進，嘗愧不及，後知之曰："彼已遊心舉業外矣，吾何及也！"先生接人故和易善謔，一日悔之，遂端坐省言。四子未信，先生正色曰："吾昔放逸，今知過矣。"自後四子亦漸斂容。

네 사람은 그의 문장과 글자가 날마다 좋아짐을 보고, 자신들이 미치지 못함을 부끄러워하기도 했다. 후에 그것을 알고 말했다: "그는 이미 마음이 과거 공부 밖에서 노닐고 있으니, 내가 어찌 따라가겠습니까?" 선생은 사람을 만나면서 의식적으로 사근사근하고 농담을 잘했는데, 어느 날 그것을 후회하고 마침내 단정히 앉아서 말을 줄였다. 네 사람이 믿지 않자, 선생이 낯빛을 바르게 하며 말했다: "내가 예전에 거리낌 없이 자유로웠는데 지금 잘못되었음을 알았다." 이후로부터 네 사람 또한 점점 용모를 단속했다.

1492년, 선생 21세

五年壬子，先生二十一歲，在越。

홍치 5년 임자년(1492) 선생 21세 월越 땅에 있었다.

舉浙江鄉試。

절강浙江 향시鄉試에 등용되었다.

是年場中夜半見二巨人，各衣緋綠，東西立，自言曰："三人好作事。"忽不見。已而先生與孫忠烈燧、胡尚書世寧同舉。其後宸濠之變，胡發其奸，孫死其難，先生平之，咸以爲奇驗。

이 해에 과거 시험장에서 한밤중에 두 거인을 보았는데, 각각 붉은색과 녹색의 옷을 입고 동쪽과 서쪽에 서서 혼잣말로 말했다: "세 사람은 일을 하기 좋겠네" 홀연히 그들이 보이지 않았다. 그 뒤에 선생은 충열忠烈 손수孫燧[1], 상서尙書 호세영胡世寧[2]과 함께 등용되었다. 그 후 주신호[3]의 변란[4]에 호세영이 주신호의 간사함을 고발하고, 손수는 난에서 죽었고, 선생은 난을 평정하였으니, 모두 기이한 증험으로 여겼다.

주

1 손수孫燧(1460~1519)는 명 중기 대신이다. 자가 덕성德成이고 호는 일천一川이며 절강성 소흥부 여요현餘姚縣 사람이다. 홍치 6년(1493) 진사가 되어 형부주사를 제수받았고 다시 낭중으로 옮겼다. 하남우포정사를 지냈고 정덕 10년(1515) 우부도어사로 승진하여 강서성을 순무했다. 정덕 13년(1518), 일곱 차례에 걸쳐 상소를 올려 영왕 주신호가 반드시 반역을 도모할 것임을 논증했으나, 주신호와 같은 당에 의해 상소가 모두 차단되었다. 주신호가 연회를 베풀어 지방관이었던 손수를 독살하려 했으나, 성사되지 않았다. 정덕 14년(1519) 주신호는 무종 주후조가 민간의 의도를 품고 역모를 꾸몄다는 소문을 퍼뜨렸고, 손수 등은 이를 옹호하기 위해 나섰다가 주신호에 의해 혜민문 밖에서 살해당했다 향년 60세였다. 가정 연간에 예부상서를 추증하고 시호를 충렬이라 하였다.

2 호세영胡世寧(1469~1530)은 명 중기 대신이다. 자가 영청永清이고 호는 정암靜庵이며 절강성 항주부 인화현仁和縣 사람이다. 홍치 6년(1493) 진사가 되어 절추전랑節推轉郎을 제수받았고 후에 덕안부德安府 추관으로 승진하여 청렴결백으로 명성을 얻었다. 남경 형부주사로 재직할 때, 시정의 잘못을 극언하는 상소를 올려 낭중으로 좌천되었다. 이승훈李承勳, 위교魏校, 여우餘祐와 함께 '남도 사군자南都四君子'로 불렸다. 후에 강서 부사로 옮겨 영왕 신호의 반란을 논죄하는 소를 올려 금의옥錦衣獄에 갇히고 요동을 지키게 되어 죽음에서 면했다. 가정 연간에 병부상서, 태자태보를 역임했다. 죽은 후 소보를 추증받았으며 시호는 단민端敏이다.

3 주신호朱宸濠(1476~1521)는 중국 명나라의 황족으로 주원장의 5대손이다. 명 건립 직후 주원장은 아들들을 친왕으로 봉했는데 당시 열일곱째 아들 주권朱權이 영왕으로 책봉되었다. 주신호는 바로 제1대 영왕 주권의 현손으로 1497년에 영왕의 자리를 물려받았다. 제4대 영왕이었고 영왕의 봉지는 원래 남창이었다. 무종 주후조와 같은 황족으로서 항렬로는 주신호가 조부가 된다. 나이는 주후조보다 열두 살이 많다.

4 신호의 난은 1519년 6월 14일 영왕 주신호가 자신의 근거지인 남창에서 거병하여 지방관 손수孫燧를 죽이고 구장九江, 남강南康을 점령한 반란이었다. 신호는 6만 군대를 이끌고 구강에서 강을 따라 내려와 안경安慶, 남경南京을 공격했으며 동시에 스스로 황제를 칭하고 '순덕順德'으로 개원改元하였다. 그러나 불과 재위 35일 만에 왕수인과 오문정에게 진압당해 왕수인에게 포로로 잡힌다. 이후 주신호는 반역죄로 사형을 선고받아 북경에서 처형되었고 시신은 불태워졌으며 영왕의 직위와 봉토 또한 폐지되었다.

是年爲宋儒格物之學。先生始待龍山公於京師，遍求考亭遺書讀之。一日思先儒謂"衆物必有表裏精粗，一草一木，皆涵至理"，官署中多竹，即取竹格之；沉思其理不得，遂遇疾。先生自委聖賢有分，乃隨世就辭章之學。

이 해에 송대 유학인 격물의 공부를 하였다. 선생은 처음 수도에서 용산공을 모시고 고정考亭[1]의 유서遺書[2]를 두루 구하여 그것을 읽었다. 하루는 선유先儒[3]가 '모든 사물은 현상과 본질, 내용과 대강이 있어서, 한 포기 풀과 한 그루 나무에도 모두 지극한 이치를 함유하고 있다.'라고 주장한 것을 생각하고 (용산공의) 관서 안에는 대나무가 많은데, 다가가 대나무를 취하여 그것을 깊이 궁리했다. 깊이 생각하여도 그 이치를 얻지 못하고 결국 병을 얻었다. 선생은 스스로 성현은 몫이 있음을 내맡겨 두고, 바로 세속을 따라 사장辭章의 학문[4]에 나아갔다.

주

1 주희朱熹(1130~1200)는 자가 원회元晦·중회仲晦이고 호는 회암晦庵·회옹晦翁·고정考亭·운곡雲穀·창주滄州·둔옹遯翁이다. 시호는 주문공朱文公이다. 송宋대 복건성 우계현 사람이다. 북송 유학자들의 철학사상을 집대성하여 신유학을 정립하였다. 11세 때인 1140년 아버지 주송은 금나라에 대한 화 친 정책에 반대하다가 중앙 관계에서 추방당해 건안의 환계정사에 은거하기 시작했고, 주희는 아버지의 가르침을 받았다. 주희가 14세 때 부친이 세상을 떠났고, 유언에 따라 부친의 친구인 호적계, 유백수, 유병산 세 사람의 가르침을 받았고 후에 이동의 가르침을 받았다. 이동이 죽은 후 호상학자 장식의 영향도 받았다.

2 유서遺書는 남겨진 글이다.

3 선유先儒는 앞선 유학자로 여기서는 주희를 말한다.
4 사장지학辭章之學은 시가詩歌와 문장文章을 짓는 학문이다.

明年春，會試下第，縉紳知者咸來慰諭。宰相李西涯戲曰：“汝今歲不第，來科必爲狀元，試作來科狀元賦。”先生懸筆立就。諸老驚曰：“天才！天才！”退有忌者曰：“此子取上第，目中無我輩矣。”

이듬해 봄, 회시會試[1]에 떨어지니 벼슬아치[縉紳][2] 중에 아는 사람들은 모두 와서 위로하고 타일렀다. 재상 이서애李西涯[3]가 장난삼아 말했다: “너는 올해 합격하지 못했으나 내년 과거에 반드시 장원할 것이다. 시험 삼아 내년 과거의 장원부를 지어보아라.” 선생은 당장 붓을 들고 써 내려갔다. 원로들은 놀라며 말했다: “천재야! 천재야!” 뒤로 물러나 시기하는 자가 있어서 말했다: “이자가 급제하면 안중에 우리는 없을 것이다.”

주

1 회시會試는 과거제도 삼원三元 중 하나이다. 삼원은 향시鄕試, 회시會試, 전시殿試이며 각 시험에서 1등을 하면 해원解元, 회원會元, 장원狀元이 된다. 회시는 향시 치른 후 2년이 되는 해의 봄에 예부에서 거행한다. 향시를 통과한 거인이 참가하며 회시에 합격한 자는 공사貢士가 된다.
2 진신縉紳은 홀笏을 큰 띠에 꽂는다는 뜻으로, 모든 벼슬아치를 통틀어 이르는 말이다.
3 이동양李東陽(1447~1516)은 자가 빈지賓之이고 호는 서애西涯이며 호남성 다릉현茶陵縣 사람이다. 명 중기 정치가로 중신重臣이며 문학가이고 서예가이고 시문학 동아리 ‘다릉시파’를 이끈 중심인물이다. 1464년 진사로 한림원 서길사가 되었다. 이후 30년간 한림원에서 근무하며 편수·시강·시강학사·학사 등을 역임했다. 1494년에 예부 우시랑에 발탁되고 1498년 예부상서 태자소보 겸 문연각 대학사로 임명되었다. 1503년에 태자태보, 호부상서 겸 근신전대학사가 되었다.

及丙辰會試，果爲忌者所抑。同舍有以不第爲恥者，先生慰之曰："世以不得第爲恥，吾以不得第動心爲恥。"識者服之。歸餘姚，結詩社龍泉山寺。致仕方伯魏瀚平時以雄才自放，與先生登龍山，對弈聯詩，有佳句輒爲先生得之，乃謝曰："老夫當退數舍。"

병진년의 회시에 급제하여 결과적으로 시기하는 자들이 물러나게 되었다. 같은 숙소에 시험에 떨어진 것을 부끄러워하는 자가 있어 선생은 그들을 위로하며 말했다: "세상 사람들은 과거에 등용되지 못한 것을 부끄럽게 여기나 나는 과거에 등용되지 못한 것 때문에 마음을 움직였던 것을 부끄럽게 여겼다네." 지식인들이 그 말에 탄복했다. 여요로 돌아와서 용천산사에서 시 동아리를 결성하였다. 방백方伯[1]을 사임한 위한魏瀚[2]은 평소 뛰어난 재능으로 스스로 마음을 풀어 놓았고 선생과 함께 용산에 올라 바둑을 두고 대련 구의 시를 지었는데 아름다운 구절이 있으면 곧바로 선생은 그것을 얻었고 이에 방백이 격려하며 말했다: "늙은이는 마땅히 물러나야 한다."

주

1 방백方伯은 지방 장관으로 관찰사이다.

2 위한魏瀚은 여요 사람으로 성화 연간에 관찰사를 역임했다. 장붕張鵬, 유태劉泰와 함께 강기康驥의 탄핵을 논하다가 같이 죄를 얻어 하옥되었다. 관직을 사임하고 여요로 돌아와 왕수인과 시 동아리에서 만났다.

1497년, 선생 26세

十年丁巳，先生二十六歲，寓京師。

홍치 10년 정사년(1497) 선생 26세에 수도에 살았다.

是年先生學兵法。當時邊報甚急，朝廷推擧將才，莫不遑遽。先生念武擧之設，僅得騎射搏擊之士，而不能收韜略統馭之才。於是留情武事，凡兵家秘書，莫不精究。每遇賓宴，嘗聚果核列陣勢爲戲。

이해에 선생은 병법을 배웠다. 당시 변방에서 매우 급하다고 보고했다. 조정에서는 장수의 재능을 가진 자를 추천해서 기용하는 것이 대단히 시급했다. 선생은 무과 과거에 등용된 자는 겨우 말 타고 활 쏘며 격투하는 무사일 뿐이지 전략 전술과 통솔력을 갖춘 인재를 기용할 수 없다고 생각했다. 이에 군사의 일에 마음을 두었고 병가의 비밀 서적을 정밀히 연구하지 않음이 없었다. 빈객을 맡는 연회를 할 때마다 과일 씨를 모아서 진을 치는 형세를 열거하는 것으로 놀이로 삼기도 했다.

1498년, 선생 27세

十一年戊午，先生二十七歲，寓京師。

홍치 11년 무오년(1498) 선생 27세에 수도에 살았다.

是年先生談養生。先生自念辭章藝能不足以通至道，求師友於天下又不數遇，心持惶惑。一日讀晦翁上宋光宗疏，有曰："居敬持志，爲讀書之本，循序致精，爲讀書之法。"

이 해에 선생은 양생을 이야기하였다. 선생은 문장 짓는 것과 기예로는 지극한 도를 통하기에 부족하다고 스스로 생각하였다. 세상에서 스승과 벗을 구하는데도 자주 만나지 못하니 마음에 당황하고 곤혹함을 지니게 된다. 어느 날 주희가 송 광종光宗[1]에게 올렸던 상소문을 읽었다. 상소문에서 말했다: "경에 거하여[居敬][2] 뜻을 유지하는 것이 독서의 근본이 되고, 순서에 따라서 정밀함을 이루는 것이 독서의 방법이 된다."

주

1 광종光宗은 남송의 제3대 황제(재위, 1189~1194)이다. 휘는 돈惇이고 효종의 셋째 아들이다.

2 거경居敬은 『주역』: 敬以直內, 義以方外[경으로 안을 곧게 하고, 의로움으로 밖을 바르게 하라]고 하였으니, 경은 내면을 닦는 방법이다. 즉, 주희와 정이천의 마음공부이며 수양론이다.

乃悔前日探討雖博，而未嘗循序以致精，宜無所得；又循其序，思得漸漬洽浹，然物理吾心終若判而爲二也。沉鬱既久，舊疾復作，益委聖賢有分。偶聞道士談養生，遂有遺世入山之意。

지난날 탐구하고 토론하는 것이 비록 폭넓었지만, 순서에 따라서 정밀함에 도달한 적이 없으니, 마땅히 얻은 바가 없음을 후회한다. 또 그 순서에 따라서 생각이 점차 깊이 젖어 들 것을 생각했으나 사물의 이치와 내 마음은 마침내 갈라져서 둘이 된 것 같았다. 침울함이 이미 오래되어, 예전에 앓았던 병이 다시 도졌고, 더 나아가 성현이 되는 데는 분수가 있다고 포기하였다. 우연히 도사가 양생을 애기하는 것을 듣고, 드디어 세상을 버리고 산으로 들어갈 뜻을 가졌다.

1499년, 선생 28세

十有二年己未，先生二十八歲，在京師。

홍치 12년 기미년(1499) 선생 28세에 수도에 있었다.

舉進士出身。

진사출신進士出身[1]으로 등용되었다.

주

1 진사출신進士出身은 전시展試에 이갑二甲으로 붙은 자이다. 향시에 붙은 거인擧人들이 회시會試를 보고 회시에 붙으면 공사貢士가 된다. 전시展試는 황제가 회시에서 급제한 공사를 다시 한 차례 재시험을 보는 것인데, 최고의 일급 과거 고시로, 정시廷試라고도 하며 황제가 친히 주관했다. 전시는 삼갑三甲으로 나누어, 이갑二甲에 붙으면 진사출신進士出身을 하사하였다.

是年春會試。擧南宮第二人，賜二甲進士出身第七人，觀政工部。疏陳邊務。先生未第時嘗夢威寧伯遺以弓劍。是秋欽差督造威寧伯 王越墳，馭役夫以什伍法，休食以時，暇即驅演"八陣圖"。事竣，威寧家以金帛謝,不受；乃出威寧所佩寶劍爲贈，適與夢符，遂受之。時有星變，朝廷下詔求言，及聞蓬虜猖獗，先生復命上邊務八事，言極剴切。

이해 봄에 회시가 있었다. 남경에서 2등으로 붙었다. (전시를 치렀는데) 7등으로 2갑 진사출신을 받아 공부工部[1]에서 정사를 보았다. 상소로 변방의 업무를 알렸다. 선생이 아직 합격하지 않았을 때 위령백威寧伯[2]이 칼과 활을 주는 꿈을 꾼 적이 있었다. 이 가을 황제의 명으로 파견되어 위령백 왕월의 무덤을 조성하는 일을 감독하였는데 15법什伍法[3]으로 부역자를 부리고 때에 맞추어 휴식하고 먹이면서 한가하면 곧장 팔진도八陣圖[4]를 구연했다. 일이 끝나니 위령의 집안에서 금과 비단으로 사례했으나 받지 않았다. 이에 위령이 차고 있던 보검을 꺼내서 선물로 주었는데 현실이 꿈과 맞아떨어져 마침내 그것을 받았다. 그때 별자리에 변화가 있어 조정에서 조서를 내려 조언을 구하니 달로蓬虜[5]가 창궐하게 될 것이라고 아뢰었다. 선생은 명을 받들어 국경의 업무 여덟 가지 일을 올렸는데 말이 지극히 간절하였다.

주

1 공부工部는 봉건왕조에서 중앙정부에 둔 6부 중 하나이다. 명나라 홍무 6년에 공부工部에는 총부總部, 우부虞部, 수부水部, 둔전屯田의 4개 부서가 속했다. 홍무 8년에는 4개 과를 증설했다. 13년에는 둔전부를 둔부로 고쳤다. 22년에 총부를 영부營部로 바꾸었다. 29년에 영선營繕, 우형虞衡, 도수都水, 둔전屯田을 위하여 4개 청리사淸吏司를 두었다. 공부의 장관은 상서이고 부장관은 시랑이며 청리사의 장관은 낭중郎中이고 부장관은 원외랑員外郎이다.

2 왕월王越은 자가 세창世昌이고 대명부大名府 준현浚縣 사람이다. 훗날 위령백威寧伯에 봉해졌다. 활을 잘 쏘았고, 문무의 재능을 겸비했다. 경태景泰 2년(1451) 진사가 되고, 어사御史에 임명되었다. 천순天順 초에 산동안찰사가 되었고 7년(1463) 이현李賢의 천거로 우부도어사右副都御史에 발탁되어 대동大同을 순무했다. 재직하면서 군대를 정비하고 훈련을 강화해 변방을 든든하게 지켰다. 성화成化 초에 선부순무宣府巡撫를 겸했다. 7년(1471) 군무軍務를 총괄하면서 변방의 하투河套 지역에 주둔하던 달단군韃靼軍을 공격했다. 9년(1473) 하투를 수복했다. 다음 해 수임삼변총제首任三邊總制에 올랐고 얼마 뒤 조정으로 돌아와 12단영團營을 총괄하고, 이어 병부상서兵部尙書에 올랐다. 공명功名에 급급하여 환관 왕직汪直에게 아부했다. 16년(1480) 왕직을 따라 출병하여 달단군의 노약자들을 습격해 죽이고 위녕백威寧伯에 봉해졌다. 왕직이 죄를 얻자 그도 작위를 빼앗기고 제명除名되었다. 홍치弘治 연간에 다시 환관 이광李廣과 결탁하여 관직에 들어갔다. 이광이 죄를 얻자 얼마 뒤 죽었다.

3 15법什伍法은 5명과 10명을 한 단위로 묶는 것이다. 5와 10은 인류가 보편적으로 사용했던 수를 기록하는 방식이다. 그래서 병사를 편성하는 데에 사용되었다. 5와 십을 사용하는 제도를 '십오제'라고 한다.

4 팔진도八陣圖는 진법이다. 팔진은 오래전부터 존재해 왔으며 삼국시대 이전에도 존재했는데, 삼국시대 촉한의 승상 제갈량이 병법을 연마하여 사용하였다.

5 달로薘虜는 달로韃虜와 같다. 옛 호로胡虜를 칭한다. 북방의 소수민족을 비하하는 명칭이다.

1500년, 선생 29세

十有三年庚申，先生二十九歲，在京師。

홍치 13년 경신년(1500) 선생이 29세에 수도에 있었다.

授刑部雲南清吏司主事。

형부 운남 청리사清吏司[1] 주사를 제수받았다.

주

1 청리사清吏司는 관서官署의 명칭이다. 명대의 제도이다. 중앙정부에서 6부는 사司를 나누어 일했다. 각 사司는 여러 청리사를 두었다. 이부에는 4개, 호부는 13개, 예부는 4개, 병부는 4개, 형부는 13개, 공부는 4개 청리사를 각각 두었다. 각 사司의 장관을 낭중郎中과 부 장관을 원외랑員外郎 1명씩 두고 그 아래 주사主事 2명 두었다. 또 성省 단위에도 각 부의 청리사를 두었다.

1501년, 선생 30세

十有四年辛酉，先生三十歲，在京師。

홍치 14년 신유년(1501) 선생 30세에 수도에 있었다.

奉命審錄江北。

명을 받들어 강북에서 사형수 기록을 재심사했다.

先生錄囚多所平反。事竣，遂遊九華，作《遊九華賦》，宿無相、化城諸寺。是時道者蔡蓬頭善談仙，待以客禮。請問。蔡曰："尚未。"有頃，屏左右，引至後亭，再拜請問。蔡曰："尚未。"問至再三，蔡曰："汝後堂後亭禮雖隆，終不忘官相。"一笑而別。

선생은 죄수를 기록하여 잘못을 바로잡는[平反][1] 것이 많았다. 일을 끝내고 드디어 구화산을 유람하여 〈유구화부〉를 지었다. 무상無相[2]과 화성化城[3] 등 여러 절에서 묵었다. 이때 도인인 채봉두는 신선 이야기를 잘하였는데, 그를 손님의 예로써 대우하고 청하여 물었다. 채봉두가 말했다: "아직은 아니다." 이윽고 좌우를 물리고 뒤의 정자로 안내하여 두 번 절하고 간절히 청했더니 채봉두가 말했다: "아직은 아니다." 질문이 세 번째에 이르렀다. 채봉두가 말했다: "그대는 후당후정後堂後亭의 예[4]가 비록 융성해도 벼슬아치의 모습을 끝내 잊어버리지 않네." 한 번 웃고는 떠났다.

주

1 평반平反은 오류를 바로잡고 잘못 판결한 것을 시정하는 것이다.

2 무상사無相寺는 호북성 함영咸寧시 쌍계교진雙溪橋鎮에 있고 당나라 말에 건축하였다. 원래는 청양靑陽의 명사 왕계문王季文이 은거했던 서당이었다. 왕계문이 임종 전에 지영화상智英和尚을 불러 서당에 절을 세우겠다고 했다. 무상사는 송나라 초기에 향화가 절정에 달하고 규모가 컸으며, 동쪽, 남쪽, 서쪽, 북쪽 뜰이 설치되었고, 치평 원년(1064)에 사액이 내려졌다.

3 화성사化城寺는 안휘성 지주시池州市 청양현靑陽縣에 위치한다. 원래 이름은 지장사이며, 구화산 불교에서 가장 먼저 기원한 사찰로 개산조사라고 불린다. 동진 융안 5년(401)에 스님 배도가 이곳에 방을 지어 암자를 만들었다. 당나라 지덕 연간(756~758)에 개조되어 화성사로 명명되었으며, '화성'은 《법화경》 중에 나오는 불교 고사에서 유래되었다.

4 후당후정後堂後亭의 예는 기숙사 재齋는 앞에 두고 실제로 강학하는 당堂 뒤에 둔다는 뜻으로 여기서는 정치인은 뒤로 물러나고 환관들이 나서서 정치하는 모습을 두고 한 말이다.

聞地藏洞有異人，坐臥松毛，不火食，歷岩險訪之。正熟睡，先生坐傍撫其足。有頃醒，驚曰："路險何得至此！"因論最上乘曰："周濂溪、程明道是儒家兩個好秀才。"後再至，其人已他移，故後有會心人遠之歎。

지장동地藏洞[1]에 어떤 기인이 소나무잎에 앉거나 눕고, 익힌 음식을 먹지 않는다는 소리를 듣고, 험한 바위를 지나서 그를 방문했다. 마침 깊이 잠자고 있어, 선생은 곁에 앉아서 그 발을 쓰다듬었다. 이윽고 깨어나 놀라며 말했다: "길이 험한데 어떻게 여기까지 오셨소." 이로써 최고 높은 경지를 논하며 말했다: "주렴계周濂溪[2]와 정명도는 유가의 두 훌륭한 수재입니다." 후에 다시 가보니, 그 사람이 이미 다른 곳으로 옮겨 갔다. 그래서 나중에 마음에 맞는 사람을 만났는데 멀리 가버렸음을 탄식하였다.

주

1 지장동地藏洞은 안휘성 지주시池州市 청양현青陽縣 구화산九華山에 있다.

2 주돈이周敦頤(1017~1073)는 북송의 철학자로 자가 무숙茂叔이며 호는 염계濂溪이다. 본래 이름은 돈실敦實이었으나 송나라 영종英宗(재위 1063~1067)의 초명인 종실宗實과 같은 글자를 피하기 위해 돈이敦頤로 이름을 바꾸었다. 그는 성리학의 틀을 만들고 기초를 닦은 인물이다. 주정主靜을 주장했다.

1502년, 선생 31세

十有五年壬戌，先生三十一歲，在京師。

홍치 15년 임술년(1502) 선생 31세에 수도에 있었다.

31세 8월

八月，疏請告。

8월에 소를 올려 사직을 청하였다.

是年先生漸悟仙、釋二氏之非。先是五月復命，京中舊遊俱以才名相馳騁，學古詩文。先生歎曰："吾焉能以有限精神爲無用之虛文也！"遂告病歸越，築室陽明洞中，行導引術。久之，遂先知。

이 해에 선생은 도·불 양가가 잘못됐음을 점차 깊이 깨달았다. 이에 앞서 5월에 명을 받았는데, 수도에 있는 옛 친구들은 모두 재주와 명망으로 서로 경쟁하면서 옛 시문을 배웠다. 선생이 탄식하며 말했다: "내 어찌 유한한 정신으로 쓸모없는 허문을 만들 수 있겠는가?" 드디어 병을 알리고 월 땅으로 돌아와 양명동陽明洞[1] 가운데 집을 짓고 도인술導引術[2]을 행했다. 그것을 오래 하니 마침내 (앞일을) 미리 알았다.

주

1 양명동陽明洞은 절강성 소흥시 월성구 품진원品臻园 서쪽으로 약 150m 지역에 있고 귀주성 귀양시 문수현文修縣 용장진龍場鎮에도 있다.

2 도인술導引術은 음강陰康에 의하여 창안되었으며 손과 발을 움직여 기氣와 혈血을 신체 각 부위에 골고루 통하게 하는 방법이다. 도인술은 지압과 굴신을 통한 신체운동과 병을 없애고 수명을 연장하는 호흡법 등이 있다.

一日坐洞中，友人王思輿等四人來訪，方出五雲門，先生即命僕迎之，且曆語其來迹。僕遇諸途，與語良合。衆驚異，以爲得道。久之悟曰："此簸弄精神，非道也。又屏去。

하루는 동굴에 앉았는데, 친구 왕사여王思輿[1] 등 네 명이 찾아와 막 오운문五雲門을 나서는데, 선생이 즉시 종복에게 명하여 그들을 맞이하게 했다. 또 그들이 온 흔적을 낱낱이 말했다. 종복이 길에서 (그들을) 만났는데, 말과 잘 맞아떨어졌다. 사람들이 깜짝 놀라며 득도한 것으로 여겼다. 오래되어 깨닫고 말했다: "이는 정신을 가지고 노는 것이지 도가 아니다." 또 물리쳤다.

주

1 왕문원王文轅은 자가 사여司輿인데, 『왕문성공연보』에 사여思輿라고 적혀있다. 황관黃綰이 쓴 《양명선생행장》에는 사유思裕라고 적혀있고 또 사여司輿라고도 적혀있다. 왕양명과 동시대

사람으로 막역한 벗이었다. 왕수인의 제자 계본은 '왕수인의 사상 형성에 왕문원이 중요한 역할을 했다'고 하였다. 이미 소흥 지역에서 왕사여는 높은 인지도가 있었고 많은 지식인이 그의 문하생으로 몰렸다. 왕수인의 제자들은 먼저 그의 제자였던 사람이 많다.

已而靜久，思離世遠去，惟祖母岑與龍山公在念，因循未決。久之，又忽悟曰："此念生於孩提。此念可去，是斷滅種性矣。"明年遂移疾錢塘 西湖，復思用世。

그런 후 차분하게 오래 지내고는 세상을 떠나 멀리 갈 것을 생각했으나 오직 조모 잠씨와 용산공이 생각나 머뭇거리며 결정하지 못했다. 또 갑자기 깨달으며 말했다. "이 생각은 어린아이 때에 생겨난 것이다. 이 생각은 없앨 수 있지만, 이는 왕씨 종족의 성을 끊어 없애는 것이다." 이듬해 마침내 아픈 몸으로 전당錢塘 서호西湖로 옮겨가서 다시 세상에 쓰이게 되기를 생각했다.

往來南屏、虎跑諸刹，有禪僧坐關三年，不語不視，先生喝之曰："這和尚終日口巴巴說甚麼！終日眼睜睜看甚麼！"僧驚起，即開視對語。先生問其家。對曰："有母在。"曰："起念否?"對曰："不能不起。"先生即指愛親本性諭之，僧涕泣謝。明日問之，僧已去矣。

선생이 남병, 호포 등의 사찰들을 왕래하였는데, 어떤 선승이 3년 동안 문을 걸어 닫고 앉아서 말도 하지 않고 보지도 않아서 선생이 고함치며 말했다: "이 중은 종일 입은 중얼거리는데 무슨 말을 하는가? 종일 눈은 멀거니 뜨고 무엇을 보는가!" 스님이 놀라 일어나 곧바로 눈을 뜨고 상대하여 말하였다. 선생이 그 집안을 물으니 대답하였다. "어머니가 계십니다." 선생이 말했다: "생각이 나지 않느냐?" 대답했다: "일어나지 않을 수 없습니다." 선생은 곧 부모를 사랑하는 본성을 가리키며 깨우쳐 주니 중이 눈물 흘리며 고마워했다. 다음날 물으니 중은 이미 가버렸다.

1504년 선생 33세

十有七年甲子, 先生三十三歲, 在京師。

홍치 17년 갑자년(1504) 선생 33세에 수도에 있었다.

秋, 主考山東鄉試。

가을 산동향시를 주관했다.

巡按山東監察御史陸偁聘主鄉試, 試錄皆出先生手筆。其策問議國朝禮樂之制 : 老佛害道, 由於聖學不明 ; 綱紀不振, 由於名器太濫 ; 用人太急, 求效太速 ; 及分封、清戎、御夷、息訟, 皆有成法。錄出, 人占先生經世之學。

산동을 순안하는 감찰어사 육칭陸偁[1]이 초빙되어 향시를 주관했는데 시록試錄[2]은 모두 선생이 손수 적어서 내놓았다. 그 책문策問[3]은 명조의 예악 제도를 논하는 것이다. 노장과 불교가 도를 해치게 되는 것은 성인의 학이 밝지 못하기 때문이고, 기강이 떨치지 못하는 것은 명기名器가 너무 넘쳐흘렀기 때문이다. 사람을 등용하는 것이 너무 급했고 효과를 구하는 것도 너무 서둘렀다. 녹봉을 나누고, 군대를 청빈하게 하고, 오랑캐를 막고, 소송을 쉬게 하는 것에 미쳐서는 모두 만들어진 법이 있다. 시록이

나오자, 사람들은 선생이 지닌 경세의 학문을 점쳤다.

주

1 육칭陸偁은 명대 관원이다. 자가 군미君美이고 은현鄞縣 사람이다. 홍치 6년 진사가 되어 감찰어사를 제수받았다. 복건안찰부사로 승진하고 해도海道를 순시했다.

2 시록試錄은 명대 향시·회시의 시험지를 시험관이 선정하여 책으로 편각하였는데, 이를 정문程文이라 하였고, 시록試錄이라고도 하였다.

3 책문策問은 경의經義 또는 정치에 관한 계책을 물어서 답하게 하던 과거의 문제이다.

33세 9월

九月 改兵部武選淸吏司主事。

9월 병부의 무선 청리사 주사로 직책이 바뀌었다.

1505년, 선생 34세

十有八年乙丑，先生三十四歲，在京師。

홍치 18년 을축년(1505) 선생 34세에 수도에 있었다.

是年先生門人始進。學者溺於詞章記誦，不復知有身心之學。先生首倡言之，使人先立必爲聖人之志。聞者漸覺興起，有願執贄及門者。至是專志授徒講學。然師友之道久廢，咸目以爲立異好名，惟甘泉湛先生若水時爲翰林庶吉士，一見定交，共以倡明聖學爲事。

이 해에는 선생의 문인이 비로소 과거에 나아갔다. 배우는 이들은 사장詞章[1]을 배우고 암송하는 데 빠져 있었고, 더는 마음의 학문이 있음을 알지 못했다. 선생이 제일 처음 그것을 창도하여 말했다. 사람은 먼저 반드시 성인이 되어야 한다는 뜻을 세우도록 하였다. 이 말을 들은 사람들은 점점 깨닫고 감흥이 일어나 예물을 바치고 문하에 이르기를 원하는 이들이 생겼다. 이에 이르러 뜻을 오로지하여 문하의 생도들에게 강학을 해주었다. 그러나 스승과 벗의 도가 오랫동안 없어져 모두가 선생을 지목하여 특이한 것을 세우고 명성을 좋아한다고 여겼다. 오직 감천 담약수湛若水[2] 선생만이 당시 한림 서길사였는데, 한번 보고 친교를 맺었고, 함께 성학을 창도하여 밝히는 것으로 일을 삼았다.

주

1 사장詞章은 문장文章과 시부詩賦를 통칭하는 문학 용어이다. 한당시漢唐詩와 당송고문唐宋古文을 모범으로 하고 수사적 기교에 중점을 둔 장식적인 문학론에 충실했다. 후대에는 시문·잡문 등만을 가리키는 말이 되었다. 주로 성리학·도학의 상대적인 명칭으로 사장학이라 부른다.

2 담약수湛若水(1466~1560)는 명나라의 유학자이다. 자가 원명元明이고 호는 감천甘泉이며 시호는 문간文簡이다. 광동성 증성增城(지금의 광주) 사람이다. 남경국자감南京國子監에 들어가 40세 때인 홍치弘治 18년(1505년) 진사에 올랐고 이후 서길사에 뽑혀서 한림원편수翰林院編修가 되었고, 직책이 예부·이부·병부상서에 이르렀다. 70세를 넘어 사직하였다. 담약수는 진헌장의 뒤를 이어 영남학파嶺南學派의 지도자가 되었다. 남악南嶽 형산衡山 자운봉紫雲峰 아래에 있던 형악사衡嶽寺 절터에 건물을 짓고 감천정사甘泉精舍라 이름 지었다.

1506년, 선생 35세

武宗 正德元年丙寅，先生三十五歲，在京師。

무종 정덕 원년 병인년(1506) 선생 35세에 수도에 있었다.

35세 2월

二月，上封事，下詔獄，謫龍場驛驛丞。

2월 봉사封事[1]를 올려서 하옥하라는 조서가 내려졌다. 용장역 역승[2]으로 유배갔다.

주

1 봉사封事는 임금에게 글을 올리던 일이다. 주로 간관諫官이나 삼관三官의 관원官員이 임금에게 정사政事를 간언하기 위하여 올렸다.

2 용장역龍場驛 역승驛丞은 용장의 역참을 주관하는 관리이다. 명대 벽지 지역의 빈곤한 역참이자 정부가 범죄자를 유배한 장소였다. 명대의 몇몇 저명한 관리들은 일찍이 권세가의 미움을 사서 차례로 역참으로 유배되어 이곳에 복역하였다. 그래서 용장역승은 바로 용장에 있는 역참으로 귀양가서 복역한 관리였다.

••• 상소문

是時武宗初政，奄瑾竊柄。南京科道戴銑、薄彥徽等以諫忤旨，逮擊詔獄。先生首抗疏救之，其言：

"君仁臣直。銑等以言爲責，其言如善，自宜嘉納；如其未善，亦宜包容，以開忠讜之路。乃今赫然下令，遠事拘囚，在陛下不過少示懲創，非有意怒絕之也。下民無知，妄生疑懼，臣切惜之！自是而後，雖有上關宗社危疑不制之事，陛下孰從而聞之？陛下聰明超絕，苟念及此，寧不寒心？伏願追收前旨，使銑等仍舊供職，擴大公無我之仁，明改過不吝之勇；聖德昭布，遠邇人民胥悅，豈不休哉！"

疏入，亦下詔獄。已而廷杖四十，既絕復蘇。尋謫貴州 龍場驛驛丞。

이때 무종이 처음 다스렸는데, 환관 유근劉瑾[1]이 권력을 훔쳤다. 그가 남경과도科道[2]

대선戴銑[3], 박언휘薄彦徽[4] 등이 왕의 뜻을 거역했다고 간함으로써 붙잡혀 가서 옥에 갇혔다. 선생이 맨 처음 항의하는 소를 올려서 그들을 구명했다. 그 말은 다음과 같다. "군주는 어질고 신하는 정직하다. 대선 등이 말한 것으로서 책임을 지우니 그가 한 말이 훌륭하면 기꺼이 아름답게 받아들여야 한다. 만약 그 말이 훌륭하지 않더라도 역시 포용하여서 충성된 직언의 길을 열어주어야 한다. 지금 화내며 명령을 내리니 일을 멀리하고 죄인을 구속한 것이다. 폐하께서는 처벌을 적게 보여주는 데 지나지 않으며, 노해서 끊어버리려는 의사가 있는 것이 아니다. 아래의 백성들은 무지하여 헛되이 의심과 두려움을 생기게 하니 신은 간절히 그것을 애석하게 여깁니다. 이로부터 후로 비록 왕이 종사가 위태하고 의심스러워 통제가 안 되는 일에 관계되는 것이 있어도 폐하는 누구를 따르게 하여 그것을 듣겠습니까? 폐하가 총명하고 뛰어나지만 정말로 생각이 여기에 미치니 어찌 마음을 차갑게 하는 것이 아니겠습니까? 엎드려 원컨대 전에 내린 명령을 거두어들이고 대선 등에게 옛날대로 관직에 이바지하게 하여 크게 공정하고 사심이 없는 어짊을 넓히고 잘못을 고치는 것을 주저하지 않는 용기를 밝히십시오. 성인의 덕이 밝게 선포되어 멀고 가까운 백성들이 모두 기뻐하니 어찌 아름답지 않겠습니까?"

상소가 들어가자 또한 옥에 가두라는 조소가 내려왔다. (옥에 집어넣고) 얼마 안 있어 궁정에서 40대를 때려서 이미 기절하였다가 다시 소생하였다. 이윽고 귀주 용장역 역승으로 귀양갔다.

주

1 유근劉瑾(1451~1510)은 명나라 무종武宗 때의 환관이다. 섬서성 흥평興平 사람이다. 여섯 살 때 유씨 성을 가진 궁중 태감에게 맡겨져 자랐다. 그래서 본래 성은 담談인데 유씨 성으로 바꾸었다. 효종 때 태감으로 올라 태자를 모시게 되었다. 1505년 효종이 세상을 떠나고 태자가 제위를 이으니 그가 곧 무종이다. 유근은 당시 10여 세의 어린 황제를 모시면서 국정을 마음대로 농단하기 시작하였다. 그를 비롯하여 마영성馬永成, 고봉高鳳 등 일곱 명의 태감은 무종의 총애를 받아 '팔호八虎'라고 불렸는데 그가 팔호의 우두머리였다. 명 영종 때의 왕진, 명 헌종 때의 왕직, 명 희종 때의 위충현과 함께 명나라 4대 환관으로 불린다.

2 과도科道는 6과六科의 급사중과 도찰원都察院 13도 감찰어사를 총칭한다.

3 대선戴銑(1464~1506)은 명대 역사적 인물이다. 자가 보지寶之이고 호는 충봉沖峰이며 강서성 무원현婺源縣 암전촌岩前村 사람이다. 관직은 광록소경에 이르렀다. 홍치 13년(1500)에 그는 조정에서 송·원 이래로 '우수한 유학자'로 추대되었다. 가정 2년(1523)조정은 무원 주자 후예로 한림원오경박사를 세습하도록 동의했다.

4 박언휘薄彥徽는 자가 순미舜美이고 산서성 양곡陽曲(지금의 태원) 사람이다. 홍치 9년(1496) 진사가 되었다. 도사 최지단이 예부상서가 되는 것은 부당하다고 탄핵하여 정직하다는 명성을 얻었다. 정덕초, 유건劉健과 사천謝遷 등이 환관 팔호를 논하다 죄를 얻어 쫓겨났다. 박언휘는 유근 등에게 죄주어야 한다고 상소를 올려 매를 맞고 제명되어 얼마 지나지 않아 사망했다. 왕수인이 이들의 억울함을 상소로 올려 매를 맞고 용장으로 귀양가게 된다.

"君仁臣直。銑等以言爲責，其言如善，自宜嘉納；如其未善，亦宜包容，以開忠讜之路。乃今赫然下令，遠事拘囚，在陛下不過少示懲創，非有意怒絕之也。下民無知，妄生疑懼，臣切惜之！自是而後，雖有上關宗社危疑不制之事，陛下孰從而聞之？陛下聰明超絕，苟念及此，寧不寒心？伏願追收前旨，使銑等仍舊供職，擴大公無我之仁，明改過不吝之勇；聖德昭布，遠邇人民胥悅，豈不休哉！"疏入，亦下詔獄。已而廷杖四十，既絕復蘇。尋謫貴州 龍場驛驛丞。

"군주는 어질고 신하는 정직하다. 대선 등이 말한 것으로서 책임을 지우니 그가 한 말이 훌륭하면 기꺼이 아름답게 받아들여야 한다. 만약 그 말이 훌륭하지 않더라도 역시 포용하여서 충성된 직언의 길을 열어주어야 한다. 지금 화내며 명령을 내리니 일을 멀리하고 죄인을 구속한 것이다. 폐하께서는 처벌을 적게 보여주는 데 지나지 않으며, 노해서 끊어버리려는 의사가 있는 것이 아니다. 아래의 백성들은 무지하여 헛되이 의심과 두려움을 생기게 하니 신은 간절히 그것을 애석하게 여깁니다. 이로부터 후로 비록 왕이 종사가 위태하고 의심스러워 통제가 안 되는 일에 관계되는 것이 있어도 폐하는 누구를 따르게 하여 그것을 듣겠습니까? 폐하가 총명하고 뛰어나지만 정말로 생각이 여기에 미치니 어찌 마음을 차갑게 하는 것이 아니겠습니까? 엎드려 원컨대 전에 내린 명령을 거두어들이고 대선 등에게 옛날대로 관직에 이바지하게 하여 크게 공정하고 사심이 없는 어짊을 넓히고 잘못을 고치는 것을 주저하지 않는 용기를 밝히십시오. 성인의 덕이 밝게 선포되어 멀고 가까운 인민들이 모두 기뻐하니 어찌 아름답지 않겠습니까?" 상소가 들어가자 또한 옥에 가두라는 조소가 내려왔다. (옥에 집어넣고) 얼마 안 있어 궁정에서 40대를 때려서 이미 기절하였다가 다시 소생하였다. 이윽고 귀주 용장역 역승으로 귀양갔다.

주

1 유근劉瑾(1451~1510)은 명나라 무종武宗 때의 환관이다. 섬서성 흥평興平 사람이다. 여섯 살 때 유씨 성을 가진 궁중 태감에게 맡겨져 자랐다. 그래서 본래 성은 담談인데 유씨 성으로 바꾸었다. 효종 때 태감으로 올라 태자를 모시게 되었다. 1505년 효종이 세상을 떠나고 태자가 제위를 이으니 그가 곧 무종이다. 유근은 당시 10여 세의 어린 황제를 모시면서 국정을 마음대로 농단하기 시작하였다. 그를 비롯하여 마영성馬永成, 고봉高鳳 등 일곱 명의 태감은 무종의 총애를 받아 '팔호八虎'라고 불렸는데 그가 팔호의 우두머리였다. 명 영종 때의 왕진, 명 헌종 때의 왕직, 명 희종 때의 위충현과 함께 명나라 4대 환관으로 불린다.

2 과도科道는 6과六科의 급사중과 도찰원都察院 13도 감찰어사를 총칭한다.

3 대선戴銑(1464~1506)은 명대 역사적 인물이다. 자가 보지寶之이고 호는 충봉沖峰이며 강서성 무원현婺源縣 암전촌岩前村 사람이다. 관직은 광록소경에 이르렀다. 홍치 13년(1500)에 그는 조정에서 송원 이래로 '우수한 유학자'로 추대되었다. 가정 2년(1523)조정은 무원 주자 후예로 한림원오경박사를 세습하도록 동의했다. 저서에 『봉문집峰文集』, 『주자실기朱子實紀』 등이 있고 『역주산창지易州山廠志』는 『사고전서』의 역사 부분인 명신경제록名臣經濟錄 등에 선정되어 들어갔다.

4 박언휘薄彥徽는 자가 순미舜美이고 산서성 양곡陽曲(지금의 태원) 사람이다. 홍치 9년(1496) 진사가 되었다. 도사 최지단이 예부상서가 되는 것은 부당하다고 탄핵하여 정직하다는 명성을 얻었다. 정덕초, 유건劉健과 사천謝遷 등이 환관 팔호를 논하다 죄를 얻어 쫓겨났다. 박언휘는 유근 등에게 죄주어야 한다고 상소를 올려 매를 맞고 제명되어 얼마 지나지 않아 사망했다. 왕수인이 이들의 억울함을 상소로 올려 매를 맞고 용장으로 귀양가게 된다.

1507년, 선생 36세

二年丁卯，先生三十六歲，在越。

정덕 2년 정묘년(1507) 선생 36세에 월 땅에 있었다.

夏，赴謫至錢塘。

여름에 귀양 가면서 전당강에 이르렀다.

先生至錢塘，瑾遣人隨偵。先生度不免，乃托言投江以脫之。因附商船遊舟山，偶遇颶風大作，一日夜至閩界。

선생이 전당강에 이르자 유근이 사람을 보내 따라와서 정탐했다. 선생은 벗어나지 못하겠다고 헤아리고, 이에 유언의 말을 적어두고 강에 투신하여 그것을 모면했다. 장삿배에 의지하여 주산舟山으로 떠내려가는데, 뜻하지 않게 거센 폭풍이 크게 일어남을 만났기 때문에 하룻밤에 민閩땅[1]의 경계 지역에 이르렀다.

주

1 민閩은 복건성을 말한다.

比登岸，奔山徑數十里，夜扣一寺求宿，僧故不納。趨野廟，倚香案臥，蓋虎穴也。夜半，虎繞廊大吼，不敢入。黎明，僧意必斃於虎，將收其囊；見先生方熟睡，呼始醒，驚曰："公非常人也！不然，得無恙乎?"邀至寺。寺有異人，嘗識於鐵柱宮，約二十年相見海上；至是出詩，有"二十年前曾見君，今來消息我先聞”之句。

이윽고 뭍에 올라 산길을 수십 리 달려 밤에 한 절의 문을 두드려 잠자리를 구할 수 있는지를 물었다. 중은 일부러 받아들이지 않았다. 들에 있는 사당으로 달려가 향을 놓는 탁자에 기대 누우니 호랑이 구덩이를 덮은 곳이었다. 한밤중에 호랑이가 회랑을 빙빙 돌면서 크게 울부짖어 감히 들어가지 못했다. 동틀 무렵 중은 반드시 호랑이에게 죽었을 것으로 생각하여 그 보따리를 거두려고 했는데, 선생이 막 깊이 잠든 것을 보고 소리 질러 깨웠다. 놀라며 말했다: “공은 보통사람이 아니다. 그렇지 않으면, 탈이 없을 수가?” 불러서 절에 이르렀다. 절에는 특이한 사람이 있었다. 철주궁에서 면식이 있었는데, 대략 20년 만에 서로 해상에서 만났다. 이에 이르러 시를 지었는데, “20년 전 그대를 본 적이 있는데, 지금까지 소식은 내가 먼저 들었네.”라는 글귀이다.

◈ 시

與論出處，且將遠遯。其人曰：“汝有親在，萬一瑾怒逮爾父，誣以北走胡，南走粤，何以應之?”因爲蓍，得《明夷》，遂決策返。先生題詩壁間曰：

“險夷原不滯胸中，何異浮雲過太空?夜靜海濤三萬里，月明飛錫下天風。”

因取間道，由武夷而歸。時龍山公官南京吏部尚書，從鄱陽往省。十二月返錢塘，赴龍場驛。

그 사람과 더불어 장차 멀리 달아날 것을 논의하였다. 그 사람이 말했다: “너는 부친이 계시니 만일 유근이 노하여 너의 부친을 체포하고 무고하여 북으로 호 땅에 끌고 가고 남으로 월 땅에 끌고 가면 어떻게 대응하겠는가? 시초점을 쳤더니 명이괘[1]를 얻었고, 비로소 대책을 결정하고 돌아갔다. 선생은 벽에 시를 지어서 말했다:

◈ 시

험난하고 평탄함이 원래 가슴을 막히게 하지 않으니,
어찌 뜬구름이 큰 허공을 지나는 것과 다르겠는가?
밤은 고요하나 바다 파도가 삼만 리이니
달 밝은데 도사가 바람 타고 날아다니네[飛錫].[2]

사이 길을 취하여 무이武夷[3]로부터 돌아왔다. 이 때에 용산공은 관직이 남경 이부상서였고, 파양鄱陽[4]에서 문안했다. 12월 전당으로 돌아와서 용장역에 갔다.

주

1 『주역』, 명이괘明夷卦: 明夷, 利艱貞[명이는 어려움을 겪더라도 바른 도를 지킴이 이롭다] 외부의 어려움이나 장애물이 많아 도道를 지키기 어려운 상황이더라도 도를 잘 지키는 것이 길하다는 뜻이다.

2 비석飛錫은 '석장錫杖을 짚고 날아다닌다.'라는 뜻으로, 승려나 도사가 순례하러 돌아다님을 이르는 말이다.

3 무이武夷는 복건성 서북부에 있는 무이산이다. 그 지역이 무이산시이다.

4 파양鄱陽은 파양호이다. 강서성 북부에 있으며 여산廬山의 아래 남창의 위쪽에 있다. 파양호는 장강 중하류의 주요 지류 중 하나이다.

是時先生與學者講授，雖隨地興起，未有出身承當，以聖學爲己任者。徐愛，先生妹婿也，因先生將赴龍場，納贄北面，奮然有志於學。愛與蔡宗兗、朱節同擧鄕貢，先生作《別三子序》以贈之。

이때 선생은 배우는 사람들에게 강의해 주었는데 비록 어디서든 일으켜서 한 몸 다 바쳐 감당하며 성학을 자기 책임으로 삼은 자는 아직은 없었다. 서애徐愛[1]는 선생의 여동생 남편인데, 선생이 용장으로 가기 때문에 예물을 바치고 북면하여 꿋꿋하게 학문에 뜻을 두었다. 서애와 채종연蔡宗兗[2], 주절朱節[3]은 함께 공인이 되는 향시에 합격했고, 선생은 《별삼자서》를 지어서 그들에게 주었다.

주

1 서애徐愛(1487~1517)는 명 중기 관리이며 철학자이다. 자가 왈인曰仁이고 호는 횡산橫山이며 절강성 여요 사람이다. 왕수인의 제자이며 매제이다. 1508년에 진사가 되고 기주祁州 지주로 제수받고 후에 남경병부원외랑으로 승진하고 다시 남경공부랑중으로 옮겼다. 1516년 왕수인과 양명동으로 돌아가 '백세지업百世之業'을 약속하였다.

2 채종연蔡宗兗은 명조 관원이며 학자이다. 자가 희연希淵이고 절강성 산음 사람으로 왕수인과 동향이다. 왕수인의 제자로 절중왕문浙中王門에 속한다. 정덕 12년(1517) 진사가 되어 관직은 사천제학첨사四川提學僉事에 이르렀다. 백록동서원의 동주가 되었다. 하루는 왕수인이 여산에 놀러 갔는데, 그가 서원에서 강학해 주길 청했다.

3 주절朱節(1475~1523)은 자가 수중守中이고 호는 백포白浦이며 절강성 산음 사람으로 왕수인과 동향이다. 왕수인의 제자로 절중왕문에 속한다. 정덕 9년 진사가 되어 어사를 제수받았다. 호광황주부추관, 산동순안도감찰어사를 역임했다. 당시 도적이 안신진顏神鎭에서 군대를 일으켜 10여 개의 현을 침범했다. 주절이 군마를 몰고 도적과 전투하다가 과로로 죽어 광록사소경으로 추증되었다.

1508년, 선생 37세

三年戊辰，先生三十七歲，在貴陽。

정덕 3년 무진년(1508) 선생 37세에 귀양貴陽[1]에 있었다.

주

1 귀양貴陽은 귀주성 성성省城이 있는 곳이다. 용장과 양명동이 있다.

春，至龍場。

봄에 용장에 이르렀다.

先生始悟格物致知。

선생은 비로소 격물치지格物致知[1]를 깨달았다.

주

1 격물치지格物致知는 『대학』의 삼강령 팔조목에서 도덕적 수양을 기초로 유가적 도덕 정치의 이상을 실현하는 인식론적 개념이다. 격물치지는 주자와 왕양명이 해석을 달리하여 논쟁의 대상이 된 철학 용어이다.

龍場在貴州西北萬山叢棘中，蛇虺魍魎，蠱毒瘴癘，與居夷人鴃舌難語，可通語者，皆中土亡命。舊無居，始教之範土架木以居。時瑾憾未已，自計得失榮辱皆能超脫，惟生死一念尚覺未化，乃爲石墩自誓曰："吾惟俟命而已！"

용장은 귀주 서북쪽 만산 가시덤불 가운데 있으며, 뱀, 살모사, 도깨비, 벌레 독, 돌림병 등이 선생과 함께 살았고 이족들의 혀 놀림은 말하기 어려웠으며, 말이 통하는 자는 모두 중원에서 망명한 사람들이다. 예전에는 거처가 없었는데, 비로소 그들에게 흙을 채우고 나무를 묶어서 거주하는 법을 가르쳐주었다. 그때 유근의 앙심이 아직 그치지 않았는데, 스스로 득실과 영욕은 모두 초월할 수 있다고 헤아렸다. 오직 죽고 사는 하나의 생각만이 아직 사라지지 않았음을 느꼈고, 돌무덤을 만들고 스스로 맹세하며 말했다: "나는 오직 천명을 기다릴 따름이다."

日夜端居澄默，以求靜一；久之，胸中灑灑。而從者皆病，自析薪取水作糜飼之；又恐其懷抑鬱，則與歌詩；又不悅，復調越曲，雜以詼笑，始能忘其爲疾病夷狄患難也。因念："聖人處此，更有何道？"忽中夜大悟格物致知之旨，寤寐中若有人語之者，不覺呼躍，從者皆驚。始知聖人之道，吾性自足，向之求理於事物者誤也。乃以默記《五經》之言證之，莫不吻合，因著《五經臆說》。

밤낮 바르게 살며 맑고 고요하게 하여 정일靜一을 구하였다. 그것을 오래하니 가슴 속이 깨끗하게 씻어졌다. 그러나 따르는 자들이 모두 병이 들어서 스스로 장작을 패고 물을 길어 죽을 만들어 그들에게 먹였다. 또 그들이 눌리고 답답함을 품을까 걱정되면 함께 시를 노래하였다. 또 기뻐하지 않으면 다시 월나라 곡조를 연주하고 우스갯소리를 섞었다. 비로소 따르는 자들이 이적 환란을 병통으로 여기는 것을 잊을 수 있었다. 따라서 생각했다: "성인이 이곳에 머물어도 다시 무슨 방법이 있겠는가?' 갑자기 한밤중에 격물치지의 뜻을 크게 깨우쳤다. 깨어있는 것 같기도 하고 자는 것 같기도 한 사이에 마치 어떤 사람이 그에게 말해주는 자가 있는 것 같았다. 깨닫지 못한 사이에 소리 지르며 정중정중 뛰었다. 따르는 자들이 모두 놀랐다. 처음에 성인의 도는 내 본성이 스스로 넉넉한데, 이전에 사물에서 이치를 구하는 것은 잘못임을 비로소 알았다. 《오경》의 말을 묵묵히 기억해서 그것을 증명하니, 딱 들어맞지 않음이 없었다. 따라서 《오경억설》을 지었다.

居久，夷人亦日來親狎。以所居湫濕，乃伐木構龍岡書院及寅賓堂、何陋軒、君子亭、玩易窩以居之。思州守遣人至驛侮先生，諸夷不平，共毆辱之。守大怒，言諸當道。毛憲副科令先生請謝，且諭以禍福。先生致書復之，守慚服。水西安宣慰聞先生名，使人饋米肉，給使令，既又重以金帛鞍馬，俱辭不受。

거주한 지 오래되자 이민족 사람들이 또한 매일 와서 스스럼없이 친하게 되었다. 거주하는 곳이 축축하였기 때문에, 이에 나무를 베어다가 용강서원龍岡書院과 인빈당寅賓堂, 하루헌何陋軒, 군자정君子亭, 완역와玩易窩를 지어서 그곳에 살았다. 사주思州 수령이 사람을 보내어 용장역에 이르러서 선생을 모욕하니, 여러 이민족이 불평하고 함께 그들을 때리고 욕했다. 수령이 크게 노하여 집권자에게 그것을 알렸다. 안찰부사 모헌毛憲[1]은 선생이 사죄하도록 청하고, 또 화복으로 타일렀다. 선생이 편지를 보내 말했고, 수령은 부끄러워하며 굴복했다. 수서 선위사 안씨는 선생의 명성을 듣고 사람을 시켜서 쌀과 고기를 보내 심부름꾼을 보내 또 다시 비단과 안장을 얹은 말을 주었으나 모두 사양하고 받지 않았다.

주

1 모헌毛憲은 절강성 여요 사람이다. 성화 17년 진사가 되어 관직은 형부주사, 사천안찰부사, 호광안찰부사를 역임했다.

始朝廷議設衛於水西 , 既置城 , 已而中止 , 驛傳尚存。安惡據其腹心 , 欲去之 , 以問先生。先生遺書析其不可 , 且申朝廷威信令甲 , 議遂寢。已而宋氏酋長有阿賈、阿劄者叛, 宋氏爲地方患 , 先生復以書詆諷之。安悚然 , 率所部平其難 , 民賴以寧。

처음 조정에서는 수서水西에 위소를 세우자고 의논하여, 이미 성을 설치하기 시작했는데 얼마 안 있어 중지하였고 역 앞에 여전히 남아있다. 안씨는 그 역전이 한 가운데를 차지하는 것을 싫어하여 없애버리고 싶어서 선생에게 물었다. 선생은 편지를 보내 그것이 불가함을 밝혔고, 또 조정이 위엄있고 신망있는 법을 설명하자 의론이 마침내 잦아들었다. 얼마 안 있어 송씨가 추장酋長인데 아가阿賈, 아찰阿札이란 자가 반란을 일으켜 송씨가 지방의 근심거리로 삼았는데, 선생은 다시 편지로 그들을 잘못된 것을 고치도록 꾸짖었다. 안씨가 두려워하며 소속 부대를 이끌고 그 난을 평정했고, 백성들은 그것을 힘입어 평안해졌다.

1509년, 선생 38세

四年己巳，先生三十八歲，在貴陽。

정덕 4년 기사년(1509) 선생 38세 귀양에 있었다.

提學副使席書聘主貴陽書院。

제학부사 석서席書[1]는 귀양서원에 왕양명을 초빙하여 주관하게 했다.

주

1 석서席書(1461~1527)는 자가 문동文同이고 호는 원산元山이며 사천성 수녕遂寧 사람이다. 홍치 3년(1490) 진사가 되어 담성郯城 지현에 임명되고, 호부원외랑에 올랐다. 운남성에 재변災變이 일어나 글을 올려 원인이 조정의 폐정弊政에 있음을 말했다. 가정초에 대례의大禮議 논쟁이 생기자, 황제의 의중을 파악하여 상소의 초안을 잡아 계악桂萼에게 보이니 계악도 옳다고 여겨 함께 상소하고, 마침내 병부우시랑에서 예부상서로 옮겼다.

是年先生始論知行合一。始席元山書提督學政，問朱陸同異之辨。先生不語朱陸之學，而告之以其所悟。書懷疑而去。明日復來，舉知行本體證之《五經》諸子，漸有省。往復數四，豁然大悟，謂"聖人之學復睹於今日；朱陸異同，各有得失，無事辯詰，求之吾性本自明也。"遂與毛憲副修葺書院，身率貴陽諸生，以所事師禮事之。

이해 선생은 처음 지행합일知行合一[1]을 강론했다. 처음에 원산 석서는 학정을 감찰하면서 주희와 육구연陸九淵[2]의 같고 다름의 변별을 물었다. 선생은 주희와 육구연의 학문을 말하지 않고 그에게 자신이 깨달은 바를 알려주었다. 석서는 의심을 품고 떠났다. 다음날 다시 오자 지행의 본체를 들어서 오경五經과 여러 선생을 증거로 삼자 점차 반성함이 있었다. 왕복을 네 차례 하고는 활연히 크게 깨닫고 말했다. "성인의 학문은 오늘에서야 다시 보게 되었다. 주희와 육구연의 다르고 같음은 각각 득실이 있으니, 변론하고 따짐을 일삼지 말고 그것을 내 본성에서 구하면 본래 자명하다." 마침내 (석서가) 헌부 모씨와 함께 서원을 수리하고 몸소 귀양의 여러 문하생을 이끌고 스승을 섬기던 예로써 그를 섬겼다.

주

1 지행합일知行合一은 아는 것과 행동하는 것이 한결같이 서로 맞는 것이다. 주희는 먼저 알고 나서 행하는 것으로 선지후행先知後行을 주장했다. 왕양명은 일의 현장에서 일하면서 곧 알게 된다고 사상마련事上磨鍊을 통한 지행합일을 주장하였다.

2 육구연陸九淵(1139~1192)은 자가 자정子靜이고 호는 상산象山이다. 강서성 금계金谿 사람이다. 형 육구소陸九韶·육구령陸九齡 등과 '삼육자三陸子'라고 일컬어진다. 그는 마음이 곧 이[心卽理]'라는 명제를 정립하였고, 왕양명이 실천에 중점을 두는 심학으로 계승됨으로써 육왕학파陸王學派가 성립되었다.

後徐愛因未會先生知行合一之訓，決於先生。先生曰："試舉看。"愛曰："如今人已知父當孝，兄當弟矣，乃不能孝弟，知與行分明是兩事。"先生曰："此被私欲隔斷耳，非本體也。聖賢教人知行，正是要人復本體，故《大學》指出真知行以示人曰：'如好好色，如惡惡臭.' 夫見好色屬知，好好色屬行。只見色時已是好矣，非見後而始立心去好也。聞惡臭屬知，惡惡臭屬行；只聞臭時，已是惡矣，非聞後而始立心去惡也。又如稱某人知孝，某人知弟，必其人已曾行孝行弟，方可稱他知孝知弟：此便是知行之本體。愛曰："古人分知行爲二，恐是要人用工有分曉否？"

후에 서애가 선생의 지행합일의 가르침을 깨닫지 못했기 때문에, 선생에게 따졌다.

선생이 말했다: "예를 들어보아라." 서애가 말했다: "예를 들면 오늘날 사람이 이미 부모에게 마땅히 효도해야 하고 형에게 공경해야 함을 알면서도 효도와 공경을 할 수 없다면 지와 행은 분명 두 가지 일입니다." 선생이 말했다: "이는 사욕에 의해 막히고 끊겼을 뿐이지 본체가 아니다. 성현이 사람들에게 지행을 가르치는 데, 바로 이것은 사람이 본체를 회복해야 하는 것이다. 그래서 『대학』에서 진정한 지행[知行]을 가리켜서 사람들에게 보여주면서 말했다: "마치 호색을 좋아하듯이 하고 악취를 싫어하듯이 하라."[1] 아름다운 여자를 봄은 앎[知]에 속하고 아름다운 여자를 좋아함은 행위[行]에 속한다. 다만 아름다운 것을 보았을 때는 이미 좋아한 것이지 본 후에 비로소 마음을 세워서 좋아하는 게 아니다. 악취를 맡음은 앎[知]에 속하고, 악취를 싫어함은 행위[行]에 속한다. 다만 냄새를 맡았을 때 이미 싫어한 것이지 맡은 후에 비로소 마음을 세워서 싫어하는 게 아니다. 또 가령 어떤 사람은 효도를 알고 어떤 사람은 공경을 안다고 말한다면 반드시 그 사람은 이미 효도를 해보고 공경을 해보아서 바야흐로 그는 효도를 알고 공경을 안다고 일컬을 수 있다. 이것이 바로 앎과 행위[知行]의 본체이다. 서애가 말했다: "옛사람들이 앎과 행위를 나누어 둘로 나눈 것은 아마도 사람이 공부해야 함을 분명하게 알도록 하려는 것이겠지요?"

주

1 『대학』: 所謂誠其意者, 毋自欺也, 如惡惡臭, 如好好色, 此之謂自謙, 故君子必愼其獨也![소위 그 뜻을 정성스럽게 하려는 자는, 스스로 속이지 말 것이니, 미워하는 것을 악취를 미워하는 것처럼 하고, 좋아하는 것을 색色을 좋아하는 것처럼 하라. 이를 가리켜 자겸自謙이라 하니, 그러므로 군자는 반드시 그 홀로 있음에서 삼가야[愼獨]하는 것이다!]

先生曰: "此正失卻古人宗旨。某嘗說知是行之主意, 行實知之功夫; 知是行之始, 行實知之成; 已可理會矣。古人立言所以分知行爲二者, 緣世間有一種人, 懵懵然任意去做, 全不解思惟省察, 是之爲冥行妄作, 所以必說知而後行無繆。又有一種人，茫茫然懸空去思索，全不肯著實躬行，是之爲揣摸影響，所以必說行而後知始真。此是古人不得已之教，若見得時，一言足矣。今人卻以爲必先知然後能行，且講習討論以求知，俟知得真時方去行，故遂終身不行，亦遂終身不知。某今說知行合一，使學者自求本體，庶無支離決裂之病。"

선생이 말했다: "이것이 바로 옛사람의 종지를 잃어버린 것이다. 내가 앎은 행위의 주된 의도이고, 행위는 실제로 앎의 공부이며, 앎은 행위의 시작이고 행위는 실제로 앎의 완성이라고 말한 적이 있으니 이해했을 것이다. 옛사람(주희)이 말을 세워서 앎과 행위를 나누어 두 가지로 만든 까닭은 세간에 어떤 사람이 어리석게 제멋대로 행하여 사유와 성찰을 전혀 이해하지 못하고 맹목적으로 행하고 망령되이 만들어냄을 옳다고 여겼다. 그래서 반드시 알고 난 뒤에 행하는 것이 오류가 없다고 말했다. 또 어떤 사람은 망연히 허공에 매달려 사색을 하면서 전혀 착실하게 몸소 실천하려고 하지 않는데, 이는 그림자를 더듬는 것이다. 그래서 반드시 행한 이후에 앎이 비로소 참이 된다고 말해야 한다. 이는 옛사람의 부득이한 가르침인데, 만약 알게 된다면 한 마디로 족하다. 오늘날 사람은 오히려 반드시 먼저 안 후에 행할 수 있다고 여겨서, 우선 강습하고 토론하여서 앎을 구하고, 앎이 참을 얻는 때를 기다려서 비로소 행위에 나아간다. 마침내 종신토록 행하지 못하고, 또한 끝내 종신토록 알지도 못한다. 내가 지금 지행합일을 말함은 배우는 사람들이 직접 본체를 구하도록 하는 것이니 지리멸렬한 병통이 거의 없다."

1510년, 선생 39세

五年庚午，先生三十九歲，在吉。

정덕 5년 경오년(1510) 선생 39세에 길주[1]에 있었다.

주

1 길주吉州는 강서성 길안시吉安市이다. 강서성 중부이며 감강贛江의 중류이다.

陞廬陵縣知縣。

여릉현[1] 지현으로 승진하였다.

주

1 여릉현廬陵縣 은 강서성 길안시이다. 옛적에 여릉, 길주로 칭했다. 여릉현과 길주, 길안은 모두 같은 곳이다.

先生三月至廬陵。爲政不事威刑，惟以開導人心爲本。蒞任初，首詢里役，察各鄉貧富奸良之實而低昂之。獄牒盈庭，不即斷射。稽國初舊制，慎選里正三老，坐申明亭，使之委曲勸諭。民胥悔勝氣囂訟，至有涕泣而歸者。由是囹圄日清。在縣七閱月，遺告示十有六，大抵諄諄慰父老，使教子弟，毋令蕩僻。

선생은 3월에 여릉에 이르렀다. 정치하며 엄격한 형벌을 일삼지 않았고 다만 사람들의 마음을 깨우쳐 이끄는 것을 근본으로 삼았다. 부임한 처음에는 먼저 마을의 일꾼들에게 물어보고 각 고을의 가난한 자와 부자, 간악한 자와 선량한 자들의 실태를 살펴서 억누르고 올려주었다. 옥사의 문서가 관청에 가득했는데 즉시 결단해서 서두르지 않았다. 국초의 옛 제도를 살펴보고 마을에서 바른 삼로三老[1]를 신중하게 선발하여 신명정申明亭[2]에 앉혀놓고 그들에게 간곡하게 권하고 알아듣게 했다. 백성들은 서로 기세등등하여 시끄럽게 소송한 것을 후회하고 심지어 울면서 돌아간 자도 있었다. 이로부터 날로 감옥이 비어졌다. 현縣에 있은 지 7개월이 지나서 고시告示 16조를 내렸는데 대개 정성스럽게 부로父老를 위로하고 자녀들을 교육하여서 방탕하거나 편벽하지 못하게 하였다.

주

1 삼로三老는 고대 교화를 위한 향관乡官이었다. 향리에서 덕망이 있는 세 분이 관직을 담당했다. 전국 위나라에 삼로를 두었고 진나라 향리에 삼로를 두었으며 한나라는 군郡에 삼로를 두었고 동한 이후에는 군 삼로가 있고, 또 나라에도 삼로를 두었다.

2 신명정申明亭은 명·청 양대에 각지에 게시글을 붙여 '신명교화申明教化'하기 위해 지은 정자이다. 홍무 5년(1372) 2월 부·주·현府·州·縣 및 향리에 모두 신명정을 세우도록 명하여, 경내 백성 중 죄를 지은 자는 그의 잘못을 적어 정자에 방을 붙여 사람들이 두려워하여 감히 악을 행하지 못하게 하였다.

城中失火，身禱返風，以血禳火，而火即滅。因使城中闢火巷，定水次兌運，絕鎮守橫征，杜神會之借辦，立保甲以弭盜，清驛遞以延賓旅。至今數十年猶踵行之。

성안에 불이 나서 몸소 바람의 방향이 바뀌기를 기도하고, 피로써 화재가 그치기를 제사 지내니 불은 바로 꺼졌다. 그로 인하여 성안에 화항火巷[1]을 열고 수차水次와 태운兌運[2]을 정하게 했다. 진鎮의 수령이 세금을 마음대로 걷는 것을 끊고, 신회神會[3]를 빌려서 일 처리하는 것을 막고, 보갑保甲[4] 제도를 세워서 도둑질을 막고 역체驛遞[5]를 깨끗하게 하여 여행객을 늘렸다. 오늘날까지 수십 년이 되었으나 여전히 그것을 따라서 시행하고 있다.

주

1 화항火巷은 집 사이에 화재가 번지는 것을 막기 위해 남겨둔 작은 골목이다. 송나라와 금나라가 교전할 때 남송 시대에 창설되었다. 이는 방화를 위해 설치되었을 뿐만 아니라 전투와

병력 사용에도 편리하다.

2 수차水次는 해안에 배가 정박하는 곳을 말한다. 즉, 부두이다. 태운兌運은 명대 조운漕運 방식 중 하나이다. 관군이 조량漕糧을 대신 운반하고, 백성들은 이에 상응하는 노비路費와 소모미[耗米]를 내는 방식이다.

3 신회神會는 마음에서 깨치는 것이다.

4 보갑保甲제도는 지방 군사력을 강화하기 위해 농민들의 자치 방위군 조직이다. 송나라 시기부터 군사 관리를 위한 호적 관리 제도였는데 그 특징은 호戶가 사회 조직의 기본 단위이며, 보갑은 호를 단위로 조직하였다. 호의 장을 정하고 10가구가 갑甲이 되며 갑장甲長을 둔다. 10개의 갑이 보保가 되며 보장保長을 둔다.

5 역체驛遞는 역참驛站에서 공문을 넘겨주고 받던 일이거나 혹은 공무公務를 띤 사람을 역에서 역으로 말을 갈아 보내던 일이다.

語學者悟人之功。先是先生赴龍場時，隨地講授。及歸過常德、辰州，見門人冀元亨、蔣信、劉觀時輩俱能卓立，喜曰：“謫居兩年，無可與語者，歸途乃幸得諸友！悔昔在貴陽舉知行合一之教，紛紛異同，罔知所入。茲來乃與諸生靜坐僧寺，使自悟性體，顧恍恍若有可即者。”

배우는 자들에게 다른 사람을 깨우치는 공부를 이야기했다. 이보다 먼저 선생이 용장에 부임했을 때 가는 곳마다 강독을 해주었다. 돌아오는 길에 상덕常德과 진주辰州를 지나오다가 문인인 기원형冀元亨[1], 장신蔣信[2], 유관시劉觀時[3] 등이 모두 뛰어나 자립할 수 있음을 보고서 기뻐하며 말했다: “귀양살이[謫居]에서 두 해 동안 함께 말할 만한 사람이 없었는데 돌아가는 길에 다행히 여러 벗을 만났구나! 지난번 귀양에 있을 때 지행합일知行合一의 가르침을 거론한 것이 분분하게 다르고 같아서 들어갈 바를 알지 못했던 것이 후회스럽다. 근래 비로소 여러 문하생과 승사僧寺에서 조용히 앉아서 성체性體를 스스로 깨우치게 했는데 돌이켜보니 언뜻언뜻 마치 다가갈 만한 자가 있는 것 같았다.”

주

1 기원형冀元亨(1482~1521)은 명 중기 정치인이다. 자가 유건惟乾이고 호광성 상덕부常德府 무릉현武陵縣 사람이다. 정덕 11년(1516) 향시에 붙은 뒤 줄곧 왕수인王守仁을 따랐다. 주신호가 그의 학문에 감복하여 선물을 보냈지만, 그는 오히려 선물을 관료에게 주었다. 주신호가 역모에 실패한 후, 장충과 허태는 자신과 주신호가 내통했다고 모함했으나, 주신호는 이를 인정하지 않았고 기원형과 학문을 논한 적이 있다고 했다. 장충은 결국 기원형을 체포하고 포격으로 낙인찍어 가혹한 고문을 가했지만, 기원형은 끝내 인정하지 않았고 왕수인이 그의 억울함을 상소로 호소했다. 세종이 즉위하자 언신들은 모두 억울하다고 주장했고, 그는 출소가 정해졌는데 옥에서 세상을 떠났다.

2 장신蔣信(1483~1559)은 명 중기 관원이며 학자이다. 자가 경실卿實이고 호는 도림道林이며 호광성 상덕부 무릉현武陵縣 사람이다. 그는 어려서부터 기원형과 친했다. 둘은 같이 왕수인을 따르며 학문을 논했다. 가정 초년에 입경하여 담약수를 스승으로 삼아 가정 11년(1532) 진사가 되어 사천수리첨사四川水利僉事의 관직에 있었다. 그는 귀주제학부사提學副使가 되어 그곳에 두 곳 서원을 건립하고 우수한 학생들에게 학습과 생활 지원을 제공했다. 처음 왕수인을 따랐으나 양지 공부를 하지 않았고 나중에 담약수와 가장 오랫동안 교류했기 때문에 그에게서 더 많이 배웠다.

••• 편지글

既又途中寄書曰："前在寺中所云靜坐事，非欲坐禪入定也。蓋因吾輩平日爲事物紛拏，未知爲已，欲以此補小學收放心一段功夫耳。明道云：'纔學便須知有用力處，既學便須知有得力處。'諸友宜於此處着力，方有進步，異時始有得力處也。"

이미 헤어진 후 도중에 편지를 부쳐서 말했다: "전에 절 안에서 말한 정좌의 일은 좌선입정坐禪入定을 하려는 것이 아니었다. 대개 우리들이 평일에 사물에 의해 어지럽게 붙잡혀있어서 자기를 위할 줄을 몰랐기 때문에 이것으로써 소학의 수방심收放心[1] 일단一段의 공부를 보완하고자 했을 뿐이다. 명도가 말했다: "막 배울 때는 곧 힘쓸 곳[用力處]이 있음을 알아야 하고, 이미 배운 후에는 곧 힘 얻을 곳[得力處]이 있음을 알아야 한다."[2] 여러 벗이 마땅히 이곳에 힘을 쏟아야만 바야흐로 진보가 있어서 훗날 비로소 힘 얻을 곳이 있게 될 것이다."

주

1 수방심收放心은 『맹자』에 구방심求放心으로 나온다. 사물에 잡혀 내 선한 마음을 잊어버린 것을 다시 구하거나 거두어들이는 것이다.
2 정명도의 「정성서定性書」에 나온다.

39세 11월

冬十有一月，入覲。

겨울 11월에 입궐하여 황제를 뵈었다.

先生入京：館於大興隆寺，時黃宗賢綰爲後軍都督府都事，因儲柴墟巏請見。先生與之語，喜曰："此學久絕，子何所聞?"對曰："雖粗有志，實未用功。"先生曰："人惟患無志，不患無功。"明日引見甘泉，訂與終日共學。

선생은 수도로 들어가 대흥융사에 묵었다. 그때 황관[1]이 후군도독부도사가 되었는데, 이 때문에 저권儲巏[2]이 뵙기를 청했다. 선생은 그와 더불어 얘기했고, 기뻐하며 말했다: "이 학문이 오래도록 끊어졌었는데, 그대는 어디서 들었는가?" 대답하여 말했다: "비록 대강 뜻이 있으나 실지로 공부하지 못했습니다." 선생이 말했다: "사람은 오직 뜻함이 없음을 걱정하는 것이지 공부가 없음을 걱정하지 않는다." 다음날 감천을 만나서 종일 함께 공부하면서 교분을 맺었다.

주

1 황관黃綰(1480~1554)은 명조 중기 관원이며 사상가이다. 자가 종현宗賢이고 호는 구암거사久庵居士·석룡石龍이며 절강성 태주부台州府 황암현黃岩縣 사람이다. 정덕 5년(1510)에 조상의 음서로 관직에 나갔으나 곧 그만두고 왕수인을 스승으로 모시고 성인의 학문을 논했다. 정덕 7년(1512) 고향으로 돌아와 자소산에서 10여 년간의 성현의 학문에 힘썼다. 가정 원년(1522) 남경도찰원에 부임하였고 대례의大禮議를 찬성하여 조정에 들어갔다. 가정 7년(1528)에 『명륜대전』을 완성하여 첨사부첨사와 한림원시강학사를 겸했다. 그 후 대학사 양일청의 미움을 사서 외직인 남경 예부우시랑으로 좌천되었다. 가정 12년(1533) 조정으로 돌아와 예부 좌시랑으로 승진하였고, 다시 가정 18년(1539), 예부상서 겸 한림원학사로 승진하였으나 사직했다.

2 저권儲巏(1457~1513)은 자가 정부靜夫이고 호는 시허柴墟이며 양주부揚州府 태주泰州 사람이다. 명대 중기 정치가이며 시인이다. 헌종 성화 19년(1483) 향시와 이듬해 회시會試에서 1등으로 붙어 남경이부고공주사南京吏部考功主事로 임명되었고, 후에 좌첨도어사, 호부시랑을 역임하며 숙폐宿弊를 모두 혁파하였다. 무종 정덕 8년(1513) 재임 중 사망하였다.

按<u>宗賢</u>至<u>嘉靖</u>壬午春復執贄稱門人。

전덕홍이 생각건대 황종현이 가정 임오년(1522) 봄에 이르러 다시 예물을 가지고 와서 선생의 문하생이 되기를 청했다.

39세 12월

十有二月，升<u>南京</u>刑部<u>四川</u>清吏司主事。

12월 남경 형부 사천청리사주사로 승진했다.

論實踐之功。先生與<u>黃綰</u>、<u>應良</u>論聖學久不明，學者欲爲聖人，必須廓清心體，使纖翳不留，真性始見，方有操持涵養之地。應良疑其難。

先生曰："聖人之心如明鏡，纖翳自無所容，自不消磨刮。若常人之心，如斑垢駁蝕之鏡，須痛刮磨一番，盡去駁蝕，然後纖塵即見，纔拂便去，亦不消費力。到此已是識得仁體矣。若駁蝕未去，其間固自有一點明處，塵埃之落，固亦見得，纔拂便去；至於堆積於駁蝕之上，終弗之能見也。此學利困勉之所由異，幸勿以爲難而疑之也。凡人情好易而惡難，其間亦自有私意氣習纏蔽，在識破後，自然不見其難矣。古之人至有出萬死而樂爲之者，亦見得耳。向時未見得裏面意思，此功夫自無可講處，今已見此一層，卻恐好易惡難，便流入禪釋去也。"

실천의 공부를 논했다. 선생은 황관黃綰, 응량應良[1]과 성인의 학문이 오랫동안 밝혀지지 않아 배우는 사람들이 성인이 되고자 하면 반드시 마음의 본체를 말끔히 씻어내어 티끌도 머무르지 않도록 하여야 진성이 비로소 드러나서 바야흐로 다잡아서 지니고 흠뻑 길러내는 경지가 생기게 된다고 논했다. 응량은 그 어려움을 의심하였다. 선생이 말했다: "성인의 마음은 밝은 거울과 같아서 티끌 자체는 받아들일 곳이 없으니, 그 자체는 닦고 긁어낼 필요가 없다. 일반 사람의 마음은 얼룩 때가 낀 거울과 같아서 반드시 수고스럽게 한 번 닦고 긁어내어 녹을 모두 제거한 후에야 먼지가 곧바로 드러나는데 털어내자마자 곧 제거되어 역시 힘쓸 필요가 없다. 이에 이르면 이미 인仁의 본체를 알아차린 것이다. 만약 녹이 제거되지 않더라도 그사이에 본래 한 점의 밝은 곳이 있어서 먼지가 떨어짐을 참으로 또한 볼 수 있으니 털자마자 곧 제거된다. 녹 위에 쌓는 데에 이르게 된다면 끝내 먼지를 볼 수 없게 될 것이다. 이 때문에 배워서 알고, 순조롭게 행하고 어렵게 알고 힘써 행함[學·利·困·勉]의 유래가 다르니, 바라건대, 어렵다고 여기고 의심하지 말라. 대체로 사람의 정情은 쉬운 것을 좋아하고 어려운 것을 싫어한다. 그 사이에 또한 저절로 사사로운 뜻과 기질의 버릇과 휘감기어 가려짐을 지니고 있으니, 꿰뚫어 본 후에야 자연스럽게 어려움이 보이지 않는다.

옛사람은 심지어 온갖 죽음에 노출되어 있는데도 즐겁게 학문하는 자가 있었으니 알 수 있다. 이전에 내면의 뜻을 보고 터득하지 못하여 이 공부를 스스로 강의할 만한 곳이 없었는데, 지금은 이미 이 일층을 보았으나 도리어 배우는 자들이 쉬운 것을 좋아하고 어려운 것을 싫어하여 곧장 불가의 선종으로 흘러 들어갈까 두렵다."

주

1 응량應良(1480~1549)은 명 중기 관원이다. 자는 원충原忠이고 호는 남주南洲이며 절강성 태주台州 선거仙居 사람이다. 열 살에 글을 쓸 수 있었고, 말을 할 때마다 어른들을 놀라게 했다. 정덕 6년(1511) 진사가 되어 서길사庶吉士를 제수받고 담약수와 왕수인에게 양지학을 배웠다. 후에 부친을 돌보기 위해 귀향하여 산중에서 10년을 공부하였다. 후에 산동제학부사, 하남참정, 광동우포정사로 승진하였다. 가정 4년(1525)에 죽었다.

按先生立教皆經實踐，故所言懇篤若此。自揭良知宗旨後，吾黨又覺領悟太易，認虛見爲真得，無復向裏着己之功矣。故吾黨穎悟承速者，往往多無成，甚可憂也。

전덕홍이 생각건대 선생이 가르침을 세운 것은 모두 실천을 경험한 것이기 때문에 말한 바가 이처럼 간절하고 독실하다. 스스로 양지의 종지를 게시한 후 우리들은 또 깨달음이 너무 쉽다고 느끼고, 헛된 견해를 참된 얻음이라고 인정하고 다시 내면을 향해 자신의 공부를 쌓지 않는다. 그래서 우리 무리 중에 총명하여 이어받음이 빠른 자가 종종 많으나 성과는 없어 몹시 걱정할 만하다.

1511년, 선생 40세

六年辛未，先生四十歲，在京師。

정덕 6년 신미년(1511) 선생 40세에 수도에 있었다.

40세 정월

正月，調吏部驗封淸吏司主事。

정월, 이부 험봉청리사주사[1]로 옮겨갔다.

주

1 험봉청리사주사驗封淸吏司主事에서 험봉청리사는 험봉사라고도 하며 명대 이부의 문선사, 고공사, 계훈사와 함께 사사四司 중 한 곳이다. 핵심 직책은 음생·습작 제도 관리, 관료 사후 전보 처리, 토사 세직 계승 평가 및 이원 선임 제도 시행 등 문관을 관리하는 곳이다.

論晦庵、象山之學。王輿庵讀象山書有契，徐成之與辯不決。先生曰："是朱非陸，天下論定久矣，久則難變也。雖微成之之爭，輿庵亦豈能遽行其說乎?"成之謂先生漫爲含糊兩解，若有以陰助輿庵而爲之地者。

회암 주희와 상산 육구연이 학문을 논했다. 왕여암王輿庵[1]이 상산의 글을 읽고 합치됨이 있어서 서성지徐成之[2]가 함께 논쟁했지만, 결론이 나지 않았다. 선생이 말했다: "주희를 옳다 하고, 상산을 그르다 하는 것은 세상의 논의로 정해진 지 오래되었고, 오래되면 변하기 어렵다. 비록 서성지의 논쟁이 없었다고 하더라도 여암이 또한 어찌 그 말을 곧바로 행할 수 있겠는가?" 성지는 선생이 함부로 모호한 두 견해를 지녔다고 말하고, 마치 (선생이) 남몰래 여암을 지지함으로써 그를 위한 여지가 있는 듯했다.

주

1 왕여암王輿庵은 명대 관료이다. 정덕 6년(1511)에 이부검봉청리사 주사를 맡았으며 왕수인의

문인이다. 주희와 육구연 간의 학문적 의견 차이를 논의하는 데 참여했다. 여암은 육구연의 이론을 존중했다.

2 서수성徐守誠은 자가 성지成之이고 절강성 여요 출신이다. 초기에 정주리학을 믿었는데, 그는 왕수인이 자신과 동향이며 학문에 충실하다는 것을 알고 기쁘게 여겨 교제하기 시작하여 결국 왕수인의 제자가 되었다.

••• 편지글

先生以書解之曰："輿庵是象山，而謂其專以尊德性爲主。今觀《象山文集》所載，未嘗不教其徒讀書。而自謂理會文字頗與人異者，則其意實欲體之於身。其亟所稱述以誨人者曰：'居處恭，執事敬，與人忠。'曰：'克己復禮。'曰：'萬物皆備於我，反身而誠，樂莫大焉。'曰：'學問之道無他，求其放心而已。'曰：'先立乎其大者，而小者不能奪。'

선생은 편지로 이를 해명하여 말했다: "여암은 상산을 옳다고 생각해서 오로지 존덕성尊德性[1]만을 중심으로 삼는다고 말했다. 이제 『상산문집』에 실린 글을 보면, 자기 제자들에게 독서를 가르치지 않은 적이 없었다. 스스로 글을 이해하는 것이 다른 사람들과는 매우 다르다고 말한 것이라면 그 의미는 실제로 몸에 체현하고자 한 것이다. 그가 누차 말하고 서술한 것으로 사람들을 깨우친 것이 다음과 같다: '거처함에는 공손히 하고, 일 처리는 경건하며, 사람을 대할 때는 정성을 다한다.' (공자가) 말했다: '자기를 이기고 예로 돌아가라.[2]', (맹자가) 말했다: '이 세상 모든 만물이 나에게 갖추어져 있으니, 자신을 돌아보고 성실하니 즐거움이 이보다 더 큰 것은 없다.[3]', 말했다: '학문의 길은 다른 것이 없고 자기의 흐트러진 마음을 구하는 것일 뿐이다.', 말했다: '먼저 그 큰 것을 세운다면 작은 것은 빼앗아 갈 수 없다.'

주

1 『중용』: 尊德性, 所以存心而極乎道體之大也.[존덕성은 하늘의 바른 이치를 받아 마음에 보존하여 도체의 큼에 지극히 하는 것이다.] 존덕성尊德性은 덕성을 높이는 것이고 덕성을 높이는 것은 선한 마음을 기르는 것이다. 주자는 존덕성과 학문을 탐구하는 도문학道問學을 수양으로 삼았다.

2 『논어·안연』: 顔淵問仁, 子曰: 克己復禮爲仁.[안연이 인을 물었다. 공자가 말했다: 자기 사욕을 이기고 예로 돌아가는 것이 인을 하는 것이다.]

3 『맹자·진심 상』: 萬物皆備於我, 反身而誠, 樂莫大焉.[만물은 모두 내 안에 갖추어져 있다. 자신을 돌아보고 성실하면 이보다 더 큰 즐거움은 없다.]

是數言者, 孔子、孟軻之言也, 烏在其爲空虛乎?獨其易簡覺悟之說, 頗爲當時所疑。然易簡之說出於《繫辭》; 覺悟之說, 雖有同於釋氏, 然釋氏之說亦自有同於吾儒, 而不害其爲異者, 惟在於幾微毫忽之間而已。亦何必諱於其同而遂不敢以言, 狃於其異而遂不以察之乎?

이 몇 마디 말은 공자와 맹자의 말인데, 어디에서 그것이 텅빔[空虛]이 되겠는가? 다만 그 쉽고 간단한 깨달음의 설은 자못 당시에는 매우 의심받았다. 그러나 쉽고 간단하다는 설1은 『주역』, 「계사전」에 나오고, 깨달음의 말은 비록 불교에도 동일한 것이 있지만, 그러나 불교의 설 또한 자체가 우리 유학과 같은 바가 있어서 그 달라지는 것이 해롭지 않으니, 오직 미세한 약간의 사이에서만 다름이 있을 뿐이다. 또한, 왜 반드시 그들의 같음을 꺼려서 마침내 감히 말하지 않고 그들이 다른 것에 왜곡되어서 끝내 그것을 살피지 않는가?

주

1 『주역·계사전』: 易則易知 簡則易從.[쉬우면 알기 쉽고 간단하면 따르기 쉽다.] 라고 이간易簡을 말했는데, 정현鄭玄이 "역에는 세 가지 뜻이 포함되어 있는데 이간易簡이 첫째요, 변역變易이 둘째요, 불역不易이 셋째다"라 하였다.

是輿庵之是象山，固猶未盡其所以是也。吾兄是晦庵，而謂其專以道問學爲事。然晦庵之言，曰：'居敬窮理。'曰：'非存心無以致知。'曰：'君子之心常存敬畏，雖不見聞，亦不敢忽，所以存天理之本然，而不使離於須臾之頃也。'是其爲言雖未盡瑩，亦何嘗不以尊德性爲事，而又烏在其爲支離乎?獨其平日汲汲於訓解，雖韓文、《楚辭》、《陰符》、《參同》之屬，亦必與之注釋考辨，而論者遂疑玩物。

이는 여암이 상산을 옳다고 여기면서도, 진실로 그 옳은 까닭을 모조리 밝히지 않은 것과 같다. 그대는 회암을 옳다고 여기면서 오로지 도문학을 일로 삼았다고 말했다. 그러나 회암은 말했다: '경을 생활화하면서 이치를 캐묻는다.', 말했다: '마음을 간직함이 아니면 어떤 것을 가지고도 앎을 넓히지 못한다.', 말했다: '군자의 마음은 항상 경건함과 두려움을 간직하여 비록 남들이 보고 듣지 않을 때라도 감히 소홀히 하지 않는다. 그래서 천리의 본연을 간직해야 하기에 잠시라도 떠나게 할 수 없다.' 이는 그 말의 의미가 비록 충분히 명확하지 않지만, 또한 어찌 존덕성으로서 일삼지 않은 적이 있겠는가? 그러나 또한 그것이 지리하게 됨이 어디에 있겠는가? 유독 평소 훈고 해석에만 급급하여, 비록 한유韓愈[1]의 문장과 『초사』, 『음부경』, 『참동계』와 같은 책들은 반드시 그것과 함께 주석하고 연구하여 잘못된 것을 바로잡더라도, 논하는 사람은 마침내 말장난이라고 의심한다.

주

1 한유韓愈(768~824)는 당나라 문장가이다. 자가 퇴지退之이고 호는 창려昌黎이며 하남성 하양河陽 사람이다. 정원貞元 8년(792) 진사가 되었고 『육경』을 다 암송하고 백가百家의 학문을 배웠다. 시문에 뛰어나 일가를 이루었다. 국자감 좨주에 임명되고, 병부시랑을 거쳐 나중에 이부시랑과 경조윤까지 올랐다. 시호가 문文이라, 한문공韓文公으로 불린다. '당송팔대가唐宋八大家' 가운데 한 사람이다.

又其心慮恐學者之躐等，而或失之於妄作，必先之以格致而無不明，然後有以實之於誠正而無所謬。世之學者掛一漏萬，求之愈煩，而失之愈遠，至有弊力終身，苦其難而卒無所入，而遂議其支離。不知此乃後世學者之弊，而當時晦庵之自爲則亦豈至是乎?是吾兄之是晦庵，固猶未盡其所以是也。夫二兄之所信而是者，既未盡其所以是，則其所疑而非者，亦豈盡其所以非乎?僕嘗以爲晦庵之與象山，雖其所以爲學者若有不同，而要皆不失爲聖人之徒。今晦庵之學，天下之人童而習之，既已入人之深，有不容於論辯者。

또 그 마음은 배우는 자들이 등급을 건너뛰고 혹은 멋대로 만드는 데서 본 취지를 잃어버릴까 염려하여 반드시 격물치지로써 먼저 하여 분명하지 않음을 없게 한 후에 성의와 정심을 착실하게 하여 잘못된 것을 없애야 한다. 세상의 학자들이 한 개를 마음에 두고 만 개를 빠뜨리니, 그것을 구하면 구할수록 더욱 번잡해지고 그것을 잃어버림이 더욱더 멀어진다. 심지어 종신토록 애쓰고 그 어려움을 고통스럽게 여기면서도 마침내 들어갈 데가 없어서 비로소 그 지리함을 토론한다. 이것을 알지 못함이 곧 후세 학자들의 폐단이고 당시에 회암이 스스로 법칙으로 삼았으니 어찌 여기에 이르렀겠는가? 이는 그대가 회암을 옳다고 하고 진실로 여전히 그것이 옳은 까닭을 다 밝히지 않았다. 그대 둘이서 믿고 옳다고 하는 것이 이미 옳은 까닭을 밝히지 않는다면, 그것이 의심하는 바가 아니라는 것 또한 어찌 그 아닌 까닭을 모조리 다 밝히겠는가? 나는 일찍이 회암과 상산의 관계가 비록 학문하는 까닭이 마치 다름이 있는 것 같아도 요지는 모두 성인의 무리가 되는 것을 잃지 않았다고 여겼다. 이제 회암의 학문은 천하의 어린이도 익히니 이미 입문한 사람들의 깊이는 논변하는 것을 용납하지 않음이 있다.

而獨惟象山之學，則以其嘗與晦庵之有言，而遂藩籬之；使若由、賜之殊科焉則可矣，而遂擯放廢斥，若碔砆之與美玉，則豈不過甚矣乎?故僕嘗欲冒天下之譏，以爲象山一暴其說，雖以此得罪無恨。晦庵之學既已章明於天下，而象山猶蒙無實之誣，於今且四百年，莫有爲之一洗者。使晦庵有知，將亦不能一日安享於廟廡之間矣。此僕之至情，終亦必爲兄一吐露者，亦何肯慢爲兩解之說以陰助於輿庵已乎?"

유독 상산의 학문은 회암과 언쟁한 적이 있어 마침내 울타리를 쳤다. 가령 (주희와 육구연을) 자로[1]와 자공[2]처럼 다르다고 한다면 괜찮지만, 결국 물리치고 배척하는 것이 무부碔砆[3]가 아름다운 옥과 같다고 한다면, 어찌 너무 심하지 않다고 하겠는가? 그러므로 나는 천하의 비웃음을 무릅쓰고자 하여 상산이 그 설을 한 번 드러낸 것으로 여긴 적이 있으니 비록 이로써 죄를 얻더라도 한이 없다. 회암의 학문은 이미 세상에 밝게 드러났지만, 상산은 오히려 알맹이가 없다는 무고함을 뒤집어쓴 지 지금까지 400년 동안 한 번도 그를 위해 씻어주는 사람이 없었다. 가령 회암이 알게 된다면 앞으로 하루도 사당에서 편안하게 제사를 받을 수 없을 것이다. 이것이 나의 지극한 정이며, 결국 그대를 위하여 터놓고 얘기해야만 하는 것이니, 또한 어찌 두 견해의 설을 위하여 기꺼이 무시하는 척하면서 몰래 여암을 도와주는 것이겠는가?

주

1 중유仲由(BC543~BC480)는 공자의 제자이자 공문십철 가운데 한 사람이다. 자가 자로子路이고 계로季路라고도 불린다. 지금의 산동성 사수현泗水縣] 사람이다. 자로는 공자보다 나이가 9세 어리지만 공자를 수행하던 제자들 가운데에는 가장 나이가 많았다. 그는 노나라의 세 경대부卿大夫 가문인 삼환三桓 가운데 하나인 계씨系氏의 읍재邑宰를 지냈다. 그는 성격이 거칠고 용맹스러운 일과 힘쓰는 일을 좋아하고 의지가 강하고 정직하였다. 『사기』에 공자는 위나라에 변란이 일어났다는 소식을 듣고 "분명히 자로는 뜻을 굽히지 않고 목숨을 잃을 것이다."라고 예견했다고 하였다.

2 단목사端木賜(BC520~BC456)은 춘추 시대 위衛나라 사람이며 공문십철孔門十哲 중 한 사람이

다. 자가 자공子貢이며 재아宰我와 더불어 언어에 뛰어났다. 상업에도 능하여 일찍이 조曹나라와 노나라 사이에서 장사하여 천금을 모았다. 공자의 제자 중 가장 부유했으며, 제후들과 대등한 예를 나눌 정도였다. 그는 자신의 사업과 경력을 바탕으로 외교무대에서도 크게 활약하여 노나라와 위衛나라의 재상을 지냈다.

3 무부碔砆는 순수한 옥이 아니다. 무부와 옥은 가짜와 진짜를 비유할 때 쓰는 말이다.

40세 2월

二月，爲會試同考試官。

이월에 회시의 동고시관[1]이 되었다.

주

1 동고시관同考試官은 원나라 과거 시험 때 시험관과 협동하여 근무한 관원이다. 명청 시대의 부주임에 해당한다. 『원사·선거일選志一』에 "처차고시관處差考試官, 동고시관同考試官 1명씩을 보임하였다."라고 하였다.

是年僚友方獻夫受學。獻夫時爲吏部郎中，位在先生上，比聞論學，深自感悔，遂執贄事以師禮。是冬告病歸西樵，先生爲敘別之。

이 해에 동료 방헌부方獻夫[1]가 배움을 받았다. 헌부는 당시 이부낭중이 되었고, 지위는 선생의 위에 있었는데, 자주 (선생이) 학문을 논하는 것을 듣고, 깊이 스스로 감동하고 뉘우쳐 마침내 예물을 올리고 스승의 예로써 섬겼다. 이 겨울에 (방헌부가) 병으로 사직하고 서초西樵[2]로 돌아갔다. 선생은 글을 짓고 그와 작별했다.

주

1 방헌부方獻夫(1485~1544)는 초명이 헌과獻科이고 자가 숙현淑賢이고 호는 서교西樵이다. 광동성 광주부 남해현 사람이다. 홍치 18년(1505) 진사가 되어 서길사를 제수받았다. 정덕 연간

에 예부 주사, 이부 주사, 이부원 외랑을 역임했으며, 이후 왕수인을 스승으로 모시고 병을 무릅쓰고 고향으로 돌아와 서교산西樵山에서 10년 동안 공부했다. 가정 원년(1522) 조정으로 돌아와 직무를 맡았고, 3년(1524) 시독학사로 승진했다. 6년(1527) 예부우시랑, 이부좌시랑, 예부상서를 역임했다. 8년(1529) 계악을 대신하여 이부상서를 맡았고, 이후 질병으로 고향에 돌아와 요양하였다. 가정 11년(1532) 다시 기용되어 무영전 대학사를 겸임하였고, 이시李時를 이어 내각의 차관으로 임명되었다. 가정 23년(1544) 60세로 세상을 떠난 뒤 태보로 추증되었으며 시호는 문양文襄이다.

2 서초西樵는 서초진西樵镇이다. 광동성 불산시佛山市 이다.

40세 10월

十月，陞文選清吏司員外郎。

시월 문선청리사[1] 원외랑으로 승진하였다.

주

1 문선청리사文选清吏司는 관서명이다. 약칭 문선사라고 한다. 원외랑은 지금의 차관으로 종5품의 관직이다.

送甘泉奉使安南。先是先生陞南都，甘泉與黃綰言於塚宰楊一清，改留吏部。職事之暇，始遂講聚。方期各相砥切，飲食啟處必共之。至是甘泉出使安南封國，將行，先生懼聖學難明而易惑，人生別易而會難也，乃爲文以贈。

감천이 안남安南[1]으로 사신 가는 것을 전송했다. 이에 앞서 선생은 남도에 승진하였고, 감천과 황관이 총재 양일청楊一清[2]에게 말하여 부서를 바꾸고 이부에 머물렀다. 직책의 일이 한가해지자 비로소 모인 사람들에게 강의했다. 바야흐로 각각 서로 갈고 닦음을 기약하고, 마시고 먹고 쉬는 곳에서는 반드시 함께했다. 이에 이르러 감천이 안남봉국에 출사하여 가려는데, 선생은 성학은 밝히기는 어려우나 미혹되기는 쉽고, 인생은 헤어지기는 쉬우나 만나기는 어려울 것을 염려하였다. 그리하여 글을 지어주였다.

주

1 안남安南은 베트남의 옛 이름으로, 안남이라는 명칭은 당대의 안남도호부에서 유래했다. 안남은 기원전 3세기 중국 진나라 때부터 중국 영토가 되었고, 명나라 선덕 연간에 안남은 완전히 독립했다. 이후 베트남은 오랫동안 중국의 번속국으로 존재했다. 명 홍무 말년에 안남 내부에서 반란이 일어났다.

2 양일청楊一清(1454~1530)은 명대 명신이며 내각의 수장이었다. 자가 응영應寧이고 호는 수암邃庵·석종石淙·삼남거사三南居士이며 운남성 안영安寧 사람이다. 어려서 총명하여 7세에 신동으로 소문이 나서 특별히 한림원에 입학하여 공부했다. 성화 8년(1472) 진사가 되어 중서사인中書舍人, 섬서제학부사, 태상사소太常寺少, 남경태상사경南京太常寺卿, 섬서순무陝西巡撫, 삼변총제三邊總制 등을 역임했다. 정덕초 권력을 얻어 유근의 세력과 맞섰고 그로 인해 금의위옥에 갇혔으나 대학사 이동양과 왕번의 도움으로 출소했다. 그는 장영과 유근이 사이가 나쁜 것을 알고 태감 장영을 이용해 유근을 쓰러트리고 호부상서로 승진하여 태자 소보를 맡았다. 이듬해 주후조의 총신 강빈과 전영의 미움을 사서 조정에서 쫓겨났다. 세종은 즉위하여 양일청을 예우하였고 양일청도 '대례의'에서 세종을 지지하여 섬서성 세 변의 군무를 총감독하고 내각의 수석 보좌관이 되었다. 죽어서 태보에 추증되었고 시호는 문양文襄이다. 그는 왕수인이 어려움을 당했을 때 적극 도왔다.

略曰："顏子沒而聖人之學亡，曾子唯一貫之旨傳之孟軻，絕又二千餘年，而周、程續。自是而後，言益詳，道益晦。孟氏患楊、墨，周、程之際，釋、老大行。今世學者皆知尊孔、孟，賤楊、墨，擯釋、老，聖人之道若大明於世。

요약하여 말했다: "안회[1]가 죽자, 성인의 학이 없어졌는데, 증자[2]가 오직 하나로 꿰뚫는 종지를 맹자에게 전하였다. 끊어진 지가 또 2,000여 년인데 주돈이와 이정二程이

뒤를 이었다. 이로부터 뒤로는 말이 상세해질수록 성인의 도는 더욱 어두워졌다. 맹자는 양주[3], 묵자[4]에 물들까 걱정했다. 주돈이와 이정의 시기에는 불교와 노자가 크게 유행했다. 지금의 학자들이 모두 공맹을 높이고, 양주와 묵자를 천시하고, 불교와 도가를 배척할 줄 알아서 성인의 도가 세상에 크게 밝혀진 것 같다.

주

1 안회顔回(BC 514~BC 483)는 자가 연淵이며 공자의 제자 중 가장 덕을 실천한 인물이다. 그는 안빈낙도하며 학문에 전념하였기에 공자가 가장 아끼는 제자였다.

2 증삼曾參(BC 505~BC 435)은 자가 자여子輿이다. 노나라 무성武城 사람이며 공자의 제자 72현 중 한 사람이다. 후세 사람들이 그를 존경하여 종성宗聖·증자라고 부른다. 『논어』를 편집했고 『대학』, 『효경』, 『증자십편』을 지었다.

3 양주楊朱(BC 395~BC 335)는 자가 자거子居이고 위魏나라 사람이다. 전국 초기 위대한 사상가이며 위아주의爲我主義가 중심 사상이다. 도가 양주학파의 창시자이다. 전국시대에 천하의 말이 양즉귀묵楊則歸墨으로 돌아가는 현상이 있을 정도로 그 학설의 영향이 컸다.

4 묵적墨翟(BC 470?~BC 391?)은 춘추 말엽 송나라 하남성 상구商丘 사람이다. 묵가墨家 사상의 창시자이다. 묵가 사상은 겸애를 기본 이념으로 삼으며 비공非攻을 주장한 평화주의자이다.

然吾從而求之, 聖人不得而見之矣, 其能有若墨氏之兼愛者乎?其能有若楊氏之爲我者乎?其能有若老氏之清淨自守、釋氏之究心性命者乎?吾何以楊、墨、老、釋之思哉?彼於聖人之道異, 然猶有自得也.

그러나 나는 따라서 그것을 구하였는데도 성인은 볼 수 없었으니, 성인은 묵자의 '겸애' 같은 것을 가질 수 있는가? 성인은 양주의 '위아' 같은 것을 가질 수 있는가? 성인은 노자의 '청정하게 저절로 지킴[清淨自守]'와 석가의 '심·성·명을 찾음[究心性命]' 같은 것을 가질 수 있는가? 내가 양주, 묵자, 노자, 석가의 생각을 어찌겠는가? 저들은 성인의 도에서는 다르지만, 그러나 오히려 자득함이 있다.

而世之學者，章繪句琢以誇俗，詭心色取，相飾以僞，謂聖人之道勞苦無功，非復人之所可爲，而徒取辯於言辭之間，古之人有終身不能究者，今吾皆能言其略，自以爲若是亦足矣，而聖人之學遂廢。則今之所大患者，豈非記誦辭章之習？

그러나 세상의 학자들이 문장을 다듬고 수식하여 세상 사람들에게 자랑하고, 마음을 속이고 얼굴색은 (인을) 취하고 서로 거짓으로 꾸미니 성인의 도는 애쓰고도 공이 없다고 하였다. 다시 사람이 할 수 있는 바가 아니다. 다만 말들 가운데 변론을 취하여, 옛사람들이 평생 궁구할 수 없는 것이 있었으니 이제 내가 모두 그 대략을 말할 수 있다. (사람들은) 스스로 이같이 하면 충분하다고 여기니, 성인의 학은 드디어 없어졌다. 그런즉 오늘날 크게 근심되는 것이 어찌 '기송사장記誦辭章[1]의 습관'[1] 아니겠는가?

주

1 기송사장記誦辭章에서 기송記誦은 암송하는 것이고 사장辭章은 운문과 산문을 총칭한 말이다. 기송사장은 '사장辭章을 암송하다'의 뜻이다.

而弊之所從來，無亦言之太詳、析之太精者之過歟？某幼不問學，陷溺於邪僻者二十年，而始究心於老、釋。賴天之靈，因有所覺，始乃沿周、程之說求之，而若有得焉，顧一二同志之外，莫予冀也，岌岌乎仆而復興。晚得於甘泉湛子，而後吾之志益堅，毅然若不可遏。則予之資於甘泉多矣。

폐단이 있어 온 것은 또한 말하는 것이 너무 자세하고, 분석하는 것이 너무 정밀한 것에 지나침이 없었는가? 내가 어려서 물어서 배우지 않고, 거짓되고 구석진 것에 20년간 빠졌다가, 노자와 석가에게서 마음을 탐구하기 시작했다. 하늘의 영명靈明에 기대어, 깨달은 바가 있었기 때문에 비로소 주돈이와 이정이 말한 바에 따라 그것을 구하였다. 만약 얻게 되면, 한두 명의 동지를 돌아보는 것 외에 나는 바랄 것이 없으니, 위험하게 넘어져도 다시 일어날 것이다. 뒤늦게 나는 담감천 선생을 만난 후, 나의 뜻이 더욱 굳세고 의연하여 마치 막을 수 없을 것 같았다. 그런즉 내가 감천甘泉[1]에게서 취한 것이 많다.

주

1 감천甘泉은 담약수湛若水이다.

甘泉之學，務求自得者也。世未之能知，其知者且疑其爲禪。誠禪也，吾猶未得而見，而況其所志卓爾若此？則如甘泉者，非聖人之徒歟？多言又烏足病也？夫多言不足以病甘泉，與甘泉之不爲多言病也，吾信之。

감천의 학은 스스로 얻기를 힘써 구하는 것이다. 세상 사람들은 아직 알 수가 없었고, 그 아는 자도 또 그 학문이 선禪이라고 의심했다. 참으로 선은 내가 아직도 알지 못하거늘, 하물며 그의 뜻하는 바가 이처럼 뛰어나겠는가? 그런즉 감천과 같은 사람은 성인의 무리가 아니겠는가? 말 많은 것이 어찌 흠으로 삼기 충분하겠는가? 대체로 말 많은 것은 감천을 흠으로 여기기에는 부족하고, 차라리 감천과 더불어 말을 많이 하지 않는 것이 흠이다. 나는 그를 믿는다.

吾與甘泉，有意之所在，不言而會，論之所及，不約而同，期於斯道，斃而後已者，今日之別，吾容無言？夫惟聖人之學，難明而易惑，習俗之降愈下而抑不可回，任重道遠，雖已無俟於言，顧復於吾心，若有不容已也，則甘泉亦豈以予言爲綴乎？”

나와 감천은 뜻이 있는 곳은 말하지 않아도 알게 되었고, 논하여 언급되는 바는 약속하지 않아도 같았으며 유가의 도를 기약하고 죽은 이후에야 그칠 것이니, 오늘의 이별을 내가 어찌 말하지 않겠는가? 오직 성인의 학은 밝히기는 어렵고 미혹되기 쉬우니, 풍속은 아래로 내려가면 갈수록 도리어 되돌릴 수 없다. 맡은 책임은 무겁고 길은 머니 비록 이미 말에서는 기다림이 없다고 하더라도 다시 내 마음에서 돌아보고 만약에 자신을 용납하지 못함이 있다면, 감천 역시 어찌 내 말을 군더더기로 삼겠는가?

1512년, 선생 41세

七年壬申，先生四十一歲，在京師。

정덕 7년 임신년(1512) 선생이 41세에 수도에 있었다.

41세 3월

三月，陞考功清吏司郎中。

3월에 고공 청리사 낭중[1]에 올랐다.

주

1 고공청리사考功清吏司는 관서명이다. 명·청 시대 이부吏部 산하에 설치된 기구이다. 문관의 의견을 수렴하고 처분을 내린다. 그 관직에는 낭중 4명, 원외랑 4명, 주사 3명이 관원으로 있다.

按《同志考》，是年穆孔暉、顧應祥、鄭一初、方獻科、王道、梁穀、萬潮、陳鼎、唐鵬、路迎、孫瑚、魏廷霖、蕭鳴鳳、林達、陳洸及黃綰、應良、朱節、蔡宗兗、徐愛同受業。

『동지고』에 의하면 이 해에 목공휘穆孔暉[1], 고응상顧應祥[2], 정일초鄭一初[3], 방헌과方獻科[4], 왕도王道[5], 양곡梁穀[6], 만조萬潮[7], 진정, 당붕, 노영, 손호, 위정림, 소명봉, 임달, 진광, 황관, 응량, 주절, 채종연, 서애가 함께 수업을 받았다.

주

1 목공휘穆孔暉(1479~1539)는 자가 백잠伯潛이고 호는 현암玄庵이며 산동성 당읍堂邑 사람이다. 홍치 17년(1504) 산동 향시에서 수석 합격하고 이듬해 전시에서 진사가 되어 서길사를 제수받았다. 정덕 2년(1507) 한림원검토가 되어 《명효종실록》을 편수하였다. 정덕 4년 유근에게 죄를 얻어 남경예부주사로 폄직되었다. 정덕 5년 유근이 죽어 다시 복귀했다. 정덕 6년(1511) 회시동고관이 되었고 남경국자사업이 되어 경연에 나아가 강의했으며 가정 4년(1525)에 《명무종실록》 편수작업에 참여했다. 관직은 남경태상사경에서 병으로 치사했다. 예부우시랑에 추증되었고 시호는 문간文簡이다.

2 고응상顧應祥(1483~1565)은 자가 유현惟賢이고 호는 약계箬溪이며 절강성 장흥長興 사람이다. 홍치 18년(1505)진사가 되었고 관직은 남경형부상서에 이르렀으며 죽어서 태자소보에 추증되었다. 정덕 원년(1506)에 남경에서 『명효종실록』을 편수했다.

3 정일초鄭一初(1476~?)는 자가 조삭朝朔이고 호는 자파紫坡이며 게양현揭陽縣 관계도官溪都 남교향藍橋鄕 사람이다. 그는 대대로 학자 가문에서 태어나 어릴 때부터 총명하고 학문을 좋아했으며 타고난 자질이 뛰어나고 일찍이 깨달음을 얻었다.

4 방헌과方獻科는 방헌부方獻夫의 초기 이름이다.

5 왕도王道는 절강성 영가현永嘉縣 사람이다. 영락 계미년에 해원解元으로 붙었고 갑신년에 진사가 되었다. 영락 원년(1403)에 절강향시에서 1등으로 붙어 거인이 되었다. 영락 2년(1404)에 회시에 붙고 바로 전시에 나아가 2갑 제 26등으로 붙어 한림원 서길사를 제수받았다. 성조가 명하여 실시한 진사 중에서 인재를 뽑는 시험에서 붙어 문연각文淵閣에 들어갔다.

6 양곡梁穀(1480~?)은 자가 중용仲用이고 호는 묵암默庵이며 산동성 兗주부兗州府 동평주(東平州) 사람이다. 정덕 2년(1507) 산동향시에서 7등으로 거인에 붙고 정덕 6년(1511) 신미과 회시와 전시에서 제이갑 진사가 되었다. 봉정대부를 지냈다.

7 만조萬潮(1488~1543)의 자가 여신汝信이고 호는 오계五溪이며 강서성 진현 사람이다. 정덕

6년(1511) 진사가 되어 관직은 연수순무延綏巡撫와 우부도어사에 이르렀다. 만조는 서분, 하량승, 진구천과 함께 상소를 올려 무종의 남쪽 순방을 막았다. 당시 이들 4명을 병칭하여 '강서사간江西四諫', 서강사군자西江四君子라 불렀다.

41세 12월

十二月，陞南京太僕寺少卿，便道歸省。

12월, 남경 태복시 소경으로 승진하여 가던 길에 고향에 들렀다.

與徐愛論學。愛是年以祁州知州考滿進京，陞南京工部員外郎。與先生同舟歸越，論《大學》宗旨。聞之踴躍痛快，如狂如醒者數日，胸中混沌復開。仰思堯、舜、三王、孔、孟千聖立言，人各不同，其旨則一。今之《傳習錄》所載首卷是也。

서애와 더불어 학문을 논했다. 서애는 이해에 기주祁州[1] 지주의 임기가 다 되어 서울로 나가 남경 공부 원외랑에 올랐다. 선생과 같이 배를 타고 월 땅으로 돌아가는데 왕양명이 『대학』의 근본 취지를 논하였다. 그것을 듣고, 뛸 듯이 기뻐하며 속이 시원하였고 미친 듯, 깬 듯한 것이 며칠 되니 가슴 가운데 애매모호했던 것이 다시 트였다. 요순, 삼왕, 공자와 맹자를 우러러 사모하니, 천 명의 성인이 세운 말은 사람마다 각기 다르지만, 그 근본 취지는 하나이다. 오늘날의 『전습록』에 실린 내용 중 첫째 권이 이것이다.

주

1 기주祁州는 현재 하북성 보정시保定市와 안국시安國市이다. 당나라 말기에 정주定州를 분리하여 기주를 두었다.

••• 자서문自敍文

其自敍云 : "愛因舊說汩沒, 始聞先生之教, 實駭愕不定, 無入頭處。其後聞之既久, 漸知反身實踐, 然後始信先生之學爲孔門嫡傳, 舍是皆傍蹊小徑, 斷港絕河矣。如說格物是誠意功夫, 明善是誠身功夫, 窮理是盡性功夫, 道問學是尊德性功夫, 博文是約禮功夫, 惟精是惟一功夫, 諸如此類, 皆落落難合。其後思之既久, 不覺手舞足蹈。"

그는 자서에서 말했다: "서애는 구설舊說에 골몰하여 처음 선생의 가르침을 듣고 실로 깜짝 놀라서 안정이 안 되고, 머리를 들이댈 곳이 없었다. 그 후 들은 것이 이미 오래되어 점차로 자신을 반성해서 실천할 줄을 알게 되고 그런 후에야 비로소 선생의 학문이 공자 문하의 정통을 전함이 되었고, 버릴 것은 모두 곁길이고, 좁은 길이며, 단절된 뱃길이고, 끊어진 강이라는 것을 믿게 되었다. 예컨대 격물은 성의의 공부이며, 명선明善은 성신誠身 공부이며, 궁리는 진성盡性의 공부이며, 도문학은 존덕성의 공부이고, 박문은 약례의 공부이고, 유정惟精은 유일惟一의 공부라고 말했는데, 이같이 부르는 것들이 모두 낱낱이어서 합쳐지기 어렵다. 그 후에 그것을 오래 생각하니 나 자신도 모르게 손발이 덩실거렸다."

1513년, 선생 42세

八年癸酉, 先生四十二歲, 在越。

정덕 8년, 계유년(1513) 선생 42세에 월 땅에 있었다.

二月，至越。

2월에 월 땅에 이르렀다.

先生初計至家即與徐愛同遊台、蕩，宗族親友絆弗能行。五月終，與愛數友期候黃綰不至，乃從上虞入四明，觀白水，尋龍溪之源；登杖錫，至雪竇，上千丈巖，以望天姥、華頂；欲遂從奉化取道赤城。

선생은 처음에 집에 이르러 서애와 더불어 천태산, 안탕산 등을 유람하려고 계획을 세웠으나 종친과 친구들이 붙들어서 갈 수 없었다. 5월 말, 서애와 몇 명의 친구가 황관黃綰을 기다렸지만 오지 않았다. 상우上虞[1]로부터 사명四明[2]으로 들어가고, 백수白水를 관람하고, 용계龍溪의 근원을 찾고, 장석산杖錫山[3]에 올라 설두산雪竇山[4]에 이르고 천장암에 올라 천모, 화정을 바라보았다. 봉화奉化[5]로부터 적성赤城으로 길을 잡고자 하였다.

주

1 상우上虞는 절강성 소흥시 동북부 전당강錢塘江 남쪽에 있다.
2 사명四明은 사명산이다. 영파시寧波市와 여요시餘姚市에 사명산 진감죽령鎮甘竹嶺이 있다.
3 장석산杖錫山은 영파시 사명산맥에 속한다. 바위에 사명산심四明山心이라고 적혀있다.
4 설두산雪竇山은 절강성 영파시 사명산맥에 속하며 중국불교 오대 명산 중 하나이다. 사명제일산四明第一山이라 불린다.
5 봉화奉化는 절강성 동부 해안과 영파寧波시 남부에 위치하고 동쪽으로 상산항象山港 항구를 사이에 두고 상산현象山縣과 마주 보고 있으며 남쪽으로 영해현, 서쪽으로 신창현新昌縣, 승주嵊州, 여요餘姚, 북쪽으로 해서海曙와 은주鄞州와 접하고 있다.

適久旱，山田盡龜坼，慘然不樂，遂自寧波還餘姚。綰以書迎先生。復書曰：“此行相從諸友，亦微有所得，然無大發明。其最所歉然，宗賢不同茲行耳。後輩習氣已深，雖有美質，亦漸消盡。此事正如淘沙，會有見金時，但目下未可必得耳。”先生茲遊雖爲山水，實注念愛、綰二子。蓋先生點化同志，多得之登遊山水間也。

때마침 오랫동안 가물었다. 산과 밭이 모조리 다 거북등처럼 갈라져 버렸다. 참담하여 즐겁지 않아서 마침내 영파에서 여요로 돌아왔다. 황관은 편지로서 선생을 맞이했다. 다시 편지에서 말하였다: “이번 여행은 여러 벗을 서로 따르니 역시 얻은 바가 약간 있다. 그러나 크게 밝힐 것은 없다. 그 여행 중에서 가장 마음에 차지 않은 것은 그대 종현宗賢이 이번 여행에 함께 하지 않은 것이다. 후배들은 나쁜 버릇이 이미 깊어서 비록 아름다운 자질을 가지고 있어도 점차로 사그라져 없어진다. 이 일은 바로 마치 모래를 거르는 것과 같아서 때로는 황금을 볼 때도 있지만, 그러나 눈앞에서 당장 얻을 수 있는 것은 아니다.” 선생은 이 여행이 비록 산수를 보기 위했으나 실제로는 서애와 황관 두 제자를 염두에 두었다. 선생은 동지들을 점차로 새롭게 이끌었는데 대부분 산수 사이를 오르고 노니는 가운데서 얻었다.

冬十月，至滁州。

겨울 10월 저주[1]에 이르렀다.

주

1 저주滁州는 안휘성의 동부에 있다.

滁山水佳勝，先生督馬政，地僻官閑，日與門人遨遊琊琊、瀼泉間。月夕則環龍潭而坐者數百人，歌聲振山穀。諸生隨地請正，踴躍歌舞。舊學之士皆日來臻。於是從遊之衆自滁始。

저주는 산수가 빼어났고, 선생은 말 관리하는 일을 감독하였는데, 지형이 후미지고 관직이 한가하여 날마다 문인들과 낭야瑯琊[1]와 양천瀼泉[2] 사이에서 교유하였다. 달밤이면 용담龍潭을 둘러앉은 사람이 수백 명이었고, 노랫소리가 계곡을 울렸다. 유생들이 어디서든 질정[正][3]을 청했고, 뛰뛰며 노래하고 춤췄다. 예전에 배웠던 선비들이 모두 날마다 와서 모였다. 이에 그를 쫓아 교유하는 무리가 저주로부터 시작되었다.

주

1 낭야군琅琊郡은 안휘성 저주滁州시에 붙어있다. 중국 고대에도 하나의 군이었다. 진秦나라 조정은 중국을 36군으로 나누었는데 낭야는 그중 하나이다. 낭야현은 당시 진나라 최대 항구였다.

2 양천瀼泉은 안휘성 저주滁州에 있다. 서남에는 취옹정醉翁亭이 있다. 원래 이름은 파리천玻璃泉인데 후대 송나라 구양수歐陽修가 좌천되어 2년간 서주滁州 지주로 있을 때 그의 만년晩年 자호를 따서 양천이라 이름 지었다.

3 정正은 질정質正으로 묻거나 따져서 바로잡는 것이다.

孟源問：“靜坐中思慮紛雜，不能強禁絕。”先生曰：“紛雜思慮，亦強禁絕不得；只就思慮萌動處省察克治，到天理精明後，有個物各付物的意思，自然精專無紛雜之念；《大學》所謂‘知止而後有定’也。”

맹원孟源[1]이 물었다: “정좌 중에 생각이 어수선함[思慮紛雜][2]은 억지로 막거나 끊어버릴 수 없습니다.” 선생이 말했다: “생각이 어수선한 것은 역시 억지로 막거나 끊어버릴 수 없다. 다만 사려가 싹터서 움직이는 곳에서 성찰하며 극복하고 다스려 천리가 정밀하고 분명해지는데 이른 후에 ‘사물은 각각 사물에 맡긴다.[3]’는 뜻이 있으니, 자연히 정밀하고 전일하여 어수선한 잡념을 없앤다. 『대학』에서 이른바 ‘그침을 안 이

후 안정된다.'[4]라고 한 것이다.

주

1 맹원孟源은 남경에 거주하며 아우 맹진孟津과 왕양명이 저주에서 강학할 때 수업을 받았고 양명이 남경에서 강학할 때도 다시 찾아가고 양명이 53세 때 소흥부 집에 있을 때도 찾아와서 공부하였다. 어떤 학생이 요사이 공부에 관하여 왕양명에게 여쭙자, 맹원이 곁에 있다가 나서서 "타고난 본심 또는 영명靈明을 찾아야 한다고 끼어들었고, 왕양명이 나무라자 또다시 어떻게 변명할까를 생각하였기에 왕양명이 다시 나무랐다. 이는 그의 허명虛名 때문이라고 보았다. 허명은 일종의 명예욕이다.

2 사려분잡思慮紛雜은 『전습록』에 사려 분요思慮紛擾라고 나온다. 생각하는 중에 생기는 어지러운 마음인데 왕양명은 해결 방법으로 사려가 싹트는 순간의 성찰극치省察克治를 제시하였다. 다시 말해 정좌하는 동안에 사려가 어지럽게 일어나면 억지로 사려를 금지할 수 없으니까 사려가 일어날 때마다 자세히 관찰하여[省察] 인욕人欲에서 우러나온 것이면 제거하라[克治]고 하였다.

3 물각부물物各付物은 마음에서 떠오른 대상을 대상 자체로 보게 된다는 뜻이다. 『이정집二程集·유서遺書』, 권18 : 정이천과 소계명蘇季明의 문답 중에서 정이程頤의 말을 인용하였다. 『근사록·존양存養』에도 나온다.

4 『대학』: 知止而後有定, 定而後能靜, 靜而後能安, 安而後能慮, 慮而後能得[그칠 때를 안 후에 안정되고, 안정된 후에 고요할 수 있으며, 고요한 후에 편안할 수 있고, 편안해진 후에 생각할 수 있고, 깊이 사색한 후에 얻을 수 있다.] 그쳐야 할 곳은 지선至善이고, 얻을 수 있는 것은 도道이다.

1514년, 선생 43세

九年甲戌, 先生四十三歲, 在滁。

정덕 9년 갑술년(1514) 선생 43세 저주滁州에 있었다.

43세 4월

四月，陞南京鴻臚寺卿。

4월 남경 홍려사경鴻臚寺卿[1]에 올랐다.

주

1 홍려사경鴻臚寺卿은 고대의 관직명이다. 진나라는 전객典客이라고 불렀고, 한나라 경제 때 대행령大行令으로 변경했으며 무제 때는 다시 대홍려大鴻臚로 이름을 바꾸고 북제에서는 홍로사鴻臚寺라고 하였다. 남송, 금, 원은 설치하지 않고 명·청 시대에 다시 설치했다. 홍려사경은 정3품 문관이다.

시

滁陽諸友送至烏衣，不能別，留居江浦，候先生渡江。先生以詩促之歸曰："滁之水，入江流，江潮日復來滁州。相思若潮水，來往何時休？空相思，亦何益？欲慰相思情，不如崇令德。掘地見泉水，隨處無弗得。何必驅馳爲？千裏遠相即。君不見堯羹與舜牆？又不見孔與蹠對面不相識？逆旅主人多殷勤，出門轉盼成路人。"

저양滁陽[1]의 벗들이 송별하러 오의烏衣[2]에 이르렀으나, 이별할 수 없어서 강포에 머물면서 선생이 강[滁河][3]을 건너기를 기다렸다. 선생이 시를 지어 돌아가기를 재촉하며 말하였다:

시

저양의 물은 강으로 흘러 들어가는데,
강의 조수는 날마다 다시 저주로 오는구나.
서로 그리워함이 마치 조수와 같으니,

왕래를 언제 그치겠는가?

헛되이 서로 그리워함이,
또한 무슨 이익인가?
서로 그리워하는 정을 위로하고자 함은
아름다운 덕을 숭상하는 것만 못하다네.

땅을 파서 샘물을 보는 것은,
어떤 곳이든 얻지 못함이 없다.
어찌 반드시 바삐 달려야 하겠는가?
천 리의 거리가 멀다 하더라도 떨어져 있지 않은데,

그대는 요의 국과 순의 벽[4]을 보지 못했는가?
공자와 도척이 대면하여 서로 알아보지 못했음[5]을 알지 못하는가?
여관 주인은 대부분 정이 두터우나,
문을 나서는 순간 길손이 된다네.

주

1 저양滁陽은 안휘성 비동현肥東縣 동북부의 옛 성들이 모여 있는 곳이다. 이곳은 삼국시대 군사적 보루堡壘였으며 오랜 기간 역사적 배경을 지닌 곳이다.

2 오의烏衣는 남경의 오의항烏衣巷이다. 유우석劉禹錫의 〈오의항〉 시 2구에 '烏衣巷口夕陽斜[오의항 어귀에 석양이 기울었구나!]'라 하였다. 진나라 당시 오의항은 가장 번화한 거리였다. 진晉 나라 때 개국공신인 왕도王導와 비수대전淝水大戰을 지휘했던 사안謝安 등 대신들이 이곳에 살았고 그들의 자녀들이 검은 옷을 입고 이 마을을 돌아다녔기에 붙여진 이름이다.

3 저하滁河는 강소성 남경과 안휘성 저주를 분리하는 강이다. 남경은 강의 동쪽에 저주는 강의 서쪽에 있다.

4 『후한서·이고전李固傳』: 옛적 요임금이 죽은 후, 순은 3년간 우러러 그리워하며 앉으면 요가 앉았던 벽에 보고, 먹을 때면 요의 국그릇을 보았다. 그는 신하의 절개를 잃지 않았다.

5 공자와 친구 사이인 유하혜柳下惠는 노나라에서 현인으로 존경받는 인물인데, 그에게는 희대의 도둑인 도척盜蹠이라는 동생이 있었다. 공자는 자신이 직접 도척을 만나 사람을 만들겠다

고 했다. 유하혜는 공자가 포악한 동생에게 봉변이라도 당할까 만류했지만, 공자는 제자들과 함께 도척이 머물던 태산으로 갔다. 도척의 부하에게 만나러 왔다고 전했으나 공자를 향해 대뜸 화를 내며 만나주지 않았다. 그래서 보지 못하고 돌아왔다. 이글은 『장자·도척편』에 나온다.

43세 5월

五月，至南京。

5월 남경에 이르렀다.

自徐愛來南都，同志日親，黃宗明、薛侃、馬明衡、陸澄、季本、許相卿、王激、諸偁、林達、張寰、唐俞賢、饒文璧、劉觀時、鄭騮、周積、郭慶、欒惠、劉曉、何鼇、陳傑、楊杓、白說、彭一之、朱篪輩，同聚師門，日夕漬礪不懈。客有道自滁遊學之士多放言高論，亦有漸背師教者。

서애가 남도로 온 이래로 동지들은 날마다 친해졌는데, 황종명[1], 설간, 마명형[2], 육징[3], 계본[4], 허상경[5], 왕격[6], 제칭, 임달林達[7], 장환張寰[8], 당유현, 요문벽, 유관시, 정류, 주적, 곽경, 난혜, 유효, 하오, 진걸, 양표, 백설, 팽일지, 주호 등 무리가 함께 스승의 문하에 모여들었고, 아침저녁으로 갈고 닦으며 게을리하지 않았다. 객 중에는 저주에서 배웠다고 말하는 선비가 있었는데 대부분 방언고론放言高論[9] 하였으며 또 점차 스승의 가르침을 배반하는 자도 있었다.

주

1 황종명黃宗明(?~1536)은 자가 성보誠甫이고 호는 치재致齋이며 절강성 은현鄞縣 사람이다. 정덕 9년(1514)에 진사가 되어 남경병부 무고사武庫司 주사主事를 제수받았다. 대례의 논쟁에

서 세종을 지지하여 관직이 예부좌시랑에 이르렀고 죽어서 도찰원우도어사에 추증되었다. 그는 절중왕문浙中王門에 이름을 올렸다.

2 마명형馬明衡(1491~1557)은 명대 서예가이고 경학자이다. 자가 자신子莘이고 호는 사산師山이다. 복건성 흥화興化 보전莆田 사람이며 마사총馬思聰의 아들이다. 정덕 9년(1514)에 진사가 되어 남경태상박사를 제수받았다. 가정 3년(1524)에 감찰어사가 되었으나 상소 때문에 죄를 받아 평민이 되었다. 그가 왕수인의 가르침을 받으며 왕학이 백성에까지 이르게 되었다.

3 육징陸澄은 양명 왕수인의 제자이다. 자가 원정原靜이고 호는 청백淸伯이며 절강성 호주부湖州府 귀안현歸安縣 사람이다. 어려서부터 학문의 뿌리가 깊었다. 정덕 12년(1517) 진사가 되어 형부주사刑部主事를 제수받았다. 가정 즉위 후 대례의가 합당하지 못함을 논의하여 파직되었다. 의론의 잘못을 반성하고 상소를 올렸으나 황제는 그를 배척하고 기용하지 않았다. 『전습록』에 문인 서애徐愛, 육징陸澄, 설간薛侃, 진구천陳九川, 황직黃直, 황수이黃修易, 황성증黃省曾의 기록과 고동교顧東橋에게 보낸 답신, 섭문울聶文蔚에게 보낸 답신이 실려 있다.

4 계본季本(1485~1563)은 자가 명덕明德이고 호는 팽산彭山이다. 회계會稽 출신이다. 정덕 12년(1517) 진사가 되어 건영부建寧府 추관推官을 제수받고 일찍이 어사를 모셨다. 이후 게양揭陽 주부와 익양弋陽 지현으로 유배되었으며, 다시 남경 예부 낭중과 장사長沙 지부로 승진했다. 만년 20여 년 동안 선사에 머물며 저술을 주로 했다. 그의 학문은 먼저 왕문원을 스승 삼고 후에 왕수인을 스승 삼았다. 그는 절중왕문의 전승자 중 한 명이다.

5 허상경許相卿(1479~1557)의 자가 백태伯台이고 호는 운촌노인雲村老人이다. 절강성 항주부杭州府 해녕현海寧縣 사람이다. 정덕 12년(1517) 진사가 되었는데 환관들의 미움을 사서 세종 즉위 후에야 병과급사중을 제수받았다. 급사중 3년이 되어 중관中官인 내시의 시양廝養에 미치지 못한다고 계속 상소를 올렸는데 모두 듣지 않았다. 가정 8년(1529)에 병을 얻어 3년 이상 조정에 나가지 않아 직위는 사라졌다. 나중에 조정에서 불렀으나 사양하고 나가지 않았다.

6 왕격王激(1479~1537)은 자가 자양子揚이고 호는 학산鶴山이다. 절강성 영가永嘉 영교리英橋裏 사람이다. 가정 3년(1523)에 진사가 되어 국자감 제주 겸 경연강관을 제수받았다.

7 임달林達은 자가 지도志道이고 호는 괴오愧吾이며 복건성 보전莆田 사람이다. 정덕 9년(1514) 진사가 되어 남경이부고공낭중을 역임했다.

8 장환張寰(1486~1561)은 자가 윤청允淸이고 강소성 곤산昆山 사람이다. 가정 20년(1541) 진사가 되고 관직은 통정사우참의에 이르렀다.

9 방언고론放言高論은 마음먹은 대로 아무런 거리낌 없이 큰 소리로 말하는 것이다.

先生曰："吾年來欲懲末俗之卑汙，引接學者多就高明一路，以救時弊。今見學者漸有流入空虛，爲脫落新奇之論，吾已悔之矣。故南畿論學，只教學者'存天理，去人欲'，爲省察克治實功。"王嘉秀、蕭惠好談仙佛，先生嘗警之曰："吾幼時求聖學不得，亦嘗篤志二氏。其後居夷三載，始見聖人端緒，悔錯用功二十年。二氏之學，其妙與聖人只有毫釐之間，故不易辨，惟篤志聖學者始能究析其隱微，非測憶所及也。"

선생이 말했다: "나는 여러 해 전부터 풍속이 비루해지고 추해진 것을 바로 잡으려고 공부하는 사람들을 받아들여 대다수가 고명한 길로 나아가 시대의 폐단을 구하고자 했다. 지금 만나서 배우는 사람이 점점 공허한 데로 흘러 들어가서 새롭고 기이한 논의에 빠지게 되니 내가 그것을 대단히 후회하였다. 따라서 남기南畿[1]에서 학문을 논하면서 단지 학문을 가르치는 사람들은 '천리天理를 보존하고 인욕人欲을 제거하여' 성찰省察[2]하고 극치克治[3]하는 실제의 공부를 했다." 왕가수王嘉秀[4]와 소혜蕭惠[5]가 도가와 불가의 담론을 좋아하여 선생이 경계하며 말했다: "나는 어릴 때 성인의 학문을 구하지 않고 또 도가와 불가에 뜻을 독실하게 두었었다. 그 후에 이민족 땅에서 3년을 지내면서 비로소 성인의 단서를 알게 되었고 잘못된 공부를 20년 동안 한 것을 후회했다. 도가와 불가의 학문은 그 미묘함이 성인과 단지 털끝만큼의 차이가 있을 뿐임으로 쉽게 가려내지 못하니 오직 성인의 학문에 독실하게 뜻을 두어야 비로소 그 은미함을 연구하고 밝힐 수 있는 것이며 억지로 추측해서 미칠 바가 아니다."

주

1 남기南畿는 남쪽 변방이다. 역사 문헌에 여러 지역으로 지칭되어 나오는데 당나라 숙종 시기에 특히 강릉을 지칭하였고, 명나라 때는 남경의 별칭이 되었다. 왕조가 바뀌면서 점차 확장되었다.

2 성찰省察은 허물이나 저지른 일들을 반성하여 살피는 것이다.

3 극치克治는 사사로운 욕심이나 그릇된 생각을 눌러 다스리는 것이다.

4 왕가수王嘉秀는 왕수인의 문하생으로 특히 공자의 학문을 숭상했다. 그는 학문을 하려면 상달上達하고 한 경지 올라 공부해야 한다고 생각했다. 그렇지 않으면 단순히 지식을 배우고

암기할 줄 알고 사장과 문장만 알고 공명과 녹봉을 중시하고 훈고만 알게 되면 진심으로 깨달음을 구할 수 없다고 하였다.

5 소혜蕭惠도 왕수인의 제자이다. 『전습록』에 양명 선생과 소혜의 대화에서 "소혜는 태도가 부지런하고 사고를 좋아하는 학생이지만, 문자 논리에 쉽게 빠져들 수 있다."라고 하였다.

1515년, 선생 44세

十年乙亥, 先生四十四歲, 在京師。

정덕 10년 을해년(1515) 선생 44세에 도읍에 있었다.

44세 1월

正月, 疏自陳, 不允。

정월, 상소를 올려 스스로 (물러나기를) 말했으나 윤허하지 않았다.

是年當兩京考察, 例上疏。

이 해는 두 곳의 도읍을 고찰하는 것을 담당하여 관례대로 상소를 올렸다.

立再從子正憲爲後。

재종의 아들 정헌을 후사로 세웠다.

正憲字仲肅，季叔易直先生兗之孫，西林守信之第五子也。先生年四十四，與諸弟守儉、守文、守章俱未舉子，故龍山公爲先生擇守信子正憲立之，時年八齡。
是年御史楊琠薦改祭酒，不報。

정헌은 자는 중숙이고, 계숙 역직선생 연의 손자이며 서림 수신守信의 다섯째 아들이다. 선생 44세에 여러 동생 수검, 수문, 수장이 모두 자식을 낳지 않았기에 용산공이 선생을 위하여 수신의 아들 정헌을 택하여 양자로 세우니 그 해 양자의 나이가 여덟 살이었다. 이 해에 어사 양전楊琠[1]이 좨주祭酒[2]로 천거하여 직책을 바꾸게 했는데 답변을 받지 못했다.

주

1 양전楊琠(1464~1516)은 자가 경서景瑞이고 호는 해양海陽이며 용계龍溪 사람이다. 정덕 3년(1508)에 진사가 되어 감찰어사를 제수받았다. 그는 병으로 관직을 그만두고 백태산방柏台山房에서 학문에 몰두했다. 홍치弘治 5년~16년(1492~1503)에 조주潮州의 한강韓江 하류에서 둑이 무너졌다. 양전이 말뚝을 세우고, 강가에 돌 비탈을 깔아야 하니 석재 구입비 수천 냥을 마련하자고 제안했는데 황제는 그가 현지인이기 때문에 필요할 것으로 판단하여 도찰원에 집행을 명했다. 염세 3천 냥을 남겨 제방 건설 공사를 완료하도록 허가받았다. 그는 고향 마을을 지켰고 친지와 마을 사람들과 더불어 친선과 단결의 좋은 풍조를 형성하였기에 명 정덕 11년(1516)에 사망하자 그를 향현사에 종사하였다.

2 좨주祭酒는 국자감國子監의 우두머리이다. 지금의 국립 대학 총장이다. 종3품 벼슬이다. 석전釋奠의 제향祭享을 맡았다.

44세 8월

八月，擬《諫迎佛疏》。

8월에 《간영불소》지어 올리려고 계획했다.

時命太監劉允、烏思藏齎幡供諸佛，奉迎佛徒。允奏請鹽七萬引以爲路費，許之。輔臣楊廷和等與戶部及言官各疏執奏，不聽。先生欲因事納忠，擬疏欲上，後中止。

이때 태감 유윤劉允[1]과 오사장烏思藏[2]에게 명하여 깃발[幡]을 가져가서 부처에게 공양하고 불도를 받들어 맞이하도록 했다. 유윤이 소금 칠만 인을 청하여 여정의 경비로 할 것을 주청하였는데 그것을 허락했다. 재상 양정화 등은 호부의 관원과 더불어 언관들까지 함께 각각 상소했으나 무종은 듣지 않았다. 선생은 그 일로 인해 충성을 바치고자 상소를 올리려고 준비하였으나 후에 중지하였다.

주

1 유윤劉允은 정덕 연간의 태감이다.

2 오사장烏思藏은 명나라 관리였다. 도지휘사라서 오사장도사烏思藏都司라고 하였다.

疏請告。

상소로 고변하기를 청했다.

是年祖母岑太夫人年九十有六，先生思乞恩歸一見爲訣，疏凡再上矣，故辭甚懇切。

이 해에 조모 잠태부인이 96세인데, 선생은 은혜를 베풀어 주기를 구걸하여 돌아가 조모를 한번 뵙고 마지막 이별로 삼아야겠다고 생각하여 상소가 다시 올려졌다. 그래서 말이 매우 간절하였다.

1516년, 선생 45세

十有一年丙子，先生四十五歲，在南京。

정덕 11년 병자년(1516) 선생 45세에 남경에 있었다.

45세 9월

九月，陞都察院左僉都御史，巡撫南、贛、汀、漳等處。

9월 도찰원 좌첨도어사에 승진하고, 남안[1], 감주, 정주, 장주[2] 등의 지역을 순무하였다.

주

1 남안南安은 강서성에 있다.

2 정주汀州와 장주漳州는 복건성에 있다. 정주는 지금의 우계尤溪이고 장주는 지금의 남평南平이다.

是時汀、漳各郡皆有巨寇，尚書王瓊特擧先生。

이때 정주, 장주 각 군은 모두 큰 도적이 있어 상서 왕경王瓊[1]이 선생을 특별히 천거하였다.

주

1 왕경王瓊(1459~1532)은 명조 중기 명신이다. 자가 덕화德華이고 호는 진계晉溪이며 만호는 쌍계노인雙溪老人이다. 산서성 태원 사람이다. 헌종 성화 20년(1484) 진사가 되어 공부주사工

部主事, 도수낭중都水郎中, 참정參政, 포정사 등의 직책에 있었다. 정덕 중기 병부상서로 재임하는 동안 영왕 주신호의 반란을 평정했으며, 후에 호부상서와 이부상서 등을 역임했다. 재임 중 주변 민족과 상호 교류하여 서북 변방의 안정을 유지했다. 이 공로로 태자태보가 되었다. 그는 성화成化, 홍치弘治, 정덕正德, 가정嘉靖 조정에서 명신으로 공을 세웠으며 먼저 재상을 했던 양일청과 명성을 나란히 했다.

45세 10월

十月，歸省至越。

10월 고향으로 돌아가 월 땅에 이르렀다.

王思輿語季本曰："陽明此行，必立事功。"本曰："何以知之?"曰："吾觸之不動矣。"

왕사여가 계본에게 말했다: "양명이 이번 행차에 반드시 공을 세울 것이다." 계본이 말했다: "어찌 그것을 아는가?" 왕사여가 말했다: "내가 그를 만나보니 동요되지 않았다."

1517년, 선생 46세

十有二年丁醜，先生四十六歲。

정덕 12년 정축년(1517) 선생 46세이었다.

46세 정월

正月，至贛。

정월 감주에 이르다.

先生過萬安，遇流賊數百，沿途肆劫，商舟不敢進。先生乃聯商舟，結爲陣勢，揚旗鳴鼓，如趨戰狀。賊乃羅拜於岸，呼曰："饑荒流民，乞求賑濟！"先生泊岸，令人諭之曰："至贛後，即差官撫插。各安生理，毋作非爲，自取戮滅。"賊懼散歸。以是年正月十六日開府。

선생은 만안萬安[1]을 지나며 떠돌면서 노략질하는 도적 수백 명이 뱃길에서 멋대로 겁탈하는 것을 마주쳤다. 장삿배가 앞으로 나아가지 못하였다. 선생은 이에 장삿배와 연결하여 배를 묶어 군사들이 진을 치는 형세를 만들었다. 깃발을 휘날리고 북을 쳐 마치 전쟁의 모습으로 달려 나가는 것 같았다. 적은 결국 언덕에서 늘어서서 절을 하며 호소하며 말했다: "기아에 허덕이는 유민을 구제하여 주시길 바랍니다!" 선생은 언덕에 정박하고 사람을 보내 그들을 타이르며 말했다: "감주에 당도한 후에 즉시 관리를 보내 관여하여 돌봐주게 할 것이다. 각자 생활을 편안히 하고 그릇된 행위를 저질러 스스로 죽음을 자초하지 말라." 적들은 두려워하며 흩어져 돌아갔다. 이 때문에 정월 십육일 부府를 설치했다.

주

1 만안萬安은 지금 강서성 길안시吉安市이다. 강서성 중남부와 길안시의 남쪽 가장자리에 위치하며 동쪽으로 감주시贛州市 흥국현興國縣, 남쪽으로 감주시 감현구贛縣區, 남강구南康區, 서쪽으로 수천현遂川縣, 북쪽으로 태화현泰和縣과 접해 있다.

行十家牌法。先是贛民爲洞賊耳目，官府舉動未形，而賊已先聞。軍門一老隸奸尤甚。先生偵知之，呼入臥室，使之自擇生死。隸乃輸情吐實。先生許其不死。試所言悉驗。

십가패법[1]을 실행하였다. 먼저 감주의 백성들은 동굴 도적들의 눈과 귀가 되었다. 관과 부는 움직임이 이루어지지 않았는데 도적은 이미 먼저 알았다. 군대의 늙은 종 한 명이 더욱 심하게 적과 내통했다. 선생은 몰래 조사하여 그것을 알아냈다. 침실로 불러들여 자기가 생사를 택하게 하였다. 종은 바로 내통한 사실을 실토하였고 선생은 그에게 죽이지 않겠다고 약속했다. 말한 바를 모두 검증해 보았다.

주

1 십가패법은 보갑연좌保甲連坐로서 열 집을 하나의 단위로 묶어 매일 번갈아 가며 순찰하고 만약 무슨 일이 일어나면 모두가 함께 벌을 받는다.

乃於城中立十家牌法。其法編十家爲一牌，開列各戶籍貫、姓名、年貌、行業，日輪一家，沿門按牌審察，遇面生可疑人，即行報官究理。或有隱匿，十家連坐。仍告諭父老子弟：“務要父慈子孝，兄愛弟敬，夫和婦隨，長惠幼順；小心以奉官法，勤謹以辦國課，恭儉以守家業，謙和以處鄉裏；心要平恕，毋得輕易忿爭；事要含忍，毋得輒興詞訟；見善互相勸勉，有惡互相懲戒；務興禮讓之風，以成敦厚之俗。”

마침내 성안에 ‘십가패법’을 세웠다. 그 법은 열 집을 한 패로 편성하여 각각 집마다 본적, 성명, 나이와 모습, 하는 일들을 하나하나 써넣었다. 매일 한 집을 돌면서 대문을 따라 패를 근거하여 살펴보고 얼굴이 의심할 만한 이가 있으면 즉시 가서 관에 알리고 조사하여 처리하도록 했다. 혹시 숨기는 것이 있으면 열 집이 연좌했다. 이어서 어른과 자제에게 알리고 깨우쳤다: “반드시 아버지는 자애롭고 자식은 효도해야 하고 형은 사랑하고 동생은 공경해야 하며 지아비는 온화하고 지어미는 따라야 하며 어른은 은혜롭고 아이들은 순종하여야 한다. 조심하여 관법을 받들고 부지런하고 삼가 나라의 과업에 힘쓰고 공손하고 검약하여 가업을 지키고 겸손하고 화목하게 향리에 거처한다. 마음은 평안하고 인자해야 하고 분쟁을 가볍고 쉽게 하지 말라. 일은 마음속에서 두고 참아야 하고 쉽게 송사를 일으키지 마라. 선을 보면 서로 힘쓰기를 권하고 악이 있으면 서로 경계하고 고친다. 예절과 겸손의 풍을 일으키는 데에 힘써서 돈후한 풍속을 이룬다.”

選民兵。先生以南、贛地連四省，山險林深，盜賊盤據，三居其一，窺伺剽掠，大爲民患；當事者每遇盜賊猖獗，輒復會奏請調土軍狼達，往返經年，靡費逾萬；逮至集兵舉事，即已魍魎潛形，班師旋旅，則又鼠狐聚黨，是以機宜屢失，而備御益弛。先生乃使四省兵備官，於各屬弩手、打手、機快等項，挑選驍勇絕群、膽力出衆者，每縣多或十餘人，少或八九人，務求魁傑；或懸召募，大約江西、福建二兵備各以五六百名爲率，廣東、湖廣二兵備各以四五百名爲率，中間更有出衆者，優其廩餼，署爲將領。

민병을 선발했다. 선생은 남주와 감주 땅에 연한 네 개의 성이 산이 험하고 숲이 깊어서 도적이 우글거리며 거주하니, 셋이 거주하면 그 하나가 재빠르게 노략질하려고 엿보아 크게 백성들의 근심거리가 되었다. 일을 담당한 자는 매번 도적의 날뜀을 만나 곧바로 재차 토병에게 지켜달라고 주청하였는데, 갔다가 돌아오는 데 일 년이 걸리고 소비되는 비용도 만금이 넘었다. 병사를 모집하여 출동하게 되면 곧 이미 도깨비처럼 모습을 감춰버리고, 군대를 철군하여 돌아오면 또 쥐새끼와 여우처럼 무리를 모았다. 이 때문에 적절한 기회를 자주 잃게 되고 방어를 갖춤이 더욱 느슨해졌다. 선생은 이에 네 개 성의 병비관들에게 각 소속의 노수弩手, 타수打手, 기쾌機快[1] 등의 항목을 두어 효용이 빼어나고 담력이 출중한 자들을 골라서 선발하게 했다. 현마다 많게는 십여 명, 적게는 팔구 명을 힘써 걸출한 자를 구했다. 어떤 때는 공개적으로 게시하여 불러 모아서 대략 강서와 복건의 두 곳의 병비는 각각 오륙백 명을 졸병으로 삼고, 광동과 호광 두 곳의 병비는 각각 사오백 명을 졸병으로 삼으며, 중간에 다시 출중한 자가 있으면 그 녹봉을 넉넉하게 지급하고 부서에서 장령將領으로 삼았다.

주

1 노수弩手는 쇠뇌를 쏘는 보병의 군사이고, 타수打手는 나발·소라·대각 등을 부는 군사와 징·바라·북 등을 치는 군사이며, 기쾌機快는 재빠르고 민첩한 군사이다.

除南、贛兵備自行編選，餘四兵備官仍於每縣原額數內揀選可用者，量留三分之二，委該縣賢能官統練，專以守城防隘爲事；其餘一分，揀退疲弱不堪者，免其著役，止出工食，追解該道，以益募賞。

남창과 감주의 병비가 스스로 편성하여 선발한 것을 제외하고, 나머지 네 곳의 병비관은 현마다 원래 정해진 숫자 내에서 쓸만한 자를 가려 뽑아서 그 3분의 2를 헤아려 남겨두고 해당 현의 어질고 능한 관리에게 위임하여 통솔하고 훈련시켜 성을 지키고 방비하는 것만 전담하도록 하였다. 그 나머지 3분의 1은 쇠약하여 일을 감당할 수 없는 자들을 가려서 물러나게 하고 그 힘든 부역을 면제하고 노임과 식량을 주는 것을 중지하였으며 해당 도로 돌려보내고 상을 주어 더 모집하였다.

所募精兵，專隨各兵備官屯劄，別選官分隊統押教習之。如此，則各縣屯戍之兵，既足以護守防截，而兵備募召之士，又可以應變出奇；盜賊漸知所畏，平良益有所恃而無恐矣。

모집한 정예병은 오직 각각의 병비관을 따라 주둔시켰다. 별도로 관리를 선발하고 대를 나누어 통솔하여 그들을 가르쳐서 익히게 했다. 이와 같으니 각각의 현에 주둔하여 지키는 병사가 이미 지키고 방어하여 적이 들어오지 못하도록 하기에 충분했다. 병비가 모집하여 불러온 병사들은 또한 임기응변하여 기이하게 출몰할 수 있었다. 도적은 점점 두려운 바를 알게 되고 선량한 평민들은 더욱 믿게 되고 두려움이 없어졌다.

46세 2월

二月，平漳寇。

2월 장주의 도적을 평정하다.

初，先生道聞漳寇方熾，兼程至贛，即移文三省兵備，克期起兵。自正月十六日蒞任，纔旬日，即議進兵。兵次長富村，遇賊大戰，斬獲頗多。賊奔象湖山拒守。我兵追至蓮花石，與賊對壘。會廣東兵至，方欲合圍，賊見勢急，遂潰圍而出。

2월 초에 선생은 장주에 도적이 바야흐로 날뛴다는 소식을 듣고 가는 길에 겸사로 감주에 이르렀다. 즉각 문서로 삼성의 병비를 이동하여 기한 내로 군사를 출동시키라고 했다. 정월 16일부터 부임을 했는데 겨우 10일 만에 즉시 병사를 진격시키기로 결의했다. 병사들은 장부촌長富村[1]에 머무르고 적을 만나 크게 싸웠고 죽이거나 사로잡은 적이 매우 많았다. 적이 상호산象湖山[2]으로 달아나는 것을 막아가며 지켰다. 우리 병사들은 추격하여 연화석蓮花石에 이르러 적과 대치하였다. 때마침 광동 병사들이 도착하였고 곧바로 에워싸려고 했다. 적은 형세가 위급함을 보고 마침내 포위를 뚫고 나왔다.

주

1 장부촌長富村은 강서성 무주시撫州市 악안현樂安縣 호평향湖坪鄉에 위치한 행정촌이다.
2 상호산象湖山은 지금 복건성 장평시漳平市 동남에 있다.

指揮覃桓、縣丞紀鏞馬陷，死之。諸將請調狼兵，俟秋再舉，先生乃責以失律罪，使立功自贖。諸將議猶未決，先生曰："兵宜隨時，變在呼吸，豈宜各持成說耶？福建諸軍稍緝，咸有立功贖罪心，利在速戰。若當集謀之始，即掩賊不備，成功可必。今既聲勢彰聞，各賊必聯黨設械，以御我師，且宜示以寬懈。而猶執乘機之說以張皇於外，是徒知吾卒之可擊，而不知敵之未可擊也。

지휘관 담환과 현승 기용의 말이 함몰되어 (적들이) 그들을 죽였다. 장군들은 낭병을 뽑아서 가을을 기다려 다시 거병하기를 청했다. 선생은 이에 군율을 어긴 죄로서 책임을 묻고 그들이 공을 세워 스스로 속죄하도록 했다. 장군들은 토의하였으나 여전히 결정하지 못했다. 선생은 말했다: "전쟁은 시기를 따라야 함이 마땅하고 변화는 호흡하는 순간에 있는데 어찌 각자가 자기 이론을 고집하는 것이 마땅하겠는가? 복건의 군사들이 점점 모여들었고 모두가 공을 세워 속죄하려는 마음을 지녔으니 승리는 속전速戰에 달려있었다. 만약 계책을 모으는 처음에 적이 대비하지 못했을 때를 즉시 엄습한다면 성공이 이루어질 수 있다. 지금은 이미 성세가 밝게 알려졌으니 각각의 적들은 반드시 무리를 연합하고 장비를 설치하여 우리 군사를 방어하려고 하니 장차 마땅히 느슨하고 해이하게 보여야 한다. 그런데 여전히 기회를 탈 이론을 고집하고 (상황의) 밖에서 장황하게 떠든다면 이는 다만 우리 병사가 공격할 수 있다는 것만 알고 적이 아직 공격할 수 없음을 모르는 것이다.

<u>廣東</u>之兵意在倚重狼達土軍，然後擧事，諸賊亦候吾土兵之集，以蔔戰期，乘此機候，正可奮怯爲勇，變弱爲強。而猶執持重之說，以坐失事機，是徒知吾卒之未可擊，而不知敵之正可擊也。善用兵者，因形而借勝於敵，故其戰勝不復，而應形於無窮。勝負之算，間不容髮，烏可執滯哉?”

광동성의 병사는 뜻이 낭달토군狼達土軍[1]을 믿고 중시하는 데 있었고 토군을 모은 후에 거사하는 것이다. 적들 또한 우리 토병이 모이는 것을 기다려 전쟁의 시기를 점치니 이 기회를 타서 기다리며 진정 겁쟁이를 분발시켜 용사로 만들고 나약한 자를 변화하여 강자를 만들 수 있었다. 하지만 여전히 자중해야 한다는 설을 고집하여 앉아서 일의 기회를 잃어버리니 이것은 다만 우리 군사가 공격할 수 없다는 것만 알고 적이 진정 공격할 수 있다는 것을 모른 것이다. 용병을 잘 쓰는 자는 형세로 인하여 적에게서 승리를 빌리기 때문에 그 전승은 거듭될 수 없고, 무궁한 데에서 형세에 응하니 승부의 계산은 빈틈이 터럭도 받아들일 수 없으니 어찌 머뭇거릴 수가 있겠는가?

주

1 낭달토군狼達土軍은 낭토병狼土兵이라고도 한다. 명 중기에 호광성과 광서성의 장족 토사가 조직한 지역의 병사이다. 군적에 속하지 않아 군사 훈련을 제대로 받지 않았으나 용맹하고

용감하다. 그래서 낭달토병이라 하였다. 『명사·근학안전靳學顏傳』에 "국경 수비대가 전투 시에는 적극적이나 내륙에 주둔한 군대는 오랫동안 적과의 전투 경험이 부족했다. 도둑이 갑자기 나타날 때마다 북쪽의 국경 수비대는 소금밭에서 일하는 장정[鹽丁]과 광부[礦徒] 같은 비정규 부대에 의존했고 남쪽에서는 낭토병에 의존하였다. 이러한 설명은 명나라 군대 내부에 존재하는 현저한 차이, 즉 국경 수비대와 내륙 주둔 군대 간의 훈련 및 작전 경험 차이를 드러낸다. 낭토병의 존재는 당시 군사력 배치와 사용 전략의 복잡성을 반영한다."라고 적혀있다.

於是親率諸道銳卒進屯上杭，密敕群哨，佯言犒衆退師，俟秋再舉。密遣義官曾崇秀覘賊虛實，乘其懈，選兵分三路，俱於二月十九日乘晦夜銜枚並進，直搗象湖，奪其隘口。諸賊失險，復據上層峻壁，四面滾木礧石，以死拒戰。我兵奮勇鏖戰，自辰至午，呼聲振地。三省奇兵從間鼓噪突登，乃驚潰奔走。

이에 친히 여러 도의 정예병을 거느리고 상항上杭[1]으로 나아가 주둔하고 몰래 여러 초소에 칙서를 보내 병사들에게 음식을 나눠주고 군사를 철수시켜서 가을을 기다려 다시 거병할 것이라고 거짓으로 말했다. 몰래 의관 증숭수를 파견하여 적의 허실을 정탐하게 하여 그 해이한 틈을 타서 선발한 병사를 세 길로 나누어 모두 2월 19일에 어두운 밤을 타고 하무를 입에 물리고[銜枚][2] 함께 진격하여 곧장 상호象湖[3]를 거침없이 공격하고 그 협곡의 입구를 빼앗았다. 적들은 요새를 잃고 다시 상층의 높은 절벽을 점거하고 사면에 통나무를 굴리고 돌을 떨어뜨려 사력을 다하며 저항하여 싸웠다. 우리 군사는 용맹을 떨치며 무찔러 싸웠다. 진시부터 오시까지 고함이 땅을 진동했다. 세 성의 기습 병사들이 틈새를 뚫고 북을 치며 돌진하여 올라가니 이에 적들이 놀라 흩어져 달아났다.

주

1 상항上杭은 복건성 용암시龍岩市의 현이다. 복건성 서남부에 있다. 북으로는 장정현長汀縣, 연성현連城縣과 인접하고 남으로는 영정구永定區와 광동성 초령현蕉嶺縣과 인접하며 동으로는 신라구新羅區, 서로는 무평현武平縣과 접해 있다.

2 함매銜枚는 행군할 때 떠드는 것을 막기 위해 '하무를 입에 물리다'는 뜻이다. 하무는 군중에서 병사들의 입에 물리던 가는 나무 막대기이다.

3 상호象湖는 강서성 남창南昌시 서쪽 교외에 있는 호수이다. 남강, 북강, 동강, 서강, 그리고 청산호의 물줄기가 모여 형성된 것으로, 그 평면도가 마치 코끼리와 비슷하다고 하여 상호象湖라는 이름이 붙여졌다.

遂乘勝追剿。已而福建兵攻破長富村等巢三十餘所，廣東兵攻破水竹、大重坑等巢一十三所，斬首從賊詹師富、溫火燒等七千有奇，俘獲賊屬、輜重無算，而諸洞蕩滅。是役僅三月，漳南數十年逋寇悉平。

마침내 승세를 타고 추격하여 쳐부수었다. 얼마 안 있어 복건의 병사는 장부촌長富村 등의 소굴 30여 곳을 공격하여 파괴했고, 광동의 병사는 수죽갱水竹坑[1]과 대중갱大重坑[2] 등 소굴 13곳을 공격하여 쳐부수고 도적 첨사부, 온화소 등을 따른 7천여 명 남짓을 참수했다. 포로로 잡은 적의 무리와 군수품은 셀 수 없었고 여러 도적들의 동굴이 모조리 없어졌다. 이 전쟁은 거의 3개월 걸렸는데 장남漳南[3]에 수십 년 떠돌던 도적이 모두 평정되었다.

주

1 수죽갱水竹坑은 광동성 흡현歙縣 기재리진杞梓裏鎮에 위치한다. 수죽갱은 죽계촌竹溪村이라고 불린다.

2 대중갱大重坑은 광동성 매주시梅州市 대포현大埔縣 대동진大東鎮에 있다.

3 장남漳南은 복건성 장주시漳州市 이남을 말한다.

是月奏捷，具言福建僉事胡璉、參政陳策、副使唐澤、知府鍾湘、廣東僉事顧應祥、都指揮楊懋、知縣張戩勞績，賜敕獎賚，其餘升賞有差。

이달에 승리를 아뢰었는데 복건첨사 호련胡璉[1], 참정 진책陳策[2], 부사 당택, 지부 종상, 광동첨사 고응상, 도지휘 양무, 지현 장전의 공적을 갖추어 아뢰니 칙서를 내려 포상하고 그 나머지는 직급을 올리고 상 주는 것이 차이가 있었다.

주

1 호련胡璉(1469~1543)은 자가 중기重器이고 호는 남진南津이며 남직예 회안부淮安府 술양현沭陽縣 사람이다. 홍치 18년(1505) 을축과 진사에 급제하여 남경 형부우시랑을 제수받았다. 후에 복건성과 광동성의 병비를 맡았다. 사서오경에 능통한 학자일 뿐만 아니라 포르투갈 침략자에게 반격한 민족 영웅이기도 하다. 당시 포르투갈 사람들은 동남 연안의 섬에 자리 잡고 있었고 그들의 화기를 앞세워 중국 연안의 주민들을 자주 제멋대로 괴롭히며 온갖 악행을 저지르고 있었다. 그는 정에 부대로 돌진하여 해적에게 큰 타격을 주었고 여러 차례 승리한 공로로 순무로 승진했다. 나중에 안남을 정벌할 때, 조정은 당시 호련이 고령임에도 불구하고 호부 우시랑 겸 첨도어사僉都御史에 발탁하여 운남성과 귀주성의 군량과 급료를 감독 하게 했다. 그는 기꺼이 명을 받아 노익장을 보여주며 국가를 위해 헌신했다.

2 진책陳策(1552~1621)은 자가 가언嘉言이고 호는 용호蓉湖이며 무석無錫 사람이다. 홍치 6년(1493) 진사가 되어 호부주사를 제수받았다. 통주通州와 서주徐州 곡창을 감독하고 원외랑과 낭중을 역임하고 강서성 요주饒州지부에 발탁되어 요원동姚源洞 반란을 평정하고 만년현萬年縣을 설립하자고 상소했다. 4년 후 절강성 엄주부嚴州府지부로 옮겼고 복건성 좌참정을 역임하며 동안同安의 도적 소세호蘇世浩를 항복시키고 관직이 강서좌포정사에 이르렀다.

初議進兵，諭諸將曰："賊雖據險而守，尚可出其不意，掩其不備，則用鄧艾破蜀之策，從間道以出。若賊果盤據持重，可以計困，難以兵克，則用充國破羌之謀，減冗兵以省費。務在防隱禍於顯利之中，絕深奸於意料之外，此萬全無失者也。"已而桓等狃於小勝，不從間道，故違節制，以致挫衄。諸將志沮，遂請濟師。先生獨以爲見兵二千有餘，已爲不少，不宜坐待濟師以自懈，遙制以失機也。遂親督兵而出，卒成功。

처음 출병을 의논할 때 장수들에게 타일러 말했다: "적은 비록 험한 곳에 기거하며 지키고 있으나 오히려 (우리가) 그들이 생각하지 못한 곳에 출격하여 그들이 대비하지 못한 곳을 엄습할 수 있다면 등애가 촉을 깨뜨린 계책[1]을 이용하여 샛길을 통하여 출격한 것이다. 만약 적이 과연 한 곳을 차지하고 굳게 지킨다면 계책이 곤궁해질 수 있고 병사들도 극복하기 어려울 것이다. 즉 충국充國이 강족을 격파한 모략[2]을 사용하여 남아도는 병사를 줄여서 비용을 덜 것이다. 힘써야 할 것은 드러난 이익에서 숨겨진 재앙을 막고, 생각하지 못한 곳에 깊숙이 내통하는 것을 끊어내는 데에 있다. 이것이 완전한 대책으로 실패를 없게 하는 것이다." 이미 환桓 등이 작은 승리에 젖어 샛길을 따라가지 않았기 때문에 절제節制[3]를 어겨서 패배[挫衄][4]에 이르렀다. 장수들은 의기가 꺾이어 결국 군사를 구제할 것을 요청했다. 선생은 오직 병사 2천여 명을 보고 적지 않다고 여기며 앉아서 군사를 구제하기를 기다리며 스스로 나태한 것은 옳지 않고, 멀리서 통제하여 기회를 잃는 것이라고 여겼다. 마침내 친히 병사를 거느리고 나가서 마침내 성공을 거두었다.

주

1 등애파촉지책鄧艾破蜀之策은 등애가 촉을 파멸하는 계책이다. 『삼국연의』에 나온다. 등애鄧艾는 위나라 장군이다. 위가 촉을 멸망시키기 위해 위의 권력자 사마소는 종회鍾會, 등애, 제갈서諸葛緖 장군을 세 길로 파견하여 촉을 공격하기로 했다. 등애는 강유薑維를 공격하기로 했는데 종회 군대가 적을 물리치고 돌아오는 길을 촉군에게 저지당하여 교착 상태에 빠졌다. 등애는 우회 전략을 채택하여, 위촉 양군의 주 부대가 검각劍閣에서 대치할 때 정예 부대를 이끌고 감숙성 음평陰平을 우회하여 700여 리의 황량하고 인적이 없는 지역을 넘어 산을 뚫고 길을 열어 강유江油(지금 사천성)를 기습했다. 또한 촉한의 중심부인 면죽綿竹에서 제갈첨을 대파하고, 부성涪城(지금 사천성 면양)을 점령하여 성도成都로 진격했다. 후주 유선劉禪은 성 아래에서 등애鄧艾의 병사에게 항복했다.

2 충국파강지모充國破羌之謀은 조충국趙充國이 강족을 파멸시킨 모략이다. 서한 신작神爵 원년

(BC.61) 한나라 무제 후기 조충국 장군이 서쪽의 강족羌族과 한 차례 대규모 전쟁을 치렀다. 선제宣帝 때 청해성에 사는 강족은 종종 내륙으로 침략했는데 흉노가 강족과 연합하여 한을 침략하고자 했다. 조충국은 군사적인 변방을 강화하고, 강족 각 부족을 이간질하여 그의 계획을 탐구하는 모략을 세워 조정에 제안했고 그로 인해 강족을 파멸시켰다.

3 절제節制는 알맞게 조절調節하는 것이고 방종하지 아니하도록 자기의 욕망을 이성理性으로써 제어制御하는 것이다.

4 좌뉵挫衄은 꺾이어 피가 터지는 것이다. 즉 패배를 뜻한다.

46세 4월

四月，班師。

4월 군사를 돌이키다.

時三月不雨。至於四月，先生方駐軍上杭，禱於行臺，得雨，以爲未足。及班師，一雨三日，民大悅。有司請名行臺之堂曰："時雨堂"，取王師若時雨之義也；先生乃爲記。

때는 삼월 비가 오지 않았다. 4월에 이르자 선생은 바야흐로 상항에 군대를 주둔하고 행대行臺[1]에서 빌었더니 비가 왔다. 그러나 흡족하지 않았다. 마침내 군사를 되돌렸는데 한 번의 비가 3일간 내리니 백성들이 크게 기뻐하였다. 유사가 행대의 당에 이름을 붙여 주기를 청했다: '시우당'이라 하였다. 왕사王師[2]가 때에 적당한 비의 뜻을 취한 듯하다. 선생은 곧 기록하였다.

주

1 행대行臺는 고관이 지방을 순시할 때의 임시 주재소이다.

2 왕사王師는 천자의 군대 또는 국가의 군대를 가리킨다.

46세 5월

五月，立兵符。

오월에 병부를 세웠다.

先生謂："習戰之方，莫要於行伍；治衆之法，莫先於分數。"將調集各兵，每二十五人編爲一伍，伍有小甲；五十人爲一隊，隊有總甲；二百人爲一哨，哨有長，有協哨二人；四百人爲一營，營有官，有參謀二人；一千二百人爲一陣，陣有偏將；二千四百人爲一軍，軍有副將、偏將無定員，臨事而設。小甲於各伍之中選才力優者爲之，總甲於小甲之中選才力優者爲之，哨長於千百戶義官之中選材識優者爲之.

선생은 말하였다. "전쟁을 연습하는 방책은 5명씩 대오를 편성하는 것보다 중요한 것은 없고, 무리를 다루는 법은 숫자를 나누는 것보다 앞서는 것이 없다." 장수는 각 병사를 소집하여 25명마다 한 대오로 편성하여 소갑小甲을 둔다. 50명을 한 부대로 하여 총갑總甲을 두었고, 200명을 한 초哨가 되게 하여 초장哨長을 두었고 협초協哨 두 사람을 둔다. 400명이 일 영營이 되고, 영에는 사령관을 두고 참모 2명을 둔다. 1,200명이 일 진陣이 되고, 진에는 편장偏將을 둔다. 2,400명이 일 군軍이 되고, 군에는 부장副將과 편장을 두는데 정원이 없고 일을 당하여 배치한다. 소갑은 각 대오에서 재능과 힘이 뛰어난 자를 선발하여 삼고, 총갑은 소갑 중에서 재능과 힘이 우수한 자를 뽑아서 삼는다. 초장哨長은 1,100가구의 의관義官 중에 자질과 식견이 우수한 자를 선발하여 삼는다.

副將得以罰偏將，偏將得以罰營官，營官得以罰哨長，哨長得以罰總甲，總甲得以罰小甲，小甲得以罰伍衆：務使上下相維，大小相承，如身之使臂，臂之使指，自然擧動齊一，治衆如寡，庶幾有制之兵矣。編選旣定，仍每五人給一牌，備列同伍二十五人姓名，使之連絡習熟，謂之伍符。每隊各置兩牌，編立字號，一付總甲，一藏本院，謂之隊符。每哨各置兩牌，編立字號，一付哨長，一藏本院，謂之哨符，每營各置兩牌，編立字號，一付營官，一藏本院，謂之營符。凡遇征調發符，比號而行，以防奸僞。其諸緝養訓練之方，旗鼓進退之節，務濟實用行之。

부장은 편장을 벌할 수 있고, 편장은 영관營官을 벌할 수 있으며, 초장은 총갑을 벌할 수 있고, 총갑은 소갑을 벌할 수 있으며, 소갑은 대오의 무리를 벌할 수 있다. 힘써 위아래가 서로 묶이게 하고 크고 작은 것은 서로 이어서 마치 몸이 팔을 부리고, 팔이 손가락을 부리는 것처럼 자연스럽게 거동이 하나로 가지런히 움직이고 큰 무리를 작은 무리처럼 다스리니 거의 병사를 통제할 수 있다. 편성과 선발이 이미 정해지면 5인마다 1패를 주고, 같은 대오 25명의 성명을 배열하여 준비하고, 그들이 서로 연락하여 익혀서 숙달하게 한다. 이를 일러 오부伍符라 한다. 부대마다 각각 두 패찰을 배치하여 자호字號를 편성해 두고, 하나는 총갑에게 주고, 하나는 본원에 보관하는데 이를 대부隊符라 한다. 초哨마다 두 패찰을 두어 글자 기호를 편성해서 하나는 초장에게 주고 하나는 본원에 보관하는데 이를 초부라 한다. 영營마다 두 패찰을 두어 글자 기호를 편성해서 하나는 영관에게 주고 하나는 본원에 보관하는데 이를 영부營符라 한다. 출정하여 패찰을 보내어 맞추어 보고 자호를 비교하여 행함으로써 간교한 거짓을 막는다. 묶는 훈련하는 방법과 깃발과 북이 진퇴의 절차에 실제로 사용하여 힘써 어려움에서 구제하는 데 힘쓴다.

奏設平和縣，移枋頭巡檢司。

평화현을 설치할 것을 아뢰고 방두枋頭[1] 순검사巡檢司[2]로 옮겼다.

주

1 방두枋頭는 위진남북조 때 군사 요지였다. 후조後趙 때 저氐나라 부홍苻洪이 부대를 이끌고 이곳에 주둔하였다. 방두는 교통과 군사에서의 요지였고 양진兩晉 시기의 역사적 사건에서도 드러난다. 석륵石勒은 하회河淮 지역에서 북쪽으로 기주冀州로 향하여 곧 방두로 향했고 서진 말기에 향빙向冰은 수천 명을 동원하여 벽을 쌓아 방두에 접근했다. 이후 동진의 사상謝尚은 북을 정벌하고 곧 대시戴施를 파견하여 선봉으로 삼고 방두를 점거했다. 방두의 이름을 딴 '방두전투'는 환온桓溫에게 대패의 아픔을 가져다주었다.

2 순검사巡檢司는 고대에 지방관으로 순찰과 검열을 담당했던 하부 조직이다.

先生以賊據險，久爲民患，今幸破滅，須爲拊背扼吭之策，乃奏請設平和縣治於河頭，移河頭巡檢司於枋頭；蓋以河頭爲諸巢之咽喉，而枋頭又河頭之唇齒也。

선생은 적이 험지를 점거한 것이 오래되어 백성의 근심거리였는데 이제 다행히 등을 누르고 급소를 통제하는 책략으로 파멸시켰다. 곧바로 하두河頭[1]에 평화현을 설치하여 다스릴 것을 아뢰어 청하였고, 방두에서 하두 순검사로 옮겼다. 대개 하두를 여러 소굴의 목구멍으로 여겼고 방두 또한 하두의 잇몸과 이빨이었다.

주

1 하두河頭는 지금 절강성 태주시台州市와 임해시臨海市에 속하며 임해시 북부에 위치하고 동쪽은 회계진彙溪鎮, 남쪽은 대전가도大田街道, 영풍진永豐鎮과 접하고 서쪽은 백수양진白水洋鎮과 접한다.

且曰：“方賊之據河頭也，窮兇極惡，至動三軍之衆，合二省之力，而始克蕩平。若不及今爲久遠之圖，不過數年，勢將復起，後悔無及矣。蓋盜賊之患，譬諸病人，興師征討者，針藥攻治之方；建縣撫輯者，飲食調攝之道；徒恃攻治，而不務調攝，則病不旋踵，後雖扁鵲，倉公，無所施其術也。”

또 말했다: “바로 적의 거점은 하두이다. 극악무도하게 삼군의 무리를 움직이니 두 성의 힘을 합하여야 비로소 소탕할 수 있다. 만약 지금 오래도록 멀리 내다볼 계획을 세우는 데에 이르지 못하면 몇 년이 지나지 않아 세력이 다시 일어날 터이니 후회막급할 것이다. 대개 도적의 걱정거리는 아픈 사람에게 비유하면, 군사를 일으켜 정벌하는 것은 침과 약이 다스리는 처방이고 평화현을 건설하여 백성들을 위무하는 것은 음식이 섭생하는 도이다. 단지 침과 약의 다스림만 믿고 섭생을 힘쓰지 않으면 병은 물러가지 않을 것이며 후에 비록 편작扁鵲[1] 창공倉公[2]이라도 그 의술을 펼칠 곳이 없을 것이다.”

주

1 편작扁鵲(BC 407~BC 310)은 전국시대 초기 명의로 흔히 화타와 함께 신의神醫로 이름을 날렸다. 그는 성은 진秦이고 이름은 월인越人이며 발해渤海 사람이다. 장상군長桑君에게 비방을 전수받아 명의가 되어 제齊와 월越 사이를 오가며 환자를 치료하다가 진秦에 들어갔는데, 진秦 태의령太醫令 이혜李醯가 편작의 뛰어난 의술을 시기하여 자객을 시켜 암살하였다.

2 창공倉公은 순우의淳於意이며 서한 초기의 명의이다. 그는 일찍이 태창장太倉長을 지냈기에 창공이라 불렸다.

按是月聞蔡宗兗、許相卿、季本、薛侃、陸澄同擧進士，先生曰：“入仕之始，意況未免搖動，如絮在風中，若非粘泥貼網，亦自主張未得。不知諸友卻何如？想平時工夫，亦須有得力處耳。”又聞曰仁在告買田霅上，爲諸友久聚之計，遺二詩慰之。

전덕홍이 생각하니 이달에 채종연, 허상경, 계본, 설간, 육징이 함께 진사에 합격했다고 들었다. 선생이 말했다: "벼슬에 들어가 처음에는 생각이 한층 요동치는 것을 면치 못한다. 마치 바람 속의 솜과 같아서 만약 진흙에 달라붙고 그물에 붙지 않는다면, 또 자신의 주장은 이루지 못할 것이다. 알지 못하나 친구들은 도리어 어떠한가? 평상시 공부를 생각하니 또한 모름지기 힘을 얻을 곳이 있어야 할 뿐이다." 또 왈인曰仁[1]이 휴가 시기에 삽 땅에서 밭을 사고 친구들이 오래 모이는 계책을 세운 것을 듣고 선생이 두 시를 남겨 그들을 위로하였다.

주

1 왈인曰仁은 서애徐愛의 자이다.

46세 6월

六月，疏請疏通鹽法。

유월에 소금법을 소통하도록 상소하여 청하였다.

始，都御史陳金以流賊軍餉，於贛州立廠抽分廣鹽，許至袁、臨、吉三府發賣。然起正德六年至九年而止。至是，先生以敕諭有便宜處置語，疏請暫行，待平定之日，仍舊停止。從之。

처음에 도어사 진금陳金[1]이 흩어져 있는 도적의 군대 물자로 감주에 창고를 세우고 광동의 소금을 나누어 원주, 임주, 길주 세 마을에 판매를 허락했다. 그러나 정덕 6년에 시작해서 9년에 이르러 그만두었다. 이때 선생은 황제가 조서로서 형편에 맞추어 처리하라는 말이 있었는데 상소를 올려 임시로 시행하겠다고 청했다. 도적이 평정되는 날을 기다렸으나 여전하여 정지하였는데 황제가 그것을 따랐다.

주

1 진금陳金(1446~1529)은 자가 여려汝礪이고 호는 서헌西軒이며 호는 호광성 무창현武昌縣 사람이다. 성화 8년(1472) 진사가 되어 무원지현婺源知縣을 제수받았고 남경어사로 승진했다. 정덕초에 우도어사총독양광군무에 이르렀다. 묘족의 난을 평정한 공로로 정덕 3년(1508) 남경 호부상서가 되었고, 이듬해 좌도어사로 강서와 복건 등지의 농민 봉기를 진압하고 태자 소보가 되었다. 83세의 나이로 사망했다.

九月，改授提督<u>南</u>、<u>贛</u>、<u>汀</u>、漳等處軍務，給旗牌，得便宜行事。<u>南</u>、<u>贛</u>舊止以巡撫蒞之，至都御史<u>周南</u>會請旗牌，事畢繳還，不爲定制。至是，先生疏請，遂有提督之命。

9월에 남안, 감주, 정주, 장주 등 지역의 군사 업무를 관리 감독하는 것으로 직책을 바꾸어 주니 기패를 받아 편리하게 일할 수 있었다. 남안과 감주는 옛날에 단지 순무로써 그곳에 갔었고, 도어사 주남周南[1]에게 때때로 기패를 청하였는데 일이 끝나고 반환하는 데는 정해진 규정을 지키지 않았다. 이에 이르러 선생은 상소를 청했고 마침내 제독提督[2]의 명이 있었다.

주

1 주남周南(1448~1529)은 자가 문화文化이고 절강성 진운현縉雲縣 사람이다. 성화 14년(1478)에 진사가 되어 육합六合지현을 제수받았고 사천도 감찰어사로 승진하였다. 홍치 원년에 광동에서 총병관 유경柳景을 탄핵했다. 호광 안찰부사와 강서 우포정사를 역임하고, 우부도어사와 대동순무로 승진했다. 그는 정덕 6년 남안과 감주의 순무로 있으며 정주의 대모산 도적을 공격하여 주모자를 생포하고 산채를 파괴하였다. 그는 죽어서 태자소보에 추증되었다.

2 제독提督은 총 사령관이다.

後不復，更疏以：

“我國家有罰典，有賞格。然罰典止行於參提之後，而不行於臨陣對敵之時；賞格止行於大軍征剿之日，而不行於尋常用兵之際，故無成功。今後凡遇討賊，領兵官不拘軍衛有司，所領兵衆，有退縮不用命者，許領兵官軍前以軍法從事；領兵官不用命者，許總統官軍前以軍法從事。

所領兵衆，有對敵擒斬功次，或赴敵陣亡，從實具報，覆實奏聞，陞賞如制。若生擒賊徒，問明即押赴市曹，斬之以徇，庶使人知警畏，亦可比於令典決不待時者。如此，則賞罰既明，人心激勵；盜起即得撲滅，糧餉可省，事功可建。”

뒤로는 명을 더 내리지 않았다. 다시 상소하였다:

“우리나라에는 벌하는 규칙이 있고 상을 주는 규정이 있습니다. 그러나 벌전은 참고하여 조사한 후에 행하는 데 그치고, 전투에 임하여 적을 상대할 때는 행하지 않습니다. 상격賞格[1]은 대군이 토벌하는 날에만 행하는 것에 그치고, 평소 병사를 부릴 시에는 행하지 않기 때문에 공을 이루지 못합니다. 오늘 이후로 적을 토벌할 경우, 영병관領兵官[2]은 군위와 유사에 구애받지 않고 그 구역에 있는 병사들이 움츠리고 물러나거나 명에 복종하지 않는 자는 영병관이 군사들 앞에서 군법으로써 일을 처리하도록 허락하십시오. 영병관이 명을 복종하지 않는 것은 총통관이 군사들 앞에서 군법에 따라 일을 처리하도록 허락하십시오.

명령을 받은 병사들은, 적을 상대하여 사로잡아 참수하는 공적의 차이가 있고 혹은 적진으로 나아가서 죽는 일이 있으니, 실상에 따라 모두 보상하고 실상을 조사하여 보고하며 제도대로 직위를 올려주고 상을 주십시오. 만약 적의 무리를 산채로 사로잡아 심문하여 분명해지면 저잣거리로 압송하여 군령으로써 참수하는 것이 대체로 사람들이 두렵고 무섭다는 것을 알게 하며 또 법령은 결코 때를 기다리지 않고도 이와 같을 수 있습니다. 이와 같으면 상벌이 분명해져 사람 마음이 북돋워져 힘씁니다. 도적이 일어나면 박멸되고 군량과 급료를 아낄 수 있으니, 일의 공로가 세워질 수 있습니다."

주

1 상격賞格은 공로의 크고 작음에 따라서 상賞을 주는 규정이다.

2 영병관領兵官은 군사를 거느리는 무관이다.

••• 상소문

又曰 : "古者賞不逾時 , 罰不後事。過時而賞 , 與無賞同 ; 後事而罰 , 與不罰同。況過時而不賞 , 後事而不罰 , 其何以齊一人心 , 作興士氣?雖使韓、白爲將 , 亦不能有所成。誠得以大軍誅賞之法 , 責而行之於平時 , 假臣等令旗令牌 , 便宜行事 : 如是而兵有不精 , 賊有不滅 , 臣等亦無以逃其死矣 ! "

또 말했다: "옛사람은 상은 때를 넘기지 않고, 벌은 벌하는 일을 뒤로 미루지 않았습니다. 때를 넘겨 상을 내리면 상을 주지 않는 것과 같고, 벌주는 일을 뒤로 미루어 벌주면 벌주지 않는 것과 같습니다. 하물며 때가 지났는데도 상을 내리지 않고, 벌하는 일을 뒤로 미루고도 벌하지 않으면 그 무엇으로 한 사람의 마음을 가지런히 하여 사기를 북돋울 수 있겠는가? 비록 한신과 백기를 장수로 삼을지라도 이루는 바가 있을 수 없습니다. 대군을 주살하고 상주는 방법으로써 성실하게 문책하고 평상시에 그것을 행하여 저희에게 영기와 영패를 빌려주셔서 편리하게 일을 처리했습니다. 이와 같아도 병사들이 우수하지 않으면, 적은 괴멸되지 않으며 저희 역시 죽음을 피할 수 없습니다."

事下兵部尚書王瓊，覆奏以爲宜從所請。於是改巡撫爲提督，得以軍法從事，欽給旗牌八面，悉聽便宜。既而鎮守太監畢真謀於近幸，請監其軍。瓊奏以爲兵法最忌遙制，若使南、贛用兵而必待謀於省城鎮守，斷乎不可；惟省城有警，則聽南、贛策應。事遂寢。

일이 병부상서 왕경에게 내려와서 복주하고 마땅히 청한 바를 따랐다. 이에 순무의 직위를 바꾸어 제독으로 삼았다. 군법으로 일을 처리하고, 기패 팔면을 주어 요구한 것을 모두 편하게 들어주었다. 얼마 안 있어 진수鎭守[1]를 담당한 태감 필진이 측근에서 모의하여 군대를 감독하기를 청하였다. 왕경이 상소하여 병법은 멀리 있는 군제를 가장 금한다고 하였는데, 만약 남안과 감주에서 군사를 부림이 반드시 성의 도읍에 있는 진수가 계책하기를 기다려야 한다면 단연코 불가하다. 오직 성의 도읍에 진수가 있다면 남안과 감주의 계책을 듣는다. 그러면 일이 마침내 잠잠해질 것이다.

주

1 진수鎭守는 군대를 주재시켜 요처를 지키는 것이다.

按敕諭有曰："江西南安、贛州地方，與福建汀、漳二府，廣東南、韶、潮、惠四府，及湖廣郴州、桂陽縣，壤地相接，山嶺相連，其間盜賊不時生發，東追則西竄，南捕則北奔。蓋因地方各省，事無統屬，彼此推調，難爲處置。先年嘗設有都御史一員，巡撫前項地方，就令督剿盜賊。但責任不專，類多因循茍且，不能申明賞罰，以勵人心，致令盜賊滋多，地方受禍。今日所奏及各該部覆奏事理，特改命爾提督軍務，撫安軍民，修理城池，禁革奸弊。"

칙명에 근거하여 말했다: "강서성의 남안과 감주지방은 복건성의 정주와 장주의 두

부와 광동성의 남주, 소주, 조주, 혜주 네 부와 호광성의 빈주와 계양현까지 땅이 서로 인접해 있고 산마루가 서로 연결되어 있어, 그 사이에 도적이 불시에 생겨나 동쪽으로 추격하면 서쪽으로 달아나고 남쪽에서 잡으면 북쪽으로 도망간다. 대개 지방 각 성도는 일에 관할 구역이 없어 피차가 미루고 떠넘기기 때문에 처리하기 어렵다. 지난해에 관할 구역을 설치하고, 도어사 한 명을 두었는데 앞에서 말한 지역을 순무하여 즉시 도적을 감독하고 소탕하라고 명했다. 그러나 책임은 도맡아 하지 않고 전례대로 대충하는 부류들이 많아 상벌을 자세히 밝혀서 사람 마음을 다독일 수 없었다. 도적들이 많아지게 되어 지방들이 화를 입었다. 오늘 알린 대로 각 해당 부서에서 사건의 이치를 복주하고 특별히 군무를 감독하되 군사와 백성을 어루만지고 성과 해자를 수리하며 간교한 폐단을 금지하고 개혁하라고 고쳐 명했다."

一應軍馬錢糧事宜, 但聽便宜區畫, 以足軍餉。但有盜賊生發, 即便設法調兵剿殺, 不許踵襲舊弊, 招撫蒙蔽, 重爲民患。其管領兵快人等官員, 不問文職武職, 若在軍前違期, 並逗遛退縮者, 俱聽軍法從事。生擒盜賊, 鞠問明白, 亦聽就行斬首示衆。

일단 군마, 돈, 식량의 일에 대해서는 타당해야 하지만 단지 편의에 따라 구역을 구분하여 군사의 급료를 충족시킬 것을 들어 준다. 단, 도적이 생기면 곧바로 법을 세우고 병력을 동원하고 토벌하며 옛 폐단을 그대로 답습하는 것을 허락하지 않아야 하는데, 불러다 위로하고 덮어 감추어 주는 것은 거듭 백성들의 걱정거리가 된다. 병사와 쾌인 등을 감독하는 관원은 문관이든 무관이든 불문하고 만약 군사 앞에서 기강을 어기고, 머뭇거리거나 뒤로 물러나는 자는 모두 군법에 따라 처리할 것이다. 도적을 생포하고 신문하여 분명하게 하고 또 바로 참수를 거행하여 군중들에게 보일 것이다.

撫諭賊巢。

도적의 무리를 위로하고 타일렀다.

是時漳寇雖平，而樂昌、龍川諸賊巢尚多嘯聚，將用兵剿之，先犒以牛酒銀布，復諭之曰："人之所共恥者，莫過於身被爲盜賊之名；人心之所共憤者，莫過於身遭劫掠之苦。今使有人罵爾等爲盜，爾必憤然而怒；

이때는 장주의 도적이 비록 평정되었으나, 낙창, 용천의 여러 도적이 소굴에 여전히 많은 도적을 불러 모았으니, 군대를 이용해 그들을 소탕하려 할 때 먼저 고기, 술, 은, 포목으로 달래고 다시 그들을 타이르며 말하였다: "사람이 공통되게 부끄러운 것은 자신에게 도적의 이름이 붙은 것보다 더한 것이 없다. 사람의 마음에 공통되게 분노하는 것은 자신이 노략질당한 고통보다 더한 것이 없다. 지금 어떤 사람이 너희들을 도둑이라고 욕하면 너희는 반드시 분개하여 화를 낼 것이다.

又使人焚爾室廬，劫爾財貨，掠爾妻女，爾必懷恨切骨，寧死必報。爾等以是加人，人其有不怨者乎?人同此心，爾寧獨不知?乃必欲爲此，其間想亦有不得已者。或是爲官府所迫，或是爲大戶所侵，一時錯起念頭，誤入其中，後遂不敢出。

또 사람들이 너희 집을 태우고, 너희 재산을 빼앗고 너희 아내와 딸을 뺏으면 너희는 반드시 뼛속 깊이 원한을 품을 것이고 차라리 죽더라도 반드시 보복할 것이다. 너희들이 이같이 사람들에게 가하는데 사람들이 너희를 원망하지 않는 자가 있겠는가? 사람들은 이러한 마음에서 한가지인데 너희만 어찌 유독 모르겠는가? 그대들이 반드시 이것을 하고자 한다면 그사이에 생각이 또한 어쩔 수 없는 점이 있었을 것이다. 어떤 경우는 관아가 핍박해서 어떤 경우는 이것이 대부호에게 침탈당해서 한때 생각을 잘못하여 그 무리 중에 잘못 들어가서 후에는 끝내 감히 나올 수 없게 된 것이다.

此等苦情，亦甚可憫。然亦皆由爾等悔悟不切耳。爾等當時去做賊時，是生人尋死路，尚且要去便去。今欲改行從善，是死人求生路，乃反不敢耶？若爾等肯如當初去做賊時拼死出來，求要改行從善，我官府豈有必要殺汝之理？

이러한 힘든 사정들은 또한 매우 불쌍히 여길 만하다. 그러나 또 모두 다 너희들이 후회와 깨달음이 절실하지 않았기 때문일 뿐이다. 너희들이 당시 도적이 되었을 때 이는 살아 있는 사람이 죽을 길을 찾으러 간 것이고 오히려 가야 했기 때문에 간 것이다. 지금 행동을 바꾸어 선을 따르고자 하면 이는 죽은 사람이 살길을 찾는 것이니 어찌 반대로 감히 하지 못하겠는가? 만약 너희들이 당초에 도적이 되려고 했을 때 죽는 힘을 다했던 것처럼 행동을 바꾸어 선을 따르겠다고 한다면 우리 관아가 어찌 반드시 너희를 죽여야 할 이유가 있겠느냐?

爾等久習惡毒，忍於殺人，心多猜疑。豈知我上人之心，無故殺一雞犬尚且不忍，況於人命關天？若輕易殺之，冥冥之中，斷有還報，殃禍及於子孫，何苦而必欲爲此。

너희들은 오랫동안 악독을 익히고, 사람을 죽이는데 잔인하였으며, 마음은 시기와 의심을 많이 했다. 어찌 내가 윗사람의 마음을 알겠는가마는 무고하게 한 마리의 닭과 개를 죽이는 것조차 오히려 또 차마 하지 못하는데, 하물며 하늘에서 관장하는 사람의 목숨에 하겠는가! 만약 쉽게 사람을 죽이면, 어둠 속에서 결단코 보복이 있고, 재앙이 자손에게 미치게 되는데, 어찌 힘든데도 반드시 이 짓을 하려고 하는가?

我每爲爾等思念及此，輒至於終夜不能安寢，亦無非欲爲爾尋一生路。惟是爾等冥頑不化，然後不得已而興兵，此則非我殺之，乃天殺之也。今謂我全無殺人之心，亦是誑爾；若謂必欲殺爾，又非吾之本心。爾等今雖從惡，其始同是朝廷赤子。

나는 매번 너희들을 위해 생각함이 여기에 이르렀고 번번이 밤새도록 편안히 잠을 잘 수 없었으며 또 너희를 위하여 살길을 찾아주고 싶지 않음이 없었다. 오직 너희들은 사리에 어둡고 완고하여 변하지 않았기에 그러함을 안 후에 어쩔 수 없이 병사를 일으켰으니, 이것은 즉 내가 너희를 죽이는 것이 아니라 바로 하늘이 너희를 죽이는 것이다. 지금 내가 사람을 죽일 마음이 하나도 없다고 말한다면, 또한 이것은 너희를 속이는 것이다. 만약 반드시 너희를 죽이고 싶다고 말한다면, 또한 내 본심은 아니다. 너희들이 지금은 비록 악을 좇는다고 하더라도 그 처음에는 똑같이 조정의 백성이었다.

譬如一父母同生十子，八人爲善，二人背逆，要害八人；父母之心，須去二人，然後八人得以安生。均之爲子，父母之心，何故必欲偏殺二子，不得已也。吾於爾等，亦正如此。若此二子者，一旦悔惡遷善，號泣投誠，爲父母者，亦必哀憫而赦之。何者？不忍殺其子者，乃父母之本心也。今得遂其本心，何喜何幸如之；吾於爾等，亦正如此。

예를 들면 한 부모가 아들 열을 낳았는데, 여덟 명은 착한데 두 명이 배반하고 거역하여 여덟 명에게 해를 입힌다. 부모의 마음은 반드시 두 명을 버려야 그 후에 여덟 명이 편안한 삶을 살 수 있다. 그들은 똑같이 아들인데, 부모의 마음으로, 어찌 반드시 두 아들만 죽이고 싶겠느냐마는 어쩔 수 없다. 나도 너희에 대해 또한 바로 이와 같다. 만약 이 두 아들이 일단 악을 뉘우치고 선을 행하고 소리 내어 울고 성심으로 용서를 구한다면 부모 된 자라면, 또한 반드시 슬퍼하고 가련하게 여겨 그를 용서할 것이다. 어째서인가? 차마 그 아들을 죽이지 못하는 것은 곧 부모의 본심이다. 지금 그 본심을 따를 수 있다면 이처럼 얼마나 기쁘고 다행한 일인가! 내가 너희에 대해서도 또한 바로 이와 같다.

聞爾等爲賊，所得苦亦不多，其間尚有衣食不充者。何不以爾爲賊之勤苦精力，而用之於耕農，運之於商賈；可以坐致饒富，而安享逸樂，放心縱意，遊觀城市之中，優遊田野之內。

너희들이 도적이 되어 고통받는 바가 또한 많지 않다고 해도 그사이에 여전히 옷과 음식이 충분하지 못한 자가 있다고 들었다. 어찌 너희는 도적이 되어 고생하고 애쓴 정력을 농사짓기에 쓰고 장사에 운용하지 않는가? 앉아서 넉넉한 부를 이루고 편안히 즐기며 마음을 놓고 뜻대로 하고 도시를 유람하며 들판을 한가롭게 돌아다닐 것이다.

豈如今日，出則畏官避讎，入則防誅懼剿，潛形遁跡，憂苦終身，卒之身滅家破，妻子戮辱，亦有何好乎？爾等若能聽吾言，改行從善，吾即視爾爲良民，更不追爾舊惡。若習性已成，難更改動，亦由爾等任意爲之。

어찌 오늘날처럼 밖에 나가면 관아를 두려워하고 원수를 피하고 소굴에 들어가면 죽임을 방비하고 토벌을 두려워하며 잠적하여 평생토록 괴롭게 근심하고 죽어서는 몸은 사라지고 집은 파멸하며 처자는 도륙되고 능욕당하니 또한 무슨 좋은 것이 있겠는가? 너희들이 만약 내 말을 듣고 행실을 고치고 선을 따른다면 내가 곧 너희들을 살펴서 양민으로 삼아 더는 너희의 옛 죄악을 추궁하지 않겠다. 만약 습성이 이미 이루어져서 행동을 고치기 어려운 것은 또한 너희들이 멋대로 그렇게 하기 때문이다.

吾南調兩廣之狼達，西調湖湘之士兵，親率大軍，圍爾巢穴，一年不盡，至於兩年；兩年不盡，至於三年。爾之財力有限，吾之兵糧無窮，縱爾等皆爲有翼之虎，諒亦不能逃於天地之外矣。嗚呼！民吾同胞，爾等皆吾赤子，吾終不能撫恤爾等，而至於殺爾，痛哉！痛哉！興言至此，不覺淚下。”

내가 남쪽으로는 양광兩廣[1]의 낭달 병사를 소집하고 서쪽으로는 호상湖湘[2]의 사병을 뽑아 친히 대군을 이끌고 너희 소굴을 둘러쌌는데 1년에 다 끝내지 못하고 2년이 되었다. 2년에 끝나지 않아 3년에 이르렀다. 너희의 재력에는 한계가 있고 우리 병사와 군량은 무궁하니 설령 너희들이 모두 날개 달린 호랑이라도 참으로 또한 천지 밖으로 도망칠 수는 없다. 오호! 백성은 내 동포요 너희들은 모두 내 자식이니 내가 결국 너희들을 불쌍히 여기고 돌보지 않을 수 없는데 너희를 죽이기에 이르게 되었으니 애통하구나! 애통하구나! 여기까지 말하니 나도 모르게 눈물이 흐른다.

주

1 양광兩廣은 광동성과 광서성의 이름을 합친 명칭이다. 선진시기 지명인 광신현廣信縣에서 기원하였다. 광신현의 동쪽을 광동성이라 하고, 광신현의 서쪽을 광서성이라 하였다.

2 호상湖湘은 호남성湖南省 동정호洞庭湖와 상강湘江 일대를 말한다.

按是諭文藹然哀憐無辜之情，可以想見虞廷於羽之化矣。故當時酋長若黃金巢、盧珂等，即率衆來投，願效死以報。

전덕홍이 생각하니, 이 깨우치는 문장은 무고한 자를 온화하고 애련하게 여기는 정이다. 순임금의 춤을 통한 교화[虞廷於羽][1]를 생각할 수 있다. 그러므로 당시 추장 황금소, 노가 등이 무리를 이끌고 투항하러 왔고 죽는 힘을 다하여 보답하기를 원했다.

주

1 우정어우虞廷於羽는 고대 중국의 고사이다. 순임금 유우有虞의 시기에 춤을 통해 묘족을 감화시키고 평화롭게 공존했던 이야기이다. 이는 문덕으로 외족을 감화시키거나 갈등을 해결하는 고상한 행동을 묘사할 때 쓰는 고사성어이다.

疏謝陞賞。

승진과 상을 준 것을 감사하는 상소를 하였다.

朝廷以先生平漳寇功，陞一級，銀二十兩，紵絲二表裏，降敕奬勵，故有謝疏。

조정에서 선생이 장주의 도적을 평정한 공으로써 일 등급 승진하고 은 20량과 저사紵絲[1] 2 표리를 내리고 칙서를 내려 노고를 표창하였기에 감사하는 상소가 있었다.

주

1 저사紵絲는 모시와 베이다. 표리表裏는 안감과 겉감을 말한다. 옷감의 단위이다.

疏處南、贛商稅。

남안과 감주 상인들의 세금을 처리하는 상소를 올렸다.

始，南安稅商貨於折梅亭；以資軍餉，後多奸弊，仍並府北龜角尾，以疏聞。

처음에 남안에서 세금은 절매정折梅亭[1]에서 장사한 재화로 받았다. 이로써 군향에 자금을 대었는데 후에 폐단이 많으니 옛 대로 관청은 북쪽의 귀각미龜角尾[2]와 합병할 것을 상소로써 아뢰었다.

주

1 절매정折梅亭은 강서구 남안시에 있는 행정 구역이다.

2 귀각미龜角尾는 강서성 감주시 장공구章貢區 북단에 있다. 장강章江과 공강貢江이 만나 감강贛江을 형성한 지점에 자리 잡았다. 하늘에서 내려다본 모습이 마치 거북의 꼬리 모양으로 생겨 귀각미하고 이름이 붙여졌다.

46세 10월

十月，平橫水、桶岡諸寇。

10월 횡수와 통강의 도적 떼들을 평정하다.

南、贛西接湖廣 桂陽，有桶岡、橫水諸賊巢；南接廣東樂昌，東接廣東龍川，有浰頭諸賊巢。大賊首謝志珊，號征南王，糾率大賊鍾明貴、蕭規模、陳曰能等，約樂昌 高快馬等大修戰具，並造呂公車。聞廣東官兵方有事府江，欲先破南康，乘虛入廣。先是湖廣巡撫都御史陳金題請三省夾攻。

남안과 감주는 서쪽으로 호광성 계양에 접해있는데 통강과 횡수에 도적 떼들의 소굴이 있었다. 남쪽으로는 광동성 낙창과 접해있고 동쪽으로는 광동성 용천과 접해있으며 이두에 도적 떼 소굴이 있었다. 큰 도적 두목 사지산은 정남왕이라 불리고 큰 도적 종명귀, 소규모, 진왈릉 등을 규합하여 이끌었다. 악창의 고쾌마 등이 전투 장비를 크게 수리하고 아울러 공거公車 여呂[1]를 만들기로 계약했다. 광동성 관병이 바야흐로 부강에서 사건이 있다는 것을 듣고 먼저 남강을 격파하고 헛점을 타서 광동에 들어가고자 하였다. 이에 앞서 호광순무도어사 진금이 세 개의 성 협공을 청하는 글을 적었다.

주

1 공거公車 여呂는 성을 공격하는 대형 기계이다. 공거公車의 여러 층에 군사를 숨기고 가죽을 덮어 소와 사람이 밀어 성 안쪽에 떨어뜨리면 군사들이 쉽게 성안으로 들어가 적과 교전을 벌릴 수 있다.

先生以爲桶岡、橫水、左溪諸賊荼毒三省，其患雖同，而事勢各異：“以湖廣言之，則桶岡爲賊之咽喉，而橫水，左溪爲之腹心。以江西言之，則橫水、左溪爲之腹心，而桶岡爲之羽翼。今議者不去腹心，而欲與湖廣夾攻桶岡，進兵兩寇之間，腹背受敵，勢必不利。今議進兵橫水、左溪，克期在十一月朔。賊見我兵未集，師期尚遠，必以爲先事桶岡，觀望未備。乘此急擊之，可以得志。由是移兵臨桶岡，破竹之勢成矣。”

선생은 통강, 횡수, 좌계의 여러 도적이 세 개의 성에 해독을 끼치는데 그 환란은 비록 같으나 사건과 형세는 각기 다르다고 여겼다: “호광성으로 사세를 말하면 통강은 적의 목구멍이 되고, 횡수, 좌계는 신체의 중심 부분이 된다. 강서성으로 사세를 말하면 횡수, 좌계는 신체의 중심 부분이 되고 통강은 날개가 된다. 지금 논의하는 것은 중심 부분을 제거하는 것이 아니고 호광과 더불어 통강을 협공하고자 하니 양 도적들 사이에 병사를 나아가게 하는 것은 앞과 뒤로 적의 공격을 받으니, 전세는 반드시 불리하다. 지금 횡수, 좌계로 출병을 논의했는데 마감일은 십일월 초하루이다.

도적들은 우리 병사가 아직 집결되지 않아 군대가 움직일 시기가 아직 멀었다고 보고, 반드시 먼저 통강을 치는 것은 준비가 안 되어 관망하리라고 여길 것이다. 이를 틈 타 급히 적을 치면 뜻을 이룰 수가 있다. 이로써 군사를 옮겨서 통강에 다가가니 파죽지세가 되었다."

於是決意先攻<u>橫水</u>、<u>左溪</u>，分定哨道，指授方略，密以十月己酉進兵。至十一月己巳，凡破賊巢五十餘，擒斬大賊首<u>謝志珊</u>等五十六，從賊首級二千一百六十八，俘獲賊屬二千三百二十四。

이에 횡수, 좌계를 공격하기로 결의하고 초도를 나누어 정하고 방법과 계략을 지시하여 비밀리 시월 기유 일에 진군했다. 십일월 기사 일에 이르러 도적의 소굴 오십여 곳을 격파하여 괴수 사지산 등 오십육 명을 생포하거나 목을 베었다. 도적을 따르던 무리의 수급은 2,168 개이었고 포로가 된 도적무리는 2,324 명이었다.

衆請乘勝進兵<u>桶岡</u>。先生復以<u>桶岡</u>天險，四塞中堅，其所由入，惟<u>鎖匙龍</u>、<u>葫蘆洞</u>、<u>察坑</u>、<u>十八磊</u>、<u>新池</u>五處，然皆架棧梯壑，於崖巔坐發礌石，可以禦我師。雖<u>上章</u>一路稍平，然迂回半月始達，<u>湖</u>兵從入，我師復往，事皆非便。況<u>橫水</u>、<u>左溪</u>餘賊悉奔入，同難合勢，爲守必力。善戰者，其勢險，其節短。

모두 승세를 타고 통강으로 병사들을 진격하자고 청했다. 선생은 다시 통강이 본래 험하여 사방이 막히고 가운데는 견고하니 들어갈 곳은 오직 쇄시룡, 호로동, 찰굉, 십팔뢰, 신지 다섯 곳이다. 그러나 그들이 다 잔도를 가설하고 골짜기에 구름사다리를 놓아 벼랑 꼭대기에 앉아서 돌을 굴려 우리 군사를 막을 수 있다고 대답했다. 비록 상장의 길 하나가 약간 평평하지만 우회하여 반달 걸려야 비로소 도달하니 호광성의 병사들이 따라 들어와서 우리 병사가 다시 나아가도 일이 모두 순탄하지 않을 것이다. 게다가 횡수와 좌계의 남은 적들이 모두 쳐들어와 다 같이 세를 합하기는 어려우니 반드시 힘껏 지켜야 한다. 전쟁을 잘하는 것은 그 지세는 험준한 곳에서 하고 그 기간은 짧게 하는 것이다.

今我欲乘全勝之鋒，兼三日之程，爭百裏之利，以頓兵於幽穀，所謂強弩之末，不能穿魯縞矣。莫若移屯近地，休兵養威，使人諭以禍福，彼必懼而請伏。或有不從，乘而襲之，乃可以逞。因使其黨往說之。

지금 내가 전승의 기세를 타고 삼일의 여정을 더하여 백 리의 이로움을 쟁취하려고 그윽한 골짜기에 군사를 주둔시키려 하는데 이른바 강한 화살 끝으로도 얇은 명주를 뚫을 수 없다. 가까운 곳에 주둔지를 옮겨 병사를 쉬게 하고 위무를 키우고 사람들이 화와 복을 깨우치도록 하는 것이 최선이다. 저들이 반드시 두려워하여 복종하기를 청할 것이다. 어떤 이는 복종하지 않는 자도 있겠지만 기세를 타고 그들을 습격하면 도리어 이룰 수 있다. 그들 무리에게 가서 그것을 설명하게 했다.

賊喜，方集議，而橫水、左溪奔入之賊果堅持不可。往復遲疑，不暇爲備，而我兵分道疾進，前後合擊，賊遂大敗。破巢三十餘，擒斬大賊首藍天鳳等三十四，從賊首級一千一百四，俘獲賊屬二千三百，捷聞，賜敕獎諭。

적들은 기뻐하며 곧바로 의견을 모았고 횡수와 좌계로 도망쳐 들어온 적은 결국 버틸 수 없었다. 망설이며 결정짓지 못하기를 되풀이하며 공격에 대비할 겨를이 없었다. 그래서 우리 병사는 길을 나누어서 빠르게 나아가서 전방과 후방 합쳐서 공격하니 적은 마침내 크게 패했다. 삼십여 소굴을 부수고 대 도적 우두머리 남천봉 등 34명을 생포하거나 베어 죽였다. 적을 따르던 수급이 1,104개이고 사로잡은 적의 무리가 2,300명이었다. 승전의 소식을 듣고 칙명으로 격려의 말을 해주었다.

是役也, 監軍副使楊璋, 參議黃宏, 領兵都指揮許清, 指揮使郟文, 知府邢珣、季斆、伍文定、唐淳, 知縣王天與、張戩, 指揮餘恩、馮翔, 縣丞舒富, 隨征參謀等官, 指揮謝泉、馮廷瑞、姚璽, 同知朱憲, 推官危壽、徐文英, 知縣陳允諧、黃文鸞、宋瑢、陸璥, 千戶陳偉、高睿等咸上功。

이 싸움은 감군부사 양장, 참의 황굉[1], 영병도지휘관 허청, 지휘사 겹문, 지부 형순邢珣[2], 계효, 오문정伍文定[3], 당순, 지현 왕천여王天與[4], 장전, 지휘관 여은, 풍상, 현승 서부, 정벌을 수행한 참모 등 관리 지휘관인 사천, 풍정서, 요새, 동지 주헌, 추관 위수, 서문영, 지현, 진윤해, 황문악, 송용, 육경, 천호 진위, 고예 등에게 모두 공을 올려주었다.

주

1 황굉黃宏은 자가 덕유德裕이고 호는 우란友蘭이며 절강성 은현鄞縣 사람이다. 홍치 15년(1502)에 진사가 되어 강서좌참의를 제수받았다. 영왕의 난에 피살되어 서거 후 태상사소경太常寺少卿으로 추증되었다.

2 형순邢珣1462~1532은 명 중기 관원이다. 자가 자용子用이고 호는 삼호三湖이며 안휘성 태평부太平府 당도현當塗縣 사람이다. 홍치 6년(1493)에 진사가 되어 남경호부주사, 남경형부원외랑, 남경형부낭중, 남경호부낭중을 역임했다. 정덕 3년(1508), 환관 유근劉瑾의 미움을 사서 권좌에서 물러났고 유근이 실각한 후 복귀하여 남경공부랑중南京工部郎中에 임명되었다가 감주贛州 지부로 발탁되었다. 재임 기간에 그는 고대 향사를 복원하고 대신학궁大新學宮을 지었으며 주돈이와 조변趙抃의 사당을 수리하여 문화 및 교육 사업이 번창했다. 정덕 14년(1519년) 반역자 주신호가 자신을 위해 일하게 하였고 그는 계략을 알아차리고 즉시 군대를 통솔하여 왕수인, 오문정 등 장수들과 합류하여 반역자를 평정하였다. 명 세종이 즉위한 후 그는 낙향하였다.

3 오문정伍文定(1470~1530)은 명 중기 대신이다. 자가 시태時泰이고 호는 송월松月이며 호광성

형주부荊州府 송자현松滋縣 사람이다. 홍치 12년(1499)에 진사가 되어 상주부추관常州府推官을 제수받았는데, 정덕 연간에 환관 유근을 거역하여 옥에 갇혔다. 유근이 실각한 후 길안지부로 승진했다. 정덕 14년(1519년) 영왕이 반란을 일으키자 그는 도어사 왕수인의 군대를 이끌고 남창을 공격하였고 주진호의 군대를 격파했다. 공로로 강서성 안찰사와 도찰원 좌부어도사로 승진하였다. 후에 병부상서 겸 우도어사를 맡았고 운남, 귀주, 사천, 호주의 군을 감독했다. 61세에 서거했다.

4 왕천여王天與(1475~1519)는 자가 성지性之이고 호는 동곽東郭이며 광동성 흥영興寧 사람이다. 정덕 2년(1507) 거인 아원亞元이 되고 9년(1514)에 진사가 되어 11년(1516)에 강서 영도寧都지현이 되었다. 정덕 12년(1517) 강서순무 왕수인을 따라서 횡수橫水, 통강通岡, 이두浰頭 등을 토벌하여 농민 봉기를 진압하고 절강 도어사로 승진했다. 정덕 14년(1519) 주진호가 반란을 일으켰을 때, 왕수인의 명령을 받고 그를 정벌하였다. 군사를 이끌고 남창을 공격한 후 몸을 아끼지 않고 직접 화재 현장에 가서 불을 껐다. 이로 인하여 병을 얻어 서거했다.

酋長謝志珊就擒，先生問曰："汝何得黨類之衆若此?"志珊曰："亦不容易。"曰："何?"曰："平生見世上好漢，斷不輕易放過；多方鉤致之，或縱其酒，或助其急，待其相德，與之吐實，無不應矣。"先生退語門人曰："吾儒一生求朋友之益，豈異是哉?"

추장 사지산謝志珊[1]이 생포되어 선생이 물었다: "너는 어떻게 도적의 무리들을 얻은 것이 이와 같은가?" 사지산이 말했다: "또한 쉽지 않다." 선생이 말했다: "어떻게?" 지산이 말했다: "평생에 세상의 의협심 좋아하는 사내들을 보면 결단코 그대로 지나치기가 쉽지 않고 여러 방면으로 그들을 꾀어낸다. 어떤 때는 술을 마음껏 마시게 하고 어떤 때는 위급함을 도와주고 상대의 덕을 대우하여서 그와 더불어 실상을 토설하게 하니 응하지 않는 자가 없었다." 선생이 물러나 문인들에게 말했다: "우리 유생들이 일생 동안 도움이 되는 친구를 구함이 어찌 이와 다르겠는가?"

주

1 사지산謝志珊은 남천봉과 함께 강서성 남안부·감주부 경내의 도적 떼의 추장이다.

46세 12월

十二月，班師。

12월 군사를 돌리다.

師至南康，百姓沿途頂香迎拜。所經州、縣、隘、所，各立生祠。遠鄉之民，各肖像於祖堂，歲時尸祝。

군사가 남강에 이르렀을 때 백성들이 길에 늘어서서 정향頂香[1]을 하며 맞이하고 절을 하였다. 거쳐 갔던 주州, 현縣, 애隘, 소所[2]에 제각기 생사生祠[3]를 세웠다. 멀리 지방의 백성들은 각기 조상의 사당에 (왕양명) 초상을 걸고 해마다 제사를 지냈다.

주

1 정향頂香은 향을 피운 향로를 이마까지 올려서 공경을 표하는 것이다.
2 주州, 현縣, 애隘, 소所는 행정 구역의 단위이다.
3 생사生祠는 감사監司나 수령守令의 공적을 백성들이 고맙게 여겨 그 사람 생시에 그를 위하고자 모시던 사당이다.

46세 윤12월

閏十二月，奏設崇義縣治及茶寮隘 上堡、鉛廠、長龍三巡檢司。

윤 12월에 숭의현崇義縣[1] 치소와 다료애茶寮隘 상보上堡[2], 연창鉛廠, 장룡長龍의 세 곳에 순검사를 설치하도록 상소로 올렸다.

주

1 숭의현崇義縣은 강서성 감주시에서 분할된 지역이다. 강서성 서남에서 장강章江의 상류로 흐르며 감강贛江과 상수湘水 사이에 있다.

2 상보上堡는 강서성 감주시 숭의현 서쪽 감상贛湘이 교차하는 지역에 있다.

••• 상소문

先生上言：

"橫水、左溪、桶岡諸賊巢凡八十餘，界乎上猶、大庾、南康之中，四方相距各三百餘里，號令不及，以故爲賊所據。今幸削平，必建立縣治，以示控制。議割上猶、崇議等三里，大庾、義安三里，南康、至坪一里，而特設縣治於橫水，道里適均，山水合抱，土地平坦。仍設三巡檢司以遏要害。茶陵復當桶岡之中，西通桂陽、桂東，南連仁化、樂昌，北接龍泉、永新，東入萬安、興國，宜設隘保障。令千戶孟俊伐木立柵，移皮袍洞隘兵，而益以鄰近隘夫守焉。"

議上，悉從之，縣名崇義。

선생이 상소를 올려 말했다:

"횡수, 좌계, 통강[1]의 도적들의 소굴이 무릇 팔십여 개이고 지역이 상유, 대유, 남강의 중간인데 사방의 거리가 서로 각각 삼백여 리라서 지휘명령이 미치지 않기 때문에 도적의 근거지가 되었습니다. 지금 다행히 평정하였으니 반드시 현의 치소를 세워 제압한 것을 보여야 합니다. 상유와 숭의 등 삼리, 대유와 의안 삼리, 남강 지평 일리를 분할 할 것을 논의하였으며 특별히 횡수에 현의 치소를 설치하고, 도와 리는 적절히 균등하게 하면 산수가 애워싸서 땅이 평평하게 될 것입니다. 게다가 세 곳에 순검사를 두어 요해를 막습니다. 차릉은 다시 통강의 중심에 해당되고 서쪽은 계양, 계동으로 통하고 남쪽은 인화와 낙창으로 연해 있고 북쪽은 용천과 영신으로 접하고 동쪽은 만안과 흥국으로 들어가니 마땅히 좁은 길을 만들어 지키게 해야 합니다. 천호 맹준에게 나무를 베어 울타리를 치게 하며 피포동으로 요해 지역의 병사를 이주시키고 추가하여 인근에 요해의 일꾼들에게 지키게 합니다."
논의하여 상소를 올리니 모두 그것을 따랐고 현은 '숭의'라고 이름붙였다.

주

1 횡수橫水, 좌계左溪, 통강桶岡은 세 곳 요새지[三寨]이다.

1518년, 선생 47세

十有三年戊寅, 先生四十七歲, 在贛。

정덕 13년 무인년(1518) 선생 47세 감주에 있었다.

47세 정월

正月, 征三浰。

정월, 삼리三浰[1]를 정벌하였다.

주

1 삼리三浰는 지금 광동성 화평현和平縣이다. 현 서북의 화평하和平河가 삼리수이다.

••• 편지글

與薛侃書曰 : "即日已抵龍南, 明日入巢, 四路皆如期並進, 賊有必破之勢矣。向在橫水, 嘗寄書仕德云 : '破山中賊易, 破心中賊難。'區區剪除鼠竊, 何足爲異? 若諸賢掃蕩心腹之寇, 以收廓清平定之功, 此誠大丈夫不世之偉績。數日來, 諒已得必勝之策, 奏捷有期矣, 何喜如之! 梁日孚、楊仕德誠可與共學。廨中事累尙謙。小兒正憲, 猶望時賜督責。"
時延尙謙爲正憲師, 兼倚以衙中政事, 故云.

설간薛侃에게 준 편지에 말했다: "바로 그날 용남龍南[1]에 도착하여 다음 날 소굴에 들어가서 네 군데 길에서 모두 예정대로 나란히 진격하니 적은 반드시 파멸될 기세가 있었다." 지난번 횡수에서 일찍이 양사덕楊仕德[2]에게 글을 써서 부치며 말했다: "'산중의 도적은 격파하기가 쉬우나 심중의 적은 깨뜨리기 어렵다.' 자질구레하게 좀도둑을 잘라내는 것과 무엇이 다르겠는가? 만일 여러 현자가 마음속에 적을 소탕하여 깔끔하게 평정하는 공을 거두게 된다면 이것이 진실로 대장부의 세상에 없는 위대한 공적이 될 것이다. 며칠 만에 진실로 이미 필승의 묘책을 얻었고 승전을 임금에게 알릴 것은 기약되어 있으니 어떤 기쁨이 이와 같겠는가? 양일부梁日孚[3], 양사덕은 진실로 함께 공부할 만하다. 관아 내에서 하는 일이 상겸尙謙[4]을 번거롭게 하지만 어린 정헌이 오히려 바랄 때는 독책을 해주었다."
상겸을 초빙하여 정헌의 스승이 되었을 때 관아의 정사를 겸하여 맡았기 때문에 말한 것이다.

주

1 용남龍南은 강서성 감주시贛州市가 관리하는 지역이다. 강서성 최남단에 위치하고 동쪽은 정남현定南縣, 남쪽은 광동성 화평현和平縣과 연평현連平縣, 서쪽은 전남현全南縣, 북쪽은 신풍현信豐縣과 접한다.

2 양기楊驥는 자가 사덕仕德이고 호는 의재毅齋이다. 광동성 조주부潮州府 요평현饒平縣 사람이

다. 동생 양란은 자가 사명仕鳴인데 형과 함께 정덕 11년(1516) 향시를 치러 두 사람은 같이 거인이 되었다. 그는 세속을 떠나 벼슬에는 관심이 없었다. 먼저 담감천에게 공부했고 동향인 설간의 소개로 왕수인에게 배웠다. 그러나 하늘이 영재를 시기하여 양사덕은 1520년에 일찍이 세상과 하직했다. 감천은 그의 후사를 돌보고 양명은 제문을 지어 올렸다.

3 양일부梁日孚는 양작梁焯이다. 그는 『전습록』에서 "居敬、窮理是兩事, 先生以爲一事, 何如? [거경과 궁리는 두 가지 일인데 선생님께서 하나로 여김은 어째서입니까?]"라고 하였다.

4 상겸尚謙은 설간이다.

47세 2월

二月, 奏移小溪驛。

이월에 소계역을 옮기고자 아뢰었다.

小溪驛舊當南康、南安中。丙子, 大庾峰山裏民懼賊讐殺, 自願築城爲衛。至是年二月, 奏移驛其中。

소계역은 예전의 남강, 남안의 가운데에 해당한다. 병자년에 대유봉 산속의 백성들은 도적이 앙갚음하고 죽이는 것을 두려워하여, 스스로 성을 쌓아서 위소 만들기를 원했다. 이해 2월에 이르러 그 안에 역을 이동할 것을 아뢰었다.

47세 3월

三月, 疏乞致仕, 不允。以病也。

3월에 벼슬을 사양하고 물러나기를 빌었으나 윤허하지 않았다. 병 때문이었다.

襲平大帽、浰頭諸寇。

대모와 이두의 도적들을 기습해서 평정했다.

先生議攻取之宜，先橫水，次桶岡，次與廣東徐圖浰頭。方進兵橫水時，恐浰頭乘之，乃爲告諭，頗多感動。惟池仲容曰："我等爲賊非一年，官府來招非一次，告諭何足憑？待金巢等無事，降未晩也。"金巢等至，乃釋罪，推誠撫之，各願自投。

선생은 공격하는 것이 마땅함을 논의하고는 먼저 횡수, 다음은 통강, 다음으로 광동과 더불어 이두로 서서히 도모했다. 바야흐로 병사들이 횡수를 진격할 때 아마도 이두에서 그 틈을 탈까 걱정되어 이에 고유告諭[1]하니 상당히 많이 감동했다. 오직 지중용이 말했다: "우리들이 도적이 된 지가 일 년이 아니고 조정에서 부르러 온 것도 한 번이 아닌데 고유한다고 어찌 기댈 만하겠는가? 금소의 무리가 무사한가 기다려 보고 항복해도 늦지 않다." 금소의 무리가 이르자 곧바로 죄를 용서해 주고 그들을 정성껏 대하며 위무해주니 각자 스스로 투항하기를 원했다.

주

1 고유告諭는 어떤 사실事實을 널리 알려서 깨우쳐 주는 것이다.

於是擇其衆五百人從征橫水。橫水既破，仲容等始懼，遣其弟池仲安來附，意以緩兵。先生覺之。比征桶岡，使截路上新池，以迂其歸，內嚴警備，外若寬假。被害者皆言池氏兇狡，兩經夾剿無功。

이에 그 무리에서 오백 명을 가려서 뽑아 딸려 보내 횡수를 정벌했다. 횡수는 이미 격파되었고, 중용의 무리는 비로소 두려워해서 그의 동생 지중안을 보내 귀순했는데 의도적으로 싸움을 늦춘 것이다. 선생은 그것을 느꼈다. 통강을 정벌함에 비교하여 신지에 있는 길을 끊어버려서 돌아오는데 멀게 하고 안으로는 경비를 엄하게 하며 밖으로는 너그러운 것처럼 가장했다. 피해자는 모두 '지씨가 흉악하고 교활하며 두 차례 협공했으나 성공하지 못했다.'라고 말했다.

其曰："狼兵易與耳，調來須半年，我避不須一月。"謂來不能速，留不能久也。咸請濟師，不從。乃密畫方略，使各歸部集，候期遏賊。及桶岡破，賊益懼，私爲戰守之備。復使人賜酋牛酒，以察其變。

그는 말했다: "낭병들은 쉽게 참여했을 뿐인지라 조련하는 데는 반드시 반년이 걸려야 하고, 우리는 한 달이 걸리지 않아 떠난다." 오더라도 빠를 수가 없고, 머물러도 오래 갈 수 없음을 말한 것이다. 모두 군사를 쓰는 작전을 하자고 했으나 따르지 않았다. 이에 비밀리에 방략을 계획하고 각자 부로 돌아가서 집합하게 하여 적절한 때를 기다렸다가 적을 막았다. 급기야 통강이 격파되었고, 적들은 더욱 두려워하며 은밀히 수비를 위한 준비를 했다. 다시 사람을 시켜 두목에게 소고기와 술을 베풀어 주며 그 변화를 살폈다.

賊度不可隱，詐稱龍川新民盧珂、鄭志高等將行掩襲，故豫爲防，非虞官兵也。佯信之，因怒珂等擅兵讎殺，移檄龍川，使廉實， 將伐木開道討之。賊聞且信且懼，復使來謝。會珂等告變，先生欲藉珂以紿三浰.

적은 방어 준비를 숨길 수 없음을 헤아리고 거짓으로 용천의 신민인 노가, 정지고 등이 장차 몰래 습격할 것이기 때문에 미리 방어하는 것이지 관병을 염려하는 것이 아니라고 말했다. 선생은 믿는 척하고 노가의 무리가 병권을 마음대로 행사해서 적을 죽이는 것에 대해 화가 났기 때문에 용천으로 격문을 옮기고 사실을 살피게 했으며 나무를 베고 길을 열어 그들을 토벌할 것이다. 도적은 이를 듣고 믿기도 하면서 두렵기도 하였으니 다시 사람을 보내와서 감사했다. 때마침 노가 등이 변란을 알리니 선생은 노가를 핑계삼아 삼리의 도적을 속이려고 했다.

密語珂曰 : "吾姑毁狀 , 汝當再來 ; 來則受杖三十 , 繫數旬 , 乃可。"珂知 , 既喜諾。先生復授其意參隨 , 密示行杖人 , 令極輕。至是假怒珂 , 數罪狀 , 且將逮其屬盡斬之。而陰縱其弟集兵。

비밀리에 노가에게 말했다: "내가 잠시 문서를 훼손할 것이니 너는 다시 와야 한다. 오면 장 30대를 맞고 수십 일간 억류되는데 할 수 있겠느냐?" 노가는 알아듣고, 기쁘게 승락했다. 선생은 다시 관계자에게 그 뜻을 주었고, 비밀리에 장을 치는 사람에게 지시해서 극히 가볍게 치도록 명했다. 이에 이르러 거짓으로 노가에게 죄상을 일일이 열거하며, 또 앞으로 그 무리도 체포하여 모두 참할 것이라고 했다. 그리고 몰래 그 노가의 동생을 풀어주고 병사를 모았다.

先生先期召巡捕官 , 佯曰 : "今大征已畢 , 時和年豐 , 可令民家盛作鼓樂、大張燈會樂之 , 亦數十年一奇事也。"又曰 : "樂戶多住龜角尾 , 恐招盜 , 亟遷入城來。"

於是街巷俱然燈鳴鼓。已旬餘 , 又遣指揮餘恩及黃表頒曆三浰 , 推心招徠之、時仲容等疑先生圖己 , 既得曆 , 稍安。

선생은 예정된 기일에 앞서 순포관을 불러서 거짓으로 말했다: "지금 큰 정벌은 이미 마쳤고 때는 화평하고 올해는 풍년이다. 민가에서는 성대하게 북 치며 즐기게 하고 크게 등회를 베풀어 그것을 즐기도록 할 수 있으니 이것 역시 수십 년 만의 기이한 일이다." 또 말했다: "악사들의 집[樂戶][1]은 귀각미에 많이 거주하여 아마도 도둑을 부를지도 모르니 어찌 성으로 옮겨 들어오게 하지 않겠는가?" 그래서 큰 거리와 골목에 모두 등을 밝히고 북소리를 울렸다. 이미 열흘이 남짓 되어 다시 지휘관 여은과 황표를 보내 삼리에 달력을 나눠주고 마음을 다해서 그들을 불러들였고 그때 중용의 무리는 선생이 자신들을 도모할 것을 의심했으나 얼마 안 있어 달력을 얻고 약간 편안해졌다.

주

1 악호樂戶는 남북조南北朝부터 청나라까지 음악과 가무를 일로 삼는 천한 집단으로 주로 범죄자 가족, 전쟁 포로가 이 집단에 속했고 일부 재능있는 선량한 사람도 있었다. 이들은 관부官府의 제사, 축하 연주 및 결혼식과 장례식 등의 장소에 가서 악무를 담당했다. 일부 젊은 악공들은 관기官妓로 충원되었다.

黃表輩從容曰："若輩新民，禮節生疏，我來頒曆，若可高坐乎?"於是仲容率其黨九十三人，皆猂酋，來營教場；而自以數人入見。先生呵曰："若皆吾新民，不入見而營教場，疑我乎?"仲容惶恐曰："聽命耳。"即遣人引至祥符宮，見物宇整潔，喜出望外。

황표 무리가 침착하게 말했다: "만약 너희들이 신민이라면 예와 절기가 생소할 것이니 우리가 와서 달력을 나눠 주었는데 어찌 높게 앉아있을 수 있겠는가?" 이에 중용이 그 부하 93인을 거느렸는데 모두 사나운 사내들이며 연병장에 진을 쳤다. 자진하여 몇몇 사람이 들어와서 선생을 뵈었다. 선생은 꾸짖으며 말했다: "너희들이 모두 우리들의 신민이라면 들어와서 보지 않고 교장에 진을 치니 나를 의심하는 것이냐?" 중용이 두려워하며 말했다: "명을 받들 뿐입니다." 즉시 사람을 보내 이끌게 하여 상부궁에 도착하니 물건들과 집이 정결하여 뜻밖의 기쁜 일이 생겨났다.

是時十二月二十三也。先生既遣參隨數人館伴，復制青衣油靴，教之習禮，以察其志意所向。審其貪殘終不可化，而士民鹹詬於道曰："此養寇貽害。"先生復決殲魁之念矣。逾日辭歸，先生曰："自此至三浰八九日，今即往，歲內未必至家；即至，又當走拜正節，徒自取勞苦耳。聞贛州今歲有燈，曷以正月歸乎？"

이때는 12월 23일이었다. 선생은 관계자 몇 명을 관반館伴[1]에게 보내어 청의青衣와 유화油靴[2]를 다시 제작하고 예를 익히는 것을 가르치며 그들의 의지가 향하는 바를 살폈다. 그 탐욕과 잔인함이 끝내 교화될 수 없음을 살피고 사민에게 모두 길에서 꾸짖으며 말했다: "이는 도둑을 길러 해를 끼치는 것이다." 선생은 거듭 두목을 죽이려는 뜻을 결심했다. 다음날이 되어서 돌아가겠다고 말하자 선생이 말했다: "여기서부터 삼리三浰에 이르는데 8, 9일이 걸린다. 지금 바로 가도 올해 안으로 필시 집에 갈 수 있는 것은 아니다. 당도하자마자 또한 마땅히 달려가서 정월에 예절에 맞춰 절을 해야만 하나 다만 노고를 스스로 취할 뿐이다. 감주는 금년에 등회가 있다고 들었는데 정월에 돌아가는 것이 어떠한가?"

주

1 관반館伴은 외국에서 사신이 왔을 때 사신의 접대를 맡아 하는 임시 벼슬, 또는 그 벼슬아치를 말한다.

2 청의青衣는 천賤한 사람이 푸른 옷을 입었던 데서 유래하여 백성의 옷이다. 유화油靴는 기름종이에 검은 칠漆을 하여 만든 신이다. 일반 백성이 신는 신이다.

數日，復辭，先生曰：“正節尚未犒賞，奈何？”初二日，令有司大烹於宮，以次日宴。是夕，令龍光潛入甲士，詰旦，盡殲之。先生自惜終不能化，日已過未刻，不食，大眩暈，嘔吐。先時嘗密遣千戶孟俊督珂弟，集兵以防其變，及是夜將半，自率軍從龍南、冷水直搗下浰。

날을 헤아려서 다시 이별을 고하니 선생은 말했다. “정절正節[1]에 아직 위로하며 포상하지도 않았는데 어찌 가려는가?” 초이튿날 관리에게 명하여 궁에서 크게 음식을 차려 다음날 잔치했다. 이날 저녁 용광에게 명해서 무장한 병사를 잠입시켰고 이튿날 아침 그들을 다 섬멸했다. 선생은 끝내 교화시킬 수 없음을 스스로 애석하게 생각하여 그날 이미 미각이 지났는데도 먹지 않아 머리에 현기증이 나고 구토했다. 때에 앞서 일찍이 비밀리에 천호 맹준을 보내 노가의 동생을 감독하게 하고 병사를 모집하여 그들의 변란을 막고 그날 한밤중에 스스로 군대를 이끌고 용남, 냉수를 따라 곧바로 하리를 공격했다.

주

1 정절正節은 정월 초하루 명절이다.

賊故阻水石，錯立水中。先生躡蹺先行，諸軍繼之，無溺者。門堅甚。先生摘百人，卷旗持炮火，緣後山登。須臾後山炮火四發，旗幟滿山，守者狼顧，門遂破。時正月七日丁未也。兵備副使楊璋，守備指揮郟文，知府陳祥、邢珣、季斅，推官危壽，指揮餘恩、姚璽，縣丞舒富皆從。凡破巢三十有八，擒斬賊首五十八，從賊二千餘，餘奔九連山往議。九連山橫亙數百里，四面陡絕，須半月始達，而賊已據險。

적들이 고의로 물을 막는 돌은 물속에 들쑥날쑥하게 세웠다. 선생은 조심스럽게 발을 디뎌서 먼저 가고 군사들이 그를 따르니 물에 빠진 이가 없었다. 문은 견고함이 심했다. 선생은 100명을 뽑아 깃발은 말고 포화를 들고서 뒷산을 따라서 올라갔다. 잠깐 사이 뒷산에서 포화 4발을 쏘고 깃발이 산을 가득 채웠고 지키는 도적들이 겁먹고 돌아보는데 문이 부서졌다. 이때는 정월 7일 정미 일이었다. 병비 부사 양장楊璋[1], 수비지휘관 겹문, 지부 진상陳祥[2]과 형순과 계효, 추관 위수, 지휘관 여은과 요새, 현승 서부가 모두 따랐다. 모두 적의 소굴을 격파한 것이 38곳이고, 사로잡아서 벤 적의 수급이 58개이며 2,000명이 넘는 도적을 따르는 자들은 구연산으로 달아난 뒤 의논했다. 구연산은 수백 리를 걸쳐 사면이 산세가 험준해서 반드시 반달은 걸려야 비로소 도달할 수 있으니, 적들은 이미 근거지가 험난했다.

주

1 양장楊璋(1479~1551)은 자가 여화汝和이고 강서성 영주寧州 사람이다. 정덕 3년 진사가 되어 남경어사를 제수받았다. 강직하고 대담하여 병부상서 왕창王敞이 유근에게 붙어있으니 파면시킬 것을 상소로 올렸다. 가정초에 절강참의로 옮기고 다시 호광안찰사를 했으며 형부상서까지 올랐다.

2 진상陳祥은 자가 응화應和이고 강서성 서주부瑞州府 고안현高安縣 사람이다. 홍치 15년(1502) 진사가 되어 관직이 우부도어사, 응천순무가 되었다. 상우上虞지현, 화정華亭지현, 감찰어사, 혜주지부, 광동안찰부사, 하남참정, 복건포정사, 순천부윤을 하고 우부도어사가 되어 남경의 곡물 비축을 총감독했다. 응천순무로 61세 생을 마쳤다.

先生選精銳七百餘，皆衣賊衣，佯奔潰，乘暮至賊崖下。賊下招之，我兵佯應。既度險，扼其後路。次日，從上下擊，西路伏起，一鼓擒之。撫其降酋張仲全等二百餘人。視地里險易，立縣置隘，留兵防守而歸。

선생은 정예 700여 명을 선발하여 모두 도적의 옷을 입히고 뿔뿔이 흩어져 달아나는 체하며 저물 무렵을 틈타 도적들이 있는 벼랑 아래까지 이르렀다. 도적들이 내려와서 그들을 부르자 아군은 거짓으로 응했다. 이미 험한 곳을 건너가서 그 뒷길을 막았다.

다음 날 위에서 아래로 공격하고 서쪽 길에 매복하여 기습하니 단번에 그들을 사로잡았다. 그중 투항한 두목 장중전 등 200여 명은 위로해 주었다. 지리의 험한 곳과 평탄한 곳을 살펴 현을 세우고 요충지를 두어서 병사를 남겨 지키도록 하고 돌아왔다.

••• 상소문

先生未至贛時，已聞有三省夾攻之議。即謂"夾攻大擧，恐不足以滅賊"，乃進《攻治疏》。謂：

"朝廷若假以賞罰，使得便宜行事，動無掣肘，可以相機而發，一寨可攻，則攻一寨；一巢可撲，則撲一巢。量其罪惡之淺深，而爲剿撫之先後，則可以省供饋征調之費。日剪月削，漸盡灰滅。此則如昔人拔齒之喻，齒拔而兒不覺者也。若欲夾攻以快一朝之忿，則計賊二萬，須兵十萬；積粟料財，數月而事始集。兵未出境，賊已深逃，鋒刃所加，不過老弱脅從之輩耳。況狼兵所過，不減於盜。

近年江西有姚源之役，福建有汀、漳之寇，府江之師，方集於兩廣，偏橋之討，未息於湖、湘，若復加以大兵，民將何以堪命?此則一拔去齒，而兒亦隨斃者也。"

是疏方上，而夾攻成命已下矣。

선생이 아직 감주에 이르지 않았을 때, 이미 세 곳의 성에서 협공한다는 논의가 있다는 소문을 들었다. 곧바로 말했다: "협공의 거행은 아마도 도둑을 멸하기는 부족할 것이다." 이에 《공치소》를 올려 말했다:

"조정이 만약 상벌의 권리를 빌려주어 편리하게 일을 행하고 행동에 방해가 없도록 하면 기회를 엿보아서 발동할 수 있으니, 하나의 성채寨가 공격할 만하면 하나의 성채를 공격하고 하나의 도적 소굴이 때려잡을 만하면 도덕 소굴 한 곳을 때려잡습니다. 그 죄악의 얕고 깊음을 헤아리고 토벌과 위로의 선후를 정한다면 음식을 제공하고 징발의 비용을 줄일 수가 있습니다. 날이 잘라지고 세월이 빼앗기며 모두 다 재가 되어 사라질 것입니다. 이는 곧 옛날 사람들이 이빨을 뽑는 비유와 같이 이빨이 뽑혔으나 아이는 알아차리지 못합니다. 만약 협공하여서 하루아침의 분노를 풀고자 하면 도적 이만 명이라고 계산되면 병사 10만을 필요로 합니다. 곡식을 모으고 재물을 계산하여서 두서너 달 일해야 비로소 모읍니다. 병사들이 출발도 안 했는데 적들은 이미 깊이 도망가게 되어 칼날이 가하는 곳은 늙고 약하고 위협에 따르는 무리에 지나지 않을 뿐입니다. 하물며 낭병들이 지나는 곳은 저지른 잘못이 도적보다 덜하지 않습니다.

근년에 강서에서 요원의 전투가 있었고 복건에서 정주와 장주의 도둑들이 있었고 부강의 군대가 지금 곧바로 양광에서 모였으며 편교의 토벌은 호강과 상강에서 그치지 않았습니다. 만약 다시 전쟁을 보태면 백성들이 어떻게 목숨을 견딜 수 있겠습니까? 이렇다면 한 번 이빨을 뽑으려다 아이가 따라서 죽게 되는 것입니다."

상소가 막 올라갔는데 협공하라는 명령이 이미 하달되었다.

先生又以爲夾攻之策，名雖三省大擧，其實擧動次第，自有先後。如江西之南安，有上猶、大庾、桶岡等處賊巢，與湖廣桂東、桂陽接境，夾攻之擧，止宜江西與湖廣會合，而廣東於仁化縣要害把截，不與焉。贛州之龍南，有浰頭賊巢，與廣東龍川接境，夾攻之擧，止宜江西與廣東會合，而湖廣不與焉。廣東樂昌、乳源賊巢，與湖廣宜章縣接境；惠州賊巢，與湖廣臨武縣接境；仁化縣賊巢，與湖廣桂陽縣接境；夾攻之擧，止宜湖廣、廣東二省會合，而江西於大庾縣要害把截，不與焉。

선생이 또 협공의 계책은 명분으로는 비록 3개의 성에서 크게 행해졌지만 실제로는 거동의 순서는 자연히 선후가 있다고 여겼다. 예컨대 강서의 남안에는 상유, 대유, 통강 등에 적의 소굴이 있는데 호광의 계동, 계양과 경계를 접하니 협공이 거행되면 겨우 강서성과 호광성만이 회합할 뿐이고 광동성은 인화현에서 요충지가 지켜져야 하니 함께하지 않는다. 감주의 용남에는 이두에 도적의 소굴이 있고 광동 용천과 경계를 접하여 협공이 거행되면 단지 강서와 광동만 회합할 뿐 호광은 함께 않는다. 광동의 낙창과 유원은 적의 소굴인데 호광의 의장현과 경계를 접한다. 혜주의 적의 소굴은 호광의 임무현과 경계를 접한다. 인화현의 적의 소굴은 호광의 계양현과 경계를 접한다. 협공이 거행되면 단지 호광과 광동의 두 성만이 회합할 뿐 강서는 대유현에서 요충지가 지켜져야 하니 함께하지 않는다.

若不此之察，必欲通待三省兵齊，然後進剿，則老師費財，爲害匪細矣。今並力於上猶也，則姑遣人佯撫樂昌諸賊，以安其心。彼見廣東既未有備，而湖廣之兵又不及己，乃幸旦夕之生，必不敢越界以援上猶。及上猶既舉，而湖廣移兵以合廣東，則樂昌諸賊其勢已孤。

만약, 이렇게 살피지 않고 반드시 세 곳[1]에 군사가 갖춰지기까지 다 기다린 후에 적의 소굴을 진격하려고 한다면 군사를 묵히고 재정을 소모하여 피해가 적지 않을 것이다. 지금 상유上猶[2]에서 힘을 합친다면 잠시 사람을 보내 짐짓 악창樂昌[3]의 여러 도적을 위로해 주는 척하여서 안심시킨다. 저들은 광동성은 아직 준비되지 않았고 호광의 병사들은 또한 자신들에 미치지 못하니 이에 하루살이의 삶을 다행으로 여기고 감히 경계를 넘어서 상유를 취하지 못할 것이라고 보았다. 상유에서 이미 군사를 일으키고 호광에서 병사들이 이동하여서 광동에 합친다면 악창의 도적들은 그 세가 이미 고립될 것이다.

주

1 세 곳은 강서성, 호광성, 광동성이다.

2 상유上猶는 강서성 감주시에 속하는 상유현이다. 동으로는 남강에 이웃하고 남으로는 숭의현과 이어져 있다.

3 악창樂昌은 지금은 광동성 소관시 관할이다. 호남성과 이웃하고 있다.

二省兵力益專，其擧益易，當是之時，龍川賊巢相去遼絕，自以爲風馬牛不相及，彼見江西之兵又徹，意必不疑。班師之日，出其不意，回軍合擊，蔑有不濟者矣。疏上，朝廷許以便宜行事。桶岡既滅，湖廣兵期始至。恐其徒勞遠涉，即獎勵統兵參將史春，使之即日回軍，及計斬浰頭，廣東尚不及聞。皆與前議合。

두 성의 병력은 점점 전문적이고 그 출병은 점점 쉬워졌으며 당시 용천의 도적 소굴은 서로 멀리 떨어져 있었고 자신은 서로 조금도 관계가 없었기에 저들이 강서의 병사들을 또 꿰뚫어 보고는 생각에서 필시 의심하지 않을 것이다. 군사를 복귀시키는 날에 적이 뜻하지 않게 출격하여 군대를 돌려 함께 공격하니 돕지 않는 자가 없었다. 소가 올라가니 조정에서 편하게 일을 하도록 허락했다. 통강은 이미 멸했고 호광의 병사들은 기간에 맞추어 비로소 이르렀다. 아마도 무리들이 힘들게 멀리 갈까 걱정되어 바로 병사를 총괄한 참장 사춘을 포상하여 당일 회군하게 하고 이두를 참하려고 계획했지만, 광동성에서는 여전히 소식을 못 들었다. 앞에 의논한 것과 모두 합치됐다.

47세 4월

四月，班師，立社學。

4월 군사를 이끌고 돌아 사학社學을 세웠다.

先生謂民風不善，由於教化未明。今幸盜賊稍平，民困漸息，一應移風易俗之事，雖未能盡舉，姑且就其淺近易行者，開導訓誨。即行告諭，發南、贛所屬各縣父老子弟，互相戒勉，興立社學，延師教子，歌詩習禮。出入街衢，官長至，俱叉手拱立。先生或贊賞訓誘之。久之，市民亦知冠服，朝夕歌聲，達於委巷，雍雍然漸成禮讓之俗矣。

선생이 백성들의 풍속이 선하지 않다고 말한 것은 교화가 아직 분명하게 되지 않았기 때문이다. 지금은 다행히 도적들이 조금 평정되어 백성들의 어려움이 점점 사라졌으나 모든 풍속을 바꾸는 일은 비록 다 거행할 수는 없지만 우선 알기 쉽고 쉽게 행할 수 있는 것을 깨우쳐 이끌어 주고 가르쳤다. 즉시 남안과 감주에서 각기 소속한 현으로 가서 동네 어르신과 자제에게 널리 알리고 서로 삼가고 힘써서 민간 학교를 세우고 교사를 불러서 아이들에게 시를 읊고 예를 익히는 것을 가르친다. 길거리를 드나들며 관리나 어른을 보면 두 손을 맞잡고 선다. 선생은 간혹 칭찬하거나 타일러서 이끌어 주었다. 그 가르침이 오래되어 시민들 역시 예법을 알게 되고 조석으로 노래 부르는 소리가 좁은 마을 안까지 다다랐으며 화목하게 점점 예의를 지키고 겸손할 줄 아는 풍속이 이루어졌다.

按《訓蒙大意示教讀劉伯頌等》曰："今教童子者，當以孝悌忠信、禮義廉恥爲專務，其培植涵養之方，則宜誘之歌詩，以發其志意；導之習禮，以肅其威儀；諷之讀書，以開其知覺。今人往往以歌詩習禮爲不切時務，此皆末俗庸鄙之見，烏足以知古人立教之意哉？大抵童子之情，樂嬉戲而憚拘檢，如草木之始萌芽，舒暢之則條達，摧撓之則衰痿。故凡誘之歌詩者，非但發其志意而已，亦所以泄其跳號呼嘯於詠歌，宣其幽抑結滯於音節也。導之習禮者，非但肅其威儀而已，亦所以周旋揖讓，而動蕩其血脈，拜起屈伸，而固束其筋骸也。諷之讀書者，非但開其知覺而已，亦所以沉潛反復而存其心，抑揚諷誦以宣其志也。若責其檢束，而不知導之以禮，求其聰明，而不知養之以善；彼視學舍如囹獄而不肯入，視師長如寇讎而不欲見矣：求其爲善也得乎?"

전덕홍이 『훈몽대의시교독유백송등』에 근거하여 말했다: "지금 아이들을 가리키는 것이 마땅히 효제, 충신과 예의, 염치로서 오로지 힘써야 하는데 그것을 기르고 함양하는 방법은 시를 노래하도록 가르쳐서 그 뜻을 일으키게 해야 한다. 예를 익히도록 인도하여서 그들의 몸가짐을 정중하게 하며 소리 내어 책을 읽어서 그들의 지각을 깨우친다. 오늘날 사람들은 종종 시를 노래하고 예절을 익히는 것이 시무에 절실하지 않다고 여기는데 이것은 모두 저속하고 천박한 견해인데 어찌 옛사람들이 가르침을 세운 뜻을 충분히 알 수 있겠는가? 대체로 아이들의 정서는 즐겁게 노는 것을 좋아하고 구속하고 갇히는 것을 싫어한다. 마치 초목들이 틔우기 시작하여 (환경을) 쾌적하게 해주면 가지가 잘 자라나지만 꺾거나 휘게 하면 쇠잔해져 말라버리게 되는 것과 같다. 그러므로 시를 읊도록 가르치는 것은 비단 그 뜻을 발동하게 할 뿐만이 아니라, 또 뛰고 소리치고 휘파람 부는 것을 시로 읊어서 발산하고 그 답답하고 억눌리고 막혀 있는 것은 가락을 통해 펼치는 것이다. 예를 익히도록 이끄는 것은 비단 그 몸가짐을 엄숙하게 할 뿐만 아니라 또 응대하고 읍양하여 그 혈맥을 움직이게 하고 절하고 일어나며 굽혔다 다시 펴서 그 힘줄과 뼈를 튼튼히 하는 것이다. 만약 그들을 나무라며 단속하고 속박하고 예로서 이끄는 것을 알지 못하고는 그들이 총명하기만을 요구하여 선으로 그들을 키우는 것을 알지 못한다면, 저들은 학교를 마치 감옥으로 보고 들어오기를 꺼릴 것이며 스승과 어른을 마치 원수처럼 여기어 만나고 싶지 않다고 여길 것이다. 그들이 선하기를 요구할 수 있겠는가?"

47세 5월

五月，奏設和平縣。

오월 화평현을 세우자고 아뢰었다.

和平縣治本和平峒羊子地，爲三省賊沖要路。其中山水環抱，土地坦平，人煙輳集，千有餘家。東去興寧、長樂、安遠，西抵河源，南界龍川，北際龍南，各有數日程。其山水阻隔，道路遼遠，人跡既稀，奸宄多萃。相傳原係 龍川、雷鄉一州二縣之地，後爲賊據，止存龍川一縣。洪武中，賊首謝士真等相繼作亂，遂極陵夷。先生謂宜乘時修復縣治，以嚴控制；改和平巡檢司於浰頭，以遏要害。議上，悉從之。

화평현의 치소는 본래 화평 동양자 땅인데 세 성에 머무는 적들의 요충지가 되었다. 그 가운데에는 산수가 둘러싸고 토지는 평평하고 사람들이 연기 내며 모여들어 살게 되어 천 가구가 넘었다. 동쪽으로는 흥영, 장락, 안원과 가깝고 서쪽으로는 하원과 만나고 남으로는 용천과 경계하고 있으며 북으로는 용남과 만나 각각 가려면 수일이 걸린다. 산과 물이 가로막히고 길로 가면 멀고 인적은 드물어서 도적들이 많이 모였다. 전해지기는 원래 한 갈래[係][1]가 순주의 용천과 뇌향 두 현의 땅으로 갈라졌는데 후에 도적들 근거지가 되고 용천 한 현만 존재하였다. 홍무 연간 중에 적들의 우두머리 사사진 등은 서로 이어서 난을 일으켜 이윽고 극도로 쇠약해졌다. 선생은 마땅히 시기를 타서 현을 다스리는 곳을 수복하고 엄격하게 통제하였다. 다시 이두에 화평현

순검사를 두어 요충지를 차단해야 한다. 의론이 올려지니 모두 그것을 따랐다

주

1 계係는 원본에 비非로 적혀있다. 『사부업간四部業刊』에 근거하여 계係로 고쳤다.

47세 6월

六月，陞都察院右副都御史，蔭子錦衣衛，世襲百戶。辭免，不允。

6월 도찰원우부도어사에 승진하여서 덕분에 아들은 금의위에 봉해지고 백호를 세습하게 되니 사양하였으나 윤허하지 않았다.

••• 상소문

旌橫水、桶岡功也，先生疏辭免曰："臣過蒙國恩，授以巡撫之寄。時臣方抱病請告，偶值前官有託疾避難之嫌，朝廷譴之簡書，臣遂狼狽蒞事。當是時，兵耗財匱，盜熾民窮，束手無策。

朝廷念民命之顛危，慮臣力之薄劣，本兵議假臣以賞罰，則從之；議給臣以旗牌，則從之；議改臣以提督，則從之；授之方略，而不拘以制；責其成功，而不限以時；由是臣得以伸縮如志，舉動自由，一鼓而破橫水，再鼓而滅桶岡。振旅復舉，又一鼓而破三浰，再鼓而下九連。皆本兵之議，朝廷之斷也。臣亦何功之有，而敢冒承其賞乎？況臣福過災生，已嘗懇疏求告；今乃求退獲進，引咎蒙賚，其如賞功之典何？"

奏入，不允。

횡수와 통강에서 승리한 공로를 표창하는 데 선생은 소를 올려 사양하며 말했다: "신은 나라의 은혜를 과하게 입어 순무로 보내 주셨습니다. 그때 신은 바야흐로 병에 걸려서 아뢰기를 청했는데 우연히 전관이 병을 핑계로 어려움을 피하려는 혐의가 있어서 조정에서 꾸짖는 문서를 보내서 신은 결국 낭패하여 직책에 부임하였습니다. 이때 병기도 다 쓰고 재물도 다 없어졌으니, 도적질이 성행하여 백성이 궁핍한데 어찌할 도리가 없습니다.

조정은 백성의 생명이 아주 위태롭다고 생각하고 신하의 능력이 부족함을 염려하여 병부상서가 저에게 줄 상벌을 논의하게 하면 그것을 따라주고 제게 전권를 주기로 의논하면 조정은 그것을 따라주었으며 저를 제독으로 바꿀 것을 논의하면 그것을 따라주었고 방책을 주면서도 제도로서 구속하지 않았으며 성공을 요구하면서도 기한을 정하지는 않았습니다. 이 때문에 제가 융통성 있게 하여 바라는 바를 이룰 수 있게 되고 거동이 자유로워 한번 돌격의 북을 쳐서 횡수를 격파하고 두 번 북을 쳐서 통강을 멸했습니다. 군사를 진격하여 다시 일어나서 또 한 번 진격하여 삼리를 격파시키고 다시 진격하여 구연을 주저앉혔습니다. 모두가 병부상서가 논의한 것이고 조정이 결단한 것입니다. 제가 무슨 공이 있겠으며 감히 그 상을 받겠습니까? 하물며 제게 복이 다하여 액운이 생겨나니 이미 일찍이 간곡하게 소를 올려 고합니다. 지금 곧 물러남을 구하고 나아갈 곳을 얻으니 스스로 잘못으로 이끄는데도 상을 받게 되니 공을 치하하는 전례가 어찌 되겠습니까?"

상소가 들어갔으나 윤허하지 않았다.

47세 7월

七月，刻古本《大學》。

7월, 고본《대학》을 판각했다.

先生出入賊壘，未暇寧居，門人薛侃、歐陽德、梁焯、何廷仁、黃弘綱、薛俊、楊驥、郭治、周仲、周沖、周魁、郭持平、劉道、袁夢麟、王舜鵬、王學益、餘光、黃槐密、黃鎣、吳倫、陳稷劉、魯扶黻、吳鶴、薛僑、薛宗銓、歐陽昱，皆講聚不散。至是回軍休士，始得專意於朋友，日與發明《大學》本旨，指示入道之方。先生在龍場時，疑朱子《大學章句》非聖門本旨，手錄古本，伏讀精思，始信聖人之學本簡易明白。

선생은 도적의 진영을 출입하며 편안하게 거처할 겨를이 없었다. 문인 설간, 구양덕歐陽德[1], 양작梁焯[2], 하정인何廷仁[3], 황홍강黃弘綱[4], 설준薛俊[5], 양기, 곽치, 주중, 주충周沖[6], 주괴周魁[7], 곽지평, 유도, 원몽린, 왕순붕, 왕학익王學益[8], 여광餘光[9], 황괴밀, 황형, 오륜吳倫[10], 진직류, 노부폐, 오학, 설교, 설종전, 구양욱이 모두 강학하고 모여서 흩어지지 않았다. 여기에 이르러 군대를 돌려 군사들을 쉬게 하고 비로소 벗에게 뜻을 전할 수 있었다. 낮에는 함께 『대학』의 본뜻을 밝혀주고 도에 들어가는 방법을 가리켰다. 선생이 용장에 있을 때 주자의 『대학장구』는 성문의 본뜻이 아니라고 의심하여 고본을 직접 써서 틀어박혀 읽고 정밀하게 사고하여 비로소 성인의 학은 본래 간편하고 쉬우며 분명하다는 것을 믿게 되었다.

주

1 구양덕歐陽德(1496~1554)은 자가 숭일崇一이고 호는 남야南野이며 강서성 태화泰和 사람이다. 20세에 거인이 되고 회시會試에 참가하지 않고 감주로 가서 왕수인 문하에서 공부했다. 다른 사람이 스승을 비방하자 과거에 나아갔다. 가정 3년(1523) 진사가 되어 육안지주六安知州를 제수받았다. 그는 용진서원龍津書院을 건립하여 학생들을 지도했다. 다시 입조하여 형부원외랑을 역임하고 후에 예부상서 겸 한림원학사를 지냈다. 가정 29년(1550)에 회시 주임 시험관으로 임명되었다. 그는 죽어서 태자 소보小保에 추증되고 '문장文莊'의 시호를 받았다. 세종은 그를 7단에 제사 지내고 공부工部에서 장사를 주관하도록 명하였다.

2 양작梁焯(1482~1528)은 자가 일부日孚이고 호는 상봉象峰이며 광동성 불산시佛山市 사람이다. 정덕 9년(1514) 진사가 되어 이부에서 수습 기간에 있었는데, 부친이 돌아가셔서 관직을

내놓고 고향에서 상을 치렀다. 정덕 12년에 이부 청리사로 임명되어 가족과 함께 배를 타고 북경으로 가는 중도에 왕수인이 그곳에서 강의한다는 소식을 듣고 배를 멈추고 알현했다. 곧 왕수인의 학설에 매료되어 가족을 고향으로 돌려보내고 왕양명과 '거경궁리'를 논의하여 큰 영감을 받았다. 얼마 후, 모친의 편지로 인해 정덕 13년에 이부 청리사에 다시 취임했다. 14년 무종이 조정을 돌보지 않아 신하 107명이 간언했다. 그는 조정과 그들 사이에서 중재하다가 무종의 양아들 강빈을 때렸다. 그 때문에 죽지 않을 만큼 맞았다. 세종은 즉위하여 양작의 간언을 들어주었고 그는 병부 원외랑으로 무과 시험을 주관했다. 동생이 죽어 고향으로 돌아와 왕수인의 도학을 밝히고 후세에 전하는 데 힘쓰다 64세에 세상을 떠났다.

3 하정인何廷仁(1483~1551)은 초명이 하진何秦이다. 자가 성지性之이고 호는 선산善山이며 강서성 우현雩縣 사람이다. 소년 시절 진헌장陳獻章을 스승 삼았고 후에 왕수인을 스승 삼았다. 당시 강서성 하정인과 황홍강, 그리고 절강성 전덕홍, 왕기가 왕수인의 수제자로 '절유전왕浙有錢王 강유하황江有何黃'이라는 말이 있었다. 그는 감주에서 왕수인을 스승으로 모시고 과거에 응시하지 않았다. 가정 원년(1522)에 왕수인이 절강으로 돌아가게 되어 강서 향시에 급제하여 나중에 진사 시험에 응시하였다. 가정 20년, 그는 진헌장의 고향인 광동성 신회현新會縣과 임지현任知縣에서 직접 헌장의 사당에서 강의하였는데 그의 명성을 듣고 학자들이 잇따라 찾아왔다. 또 그곳에서 5년 동안 정치를 했다. 덕으로 백성을 다스리며 백성을 교화하여 산간벽지를 문명적이고 의로운 고장으로 만들었다.

4 황홍강黃弘綱(1492~1561)은 명나라 중기 스승이다. 자가 정지正之이고 호는 낙촌洛村이며 강서성 우도현雩都縣 사람이다. 정덕 연간에 거인이 되었고 왕수인을 스승으로 모셨다. 벼슬을 그만두고 고향에서 스승의 학문으로 제자를 가르쳤다.

5 설준薛俊(1474~1524)은 자가 상절尚節이고 호는 정헌靖軒이며 광동서 게양揭陽 사람이다. 정덕 3년(1508)회시에서 을방乙榜으로 붙어 연강현훈도에 부임하였고 10년(1510)에 옥산현교유를 하고, 11년(1511)에 국자감 조교를 했다.

6 주충周衝은 명대 이학자이다. 호는 정암靜菴이다. 양명의 심학과 담약수의 이학 사상을 조화시킨 이론적 입장을 중점적으로 보여준다. 『명유학안』에 그의 핵심 사상은 '학문은 반드시 스스로 얻어야 한다.'라고 적혀있다.

7 주괴周魁는 전덕홍이다. 『가정문록嘉靖文錄』에 '유괴劉魁'로 적혀있다.

8 왕학익王學益(?~1561)은 강서성 안복현 사람이다. 가정 8년(1529) 진사가 되어 공부주사, 병부직방사랑중, 복건안찰사부사, 응천부승을 역임했다. 우첨도어사에 되어 귀주를 순무하고, 군사를 감독하여 묘민苗民 봉기를 평정했다. 그 후 언관이 그를 탄핵하여 관직이 삭탈되고 백성이 되었다. 오래 뒤에 귀주 수신守臣들이 그가 묘민을 평정한 공을 상소하였다. 그로인해

관직이 복원되어 도찰원 일을 관리했다. 다시 재기하여 우부도어사, 형부좌시랑, 남경우도어사를 역임했다. 휴가를 내고 귀향하였다가 남경 공부상서로 임명되었으나 부임하지 않고 병으로 휴직을 요청하였다. 가정 40년에 세상을 떠났다.

9 여광餘光은 자가 회지晦之이고 남직예 휘주부徽州府 기문현祁門縣 사람이다. 가정 11년(1532) 진사가 되어 남경대리평사를 제수받았다. 후에 어사로 승진하여 광동을 순안할 때 안남의 막등용莫登庸이 권력을 찬탈하여 세종이 출병을 결의했다. 여광은 두 차례 원정을 반대하는 상소를 올렸으나 받아들이지 않았고 상소에 육조의 역사를 인용하는 금기를 행하여 병부의 심의를 받았다. 예부상서 엄숭에 의해 탄핵하여 국적이 박탈되었다. 이후 그의 아들 맹린孟鱗이 임관하여 한림원 편수가 되었고, 그도 학사 칭호를 추증받았다.

10 오륜吳倫은 안륙후安陸侯 오걸吳傑의 동생이다. 상포성尚蒲城 군주를 했다.

其書止爲一篇，原無經傳之分。格致本於誠意，原無缺傳可補。以誠意爲主，而爲致知格物之功，故不必增一敬字。以良知指示至善之本體，故不必假於見聞。至是錄刻成書，傍爲之釋，而引以敍。

이 책은 한편이 되는 데 그쳤고 원래 경전이 나누어짐이 없었다. 치지는 성의에서 본이 되고 빈 곳에 덧붙일 수 있는 전이 없었다. 성의를 주로 삼아서 치지와 격물의 공을 이루었다. 이 때문에 경敬이라는 글자를 추가할 필요가 없다. 양지로써 지극한 선의 본체를 나타내기 때문에 견문을 덧붙일 필요가 없다. 이에 이르러 판각을 하고 서책을 완성했다. 따로 해석하고 순서에 따라 넘겨주었다.

刻《朱子晩年定論》。

《주자만년정론》을 판각했다.

••• 주자만년정론 서문

先生序略曰 :

"昔謫官龍場, 居夷處困, 動心忍性之餘, 恍若有悟。證諸《六經》、《四子》, 洞然無復可疑。獨於朱子之說, 有相牴牾, 恒疚於心。切疑朱子之賢, 而豈其於此尙有未察? 及官留都, 復取朱子之書而檢求之。然後知其晚歲固已大悟舊說之非, 痛悔極艾, 至以爲自誑誑人之罪, 不可勝贖。
世之所傳《集注》、《或問》之類, 乃其中年未定之說, 自咎以爲舊本之誤, 思改正而未及。而其諸《語類》之屬, 又其門人挾勝心以附己見, 固於朱子平日之說猶有大相繆戾者。而世之學者, 局於見聞, 不過持循講習於此, 其於悟後之論, 概乎其未有聞。則亦何怪乎予言之不信, 而朱子之心無以自暴於後世也乎?
予既自幸說之不繆於朱子, 又喜朱子之先得我心之同然, 且慨夫世之學者, 徒守朱子中年未定之說, 而不復知求其晚歲既悟之論, 競相呶呶, 以亂正學, 不自知其已入於異端, 輒采錄而裒集之, 私以示夫同志。庶幾無疑於吾說, 而聖學之明可冀矣。"

선생은 서序에서 간략하게 말했다:

"옛적에 용장으로 귀양가서 이족과 거처하며 곤란함에 처했는데 마음을 움직여서 성질을 참아낸 나머지 황홀하게 마치 깨달음이 있는 듯하였다. 육경과 사서에서 증명하니 명확하여 다시 의심할 수 없었다. 유독 주자의 설에서 서로 부딪히고 거스르는 것이 있어서 항상 마음에서 꺼림칙하였다. 주자의 현명함을 의심하던 것을 바로잡는데 어찌 여기에서 오히려 살피지 아니한 것이 있겠는가? 관직에 올라 수도에 머물게 되니 다시 주자의 책을 가져다 그것을 점검하였다. 그런 후에 주자가 만년에 진실로 이미 크게 깨우친 구설의 잘못을 알고 애통해하고 뉘우침이 극진하여 스스로 속이고 남을 속인 죄를 속죄받을 수 없다고 여기는데 이르렀다.

세상에 전하는《집주》와《혹문》의 부류는 바로 그의 중년에 정해지지 않은 이론이고 구본이 잘못되었다고 여기고 개정할 것을 생각했는데 아직 미치지 않는 것을 스스로 책망하였다. 그의 여러《어류》등속은 또 그 문하 사람들이 우월한 마음을 가지고 자기의 견해를 덧붙였으니 진실로 주자朱子[1]의 평소의 이론에서는 오히려 크게 서로 잘못되고 어그러진 것이 있다. 세상의 학자들은 견문에 국한되어 이것을 계속 좇아서 강의하고 익히는 데에 불과하니 그가 깨달은 뒤의 이론에 대해서는 거의 들어본 적이 없다. 그렇다면 역시 내 말을 믿지 못하는 것을 어찌 괴이해하겠는가? 주자의 마음은 스스로 후세 사람들에게 밝히려는 것이 없겠는가?

나는 내가 이에 대해 말한 것이 주자와 어긋나지 않음을 다행으로 생각하며 주자가 먼저 깨달은 것이 내 마음의 보편성이었음을 기뻐했다. 그러나 또한 세상의 학자들이 쓸데없이 주자 중년에 확정되지 않은 학설을 지키며 그가 만년에 깨달았던 이론을 다시 구할 줄은 모른 채, 앞다투어 쉴 새 없이 지껄이며 올바른 학문을 어지럽히면서 스스로 그가 이단에 빠져버렸는지 알지 못하는 것이 개탄스럽다. 곧바로 그것을 채록하고 수집하여 개인적으로 동지들에게 보여주자, 거의 내 말에 의심이 없으니 성학의 밝음이 기대될 수 있다."

주

1 주자朱子는 원본에 '제자諸子'로 잘못 적혀있다.『사부업간四部業刊』을 근거로 주자로 고쳤다.

••• 여안지서與安之書

《與安之書》曰 : "留都時, 偶因饒舌, 遂至多口, 攻之者環四面。取朱子晚年悔悟之說, 集爲《定論》, 聊藉以解紛耳。門人輩近刻之雩都, 初聞甚不喜, 然士夫見之, 乃往往遂有開發者, 無意中得此一助, 亦頗省頰舌之勞。

近年篁墩諸公嘗有《道一》等編，見者先懷黨同伐異之念，故卒不能有入，反激而怒。今但取朱子之所自言者表章之，不加一辭，雖有褊心，將無所施其怒矣。有志向者一出指示之。"

「여안지서」[1]에 다음과 같이 말했다: "수도에 있었을 때 뜻하지 않게 말을 많이 하는 바람에 많은 사람의 입에 오르내리게 되자 나를 공격하는 자들이 사방을 둘러쌌다. 주자가 만년에 뉘우쳤던 학설을 취하고 모아서 《정론》을 만들고 이를 토대로 힘입어 분규를 풀었을 따름이다. 문인들이 근래에 우도에서 그것을 판각하였는데 처음에 듣고는 심히 기뻐하지 않았으나 사대부들이 그것을 보고는 이따금 깨닫는 바가 있었으니 뜻하지 않은 중에 이 도움을 받아서 말하는 수고를 많이 덜었다.
근래 황돈篁墩[2]의 여러 인사가 《도일》 등의 글을 가지고 있었는데 이를 본 사람은 같은 파끼리 무리를 짓고 다른 파는 배척하겠다는 생각을 먼저 품고 있었기 때문에 내 의견에 동의하기는커녕 도리어 흥분하면서 화를 냈다. 이제 오직 주자가 직접 말한 것을 취해 그것을 제창할 뿐 한 글자도 더하지 않으려 하니 비록 편협한 마음이 있더라도 장차 그 마음을 풀 곳이 없을 것이다. 뜻이 있는 누군가가 한 명이라도 나오면 내가 그것을 알려줄 것이다."

주

1 「여안지서與安之書」는 『왕양명전집』 하권에 나온다.
2 황돈篁墩은 안휘성 휘주徽州 지역이다. 황돈은 휘주 신안 사족士族의 발원지이다.

47세 8월

八月，門人薛侃刻《傳習錄》。

8월 문인 설간이 『전습록』을 판각했다.

侃得徐愛所遺《傳習錄》一卷，序二篇，與陸澄各錄一卷，刻於虔。

설간은 서애가 남긴 『전습록』한 권을 얻어 두 편의 서문을 썼는데. 육징(陸澄)과 함께 각각 한 권씩 기록하고 건虔[1] 땅에서 판각했다.

주

1 건虔은 건주虔州로 수隋에서 송宋에 이르는 행정구획 이름이다. 수 개황開皇 9년(589)에 남강南康이 건주로 불렸다.

是年愛卒，先生哭之慟，愛及門獨先，聞道亦早。嘗遊南嶽，夢一瞿曇撫其背曰："爾與顏子同德，亦與顏子同壽。"自南京兵部郎中告病歸，與陸澄謀耕霅上之田以俟師。年纔三十一。先生每語輒傷之。

이 해에 서애가 죽어 선생은 애통해서 울었다. 서애는 홀로 먼저 문하에 들어와 도를 아는 것 또한 일렀다. 일찍이 남악南嶽[1]을 유람하는데 꿈에 한 구담瞿曇[2]이 등을 어루만지며 말했다: "너와 안자顏子는 덕을 같이하였는데 또 안자와 수를 같이 하는구나![3]" 남경 병부 낭중으로부터 선생이 병으로 돌아온다고 알려왔다. 육징과 함께 삽계가에 밭을 갈면서 선생을 기다릴 것을 모의했다. 서애는 나이가 겨우 31세였다. 선생은 매번 문득 마음 아픔을 말했다.

주

1 남악南嶽은 중국 오악 중에서 남쪽에 있는 형산衡山이다.
2 구담瞿曇은 도를 이루기 전의 석가모니를 이르는 말이다.
3 안자는 안연顏淵, BC. 521~BC. 490)이다. 공자가 가장 아꼈던 제자로 안빈락도를 실천하며 덕을 닦는 데 전념하여 학덕이 높았다. 젊어서 죽었기 때문에 저술이나 업적은 남기지 못하였다. 그래서 서애의 꿈에 '너는 안연과 같은 덕을 지녔고 또 수를 오래 하지 못한 것도 같다.'라고 한 것이다.

47세 9월

九月，修濂溪書院。

9월에 염계서원을 수리했다.

四方學者輻輳，始寓射圃，至不能容，乃修濂溪書院居之。先生大征既上捷，一日，設酒食勞諸生，且曰："以此相報。"諸生瞿然問故。先生曰："始吾登堂，每有賞罰，不敢肆，常恐有愧諸君。比與諸君相對久之，尚覺前此賞罰猶未也，於是思求其過以改之。直至登堂行事，與諸君相對時無少增損，方始心安。此即諸君之助，固不必事事煩口齒爲也。"諸生聞言，愈省各畏。

각지의 학자들이 모여들었다. 처음에 궁터에 머물렀는데 수용할 수 없는 지경에 이르렀다. 이에 염계서원을 수리하고 그곳에 기거했다. 선생이 크게 무찌른 것은 곧 황제의 군대가 이긴 것이다. 하루는 술과 음식을 베풀어 재생들을 위로하고 또 말했다: "이것으로 서로 갚은 것이다." 재생들은 의아해하여 연고를 물었다. 선생은 말했다: "처음 내가 당에 올라서는 매번 상벌이 있어 감히 아무렇게나 할 수 없었고 늘 그대들에게 부끄러움이 있을까 두려웠다. 그대들과 서로 대면한 지 오래된 것에 비하여 오히려 전에 있었던 상벌이 아직 끝나지 않았다고 깨닫고 이에 그 잘못을 찾아서 고쳐야겠다고 생각했었다. 당에 오르는 행사에 이르러 제군들과 마주하니 상벌을 더 주고 뺌에 적음이 없어서 비로소 마음이 편안해졌다. 이것은 제군들의 도움이니 사사건건 말할 필요가 없다." 재생들은 말을 듣고 더 두려워했다.

47세 10월

十月，擧鄕約。

10월 향약을 거행했다.

先生自大征後，以爲民雖格面，未知格心，乃擧鄕約告諭父老子弟，使相警戒，辭有曰：

“頃者頑卒倡亂，震驚遠邇。父老子弟，甚憂苦騷動。彼冥頑無知，逆天叛倫，自求誅戮，究言思之，實足憫悼。然亦豈獨冥頑者之罪，有司撫養之有缺，訓迪之無方，均有責焉。雖然，父老之所以倡率飭勵於平日，無乃亦有所未至歟?

今倡亂渠魁，皆就擒滅，脅從無辜，悉已寬貸，地方雖以寧復，然創今圖後，父老所以教約其子弟者，自此不可以不豫。故今特爲保甲之法，以相警戒。聊屬父老，其率子弟愼行之。務和爾鄰裏，齊爾姻族，德義相勸，過失相規，敦禮讓之風，成淳厚之俗。”

선생은 크게 정벌한 후에 백성들이 처한 국면을 비록 바로잡기는 했어도 마음을 바로잡지 못했다고 생각하셔서 향약을 시행하여 어른과 젊은이들에게 널리 알려 서로 경계하도록 하였다. 그 말씀 중에는 다음과 같은 내용이 있었다:

“요즈음 완고한 병사들이 난을 일으켜 여기저기를 놀라게 했다. 어른과 젊은이들은 소동을 매우 근심하며 고통스러워했다. 저들은 어리석고 둔하고 무지하여 하늘을 거스르고 인륜을 배반하면서 스스로 죽음을 자초하였으니 아무리 생각해 봐도 실로 애석할 만하다. 그러나 어찌 유독 어리석은 자들만의 죄이겠는가. 관리가 그들을 잘 돌보지 않은 것에 잘못이 있고 그들을 가르치는 것에 서툴렀으니, 모두에게 책임이 있다. 비록 그렇더라도 어른들이 평소에 인도함으로써 타이르고 권면하는 것이 아직 이르지 않는 곳이 있지 않겠는가?

이제 소요를 일으켰던 두목은 모두 포획되고 소탕되었는데 추종자들은 죄가 없어서 모두 관대하게 처리되었다. 지방은 비록 평안함을 회복하였지만, 향약을 만들어 지금 시도한 후 어른들이 자기 자제들에게 향약을 가르쳐야 하기에 이로부터 결행하지 않을 수 없었다. 그러므로 이제 특별히 보갑법을 만들어 서로 경계한다. 어른들에게 의지하여 자제들을 이끄는 것은 신중히 행해야 한다. 너희 이웃들과 화목하게 지내고 인족姻族[1]들을 내 가족과 동등하게 여기고 덕과 의를 서로 권하고 과실은 서로 고치는 데 힘써서 예로서 사양하는 풍속을 지니도록 노력하고 돈후한 풍속을 이룬다."

주

1 인족姻族은 혼인婚姻에 의하여 맺어진 친척親戚이다.

47세 11월

十有一月，再請疏通鹽法。

11월, 염법을 통과시키자는 상소를 다시 올리다.

據戶部覆疏，所允南、贛暫行鹽稅例止三年。先生念連年兵餉，不及小民，而止取鹽稅，所謂："不加賦而財足"，所助不少。且廣鹽止行於南、贛，其利小，而淮鹽必行於袁、臨、吉，以灘高也。故三府之民，長苦乏鹽。而私販者水發，舟多蔽河而下，寡不敵衆，勢莫能遏。

호부가 다시 상소를 올린 것에 근거하여 남안, 감주에서 잠시 시행했던 염세의 조례는 3년 만에 중지하였다. 선생은 여러 해 군비가 백성들에게는 미치지 못했다고 생각하고는 염세를 거두는 것을 중지하였는데 이른바 부세를 늘리지 않아도 재정은 충분했으며 도움받은 것이 적지 않았다. 그리고 호광성의 염전세는 남안과 감주에서 시행을 그만두어 그 이익이 적으니, 회수의 염세는 원주, 임주, 길주에서 반드시 시행하여 염전 세수를 높여야 했다. 그 때문에 삼부의 백성들은 오랫동안 염세에 힘들고 고달팠다. 사사로이 소금을 판매하는 사람들이 물밀듯이 배가 많아져 강을 가릴 정도로 바다로 내려갔는데 적은 인원의 관원은 많은 밀매업자를 상대할 수 없었고 그들의 세력은 막을 수 없었다.

••• 상소문

乃上議以爲,

"廣鹽行, 則商稅集, 而用資於軍餉, 賦省於貧民。廣鹽止, 則私販興, 而弊滋於奸宄, 利歸於豪右。況南、贛巢穴雖平, 殘黨未盡, 方圖保安之策, 未有撤兵之期。若鹽稅一革, 軍餉之費, 苟非科取於貧民, 必須仰給於內帑。夫民已貧而斂不休, 是驅之從盜也; 外已竭而殫其內, 是復殘其本也。臣竊以爲宜開復廣鹽, 著爲定例。"
朝廷從之, 至今軍民受其利.

이에 선생은 상소하였다:
"호광성에 염세를 실행하면 상업 세가 모여서 군비에 자본을 사용하고 가난한 백성들에게 부여하는 세를 줄일 수 있습니다. 호광성의 염세가 중지되면 사적인 판매자들이 늘어나 간악한 도적을 늘어나게 되고 이익은 호족에게 돌아가는 폐단이 생깁니다. 게다가 남안과 감주의 소굴이 비록 평정된다 하더라도 잔당들은 다 없어지지 않고 곧바로 보안책을 도모해도 병사들을 철수시킬 기약이 없습니다. 만약 염세가 혁파되면 군량의 비용은 진정 가난한 백성들에게 세금을 부과하여 거두는 것이 아니고 반드시 내탕금에서 내어 주어야 합니다. 백성들은 이미 가난한데 계속해서 징수하면, 그들을 몰아서 도둑을 따르게 하는 것입니다. 밖으로는 이미 다 써버리고 안으로도 소진해버리면 그 근본을 다시 해치는 것입니다. 신은 마음속에서 호광성의 염세는 마땅히 다시 거두어야 하며 분명히 정례로 삼아야 한다고 여깁니다." 조정이 그대로 따르니 지금까지도 군민이 그 이익을 받는다.

年譜 二 연보 2

48세에서 50세까지

自正德己卯在江西, 至正德辛巳歸越

정덕 14년 기묘년(1519) 강서에 있었던 때부터 정덕 16년 신사년(1521) 월 땅으로 돌아오기까지

1519년, 선생 48세

十有四年己卯, 先生四十八歲, 在江西。

정덕 14년 기묘년(1519) 선생 48세였고 강서에 있었다.

48세 정월

正月, 疏謝陞蔭。

정월에 아들의 음직을 사양하는 상소를 올렸다.

••• 상소문

以三浰、九連功蔭子錦衣衛, 世襲副千戶。上疏辭免, 謂蔭子實非常典, 私心終有未安; 疾病已纏, 圖報無日。疏入, 不允。

삼리와 구련을 평정한 공으로 아들은 금의위로 음직蔭職[1]되었고 세습이 천호에 버금갔다. 사양하는 상소를 올렸다: “아들을 음직한 것은 실로 일반적인 예가 아니니 제 마음이 끝내 편치 못합니다. 병이 이미 들었으니 보답하려고 해도 시간이 없습니다.” 라고 하였다. 상소가 들어갔지만 윤허하지 않았다.

주

1 음蔭은 음직蔭職이다. 음직은 부친의 공으로 벼슬에 나가는 것이다.

疏乞致仕，不允。

벼슬살이 그만두기를 청하는 상소를 올렸으나 윤허하지 않았다.

••• 편지글

以祖母疾亟故也。上書王晉溪瓊曰：“郴、衡諸處群孽，漏殄尚多。蓋進剿之時，彼省土兵不甚用命，廣兵防夾稍遲，是以致此。閩中之變，亦由積漸所致。始於延平，繼於邵武，又發於建寧、於汀、漳，於沿海諸衛所。將來之禍，不可勝言，固非迂劣如某所能辦此也。又況近日祖母病危，日夜痛苦，方寸已亂。望改授，使全首領以歸。”

조모가 병환이 심했기 때문이었다. 진계 왕경에게 편지를 올려 말하였다: “침주와 형주의 여러 곳에 있는 흉악한 무리에서 토벌을 빠트린 곳이 여전히 많습니다. 대개 소굴을 진압할 시에는 저 성의 사병들은 목숨을 내놓으려 하지 않았고 호광의 병사들이 협곡을 막는 것을 점점 지체하니 이 때문에 여기에 이르렀습니다. 민땅의 변란 역시 차곡차곡 쌓인 것으로 말미암아 빚어진 것입니다. 연평에서 시작되어 소무로 이어졌고 또 건녕·정주·장주 등 해안 가의 여러 위소에서 발생하였습니다. 장래의 화는 이루 다 말할 수 없으니 진실로 제가 이것에 힘쓰려는 바와 같은 것을 애써 빙 돌려 말하는 것이 아닙니다. 또 하물며 최근 조모의 병이 위독해 밤낮으로 아파서 괴로워하시니 저의 마음속이 어지럽습니다. 직책을 고치어 내려주셔서 머리와 목을 온전히 보전하여 돌아가게 해주십시오."

48세 6월

六月，奉敕勘處福建叛軍，十五日丙子，至豐城，聞宸濠反，遂返吉安，起義兵。

6월, 복건의 반란군을 조사하고 처리하라는 칙서를 받았는데 15일 병자 일에 풍성에 이르러 신호의 반란을 듣고 마침내 길안으로 되돌아와 의병을 일으켰다.

時福州三衛軍人進貴等脅衆謀叛，奉敕往勘。以六月初九日啟行，十五日午，至豐城，知縣顧佖迎，告濠反。先生遂返舟。

그때는 복주 삼위군인 진귀 등이 사람들을 위협하고 반란을 도모하여 선생은 칙서를 받들어 평정하러 가게 되었다. 6월 9일 원정길에 올라 15일 정오 풍성에 이르렀는데 지현 고필顧佖[1]이 영접하여 신호의 반란을 알렸다. 선생은 곧바로 배를 되돌렸다.

주

1 고필顧佖은 자가 민표民表이고 사천성 의위사儀衛司 사람이다. 정덕 9년 진사가 되어 풍성豐城지현을 제수받았다. 학교를 일으키고 치수를 걱정하고 곡식을 저장하여 재난을 대비했다. 주신호의 반란을 평정하는 데에 참가했다. 관직은 대리사소경을 하고 사직했다.

先是寧藩世蓄異志，至濠奸惡尤甚。正德初，與瑾納結，嘗風南昌諸生呈舉孝行，撫按諸司表奏，以張聲譽。

먼저 이 영 땅의 번왕은 대대로 다른 뜻을 품었었는데 신호에 이르러 간악함이 더욱 심하였다. 정덕초 유근에게 뇌물을 주어 결탁하고 일찍이 남창의 여러 학생에게 효행을 드러내도록 바람을 일으키게 하고 여러 관리를 어루만지고 황제에게 글을 올려 명성과 명예를 넓혔다.

安成舉人劉養正，素有詞文名，屈致鼓衆，株連富民，朘剝財產，縱大賊閔念四、淩十一等四出劫掠，以佐妄費。

안성 거인 유양정劉養正[1]은 평소 사와 문장으로 이름이 났었는데 억울함에 이른 백성들을 고무시키면서 부민을 연루시키고 재산을 수탈하고 큰 도적 민염사와 능십일 등이 사방에서 나와 위협하고 약탈하도록 내버려 둠으로써 반란의 경비를 보조했다.

주

1 유양정劉養正(1470~1519)은 자가 자길子吉이고 호는 서계西畦이며 강서성 여릉廬陵 사람이다. 그는 거인 출신으로 독서를 많이 하고 병법도 잘 알았다. 하지만 영왕 주신호의 눈에 들어 반란 자금을 마련하는 등 주모자 중 한 명이 되었다.

按察使陸完因濠器重，遂相傾附。及爲本兵，首復護衛，樹羽翼。而濠欲陰入第二子爲武宗後，其內宮閻順等潛至京師，發奏，朝廷置不問，且謫順等孝陵淨軍。濠益無忌。完改吏部。

안찰사 육완陸完[1]은 신호가 신임하여 서로 결탁하였다. 병부에 이르러는 먼저 호위를 회복시키고 보좌하는 신하들을 세웠다. 그리고 신호는 은밀히 둘째 아들을 무종의 후사로 들이고자 하였고 내관 민순 등이 몰래 경사에 이르러 주를 올렸다. 조정에서는 방치하고 묻지 않았으며 또 민순 등을 효릉孝陵[2]의 정군淨軍[3]으로 귀양 보냈다. 신호는 더욱 거리낌이 없었다. 육완은 이부로 관직을 고쳐 받았다.

주

1 육완陸完(1458~1526)은 자가 전경全卿이고 호는 수림水林이며 강소성 장주長洲(지금 소주) 사람이다. 성화 23년(1487)에 진사가 되었고 劉六劉七 봉기를 진압하는 공을 세우고 병부상서와 이부상서에까지 올랐다. 영왕 주신호와 교통하여 하옥되었다.

2 효릉孝陵은 명 태조 주원장의 능호이다.

3 정군淨軍은 환관과 내시로 구성된 군대이다.

王瓊代爲本兵，度濠必反，乃申軍律，督責撫臣修武備，以待不虞。而諸路戒嚴，捕盜甚急。淩十一系獄劫逃，瓊責期必獲。濠始恐，復風諸生頌己賢孝，挾當道奏之。武宗見奏，驚曰："保官好陞，保寧王賢孝，欲何爲耶？"

왕경이 병부상서[本兵][1]의 직책을 대신하였는데 신호가 반드시 반란을 일으킬 것을 헤아려 이에 군율을 명확히 하고 신하들을 위무하며 군 장비를 갖추도록 재촉하여서 우려할 일이 없도록 대비하였다. 모든 도로는 경계가 삼엄했고 도적을 잡아들이는 일이 매우 급하였다. 능십일이 탈옥하여 도망갔고 왕경은 기일을 정해놓고 반드시 붙잡도록 재촉하였다. 신호는 비로소 두려워졌고 다시 학생들에게 자신의 어짊과 효행을 기리도록 바람몰이하고, 정당한 도리를 가지고서 상소를 올렸다. 무종이 상소문을 보고 놀라서 말하였다: "관리들이 잘 승진하도록 돕고 영왕의 어짊과 효행을 돕는 것은 무엇을 하고자 하는 것인가?"

주

1 본병本兵은 가장 중요한 병기를 의미하며 이후 '본부 군대', '병권 장악' 등의 군사 관련 용어가

파생되었다. 명대에는 병부상서의 전용 명칭이 되었다.

是時江彬方寵幸，太監張忠欲附彬以傾錢寧，聞是言，乃密應曰：“錢寧、臧賢交通寧王，其意未可測也。”太監張銳初通濠，復用南昌人張儀言，附忠、彬自固。而御史熊蘭居南昌，素仇濠，少師楊廷和亦欲革護衛免患，交爲內主。

이때 강빈江彬[1]이 막 황제의 총애를 차지하자 태감 장충張忠[2]은 강빈에게 붙고 싶어서 전영錢寧[3]을 멀리했다. 무종이 이 말을 듣고 이에 은밀히 응답하였다: “전영과 장현은 영왕과 내통하는데 그 의도를 추측할 수 없다.” 태감 장예는 처음에 신호와 내통하였는데 다시 남창 사람 장의의 말을 듣고 장충과 강빈에 붙어 자신의 지위를 견고히 하였다. 그리고 어사 웅란熊蘭[4]은 남창에 살았으나 평소 신호를 원수로 여겼고 어려서 양정화楊廷和[5]를 스승으로 삼았으며 또한 신호의 호위를 혁파하여 우환을 면하고 교대로 남창의 주인이 되었다.

주

1 강빈江彬(?~1521)은 명조 무신이다. 자가 문의文宜이며 북직예 하북성 선부宣府 사람이다. 그는 군사를 이끌고 타타르와 싸웠고 안색을 잘 살폈다. 이후 명 무종의 수양아들이 되어 성을 주朱로 하사받았다. 황제는 그에게 선부宣府, 대동大同, 요동遼東, 연수延綏 네 곳을 통솔하도록 했다. 강빈은 처음에 울주위蔚州衛 지휘첨사였는데 그가 능력이 없고 다만 고집이 세고 용감했다. 후에 전영錢寧을 통해 명 무종의 부름을 받아 그는 꾀를 부려 전략을 세우고 순행을 유도하여 무종의 환심을 샀다. 총애를 믿고 권력을 장악하여 진군을 통솔하였다.

2 장충張忠(?~1552)은 자가 현부顯父이고 호는 매강梅江이며 하간부河間府 하북성 임구任丘 장풍리長豐裏 사람이다. 가정 8년(1529)에 진사가 되어 남릉령南陵令을 제수받았고 관직이 광록사경光祿寺卿에까지 이르렀다.

3 전영錢寧(?~1521)은 진안鎮安 사람이다. 정덕 연간 금의위錦衣衛였는데 주후조의 수양아들이 되었다. 원래 성은 전錢이 아니었는데 어릴 때 태감 전錢씨댁에 붙어 살며 성을 바꾸었다.

태감 전씨가 죽고 금의위와 백호를 이어받았다. 한때 무종의 총애를 받았으나 이후 총애가 점차 강빈으로 바뀌었다.

4 웅란熊蘭(1471~1528)은 자가 천수天秀이며 강서성 남창 사람이다. 정덕 6년에 진사가 되어 어사를 제수받았다. 영왕 신호의 반란 음모를 폭로하였다. 광동성을 순시하며 청렴하게 다스리며 탐관오리를 내쳤다. 후에 태평지부太平知府로 옮겼다가 그만두고 고향으로 돌아갔다.

5 양정화楊廷和(1459~1529)는 정치 개혁가이다. 자가 개부介夫이고 호는 석재石齋이며 사천성 성도부成都府 산도新都 사람이다. 그의 아들이 대학자 양신楊慎이다. 열두 살 때 향시에 급제했고 성화 14년(1478) 열아홉 살 때 진사進士가 되어 한림검토翰林檢討를 제수받았다. 효종 때 황태자 주후조를 위해 강독했다. 유근이 주살된 후 소부 겸 태자 태부를 지내며 무종을 모셨다. 정덕 7년(1512) 이동양을 이어 재상이 되었다. 정덕 16년(1521) 무종이 승하하자 그는 강빈을 평정하고 무종의 동생 세종을 왕위에 앉혔다. 그는 조정을 총괄하여 무종 조정의 폐정을 혁파하였고 조정 안팎에서 찬사를 받았다.

••• 소회의 상소문

上乃令太監韋霦傳旨。故事王府奏事人辭見有常，今稽違非制，於是試御史蕭淮上疏曰：“近奉敕旨，王人無事不得延留京師，臣有以仰窺陛下微意矣。臣不忍隱默，竊見寧王不遵祖訓，包藏禍心，多殺無辜，橫奪民產，虐害忠良，招納亡命，私造兵器，潛謀不軌。交通官校有年，如致仕侍郎李仕實，前鎮守太監畢真，及諸前後附勢者，皆今日亂臣賊子，關系宗社安危，非細故也。或逮繫至京，或坐名罷削。布政使鄭嶽、副使胡世寧，皆守正蒙害；宜亟起用，庶幾人知順逆，禍變可彌矣。”

주상은 이에 태감 위빈에게 교지를 전하게 하였다. 옛말에 왕부에서 상소를 올리는 사람은 말하고 보는 것에 일정한 법도가 있으니 지금 어긋난 것을 조사하는 것이다. 이에 시어사 소회蕭淮[1]가 소를 올려 말하였다:

“근래 칙명을 받들고 왕의 명으로 온 사람은 일이 없으면 경사에 오래 머무를 수 없는데 신하는 폐하의 작은 뜻을 우러러보았습니다. 신은 차마 숨기거나 침묵할 수 없어 살펴보니 영왕은 선조의 가르침을 좇지 않았으며 나쁜 마음을 품고 무고한 사람들을 많이 죽였으며 백성들의 재산을 멋대로 약탈하였고 충성스럽고 선량한 사람을 잔악하게 박해하였으며 망명자를 불러들였고 병기를 사사로이 만들어 암암리에 음모를 꾀하였습니다. 관과 학교와 결탁하기를 수년이니 사직한 시랑 이임실, 전 진수태감 필진과 전후의 세에 빌붙는 자들은 모두 오늘날의 난신적자와 같습니다. 종묘와 사직의 안위와 관계되니 작은 일이 아닙니다. 어떤 이는 경사에서 체포하여 구금하고 어떤 이는 직위를 삭탈해야 합니다. 포정사 정악鄭嶽[2]과 부사 호세녕은 모두 정도를 지키고도 피해를 입었습니다. 마땅히 빨리 기용하시어 바라건데 사람들이 순종하는 것과 거역하는 것을 알게 되면 심한 재액을 그치게 할 수 있습니다."

주

1 소회蕭淮는 명대 정치가이다. 호가 여천麗川이며 광서성 임계臨桂 사람이다. 정덕 6년 진사출신이 되었고 관직은 연수순무延綏巡撫를 하고 가정 9년 대동순무大同巡撫를 했다. 주신호를 탄핵하는 상소를 올렸다.

2 정악鄭嶽(1468~539)은 자가 여화汝華이고 호는 산재山齋이며 복건성 보전莆田 사람이다. 홍치 6년(1493) 진사가 되어 호부주사를 제수받았다. 형부주사로 옮겼고 후에 관직이 병부좌시랑에 이르렀다.

疏入 , 忠、彬等贊之 , 欲內閣降敕責鎮巡 , 而給事中徐之鸞、御史沈約等又具奏其不法。廷和恐禍及 , 欲濠上護衛自贖。同官外廷不知也。

상소가 들어가자, 장충과 강빈 등이 이것을 찬동하며 내각이 순찰하여 진압하기를 요구하는 칙서를 내리고자 했으나 급사중 서지란과 어사 심약 등은 법에 맞지 않다고 법을 갖추어 상소를 올렸다. 정화는 화가 닥칠 것을 걱정하여 신호가 호위하여 황제에게 스스로 속죄하게 하고자 했다. 조정 밖에서 관리들은 다 같이 알지 못하였다.

一日，駙馬都尉崔元遣問瓊曰：“適聞宣召，明早赴闕，何事?”瓊問廷和。廷和佯驚曰：“何事?”瓊微笑曰：“公勿欺我。”廷和忸怩徐曰：“宣德中，有疑於趙，嘗命駙馬袁泰往諭，竟得釋，或此意也。”

하루는 부마도위 최원崔元[1]이 사람을 보내 왕경에게 물었다: “지금 막 내일 아침에 대궐로 나오라는 황제의 부르심을 들었는데 무슨 일인가요?” 왕경이 정화에게 물으니 정화가 거짓으로 놀라는 체하며 말했다: “무슨 일이지요?” 왕경이 미소 지으며 말했다: “공께서는 나를 속이지 마시오.” 양정화가 부끄럽고 창피하여 조용히 말했다: “명 선종 선덕 연간 중에 조왕에게 의혹이 있어서 일찍이 부마 원태袁泰에게 가서 타이르도록 명하니 결국 오해가 풀릴 수 있었습니다. 아마도 이러한 뜻 같습니다.”

주

1 최원崔元(1478~1549)은 명조 부마도위였으며 자가 무인懋仁이고 호는 대병岱屛이며 태원太原 대주현代州縣 사람이다. 자태가 준수하고 박학하였으며 헌종의 차녀 영강공주를 맞아 부마도위가 되었다. 가정 원년(1522) 영록대부가 되고 주국柱國과 경산현후京山縣侯로 봉해졌으며 태부와 광록대부를 지냈다. 가정 28년 세상을 떴고 죽은 후 좌주국左柱國에 추증되었다.

••• 칙서

明旦，瓊至左順門，見元領敕，謂曰：

“此大事，何不廷宣?” “乃留，當廷領之。敕有曰：

“蕭淮所言，關系宗社大計，朕念親親，不忍加兵，特遣太監賴義、駙馬都尉崔元、都御史顏頤壽往諭，革其護衛。”

다음 날 아침 왕경은 좌순문에 이르러 최원이 받은 칙서를 보고 일러 말했다: “이는 중대한 일인데 어찌 조정에서 선포하지 않는지요?” 이에 얼마 후 바로 조정에서 칙서

를 내렸다. 칙서에서 말했다:

"소회가 말한 것은 종묘와 사직의 큰 계획에 관계되는 것이다. 짐은 친척에게 친근히 하는 것을 생각하여 차마 군사를 더 보낼 수는 없으니 특별히 태감 뇌의, 부마도위 최원, 도어사 안고수를 파견하여 타이르고자 하니 주신호의 호위를 혁파하라."

元領敕既行，廷和復令兵部發兵觀變。瓊曰："此不可泄。近給事中孫懋、易贊建議選兵操江，爲江西流賊設備。疏入，留中日久，第請如擬行之，備兵之方無出此矣。"廷和默然。

최원은 칙서를 받고 이미 떠나고 정화는 다시 병부에서 변화하는 것을 관망하여 군사를 출발하도록 했다. 왕경이 말했다: "이 일은 새어나가서는 안 됩니다. 근래 급사중 손무와 이찬이 병사를 뽑아 강을 장악하자고 건의하였는데 강서의 떠돌이 도적들 때문에 미리 방비한 것입니다. 상소가 들어가서 궐에 머무른 날이 오래되어 다음 청원한 것이 의논한 대로 행해지니 군사를 갖추는 방법은 여기서 나오지 않을 것입니다" 정화가 잠자코 있었다.

會濠偵卒林華者，聞朝議二三，不得實，晝夜奔告。值濠生辰宴諸司，聞言大驚，以爲詔使此來，必用昔日蔡震擒荊藩故事。且舊制凡抄解宮眷，始遣駙馬親臣，固不記趙王事也。宴罷，密召士實、劉吉等謀之。養正曰："事急矣，明旦諸司入謝，即可行事。"

때마침 주신호의 염탐꾼 임화라는 자가 조정의 논의를 조금 들었는데 핵심은 듣지 못하였다. 밤낮으로 달려가서 고하니 주신호가 관리들과 생일 잔치를 베풀고 있다가 그 말을 듣고 크게 놀랐으나 조서가 이곳에 내려져 반드시 옛날 채진이 형번에서 사로잡은 고사[1]를 이용할 것으로 여겼다. 또 옛 제도에서는 무릇 궁궐의 권속을 해결하고 풀어내려 하면 처음 부마와 친애하는 신하를 파견하는 것인데 진실로 조왕의 일을 기억하지 않은 것이다. 잔치가 끝나자 은밀히 이사실, 유길 등을 불러 그것을 모의하였다. 유양정이 말하였다: "일이 급하게 되었습니다. 내일 아침 여러 관리가 들어와 감사 인사하면 곧 일을 감행하는 것이 좋겠습니다."

주

1 채진이 형번을 사로잡은 고사는 명나라 효종 홍치 5년(1492)에 형왕荊王 주견숙朱見潚과 관련된 폭행이 동생 번산왕樊山王 주견굉朱見澋에 의해 폭로되었고 조정은 부마도위 채진과 내시 백준을 후광 기주로 보내 형왕을 체포한 내용이다. 이 고사는 명대 중기에 종실 범죄에 대한 엄격한 처벌과 채진의 충성을 말하고 있다.

是夜集兵以俟。比旦，諸司入謝，濠出立露臺，宣言於衆曰："汝等知大義否?" 都御史孫燧對曰："不知。"濠曰："太後有密旨，令我起兵監國，汝保駕否?"燧曰："天無二日，民無二王，此是大義，不知其他。"濠怒令縛之。按察司副使許逵從下大呼曰："朝廷所遣大臣，反賊敢擅殺耶！"罵不絕口。校尉火信曳出惠民門外，同遇害。

그날 밤 병사를 집결시켜 기다렸다. 날이 밝자 여러 관리가 들어와 사례하였다. 신호가 나와서 노대에 서서 사람들에게 선언하여 말했다: "그대들은 대의를 아는가?" 도어사 손수가 대답하여 말했다: "알지 못합니다" 신호가 말했다: "태후께서 은밀히 교지가 있었으니 내게 군사를 일으켜 나라를 감독하라고 했다. 너희는 나를 보호하겠느냐?" 손수가 말했다: "하늘에는 두 개의 해가 없고 백성에게는 두 명의 임금이 없으니, 이것은 대의이니 다른 것을 알지 못합니다." 신호가 노하여 그를 포박하게 했다. 안찰사 부사 허규가 아래에서 큰소리로 외치며 말했다: "조정에서 파견한 대신이거늘 반란의 무리가 멋대로 죽이려는가!" 꾸짖음에 입을 막지 못하였다. 교위 화신이 혜민문 밖으로 끌고 나가니 같이 죽임을 당하였다.

是時日午，天忽陰曀，遂劫鎮巡諸司下獄，奪其印。於是太監王宏、御史王金、公差主事馬思聰、金山布政使胡濂、參政陳杲、劉斐、參議許效廉、黃宏、僉事顧鳳、都指揮許清、白昂，皆在繫。思聰、宏不食死。濠乃僞置官屬，以吉暨餘欽、萬銳等爲太監，迎士實爲太師，先期迎養正、南浦驛爲國師，閔念四等各爲都指揮，參政王倫爲兵部尚書，季斆暨僉事潘鵬、師夔輩俱聽役。脅布政使梁宸、按察使楊璋、副使唐錦、都指揮馬驥，移咨府部，傳檄遠近，革年號，斥乘輿。分遣所親婁伯、王春等四出收兵。

이날 오후 하늘이 갑자기 음산해졌고 마을을 순찰하던 관리들을 위협하여 옥에 가두고 그 인장을 빼앗았다. 이에 태감 왕굉, 어사 왕금, 공무로 파견된 주사 마사총馬思聰[1], 금산포정사 호렴胡濂[2], 참정 진호, 유비, 참의 허효렴, 황굉, 첨사 고봉, 도지휘 허청, 백앙을 모두 체포했다. 마사총과 왕굉은 먹지 않고 죽었다. 주신호는 곧 거짓으로 관속을 배치하고 유길로서 여흠, 만예 등을 태감으로 삼을 것을 지휘하고 사실을 맞이하여 태사로 삼고 기한보다 앞서 양정을 남포역에서 맞이하고 국사로 삼았다. 민념사 등은 각각 도지휘로 삼고 참정 왕륜은 병부상서로 삼았다. 계효는 첨사 반붕과 사기의 무리를 모두 역할을 듣고 지휘했다. 포정사 양신, 안찰사 양장, 부사 당금, 도지위 마기를 위협하여 관아에 공문을 보내고 가까운 곳과 먼 곳에 격문을 전하였으며 연호를 고치고 몰래 황제의 수레를 탔다. 친한 누백과 왕춘 등을 나누어 파견하여 사방으로 나가 병사를 모았다.

주

1 마사총馬思聰(1462~1519)은 자가 무문懋聞이고 호는 취봉翠峰이며 복건성 보전莆田 사람이다. 홍치 18년(1505) 진사가 되었고 절강상산현지현이 되어 26개 도랑을 수리하고 만경의

농지를 관개하였다. 남경호부주사로 누천되고 강서로 가서 식량을 감독하고 안인安仁에 주둔했다. 정덕 14년(1519) 주신호가 반란을 일으켜 마사총은 억류되어 투옥되었으며, 단호히 굴하지 않고 6일 동안 단식하다가 사망했다. 세종이 즉위하여 광록소경에 추증되고 정충사旌忠祠에 배향되었다.

2 호렴胡濂(1463~1542)은 자가 종주宗周이고 호는 일재一齋이며 광동성 정안현定安縣 사람이다. 홍치 6년(1493 진사가 되어 호부광서사주사戶部廣西司主事를 제수받았다. 산동사원외랑, 운남사낭중을 역임했다. 정덕 6년(1511)에 군량 운송을 감독하여 유육劉六의 반란을 평정하고, 금을 하사받았고 귀주참정으로 승진하여 재임 중 묘이족의 반란을 진압했다. 강서우포정사로 승진하였다. 정덕 14년 신호의 난에 연루되어 투옥되었으나, 왕수인과 진림의 도움으로 석방되었다. 만년에 고향으로 돌아가 사당을 세웠다. 호씨 가문은 명나라 초 경瓊으로 이주하여, 과갑科甲 가문을 형성하였고, 정안 문화에 심원한 영향을 끼쳤다.

始濠聞武宗嬖伶官臧賢，乃遣秦榮就學音樂，饋萬金及金絲寶壺。一日，武宗幸賢，賢以壺注酒，訝其精澤巧麗，曰：“何從得此？”賢吐實。武宗曰：“寧叔何不獻我？” 是時小劉新得幸，濠失賄，深銜之。比罷歸，小劉笑曰：“爺爺尚思寧王物，寧王不思爺爺物足矣！不記薦疏乎？”

처음에 주신호가 무종이 영관 장현을 총애한다는 것을 듣고, 이에 진영을 보내어 음악을 배우게 하고 만금과 금실로 장식된 귀한 주전자를 선물했다. 하루는 무종이 장현을 총애하여 장현이 그 주전자로 술을 따랐는데, 그 정교함과 윤택함, 교묘함과 화려함에 의아해하며 말했다: “이것이 어디서 났느냐?” 장현이 사실을 털어놓았다. 무종은 말했다: “영왕 숙부는 어찌 나에게는 올리지 않았는가?” 이때 소유가 새로이 총애를 얻었는데 주신호가 뇌물 주는 것을 빠뜨려 그것을 심히 마음에 품고 있었다. 마치고 돌아가려다 소유가 웃으며 말했다: “무종은 오히려 영왕의 선물을 마음에 두셨는데 영왕은 무종의 선물에 만족하지 않으실 겁니다! 올라온 상소를 기억하지 않으십니까?”

武宗乃益疑忠、彬，因贊蕭疏，遂及賢，賢不知也。濠遣人留賢家，多復壁，外鑰木櫥，開則長巷，後通屋，甚隱，人無覺者。有旨大索賢家，林華遽走會同館，得馬，故速歸。

무종은 이에 장충과 강빈을 더 의심하였고, 소유가 소회의 상소를 믿도록 도왔기에 마침내 의심이 장현에게까지 미쳤는데 장현은 알지 못했다. 주신호는 사람을 보내어 현의 집에 머물게 했는데 다양하게 벽을 쳤다. 밖은 나무 걸이로 잠그고 열면 긴 통로이며 뒤로는 집과 통하며 심히 은밀하여 사람들이 알아차리는 자가 없었다. 장현의 집을 대대적으로 수색하라는 명령이 있자 임화는 황급히 회동관으로 도망하여 말을 얻어서 속히 돌아갔다.

初，寧獻王 臞仙傳惠、靖、康三王，康王久無子，宮人南昌 馮氏以成化丁酉生濠。康王夢蛇入宮，啖人殆盡，心惡之，欲弗舉，以內人爭免，遂匿優人家，與秦淶同寢處。稍長，淫宮中。康王憂憤且死，不令入訣。弘治丙辰襲位，通書史歌詞。至是謀逆，期以八月十五日因入試官吏生校舉事，比林華至，始促反。

처음에 영헌왕 구선은 후사를 혜, 정, 강 세 왕에게 전하였는데, 강왕이 오랫동안 아들이 없다가 궁인인 남창 풍씨에게서 성화 정유년에 주신호를 낳았다. 강왕은 뱀이 궁에 들어와 사람들을 거의 다 잡아먹는 꿈을 꾸고 마음으로 그것을 불길하게 여겨 죽이려 하였는데 궁인들이 살려주도록 간언하여 마침내 우인의 집에 숨기고 진영과 같이 거처하게 하였다. 점점 자라서 궁중을 음란하게 하니 강왕이 근심하고 분개하여 죽었는데 영결하는 데에 들어오지 못하게 하였다. 홍치 병진년에 왕위를 세습하였고 경서와 역사, 악곡과 문장에 통달했다. 지금에 이르러 반역을 도모하였고 8월 15일이 시험관이 학교에 들어오기 때문에 거사 날로 기약하였는데 임화가 이르자 비로소 반란을 재촉하였다.

十九日，疏上變。

19일에 변란을 상소하였다.

濠既戕害守臣，因劫諸司據會城，乃悉拘護衛集亡命，括丁壯，號兵十萬，奪運船順下。戊寅，襲南康，知府陳霖等遁。己卯，襲九江，兵備曹雷、知府汪穎、指揮劉勳等遁，屬縣聞風皆潰。濠初謀欲徑襲南京，遂犯北京，故乘勝克期東下。先生聞變，返舟，值南風急，舟弗能前，乃焚香拜泣告天曰："天若哀憫生靈，許我匡扶社稷，願即反風。若無意斯民，守仁無生望矣。"須臾，風漸止，北帆盡起。

신호가 이미 수비하는 신하를 죽이고 모든 관아를 습격하여 성 소재지를 점거하였다. 성을 지키고 있는 병사들을 모조리 잡으니 도망치기에 이르렀다. 장정들을 모아 병사 10만을 징발하였고 운반 배를 탈취하여 아래로 옮겨두었다. 무인년에 남강을 습격하니 남강 지부 진림 등이 달아났다. 기묘년에 구강을 습격하니 구강의 병비 조뢰, 지부 왕여, 지휘 유훈 등이 달아났고, 관할 현에서는 소문을 듣고 모두 뿔뿔히 흩어졌다. 주신호는 처음에 재빨리 남경을 습격하여 마침내 북경을 침범하였기 때문에 승세를 몰아 기한을 정해 동쪽으로 향하려고 꾀했다. 선생이 변을 듣고 배를 돌렸는데 갑자기 남풍을 만나 배가 앞으로 나아갈 수 없었다. 이에 분향하고 절하고 울며 하늘에 고하며 말했다: "하늘이 만약 백성을 불쌍히 여겨 내가 사직을 보좌하기를 허락하신다면 원컨대 곧 바람을 돌려주소서. 만약 이 백성들에게 뜻이 없다면 저는 죽기를 바랄 뿐입니다." 잠깐 사이 바람이 점차 그치고 북쪽 돛이 모두 세워졌다.

濠遣內官喻才領兵追急，是夜乃與幕士蕭禹、雷濟等潛入魚舟得脫。然念兩京倉卒無備，欲沮撓之，使遲留旬月。於是故爲兩廣機密大牌，備兵部咨及都御史顏咨云："率領狼達官兵四十八萬江西公幹。"令雷濟等飛報搖之。濠見檄，果疑懼，遲延未發。先生四晝夜至吉安，明日庚辰，上疏告變。乃與知府伍文定等計，傳檄四方，暴發逆濠罪狀，檄列郡起兵以勤王。

주신호가 내관 유재를 파견하여 군대를 통솔하여 급히 추격하게 했다. 이날 밤 군막의 병사 소우와 뇌제 등이 함께 고기 배로 잠입하여 탈영할 수 있었다. 그리하여 양경의 창고에는 군졸이 방비하지 않는다는 것을 염두에 두고 그것을 저지하고 방해하려고 한 달간 머무르게 했다. 이렇게 양광의 기밀을 캐기 위해 큰 도박을 했기 때문에 병부가 공문을 준비하여 급히 도어사 안顏에게 상의하고 말했다. "낭달 관병 48만을 강서에서 공무로 인솔하라." 뇌제 등에게 속보로 명령을 내려 관병을 움직이게 했다. 주신호는 격문을 보았고 그 결과 의심하고 두려워하여 출발을 미뤘다. 선생은 4일 밤낮 길안에 도착했다. 다음날 경진일에 상소를 올려 변을 고했다. 이에 지부 오문정 등과 더불어 계획하여 사방에 격문을 돌려 반역자 주신호의 죄상을 폭로하여 드러냈다. 각 군에 격문을 돌려 병사를 일으켜 왕실을 위하여 충성을 다하게 했다.

疏留。復命巡按御史謝源、伍希儒、紀功，張疑兵於豐城，又故張接濟官軍公移，備云兵部咨題，准令許泰、郤永分領邊軍四萬，從鳳陽陸路進；劉暉、桂勇分領京邊官軍四萬，從徐、淮水陸並進，王守仁領兵二萬，楊旦等領兵八萬，陳金等領兵六萬，分道並進，克期夾攻南昌。

잠시 머물렀다. 다시 순안어사 사원, 오희유, 기공에게 명을 수행하여 보고하게 하고 풍성에서 가짜군사를 늘어놓고 또 고의로 보급 관군을 진열하여 공공연하게 이동시켰다. 병부가 자문할 문제를 준비하여 말하고 허태와 각영에게 변경의 군사 4만을 나누어 거느리도록 허락하여 봉양鳳陽으로부터 육로로 나아갔다. 유휘, 계용은 경변의 관군 4만을 나누어 거느렸다. 서수와 회수에서 육지로 동시에 나아가고 왕수인은 병사 2만을 거느렸으며 양단 등은 병사 8만을 거느렸고 진금 등은 병사 6만을 거느리고 길을 나눠 동시에 나아가 시기를 정하여 남창을 협공했다.

且以原奉機密敕旨爲據，故令各兵徐行，待其出城，遮擊前後以誤之。又爲李士實、劉養正內應僞書，賊將淩十一、閔念四投降密狀，令濟、光等親人計入於濠。濠乃留兵會城以觀變。至七月三日，諜知非實，乃屬宗支栱樤與萬銳等留兵萬餘守南昌，遣潘鵬持檄說安慶，季斅說吉安，而自與宗支栱栟、士實、養正等東下。

또 원래 기밀 칙서를 받들어 근거로 삼기 때문에 각 병사에게 서행하면서 성에서 출발을 기다리도록 명령하고 공격 전후를 숨겨 그것을 오해케 했다. 또한 이사실과 유양정에게 허위 문서로서 내통하게 하고 적장 능십일과 민염사가 투항한 비밀문서는 제와 광 등의 친한 사람을 통해 주신호에게 들어가도록 계획했다. 주신호는 도리어 병사를 성에 머무르게 하여 변화를 관찰했다. 7월 3일이 되어 첩자가 사실이 아닌 것을 알았다. 이에 도리어 종중의 지손支孫[1]인 공조와 만예 등은 병사 만여 명과 머물며 남창을 지켰다. 반붕潘鵬[2]에게 격문을 가지고 가서 안경에서 설득하게 했고 계효季斅[3]는 길안에서 설득하고 자신은 종중의 지손인 공병, 이사실, 유양정 등과 동쪽으로 내려갔다.

주

1 지손支孫은 지파支派의 자손子孫이다. 종가의 자손이 아니다.
2 반붕潘鵬은 안경 사람으로 당시 첨사僉事의 지위에 있었다.
3 계효季斅는 정덕 23년, 남안지부南安知府였다.

賊衆六萬人，號十萬，以劉吉爲監軍，王綸參贊軍務，指揮葛江爲僞都督，總一百四十餘隊，分五哨。出鄱陽，過九江，令師夔守之，直趨安慶。時欽、淩等攻圍雖已浹旬，知府張文錦、守備都指揮楊銳、指揮使崔文同守不下。

도적무리가 육만 명이고 일반인은 십만 명으로 유길劉吉[1]을 감군으로 삼고 왕륜王綸[2]을 참찬 군무로, 지휘 갈강을 위도독으로 삼고, 총 140여 대오를 5개 초소로 나누었다. 파양을 출발하여 구강을 거쳐, 사기에게 그곳을 지키게 하고 곧바로 안경으로 내달렸다. 그때 흠과 능 등이 공격하고 포위한 지 이미 10일이 되었는데도 지부 장문금, 수비도지휘 양예, 지휘사 최문은 모두 지키내지 못했다.

주

1 유길劉吉(1427~1493)은 자가 우지祐之이고 호는 약암約庵이다. 북직예 박야博野 사람이다. 성화 23년(1487)에서 홍치 5년(1492)까지 내각의 수장을 맡았다.

2 왕륜王綸은 명대 의학가이다. 자가 여언汝言이고 호는 절재節齋이며 절강성 자계慈溪 사람이다. 홍치 연간(1488~1505)에 예부 낭중을 했고 후 정덕 연간에 우부도어사가 되어 호광성을 순무했다. 정치적 업적이 뛰어났으나 평시에 부친의 병으로 의학에 마음을 두었다. 항상 공무와 여가를 겸하여 백성의 병을 치료했으며 죽어 가는 사람을 살린 경우가 꽤 많았다.

按是時巡撫南畿都御史李克嗣飛章告變，瓊請會議左順門。

전덕홍이 보건데, 이때 순무남기도어사 이극사李克嗣[1]가 재빨리 상소문을 올려 변을 고했고 왕경은 좌순문에서 회의를 요청했다.

주

1 이극사李克嗣는 명조 관원이며 내강內江 사람이다. 진사가 되어 형부주사로 악주岳州통판을 조사하고, 수주隨州지현, 도어사를 역임했다. 홍치 연간에 지주知州에서 사학 19곳을 건립하였는데, 학교와 의회를 세웠다. 그는 주신호의 난을 제일 먼저 상소로 고변했다.

衆觀望，猶不敢斥言濠反。瓊獨曰：“豎子素行不義，今倉卒擧亂，殆不足慮。都御史王守仁據上遊躡之，成擒必矣。”乃從直房頃刻覆十三疏，首請下詔削濠屬籍，正賊名。次請命將出師，趨南都，命伯方壽祥防江都，御史俞諫率淮兵翊南都，尚書王鴻儒主給餉。次請命守仁率南、贛兵由臨、吉，都御史秦金率湖兵由荊、瑞會南昌，克嗣鎮鎮江，許廷光鎮浙江，業蘭鎮儀真，遏賊衝。

많은 이들이 관망하며 감히 주신호의 반역을 책망하는 말을 하지 못했다. 왕경은 홀로 말했다: “풋내기가 평소 행실이 의롭지 못하여 지금 급작스럽게 난을 일으켰으니 몹시 우려할 바가 못 된다. 도어사 왕수인이 황제의 뜻에 따라 살살 그들을 좇으니 반드시 사로잡을 것이다.” 직방으로부터 순식간에 13개 곳을 무너트렸다. 황제에게 주신호를 호적에서 삭제한다는 소를 내려달라고 청하여 먼저 적의 이름을 바로잡았다. 다음은 군사들을 출병하여 남쪽으로 빨리 달려가 싸우라고 명하고 백작 방수상에게 강도 방어를 명하고 어사 유간은 회수의 병사를 이끌고 남도를 돕고 상서 왕홍유는 급료 지급을 책임지도록 명하기를 청했다. 다음은 왕수인이 임강과 길안에서 남안과 감주의 병사를 거느리고 도어사 진금은 형주와 서주로부터 파양호의 병사를 통솔하여 남창에 모이게 하고 극사는 진강을 진압하고 허정광이 절강을 진압하고 섭란이 의진을 진압하여 적의 요충지를 막도록 명령하기를 청했다.

傳檄江西諸路，但有忠臣義士，能倡義旅以擒反者，封侯。又請南京守備操江武職並五府掌印僉書官各自陳取上裁，務在得人，以固根本。詔悉從之。

강서의 모든 도로에 ‘다만 충신 의사가 있어 의병을 이끌어서 반역자를 사로잡을 수 있는 자는 제후에 봉한다’고 격문을 전하고 또 남경의 수비는 강을 장악하는 무관직과

5부의 도장을 관리하는 첨서관과 아울러 각자 임금의 재가를 받도록 하여 힘써 사람을 얻음으로써 근본을 견고하게 하기를 청했다. 조서는 임금이 모조리 따랐다.

先生在吉安，守益趨見曰：“聞濠誘葉芳兵夾攻吉安。”先生曰：“芳必不叛。諸賊舊以茅爲屋，叛則焚之。我過其巢，許其伐钜木創屋萬餘。今其黨各千餘，不肯焚矣。”益曰：“彼從濠，望封拜，可以尋常計乎？”先生默然良久曰：“天下盡反，我輩固當如此做。”益惕然，一時胸中利害如洗。次早復見曰：“昨夜思之，濠若遣逮老父奈何？已遣報之，急避他所。”

선생은 길안에 있었는데 추수익이 찾아 뵙고 말했다: “주신호가 섭방葉芳[1]을 꾀어 병사들이 길안을 협공하자고 한 것을 들었다.” 선생이 말했다: “섭방은 기필코 배반하지 않는다. 모든 도적은 오래 띠로 집을 지었는데 배반하면 그것을 불태웠다. 내가 그 소굴을 지나며 그들에게 큰 나무 벌목을 허락하여 가옥 만여 채를 지었다. 이제 그 무리가 각 천여 가구이고 기꺼이 불을 태우려고 하지 않는다.” 추수익이 말했다: “저 주신호를 따르는 자에게 관직을 주어 봉하기를 바라게 하는 것은 일반적 계책입니까?” 선생이 오랫동안 잠잠하더니 말했다: “나라에 반란이 극에 달해 우리들은 당연히 이렇게 해야 한다.” 추수익이 근심했었는데 한 번에 가슴 속에 있는 이해관계를 씻어낸 것 같았다. 다음 날 아침 다시 보며 말했다: “어젯밤 그것을 생각했는데, 주신호가 만약 황제를 체포하면 어떻게 되겠습니까? 이미 사람을 보내어 알리고 급히 다른 장소로 피하게 해야지요.”

주

1 섭방葉芳(1490~1535)은 섭정방葉廷芳이라고 부르며 집에서 부르는 이름은 섭유칠葉惟七이다. 정덕과 가정 연간에 감주, 월 땅, 민 땅, 상수변 구역에서 민간 무장 우두머리였다. 양명이 남안과 감주를 순무하는 동안 중요한 지지자였다.

壬午，再告變。

임오 일에 다시 고변하였다.

叛黨方盛，恐中途有阻，故再上。

반란을 일으킨 무리가 바야흐로 기세가 성하여서 아마도 중도에 막힘이 있을까 두려워하였기 때문에 다시 올렸다.

疏乞便道省葬，不允。

가는 길에 성장省葬을 청하는 상소를 올렸으나 윤허하지 않았다.

先生起兵，未奉成命。上便道省葬疏，意示遭變暫留，姑爲牽制攻討，俟命師之至，即從初心。時奉旨："著督兵討賊，所奏省親事，待賊平之日來說。"

선생이 군사를 일으켰을 때는 내려진 명을 아직 받지 못했다. 가는 길에 고향에 들러 장례를 살피겠다는 소를 올려서 변고를 당하여 잠시 머물겠다는 뜻을 보였는데 곧 견제와 공격을 당했다. 명을 전달하는 이가 도착하기를 기다리며 즉시 초심을 따랐다. 당시 봉지에 "병사를 통솔하여 적을 토벌하라. 상소 올린 성친의 일은 적이 평정된 날에 와서 아뢰어라"라고 했다.

疏上僞檄。

가짜 격문에 대한 일을 소로 올렸다.

六月二十二日，參政季斅，同南昌府學教授趙承芳旗校十二人齎僞檄榜諭吉安府，至墨潭，領哨官縛送軍門。

6월 22일 참정 계효가 남창부학교수 조승방趙承芳[1]의 기교旗校[2] 12인과 함께 길안부에 가짜 격문을 내려 알렸는데 묵담墨潭[3]에 도달하여 초관哨官[4]에게 포박되어 군문으로 보내졌다.

주

1 조승방趙承芳은 왕수인의 제자이며 남창부학교수였다.
2 기교旗校는 기군旗軍의 교관이다. 기군은 명나라 네 위영衛營의 관군인 금위군을 말한다. 청에는 수도를 지키는 금위군을 팔기를 두었다.
3 묵담墨潭은 강서성 길수현吉水县 남쪽에 있는 섬이다.
4 초관哨官은 한 초哨를 거느리던 종9품 무관직이다. 각 군영의 위관尉官의 하나이다.

••• 상소문

先生即固封以進。其疏略曰：

"陛下在位一十四年，屢經變難，民心騷動，尚爾巡遊不已，致使宗室謀動干戈，冀竊大寶。且今天下之覬覦，豈特一寧王？天下之奸雄，豈特在宗室？言念及此，懍骨寒心。昔漢武帝有輪臺之悔，而天下向治；唐德宗下奉天之詔，而士民感泣。伏望皇上痛自克責，易轍改絃；罷出奸諛，以回天下豪傑之心；絕跡巡遊，以杜天下奸雄之望；則太平尚有可圖，群臣不勝幸甚。"

선생은 즉시 단단히 봉하여 소를 올렸다. 그 소에서 간략하게 말했다:

"폐하가 재위하신 지가 14년 되었는데 여러 번 변란을 겪으시고 민심이 시끄럽게 움직여 여전히 순시가 그치지 않았는데, 종실이 군사를 움직여서 황위를 도모하는데 이르니 큰 보물을 훔치기를 바라는 것이다. 또 지금 천하에서 노리는 자들이 어찌 다만 영왕 한 사람뿐이겠는가? 천하의 간웅이 어찌 다만 종실에만 있겠습니까? 말과 생각이 이에 미치니 벌벌 떨리고 마음을 오싹하게 합니다. 옛날에 한 무제가 윤대의 뉘우침[1]이 있어서 천하는 잘 다스려졌습니다. 당나라 덕종이 하늘을 받들겠다는 조서를 내려[2] 선비와 백성이 감격하여 울었지요. 엎드려 바라온데, 황상이 아파하고 기꺼이 자책하여 정치가 고쳐져 바뀌고 아첨하는 신하를 파직하고 내보내어 천하의 호걸이 지니는 마음으로 돌아가며 순시를 없앰으로써 천하의 간웅이 바라는 것을 막는다면 태평성대를 여전히 이룰 수 있으며 군신들은 천만다행으로 여길 것입니다."

주

1 윤대輪臺는 중국 신강성 서남쪽에 있는 지명으로 한 나라 무제武帝가 당시 서역이었던 중앙아시아를 정벌하여 군사가 그곳까지 가 있었으나, 무제가 병으로 죽을 때에 윤대에 군사 보낸 것을 후회하는 조서를 내렸다.

2 제9대 덕종 이괄이 부친 대종이 붕어하자 취임하여 하늘을 받들겠다는 소를 내려 중흥을 일으켰다.

甲辰，義兵發吉安。丙午，大會於樟樹。己酉，誓師。庚戌，次市汊。辛亥，拔南昌。

갑진일에 의병이 길안에서 발기했다. 병오일에 장수에서 대대적으로 모여들었다. 기유일에 군사들을 맹세하게 하고 경술일에 시차에 머물렀다. 신해일에 남창을 공격했다.

先生聞濠兵既出，乃促列郡兵克期會於樟樹，自督知府伍文定等及通判談儲、推官王暐，以十三日甲辰發吉安。於是臨江知府戴德孺、袁州知府徐璉、贛州知府邢珣、瑞州通判胡堯元、童琦、南安推官徐文英、贛州都指揮余恩、新淦知縣李美、泰和知縣李楫、寧都知縣王天與、萬安知縣黃冕，各以其兵來赴。己酉，誓師於樟樹，次豐城。

선생은 신호의 병사가 이미 출발했다는 소식을 듣고 곧 여러 군의 병사들을 재촉하여 날짜를 정하여 장수에서 모이기로 했다. 지부 오문정 등과 통판 담저, 추관 왕위王暐[1]가 스스로 군대를 지휘하여 13일 갑진일에 길안에서 출발했다. 이에 임강지부 대덕유戴德孺[2], 원주지부 서련, 감주지부 형순, 서주통판 호요원, 동기, 남안추관 서문영, 감주도지휘 여은, 신감지현 이미, 태화지현 이즙, 영도지현 왕천여, 만안지현 황면이 각각 자기 병사를 이끌고 왔다. 기유일에 장수에서 선생에게 맹세를 하고 풍성에 머물렀다.

주

1 왕위王暐는 자가 극명克明이고 호는 극재克齋이며 강소성 응천부應天府 구용현句容縣 사람이다. 정덕 12년(1517) 진사가 되어 길안추관을 제수받았다. 왕수인을 따라 신호의 난을 평정하는 데에 함께 하여 공을 세워 직위가 대리사부大理寺副로 옮겼다. 가정 때 대례옥사에 연좌되었으나 풀려나 호부시랑을 역임하며 조운을 감독하고 호부 상서가 되었다.

2 대덕유戴德孺(?~1523)는 자가 자량子良이고 호는 쌍강雙江이다. 절강성 태주부台州府 임해현臨海縣 사람이다. 홍치 18년(1505) 진사가 되었고 공부원외랑을 했다. 임강지부臨江知府를 하며 왕수인과 신호의 난을 평정한 공으로 운남 우포정사가 되었다. 서주(徐州)에서 배가 전복되어 죽었다. 광록사경에 추증되어 아들에게 음직이 내려졌다.

諜知賊設伏於新舊廠，以爲省城之應，乃遣奉新知縣劉守緒領兵從間道夜襲破之。庚戌，發市汊，分布既定，薄暮齊發。辛亥黎明，各至信地。先是城中爲備甚嚴，及廠賊潰奔入城，一城皆驚。又見我師驟集，益奪其氣。衆乘之，呼噪梯絙而登，遂入城，擒拱㰘、萬鋭等千有餘人，所遺宮眷縱火自焚。

염탐꾼은 적들이 신구창고에 매복하여 성을 살피는 것을 대책으로 삼은 것을 알아내고서 바로 봉신지현 유수서를 파견하여 병력을 이끌고 샛길로 가서 야간에 습격하여 격파하게 했다. 경술일에 시차市汊에서 출발하여 나누어 포진할 곳을 이미 정하고 어둑어둑할 때에 일제히 출동했다. 신해일 동틀 무렵에 각기 정해준 곳에 이르렀다. 이보다 앞서 성안에는 경비가 심히 엄중했고 게다가 창고에 매복했던 적들이 뿔뿔이 흩어져 도망하여 성으로 들어갔다. 성의 사람들 모두가 놀랐다. 또 우리 군사들이 갑자기 모여드는 것을 보고 그 기운을 더욱 빼앗겼다. 아군의 무리들은 그 기운을 타고 떠들썩하게 사다리를 묶고 오르니 결국 성에 들어가게 되어 공조와 만예 등 천여 명을 사로잡았다. 남겨진 궁의 권속들은 멋대로 불을 질러서 스스로 타 죽었다.

先生乃撫定居民，分釋協從，封府庫，收印信，人心始寧。於是胡濂、劉棐、許效廉、唐錦、賴鳳、王玘等皆自投首。初，會兵樟樹，衆以安慶被圍，急宜引兵赴之。先生曰："今南康、九江皆爲賊據，我兵若越二城，直趨安慶，賊必回軍死鬪，是我腹背受敵也。莫若先破南昌，賊失內據，勢必歸援。如此，則安慶之圍自解，而賊成擒矣。"卒如計云。

선생이 이에 거주하는 백성들을 무마하여 안정시키며 협조하고 따르는 자를 나누어 석방했다. 창고를 굳게 닫고 인장을 거두었다. 인심이 비로소 편안해졌다. 여기에서 호렴, 유배, 허효렴, 당금, 뇌봉, 왕기 등 모두 자수했다. 처음에 장수樟樹에서 병사들을 모았는데 무리들이 안경에서 포위당했기 때문에 급히 병사들을 이끌고 나아가야 했다. 선생이 말했다: "지금 남강, 구강이 모두 적의 근거지가 되었다. 우리 병사들이 만약 두 성을 넘어 직접 안경을 추격한다면 적은 반드시 군사를 돌려 사투하게 될 것이다. 이는 우리가 앞뒤로 적을 받아들이는 것이다. 먼저 남창을 격파하는 것이 최선일 것이다. 적은 내부의 근거지를 잃게 되고 형세는 반드시 원조하러 돌아올 것이다. 이같이 하면 안경의 포위는 저절로 풀어질 것이고 적은 붙잡히게 될 것이다." 마침내 말한 계획대로 되었다.

遂促兵追濠。甲寅，始接戰。乙卯，戰於黃家渡。丙辰，戰於八字腦。丁巳，獲濠樵舍，江西平。

드디어 군사를 재촉하여 신호를 좇았다. 갑인일에 접전이 시작되었다. 을묘일에 황가도에서 전쟁했다. 병진일에 팔자뇌에서 전쟁했다. 정사일에 초사에서 주신호를 붙잡았다. 강서성은 평정되었다.

初，濠聞南昌告急，即欲歸援，遂解安慶圍，移沅子港。先分兵二萬趨南昌，身旋繼之。二十二日，先生偵知其故，問衆計安出，多以賊勢強盛，宜堅壁觀釁，徐圖進止。

처음에 신호는 남창이 급하다고 알리는 것을 듣고 즉시 돌아가서 도와주려 했으나 안경의 포위가 풀리게 되어 원자항沅子港으로 이동하였다. 먼저 병사 2만을 나누어 남창으로 진격하게 하고 자신도 곧 그 뒤를 이었다. 22일 선생은 그 까닭을 물어서 알게 되고 여러 사람에게 어떻게 계책을 낼 것인지를 물었는데 대부분 적의 형세가 강성하니 장벽을 견고히 해야 하고 틈을 살펴봐야 하며 서서히 진퇴을 계획해야 한다고 했다.

先生曰："賊勢雖強，未逢大敵，惟以爵賞誘之。今進不得逞，退無所歸，衆已消沮。若出奇擊惰，不戰自潰：所謂先人有奪人之氣也。"

선생은 말했다: "적의 형세가 비록 강하지만 대적을 만나지 못했고 단지 관작과 상으로 그들을 꼬여낸 것이다. 지금은 진격하지 않을 수 없고 물러나면 돌아갈 곳이 없다. 적들 무리는 이미 사기가 꺾이었다. 만약 기습병을 출동하여 나태한 적을 친다면 싸우지 않고도 자멸할 것이다. 이른바 선제공격하는 사람은 남의 기를 빼앗는 것이다."

會撫州知府陳槐、進賢知縣劉源清提兵亦至。乃遣伍文定、邢珣、徐璉、戴德孺各領兵五百，分道並進，擊其不意。又遣余恩以兵四百，往來湖上誘致之。陳槐、胡堯元、童琦、談儲、王暐、徐文英、李美、李楫、王冕、王軾、劉守緒、劉源清等，各引兵百餘，四面張疑設伏，候文定等合擊之。分布既定，甲寅，乘夜急進。文定以正兵當賊鋒，恩繼之，珣繞出賊後，璉、德孺張兩翼以分其勢。乙卯，賊兵鼓噪乘風逼黃家渡，氣驕甚。文定、恩佯北以致之。

때마침 무주 지부 진괴와 진현, 지현 유원청이 군사를 이끌고 또 도착했다. 이에 오문정, 형순, 서련, 대덕유에게 각각 오백 명의 병사를 이끌고 길을 나누어 함께 나아가서 불의에 기습한다. 또 여은에게 병사 4백을 보내어 파양호를 오르내리며 그들이 이르도록 유혹한다. 진괴, 호요원, 동기, 담저, 왕위, 서문영, 이미, 이집, 왕면, 왕식, 유수서, 유원청 등은 각각 병사 백여 명을 이끌고 속여서 네 방향에 매복하고 오문정 등을 기다렸다가 합세하여 그들을 친다. 나누어 배치하는 것은 이미 정해졌고 갑인 일 밤에 급히 진격한다. 오문정이 정예병을 이끌고 적의 최첨봉을 담당한다. 여은이 이어 공격하고 형순은 적의 뒤를 둘러싸고 나아가며 서련과 대덕유가 세력을 나누어 양쪽 날개를 공격한다. 을묘 일에 적의 병사는 북치며 떠들썩하게 (승기의) 바람을 타고 황가도에 들이닥칠 것이며 기세가 교만함이 심할 것이다. 오문정과 여은은 거짓으로 도망가는 체하며 그들을 친다.

賊爭趨利，前後不相及。珣從後橫擊，直貫其中。文定、恩乘之，夾以兩翼，四面伏起。賊大潰，退保八字腦。濠懼，厚賞勇者，且令盡發九江、南康守城兵益之。是日建昌知府曾璵兵亦至。先生以爲九江不破，則湖無外援；南康不復，則我難後躡。乃遣槐領兵四百，合饒州知府林瑊兵攻九江，以廣信知府周朝佐取南康。

적들은 유리한 쪽으로 좇아서 싸우고 앞뒤로 서로 상관하지 않았다. 형순이 후방에서 횡으로 치고 직접 그 중간을 관통했다. 오문정과 여은은 그 기세를 타고 양쪽 날개를 협공하며 사방에 매복해 있던 병사가 나왔다. 적은 크게 무너지고 아군은 물러나서 팔자뇌八字腦[1]를 지켰다. 주신호가 두려워하여 용감한 자를 후하게 상을 주고 구강과 남강의 성을 지키는 병사는 그것을 더 이롭게 하여 힘을 다 쏟도록 하였다. 이날 건창지부 증여의 병사가 또 왔다. 선생은 구강이 무너지지 않는다면 파양호는 바깥의 원조가 없다고 여겼다. 남강이 회복되지 않으면 우리는 뒤를 이어가기가 어렵다. 이에 괴를 병사 4백으로 파견하여 요주지부 임감의 병사와 합하여 구강을 공격함으로 광신지부 주조좌가 남강을 취했다.

주

1 팔자뇌八字腦는 강서성 남창의 지명이다.

丙辰，賊復並力挑戰。我兵少卻，文定立銃炮間，火燎其鬚，殊死戰。炮人濠副舟，賊大敗，擒斬二千餘，溺死者無算。乃聚樵舍，連舟爲方陣，盡出金銀賞士。先生乃密爲火攻具，使珣擊其左，璉、德孺出其右，恩等設伏，期火發以合。

병진 일에 적은 다시 힘을 모아 도전했다. 우리 병사들은 물리치기에 인원이 적었다. 오문정은 총포 사이에 서 있었고 불은 신호의 수염을 밝혔다. 죽을 각오로 싸웠다. 신호의 부주에 불을 지르니 적은 크게 패했다. 사로잡아 베어 죽은 자가 이천여 명이고 익사자가 셀 수 없었다. (신호는) 초사에 모여서 배를 이어 붙여 네모난 진을 만들었다. 금과 은을 모두 내어 군사들에게 상을 주었다. 선생은 이에 비밀리에 화공의 도구를 만들어 형순에게 좌측을 치게 하고 서련과 대덕유에게 우측으로 출병하게 하였고 여은 등은 매복하여 시기를 알리는 불을 쏘아 올리니 다 모여들었다.

丁巳，濠方晨朝群臣，責不用命者，將引出斬之。爭論未決，我兵掩至，火及濠副舟，衆遂奔散。妃嬪與濠泣別，多赴水死。濠爲知縣王冕所執，與其世子眷屬，及僞黨士實、養正、劉吉、余欽、王綸、熊瓊、盧衍、盧横、丁樻、王春、吳十三、秦榮、葛江、劉勳、何塘、王行、吳七、火信等數百，復執脅從官王宏、王金、楊璋、金山、王疇、程杲、潘鵬、梁宸、郏文、馬驥，白昂等，擒斬三千，落水二萬餘，衣甲器械財物與浮屍横十餘里。餘賊數百艘逃潰，乃分兵追剿。

정사일에 신호는 이른 아침이 되자 신하들에게 명령을 따르지 않는 자는 끌어내어 목을 벨 것이라며 꾸짖었다. 그들의 쟁론이 아직 끝나지 않았는데 우리 병사가 갑자기 기습공격을 했다. 불이 신호가 탄 배에 이르니 무리는 마침내 분산하였다. 비빈과 신호는 울면서 이별하였고 많은 이들이 물에 뛰어들어 죽었다. 신호는 지현 왕면王冕[1]에게 잡혔고 세자와 그 딸린 식구들과 사실, 양정, 유길, 여흠, 왕륜, 웅경, 노연, 노횡, 정궤, 왕춘, 오십삼, 진영, 갈강, 유훈, 하당, 왕행, 오칠, 화신 등 수백 명을 거짓으로 당에 이르게 했다. 또 옆에서 따르던 왕굉, 왕금, 양장, 금산, 왕주, 정고, 반붕, 양신,

겹문, 마기, 백앙 등 삼천 명을 참수하고, 이만여 명이 물에 빠졌으며 갑옷, 기계, 재물과 시체가 십여 리나 가로 놓였다. 남은 적의 수백 척의 배는 도주하여서 병사를 나누어 토벌하였다.

주

1 왕면王冕(?~1524)은 자가 복주服周이고 하남성 낙양洛陽 사람이다. 정덕 12년(1517)에 진사가 되었고 관직은 병부주사에 이르렀다. 왕수인이 신호의 난을 평정하는 데 함께 했다. 가정 3년(1524)에 육웅陸雄과 이진李真 등이 난을 일으켜 그들을 치려다 붙잡혔는데 굴하지 않고 죽었다. 죽은 후 광록소경에 추증되었고 『명사·충의전』에 이름을 올렸다.

戊午，及於昌邑，大破之。至吳城，復斬擒千餘，死水中殆盡。己未，得槐等報，各擒斬復千餘。蓋自起兵至破賊，曾不旬日，紀功凡一萬一千有奇。初先生屢疏力疾赴閩，值寧藩變，臣子義不容舍。又闔省方面並無一人，事勢幾會，間不容髮，故復圖爲牽制攻守，以俟命師之至。疏入未報，即以捷聞。

무오일에 창읍에 이르러 적을 대파했다. 오성에 이르러 다시 천여 명을 참수했고 물속에서 죽은 자가 거의 다이다. 을미일에 괴 등의 보고를 들었는데 각기 다시 천여 명을 베었다. 대개 군대를 출병한 시점에서 적을 무찌를 때까지 열흘이 걸리지 않았다. 공을 기록한 것이 대강 일만 일천이 넘었다. 초기에 선생은 여러 차례 소를 올리고 힘껏 달려 민 땅으로 갔다. 신호의 번국에서 변란을 만나 신하의 의리가 그만둠을 허용하지 않았다. 또 모든 성에서 이런 사람은 단 한 명도 없었다. 일의 형세가 거의 끝나가는 순간에도 조금의 틈을 용납하지 않았다. 그래서 다시 공격과 수비를 견제하기 위해 군사가 도착하도록 하는 명을 기다리기로 계획을 세웠다. 상소가 들어갔고 답이 아직 없었는데 곧바로 승리의 소식을 알렸다.

洪嘗見龍光述張疑行間事甚悉，嘗問曰：“事濟否？”先生曰：“未論濟與不濟，且言疑與不疑。”光曰：“疑固不免。”曰：“但得渠一疑，事濟矣。”後遇河圖爲武林驛丞，又言公欲稽留宸濠，何時非間，何事非間。嘗問光曰：“曾會劉養正否？”光對曰：“熟識。”即使光行間，移養正家屬城內，善飲食之。縛齎檄人欲斬，濟躡足，遂不問。一日發牌票二百餘，左右莫知所往。

전덕홍은 용광을 만났는데 의심하거나 행동하는 사이의 일을 잘 안다고 말한 적이 있어 선생에게 물어 말했다: “일이 성공한 건가요?” 선생이 말했다: “아직은 성공했는지 아닌지를 논하지 않고 의심하는지 의심하지 않는지를 말하는구나.” 용광이 말했다: “의심은 정말로 피할 수 없습니다.” 선생이 말했다: “크게 한번 의심해 보면 일에 도움이 된다.” 나중에 우연히 하도를 만났는데 무림역승이 되었고 또 공효는 주신호를 어느 때 어떤 일로 이간질을 해서라고 붙들어 두는 것이라고 말했다. 선생이 용광에게 물어본 적이 있었다: “유양정을 만난 적이 있느냐?” 용광이 대답했다: “익히 알지요” 곧바로 용광에게 이간하도록 하고 양정의 가족과 식솔들을 성안으로 이주하여 잘 먹고 마시게 했다. 격문을 쓴 사람을 묶어 데려와 목을 베려고 살금살금 뒤쫓았지만 결국 문책하지 않았다. 하루는 비표 200여 개를 내보냈는데 주위 사람들이 가는 곳을 알지 못했다.

臨省城，先以順逆禍福之理諭官民。聞銳與瑞昌王助逆，遣其心腹胡景隆招回各兵，以離其黨。徒見成功之易，而不知其伐謀之神也。黃弘綱聞安吉居人疑曰：“王公之戈，未知何向？”亟入告，先生笑而不答。出兵誓師，斬失律者殉營中，軍士股慄，不敢仰視，不知即前齎檄人也。後賊平，張、許謗議百出，天下是非益亂，非先生自信於心，烏能遽白哉？

성의 도성에 이르자 먼저 따르고 거역하는 화와 복의 이치로서 관리와 백성에게 타일렀다. 재빠르게 서창왕瑞昌王[1]이 반역을 도왔다는 것을 듣고 심복인 호경륭을 보내어 각지의 병사들을 불러들였고 서창왕의 도당을 떠나게 했다. 단지 성공의 쉬움을 보았고 정벌을 꾀함이 신묘하다는 것을 몰랐다. 황홍강은 안길의 주민들이 의심한다는 것을 듣고 말했다: "서창왕의 창이 어느 쪽을 향하는지 아직 모르겠는가?" 급히 들어가 알리니 선생은 웃으며 대답하지 않았다. 출병하여 군사들을 경계했는데도 순영殉營에서 규율을 지키지 않은 자를 참했다. 군사들은 다리가 벌벌 떨려 감히 올려다보지 못했으며 바로 전에 격문을 가져온 사람도 알지 못했다. 나중에 적이 평정되고 장충과 허태가 여러 방법으로 왕양명을 비방하였는데 천하 사람들의 시비가 한층 더 혼란했다. 선생이 스스로 마음에서 믿지 않고서야 어찌 대번에 결백해지겠는가?

주

1 주의륵朱議氻은 서창왕瑞昌王의 이름이다. 자가 치해治海이다. 서창왕 공의 4세손이며 태조 주원장의 10세손이다.

先是先生思豫備，會汀、漳兵備僉事周期雍以公事抵贛，知可與謀，且官異省，屛左右語之。雍歸，即陰募驍勇，部勒以俟，故晨奉檄而夕就道。福建左布政使席書、嶺東兵備僉事王大用，亦以兵來，道聞賊平，乃還。致仕都御史林俊聞變，夜範錫爲佛狼機銃，並火藥法，遣僕從間道來遺，勉以討賊。

먼저 선생은 미리 준비할 것을 생각했다. 정주와 장주 병비첨사 주기옹을 만나 공적인 일로서 감주에 이르러 함께 도모할 수 있음을 알고는 다른 성을 관리하도록 하고 좌우에 알렸다. 주기옹이 돌아와 곧바로 암암리에 용감한 병사들을 모으고 부서에 배치하고 명을 기다렸다. 그래서 새벽에 격문을 받들고 저녁에 길로 나아갔다. 복건성의 좌포정사 석서와 영동 병비첨사 왕대용王大用 역시 병사를 데리고 오다가 길에서 적이 평정되었다는 소문을 듣고 바로 돌아갔다. 도어사 임준은 변란 소식을 듣고 벼슬을 사양하고 물러나 밤에 주석을 틀에 부어 불낭기총을 만들고 아울러 화약을 만들어 종복을 보내 작은 길을 따라 보내고 힘써서 적을 토벌하였다.

先生入城，日坐都察院，開中門，令可見前後。對士友論學不輟。報至，即登堂遣之。有言伍焚鬚狀，暫如側席，遣牌斬之。還坐，衆鹹色怖驚問。先生曰："適聞對敵小卻，此兵家常事，不足介意。"後聞濠已擒，問故行賞訖，還坐，鹹色喜驚問。先生曰："適聞寧王已擒，想不僞，但傷死者衆耳。"理前語如常。傍觀者服其學。

선생은 도성에 들어와 매일 도찰원에 앉아서 중문을 열고 앞뒤를 볼 수 있도록 했다. 선비와 벗들을 마주하고 학문을 논하는 것을 그치지 않았다. 보고가 도착하자 즉시 당에 올라 그것을 받들었다. 어떤 이가 오문정은 불타는 수염의 형상이라고 말하자 잠시 옆자리에서 패를 가지고 가서 그를 베었다. 자리로 돌아오니 사람들 모두 안색이 떨리며 놀라 물었다. 선생이 말했다: "막 적이 짧은 시간에 퇴각했다는 것에 대해 들었는데, 이는 병가兵家에서는 늘 있는 일이니, 마음에 두기에 충분하지 않다." 나중에 신호가 이미 생포되었다는 소식을 듣고 까닭을 물은 후에 상을 주는 것을 그만두고 자리로 돌아갔다. 모두 안색이 기뻐하며 놀라서 물었다. 선생이 말했다: "막 영왕이 잡혔다고 들었는데 거짓이 아니라고 생각한다. 다만 다치고 죽은 사람들이 많을 뿐이다." 이치가 전에 한 말이 평상시와 같아서 옆에서 보던 사람들이 그의 학문에 탄복했다.

濠就擒，乘馬入，望見遠近街衢行伍整肅，笑曰："此我家事，何勞費心如此！"一見先生，輒詑曰："婁妃，賢妃也。自始事至今，苦諫未納，適投水死，望遣葬之。"比使往，果得屍，蓋周身皆紙繩內結，極易辨。婁爲諒女，有家學，故處變能自全。

주신호가 잡히자, 말에 태워져 성에 들어왔는데 멀리 가까이 길에서 조용하게 바라보는 사람들에게 웃으며 말했다: "이는 우리 집안일인데 어찌 수고롭게 마음 씀이 이와 같은가!" 주신호가 선생을 한번 보고는 갑자기 당당하게 말했다: "누 왕비는 어진 왕비였다. 일을 시작할 때부터 지금까지 애써 간하고 나의 뜻을 받아들이지 않았다. 마침내 물에 몸을 던져 죽었으니, 장사를 지내 주기 바란다." 선생은 바로 사람을 보냈고 결국 시체를 건졌다. 몸을 두른 것이 모두 종이이고 노끈이 안으로 묶어져 있어 판별하기가 쉬웠다. 누비는 누량의 딸이고 가문의 학이 있었기 때문에 변화한 환경에 처함이 스스로 온전할 수 있었다.

48세 8월

八月，疏諫親征。

8월, 황제가 친히 정벌하였음을 간하는 상소를 올렸다.

是時兵部會議命將討賊。武宗詔曰："不必命將，朕當親率六師，奉天征討。"於是假威武大將軍鎮國公行事，命太監張永、張忠、安邊伯許泰、都督劉暉，率京邊官軍萬餘，給事祝續、御史張綸，隨軍紀功。雖捷音久上，不發，皆云："元惡雖擒，逆黨未盡，不捕必遺後患。"
이때 병부는 황명으로 적을 토벌할 것을 의논했다. 무종이 조서를 내려 말했다: "장수들에게 명령할 필요는 없다. 짐이 마땅히 친히 여섯 군대를 거느리며 천명을 받들고 정벌할 것이다." 이에 위무대장군 진국공의 이름을 붙이고 일을 진행했다. 태감 장영張永[1], 장충, 안변백 허태許泰[2], 도독 유휘劉暉[3]에게 북경 주변의 관군 만여 명을 인솔하여 급사 축속, 어사 장륜張綸[4]에게 군대를 따르며 공적을 기록하도록 명령했다. 비록 승리의 소리가 황제에게 올라간 지 오래되었는데도 황제의 군대가 출발하지 않았고 모두에게 말했다: "원래의 악당은 비록 잡혔으나 역도의 무리는 아직 다 잡히지 않았다. 사로잡지 않으면 반드시 뒤에 우환을 남길 것이다."

주

1 장영張永(1465~1529)은 중기 환관이다. 유명한 환관 집단인 팔호 중 한 명이다. 자가 덕연德延이고 호는 수암守庵이며 북직에 보정부保定府 신성현新城縣 사람이다. 그는 성화 연간에 황궁에 들어갔다. 홍치 왕조 때 동궁으로 옮겨져 태자 이후조를 섬겼고, 태자가 즉위하여 무종이 되자 측근이 되었다. 그는 원래 환관 유근의 당우黨羽였으나, 이후 유근의 행동에 불만을 품고 갈등을 빚어 유근과 다툼이 많았다. 명 무종은 직접 화해를 권유한 적도 있다. 나중에 안화왕安化王 주치朱寘 반란을 평정하고 양일청의 제안을 받아들여 계략으로 유근을 제거했다. 명 세종이 즉위한 후, 탄핵되어 좌천되었다. 64세에 죽었다.

2 허태許泰는 강도江都 사람으로 하영許寧의 아들이다. 부친으로부터 우림전위지휘사羽林前衛指揮使를 이어받았다. 홍치 17년(1504)무과에 장원으로 붙었다. 부총병협수선부副總兵協守宣府가 되어 안변백安邊伯에 봉해졌다. 황제가 수양아들 삼아 주朱 성을 내려주었다. 일찍이 유륙劉六과 유칠劉七 형제가 일으킨 농민 봉기를 평정하는 데 참여했다. 왕수인이 신호의 난을 평정할 때, 공을 세우기 위해 남창에서 마구잡이로 체포하고 모함하며 사민을 학살하여 영왕을 거역하게 했고, 그 재앙은 신호의 난보다 더 컸다. 또 왕수인을 온갖 방법으로 따돌리고, 오문정을 체포하여 난처하게 했다. 세종이 즉위한 후 조정 대신들이 그를 탄핵하자 오문정이 허태가 왕수인의 공로를 투기하고 남창에서 사민을 모함한 죄상을 모두 적어 상소했다. 이에 세종은 허태를 투옥하였다. 후에 죄를 경감하고 유배시켜 변방을 지키다가 사망했다.

3 유휘劉暉는 명조 장군으로 정덕 연간 총병관이었다.

4 장륜張綸은 섬서성 흥평현興平縣 사람이다. 홍치 연간 거인擧人이 되었고 사천성 지현에 있을 때 백성의 고통에 관심을 가져 강자를 누르며 백성들이 농사를 짓도록 장려하며 백성들의 부세의 부담을 덜어주고, 호족과 강자를 누르고, 도적을 체포하며 다스림에 다양한 방법을 썼다.

••• 상소문

先生具疏諫止，略曰："臣於告變之後，選將集兵，振威揚武，先攻省城，虛其巢穴，繼戰鄱湖，擊其惰歸。今宸濠已擒，謀黨已獲，從賊已掃，閩、廣赴調軍士已散，地方驚擾之民已帖。竊惟宸濠擅作辟威，睥睨神器，陰謀久蓄；招納叛亡，輦轂之動靜，探無遺跡；廣置奸細，臣下之奏白，百不一通。發謀之始，逆料大駕必將親征，先於沿途伏有奸黨，期爲博浪、荊軻之謀。今逆不旋踵，遂已成擒。法宜解赴闕門，式昭天討。然欲付之部下各官，誠恐潛布之徒乘隙竊發；或虞意外，臣死有餘憾矣。"蓋時事方艱，賊雖擒，亂未已也。

선생은 상소의 형식을 갖추어 멈출 것을 간청했다. 대략 말한다:
"신이 변란을 고변한 후 장수를 뽑고 병사를 모집하여 위무를 떨쳤고 우선 강서성의 도성을 공격하여 적들의 소굴을 비웠으며 이어서 파양호에서 싸우며 후퇴하는 적을 공격하였습니다. 지금 신호가 이미 잡혔고 도모했던 무리도 이미 잡혔으며 따르는 적들이 이미 소탕되었습니다. 복건성과 광동성에서 달려온 징발한 군사는 이미 흩어졌고 지방에서 놀란 백성들은 이미 편안합니다. 제가 보기에 오직 주신호가 멋대로 왕의 권위를 내세워 황제의 자리를 멸시하였고 음모는 오랫동안 쌓아온 것입니다. 배반하고 도망한 사람들을 불러들이고 황제의 동정을 살피니 아무런 움직임이 없었습니다. 간사한 소인배들을 넓게 두시면 신하가 알린 것이 결백한데도 백 번 알려도 하나도 통하지 않습니다. 도모하던 초기에 반대로 황제가 반드시 친정할 것이라고 헤아렸으나 먼저 길을 따라 매복한 간당들이 있었고 그 시기에 박랑과 형가의 모반을 만났습니다. 지금에는 반대로 그들에게 발길을 돌리지 않아서 마침내 신호를 잡는 데에 성공했습니다. 법도는 궐에서 달려가 해결하는 것이 마땅하고 그 방식이 하늘의 토벌을 빛나게 합니다. 그러나 부서 아래의 각 관리를 따르고자 한다면 정말로 아마도 숨어있는 도반들이 틈을 타고 훔칠 것입니다. 어떤 자들은 뜻밖의 일을 우려하나 신은 죽어도 여한이 없습니다."

대체로 그때 일어난 일은 정말 어려웠고 적들이 비록 잡혔어도 난은 아직 그치지 않았다.

是月疏免江西稅, 益王, 淮王餉軍, 留朝覲官, 恤重刑以實軍伍, 處置署印府縣從逆人, 參九江、南康失事, 便道省葬, 前後凡九上。

이달에 강서의 세금을 감면해달라는 소를 올렸다. 익왕과 회왕이 군사들에게 음식을 보내고 관리를 조회하고 뵈었다. 중형에서 구제하여 군대의 대오를 건실하게 하였다. 부와 현에서 역도를 따르는 사람들을 처리하는 데에 서명날인 했으며 구강과 남강에서 황제를 뵙고 불행한 사고가 있었다. 가던 길에 부모를 뵈러 가겠다고 전후로 9번이나 상소를 올렸다.

再乞便道省葬, 不允。

다시 부모를 뵈러 가기를 요청하였으나 윤허하지 않았다.

••• 편지글

與王晉溪書曰:

"始懇疏乞歸, 以祖母鞠育之恩, 思一面爲訣。後竟牽滯兵戈, 不及一見, 卒抱終天之痛。今老父衰疾, 又復日亟, 而地方已幸無事, 何惜一舉手投足之勞, 而不以曲全之乎?"

왕진계王晉溪[1]에게 편지를 써서 말했다:

"처음에 간절하게 상소를 올려 조모가 길러준 은혜 때문에, 한번 만나보고 이별하리라 생각하고 집에 돌아가기를 요청했다. 후에 결국 전쟁에서 통솔하느라 집에 돌아갈 길이 막혔으니 한번 뵙지도 못하고 마침내 생을 마치게 되는 아픔을 안았다. 지금 늙으신 부친이 쇠약하고 질병이 있으시니 또다시 하루가 빠르고 지방은 이미 다행히 무사하다지만 어찌 일거수일투족의 노고를 애석해하여 허리를 굽혀서라도 일이 되게끔 하려 하지 않겠는가?"

주

1 왕진계王晉溪(1459~1532)는 이름이 왕경王瓊이다.

48세 9월

九月壬寅，獻俘錢塘，以病留。

9월 임인일에 전당강에서 포로를 바치려고 했는데 병으로 머물렀다.

九月十一日，先生獻俘發南昌。忠、泰等欲追還之，議將縱之鄱湖，俟武宗親與遇戰，而後奏凱論功。連遣人追至廣信。

9월 11일 선생은 포로를 바치기 위하여 남창에서 출발했다. 장충과 허태 등은 그들을 추격하여 포로를 뺏고자 했으며 장차 파로호에서 영왕을 풀어주어 무왕이 친히 전쟁을 치르기를 기다려 승리한 이후에 공을 논하는 것을 의논하였다. 이어서 사람을 파견하여 광신까지 뒤쫓도록 했다.

先生不聽，乘夜過玉山、草萍驛。張永候於杭，先生見永謂曰："江西之民，久遭濠毒，今經大亂，繼以旱災，又供京邊軍餉，困苦旣極，必逃聚山穀爲亂。昔助濠尙爲脅從，今爲窮迫所激，奸黨群起，天下遂成土崩之勢。至是興兵定亂，不亦難乎？"

선생은 복종하지 않고 밤을 틈타 옥산과 초평역을 지났다. 장영은 항주에서 기다렸고, 선생은 장영을 보고 이르며 말했다: "강서성의 백성들이 오랫동안 신호의 폐해를 겪었고 지금 대란을 경험했으며 계속 가뭄으로 인하여 재앙이 있습니다. 다시 수도 주변의 관군에게 군량을 제공한다면 어려움과 고통이 이미 극에 달하여 반드시 산골짜기로 도망가 모여서 난리를 일으킬 것입니다. 예전에 신호를 도운 것은 오히려 협박 때문에 따른 것이나 지금 곤궁하고 핍박함에 부딪히게 되면, 간당이 떼 지어 일어나 천하는 마침내 흙이 무너지는 형세를 이루게 될 것입니다. 이에 이르러 군사를 일으켜 난을 평정하는 것은 또한 어렵지 않겠습니까?"

永深然之，乃徐曰："吾之此出，爲群小在君側，欲調護左右，以默輔聖躬，非爲掩功來也。但皇上順其意而行，猶可挽回，萬一若逆其意，徒激群小之怒，無救於天下大計矣。"於是先生信其無他，以濠付之，稱病西湖淨慈寺。

장영이 깊이 옳다고 여기고 이에 천천히 말하였다: "내가 여기에 온 것은 부족한 저희가 황제 옆에 있으면서 좌우에서 보호하고 묵묵히 황제를 돕기 위함이지 공을 가로채러 온 것이 아닙니다. 단 황상이 그 뜻을 따르고 행하여야 오로지 만회할 수 있으나 만일 그 뜻을 거스른다면 다만 부족한 저희가 노여움을 일으키게 되니 천하를 구제할 대계가 없습니다." 이에 선생은 그가 다른 뜻이 없음을 믿고 신호를 넘겨주고 병을 구실삼아서 서호의 정자사에 머물렀다.

武宗嘗以威武大將軍牌遣錦衣千戶追取宸濠，先生不肯出迎。三司苦勸。先生曰：“人子於父母亂命，若可告語，當涕泣以從，忍從諛乎？”不得已，令參隨負敕同迎以入。

무종은 일찍이 위무대장군 패로서 금의천호錦衣千戶[1]를 파견하여 신호를 좇아가 잡아오도록 한 적이 있었기에 선생은 나아가 맞이하고자 하지 않았다. 삼사에서 애써 충고했다. 선생이 말했다: “자식 된 자는 부모의 잘못된 명령에 대해 만약 고할 수 있다면 마땅히 눈물을 흘리면서도 나아가야 하는 것인데 차마 따르며 아첨하겠는가?” 부득이하여 칙령을 따라 영접하도록 하였다.

주

1 금의천호錦衣千戶는 금의위 중 핵심 직책으로 정오품 관직이다. 금의위는 명대 관청으로 금위군을 관장하였으며 후에는 감옥도 겸하여 관리하였다. 금의군은 황제의 개인 군대이다. 지휘사指揮使 1명은 정3품이고 지휘동지指揮同知 2명은 종3품이며 지휘첨사 2명은 정4품이고 진무사鎭撫使 2명은 종4품이며 14곳의 천호千戶 14명은 정5품이고 부천호는 종5품이며 백호百戶는 정6품이고 시백호試百戶는 종6품이며 총기總旗는 정7품이고 소기小旗는 종7품이다.

有司問勞錦衣禮，先生曰：“止可五金。”錦衣怒不納。次日來辭，先生執其手曰：“我在正德間下錦衣獄甚久，未見輕財重義有如公者。昨薄物出區區意，只求備禮。聞公不納，令我惶愧。我無他長，止善作文字。他日當爲表章，令錦衣知有公也。”於是復再拜以謝。其人竟不能出他語而別。奉敕兼巡撫江西。

관리가 수고한 금의錦衣[1]에 대한 예를 물었다. 선생이 말했다: “단지 금 다섯 냥이 옳다.” 금의는 애써 받지 않았다. 다음날 와서 이별을 고하자, 선생은 그의 손을 잡고 말했다: “나는 정덕 연간에 금의옥에 오래도록 있었는데, 공과 같이 재물을 가벼이 여기고 의를 중히 여기는 사람은 아직 보지 못했습니다. 어제 하찮은 선물은 사소한 뜻이었고 단지 예를 갖추기를 구할 뿐이었습니다. 공께서 받지 않았다고 듣고는 제가 황송하고 부끄럽습니다. 저는 달리 잘하는 것은 없고 단지 문장을 잘 짓습니다. 훗날 마땅히 표창하는 문장을 지어 금의가 공이 있음을 알게 하겠습니다" 이에 다시 감사의 인사를 했다. 그 사람은 결국 다른 말을 할 수 없었으며 떠났다. 칙령을 받들어 겸임하여 강서를 순무하였다.

주

1 금의錦衣는 금의위錦衣衛이다. 황제 직속으로 있던 금위군을 관장하였다. 금위옥도 겸하여 관리하였다.

48세 11월

十一月，返江西。

11월 강서로 돌아오다.

先生稱病，欲堅臥不出，聞武宗南巡，已至維揚，群奸在側，人情洶洶。不得已，從京口將徑趨行在。大學士楊一淸固止之。會奉旨兼巡撫江西，遂從湖口還。

선생은 병을 핑계 삼고 굳게 누워서 밖에 나가지 않으려고 했는데 무종이 남쪽을 순방하며 이미 유양에 이르러 간신의 무리들이 옆에 있어서 인심이 어수선하다고 들었다. 부득이하게 경구로부터 행재소로 지름길로 달려가려 했다. 대학사 양일청이 완고하게 그것을 저지했다. 때마침 강서를 순무하라는 명을 받들어 즉시 호구에서 돌아왔다.

忠等方挾宸濠搜羅百出 , 軍馬屯聚 , 糜費不堪。續、綸等望風附會 , 肆爲飛語 , 時論不平。先生既還南昌 , 北軍肆坐慢罵 , 或故沖導起釁。先生一不爲動 , 務待以禮。

장충 등이 바야흐로 신호를 협박하여 잘못을 찾아 모으니 각양각색이고 군마가 집결하니 낭비가 몹시 심했다. 축속과 장륜 등이 기세를 보고는 맞장구치며 멋대로 낭설을 만들어 당시 여론이 평탄치 않았다. 선생은 이미 남창에 돌아왔고 북군은 방자하게 앉아서 오만하게 욕하였고 혹자는 고의로 돌진하여 싸움을 일으켰다. 선생은 전혀 움직이지 않고 예로써 대우하기를 힘썼다.

豫令巡捕官諭市人移家於鄉 , 而以老羸應門。始欲犒賞北軍 , 泰等預禁之 , 令勿受。乃傳示內外 , 諭北軍離家苦楚 , 居民當敦主客禮。每出 , 遇北軍喪 , 必停車問故 , 厚與之櫬 , 嗟歎乃去。久之 , 北軍咸服。

미리 순포관巡捕官[1]에게 명령하여 저잣거리 사람들은 시골로 옮겨 살게 하고 늙고 허약한 사람들은 문에서 응대하게 하였다. 비로소 북군北軍[2]을 위로하여 포상하게 했는데 허태 등이 미리 금지하여 받지 말도록 했다. 이에 선생이 강서성의 안과 밖에 전하기를, 북군들이 집을 떠나 고초를 겪었으니, 주민들은 마땅히 주객의 예를 돈독히 해야 한다고 알렸다. 매번 나가서 우연히 북군의 상喪을 만나면 반드시 수레를 문 앞에 세우고 까닭을 물었고 상여를 후하게 대접했고 탄식하고는 바로 떠났다. 그러기를 오래 하니 북군은 모두 복종했다.

주

1 순포관巡捕官은 『송대관제사전』 색인 항목에 '순포관'이 나오는데 '순포'는 과거시험에 관계하지 않았으며, 단지 '경성군 순포' 또는 '행재군 순포'의 약칭으로 해석되었다. 당시에는 순찰하여 도둑을 잡는 일종의 체포관이었고, 청 말에는 외국 조계지를 지키던 경찰관이었다.

2 북군北軍은 도성에서 온 조정의 군인이다.

會冬至節近，預令城市舉奠。時新經濠亂，哭亡酹酒者聲聞不絕。北軍無不思家，泣下求歸。先生與忠等語，不稍徇，漸已知畏。忠、泰自居所長，與先生較射於教場中，意先生必大屈。先生勉應之，三發三中，每一中，北軍在傍哄然，舉手嘖嘖。忠、泰大懼曰："我軍皆附王都耶！"遂班師。

마침 동지가 가까워 선생은 미리 도심에서 제사를 지내도록 했다. 그때 새로 신호의 난을 겪었으니 죽은 자에게 술을 따르며 곡하는 소리가 끊이지 않았다. 북군들은 집을 그리며 돌아가고픔에 눈물을 짓지 않는 자가 없었다. 선생은 장충 등과 얘기하며 조금도 흔들리지 않자 점차 이미 두려워짐을 알았다. 장충과 허태 등은 스스로 잘하는 것을 생각하고 선생과 운동장에서 활쏘기를 겨루면 선생이 반드시 굴복하리라 여겼다. 선생은 마지못해 응했고 3발을 쏴서 3발을 명중시켰다. 매번 한 발 명중 때마다 북군이 옆에서 와하고 함성을 질렀고 손을 들어 박수 쳤다. 장충과 허태는 크게 두려워 말했다: "아군이 모두 왕양명에게 이미 가까이 있구나!" 하며 곧 군대를 철수했다.

1520년, 선생 49세

十有五年庚辰，先生四十九歲，在江西。

정덕 15년 경진년(1520) 선생 49세 강서에 있었다.

49세 정월

正月，赴召次蕪湖。尋得旨，返江西。

정월, 부름에 나아가 무호蕪湖[1]에 머물렀다. 얼마 안 있어 황제의 교지를 얻어 강서로 돌아갔다.

주

1 무호蕪湖는 안휘성 무호시이다. 안휘성 남동부이며 장강 하류에 있고 북쪽으로 합비合肥시, 마안산馬鞍山시, 남쪽으로 선성宣城시, 지주池州시, 동쪽으로 마안산馬鞍山시, 선성宣城시, 서쪽으로 동릉銅陵시와 인접해 있다.

忠、泰在南都讒先生必反，惟張永持正保全之。武宗問忠等曰："以何驗反?"對曰："召必不至。"有詔面見，先生即行。忠等恐語相違，復拒之蕪湖半月。不得已，入九華山，每日宴坐草庵中。

장충과 허태는 남도에 있으면서 선생이 반드시 모반할 것이라고 참소하였고 오직 장영만이 바름을 지켜 전적으로 보호하였다. 무종이 장충 등에게 물었다: "무엇으로 반역을 검증할 것인가?" 대답하였다: "부르시면 반드시 오지 않을 것입니다." 친히 만나겠다는 황제의 부름이 있자 선생은 즉시 갔다. 장충 등은 말한 것이 서로 어긋남을 두려워하여 다시 무호에서 선생이 반 달간 무종에게 가는 것을 막았다. 부득이하게 구화산九華山[1]에 들어가 매일 풀로 지붕을 이은 암자에 연좌宴坐[2]하고 있었다.

주

1 구화산九華山은 중국 안휘성 남부에 있는 산이다. 아홉 개의 산봉오리가 연꽃처럼 보이는 것에서 유래한 이름이며 지장보살의 영지이다.

2 연좌宴坐는 고요히 앉아서 참선하는 것이다. 인도에서 석가모니 이전부터 행하던 수행법으로

석가모니가 불교의 실천 수행법으로 발전시켰다. 특히 선종에서 중요시하는 수행법이다.

適武宗遣人覘之，曰："王守仁學道人也，召之卽至，安得反乎？"乃有返江西之命。始忠等屢矯僞命，先生不赴，至是永有幕士順天、檢校錢秉直急遣報，故得實。

마침 무종이 사람을 파견해 선생을 엿보고 말했다: "왕수인은 도를 배운 사람이다. 그를 부르면 곧 올 터인데 어찌 배반한다는 것인가?" 이에 강서로 돌아가라는 명이 있었다. 처음 장충 등이 여러 차례 왕명을 가장한 거짓 명령으로 선생은 무종에게 나아가지 못하였고 이에 이르러 장영이 막사 순천과 검교 천병직을 급히 파견해 알려서 실상을 얻은 것이다.

先生赴召至上新河，爲諸幸讒阻不得見。中夜默坐，見水波拍岸，汩汩有聲。思曰："以一身蒙謗，死卽死耳，如老親何？"謂門人曰："此時若有一孔可以竊父而逃，吾亦終身長往不悔矣。"

선생은 부름에 나아가 상신하上新河[1]에 이르렀으나 온갖 참소로 막혀 무종을 만나 뵐 수 없었다. 한밤중에 묵좌하는데 물결이 해안을 쳐 콸콸 흐르는 소리가 있었다. 생각하며 말했다: "내 한 몸 비방을 당해 죽으면 죽을 뿐이나 늙은 부모는 어찌할까?" 문인에게 일러 말했다: "지금 만약 구멍 한 곳이 있어 부친을 훔쳐내어 도망갈 수 있다면 나 또한 종신토록 오래 가 있어도 후회하지 않을 것이다."

주

1 상신하上新河는 남경시 건업구建鄴區 강 동문 밖에 있다.

江彬欲不利於先生，先生私計彬有他，即計執彬武宗前，數其圖危宗社罪，以死相抵，亦稍償天下之忿。徐得永解。其後刑部判彬有曰："虎旅夜驚，已幸寢謀於牛首；宮車晏駕，那堪遺恨於豹房。"若代先生言之者。

강빈이 선생에게 불리하게 하려 했고 선생의 사사로운 계책은 강빈과 다른 것이 있었다. 즉 강빈이 무종의 앞에서 계획하고 집행한 것이 여러 차례 종묘와 사직을 위협하는 죄를 도모하여 죽음으로 상쇄하니 또한 천하의 분노를 조금 갚았다. 모두 장영의 도움을 얻었다. 그 후 형부에서 강빈을 판결하며 말했다: "천자의 군대가 밤에 놀랐으나 이미 다행히 우수牛首에서 모반을 잠재웠다. 궁궐의 수레가 저물어 갈 무렵에 나가니 어찌 표방에서 남겨진 원한을 감당하겠는가?" 선생을 대신해서 말한 것 같았다.

•••석각 글

以晦日重過開先寺, 留石刻讀書臺後, 詞曰:

"正德己卯六月乙亥, 寧藩濠以南昌叛, 稱兵向闕, 破南康､九江, 攻安慶, 遠近震動. 七月辛亥, 臣守仁以列郡之兵復南昌, 宸濠擒, 餘黨悉定. 當此時, 天子聞變赫怒, 親統六師臨討, 遂俘宸濠以歸. 於赫皇威! 神武不殺, 如霆之震, 靡擊而折. 神器有歸, 孰敢窺竊. 天鑒於宸濠, 式昭皇靈, 嘉靖我邦國. 正德庚辰正月晦, 提督軍務都御史王守仁書."

그믐날 개선사를 다시 지나가다 독서대 뒷면 석각에 글을 남겼는데 사詞에서 말했다: "정덕 기묘년 6월 14일(을해), 영번의 신호가 남창에서 반란을 일으켜 병사들에게 대궐로 향한다고 이르고 남강, 구강을 격파하고 안경을 공격하니 원근이 진동하였다. 7월 13일(신해) 신 왕수인은 여러 고을의 병사로 남창을 수복하고 신호를 사로잡았으며 잔당을 모두 평정하였다. 바로 이때 천자께서 변란을 듣고 격노하여 친히 육사六師

를 통솔하여 토벌에 임하셔서 마침내 신호를 사로잡고 돌아가셨다. 오호라 빛나는 황제의 위엄이도다! 신무神武는 죽이지 않고 마치 천둥이 진동하는 것 같아 공격하지 않고도 적을 꺾었다. 신기가 돌아가니 누가 감히 엿보고 훔치겠습니까. 하늘이 신호를 거울삼아 무종 황제를 공식적으로 명백하게 하니 우리나라를 아름답고 편안하게 할 것입니다.
정덕 경진년 정월 그믐에, 제독 군무도어사 왕수인 지음."

從征官屬列於左方. 明日遊白鹿洞, 徘徊久之, 多所題識.

군을 따라 출정한 관속들이 왼쪽에 늘어섰다. 다음날 백록동을 유람하며 오래 돌아다녀보니 글씨 적은 것이 많았다.

49세 2월

二月, 如九江.

2월 구강에 가다.

先生以車駕未還京, 心懷憂惶. 是月出觀兵九江, 因遊東林、天池、講經臺諸處.

선생은 천자의 수레가 서울로 돌아가지 않아 마음에 걱정과 두려움을 품었다. 이달에 구강으로 군대를 검열하러 나갔고 동림·천지·강경대 등 여러 곳을 유람하였다.

三月, 請寬租. 江西自己卯三月不雨, 至七月, 禾苗枯死. 繼遭濠亂, 小民乘隙爲亂. 先生盡心安戢, 許乞優恤. 至是部使數至, 督促日追.

삼월에 조세를 너그러이 해줄 것을 청하였다. 강서는 기묘년 3월부터 비가 내리지 않아 칠월에 이르자 벼 못자리가 말라 죽었다. 이어 신호의 난을 만났고 소민小民[1]들은 틈을 타서 난을 일으켰다. 선생은 진심으로 조금만 거두어들이고 은혜를 베풀어 구휼을 허락해 달라고 빌었다. 이때 부의 관리들이 누차 가서 독촉하고 날마다 추궁하였다.

주

1 소민小民은 벼슬하지 않는 백성百姓을 말한다. 반대로 벼슬하는 백성은 대민大民이다. 대소민大小民은 모든 백성이다.

••• 상소문

先生上疏曰 :

"日者流移之民, 聞官軍將去, 稍稍脅息, 延望歸尋故業, 足未入境, 而頸已繫於追求者之手矣! 夫荒旱極矣, 而因之以變亂; 變亂極矣, 而又加之以師旅; 師旅極矣, 而又加之以供饋. 益之以誅求, 亟之以徵斂. 當是之時, 有目者不忍觀, 有耳者不忍聞, 又從而剝其膏血, 有人心者尙忍乎? 寬恤之虛文, 不若蠲租之實惠; 賑濟之難及, 不若免稅之易行. 今不免租稅, 不息誅求, 而徒曰寬恤賑濟, 是奪其口中之食, 而曰吾將療汝之饑; 剝其腹腎之肉, 而曰吾將救汝之死: 凡有血氣者, 皆將不信之矣."

선생은 소를 올려 말했다:

"지난날 유민들은 관군이 정벌하러 갈 것이라는 소문을 들으면 차츰 벌벌 떨며 숨을 죽이고 목을 길게 빼고 바라보면서 고향에 돌아가 옛일을 찾습니다. 전쟁터에 들어가지 않았는데 목은 이미 추구하는 사람의 손에 달려 있습니다. 흉년과 가뭄이 극에 달하면 변란의 원인이 되고 변란이 극에 달하면 또한 전쟁이 일어나고 전쟁이 극에 달하면 또한 공궤供饋[1]가 더해집니다. 관청에서 재물을 빼앗아 가는 일이 많고 징발이 심합니다. 당시에는 눈이 있어도 차마 볼 수 없었고 귀가 있어도 차마 들을 수 없었으며 나아가 그들의 고혈을 파내니 사람은 마음이 있는데 어찌 참을 수 있을까요? 널리 구휼을 하겠다는 형식적 글은 세금을 면제해 주는 실제 혜택만 못합니다. 구휼의 어려움이 닥치면 면세가 가장 쉽게 행할 수 있는 것입니다. 지금 조세를 감면하지 않고 주구誅求[2]를 멈추지 않으며 다만 관휼과 진제賑濟[3]를 말로 하는 것은 그들 입안의 음식을 빼앗고 내가 너희의 굶주림을 해결해 주겠다고 말하는 것이고 그 배와 신장의 살을 파내고 내가 너의 죽음을 구원해 주겠다고 말하는 것이니 무릇 혈기가 있는 자들은 모두 그것을 믿지 않을 것입니다."

주

1 공궤供饋는 윗사람에게 음식을 드리는 것이다. 뇌물이나 주구誅求를 뜻한다.

2 주구誅求는 가렴주구苛斂誅求이다. '가혹하게 세금을 거두고 무리하게 재물을 빼앗는다'라는 뜻으로, 주로 정부나 권력자가 국민에게 부당하게 세금을 부과하거나 재산을 착취하는 행위를 말한다.

3 관휼寬恤과 진제賑濟에서 관휼은 널리 구휼하는 것이고 진제는 흉년凶年을 당하여 가난한 백성을 도와주는 것이다. 진제는 관휼의 방법이다.

按是年與巡按御使唐龍、朱節上疏計處寧藩變產官銀, 代民上納, 民困稍蘇.

전덕홍이 보건데 이 해에 순안어사 당룡唐龍[1]과 주절이 영번의 변란에 처하여 관은官銀[2]을 만드는 계획을 세워 소를 올렸고 백성들을 대신하여 상납하니 백성들의 곤궁함이 조금 나아졌다.

주

1 당룡唐龍(1477~1546)은 자가 우좌虞佐이고 호는 어석漁石이며 절강성 난계蘭溪 사람이다. 정덕 3년(1508) 진사가 되어 담성지현郯城知縣을 제수받았고 가정 7년(1528) 우첨도어사가 되고 조운을 총감독하고 겸하여 봉양제부鳳陽諸府를 순무했다. 가정 12년(1532) 병부상서로 진급하고 삼변의 총재가 되어 국경을 침입하는 자들을 패배시켰다. 형부상서로 자리를 옮겼고 모친 때문에 귀향했다. 후에 남경형부상서가 되고 또 이부상서로 옮겨 죄를 얻어 파직하였다.

2 관은官銀은 관부官府의 은전銀錢이다. 즉, 은으로 만든 화폐로 관에서 만들어 낸 것이다.

三疏省葬, 不允.

세 번, 고향에 돌아가 장사를 지내겠다고 소를 올렸으나 윤허하지 않았다.

49세 5월

五月, 江西大水, 疏自劾.

오월, 강서에 큰 물난리가 나서 자신을 탄핵하는 상소를 올렸다.

••• 상소문

是年 四月, 江西大水, 漂溺公私廬舍, 田野崩陷. 先生上疏自劾四罪. 且曰: "自春入夏, 雨水連綿, 江湖漲溢, 經月不退. 自贛、吉、臨、瑞、廣、撫、南昌、九江、南康、沿江諸路, 無不被害. 黍苗淪沒, 室廬漂蕩, 魚鼈之民聚棲於木杪, 商旅之舟經行於閭巷, 潰城決堤, 千里爲壑, 煙火斷絶, 惟聞哭聲. 詢之父老, 皆謂數十年所未有也. 伏惟皇上軫災恤變, 別選賢能, 代臣巡撫. 卽不以臣爲顯戮, 削其祿秩, 黜還田里, 以爲人臣不職之戒, 庶亦有位知警, 民困可息,天變可弭, 人怒可泄: 而臣亦死無憾矣."

이해 사월 강서에 큰 물난리가 나서 공 가옥과 사 가옥들이 떠내려가거나 침수되고 전답이 무너지거나 함몰되었다. 선생은 소를 올려 스스로 네 가지 죄를 탄핵했다. 우선 말했다:

"봄에서 여름으로 들어서면서 비가 그치지 않고 강과 호수가 불어나 넘치고 한 달이 지나도 물러가지 않습니다. 감주로부터 길주, 임주, 서주, 광주, 무주, 남창, 구강, 남강과 장강을 따라 이어진 도로에는 피해가 없는 곳이 없었습니다.

기장 못자리는 물에 잠기고 집들은 물에 떠다니고 어민들은 나무 끝에 모여 살고 상인의 배들이 골목길을 지나다니고 성을 무너뜨리고 제방을 터트리고 천리가 골짜기로 되고 밥 짓는 연기와 불은 끊어지고 오직 곡소리만 들립니다. 동네 어른들에게 물어보니 모두 수십 년 동안은 없던 일이라고 말합니다. 엎드려 바라오니, 오직 황상께서 재난과 변고를 진휼할 수 있으니, 별도로 어질고 재능 있는 자를 선발하여 저를 대신하여 순무하게 하시고 신을 죽여 시체를 여러 사람에게 보이시고, 그 녹봉과 관직을 깎으시고, 농토를 되돌려 받으시어 신하들에게 직분을 제대로 이행하지 못한 경계로 삼으십시요. 거의 자리에 있는 자들이 경계를 알게 되니 백성들의 곤궁함은 그칠 것이고, 하늘의 변동이 그칠 것이고, 사람들의 분노도 없어질 것입니다. 신은 또한 죽어도 여한이 없습니다."

按是時武宗猶羈南畿, 進諫無由, 姑敍地方災異以自劾, 冀君心開悟而加意黎元也.

전덕홍이 보건데, 이때 무종은 오히려 남경 근교에 머물며 간언해도 따르지 않으니 우선 지방의 재이를 진술하여 자신을 탄핵함으로써 군주가 마음에서 깨닫고 백성들을 더 생각해 주기를 바란 것이다.

49세 6월

六月，如贛。

6월, 감주에 갔다.

十四日，從章口入玉笥 大秀宮。十五日，宿雲儲。十八日，至吉安，遊青原山，和黃山穀詩，遂書碑。行至泰和，少宰羅欽順以書問學。

14일에 장구章口[1]로부터 옥사산 대수궁大秀宮[2]으로 들어갔다. 15일에는 운저에 묵었다. 18일에 길안에 이르러 청원산을 유람하고 황산곡黃山穀[3] 시에 화답하며 즉시 비석에 적었다. 태화현에 도착해서는 소재少宰[4] 나흠순羅欽順[5]이 서신으로써 배움을 구하였다.

주

1 장구章口는 복건성 남평시南平市 정화현政和縣 성계향星溪鄉 하할촌下轄村에 있다. 장구촌은 장구章口, 외양外洋, 상산上山, 기산岐山, 대건大崐, 보근령寶根嶺, 반산半山, 소소小紹, 냉석冷石 등 9개 자연촌으로 분할하고 촌 위원회는 장구에 상주한다.

2 옥사산玉笥山은 강서성 협강현峽江縣 시가지에서 남서쪽으로 2km 떨어진 곳에 있으며 무제가 남순할 때 이 산을 지나는데 하늘에서 옥바구니가 내려와 옥사산이라고 하였다. 옥사산은 봉우리가 끊임없이 이어져 있다. 옥사산은 진나라 이후 방사와 도사가 수련하고 단을 연마하는 곳으로 강서성 도교의 명산이 되었다. 당나라 두광정杜光庭의 《동천복지기》에 이곳을 '제17법락동천第十七法樂洞天', '제구울목복지第九鬱木福地'라고 하였다. 황정견이 이곳을 방문했을 때 기이한 봉우리를 보고 이 전설에서 영감을 받아 〈대수궁大秀宮〉 7언절구 시를 지었고 《황정견시전집》에 실려 있다.

3 황정견黃庭堅(1045~1105)은 북송의 시인이며 서예가였다. 자가 노직魯直이고 호는 산곡山穀·부옹涪翁이며 강서성 홍주洪州 분령分寧 사람이다. 치평 4년(1067)에 진사가 되고 5년 후에 북경 국자감 교수가 된다. 소식蘇軾과 친교를 맺고 원우 원년(1086) 비서성에 들어가 『신종실록神宗實錄』을 편찬해 집현교리集賢校理가 되었다. 소성 원년(1094) 장순章淳, 채변蔡卞 등에게 배척당하여 사천성 검주黔州와 융주戎州에 연이어 유배된다. 휘종 때에 소환되었다가 다시

광서성 의주宜州로 유배되어 그곳에서 사망한다.

4 소재少宰는 명대 관명이다. 이부시랑의 별칭이다.

5 나흠순羅欽順(1465~1547)은 자가 윤승允升이고 호가 정암整庵이며 강서성 태화泰和 사람이다. 홍치 6년(1493) 진사가 되어 편수編修를 지냈다. 남경국자감사업南京國子監司業으로 옮겼고 학생들을 지도했다. 유근劉瑾의 눈 밖에 나 관직에서 물러났다. 유근이 죽은 뒤 복직되어 이부우시랑吏部右侍郞을 했다. 세종이 즉위하고 이부상서에 제수되지만, 장총張璁과 계악桂萼 등과 같이 조정에 있는 것을 부끄럽게 여겨 사직하고 귀향했다. 20년 동안 고향에 머물면서 성리학에 몰두했다. 시호는 문장文莊이다.

先生答曰:"來教訓某《大學》古本之復,以人之學,但當求之於內,而程、朱格物之說,不免求之於外,遂去朱子之分章,而削其所補之傳。非敢然也。學豈有內外乎?《大學》古本乃孔門相傳舊本耳。朱子疑其有脫誤,而改正補緝之;在某則謂其本無脫誤,悉從其舊而已矣。失在過信孔子則有之,非故去朱子之分章而削其傳也。夫學貴得之心。求之於心而非也,雖其言之出於孔子,不敢以爲是也,而況其未及孔子者乎?求之於心而是也,雖其言之出於庸常,不敢以爲非也,而況其出於孔子者乎?且舊本之傳數千載矣,今讀其文辭,既明白而可通,論其功夫,又易簡而可入,亦何所按據而斷其此段之必在於彼,彼段之必在於此?與此之如何而缺,彼之如何而誤?而遂正補緝之,無乃重於背朱而輕於叛孔已乎?"

선생이 답하였다: "『대학』 고본의 회복을 교훈으로 삼아 사람들의 배움은 단지 마음에서 구해야 마땅한데 정이천과 주희의 격물 이론은 밖에서 구하지 않을 수 없으니 즉시 주자의 분장分章[1]을 없애고 전문을 보충한 글을 삭제해야 하는데 그렇게 하지 않았다. 배움에 어찌 안과 밖이 있겠는가? 『대학』 고본은 공자 가문에서 구본을 서로 전한 것일 뿐이다. 주자는 그것이 탈자와 오자가 있다고 의심하여 그것을 보충하고

편집하여 고쳐서 바로잡았다. 어디에서는 그것이 본래 탈자와 오자가 없다고 말하는데, 모두 구본을 따랐을 뿐이다. 잘못이 공자 집안이라면 그것을 가지고 있다고 지나치게 믿은 것이지 주자가 장을 나눈 것을 없애버리고 전하는 것을 빼냈기 때문이 아니다. 무릇 배움은 마음에서 얻음을 귀중하게 여긴다. 마음에서 구한 것이 틀린 것은 비록 그 말이 공자에게서 나왔다고 하더라도 감히 옳다고 할 수 없는데 하물며 그것이 공자에 미치지 못하는 것은 어떠하겠는가? 마음에서 구한 것이 옳은 것은 비록 그 말이 범상한 자에게서 나왔을지라도 감히 그것이 틀린다고 할 수 없는데 하물며 그것이 공자에게서 나온 것은 어찌하겠는가? 또 구본이 수천 년 전해왔는데 지금 그 글을 읽으면 이미 명백하게 통할 수 있고 그 공부를 논하면 또한 쉽고 간단하게 들어갈 수 있다. 또한 어디에 근거하여 이쪽 단락을 끊은 것이 반드시 저쪽에 있게 하고 저쪽 단락이 반드시 이쪽에 있게 하겠는가? 이것을 주는 것은 어째서 부족하고 저것은 어째서 잘못인가? 마침내 그것을 바르게 보충하고 편집하니 어찌 주자를 배반하는 것을 중히 여기고 공자를 배반하는 것을 가볍게 여기는 것이 아니겠는가?"

주

1 주자의 분장分章은 『대학』에서 볼 수 있다. 주자는 『대학』을 주석에 그치지 않고 원문에 손을 대서 자구를 수정하고 자신만의 체계로 분장分章했다. 또 소실된 구절이 있다고 하며 자신이 글을 지어 넣기도 했다.

來教謂 : '如必以學不資於外求 , 但當反觀內省以爲務 , 則"正心誠意"四字 , 亦何不盡之有?何必入門之際 , 使困以格物一段工夫也?' 誠然誠然。若語其要 , 則'修身'二字亦足矣 , 何必又言'正心'?'正心'二字亦足矣 , 何必又言'誠意'?'誠意'二字亦足矣 , 何必又言'致知' , 又言'格物'?惟其工夫之詳密 , 而要之只是一事 , 所以爲精一之學 , 此正不可不思者也。夫理無內外 , 性無內外 , 故學無內外。講習討論 , 未嘗非內也 ; 反觀內省 , 未嘗遺外也。

가르침으로 말했다: “만약 배움에 밖에서 구함을 기본으로 삼지 않고 마땅히 안으로 살펴 되돌아보는 것을 힘씀으로 삼는다면 ‘정심성의’ 4글자 또한 어찌 다함이 있지 않겠는가? 어찌 반드시 입문할 즈음 격물 일단의 공부로써 애쓰겠는가?” 참으로 그러하고 참으로 그러하다. 만약 그 요지를 말한다면 ‘수신修身’ 두 자 역시 충분한데 하필 또 ‘정심正心’을 말하는가? ‘정심’ 두 자로 또한 충분한데 어찌 반드시 또 ‘성의’를 말하는가? ‘성의’ 두 자로 또한 충분한데 어찌 반드시 또 ‘치지’를 말하고 또 ‘격물’을 말하는가? 오로지 공부가 상세하고 그것을 요구함이 단지 하나의 일이다. 그리하여 정일精一의 학문이 되니 이는 바로 생각하지 않을 수 없는 것이다. 리理는 안과 밖이 없고 성性도 안과 밖이 없다. 그러므로 배움에도 안과 밖이 없다. 강습하고 토론하는 것은 마음이 아닌 적이 없었으며 되돌아 보고 안으로 성찰하는 것은 밖을 버린 적이 없었다.

夫謂學必資於外求，是以己性爲有外也，是義外也，用智者也；謂反觀內省爲求之於內，是以己性爲有內也，是有我也，自私者也：是皆不知性之無內外也。

배움은 반드시 밖에서 구한 것을 취해야 한다고 말하는데 이는 자신의 성性을 밖에 있다고 여기는 것이고 이는 의義가 밖에 있으니 지智를 사용해야 하는 것이다. 되돌아 보고 안으로 성찰하는 것이 안에서 구해야 하는 것이라고 말하는데 이는 자신의 성이 안에 있다는 것이고 이것이 나에게 있으니 스스로 사사로운 것이다. 이는 모두 성에 안과 밖이 없다는 것을 모르는 것이다.

故曰：'精義入神，以致用也；利用安身，以崇德也。'性之德也，合內外之道也。此可以知格物之學矣。格物者，《大學》之實下手處，徹首徹尾，自始學至聖人，只此工夫而已。非但入門之際，有此一段也。

그러므로 말하였다: "의義를 정밀히 하여 신묘한 경지에 들어감은 씀을 지극히 하기 위함이요. 쓰는 것을 이롭게 하여 몸을 편안하게 하는 것은 덕을 숭상하기 위함이다." 성性의 덕이란 안과 밖의 도를 합한 것이다. 이렇게 격물의 학문을 알 수 있다. 격물은 『대학』의 실제 공부를 시작하는 곳이니 머리부터 꼬리까지 철저하게 공부하고 처음 배우는 자에서 성인에 이르기까지 오직 이것을 공부할 뿐이다. 입문할 즈음뿐만 아니고 이러한 한 단계가 있다.

夫正心、誠意、致知、格物，皆所以修身而格物者，其所以用力日可見之地。故格物者，格其心之物也，格其意之物也，格其知之物也；正心者，正其物之心也；誠意者，誠其物之意也；致知者，致其物之知也：此豈有內外彼此之分哉?理一而已。

정심, 성의, 치지, 격물은 모두 수신하여 사물을 바로 잡는 것이며 노력한 것을 나날이 볼 수 있는 근거이다. 그래서 격물은 그 마음속의 사물을 바로잡는 것이고 그 뜻을 바로잡는 것이며 그 앎을 바로잡는 것이다. 정심正心은 그 사물의 마음을 바르게 하는 것이고 성의誠意는 그 사물의 뜻을 정성스럽게 하는 것이며 치지致知는 그 사물의 양지良知에 이르는 것이다. 이것이 어찌 안과 밖, 그것과 이것의 구분이 있겠는가? 리理 하나일 뿐이다.

以其理之凝聚而言，則謂之性；以其主宰而言，則謂之心；以其主宰之發動而言，則謂之意；以其發動之明覺而言，則謂之知；以其明覺之感應而言，則謂之物。故就物而言，謂之格；就知而言，謂之致，就意而言，謂之誠；就心而言，謂之正。正者，正此也；誠者，誠此也；致者，致此也；格者，格此也。皆所謂窮理以盡也。

그 리理의 응집으로써 말하면, 본성이라 하고 그 주재하는 것으로 말하면, 심心이라 한다. 그 주재하여 발동하는 것으로 말하면, 의意라 하고 발동한 것이 밝게 깨닫는 것으로 말하면, 지知라고 말하며 그 밝게 깨달은 것에 감응하는 것으로 말하면 물物이라 한다. 그러므로 물物에 나아가는 것으로 말하면 그것을 격格이라고 말하고 지知에 나가는 것으로 말하면, 치致라고 말한다. 의意로 말하자면, 성誠이라 말하고 심心에 나아가는 것으로 말하면, 그것을 정正이라 말한다. 정正은 바르게 하는 것이고 성誠은 정성스럽게 하는 것이다. 치致는 이르게 하는 것이고 격格은 바로잡는 것이다. 모두 리를 궁구하게 하는[窮理] 데에 온 힘을 다하는 것을 말한다.

天下無性外之理，無性外之物。學之不明，皆由世之儒者認理爲外，認物爲外，而不知義外之說，孟子蓋嘗闢之，乃至襲陷其內而不覺，豈非亦有似是而難明者歟?不可以不察也。凡執事所以致疑於格物之說者，必謂其是內而非外也；必謂其專事於反觀內省之爲，而遺棄其講習討論之功也；必謂其一意於綱領本原之約，而脫略於支條節目之詳也；必謂其沉溺於枯杭虛寂之偏，而不盡於物理人事之變也。

천하에 본성밖에 리理가 없고 본성밖에 물物이 없다. 학문이 분명하게 밝혀지지 않는 것은 모두 세상의 유학자들이 리理가 밖에 있으며, 물物이 밖에 있다고 여기고 의義가

밖에 있다는 학설을 알지 못했다.[1] 맹자가 일찍이 배척하였는데 그 이론 안에 빠져 깨닫지 못하니 어찌 또한 비슷하여 깨닫기 어려운 것이 아니겠는가? 살피지 않을 수 없다. 무릇 일을 집행함에 격물의 설을 의심하는 자들은 반드시 그것이 안이면서 밖이 아니라고 말하고, 반드시 그것이 되돌아보고 안으로 살피는 것을 오로지 하여 그 강습하고 토론하는 공을 내버리고 돌보지 않는 것을 말한다. 반드시 그것이 강령 본원의 대강에 대해서 하나의 뜻을 갖고 자잘한 절목의 상세함에 구속되지 않는 것을 말하며 반드시 그것이 말라비틀어지고 텅 비어 쓸쓸한 치우친 생각에 빠져 물리와 인사의 변화에 다하지 못함을 말한다.

주

1 『맹자·고자』: 告子曰 食色性也 仁內也 非外也 義外也 非內也[고자가 말했다: "음식과 여색을 좋아하는 것은 본성이다. 인仁은 내재적인 것이지, 외재적인 것이 아니다. 의義는 밖에 있는 것이지, 안에 있는 것이 아니다."

審如是，豈但獲罪於聖門，獲罪於朱子?是邪說誣民，叛道亂正，人得而誅之也，而況於執事之正直哉?審如是，世之稍明訓詁，聞先哲之緒綸者，皆知其非也，而況執事之高明乎哉?凡某之所謂格物，其於朱子九條之說，皆包羅統括於其中;但爲之有要，作用不同:正所謂毫釐之差耳。然毫釐之差，而千里之謬，實起於此，不可不辨。"

살핌이 이와 같다면 어찌 다만 성인의 문하에서 죄를 얻고 주자에게서 죄를 얻는 것이겠는가? 이 사악한 이론이 백성을 속이고 도를 배반하며 올바름을 어지럽게 하니 사람들이 죽일 수도 있는데 하물며 일을 맡아 행함에 정직한 자는 어떠하겠는가? 살핌이 이와 같다면 세상에서 조금이라도 훈고를 밝히고 먼저 깨우친 자의 기본적 이론이라도 들은 자는 모두 그것이 잘못임을 알 것인데 하물며 일을 집행함에 고명한 자는 어떠하겠는가? 누군가 격물을 말한 것은 그것이 주자의 아홉 조항[九條]의 설[1]

이 모두 그 가운데에 포함되어 있다. 다만 그것을 행함에 요점이 있으나 작용이 다르다. 바로 조금의 차이를 말할 뿐이다. 그러나 조금의 차이로, 천리의 차이가 되는 잘못이 여기에서 실로 생겨났으니, 따지지 않을 수 없다."

주

1 구조九條는 주자가 『대학혹문』에서 정자가 말한 임금이 지켜야 할 아홉 조항을 말한다. 1. 뜻을 세우고[立志] 2. 명확한 이치明理를 밝히는 것 3. 거경居敬하는 것 4. 하늘에서 몸 받는 것[體天] 5. 간언을 받아들이는 것[納諫] 6. 학교를 일으키는 것[興學] 7. 인재를 기용[用人]하는 것 8. 백성을 사랑[愛民]하는 것 9. 검소를 숭상[尙儉]하는 것이다.

是月至贛。

이 달에 감주에 이르렀다.

先生至贛，大閱士卒，教戰法。江彬遣人來觀動靜。相知者俱請回省，無蹈危疑。先生不從，作《啾啾吟》解之，有曰："東家老翁防虎患，虎夜入室銜其頭。西家小兒不識虎，持竿驅虎如驅牛。"且曰："吾在此與童子歌詩習禮，有何可疑?"門人陳九川等亦以爲言。先生曰："公等何不講學，吾昔在省城，處權豎，禍在目前，吾亦帖然；縱有大變，亦避不得。吾所以不輕動者，亦有深慮焉耳。"

선생은 감주에 도착하여 병사들을 두루 검열하고, 전법戰法을 가르쳤다. 강빈이 사람을 보내 동정을 살피고 오도록 했다. 선생과 아는 자들이 모두 성으로 돌아오도록 청하여 위험하고 의심스러운 일을 따르지 말게 했다. 선생이 따르지 않고 《추추음》[1] 을 지어 그것을 풀어내며 또 말하였다: "동쪽 동네 늙은이는 호랑이의 우환을 방비하였는데 호랑이가 밤에 집으로 들어와 그 머리를 물었다. 서쪽 마을 어린아이는 호랑이를 알지 못하니, 장대를 들고 호랑이를 마치 소 몰듯이 몰았네. 또 말하였다: "나는 여기서 아이들과 시를 읊고 예를 익히는데 어찌 의심할 수가 있겠는가?" 문인 진구천陳九川[2] 등도 역시 이렇게 말하였다. 선생이 말하였다: "공들은 어찌 강학하지 않는지, 내가 옛적 도성에서 권세 있는 환관에게 미움받아 화가 눈앞에 있어도 나 또한 편안했다. 설사 큰 변이 있게 되면 피할 수 없다. 내가 가볍게 행동하지 않는 사람이니 더 깊이 생각함이 있을 뿐이다."

주

1 《추추음啾啾吟》: 知者不惑仁不憂, 君胡戚戚眉雙愁. 信步行來皆坦道, 憑天判下非人謀. 用之則行舍即休, 此身浩蕩浮虛舟. 丈夫落落掀天地, 豈顧束縛如窮囚! 千金之珠彈鳥雀, 掘土何煩用鐲鏤? 君不見東家老翁防虎患, 夜入室銜其頭? 西家兒童不識虎, 執竿驅虎如驅牛. 癡人懲噎遂廢食, 愚者畏溺先自投. 人生達命自灑落, 憂讒避毀徒啾啾! [지혜로운 자는 미혹되지 않고 용기 있는 자는 근심하지 않는다. 그대는 어찌 슬프게 눈살 찌푸리며 우수에 잠겼는가? 정말로 발 가는 대로 걸어갈 때는 모두 평탄한 길인데, 하늘에 따라 판단하는 것이지 인간이 도모하는 것이 아니라네. 써주면 행하고 버리고 써 주지 않으면 물러나 쉬네. 이 몸은 끝없이 넓은 바다위에 떠있는 빈 배 같구나. 대장부는 당당하게 천지를 떠받쳐야 하는데, 어찌 스스로 속박하여 죄인처럼 되리! 천금의 구슬이 참새 잡는 탄환이 되겠는가? 땅을 파는 데 어찌 번거롭게 명검을 쓰겠는가?]

2 진구천陳九川(1494~1562)은 자가 유준惟濬이고 처음의 호는 죽정竹亭인데 후에 명수明水로 개명했다. 강서성 임천林川 출신이며 왕수인의 제자이다. 정덕 9년(1514) 진사가 되어 벼슬은 예부 주객사랑중主客司郎中에 이르렀다.

洪昔葺師疏,《便道歸省》與《再報濠反疏》同日而上, 心疑之, 豈當國家危急存亡之日而暇及此也?當是時, 倡義興師, 濠且旦夕擒矣, 猶疏請命將出師, 若身不與其事者。至《諫止親征疏》, '乃歎古人處成功之際難矣哉!'

전덕홍이 옛날 스승님의 상소에 덧보태어 《편도귀성》과 《재보호반소》를 같은 날 올렸는데 마음으로 어찌 국가가 위급함을 당하고 존망의 날이 어느 틈에 여기에 이르렀는가? 하고 의아해했다. 이때 의병을 창궐하고 군사를 일으켜 신호가 단시간에 잡혔는데 아직도 상소는 출사하라는 명을 청하니 마치 몸은 그 일과 함께하지 않은 것 같았다. 『간지친정소』에서 '이에 옛사람이 성공의 언저리에서도 어렵다고 탄식했구나!' 하였다.

49세 7월

七月，重上江西捷音。

7월, 다시 강서에서 전쟁에 승리했다는 상소를 올렸다.

武宗留南都既久，群黨欲自獻俘襲功。張永曰："不可。昔未出京，宸濠已擒，獻俘北上，過玉山，渡錢塘，經人耳目，不可襲也。"於是以大將軍鈞帖令重上捷音。先生乃節略前奏，入諸人名於疏內，再上之。始議北旋。

무종이 남쪽 도읍에 머문 지 오래되었는데 여러 무리가 자기들이 포로를 바치고 공을 가로채려고 했다. 장영이 말하였다: "안 됩니다. 오래전 황상이 서울을 떠나지 않았는데 신호는 이미 사로잡혔습니다. 그가 포로를 바치려 북으로 올라오는데 이미 옥산을 지나 전당강을 건넜습니다. 사람들의 눈과 귀에 소문이 들어가서 가로챌 수 없습니다." 그리고 대장군 균첩[1]으로 거듭 전쟁에 승리했다는 소식을 올렸다. 선생은 이에 요약하여 먼저 알리고 여러 사람의 이름을 상소 안에 적어넣어 다시 그것을 올렸다. 비로소 북으로 돌아갈 것을 의론하였다.

주

1 균첩鈞帖 은 균한鈞翰과 같다. 정승이 왕에게 올리는 편지이다. 여기서는 위무대장군威武大將軍의 균첩이다.

尚書霍韜曰 : "是役也 , 罪人已執 , 猶動衆出師 ; 地方已寧 , 乃殺民奏捷。誤先朝於過擧 , 搖國是於將危。蓋忠、泰之攘功賊義 , 厥罪滔天 , 而續、綸之詭隨敗類 , 其黨惡不才亦甚矣。"

상서 곽도霍韜[1]가 말하였다: "이 싸움은 죄인이 이미 잡혔는데 오히려 많은 사람을 움직여 출병하였다. 지방은 이미 편안해져 이에 백성을 죽이고도 승리의 소식을 아뢰었다. 먼저 조정에서 거동한 것이 잘못되었고 나라를 뒤흔드는 것은 위기에 이르게 된 것이다. 무릇 장충과 허태가 공적을 가로채고 의를 도적질하니 그 죄가 하늘에 넘쳐나고 축속과 장륜은 그른 것을 따르는 잘못된 무리이니 그 무리는 어찌 재주가 심하다 하지 않겠는가?"

주

1 곽도霍韜(1487~1540)는 명대 정치가로 자가 위선渭先이고 호는 올애兀崖이며 광동성 광주부廣州府 남해현南海縣 석두향石頭鄉 사람이다. 곽도는 진사출신이다. 진취적이고 학문이 깊어 그를 위애선생이라고 불렀다. 세종이 생부인 홍헌왕을 황고로 존중해야 한다고 '대례조의' 투쟁을 했는데 그가 강력히 배척했다. 하지만 세종이 주장을 굽히지 않아서 그가 물러났다. 가정 15년(1536)에 예부상서와 태자 소보에 이르렀다. 가정 19년 54세에 별세했다. 명제 때 태사태보로 추존되었다. 시호는 문민文敏이다.

御史黎龍曰 : "平藩事 , 不難於成功 , 而難於倡義。蓋以逆濠之反 , 實有內應 , 人懷觀望 , 而一時勤王諸臣 , 皆捐軀亡家 , 以赴國難。其後忌者構爲飛語 , 欲甘心之 , 人心何由服乎?後有事變 , 誰復肯任之者?"

어사 여용이 말하였다: "번왕[1]의 난을 평정하는 것이 공을 세우는 것에서는 어렵지 않으나 의병을 일으키는 것에서 어렵다. 대개 역적 신호의 반란에서 실제로 마음에서 받아들여도 사람들이 관망하기를 바라지만 일시에 왕을 모시는 여러 신하가 모두 의를 위해 몸을 바치고 집안을 결딴나게 하면서 국난으로 나아갔다. 그 후에 시기하는 자들이 거짓을 꾸미고 뜬소문을 만드니 달갑게 마음먹고자 해도 사람의 마음이 어찌 받아들이겠는가? 후에 사변이 있어도 누가 다시 기꺼이 그것을 맡겠는가?"

주

1 번藩은 왕이나 제후侯의 영토를 말한다. 변방을 지키는 왕가의 부용국附庸國이다. 여기서 번은 남창을 도읍으로 하는 강서성 일대이다.

••• 비굉의 글

費文獻公 宏《送張永還朝序》曰:"茲行也,定禍亂而不必功出於己:開主知而不使過歸乎上;節財用不欲久困乎民;扶善類而不欲罪移非辜。且先是發瑾罪狀,首以規護衛爲言,實以逆謀之成,萌於護衛之復,其早辨預防,非有體國愛民之心,不能及此。"

비문헌공 굉費宏[1]이 『송장영환조서』에서 말하였다: "이런 행위는 화란을 평정하고도 반드시 공은 자기를 내세우지 않아야 하고, 임금은 알아서 공과 실이 임금에게 돌아가지 않도록 개도해 주고 재화를 아껴 오랫동안 백성을 궁핍하게 하지 않게 하며 선행을 떠받들어도 죄가 옮겨져 무고가 되지 않도록 한다. 또한 우선은 유근의 죄상을 밝히고, 무엇보다도 신변의 경호를 법으로 말하는데, 실제로 역모가 성공하면 신변의 경호에서 근본이 뒤집히니 그 조기에 분별하여 예방하는 것은 나라의 이익과 백성을 사랑하는 마음이 없으면 여기에 도달할 수 없다."

주

1 비굉費宏(1468~1535)은 중기 정치가이다. 자가 자충子充이고 호는 건재健齋·아호鵝湖이며 만호는 호동야로湖東野老이다. 강서성 광신부廣信府 연산현鉛山縣 사람이다. 성화 23년(1487) 진사 장원이 되어 한림원에 수찬을 제수받았다. 계속 승진하여 예부상서, 문연각대학사文淵閣大學士, 태자태보太子太保를 거쳐 무영전대학사武英殿大學士 겸 호부상서戶部尚書를 역임했다. 네 왕조를 거쳐 세 번 내각에 들어가 내각의 수보首輔로 있었으며 무종과 세종을 거의 10년 동안 보좌했다. 중간에 참언과 비방을 당했지만 결국 많은 공적을 세웠다.

洪謂:"平藩事不難於倡義,而難於處忠、泰之變。蓋忠、泰挾天子以偕亂,莫敢誰何?豹房之謀,無日不在畏,即據上遊不敢騁,卒能保乘輿還宮,以起世宗之正始。開先勒石所謂:'神器有歸,孰敢窺竊。'又曰:'嘉靖我邦國。'則改元之兆先征於玆矣。噫!豈偶然哉!"

전덕홍이 말하였다: "번왕의 난을 평정하는 것이 의병을 일으킨 것보다 어렵지 않으나 장충과 허태의 반란에 처해서는 어려웠다. 장충과 허태가 천자를 끼고 함께 난을 일으키니 감히 누군들 그렇지 않겠는가? 표방豹房[1]에서 모의가 하루도 두렵지 않은 적이 없었고 설사 황제에게 의탁하고 일을 하였으나 감히 뜻대로 되지 않았다. 결국 황제는 몸을 보전[2]하여 환궁할 수 있었지만 이로써 세종의 정치가 시작되었다. 개선開先이 돌에 새겨 말했다: '정권은 돌아갈 곳이 있는데 누가 감히 몰래 훔치겠는가?' 또 말하였다: '가정嘉靖은 우리들의 나라이다.' 그렇다면 개원[3]의 조짐이 여기에서 먼저 징발되었다. 아! 어찌 우연이겠는가!"

주

1 표방豹房은 명나라 정덕제가 은자 24만 냥을 들여 200여 채의 호화로운 전각을 지어 오직 자신만의 별궁을 건설했다. 늘어선 전각의 모양이 표범을 닮았다고 하여 표방豹房이라 불렀다. 표방은 미녀들을 데려다 음탕하게 즐기기 위해 만든 아방궁이었다. 무종은 정사도 표방에서 보았다고 한다.

2 무종은 1519년 7월 반란 진압을 위해 남경까지 내려왔다가 중간중간 머무르는 곳에서 낚시와 뱃놀이를 했다. 그러다가 북경으로 돌아가는 중에 한 호수에서 뱃놀이하였다. 뱃놀이 도중 황제가 물에 빠져 신하들이 건져내었다. 그래서 겨우 몸만 잘 지켜 환궁했다고 한 것이다. 그는 당시의 후유증으로 건강이 악화하여 다음 해 1521년 4월 29세의 나이로 숨졌다.

3 개원改元은 연호를 바꾼다는 뜻으로 정권의 주체가 바뀌는 것이다.

先生在贛時，有言萬安上下多武士者。先生令參隨往紀之。命之曰："但多膂力，不問武藝。"已而得三百餘人。龍光問曰："宸濠既平，紀此何爲?"曰："吾聞交址有內難，出其不意而搗之，一機會也。"後二十年，有登庸之役，人皆相傳先生有預事謀，而不知當時計有所在也。

선생이 감주에 있을 때 만안에서 아래위 많은 무사에게 말한 것이 있었다. 선생이 참수관에게 명하여 가서 그들의 명단을 기록하게 했다. 명령하여 말했다: "다만 힘은 많아야 하지만 무예는 묻지 않는다."하니 곧바로 삼백여 명을 얻었다. 용광이 물었다: "주신호는 이미 평정되었는데, 이것을 기록하여 뭣합니까?" 말하였다: "내가 교지交址에 내란이 있다고 들었는데 뜻하지 않게 출정하여 그들을 칠 수 있으니 하나의 기회이다." 20년 후에 등용登庸이 역할을 맡으니, 사람들이 모두 선생이 앞을 내다보고 일을 도모하였다고 서로 전하였으나 당시에는 헤아리는 바를 알지 못했다.

49세 8월

八月，咨部院雪冀元亨冤狀。

8월, 부원部院에 자문하여 기원형冀元亨의 억울함을 씻어주었다.

先是宸濠攬結名士助己，凡仕江右者，多隆禮際。武陵冀元亨爲公子正憲師，忠信可托，故遣往謝，佯與濠論學。濠大笑曰："人癡乃至此耶！"立與絕。比返贛述故，先生曰："禍在茲矣。"乃衛之間道歸。及是張、許等索釁不得，遂逮元亨，備受考掠，無片語阿順。於是科道交疏論辯，先生備咨部院白其冤。

먼저 신호는 명사들을 결집하여 자기를 돕도록 했는데 무릇 강우에서 벼슬하는 많은 자가 예를 극진히 하여 교제했다. 무릉의 기원형이 공자 정헌의 스승이 되었는데 충성스럽고 믿음직하여 맡길 수 있었기에 가서 감사하라고 원형을 보내어 신호와 노닐며 학문을 논했다. 신호가 크게 웃으면서 말했다: "사람의 어리석음이 이에 여기에 이르렀구나!" 일어서서 절교했다. 근래 감주에 돌아와서 까닭을 말했다. 선생은 말했다: "화가 여기에 있었구나."[1] 결국 호위들 사잇길로 돌아갔다. 이에 이르자 장충과 허태 등이 틈을 찾지 못하다가 마침내 기원형을 붙잡아 심문하니 비위 맞추고 순종하며 아무 말도 하지 않았다. 이에 과도관[2]이 논변으로 서로 소통하자 선생은 부원部院[3]에 상의하여 그 억울함을 씻어주도록 준비하였다.

주

1 '화가 여기에 있었구나.'라고 한 것은 양아들 정헌의 스승이 된 기원형이 신호와 내왕했다는 것을 빌미로 삼아 그들이 기원형을 잡아들여서 왕수인을 협박하려는 의도를 알게 된 것이다.

2 과도관科道官는 모든 관원의 잘잘못을 규찰하는 사찰 기관이다. 과도관은 명·청대의 육과六科 즉, 이吏, 호戶, 예禮, 병兵, 형刑, 공工의 급사중給事中과 도찰원의 십오도十五道 관찰사를 통칭하여 과도관이라고 하였다.

3 부원部院은 명대 조정에 둔 통치 기구이다. 3공三公, 6부六部 그리고 독찰원督察院, 통정사通政司, 대리사大理寺를 두었다.

世宗登極，詔將釋。前已得疾，後五日卒於獄。同門陸澄、應典輩備棺殮。訃聞，先生爲位慟哭之。元亨字惟乾，擧鄕試。其學以務實不欺爲主，而謹於一念。在獄視諸囚不異一體，諸囚日涕泣，至是稍稍聽學自慰。

세종이 등극하여 조서를 내려 기원형이 석방하게 되었는데, 그전에 이미 병을 얻어 5일 지난 후에 옥에서 죽었다. 동문인 육징, 응전應典[1] 등이 관을 준비하고 염을 했다. 부음을 듣고 선생은 신위를 마련하고 통곡했다. 기원형의 자는 유건이고, 향시에 되었다. 그 학문은 실질에 힘쓰고 속이지 않는 것을 주로 삼았으며 생각 하나까지 신중히 했다. 옥에서 여러 죄수를 보는 것도 전혀 다름이 없었는데 죄수들이 하루 종일 눈물 흘렸고 죄수들이 이곳에 이르러 잠시 배움을 듣고 스스로 위로했었다.

주

1 응전應典은 자가 천이天彝이고 호는 석문石門이며 금화부金華府 영강현永康縣 지영芝英 사람이다. 정덕 9년(1514) 진사가 되어 관직이 상보사승尙寶寺丞에 이르렀다. 처음에 장무章懋에게 수학했고 나중에 왕양명에게 배우고 돌아와 오봉서원에서 강의했다. 황승명黃崇明은 그가 독실하고 겸손하며, 배우기를 좋아하여 '절중한려浙中罕儷'라고 불렀다.

湖廣逮其家，妻李與二女俱不怖，曰："吾夫平生尊師講學，肯有他乎?" 手治麻枲不輟。暇則誦《書》歌《詩》。事白，守者欲出之。

호광성 그의 집에서 처 이씨와 두 딸을 체포했는데 모두 무서워하지 않고 말했다: "내 남편은 평생 스승을 존경하면서 학문을 강의했다. 다른 것이 있겠는가?" 손으로는 삼 다루는 것을 그치지 않았다. 틈이 나면 『서경』을 외우고 『시경』을 노래했다. 일이 분명하니 지키는 자는 나가고자 했다.

李曰："不見吾夫，何歸?"按察諸僚婦欲相會，辭不敢赴。已乃潔一室，就視則囚服不釋麻枲。有問者，答曰："吾夫之學不出閨門衽席間。"聞者悚愧。元亨既卒，先生移文恤其家。

이씨가 말했다: "내 남편을 보지 않고 어찌 돌아가겠는가?" 동료들과 아내를 자세히 살피니 서로 만나고 싶은데 사양하고 감히 가지 못했다. 이미 한 방을 청결하게 하여 바로 들여다보니 죄수복이 풀어 헤쳐져 있지 않았다. 어떤 사람이 물으니, 아내가 답하여 말했다: "내 남편의 학문은 규방의 문과 잠자리 사이를 나가지 않았다." 듣는 자들은 두려워하고 부끄러워했다. 기원형은 이미 죽었으나 선생은 글을 써서 그 가족을 구휼했다.

羅洪先贈女兄夫周汝方序略曰："憶龍岡嘗自贛病歸，附盧陵 劉子吉舟。劉與陽明先生素厚善，會母死，往請墓志。實濠事暗相邀結，不合而返。"

나홍선은 누님의 남편 주여방에게 서문을 써 주며 간략하게 말했다: "회상해보니 용강龍岡이 일찍이 감주에서 병으로 돌아오면서 노릉의 유자길劉子吉[1] 배를 얻어 탔다. 유자길은 양명 선생에게 소박하고 돈후하며 잘했는데 어머니가 죽어 묘지명을 청하러 갔다. 실은 신호의 일에 암암리에 서로 결집하였기에 맞지 않아 돌아갔다."

주

1 유자길劉子吉은 유양정이다. 그는 신호를 따랐다.

至舟，顧龍岡呻吟昏瞀，意其熟寢也。呼門人王儲，歎曰："初意專倚陽明，兩日數調以言，若不喻意，更不得一肯綮，不上此船明矣。此事將遂已乎，且吾安得以一身當重擔也?" 儲拱手曰："先生氣弱，今天下屬先生，先生安所退托?陽明何足爲有無哉?'劉曰：'是固在我，多得數人更好。陽明曾經用兵爾。"

유자길이 배에 이르러 용강을 돌아보니 신음하면서 정신이 혼미했다. 깊이 잠든 것 같았다. 문하생 왕저王儲를 불러 탄식하며 말했다: "내가 처음에는 전적으로 양명에게 의탁하려 했는데 이틀 동안 말한 것으로 몇 차례 맞추어 보고 만약 뜻을 이해하지 못하거나 또 하나의 핵심이라도 얻지 못하면 이 배에 오르지 않을 것을 분명하게 했다. 이 일이 장차 마침내 이루어진다고 해도 또 내가 어찌 한 몸으로 중책을 담당하겠는가?" 왕저가 손을 모으고 말했다: "선생은 기가 약하다. 오늘날 천하는 선생에게 속하는데 선생은 어찌 물러날 곳을 부탁하십니까? 양명이 어찌 당신이 있고 없음에 충분해하겠는가?" 유자길이 말했다: "이것은 진실로 나에게 달려있고 많은 사람이 양명을 한층 더 좋아할 것이다. 양명은 일찍이 군대를 부린 적이 있었다."

儲曰："先生以陽明爲才乎，吾見其怯也。" 劉曰："誠然。贛州峒賊，髦頭耳，乃終日練兵，若對大敵，何其張皇哉?" 相與大笑而罷。

왕저가 말했다: "선생은 양명을 재능 있는 사람으로 여기는데 나는 그 소심함을 보았다." 유자길이 말했다: "진실로 그러하다. 감주 공동산 도적은 우두머리 뿐으로 종일 훈련하는데 만약 큰 적을 마주했다면 그 당황함이 어떠했겠는가?" 서로 같이 크게 웃으며 헤어졌다.

龍岡反舍，語予若此，己卯二月也。其年六月，濠反，子吉與儲附之。七月，陽明先生以兵討賊。八月俘濠。是時議者紛然，予與龍岡竊歎莫能辨。

용강이 숙사로 돌아와서 나에게 말한 것이 이와 같았고 기묘년 2월이었다. 그해 6월

신호가 반란을 일으키니 유자길과 왕저가 그를 따랐다. 7월 양명 선생이 군대를 움직여 적을 토벌했다. 8월 신호를 포로로 잡았다. 이때 의론이 분분하였는데 나와 용강은 밝힐 수 없음을 남몰래 탄식했다.

比見詆先生者，問之曰：“吾惡其言是而行非，蓋其僞也。龍岡舌尚在，至京師，見四方人士，猶有爲前言者否乎？盍以語予者語之。” 其後養正旣死，先生過吉安，令有司葬其母，復爲文以奠。

최근 선생을 헐뜯는 자를 보고 이유를 물으며 말했다.: “나는 말은 옳으나 행동이 그른 것을 싫어한다. 대개 그것은 거짓이다. 용강은 혀가 여전히 있으니 수도에 이르러 사방 인사들을 보면, 옛사람이 남긴 말을 하는 사람이 있지 않던가? 대개 너에게 말로써 해준 것을 너는 말하고 있구나.” 그 후 양정養正[1]이 이미 죽었기에 선생은 길안을 지나며 유사에게 그의 모친을 장사 지내도록 했다. 다시 제문을 지었다.

주

1 양정養正은 신호의 부하였던 유양정이다. 선생은 적의 장수 모친을 장사 지내도록 도왔고 제문도 지었다.

••• 제문

辭曰：“嗟嗟！劉生子吉，母死不葬，爰及干戈；一念之差，遂至於此，嗚呼哀哉！今吾葬子之母，聊以慰子之魂。蓋君臣之義，雖不得私於子之身，而朋友之情，猶得以盡於子之母也，嗚呼哀哉！”

其事在是年六月。

제문에서 말하였다: "아! 유씨가 자길을 낳았는데 어머니가 죽어도 장사를 지내지 않고 급기야 전쟁에 나오게 되었네. 한 생각의 차이가 마침내 여기에 이르렀구나. 오호 애통하구나! 오늘 내가 그대의 어머니를 장사 지내며 잠시 그대의 혼을 위로하네. 대개 군신의 의리에서는 비록 그대의 몸을 사사로이 얻지 못하였으나 친구의 정에서 마침내 얻게 되어 그대 어머니의 장례를 지내네. 아 애통하구나!"
그 일은 이해 6월에 있었다.

49세 윤8월

閏八月, 四疏省葬, 不允。

윤팔월 4번째 고향에 가서 장례를 지낼 수 있게 해달라고 소를 올렸다. 윤허하지 않았다.

初, 先生在贛, 聞祖母岑太夫人訃, 及海日翁病, 欲上疏乞歸, 會有福州之命。比中途遭變, 疏請命將討賊, 因乞省葬。朝廷許以賊平之日來說。

처음에 선생이 감주에 있을 때 조모 잠태부인의 부고를 들었는데 급기야 부친 해일옹의 병환 소식까지 듣게 되어 상소를 올려 귀향하게 해줄 것을 사정하고자 했지만, 그때 복주福州의 명령[1]이 있었다. 그러던 도중에 신호의 변을 만나 장차 적을 토벌할 것을 소를 올려 청했다. 그렇게 하고 고향으로 돌아가 장례를 지낼 수 있게 해줄 것을 구했다. 조정은 적을 평정한 날에 가는 것을 허락했다.

주

1 복주지명福州之命은 정덕 14년에 복건성 복주 군인 진귀進貴 등이 난을 일으켜서 조정에서 왕양명에게 가서 진압하도록 명한 것이다.

至是凡四請。嘗聞海日翁病危，欲棄職逃歸，後報平復，乃止。一日，問諸友曰：“我欲逃回，何無一人贊行?”門人周仲曰：“先生思歸一念，亦似著相。”先生良久曰：“此相安能不著?”

이 때에 이르러 무릇 4번 청했다. 일찍이 해일옹의 병이 위중하다고 듣고 관직을 버리고 도망쳐서 귀향하려 했었는데 후에 완전히 회복되었다고 알려 와서 이에 계획을 그만두었다. 하루는 여러 벗에게 물었다: “나는 도망쳐서 돌아가고 싶었는데 어째서 한 사람도 나를 도와주지 않았는가?” 문인인 주중이 말했다: “선생님께서 돌아가겠다는 한 가지만 생각하시는 것이 마치 얼굴에 드러나 있는 것 같았습니다.” 선생은 한참 후에 말했다: “이것이 얼굴에 어찌 드러나지 않을 수 있겠는가?”

49세 9월

九月，還南昌。

9월 남창으로 돌아오다.

先生再至南昌。武宗駕尚未還宮，百姓嗷嗷，乃興新府工役，檄各院道取濠廢地逆產，改造貿易，以濟饑代稅，境內稍蘇。

선생은 다시 남창에 이르렀다. 무종은 말을 타고 나가 아직 환궁하지 않았다. 백성들은 말이 많았다. 새로 이룬 부의 공사를 일으켰고 각 원과 도에서 신호가 폐망한 땅과 역도의 재산을 취하라고 격문을 보냈으며 무역을 개조하고 구역 내 신호가 받던 세금을 대신 받아 가난한 자를 구제함으로써 그 경내가 점점 소생하였다.

••• 편지글

嘗遺守益書曰 : “自到省城, 政務紛錯, 不復有相講習如虔中者。雖自己舵柄不敢放手, 而灘流悍急, 須仗有力如吾謙之者持篙而來, 庶能相助更上一灘耳。”

일찍이 추수익에게 서신을 보내 말했다:
“성성省城[1]에 도착한 이래로 정무가 바빠서 다시는 건주에서 한 것 같이 그렇게 강습하지 못했다. 비록 자신이 배의 키 자루를 감히 손에서 놓지 못하였으나 여울물이 매섭게 흐르니 마땅히 능력있는 우리 겸지[2]와 같은 자가 상앗대를 들고 호위하고 오니 여럿이 나를 도와서 개울을 건널 수 있었을 따름이다.”

주

1 성성省城은 강서성의 도성으로 남창이다.
2 겸지謙之는 추수익鄒守益의 자이다.

泰州 王銀服古冠服, 執木簡, 以二詩爲贄, 請見。先生異其人, 降階迎之。既上坐, 問 : “何冠?”曰 : “有虞氏冠。”問 : “何服?”曰 : “老萊子服。”曰 : “學老萊子乎?”曰 : “然。”曰 : “將止學服其服, 未學上堂詐跌掩面啼哭也?”銀色動, 坐漸側。及論致知格物, 悟曰 : “吾人之學, 飾情抗節, 矯諸外 ; 先生之學, 精深極微, 得之心者也。”遂反服執弟子禮。先生易其名爲艮, 字以汝止。

태주泰州[1]의 왕은王銀[2]은 옛 관복을 입었다. 목간에다 시 두 편을 지어 집지[3]로 삼으며 뵙기를 청했다. 선생은 그 사람을 기이하게 여겨 계단을 내려가서 그를 맞았다. 윗자리에 앉은 후 선생은 “무슨 관입니까?” 하고 물으니, 말했다: “유우씨[4]의 관입니다.” 물었다: “무슨 복장입니까?” 말했다: “노래자[5]의 복장입니다.” 말했다: “노래자를 공부했습니까?” 말했다: “그렇습니다.” 말했다: “장차 그 복장을 배워서 입는 데 그칠 것입니까? 학문을 하지 않고 당에 오르다 넘어져 거짓으로 얼굴을 가리고 울겠습니까?” 왕은은 얼굴색이 변하여 앉은 채로 점점 곁으로 다가갔다. 치지격물을 논하는데 이르러서 깨우치며 말했다: “저의 학문은 실정을 꾸미고 절조에 항거하고 바깥에 치중하는 것입니다. 선생님의 학문은 깊은 것을 정밀하게 하고 작은 것을 지극히 하여 마음에서 그것을 얻는 것입니다.” 마침내 옷을 뒤집어 입고 제자의 예를 갖추었다. 선생은 그 이름을 간艮이라고 바꾸고 자는 여지汝止로 하였다.

주

1 태주泰州는 강소성의 중부에 있다. 북으로 염성시鹽城市, 동으로 남통시南通市, 서로 양주시揚州市를 접하고 있으며 장강 삼각주의 중심에 있는 시이다.

2 왕은王銀(1483~1541)은 명대 철학자이며 자가 여지汝止이고 호는 심재心齋이다. 강소성 태주泰州 안풍진安豐鎮 사람이다. 왕수인의 문하에 들어가 학문을 탐구했으나, 나중에는 양명의 심학을 계승하는 태주학파를 창립했다. 초명은 은銀이었으나 왕수인이 간艮으로 개명하여 왕간王艮이라 불린다. 왕간은 한평생 태주학파에 크게 공헌하였다. 사망 후 사방에서 그를 장사 지낸 사람이 수백 명에 이른다. 그의 학생들은 대부분 하층민으로, 농부, 나무꾼, 도공, 염정 등 487명이었다. 왕간은 태어나며 아는 관념론적 천재론을 믿지 않고 후천적 학습의 중요성을 강조했다. 이것은 그가 독학으로 몸소 체험한 것이다.

3 집지執贄는 예전에 제자가 스승을 처음 뵐 때 가지고 가는 예물이다.

4 유우씨有虞氏는 순임금을 뜻하며 제순유우씨帝舜有虞氏라 하였다. 또 요임금은 제요도당帝堯陶唐이었고 도당陶唐이라고도 했다.

5 노래자老萊子는 춘추 시기 초나라 은사이다. 그는 몽산 기슭에서 농사 지으며 부모에게 효도한 인물로 알려진다. 부모를 기쁘게 하려고 오색찬란한 옷을 입고 어린아이처럼 행동했다.

進賢舒芬以翰林謫官市舶，自恃博學，見先生問律呂。先生不答，且問元聲。對曰：“元聲制度頗詳，特未置密室經試耳。”先生曰：“元聲豈得之管灰黍石間哉?心得養則氣自和，元氣所由出也。《書》云‘詩言志’，志即是樂之本；‘歌永言’，歌即是制律之本。永言和聲，俱本於歌。歌本於心，故心也者，中和之極也。”芬遂躍然拜弟子。

진현進賢[1]의 서분舒芬[2]은 한림원에서 시박[3]의 관리로 좌천되었는데, 스스로 박학하다고 믿고 선생을 뵙고 율려를 물었다. 선생은 대답하지 않고 원성[4]에 대해 물었다. 대답하며 말했다: “원성제도는 자못 상세하여 특히 밀실에 방치하지 않고 때때로 시험볼 따름이지요.” 선생이 말했다: “원성은 어찌 재, 기장, 자갈 사이에서 관을 얻을 수 있겠는가? 마음이 수양되면 기가 자연적으로 조화를 얻게 되고 원기가 말미암는 것이 나오는 것이다. 『서경』에서 ‘시는 뜻을 말한다.’[5] 하니 뜻은 바로 음악의 근본이고, ‘노래는 말을 길게 하는 것이다.’[6]라고 하니 노래는 즉 율을 제정하는 근본이다. 말을 길게 하고 소리를 조화롭게 하여 노래에서 근본을 갖추는 것이다. 노래는 마음을 근본으로 삼는다. 그 때문에 마음은 중화의 극치이다.” 서분은 기뻐 뛸듯하여 제자로서의 절을 올렸다.

주

1 진현進賢은 강서성 남창부 진현현이다.

2 서분舒芬(1484~1527)의 자가 국상國裳이고 호는 재계梓溪이다. 강서성 남창부 진현현 사람이다. 무종 12년(1517) 정축과丁醜科 정시廷試에서 장원급제하였다. 34세에 한림원 수찬을 제수받았다.

3 시박市舶은 상선商船이다.

4 원성元聲은 12율려 중의 하나인 황종黃鍾을 말한다. 옛사람들은 황종의 관管을 12율려의 기준으로 삼았다. 이 때문에 황종이 원성이 된 것이다.

5 『서경·우서虞書·순전舜典』: 詩言志[시는 뜻을 말한 것이다]하고 또 『좌전左傳·양공襄公 27년』: 詩以言志[시는 뜻을 말한 것이다] 하였다. 뜻은 소리로 가락에 의지하여 음악의 근본이 된다고 하였다.

6 『서경·우서虞書·순전舜典』: 歌永言[노래는 말을 길게 하는 것이다] 하여 노래는 음율을 정하는 근본이니 음률은 소리와 조화를 이루어야 한다고 하였다.

是時陳九川、夏良勝、萬潮、歐陽德、魏良弼、李遂、舒芬及裘衍日侍講席，而巡按御史唐龍、督學僉事邵銳，皆守舊學相疑，唐復以徹講擇交相勸。先生答曰："吾真見得良知人人所同，特學者未得啟悟，故甘隨俗習非。今苟以是心至，吾又爲一身疑謗，拒不與言，於心忍乎？求真才者，譬之淘沙而得金，非不知沙之汰者十去八九，然未能舍沙以求金爲也。"

이때 진구천, 하량승夏良勝[1], 만조萬潮, 구양덕歐陽德[2], 위양필魏良弼[3], 이수李遂[4], 서분과 구연 등이 매일 강학하는 자리에 모셨으나 순안어사 당룡, 독학첨사 소예는 모두 구학을 지키고 선생의 학문을 의심하였다. 당룡은 강학을 철저함으로 돌아가 사람을 가려서 사귈 것을 권했다. 선생은 답하며 말했다: "내가 정말로 양지가 사람마다 같다는 것을 알게 되었다. 특히 공부하는 사람이 계발하고 깨닫지 못했기 때문에 기꺼이 시속時俗[5]을 따르고 옳지 않은 것을 익힌다. 지금 진실로 이런 (양지를 지닌) 마음이 이르러서 나 또한 이 몸을 비방하고 의심하는데 더불어 말하지 않는 것을 마음에서 참아내겠는가? 참된 인재를 구하는 것은 비유하자면 모래를 채로 걸러서 금을 얻는 것인데 모래가 채를 통과하는 것 열중에 여덟, 아홉을 버린다는 것을 모르는 것이 아니다. 그러나 모래를 버려서 금을 구할 수 있는 것은 아니다."

주

1 하량승夏良勝(1480~1536)은 자가 우중于中이고 강서성 남성南城 사람이다. 송말 원초 명장 하귀夏貴의 후손이다. 정덕 3년(1508) 진사가 되어 공부工部에 제수받았으나, 그해 부친이 별세하여 그 직을 사임하고 귀향하여 부모의 묘를 지켰다. 정덕 7년(1512) 형부 주사의 보직을 받았고 이부문선사주사, 회시동고관을 거쳐 관직이 남경태상사소경南京太常寺少卿에까지 올랐다. 목종穆宗이 즉위하여 태상사경太常寺卿에 추증되었다.

2 위양필魏良弼(1492~1575)은 이학가이며 교육가였다. 자가 사설師說이고 호 는 수주水洲이며 강서성 신건新建 사람이다. 가정 2년 진사가 되어 송양지현을 제수받았다. 후에 형과급사중, 예과도급사중, 태상소경을 거친다. 직간으로 여러번 고초를 겪었으나 말이 더욱 격했다. 42년간 집에 머물며 단릉서원丹陵書院에서 강학하여 마을에서 존경받는 인물이 되었다. 왕수인에

게 수학하고 전덕홍, 진구천, 류방채, 나홍선, 추수익 등과 함께 학문을 논하고 강학에서 왕학을 설명했다. 융경초 태상사소경의 벼슬을 했다. 죽은 후 충간忠簡의 시호를 받았다. 그의 동생 위량정, 위량기와 더불어 강우왕문의 중요한 학자이다.

3 이수李遂(1504~1566)는 자가 방량邦良이고 강서 풍성豐城 사람이다. 약관의 나이에 구양덕을 따라 배웠다. 가정 5년(1526) 진사가 되어 행인을 제수받았고 형부랑중으로 승진했다. 금의위가 강도 13명을 잡았는데, 이수는 단 한 명만 죄를 저죄하고 나머지는 모두 그가 가려내어 석방했고 태자를 세울 때는 대사면을 감행했다. 관직은 남경병부상서에 올랐다. 시호는 양민襄敏이다.

4 시속時俗은 그 당시當時의 풍속風俗을 말한다.

當<u>唐</u>、<u>邵</u>之疑，人多畏避，見同門方巾中衣而來者，俱指爲異物。獨<u>王臣</u>、<u>魏良政</u>、<u>良器</u>、<u>鍾文奎</u>、<u>吳子金</u>等挺然不變，相依而起者日衆。

당시 당룡과 소예의 의심으로 사람들이 (강학을) 많이 두려워하고 피했다. 같이 수학하는 문하생이 옛날 선비들이 썼던 두건과 옛날 안에 입던 옷을 입고 오는 자는 모두 손가락질하며 이상하게 여겼다. 유독 왕신王臣[1], 위량정[2], 간기, 종문규, 오자금 등이 특출하게 변하지 않았다. 서로 의지하여 (강학)을 일으키는 사람이 날마다 많아졌다.

주

1 왕신王臣은 명대 관원이다. 광동성 장악현長樂縣 사람이다. 강서 귀계현貴溪縣 전사典史를 지냈다.

2 위양정魏良政은 명 중기 경학 스승이다. 자가 사이師伊이고 강서성 신선新建 사람이다. 가정 4년(1525)에 전시에서 해원解元이 되었다. 왕수인이 강서성을 순무할 때 형 양필良弼, 아우 양기良器, 양귀良貴와 함께 공부하였다. 양지학에 전념하고 효도하고 소박하며 부지런하고 열심히 공부했다.

1521년, 선생 50세

十有六年辛巳，先生五十歲，在江西。

정덕 16년 신사(1521)년, 선생 50세에 강서에 있었다.

50세 정월

正月，居南昌。

정월, 남창에 거주하다.

是年先生始揭致良知之教。

이 해에 선생이 치양지의 가르침을 알리기 시작하였다.

先生聞前月十日武宗駕入宮，始舒憂念。自經宸濠、忠、泰之變，益信良知真足以忘患難，出生死，所謂考三王，建天地，質鬼神，俟後聖，無弗同者。

선생은 지난달 10일 무종의 어가가 입궁하였다는 소식을 듣고 비로소 걱정에서 편안해졌다. 신호, 장충과 허태의 변란을 겪고부터 양지가 진실로 환란을 잊고 생사에서 벗어나기에 충분하다고 한층 더 믿게 되었다. 이른바 삼왕[1]을 상고하고 천지를 세우고 귀신에게 질문하여 후에 나타날 성인을 기다리는 것에서 같지 않음이 없다.

주

1 삼왕三王은 요임금·순임금·우임금을 말한다.

••• 편지글

乃遺書守益曰 : "近來信得'致良知'三字 , 真聖門正法眼藏。往年尚疑未盡 , 今自多事以來 , 只此良知無不具足。譬之操舟得舵 , 平瀾淺瀨 , 無不如意 , 雖遇顚風逆浪 , 舵柄在手 , 可免沒溺之患矣。"

추수익에게 남긴 글에서 말했다:

"근래 '치양지' 세 글자를 얻은 것이 진실로 성인 문하의 정법안장正法眼藏[1]이라고 믿게 되었다. 몇 년 전까지만 해도 여전히 의심하여 (치양지에 마음을) 다하지 않았는데 오늘날 많은 일이 있은 이래로 이 양지가 갖추지 않음이 없으니 만족스럽다. 비유하자면 배를 조정하려면 키를 얻고 잔잔한 여울과 얕은 여울은 별다른 어려움이 없다. 설사 광풍과 거센 파도를 만나도 배의 키만 손에 잡고 있으면 물에 빠지는 걱정은 면할 수 있다."

주

1 정법안장正法眼藏에서 정正은 바르거나 사악한 것[正邪], 선악을 초월한 공평하여 어느 한쪽으로도 치우치지 않는 불편부당不偏不黨한 부처님의 마음이고, 법法은 이 부처님의 마음에 갖춰진 근원적인 진리이고, 안眼은 이 부처님의 마음으로 보는 것을 뜻하며 장藏은 부처님의 마음에는 모든 선한 불법이 포함되어 있다는 뜻으로 부처님의 올바른 가르침을 말한다. 유가에서는 올바른 진리의 의미로 쓰고 있다.

一日 , 先生喟然發歎。九川問曰 : "先生何歎也?"曰 : "此理簡易明白若此 , 乃一經沉埋數百年。" 九川曰 : "亦爲宋儒從知解上入 , 認識神爲性體 , 故聞見日益 , 障道日深耳。今先生拈出良知二字 , 此古今人人真面目 , 更復奚疑?"

하루는 선생이 한숨 쉬며 크게 탄식하였다. 진구천이 물었다: "선생은 어째서 탄식하십니까?" 선생이 말했다: "이 이치는 이같이 간단하고 쉬우며 분명한데 한번 깊이 가라앉아 묻혀버린 후로부터 이미 수백 년이 지났다." 진구천이 말했다: "또한 송유는 앎과 깨달음을 좇아 들어가게 되어[從知解上][1] 신식識神[2]이 성체性體가 된다고 인식했습니다. 그런 이유로 견문이 날로 더해갈수록 도를 막음이 날로 깊어졌을 따름입니다. 지금 선생께서 양지 두 글자를 끄집어 내니[拈出][3] 이는 고금에서 사람마다의 참 모습입니다. 어찌 다시 의심하겠습니까?

주

1 종지해상從知解上은 앎과 깨달음을 좇는 것인데 이는 성리학에서 앎은 도문학道問學으로, 깨달음은 정좌靜坐로 함을 말한다.

2 식신識神은 분별分別하고 인식認識하는 정신精神'이다. 즉, 마음 또는 영혼靈魂을 이르는 말이다.

3 염출拈出은 끄집어내는 것이다.

先生曰："然譬之人有冒別姓墳墓爲祖墓者，何以爲辨?只得開壙將子孫滴血，真僞無可逃矣。我此良知二字，實千古聖聖相傳一點滴骨血也。"又曰：某於此良知之說，從百死千難中得來，不得已與人一口說盡。只恐學者得之容易，把作一種光景玩弄，不實落用功，負此知耳。"

선생 말했다.: "그러하다. 비유하자면 어떤 사람이 다른 성의 분묘를 자기 조상의 분묘라고 여기는 자가 있으면 무엇으로서 변별할 수 있겠는가? 단지 무덤을 열어 자손이 피를 떨어뜨리면 진위는 숨길 수 없는 것이다. 내가 말한 이 양지 두 글자는 실로 천고의 성인들이 서로 전해온 적골혈滴骨血[1]이다. 또 말했다: "언젠가 이 양지의 설은 백번의 죽을 고비와 천번의 어려움을 겪으며 얻은 것이다. 부득이하여 사람들에게 한마디로 말하였다. 다만 배우는 사람들이 쉽게 받아들여 일종의 체인하지 않고 놀면서[光景玩弄][2] 착실히 공부하여 차근차근 쌓아가지 않아 이 양지를 등질까 두려울 따름이다.”

주

1 적골혈滴骨血은 다른 성씨의 분묘를 자기 조상의 묘墓라고 여기고 있는 사람이 있을 경우에는 그 묘墓를 파헤쳐서 그 자손의 핏방울을 해골 두개골의 이마 부분에 떨어뜨려 보는 방법이다. 진짜 조상이라면 그 사람의 피血가 뼈遺骨에 자연스럽게 스며들면서 빨려 들어가기 때문이다. 반면에 남의 조상 뼈라면 뼈遺骨가 피血를 흡수하지 않아 잉크가 종이에 번지듯이 퍼져버리고 만다.

2 광경완롱光景玩弄은 경치를 구경하며 노는 것이다.

先生自南都以來，凡示學者，皆令存天理去人欲以爲本。有問所謂，則令自求之，未嘗指天理爲何如也。間語友人曰：“近欲發揮此，只覺有一言發不出，津津然如含諸口，莫能相度。”

선생이 남도로 온 이래로 학자는 모두 ‘존천리 거인욕’을 근본으로 삼으라고 가르쳤다. 누군가 말한 바를 물으면 스스로 그것을 구하게 하고 아직 일찍이 천리가 어떤 것인지 가르쳐 준 적이 없다. 간간이 벗에게 말했다: “근래 이것을 발휘하고자 하여도 어떤 한마디 말도 나오지 않는 것을 느끼고 흥미롭게 입에서 머금은 것처럼 헤아릴 수 없었다.”

久乃曰：“近覺得此學更無有他，只是這些子，了此更無餘矣。”旁有健羨不已者，則又曰：“連這些子亦無放處。今經變後，始有良知之說。”

시간이 오래된 후 곧 말했다: “근래 깨달은 이 학문은 다름이 있지 않고 단 이것이다. 이것들을 깨닫는 것은 다시 더는 없다.” 옆에서 매우 부러워함을 그치지 않는 자가 있다면 또 말한다: “이것들 또한 방심할 곳이 없다. 지금 변을 겪은 후에야 비로소 양지의 설이 있게 되었다.”

錄陸象山子孫。

육상산 자손을 기록하다.

先生以象山得孔、孟正傳，其學術久抑而未彰，文廟尚缺配享之典，子孫未沾褒崇之澤，牌行撫州府 金溪縣官吏，將陸氏嫡派子孫，仿各處聖賢子孫事例，免其差役；有俊秀子弟，具名提學道送學肄業。

선생은 육상산에게서 공자와 맹자의 올바른 전법을 얻었는데 그의 학술이 오랫동안 억눌려서 드러나지 않았으며 문묘에 오히려 배향되지도 않았다. 자손은 아직 기리고 존숭하는 은혜를 누리지 못하여 무주부 금계현 관리에게 가서 패를 받아서 육씨의 직계 자손을 각처 성현의 자손 사례를 모방하여 그 부역을 면하게 했으며 뛰어나고 빼어난 자제가 있으면 도에 제학으로 이름을 올려 학당으로 보내어 학업을 익히게 했다.

按象山與晦翁同時講學，自天下崇朱說，而陸學遂泯。先生刻《象山文集》，爲序以表彰之。席元山嘗聞先生論學於龍場，深病陸學丕顯，作《鳴冤錄》以寄先生。稱其身任斯道，庶幾天下非之而不顧。

전덕홍이 보건데, 상산[1]과 회옹[2]은 동시에 학문을 강의하였는데 천하가 주자의 설을 숭상하면서 상산의 육학은 마침내 없어졌다. 선생은 『상산문집』을 새기고 서문을 써서 드러내서 알렸다. 석원산[3]은 일찍이 선생이 용장[4]에서 학문을 논한다는 것을 들은 적이 있는데 육학에 크게 병들어 드러내어 받들며 『명원록』을 지어서 선생에게 보냈다. 그 자신이 이 도[斯道][5]를 책임진다고 일컫고 거의 천하가 그것을 아니라고 해도 아랑곳하지 않았다.

주

1 상산象山은 육구연陸九淵(1139~1193)이다. 그의 성을 따서 그의 학문을 육학이라 하였다.
2 회옹晦翁은 주희이다.
3 석원산席元山(1461~1527)은 석서席書이다.
4 용장은 귀주성 수문현이다. 수문현은 산악지역이다. 귀양시에서 40Km의 수문현은 지금도 매년 봄과 가을에 명대 왕수인의 신주를 모시고 제사 지낸다. 왕수인은 37세 되던 해인 1506년 태감 유근에게 잘못 보여 병부주사에서 귀주의 용장역승으로 좌천되었다.
5 사도斯道는 육상산의 학문을 말한다. 유교를 공자가 사문斯文이라 칭하였기에 석원산이 육학을 사도斯道라고 한 것이다.

50세 5월

五月，集門人於白鹿洞。

5월, 백록동에서 문인들을 모았다.

是月，先生有歸志，欲同門久聚，共明此學。適南昌府知府吳嘉聰欲成府志，時蔡宗兗爲南康府教授，主白鹿洞事，遂使開局於洞中，集夏良勝、舒芬、萬潮、陳九川同事焉。

이달 선생은 돌아갈 뜻이 있는데 동문들이 오래도록 모여서 공동으로 이 학문을 밝히고자 하였다. 때마침 남창부 지부 오가총吳嘉聰[1]은 남창부의 뜻을 이루고자 했고 이때 채종연은 남강부 교수가 되어 백록동 일을 주관했다. 마침내 백록동白鹿洞[2]에서 강학

장소를 열고 하량승, 서분, 만조, 진구천을 불러 모아서 일을 함께했다.

주

1 오가총吳嘉聰(1476~1541)은 자가 유덕惟德이고 호는 안산雁山이며 호광성 상음湘陰 사람이다. 후에 산서성 진무위振武衛에 살았다. 정덕 6년(1511) 진사가 되었고 풍성지현豐城知縣, 조주지주曹州知州, 임청주지주臨清州知州, 남창지부 등의 직책을 역임했다. 그는 남창지부로 있을 때 강의 제방을 건설하여 후에 그를 오가당吳家塘이라 불렀다. 관직은 산동안찰부사에 이르렀다.

2 백록동白鹿洞은 백록동서원이다. 중국 강서성 성자현星子縣 북쪽의 여산廬山 오로봉五老峰 아래에 있던 서원이다. 9세기 초에 당나라 이발李渤이 창건하여 북송 초에는 4대 서원의 하나로 꼽혔다. 남송의 주희朱喜가 학문을 가르친 곳으로도 유명하다.

••• 편지글

先生遺書促鄒守益曰："醉翁之意蓋有在，不專以此煩勞也。區區歸遁有日。聖天子新政英明。如謙之亦宜束裝北上，此會宜急圖之，不當徐徐而來也。"

선생이 추수익에게 재촉해서 편지를 전하며 말했다.
"취옹[1]의 뜻이 대체로 여기에 있어서 이런 번거롭고 힘든 일에 전일하지 않았다. 귀향할 날이 머지않았고 성스러운 천자의 새로운 정치는 영명英明[2]하다. 겸지도 또한 행장을 꾸려 속히 북상하는 것이 마땅할 듯하고 이 모임도 마땅히 급히 도모해야 하니 서서히 와서는 안 된다."

주

1 취옹醉翁은 술 취한 늙은이이다. 하지만 은거하여 산수 자연을 즐기는 자를 취옹이라 하니 양명이 고향으로 돌아가고 싶어 스스로 취옹이라 했다.

2 영명英明은 영민하고 총명한 것이다. 당시 무종이 이미 정치에 집중했음을 의미한다.

庚辰春，甘泉湛先生避地發履塚下，與霍兀崖韜、方叔賢同時家居爲會，先生聞之曰："英賢之生，何幸同時共地，又可虛度光陰，失此機會耶？"

경진년 봄 감천 담선생은 발리총發履塚[1] 아래 은거지에서 곽올애[2], 방숙현方叔賢[3]과 같은 시기에 집에서 기거하며 모임을 하니 선생이 그것을 듣고 말했다: "뛰어나고 현명한 학생들이 어찌 다행히 같은 시기에 같은 곳에 있는데 허송세월을 보내서 이 기회를 놓칠 수 있겠는가?

주

1 발리총發履塚은 담약수가 피세하여 은거하는 곳이다.
2 곽올애霍兀崖는 곽도霍韜이다. 호가 올애이다.
3 방숙현方叔賢은 방헌부方叔夫이다. 자가 숙현이다.

是秋，兀崖過洪都，論《大學》，輒持舊見。先生曰："若傳習書史，考正古今，以廣吾見聞則可；若欲以是求得入聖門路，譬之采摘枝葉，以綴本根，而欲通其血脈，蓋亦難矣。"

이 가을에, 곽도는 홍도에 들러 『대학』을 논했는데 갑자기 과거의 견해를 주장했다. 선생이 말했다: "만약 전습한 경서와 역사서는 고금을 고찰해서 바로잡아서 내 견문을 넓히는 것이 옳다. 만약 이로써 성문의 길에 들어서기를 구하고자 하는 것은 예를 들어 나무의 가지를 꺾고 잎을 따서 뿌리에 이어 그 혈맥을 통하게 하고자 하는 것이니 아마도 역시 어려울 것이다."

••• 편지글

至是，甘泉寄示《學庸測》，叔賢寄《大學》、《洪範》。先生遺書甘泉曰：

"隨處體認天理，是真實不誑語。究兄命意發端，卻有毫厘未協。修齊治平，總是格物，但欲如此節節分疏，亦覺說話太多。且語意務爲簡古，比之本文，反更深晦。莫若淺易其詞，略指路徑，使人自思得之，更覺意味深長也。"

이에 이르러 감천이 「학용칙」[1]을 부쳐서 보여주었다. 숙현은 「대학」과 「홍범」[2]을 부쳤다. 선생이 감천에게 편지를 남겨 말했다:
"어디에 있더라도 천리를 체인하는 것[3]은 진실로 허황된 말이 아닙니다. 형이 명명한 뜻의 발단을 궁구해 보니 오히려 조금 맞지 않습니다. '수신제가치국평천하'는 모두 격물입니다. 다만 만약 이 구절구절마다 나누어서 풀이하려고 한다면 역시 말이 너무 많음을 알게 되고 또 말의 뜻이 간고簡古[4]하게 되기를 힘쓰는데 본문과 비교해보니 도리어 더욱 어두워집니다. 그 말을 얕고 쉽게 하는 것만 못해서 대략 지름길을 가리켜 주고, 사람들이 스스로 생각해서 얻게 하는 것이 더욱 의미가 깊음을 깨닫습니다."

주

1 학용學庸은 『대학』과 『중용』을 합쳐 줄여 말하는 것이다. 공자와 맹자를 공맹이라고 줄여서 부르는 것과 같다.
2 「홍범」은 『서경』의 편명이다.
3 체인천리體認天理는 천리를 몸소 체험하는 것이다.
4 간고簡古는 간결하고 예스러움이다.

••• 편지글

遺書叔賢曰："道一而已。論其大本一原，則《六經》、《四書》無不可推之而同者，又不特《洪範》之於《大學》而已。譬之草木，其同者生意也；其花實之疏密，枝葉之高下，亦欲盡比而同之，吾恐化工不如是之雕刻也。君子論學固惟是之從，非以必同爲貴。至於入門下手處，則有不容於不辨者。"

숙현叔賢에게 남긴 글에서 말했다:

"도는 하나일 뿐이다. 그 큰 근본에서 하나의 원칙을 논한다면, 육경六經[1]과 사서四書[2]는 미루어 보아 같지 않을 수 없고 또 다만 「홍범」이 「대학」보다 특별하지 않을 뿐이다. 초목에 비유하자면, 그 같은 것은 살아가는 기운[生意][3]이다. 그 꽃에 열매 맺는 것이 성기고 촘촘하고 가지에 잎이 높게 혹은 낮게 달려있지만 역시 겨루어서 똑같이 되고자 하는 것이다. 나는 화공化工[4]이 이같이 조각하지 못할까 두렵다. 군자가 학문을 논하면서 옳다고 여기고 오로지 따른다면 반드시 같음을 귀하게 여기는 것이 아니다. 입문해서 착수하는 지점에 이르게 되면 따지지 않는 것을 허용하지 않는다.

주

1 육경六經은 『시경』, 『서경』, 『주역』, 『춘추』, 『예경』, 『악경』이다.
2 사서四書는 『논어』, 『맹자』, 『대학』, 『중용』이다.
3 생의生意는 생기生氣이다. 생기는 봄에 단비가 내려 초목에 잎이 돋아나고 꽃이 피어나는 기운이다.
4 화공化工은 하늘의 조화造化로 저절로 그러하게 이루어진 묘한 재주이다. 즉, 우주 만물을 만드는 일이다.

先是<u>倫彥式</u> <u>以訓</u>嘗過虔中問學，是月遣弟<u>以諒</u>遺書問曰："學無靜根，感物易動，處事多悔，如何?"

이에 앞서 윤언식倫彥式[1]은 일찍이 지나치게 경건하게 물어보며 공부했다. 이달 아우 이량以諒[2]을 보내어 남긴 편지에서 물었다: "배움에는 고요한 근원이 없습니다. 물에 감응하면 쉽게 움직이고 일을 처리하는데 후회를 많이 합니다. 어떻습니까?"

주

1 윤이훈倫以訓(1497~1540)은 자가 언식彥式이고 호는 백산白山이다. 광동성 광주부 남해현南海縣 사람이다. 명나라 무종 정덕8년(1513)에 거인擧人이 되었고 12년(1517)에 회시 제일인으로,

전시 2등 방안榜眼으로 뽑혔다. 한림원 편수에 제수되었고 관직은 남경 국자감 좨주에 올랐다.

2 윤이량倫以諒(1494~1549)은 명대 학자이다. 자가 언주彥周이고 호는 우계右溪이며 광동성 남해현南海縣 사람이다. 정시에 장원을 한 윤문서倫文敘의 장자이고 윤이훈倫以訓이 동생이다. 정덕 11년 향시에 1등 해원解元으로 붙고 정덕 16년(1521) 진사가 되어 한림원서길사를 제수받았다. 관직은 남경 통정사참의通正使參議를 했다.

先生曰："三言者病亦相因。惟學而別求靜根，故感物而懼其易動；感物而懼其易動，是故處事而多悔也。心無動靜者也，故君子之學，其靜也常覺，而未嘗無也，故常應常寂，動靜皆有事焉，是之謂集義。集義故能無祇悔，所謂'動亦定，靜亦定'者也。心一而已，靜其體也，而復求靜根焉，是撓其體也；動其用也，而懼其易動焉，是廢其用也。故求靜之心即動也，惡動之心非靜也，是之謂動亦動，靜亦動，將迎起伏相迎於無窮矣。故循理之謂靜，從欲之謂動。"

선생이 말했다. "세 마디 말이 서로 원인이 되어 병통이 된다. 오직 배우면서 별도로 고요한 근원을 구한다. 그러므로 사물에 감응하여 쉽게 움직이는 것을 두려워한다. 사물에 감응하여 쉽게 움직이는 것을 두려워하고 그래서 일을 처리하면서 후회를 많이 한다. 마음에는 움직임[動]과 고요함[靜]이 없다. 그러므로 군자가 학문 할 시에 그 고요함은 항상 느끼는 것이고 일찍이 없는 적이 없다. 그러므로 항상 응하고 항상 고요하다. 정과 동은 모두 일에서 있게 되는데 이것을 집의集義[1]라고 한다. 집의로 인해서 능히 후회를 없앨 수 있다. 이른바 움직이는 것도 안정되고 고요한 것도 안정된다고 말한다. 마음은 하나일 뿐이고 고요함이 그 본체이다. 그래서 다시 고요한 근원을 구하니 이것은 그 본체를 어지럽히는 것이다. 움직임은 마음의 작용이며 그 마음이 쉽게 움직이는 것을 두려워한다. 이것은 마음의 작용을 그만두는 것이다. 그러므로 고요함을 구하는 마음이 곧 움직임이다. 움직임을 싫어하는 마음이 고요함이 아니다.

이것은 움직이는 것 역시 움직임이고 고요한 것 또한 움직임이라고 말한다. 장차 끝없이 일어서서 맞이하거나 엎드려서 맞이한다. 그러므로 이치에 따르는 것을 고요함이라 하고 욕망하는 것에 따르는 것을 움직임이라 말한다."

주

1 집의集義는 『맹자·공손추 상』: "浩然之氣是集義所生者, 非義襲而取之也. 行有不慊於心則餒矣.[호연지기는 의義가 모여서 생겨나는 것이다. 의義가 갑자기 와서 얻는 것이 아니다. 행동할 때 마음에 만족하지 못함이 있으면 굶주린다.] 집의集義로 호연지기를 기른다면 움직이는 것도 안정되어 고요해진다.

50세 6월

六月，赴內召，尋止之，陞南京兵部尚書，參贊機務。遂疏乞便道省葬。

6월, 내소內召[1]에 나갔는데 조금 있다 그만두었다. 남경 병부상서에 올라 참찬기무參贊機務[2]가 되었다. 비로소 가는 길에 부모님을 뵈러 고향에 다녀오겠다고 상소했다.

주

1 내소內召는 황제에 의해 소환되는 것을 말한다.

2 참찬기무參贊機務는 병부의 기무처 참찬이다. 남경 병부는 명나라 영락제가 수도를 남경에서 북경으로 옮긴 후 설치한 중앙 군사 관리 기관이다. 기무처 참찬의 직책은 남경병부상서가 겸했다.

••• 교지

六月十六日，奉世宗敕旨，以"爾昔能剿平亂賊，安靜地方。朝廷新政之初，特茲召用。敕至，爾可馳驛來京，毋或稽遲。"

6월 16일, 세종의 칙서와 교지를 받들었다. 교지에 말했다: "그대는 지난날 난적을 토벌하여 평정하고 지방을 안정시켰다. 조정의 새로운 정부 초에 특별히 이곳에 불러 등용하노라. 칙서가 이르러 그대는 가능한 역참에서 말을 달려 경도로 와라. 혹여라도 지체하지 마라."

先生即於是月二十日起程，道由錢塘。輔臣阻之，潛諷科道建言，以爲"朝廷新政，武宗國喪，資費浩繁，不宜行宴賞之事"。先生至錢塘，上疏懇乞便道歸省。朝廷准令歸省，陞南京兵部尚書，參贊機務。

선생은 이달 20일에 즉시 길을 떠났다. 길은 전당강을 경유하였다. 보필하는 신하가 그를 막았다. 은근히 감찰어사를 풍자해서 건의했다: "조정의 새로운 정부는 무종의 국상에 비용을 씀이 크고 번잡하니 마땅히 연회와 상을 주는 일을 행하지 않아야 한다." 선생은 전당강에 이르러 도읍으로 가는 길에 부모를 뵈러 고향에 다녀오겠다고 상소했다. 조정에서는 고향에 다녀올 것을 허락했고 남경 병부상서, 기무처 참찬에 올렸다.

••• 걸귀성소

按《乞歸省疏》略曰：

"臣自兩年以來，四上歸省奏，皆以親老多病，懇乞暫歸省視。復權奸讒嫉，恐罹曖昧之禍，故其時雖以暫歸爲請，而實有終身丘壑之念矣。既而天啟神聖，人承大統，親賢任舊，向之爲讒嫉者，皆以誅斥，陽德興而公道顯。臣於斯時，若出陷阱而登之春台也，豈不欲朝發夕至，一快其拜舞踴躍之私乎？顧臣父老且病，頃遭讒構，朝夕常有父子不相見之痛。今幸脫洗殃咎，復睹天日，父子之情，固思一見顏面以敘其悲慘離隔之懷。況臣取道錢塘，迂程鄉土，止有一日。此在親交之厚，將不能已於情，而況父子乎？然不以之明請於朝，而私竊行之，是欺君也；懼稽延之戮，而忍割情於所生，是忘父也。欺君者不忠，忘父者不孝：故臣敢冒罪以請。”

《걸귀성소乞歸省疏》에서 간략하게 말했다: “신은 2년 전부터 4차례나 귀성할 것을 상주했습니다. 모두 부친이 연로하고 병이 잦아서 잠시 귀성하여 뵙기를 간청했습니다. 다시 권간들이 중상모략하고 질투하여 애매한 화를 당할까 두려워서 그때 잠시 귀성을 청하려다 실은 평생 은거하려는 생각을 지녔습니다. 이미 하늘이 신성한 황제를 인도하셨고 사람들은 대통을 이었으니, 현자를 가까이하고 옛사람을 임명하며 접때 참소하고 질투를 일삼는 자들을 모두 죽여서 척결해야 양덕陽德[1]이 일어나고 공평한 도리가 드러납니다. 신은 이 시점이 마치 함정에서 빠져나와 춘대에 오르는 것 같으니 어찌 아침에 출발하고 저녁에 도착하여 한 번에 배무拜舞[2]하고 도약하는 사사로움을 지니고 싶지 않겠습니까? 저의 부친이 늙고 병들었으나 요즈음 참구讒構[3]를 당해서 아침저녁으로 항상 부자가 서로 만나보지 못하는 고통이 있었습니다. 지금은 다행히 화를 벗어나고 씻겨져 다시 새 세상을 보게 되었지만, 부자의 정은 본디 한번 얼굴을 봄으로써 그 비참하게 헤어져서 멀리 떨어져 있는 회한을 푼다고 생각합니다. 하물며 신이 지나가는 길이 전당강인데 고향에 머무르는 것은 단 하루뿐입니다. 이 친교의 두터움에 있어서도 장차 정에서 그칠 수 없는데 하물며 부자 관계는 어떠하겠습니까? 그러나 조정에 분명하게 요청하지 않고 사적으로 몰래 행하는 것은 군주를 속이는 것입니다. 머물러 지연되어 받는 벌이 두려워서 태어난 곳을 모질게 정을 베어내면 이것은 부친을 망각하는 것입니다. 임금을 속이는 것은 불충이요 부친을 잊는 것은 불효입니다. 그러므로 신은 감히 죄를 무릅쓰고 청합니다.”

주

1 양덕陽德은 만물을 생성시키는 우주의 덕이다.

2 배무拜舞는 한 나라 조엽趙曄, 『오월춘추·구천귀국외전勾踐歸國外傳』에 "羣臣拜舞天顏舒, 我王何憂能不移.[모든 신하는 천자에게 배무해야 하는데 우리 왕은 어째서 옮겨갈 수 없음을 근심하는가?]"라고 나온다. 배무는 전자에게 배알하고 인사하는 것이다.

3 참구讒構는 남을 헐뜯어 못된 곳에 얽어 넣는 것이다.

與陸澄論養生："京中人回，聞以多病之故，將從事於養生。區區往年蓋嘗斃力於此矣。後乃知養德、養身只是一事。元靜所雲'真我'者，果能戒謹恐懼而專心於是，則神住、氣住、精住，而仙家所謂長生久視之說，亦在其中矣。

老子、彭錢之徒，乃其稟賦有若此者，非可以學而至。後世如白玉蟾、丘長春之屬，皆是彼所稱述以爲祖師者，其得壽皆不過五六十。則所謂長生之說，當必有所指也。

元靜氣弱多病，但宜清心寡欲，一意聖賢，如前所謂'真我'之說；不宜輕信異道，徒自惑亂聰明，斃精竭神，無益也。"

육징과 더불어 양생을 논했다: "도읍에 거주하는 사람이 돌아왔는데 소문에 병이 많다고 하니 장차 양생에 마음과 힘을 다하려고 한다. 나는 과거에 이것에 힘 쓴 적이 있었다. 이후에 곧 덕을 기르고 몸을 기르는 것 오직 한 가지 일일 뿐임을 알았다. 원정元靜[1]이 말한 '진아眞我[2]'는 과연 계신공구戒謹恐懼[3]를 마음에서 오로지할 수 있으면 신이 머물고 기가 머물며 정이 머물러서 선가仙家에서 말하는 장생구시의 이론 역시 그 가운데 있다.

노자, 팽전彭錢[4] 무리들은 그 천성이 이와 같은 것이지 배워서 이와 같은 것은 배워서 도달할 수 있는 것이 아니다. 후세에 백옥섬白玉蟾[5]과 구장춘丘長春[6]의 무리는 모두 도교 양생의 창시자로 칭송받았으나 그들의 수명은 모두 불과 50~60세에 지나지 않았다. 그렇다면 이른바 장생의 이론이 마땅히 반드시 가리키는 바가 있어야 한다.

원정은 기가 약하고 병이 많아서 다만 마땅히 마음을 맑게 하고 욕심을 적게 하고 뜻을 한결같이 하여야 성현이 된다. 전에 말한 '진아眞我'의 이론처럼 다른 도를 경솔하게 믿어서는 안 된다. 다만 스스로 총명을 혹하고 어지럽게 하고 정신을 죽이고 고갈시켜 이로움이 없을 뿐이다."

주

1 원정元靜은 여기서 육징을 말한다. 육징의 자는 원정原靜이다.

2 진아眞我는 우주적 본체로서의 참된 나이다.

3 계신공구戒謹恐懼는 조심하고 삼가는 것이다.

4 팽전彭籛은 팽조彭祖이다. 전籛이 성이고 팽彭 땅에 봉해졌다. 고서에 따르면 그는 800세를 살았다고 전하며 양생학의 창시자이다.

5 백옥섬白玉蟾은 남송의 도사이며 양생의 대가이다. 원명은 갈장경이며 자가 백수·여회·중보 등이고 호는 해경자·해섬·경산도인·해남옹 등이다. 해남 경산현 오원두현 옥상촌 사람이다. 나중에 어머니가 재혼하여 백씨白氏의 자식이 되어 이름을 백섬옥으로 고쳤다. 남송 금단파 남종의 창립자이며 '남종오조' 중 한 명이다.

6 구장춘丘長春은 도교의 주류인 전진도 장교, 사상가, 정치가, 문학가, 양생가이다. 이름은 구처기丘處機(1148~1227)이다. 자가 통밀通密이고 호는 장춘자長春子이고 산동성 등주登州 서하棲霞 사람이다. 19세에 왕중양에게 사사했으며, 전진도를 빛내며 용문파의 창립했다. 전진칠자 중 한 사람이다.

50세 8월

八月, 至越。

8월 월땅에 이르다.

50세 9월

九月，歸餘姚省祖塋。

9월 여요로 돌아와서 조영祖塋[1]을 돌보다.

주

1 조영祖塋에서 영塋은 무덤을 의미하며 조영은 조상의 무덤 혹은 조상님께 제사를 지내는 장소이다. 선영先塋이라고도 한다.

先生歸省祖塋，訪瑞雲樓，指藏胎衣地，收淚久之，蓋痛母生不及養，祖母死不及殮也。日與宗族親友宴遊，隨地指示良知。

선생은 고향에 돌아와서 조영을 돌보며 서운루를 방문하고 태의胎衣[1]를 보관한 곳을 가리키며 오랫동안 눈물을 닦았다. 대개 모친은 낳았으나 기르지 못했고, 조모가 돌아가셨는데 염도 하지 못했으니 고통스러웠다. 날로 종친과 친구들과 함께 연회를 베풀고 즐기면서 어디서든지 양지를 제시하였다.

주

1 태의胎衣는 태아가 입는 옷이다.

德洪昔聞先生講學江右，久思及門，鄉中故老猶執先生往跡爲疑，洪獨潛伺動支，深信之，乃排衆議，請親命，率二侄大經、應揚及鄭寅、俞大本，因王正心通贄請見。明日，夏淳、範引年、吳仁、柴鳳、孫應奎、諸陽、徐珊、管州、穀鍾秀、黃文渙、周於德、楊珂等凡七十四人。

전덕홍은 옛적에 선생이 강우江右에서 강학한다는 소문을 듣고 오랫동안 문하로 들어갈 것을 생각했다. 고향에서 어른들이 오직 선생의 살아온 흔적을 잡아 의심했는데 전덕홍은 홀로 가지의 움직임까지 몰래 살펴보고[潛伺動支][1] 깊이 선생을 믿었다. 곧 많은 비난을 배척하고 부모의 명령을 청했다. 두 조카 대경, 응양과 정인, 유대본을 데리고 왕정심을 통해 폐백을 전하며 뵙기를 청했다. 다음 날 하순, 범인년, 오인, 시봉, 손응규, 제양, 서산, 관주, 곡종수, 황문환, 주우덕, 양가 등 모두 74명이었다.

주

1 잠사동지潛伺動支에서 잠사潛伺는 잠입하여 몰래 살피는 것이고 동지動支는 나뭇가지의 움직임이다. 잠사동지는 언행을 면밀하게 살펴보는 것이다.

50세 12월

十月二日，封新建伯。

10월 2일 신건백에 봉해졌다.

••• 천자의 명

制曰："江西反賊剿平，地方安定，各該官員，功績顯著。你部裏既會官集議，分別等第明白。
王守仁封新建伯，奉天翊衛推誠宣力守正文臣，特進光祿大夫，柱國，還兼兩京兵部尚書，照舊參贊機務，歲支祿米壹千石，三代並妻一體追封，給與誥卷，子孫世世承襲。正德十六年十二月十九日，准兵部吏部題。"

천자의 명에 말했다: "강서에서 반란을 일으킨 적이 토벌되고 평정되어 지방이 안정

되었고 각각 해당하는 관원들은 공적이 뚜렷하게 드러났다. 너는 부서에서 이미 관원들을 모아 회의하고 의론을 모아 등제等第[1]를 분별한 것이 명백해졌다. 왕수인은 신건백에 봉한다. 하늘을 받드는 봉천익위추성선력수정문신奉天翊衛推誠宣力守正文臣[2]인 동시에 특진광록대부特進光祿大夫[3], 주국柱國[4]으로 봉하고 또 양경병부상서[5]를 겸한다. 과거 참찬기무에 비추어 해마다 녹봉으로 쌀 1천 석을 지급한다. 3대에 처와 함께 모두를 추증하고[追封][6] 천자의 조서 두루마리를 함께 내려 자손은 세세토록 이어서 계승하게 한다. 정덕 16년 12월 19일 병부와 이부에서 승인하여 서명한다."

주

1 등제等第는 벼슬아치의 근무 성적을 사정査定하여 등급等級을 매기던 일이다. 여기서는 왕수인의 공적을 등제等第한 것이다.

2 봉천익위추성선력수정문신奉天翊衛推誠宣力守正文臣: 공을 세운 장군에게 내리는 작호인데, 명대에 군대를 이끌어 공을 세워 이 봉작은 받은 장군은 3명이다. 한 분은 정통 연간에 공을 세운 왕기王驥(1378~1460)이고 한 분은 성화 연간에 공을 세운 왕월王越(1426~1499)이며 한 분이 무덕 연간에 강서에서 공을 세운 왕수인이다.

3 특진광록대부特進光祿大夫: 문관에서 산관의 직함은 모두 42종으로, 최고 계급은 특진광록대부이고 최저 계급은 종9품 사좌랑이다. 무관의 산관 직함은 모두 30종으로, 최고 계급은 특진광록대부이고 최저 계급은 종6품의 충현교위이다. 특진광록대부는 문무관 중 산관의 최고 직함이었다. 산관은 직위만 있고 직무가 없는 관리이다.

4 주국柱國은 고대의 관명이다. 상주국上柱國이라고도 한다. 전국이 초나라에 세워졌을 때 군사를 무너뜨린 전공자를 상주국으로 만들었다. 북위는 주국대장군柱國大將軍이라는 칭호를 붙였다. 주국은 전공을 세운 장군에게 주는 칭호이다.

5 양경병부상서兩京兵部尙書: 양경은 남경과 북경이다. 명나라는 주원장에 남경에 명을 세웠는데 주체 영락제가 수도를 북경으로 옮기고 금릉을 남경이라 하고 연경을 북경이라 하여 두 도읍은 양경이라 하였다.

또 명태조가 호유용의 옥을 거치며 황제 독재 권력에 저해가 되는 승상이 있는 중서성을 혁파하여 황제 아래 6부를 두는 체제로 전환하였다. 이로써 중서성은 철폐되었고 6부의 상서가 황제 다음으로 가장 높은 자리였다.

6 추봉追封은 추서追敍와 같은 의미로 죽은 후에 벼슬의 등급이나 훈장 따위를 올려 주거나 수여하는 것이다.

差行人齎白金文綺慰勞。兼下溫旨存問父華於家，賜以羊酒。至日，適海日翁誕辰，親朋鹹集，先生捧觴爲壽。翁蹙然曰：“寧濠之變，皆以汝爲死矣而不死，皆以事難平矣而卒平。讒構朋興，禍機四發，前後二年，岌乎知不免矣。天開日月，顯忠遂良，穹官高爵，濫冒封賞，父子復相見於一堂，茲非其幸歟！然盛者衰之始，福者禍之基，雖以爲幸，又以爲懼也。”先生洗爵而跪曰：“大人之教，兒所日夜切心者也。”聞者皆歎會遇之隆，感盈盛之戒。

행인行人[1]를 파견하여 백금과 아름다운 비단을 보내서 위로했다. 더불어 온정이 깃든 임금의 교지를 내리고 아버지 왕화의 안부를 묻고 집에 양고기과 술을 하사했다. 때마침 해일옹의 생일이어서 친한 친구들이 모두 모였고 선생은 술잔을 들고 장수를 축하했다. 해일옹이 근심스럽게 말했다: “영호의 변란에는 모두 너를 죽은 것으로 여겼으나 죽지 않았고 모든 일이 평정되기 어려웠으나 결국 평정되었구나. 벗이 흥하는 것을 헐뜯어[讒構][2] 재앙의 계기가 되어 사방으로 발하니 앞뒤로 2년은 어려움을 면하지 못할 줄 알았다. 하늘이 해와 달을 열고 충성을 드러내니 마침내 온화해지고 큰 관직과 높은 작위를 넘치도록 상으로 내리셨고 아버지와 자식이 다시 서로 한 집에서 만나니 이 얼마나 다행이 아닌가! 그러나 성한 것은 쇠함의 시작이고 복된 것은 화의 터전이니 비록 다행이지만 또한 두렵기만 하다.”
선생은 술잔을 씻으면서 꿇어앉아 말했다: “대인의 가르침은 제가 밤낮으로 마음에 절실하게 한 것입니다.” 듣는 사람들이 모두 모여 만나는 융성함을 탄식하고 가득 차고 성대함을 경계하는 데에 감동했다.

주

1 행인行人은 옛날 조근朝覲·빙문聘問의 일을 맡은 관직이며 사자使者를 통틀어 일컫는 말이다.
2 참구讒構는 남을 헐뜯어 못된 곳에 얽어 넣는 것이다.

年譜 三 연보 3

1522년~1529년

自嘉靖壬午在越至嘉靖己醜喪歸越

가정 원년 임오년(1522)으로부터 월 땅에 있었고 가정 8년 기축년(1529)에 이르러 상을 마치고 월 땅으로 돌아갔다.

1522년, 선생 51세

嘉靖元年壬午，先生五十一歲，在越。

가정 원년 임오년(1522) 선생 51세이었고 월 땅에 있었다.

51세 정월

正月，疏辭封爵。

정월, 봉작을 사양하는 소를 올렸다.

先是先生平賊擒濠，俱瓊先事爲謀，假以便宜行事，每疏捷，必先歸功本兵，宰輔憾焉。至是，欲阻先生之進，乃抑同事諸人，將紀功冊改造，務爲刪削。

이보다 먼저 선생이 적을 평정하고 신호를 잡은 것은 모두 왕경에게 일에 앞서 의논하였고 만약 계획한 일을 적절하게 처리하면, 매번 이겼다는 소를 올려 반드시 먼저 본병[1]에게 공을 돌렸다. 천자를 보좌하는 재상들은 몹시 서운했다. 이에 이르자, 선생이 잘 되는 것을 막으려고 이에 일을 함께 한 모든 사람을 억압하고 공을 기록하는 서책을 개조하며 공적을 깎고 없애는 데에 힘썼다.

주

1 본병本兵은 병조에 속하는 나라의 정예병이다. 여기서는 병부상서를 뜻한다.

先生曰："冊中所載，可見之功耳。若夫帳下之士，或詐爲兵檄，以撓其進止；或僞書反間，以離其腹心；或犯難走役，而塡於溝壑；或以忠抱冤，而構死獄中，有將士所不與知，部領所未嘗曆，幽魂所未及泄者，非冊中所能盡載。今於其可見之功，而又裁削之，何以勵效忠赴義之士耶！"

선생이 말했다: "책에 기재된 것은 보이는 공일 뿐이다. 만약 장부에 적힌 병사라면, 어떤 병사는 군대의 격문을 거짓으로 만들어서 적군의 나아감을 저지하여 멈추게 하였고, 어떤 병사는 이간질하고 반역하는 위서로서 믿는 마음을 분리시켰고, 어떤 병사는 난을 범하고 적진으로 들어가는 역할을 하여 적을 구렁텅이에 빠지게 하였으며, 어떤 병사는 충심으로서 불만을 모두 가슴에 담고 옥중에서 죽음을 억울하게 당했는데, 병사들이 함께 알지도 못하는 것을 부령이 아직 기재한 적이 없어서 유혼이 원한을 씻지 못한 병사도 있으니, 책자에 모두 다 기재한 것이 아니다. 지금 책자에서 보이는 공마저 그 공적을 깎아내니 무엇으로써 정의를 위해 나선[赴義][1] 용사들의 충절[效忠][2]을 격려하겠는가?"

주

1 부의赴義는 정의를 위해 나서는 것이다.

2 효충效忠은 본받을 만한 충절이며 그 충절을 다 하는 것이다.

乃上疏乞辭封爵，且謂：“殃莫大於叨天之功，罪莫大於掩人之善，惡莫深於襲下之能，辱莫重於忘己之恥：四者備而禍全。此臣之不敢受爵者，非以辭榮也，避禍焉爾已。”疏上，不報。

곧바로 상소를 올려 내려준 봉작을 그만두겠다고 애걸했다. 또 말했다: “재앙은 천자의 공을 훔치려는 것보다 큰 것이 없고 죄는 다른 사람의 선을 가리는 것보다 큰 것이 없으며 악행은 아랫사람의 능력을 자기가 한 것처럼 가장하는 것보다 심함이 없고 치욕은 자기의 부끄러움을 잊는 것보다 더 중한 것이 없습니다. 네 가지가 갖추어져 화禍가 완전해졌습니다. 이러하여 제가 감히 봉작을 받지 않겠다는 것은 영광을 사양하는 것이 아니라 화를 피할 따름입니다.” 소를 올렸으나 답을 주지 않았다.

51세 2월

二月，龍山公卒。

2월 부친 용산공이 돌아가시다.

二月十二日己醜，海日翁年七十，疾且革。時朝廷推論征藩之功，進封翁及竹軒、槐里公，俱爲新建伯。是日，部咨適至，翁聞使者已在門，促先生及諸弟出迎，曰：“雖倉遽，烏可以廢禮？”問已成禮，然後瞑目而逝。

2월 12일 기축일 해일옹 70세에 병이 위중하였는데 당시 조정은 번을 평정한 공을 추론하여 부친 해일옹과 조부 죽헌공, 증조부 괴리공에게도 봉작을 진행하여 모두 신건백新建伯이 되었다. 이날 소흥부의 자문관이 때마침 이르러 해일옹은 사자使者[1]가 이미 문에 있는 것을 들었다고 선생과 동생들에게 나가서 영접하도록 재촉하며 말했다: "비록 다급한 상황이더라도[倉遽][2] 어찌 예를 폐할 수 있겠는가?" 이미 예가 끝났는지를 물은 후에 눈을 감고 돌아가셨다.

주

1 사자使者는 천자의 칙서를 가지고 온 관리이다. 당시 사자는 절강성 소흥부의 자문관이었다.

2 창거倉遽는 급박함을 뜻한다. 송나라 주밀周密, 『제동야어齊東野語 · 피휘避諱』: 裴德融倉遽而去.[배덕융은 다급하게 달려나갔다.]라고 하였고 청나라 포송령蒲松齡, 『요재지이聊齋志異 · 청와신靑蛙神』: 翁倉遽無所爲計 , 乃授之詞 , 使返謝之.[늙은이가 계획도 없이 달려 나가 급기야 사를 지어주었고 되돌아와서 감사하게 했다.]라고 한 것에서 볼 수 있다. 즉, 창거는 다급한 상황을 말한다.

先生戒家人勿哭 , 加新冕服拖紳 , 飭內外含襚諸具 , 始擧哀 , 一哭頓絕 , 病不能勝。門人子弟紀喪 , 因才任使。以仙居 金克厚謹恪 , 使監廚。克厚出納品物惟謹 , 有不慎者追還之 , 內外井井。室中齋食 , 百日後 , 令弟侄輩稍進乾肉 , 曰 : "諸子豢養習久 , 強其不能 , 是恣其作僞也。稍寬之、使之各求自盡可也。"

선생은 집안 식구들을 단속하여 울지 말도록 했다. 게다가 면류관, 의복, 면복의 띠를 새로이 준비하여 안팎에서 제사를 아우르는 여러 도구를 갖추고 비로소 발상發喪을 거행했다.[1] 한번 울면 지쳐서 기절하여 병을 이겨낼 수가 없었다. 문인과 자제가 상례에서 재능에 따라서 책임을 맡았다. 선거仙居의 김극후金克厚[2]가 각별히 삼가는 성품을 지녀 주방을 감독하게 되었다. 극후는 물품을 오로지 조심하며 출납하였으나 조심하지 않은 자가 있어 쫓아가서 그것을 반환하였다. 내외가 모두 반듯했다. 집안에서는 재식[齋食][3]을 하고 백 일 후 동생과 조카들이 마른고기를 조금씩 올리도록 하며

말했다: "너희들은 가축을 길러서 보양하는 것이 익숙해진 지가 오래되었다. 고기를 억지로 먹지 못하게 하는 것은 그대들에게 거짓을 행하도록 내버려 두는 것이다. 약간 관대하게 그들이 각자 스스로 상례에 마음을 다하기를 구하는 것이 옳다."

주

1 거애擧哀는 발상發喪이다. 상례에서 죽은 사람의 혼을 부르고 나서 상제가 옷을 갈아입고 곡을 시작하는 의식을 말한다.

2 김극후金克厚는 왕양명의 제자이며 선거仙居에서 태어났다. 가정 연간 진사가 되어 육합지현六合知縣을 했다. 관직은 공부랑중까지 했다. 타고난 성품이 충직하고 반듯했다.

3 재식齋食은 불가에서의 식사 혹은 육류가 없는 식사를 말한다.

越俗宴吊客必列餠糖，設文綺，烹鮮割肥，以競豐侈，先生盡革之。惟遇高年遠客，素食中間肉二器，曰："齋素行於幕內，若使吊客同孝子食，非所以安高年而酬賓旅也。"後甘泉先生來吊，見肉食不喜，遣書致責。先生引罪不辯。

월 땅의 풍속이 조문객을 대접하는데 반드시 떡과 사탕을 늘어놓고 좋은 글을 써서 두고 생선을 삶고 부위별로 고기를 잘라서 풍성하고 사치함을 다투었다. 선생은 그것을 모두 혁파했다. 오직 연세 많으시고 멀리서 오신 손님을 우대하여 소식[1]에 육류 2접시를 사이에 집어넣고는 말했다: "제계하고 소식하는 것은 장례 막사 안에서 행하고 만약 조문객에게 상주의 식사와 같은 것을 대접하는 것은 나이 많은 분들을 편안하게 하고 빈려[2]를 대접하는 것이 아니다." 후에 담감천 선생이 조문을 왔는데 육식을 보고 기분이 좋지 않아서 서신을 보내 책망했다. 선생은 잘못을 인정하고 변명하지 않았다.

주

1 소식素食은 채소와 함께 먹는 밥, 고기반찬이 없는 밥을 말한다.

2 빈려賓旅는 다른 나라나 먼 지방에서 온 손님이다.

是年克厚與洪同貢於鄉，連擧進士，謂洪曰："吾學得司廚而大益，且私之以取科第。先生常謂學必操事而後實，誠至教也。"

이 해에는 김극후가 전덕홍과 함께 향리에서 공사[貢][1]가 되었고 이어 진사에 합격하여 전덕홍에게 일러 말했다: "나의 학문은 주방의 일을 맡아 큰 도움을 얻었다. 또 그것을 사사로이 과거에 취하여 급제를 도왔다. 선생이 항상 학문은 반드시 일에서 다루어 본 연후에 결실이 있다고 말씀하셨는데 진실로 지극한 가르침이다."

주

1 공貢은 공사貢士이다. 향리에서 치르는 과거시험인 향시에 붙으면 공사가 된다. 각 지방에서 치르는 회시會試에 붙으면 거인擧人이 되고 조정에서 치르는 전시殿試에 붙으면 진사進士와 진사출신이 된다.

··· **벽보**

先生臥病，遠方同志日至，乃揭帖於壁曰：

"某鄙劣無所知識，且在憂病奄奄中，故凡四方同志之辱臨者，皆不敢相見；或不得已而相見。亦不敢有所論說，各請歸而求諸孔、孟之訓可矣。夫孔、孟之訓，昭如日月，凡支離決裂，似是而非者，皆異說也。有志於聖人之學者，外孔、孟之訓而他求，是舍日月之明，而希光於螢爝之微也，不亦謬乎？"

선생이 병으로 눕자 멀리서 뜻을 같이한 이들이 날마다 이르렀다. 이에 벽보를 붙여 말했다:

"저는 어리석고 열등하여 아는 바가 없고 또 병이 들어 숨이 곧 끊어질 지경에 있어서 사방에서 온 동지들이 어렵게 왕림하였는데 모두 다 감히 만나지 못하고 혹 부득이 만나더라도 또한 이야기하지 못하니 각자 부디 돌아가서 공자와 맹자의 교훈에서 구하는 것이 가능할 것입니다. 공자와 맹자의 교훈은 마치 해와 달처럼 밝은데, 무릇 지리결렬支離決裂[1]하여 옳은 것 같지만 옳지 않은 것은 모두 이설異說입니다. 성인의 학문에 뜻을 둔 자가 공맹의 교훈 외에 달리 구하는 것은 해와 달의 밝음을 버리고 반딧불[螢爝][2]의 희미함에서 빛을 바라는 것이니 또한 잘못이 아니겠습니까?"

주

1 지리결렬支離決裂은 이리저리 흩어지고 찢기어 갈피를 잡을 수 없음이다.
2 형작螢爝은 반딧불이다. 여기서 공맹의 학문에서 벗어난 이단의 학문을 빗대었다.

51세 7월

七月，再疏辭封爵。

7월 봉작을 사양하는 소를 재차 올리다.

••• 천자의 성지

七月十九日，准吏部咨："欽奉聖旨：卿倡義督兵，剿除大患，盡忠報國，勞績可嘉，特加封爵，以昭公義。宜勉承恩命，所辭不允。"

7월 19일 천자는 이부의 자문을 비준했다:
"천자가 내린 성지[欽奉聖旨][1]를 받으라. 경은 의로움을 창도하고 병사들을 잘 지휘하여 큰 환란을 제거하였으니 충을 다해 나라에 보은하였다. 수고로움과 업적은 가히 칭찬할 만하다. 특별히 봉작을 추가하니 그 봉작으로서 공공의 의로움을 밝히라. 마땅히 명을 받들어야 한다. 사양하는 것은 윤허하지 않는다."

주

1 흠봉성지欽奉聖旨는 천자의 성지를 받든다는 뜻으로 성지를 내릴 때 쓴다. 흠欽은 황제와 관련된 것에 붙인다.

••• 상소문

先是先生上疏辭爵，乞普恩典，蓋以當國者不明軍旅之賞，而陰行考察，或賞或否，或不行賞而並削其績，或賞未及播而罰已先行，或虛受升職之名而因使退閑，或冒蒙不忠之號而隨以廢斥，乃歎曰："同事諸臣，延頸而待且三年矣！此而不言，誰復有爲之論列者?均秉忠義之氣，以赴國難，而功成行賞，惟吾一人當之，人將不食其餘矣"

이에 앞서 선생은 상소를 올려 봉작을 사양하고 은혜를 두루 미치게 할 것을 애걸했다. 대개 나라의 일을 담당하는 자가 군대의 상벌에 대해 밝지 않기 때문에 몰래 살피고 조사하였다. 어떤 이는 상을 받았고 혹자는 받지 못했으며 어떤 이는 상을 주지 않고 아울러 그 공적을 삭제했고 어떤 이는 상이 이르지 않았는데 벌이 이미 먼저 행해졌고 어떤 이는 헛되이 승직의 명예만 받고 오히려 관직에서 물러나 한가하게 되었으며 어떤 이는 불충하다는 호칭만 뒤집어쓰고 연이어 직위를 폐하고 배척당하였다. 이에 한탄하여 말했다:

"함께 토벌한 신하들은 목을 길게 빼고 기다린 지가 3년이 되었습니다. 이러한데도 공에 대해 말하지 않으면 누가 다시 그들을 위해 공적을 논하는 일을 하겠습니까? 모두 균등하게 충성과 의로움의 기를 붙잡고 국난에 나아갔으나 공이 이루어지고 상을 행하는데 오직 저 한 사람만 해당하니 다른 사람들은 장차 그 나머지를 받을 수 없을 것입니다."

••• 상소문

乃再上疏曰：

"日者宸濠之變，其橫氣積威，雖在千里之外，無不震駭失措，而況江西諸郡縣近切剝床者乎？臣以逆旅孤身，舉事其間。然而未受巡撫之命，則各官非統屬也；未奉討賊之旨，其事乃義倡也，若使其時郡縣各官，果畏死偷生，但以未有成命，各保土地爲辭，則臣亦可如何哉？

然而聞臣之調，即感激奮勵，挺身而來，是非真有捐軀赴難之義，戮力報主之忠，孰肯甘粉齏之禍，從赤族之誅，以希萬一難冀之功乎？然則凡在與臣共事者，皆有忠義之誠者也。夫考課之典，軍旅之政，固並行而不相悖，然亦不可混而施之。

今也將明旅之賞，而陰以考課之意行於其間，人但見其賞未施而罰已及，功不錄而罪有加，不能創奸警惡，而徒以阻忠義之氣，快讒嫉之心；譬之投杯醪於河水，而求飲者之醉，可得乎？"

疏上不報。

재차 상소를 올려 말했다:

"일전에 신호의 변에 그 불길한 기세가 심하게 위협함이 비록 천리 밖에서도 놀라서 갈팡질팡했는데 하물며 강서의 여러 군현이 가까우니[1] 재화가 신변에 다가오지 않음이 없었겠습니까? 신이 홀로 명을 이행하러 가는 도중에 거사가 일어났습니다. 만약 순무의 명을 받지 않았다면 각 관리들은 내가 통솔할 무리가 되지 않았을 것이다. 아직 토벌하라는 성지를 받들지 않고 그 일을 곧장 의롭게 창도하였습니다. 만약 그

때 군현의 각 관리들이 끝내 죽음을 두려워하고 삶을 탐하려 했고 단지 명을 받지 않았기 때문에 각자가 땅을 지키는 것을 핑계로 삼았다면 신은 또한 어떻게 정벌이 가능했겠습니까?

그러나 신이 조직을 구성하여 나라를 지킨다는 소식을 듣고 바로 감격하고 분발하여 앞장서서 싸우러 오니 이는 진정 목숨 바쳐 국난에 달려가는 의리와 죽을힘을 다하여 주상에게 보답하려는 충성심이 있는 것이 아니라면 누가 기꺼이 부서져 가루가 되는 화를 달게 여기며 일가친척의 죽임을 당할 수 있는 일에 나아감으로써 만에 하나 바라기 어려운 공을 희망하겠습니까? 그렇다면 무릇 신과 더불어 일을 한 사람들은 모두 충의를 다한 자들입니다. 무릇 고과[2]의 규정은 군대의 행정에서 본디 병행해도 서로 어긋남이 없지만 섞어서 그것을 시행할 수 없습니다.

지금 군대에서 상을 밝게 시행하려고 하나 암암리에 고과의 뜻을 가지고서 그 가운데에서 행하니 사람들은 다만 그 상이 아직 시행되지 않았는데 벌이 이미 이르고, 공은 기록되지 않고 죄가 더해지는 것을 보게 되니 간신들을 징계할 수 없고 악한 이들을 경계할 수 없으며 다만 충의의 기를 막아 참소하고 시기하는 자의 마음을 기쁘게 하는 것이다. 비유하자면 황하의 물에 술잔을 던지고서 마시는 자가 취하기를 구하면 술과 물의 분별이 가능하겠습니까?"

상소를 올렸으나 답이 없었다.

주

1 근절近切은 가깝다는 뜻이다. 강서성 남창에서 주신호가 변란을 일으켰기 때문에 강서지역은 모두 가깝다.

2 고과考課 공무원이나 학생의 성적을 자세히 따져서 우열優劣을 정하는 것이고 또 근무 태도나 재능을 조사하고 보고하는 것이다.

時御史程啟充、給事毛玉倡議論劾，以遏正學，承宰輔意也。陸澄時爲刑部主事，上疏爲六辯以折之。先生聞而止之曰："無辯止謗，嘗聞昔人之教矣。

況今何止於是。四方英傑，以講學異同，議論紛紛，吾儕可勝辯乎？惟當反求諸己，苟其言而是歟，吾斯尚有未信歟，則當務求其非，不得輒是己而非人也。使其言而非歟，吾斯既以自信歟，則當益求於自慊，所謂默而成之，不言而信者也。然則今日之多口，孰非吾儕動心忍性，砥礪切磋之地乎？且彼議論之興，非必有所私怨於我，亦將以爲衛夫道也。況其說本自出於先儒之緒論，而吾儕之言驟異於昔，反若鑿空杜撰者，固宜其非笑而駭惑矣。未可專以罪彼爲也。”

그때 어사 정계충程啟充[1], 급사 모옥이 선생을 탄핵하는 모의를 하여 바른 학문을 저지하자고 제안했다. 이는 재보宰輔[2]의 뜻을 이은 것이다. 육징이 형부주사가 되었을 때 여섯 가지의 변론을 하여서 그들을 꺾는 상소를 올렸다. 선생은 듣고 그것을 저지하며 말했다: "변명하지 않고 비방을 그만두게 하는 것이 일찍이 옛사람들의 가르침임을 안다. 하지만 지금 어찌 여기에서 그치게 하겠는가? 사방의 걸출한 자들이 강학하는 것이 다르고 같은 것 때문에 의론이 분분한데, 우리 무리가 변론하여 옳음을 다툴 수 있겠는가? 오직 마땅히 반구저기反求諸己[3]해야 한다. 진실로 그 말이 옳은가? 내가 이것이 여전히 믿지 않는 바가 있다면 또 마땅히 그 잘못된 것을 찾도록 힘써야 할 것이며 번번이 자기를 옳다하고 남을 그르다고 할 수는 없다. 남이 한 말이 잘못인가? 내가 이것으로써 이미 스스로 믿는 것인가? 그렇다면 마땅히 더욱 자겸自慊[4]에서 구해야 한다. 이른바 묵묵히 그것을 이루며 말하지 않아도 믿는 것이다. 그렇다면 오늘날 말이 많지만 누가 우리들이 동심인성動心忍性[5]하여 지려절차砥礪切磋[6]의 경지에 이른다고 비난하겠는가? 또 저 의론이 일어나는 것은 반드시 나한테 사사로운 원한이 있는 것이 아니니 또한 장차 도를 지킬 것으로 여기는 것이다. 하물며 그 이론은 본래 선대 유학자들의 서론緖論[7]에서부터 나와서 우리들이 갑자기 옛것과 다른 것을 말하였으나 만약 허공을 후벼 파서 함부로 만들어 낸 것이라면 물론 다른 학자들이 비난하며 비웃고 놀라며 의혹하는 것이 마땅하다. 저들의 행위를 전적으로 죄 줄 수 없다.”

주

1 정계충程啟充은 정치가이다. 자가 이도以道·초정初亭이고 별호는 남계南溪이며 사천성 가정주嘉定州 사람이다. ‘가정사간嘉定四諫’ 중 한 사람이다. 정덕 3년(1508)에 진사가 되어 삼원지현三原知縣을 받았고 이후 어사로 임명되었다. 그는 무종에게 당시의 폐해를 여러 차례 정직하고 대담하게 간언하였으나 받아들여지지 않고 오히려 10여 년간 변방으로 좌천되었다. 가정 16년(1537) 사면되었으나 고향으로 돌아갔다.

2 재보宰輔는 임금을 돕고 모든 관원을 지휘 감독하는 일을 맡아보던 이품二品 이상의 벼슬 또는 그 벼슬에 있던 벼슬아치이다. 본디 ‘재宰’는 요리하는 자, ‘상相’은 보행步行을 돕는 자로 둘 다 수행하는 자를 이르던 말이었으나, 진秦나라 이후에 최고 행정관을 뜻하게 되었다.

3 반구저기反求諸己는 『맹자·공손추』에 나온다. 일이 잘못되었을 때 그 원인을 외부에 전가하지 않고 자신에게 돌이켜 해결책을 모색하라는 것이다.

4 자겸自慊은 스스로 만족함이다. 『대학』: 所謂誠其意者, 毋自欺也. 如惡惡臭, 如好好色, 此之謂自謙. 故君子, 必愼其獨也.[그 뜻을 성실히 한다는 것은 스스로 속이지 않는 것이니, 악을 미워하기를 악취를 싫어하듯이 하고 선을 좋아하기를 호색을 좋아하듯이 하여야 하니, 이것을 자겸自慊이라 이른다.]라고 하였다.

5 동심인성動心忍性은 마음을 단단히 먹고 품성을 강인하게 한다는 뜻으로, 사람이 어떤 일을 성취하려면 이러한 공부가 필요함을 이르는 말이다. 『맹자·고자』: 天將降大任於斯人也, 必先勞其心志, 勞其筋骨, 餓其體膚, 窮乏其身, 行拂亂其所爲. 是故 動心忍性, 增益其所不能.[하늘이 장차 이 사람에게 큰 임무를 내리게 할 때에는 반드시 먼저 그 심지를 지키게 하고, 뼈마디의 찢어지는 고난을 당하게 하며, 그 몸을 굶주리게 하고, 그 생활을 빈궁에 빠뜨려 하는 일마다 어지럽게 하느니라. 이는 그의 마음을 두들겨서 참을성을 길러주어 지금까지 할 수 없었던 일도 할 수 있게 하기 위함이다.]라고 하였다.

6 지려절차砥礪切磋에서 지려는 숫돌을 연마하는 것이고 절차는 학문을 토론하고 연구하는 것이다. 『전습록·답주도통서答周道通書』에 나온다. 『시경』의 절차탁마切磋琢磨와 뜻이 같다. 절차탁마는 칼로 자르고, 숫돌로 갈고, 줄로 문질러 광을 낸다는 뜻으로, 학문이나 덕행을 끊임없이 갈고 닦는다는 뜻이다.

7 서론緖論은 말이나 글 따위에서 본격적인 논의를 위한 실마리가 되는 부분이다. 즉, 머리말이나 서설이 이에 속한다.

是月德洪赴省城，辭先生請益。先生曰："胸中須常有舜、禹有天下不與氣象。"德洪請問。先生曰："舜、禹有天下而身不與，又何得喪介於其中？"

이달은 전덕홍이 성의 도성으로 부임하면서 선생에게 더 많은 배움을 청하는 말을 했다. 선생이 말했다: "가슴 안에 반드시 순임금과 우임금이 천하를 가지고도 기상을 함께 하지 않았음을 마음에 지녀야 한다." 전덕홍이 무슨 말인지 청해 물으니, 선생이 말했다: "순임금과 요임금은 천하를 가졌는데도 자신은 관여하지 않았으니 또 어찌 그 안에 얻음과 잃음이 끼어들 수 있겠는가?"

1523년, 선생 52세

二年癸未，先生五十二歲，在越。

가정 2년 계미년(1523) 선생 52세에 월 땅에 있었다.

52세 2월

二月。南宮策士以心學爲問，陰以辟先生。

2월 남궁의 책사策士[1]가 심학으로 물음을 삼아서 은밀히 선생을 물리쳤다.

주

1 책사策士는 책략을 잘 쓰는 사람이다.

門人徐珊讀《策問》，歎曰：“吾惡能昧吾知以幸時好耶！”不答而出。聞者難之。曰：“尹彦明後一人也。”同門歐陽德、王臣、魏良弼等直接發師旨不諱，亦在取列，識者以爲進退有命。

문인 서산徐珊[1]이 『책문』을 읽고 탄식하며 말했다: "내 어찌 우리 양지를 어둡게 하여 시절의 좋음을 바랄 수 있겠는가!" 답을 적지 않고 나가버렸다. 이 일을 들은 자들이 그를 비난하며 말했다: "윤언명尹彦明[2] 후의 한 사람이다." 동문인 구양덕, 왕신, 위양필 등은 직접 스승의 종지를 잘못됨이 없이 자세히 설명하고 또 취하여 늘어놓았는데 지식인들은 나아가고 물러남은 하늘의 명에 있다고 여긴 것이다.

주

1 서산徐珊(1487~1548)은 자가 여패汝佩이고 호는 삼계三溪이며 절강성 여요餘姚 사람이다. 가정 임오년에 거인擧人이 되어 양명의 문하로 들어갔다. 가정 20년 호광성 진주辰州에서 동지同知를 지냈다.

2 윤언명尹彦明은 황종희, 『명유학안 하·중승이곡평선생中丞李谷平先生』에 "북송의 윤언명尹彦明이 정이천程伊川을 만나고 반년 만에 비로소 『대학大學』과 『서명西銘』을 얻었는데, 그 뜻도 좋고 병통도 있다. 세상에 책이 많은데 반년 동안 한 글자도 안 가르치면 언제 천하의 많은 책을 읽을 수 있겠습니까? 나는 하늘은 사람을 낳고, 사람은 사람을 낳는다는 것은 하나의 명덕일 뿐이라고 생각한다. 명덕은 곧 인仁이다. 성인의 학문은 단지 이 이치를 분명히 하는 것뿐이다. 학자가 『대학』과 『서명』의 취지에 따라 얻은 것이 있다면, 육경은 고칠 수 없이 명백하다"라고 하였다. 윤언명이 한 학문에 꽂히어 다른 것을 받아들이지 않았기 때문에 서산을 윤언명 후의 한 사람이라고 하였다.

德洪下第歸，深恨時事之乖。見先生，先生喜而相接曰：“聖學從玆大明矣。”德洪曰：“時事如此，何見大明？”先生曰：“吾學惡得遍語天下士？今會試錄，雖窮鄉深谷無不到矣。吾學旣非，天下必有起而求眞是者。”

전덕홍이 시험에 떨어져 집으로 돌아오면서 작금의 일이 어그러진 것을 깊이 원망했다. 선생을 뵈오니 선생은 기쁘게 맞이하며 말했다: "성인의 학이 이제부터 크게 밝아지겠다." 전덕홍이 말했다: "작금의 일이 이와 같으니 어찌 크게 밝아짐을 보겠습니까?" 선생이 말했다: "우리 학문이 어찌 천하의 선비들에게 두루 말할 수 있겠는가? 지금 회시에 기록되었으니 비록 외딴 고을이나 깊은 골짜기라 하더라도 다다르지 않는 곳이 없을 것이다. 우리 학문이 옳지 않다면 천하에는 반드시 일어나 진실로 옳은 것을 구하는 자가 있을 것이다."

鄒守益、薛侃、黃宗明、馬明衡、王艮等侍，因言謗議日熾。先生曰："諸君且言其故。"有言先生勢位隆盛，是以忌嫉謗；有言先生學日明，爲宋儒爭異同，則以學術謗；有言天下從遊者衆，與其進不保其往，又以身謗。先生曰："三言者誠皆有之，特吾自知諸君論未及耳。" 請問。曰："吾自南京已前，尚有鄉願意思。在今只信良知真是真非處，更無掩藏回護，才做得狂者。使天下盡說我行不掩言，吾亦只依良知行。"

추수익, 설간, 황종명, 마명형, 왕간 등이 선생을 모셨는데 말로써 비방하는 의론이 날로 성해졌다. 선생이 말했다: "여러분들은 또 그 까닭을 말해보라"하니 어떤 이는 선생의 세력과 지위가 융성해지니 이것 때문에 꺼리고 시기하고 비방하는 것이라 말하고, 어떤 이는 선생의 학문이 날로 분명하게 되니, 송유를 위하여 같고 다름을 다투게 된다면 학술로서 비방하는 것이라고 말하고, 어떤 이는 천하에 따르는 자가 많아지니 그들과 함께 나아가고 그 지나간 것을 보존하지 않으니 또한 자기 일신 때문에 비방한다고 말하였다. 선생은 말했다: "세 가지 말을 한 자는 정말로 모두 이유를 가지고 있다. 특별히 나는 여러분들의 논리가 아직 미치지 않음을 알 따름이다." 청해 물으니 말했다: "내가 남경에 있기 이전부터 오히려 향원鄕願[1]에 뜻이 있었다. 지금에 있어서는 단지 양지良知를 믿고 참으로 옳고 참으로 그르다고 여기는 곳에서 한층 더 가리고 숨기고 두둔함을 없애버려야만 비로소 광자狂者[2]가 될 수 있다는 것을 믿게 되었다. 천하 사람들이 다 내 행동이 말을 엄호해 주지 못한다고 말해도 나는 역시 양지에 의거하여 행동할 뿐이다."

주

1 향원鄕愿은 『논어』에서 "子曰, 鄕愿, 德之賊也.[공자가 말했다. 향원은 덕의 적이다.]" 라고 하였다. 덕의 적이란 마을의 신망을 얻기 위해 선량을 가장한 사람 혹은 속인俗人의 인기를 모으는 위선자를 뜻한다.

2 광자狂者는 『논어·자로』에 "子曰, 不得中行而與之, 必也狂狷乎! 狂者進取. 狷者有所不爲也.[공자께서 말씀하셨다. 중도를 행하는 사람을 얻어서 함께할 수 없다면 반드시 광자나 견자와 함께할 것이다. 광자는 진취적이고, 견자는 하지 않는 바가 있다.]"라고 하였다.

請問鄕愿狂者之辨。曰："鄕愿以忠信廉潔見取於君子，以同流合汙無忤於小人，故非之無擧，刺之無刺。然究其心，乃知忠信廉潔所以媚君子也，同流合汙所以媚小人也，其心已破壞矣，故不可與人堯、舜之道。狂者志存古人，一切紛囂俗染，擧不足以累其心，真有鳳凰翔於千仞之意，一克念即聖人矣。惟不克念，故闊略事情，而行常不掩。惟其不掩，故心尚未壞而庶可與裁。"

향원과 광자의 분별을 청해 물었다. 선생이 말했다: "향원은 충신과 청렴결백[廉潔]으로 군자에게서 취해 볼 수 있다. 같은 부류로서 혼탁함과 합해져[同流合汙] 소인과 어긋남이 없다. 그 때문에 그를 비난하려고 해도 증거로 들 것이 없으며 헐뜯으려고 해도 헐뜯을 것이 없다.[1] 그러나 그 마음을 궁구해보면 바로 충신과 청렴결백은 군자에게 아첨하기 위해서이고, 동류합오同流合汙[2]는 소인에게 아첨하기 위한 것임을 아는 것이다. 그 마음이 이미 허물어졌기 때문에 사람들이 요·순의 도를 함께 할 수 없다. 광자는 뜻이 옛사람에게 존재하고 있어서 일체 떠들썩한 세속에 오염되어 다 그 마음을 옮아매기에 부족하다. 봉황이 천 길을 날아오르는 뜻을 가진다. 한번 의념을 극복하면 성인이 될 수 있다. 오직 그 의념을 극복하지 못하기 때문에 일을 대충대충 하면서 행동은 항상 가려지지 않는다. 오직 그 행동이 가려지지 않기 때문에 마음이 아직 무너지지 않고 여럿이 함께 할 수 있다."

주

1 『논어·양화』: 非之無擧也, 刺之無刺也, 同乎流俗, 合乎汙世.[그를 비난하려고 해도 증거로 들 것이 없으며 헐뜯으려고 해도 헐뜯을 것이 없어서 세속과 동조하며 더러운 세상과 영합한다.]

2 동류합오同流合汙는 한 패거리가 되어 나쁜 짓을 같이 하는 것이다.

曰 : "鄕願何以斷其媚世?"曰 : "自其議狂狷而知之。狂狷不與俗諧，而謂生斯世也，爲斯世也，善斯可矣，此鄕願志也。故其所爲皆色取不疑，所以謂之'似'。

三代以下，士之取盛名於時者，不過得鄕願之似而已。然究其忠信廉潔，或未免致疑於妻子也。雖欲純乎鄕願，亦未易得，而況聖人之道乎？"

문인이 말했다: "향원은 어떻게 하여 세상에 아첨하는 것을 끊습니까?" (선생이) 말했다: "광자와 견자의 논의로부터 그것을 알게 된다. 광자와 견자는 세속과 더불어 화합하지 않고 이 세상에 태어났으니 이 세상을 위하여 선하다고 하면 이것은 옳다[1]고 말한다. 이것이 향원이 지향하는 것이다. 그래서 그들은 이른바 모두 얼굴색은 군자의 모습을 취하여 의심하지 않는다.[2] 그래서 군자와 '비슷하다[似]'[3]라고 말한다.
삼대三代[4] 이래로 선비는 그 시대에 명성을 취한 자다. 향원鄕願[5]의 비슷함을 얻는 것에 불과할 따름이다. 그러나 그 충성[忠]·신의[信]·청렴[廉]·결백[潔]을 궁구하여도 어떤 이는 아내에게조차 의심받는 것을 면할 수 없다. 비록 순전히 향원이려고 해도 쉽지 않은데 하물며 성인의 도는 어떠하겠는가?"

주

1 『맹자·진심 하』: 生斯世也, 爲斯世也, 善斯可矣. 閹然媚於世也者, 是鄕原也.[이 세상에 태어났으면 이 세상을 위해 선하다고 하면 옳다고 했다. 은근히 세상에 아첨하는 사람이 바로 향원이다.]

2 『논어·안연』: 夫聞也者, 色取仁而行違, 居之不疑.[이름이 알려진 것은 얼굴빛은 인을 취하는 듯하나, 행동은 인에 어긋날 수 있는데, 자신의 처신에 의심을 품지 않는 것이다.] 향원은 얼굴색에 군자의 모습을 하여 스스로 의심하지 않고 남들도 의심하지 않는 것이다. 그래서 자신을 군자와 같다[似]고 여긴다.

3 사似는 같다는 뜻이나 사이비似而非라고 할 수 있다. 사이비는 비슷할 뿐 같은 것은 아니다.

4 삼대三代는 요·순·우의 시대를 말한다.

5 향원鄕願은 『논어·양화』: 子曰, 鄕願, 德之賊也.[공자가 말했다: "향원은 덕의 적이다.] 향원은 겉으로만 그럴듯하고 실제는 사리가 분명하지 않다.

曰: "狂狷爲孔子所思, 然至於傳道, 終不及琴張輩而傳曾子, 豈曾子亦狷者之流乎?"先生曰: "不然, 琴張輩狂者之稟也, 雖有所得, 終止於狂。曾子中行之稟也, 故能悟入聖人之道。"

(선생이) 말했다: "광자와 견자[1]는 공자가 생각한 것이었으나 도를 전하는 데에 이르러 결국에 금장琴張[2]의 무리에게까지는 미치지 못하였고 증자에게 전해졌는데 어찌 증자 역시 견자의 부류였습니까?" 선생이 말했다: "그렇지 않다. 금장의 무리들은 광자의 성품인데 비록 얻는 바가 있어도 결국 광자에서 그쳤다. 증자는 중도를 행하는 성품이다. 그 때문에 성인의 도를 깨쳐서 반열에 들어갈 수 있었다."

주

1 광자와 견자: 『논어·자로』: 子曰, 不得中道而與之, 必也狂獧乎! 狂者進取, 獧者有所不爲也.'[공자는 중도의 인재를 얻어서 함께할 수 없다면 반드시 광자나 견자와 함께할 것이다! 광자는 진취적이고 견자는 하지 못하는 것이 있다.]라고 했다. 그것을 『맹자·만장』에 "孔子豈不欲中道哉? 不可必得, 故思其次也.[공자가 어찌 중도의 인재를 바라지 않았겠는가? 반드

시 얻을 수 없었고 그러므로 그다음을 생각한 것이다]"라고 하였다. 광자와 견자는 중도의 인물이 되지 못하고 조금씩 치우친 사람이다. 광자는 진취적이고 견자는 약간 소극적인데 공자는 둘 중 진취적인 사람을 택하겠다고 하였다.

2 금뢰琴牢는 자가 자개子開·자장子張이며 금장琴張이라 불렸다. 춘추 시기 위나라 사람이다. 공자의 초기 제자로 공문 72현에 이름을 올렸다. 공자가 그를 광자라 하였다. 『맹자·만장』: 孟子曰, 如琴張, 曾皙, 牧皮者, 孔子之所謂狂矣[맹자가 말했다: 금장이나 증석, 목피 같은 사람은 공자가 광자라고 하였다] 『맹자집주·진심 하』, 주희 주: 琴張名牢, 字子張, 子桑戶死, 琴張臨其喪而歌, 事見莊子.[금장은 이름이 뢰이고 자는 자장子張이다. 자상호가 죽고 금장이 그의 초상에 가서 노래를 불렀다. 『장자』에서 볼 수 있다."라고 하였다.

••• 편지글

先生《與黃宗賢書》曰："近與尚謙、子華、宗明講《孟子》'鄉愿狂狷'一章，頗覺有所警發，相見時須更一論。四方朋友來去無定，中間不無切磋砥勵之益，但真有力量能擔荷得者，亦自少見。大抵近世學者無有必爲聖人之志，胸中有物，未得清脫耳。聞引接同志，孜孜不怠，甚善！但論議須謙虛簡明爲佳。若自處過任，而詞意重復，卻恐無益而有損。"

선생은 황종현黃宗賢[1]에게 보낸 서신에서 말했다:

"근래 상겸[2], 자화, 종명[3]과 더불어 『맹자』를 강의하였는데 '향원광견' 한 장에서 경계하여 계발할 것이 있음을 깨닫고 서로 만났을 때 모름지기 다시 한번 논의하기로 했다. 사방의 벗들이 오고 가는데 정해진 것은 없었고 그 가운데 갈고 닦음의 이익이 없지 않았다. 단지 진정 역량이 담당할 만한 자가 있어 저절로 몇몇 보였다. 대략 근세의 학자들은 반드시 성인이 되고자 하는 뜻을 가진 자가 없다. 가슴 안에 속된 것이 있는데 맑게 털어버릴 수가 없을 뿐이다. 동지를 인접하여[4] 열심히 노력하고 나태하지 않았다고 들었다. 참 좋구나! 다만 논의는 반드시 겸허하고 간단명료한 것을 아름답게 여긴다. 만약 자신이 처신하는 것이 맡겨진 임무보다 지나치고 뜻을 말하는 것이 거듭되면 도리어 이익은 없고 손해만 있을까 두렵다."

주

1 황종현黃宗賢은 황관黃綰이다. 왕양명의 초기 유명한 제자 중 한 명이며 그의 친구이기도 하다. 그는 평생 동안 왕양명의 학설을 실천하고 굳게 믿었으며, 왕양명이 세상을 떠난 후 왕양명의 아들 왕정억을 자신의 딸과 결혼시켰다.

2 상겸尙謙은 설간薛侃이다.

3 종명宗明은 황종명黃宗明이다.

4 인접引接은 들어오게 하여 면접하는 것이고 왕이 의정議政을 인견引見할 때, 시신侍臣을 시켜 맞게 하는 것이다. 또 불교에서 아미타불이 염불念佛 행자行者를 맞아 극락정토極樂淨土로 가게 하는 일을 말한다.

••• 편지글

《與尙謙書》曰："謂自咎罪疾只緣輕傲二字，足知用力懇切。但知輕傲處便是良知，致此良知，除卻輕傲，便是格物。得致知二字，千古人品高下真僞，一齊覷破，毫發不容掩藏：前所論鄕願，可熟味也。二字在虔時終日論此，同志中尙多未徹。近於古本序中改數語，頗發此意，然見者往往亦不能察。今寄一紙，幸更熟味。此乃千古聖學之秘，從前儒者多不善悟到，故其說入於支離外道而不覺也。"

《상겸에게 주는 편지》에서 말했다: "자신에게 허물이 되고 죄가 되며 병통이 되는 것은 오직 경솔함의 '경輕'과 오만함의 '오傲' 두 글자에 말미암으니 간절하게 힘써야 함을 충분히 알겠다. 다만 경과 오가 드러나는 곳을 아는 것이 바로 양지이다. 이 양지에 이르면[致良知][1] 경과 오를 없애 버리는데 바로 이것이 격물格物[2]이다. '치지致知[3]' 두 글자를 얻어 천고에 인품이 높고 낮음, 참되고 거짓됨이 한결같게 가지런하게 깨뜨려지는 것을 엿보니 터럭도 감추는 것을 용납하지 않는다. 전에 향원을 논한 바는 깊숙이 맛볼 수 있다. '치지' 두 글자는 건주에 있을 때 하루 종일 이것을 논했는데 동지들 중에서 여전히 꿰뚫지 못한 자가 많았다. 근래 고본 서론에서 몇몇 말을 고쳤다. 자못 이러한 뜻을 내놓았으나 보는 자들이 이따금 또 알 수가 없었다. 지금 이 편지를 부치니 다시 깊이 음미기를 바란다. 이는 바로 천고에 성학의 비밀이다. 전에는 유학자들이 잘 깨닫지 못한 자가 많았다. 그래서 그 설은 불완전한 데로 들어가 도를 도외시했는데도 깨닫지 못한다."

주

1 치양지致良知는 사람들의 선천적, 보편적 마음의 본체인 양지를 실현하는 것이다.

2 격물格物은 주자학에서는 격格을 '이르다'로 해석하여 사물에 이르러[卽物] 끝까지 이치를 궁구[窮理]하는 것으로 격물은 즉물卽物이고 양명학에서 격格은 바로잡는 것이다. 그래서 격물은 사물을 바로잡는 정물正物의 의미이다.

3 치지致知는 주자학에서는 궁리를 통해 앎에 이르는 것이다. 양명학에서는 잘못된 생각을 바로잡아 마음의 본체인 양지를 각각 사물에 실현하는 치양지致良知이다.

52세 9월

九月，改葬龍山公於天柱峰。鄭太夫人於徐山。

9월에 용산공을 천주봉에 이장하였다. 정태부인은 서산에 이장하였다.

鄭太夫人嘗附葬餘姚穴湖，既改殯郡南石泉山，及合葬公，開壙有水患，先生夢寐不寧，遂改葬。

정태부인은 일찍이 여요의 혈호에 부장하였는데 군의 남쪽 석천산에 이장하여 용산공과 합장하려고 분묘를 열어보니 물이 차 있었다. 선생은 꿈속에서도 평안하지 않았다. 곧장 이장하였다.

주

1 부장附葬은 여러 사람의 시체를 한 무덤에 묻는 것인데 흔히 남편과 아내를 한 무덤에 묻는 경우를 이른다. 합장合葬이라고도 한다.

52세 11월

十有一月，至蕭山。

11월 소산蕭山[1]에 이르렀다.

주

1 소산蕭山은 절강성 항주시杭州市의 관할 구역이다. 성 북부에 있으며 전당강錢塘江 남쪽 해안에 있다.

見素林公自都御史致政歸，道錢塘，渡江來訪，先生趨迎於蕭山，宿浮峰寺。公相對感慨時事，慰從行諸友，及時勉學，無負初志。

견소 임공[1]은 도어사의 지위에서 사직하고 돌아가는데 전당을 경유하여 강을 건너 선생을 방문하였다. 선생은 소산에서 달려 나와 맞이하고 부봉사에 머물게 했다. 임공은 뵙고 작금의 일[時事][2]을 개탄하며 사촌들과 벗들을 위로하고 곧바로 공부했다. 초심을 저버림이 없었다.

주

1 임준林俊(1452~1527)은 자가 대용待用이고 호는 견소見素이며 만호는 운장雲莊이다. 복건성 흥화부興化府 보전莆田 사람이다. 문학가이며 관원이다. 성화 14년(1478) 진사가 되고 형부주

사를 제수받았으며 형부원외랑으로 옮겼다. 남경 형부원외랑, 운남안찰사, 호광안찰사를 역임했다. 정덕 4년(1509) 사천 순무로 있을 때 사천성 난정서藍廷瑞와 언본서鄢本恕가 반란을 일으켰고, 임준이 그들을 진압하였다. 가정 원년(1522) 공부상서를 역임하고 형부상서를 했고 가정 6년(1527)에 사망했다.

2 시사時事는 작금에 생긴 사실을 말한다. 여기서는 부친의 사망을 이르는 것이다.

張元沖在舟中問：“二氏與聖人之學所差毫厘，謂其皆有得於性命也。但二氏於性命中著些私利，便謬千里矣。今觀二氏作用，亦有功於吾身者，不知亦須兼取否？”先生曰：“說兼取，便不是。聖人盡性至命，何物不具，何待兼取？二氏之用，皆我之用：即吾盡性至命中完養此身謂之仙；即吾盡性至命中不染世累謂之佛。但後世儒者不見聖學之全，故與二氏成二見耳。譬之廳堂三間共爲一廳，儒者不知皆吾所用，見佛氏，則割左邊一間與之；見老氏，則割右邊一間與之；而己則自處中間，皆舉一而廢百也。聖人與天地民物同體，儒、佛、老、莊皆吾之用，是之謂大道。二氏自私其身，是之謂小道。”

장원충張元沖[1]이 배안에서 물었다: “노·불과 성인의 학이 차이 나는 바가 아주 적은데 그들이 모두 성명에서 얻음이 있다고 말합니다. 단지 노·불은 성명 중에서 약간의 사사로운 이익을 드러내는데 오류는 천리가 됩니다. 지금 노·불의 작용을 자세히 보니 역시 우리 몸에 공능이 있다는 것은 반드시 겸하여 취해야 하는 것을 알지 못하는 것이 아닌가요?” 선생이 말했다: “겸하여 취할 것을 말하는 것은 더욱 아니다. 성인은 본성을 다하여 천명에 이르니 어떤 사물이 갖추지 않았겠으며 어찌 겸하여 취하려 하겠는가? 노·불의 작용은 모두 우리 유학의 작용이다. 만일 우리의 본성을 다하여 천명에 이르는 중에 이 몸을 완전하게 양생하는 데 작용하는 것이라면, 신선이라 하고 만일 우리가 본성을 다하여 천명에 이르는 중에 세상의 얽매임에 오염되지 않도록 작용하는 것이라면 부처라 한다. 단 후세의 유학자들이 성학의 온전함을 보지 못하였기 때문에 노·불과 더불어 두 가지 견해를 만들었을 따름이다. 비유하자면 대청의 세 칸이 전부 한 대청이 되어 유학자들이 모두 우리 유학이 작용하는 바를 모르고 불가를 보면 왼쪽 한 칸을 할애하여 주고 노자를 보면 오른쪽 한 칸을 할애하여 주었다. 그리고 유학은 스스로 그 가운데에 처하니 모두 한 가지를 들어 백 가지를 폐하는 것이다. 성인과 천지, 백성, 만물은 한 형체이고 유가·불가·노자·장자 모두 우리 유학의 작용이니 이것은 대도大道라고 부른다. 노·불은 자신의 몸을 사사로이 하니 이것은 소도小道라고 일컫는다."

주

1 장원충張元沖은 명대 학자이다. 자가 숙겸叔谦이고 호는 부봉浮峰이며 절강성 산음 사람이다. 가정 무술년 진사가 되어 중서사인中书舍人을 제수받았다. 이과吏科 급사중으로, 또 공과工科 도급사중으로 옮겼다. 후에 강서참정, 광동안찰사, 강서좌우포정사, 우부도어사에 올라 강서 지방을 순무했다. 2년 후 62세에 죽었다. 왕수인에게 수학하고 절중왕문학파에 속했다.

1524, 선생 53세

三年甲申，先生五十三歲，在越。

가정 3년 갑신년(1524), 선생 53세에 월 땅에 계시다.

53세 정월

正月。門人日進。

정월이었다. 문인들은 날마다 학문에 정진하였다.

郡守南大吉以座主稱門生，然性豪曠不拘小節，先生與論學有悟，乃告先生曰："大吉臨政多過，先生何無一言?"先生曰："何過?"大吉曆數其事。先生曰："吾言之矣。"大吉曰："何?"曰："吾不言，何以知之?"曰："良知。"先生曰："良知非我常言而何?"大吉笑謝而去。

군수 남대길南大吉[1]은 좌주座主[2]로서 자신을 문하생이라고 일컬었다. 그러나 본성이 호방하고 넓어서 작은 예절에 얽매이지 않았다. 선생이 함께 학문을 논했는데 깨우침이 있었다. 이에 선생에게 고하며 말했다: "제가 정치에 임하여 잘못이 많았는데 선생은 어찌 한마디 말도 없으신가요?" 선생이 말했다: "무슨 과오?" 대길은 그 일을 낱낱이 말했다. 선생이 말했다: "나는 그것을 말했다." 대길이 말했다: "무슨 말을 했는데요?" 선생이 말했다: "내가 말하지 않았는데 그것이 잘못이라고 어떻게 아는가?" 대길이 말했다. "양지군요." 선생이 말했다: "양지가 내가 항상 말하던 것이 아니고 무엇이냐?" 대길이 웃으며 감사하고 떠났다.

주

1 남대길南大吉(1487~1541)은 명조 관원이며 사상가이다. 자가 원선元善이고 호는 서천瑞泉이다. 섬서성 서안부 화주華州 위남현 사람이다. 정덕 6년(1511) 진사가 되어 호부 주사, 원외랑, 낭중을 지냈다. 가정 2년(1523) 외방으로 나가 소흥부 지부知府를 맡았는데 주희의 계산서원稽山書院을 재건하고 현지의 뛰어난 선비들을 선발하여 왕양명을 초빙했다. 과거에 급제한 자가 제자 10명 중 9명이었다. 소흥의 과거가 더욱 번성하게 되었다. 학당이 왕희지와 사안의 옛 땅을 침범하여 주인이 반환을 요구하여 모두 돌려주고 학당은 그만두었다. 소흥의 백성들은 부모를 잃은 듯 눈물을 흘렸다. 사방에서 공부하러 온 사람들을 가르치기 위해 서원을 다시 구성했다. 지위가 사방에 이르고, 문행으로 명성이 자자했다. 10여 년간 집에 머물다 53세의 나이로 세상을 떠났다.

2 좌주座主는 과거의 시험관이다.

居數日，復自數過加密，且曰："與其過後悔改，曷若預言不犯爲佳也。"先生曰："人言不如自悔之真。"大吉笑謝而去。

며칠이 지나 다시 스스로 세밀함을 보태어 잘못을 세어보았다. 또 말했다: "그 잘못을 한 후 후회하고 고치기보다는 미리 알아서 범하지 않는 것이 좋다고 여기는 것은 어떻습니까?" 선생은 말했다: "사람들은 스스로 후회하는 진정성이 최고라고 말한다." 대길은 웃으며 감사하고 떠나갔다.

居數日，復自數過益密，且曰："身過可勉，心過奈何?"先生曰："昔鏡未開，可得藏垢；今鏡明矣，一塵之落，自難住腳。此正人聖之機也，勉之！"

며칠 거주하면서 다시 스스로 과오를 더욱 조밀하게 세어보고 다시 말했다: "신변의 과실은 힘쓸 수 있으나 마음의 과실은 어찌해야 합니까?" 선생이 말했다: "옛날에는 거울이 개발되지 않아 허물을 감출 수가 있었다. 지금은 거울이 밝아 티끌 하나가 떨어져도 자신이 발붙이기 어려울 것이다. 이는 사람을 바르게 하여 성인이 되는 기틀이다. 그것에 힘쓰라!"

於是辟稽山書院，聚八邑彥士，身率講習以督之。於是蕭謬、楊汝榮、楊紹芳等來自湖廣，楊仕鳴、薛宗鎧、黃夢星等來自廣東，王艮、孟源、周衡等來自直隸，何秦、黃弘綱等來自南贛，劉邦采、劉文敏等來自安福，魏良政、魏良器等來自新建，曾忭來自泰和。宮刹卑隘，至不能容。蓋環坐而聽者三百餘人。

(선생은) 이곳에서 계산서원稽山書院[1]을 열고 8개 읍의 인재들을 모집하여 몸소 강습을 이끌면서 그들을 독려했다. 이에 소유, 양여영, 양소방 등이 호광성에서 왔고 양사명, 설종개, 황몽성 등이 광동성에서 왔으며 왕간, 맹원, 주충周衝[2] 등이 직예에서 왔고 하진何秦[3], 황홍강 등은 감주 남쪽에서 왔고 유방채劉邦采[4], 유문민劉文敏[5] 등은 안복에서 왔고 위양정, 위양기魏良器[6] 등은 신건에서 왔으며 증변曾忭[7]은 태화에서 왔다. 건물이 낡고 좁아서 수용할 수 없는 데에 이르렀다. 대략 둘러앉아 듣는 자가 300여 명이 되었다.

주

1 계산서원稽山書院은 송대 소흥에 세운 서원이다. 범중엄은 월주지주越州知州로 부임하여 월주 치소에 계산서원을 창건하였으며, 유명한 학자 신창新昌의 석지단石待旦을 초빙하여 주재하게 하였는데 사방에서 공부하러 몰려들었다. 건도乾道 6년(1170), 주희가 이곳에서 강학하고 정치를 베풀어 선비를 많이 배출하였다. 그 후 오랫동안 사라졌다. 명나라 정덕 연간(1506~1521) 산음지현 장환이 서원을 옛터의 서쪽으로 이전했다. 가정 3년(1524) 소흥지부 남대길이 서원을 확장하여 명덕당明德堂과 존경각尊經閣을 증축하였다. 왕양명은 여기에서 치양지致良知의 학문을 밝히고 《계산서원존경각기》를 지었다. 8개 읍의 제생들을 시험하여 우수한 자를 선발하였다.

2 주충周衝은 명대 이학자이다. 호는 정암靜菴이다. 양명의 심학과 담약수의 이학 사상을 조화시킨 이론적 입장을 중점적으로 보여준다. 『명유학안』에 그의 핵심 사상은 '학문은 반드시 스스로 얻어야 한다.'라고 적혀있다.

3 하진何秦은 하정인何廷仁의 초명이다.

4 유방채劉邦采(1490~1578)는 자가 군량君亮이고 호는 사천師泉이다. 강서성 안복安福 사람이다. 왕수인의 제자이며 가흥부동지嘉興府同知를 역임하고 귀향하였다. 조카 유효劉曉가 먼저 왕수인을 스승 삼았는데 집으로 돌아와 그에게 왕수인의 학문을 전했다. 그는 종형 유문민劉文敏과 제질 9명과 함께 왕수인 문하로 들어갔다.

5 유문민劉文敏(1490~1572)은 명대 유학자이다. 자가 의충宜充이고 호는 양봉兩峰이며 강서성 길안 안복 사람이다. '강우왕문학파'에 속했다.

6 위양기魏良器는 자가 사안師顔이고 호는 약호藥湖이다. 강서성 신건 사람이다. 왕수인이 강서에 순무하러 왔을 때 형 위양필, 위양정과 동생 위양귀와 함께 왕학을 배우러 갔었고 왕수인을

따라 절강성에 머물렀다.

7 증변曾忭은 강서 태화현泰和縣 사람이다. 자가 여성汝誠이고 호는 전천前川이다. 가정 5년 진사가 되었다. 유청원劉淸源을 구하기 위해 서신을 보내 '청원이 영왕의 반란 시 공을 세웠다.'고 했는데 황제의 뜻을 거슬렀다고 배척하여 평민이 되게 했다. 후에 복직되어 도급사중을 했다.

先生臨之，只發《大學》萬物同體之旨，使人各求本性，致極良知以至於至善，功夫有得，則因方設教。故人人悅其易從。

선생은 그곳에 오셔서 단지 『대학』에서 만물동체의 종지를 펼쳐서 사람들이 각자 본성을 구하고 양지를 실현하는 데 힘을 쏟아 지극한 선에 이르게 하였다. 공부가 얻음이 있게 되면 상대방에 따라 가르침을 세웠다. 그래서 사람마다 따르기가 쉬움을 기뻐했다.

海寧 董澐號蘿石，以能詩聞於江湖，年六十八，來遊會稽，聞先生講學，以杖肩其瓢笠詩卷來訪。入門，長揖上坐。先生異其氣貌，禮敬之，與之語連日夜。澐有悟，因何秦強納拜。先生與之徜徉山水間。澐日有聞，忻然樂而忘歸也。其鄉子弟社友皆招之反，且曰："翁老矣，何乃自苦若是?"

해영海寧의 동운董澐[1]은 호가 나석蘿石이고 시에 능하여 강호에서 소문이 났다. 나이는 68세이다. 회계산에 놀러 와서 선생이 강학한다고 듣고 지팡이를 짚고 표주박과 삿갓과 시집을 어깨에 메고 방문하였다. 문에 들어서서 길게 읍을 하고 자리에 올랐다. 선생이 그의 기품과 용모가 남과 다르다고 여기며 예로서 그를 공경하고 그와 더불어 이틀 밤낮을 이야기했다. 동운은 깨달음이 있었다. 하진에 의해 강제로 납배[2]를 올렸다. 선생은 그와 더불어 산수에서 한가로이 노닐었다[徜徉][3] 동운은 매일 듣는 것이 있어 흔연히 즐거워 돌아가는 것을 잊었다. 고향의 자제와 사우들 모두가 그를 돌아오라고 불렀다. (그들은) 재차 말했다: "어르신은 나이가 많은데 어째서 이처럼 자신을 괴롭히십니까?"

주

1 동운董澐(1457~1533)은 명대 학자이며 시인이다. 자가 복종復宗이고 호는 나석蘿石이며 만호는 종오도인從吾道人이다. 절강성 해영海寧 사람이다. 68세에 회계를 돌아다니다 양수인으로부터 양지에 대해 듣고는 마치 막 꿈에서 깨어난 듯했다. 이때부터 왕수인을 따르고 "나는 이제부터 고해苦海를 떠나 나의 양지를 따라야 한다." 하고는 자신을 종오從吾라고 불렀다.

2 납배納拜는 스승으로 뵙고 절을 함

3 상양徜徉은 한가로이 노니는 것이다.

澐曰："吾方幸逃於苦海，憫若之自苦也，顧以吾爲苦耶！吾方揚鬐於渤澥，而振羽於雲霄之上，安能復投網罟而入樊籠乎？去矣，吾將從吾之所好。"遂自號曰從吾道人，先生爲之記。

동운이 말했다: "나는 막 다행하게도 고통에서 도망쳐 나왔다. 가엽게도 마치 스스로 고통으로 가는 것 같았다. 돌아보니 나를 고통으로 삼았군! 내가 막 발해에서 물고기가 물 위로 뛰어오르고 새가 하늘에서 날개 짓하는데 어찌 다시 그물을 던져서 소쿠리에 들어갈 수 있겠는가? 가거라. 나는 장차 내가 좋은 것을 따르겠다." 마침내 스스로 호를 '종오도인'이라고 칭했다. 선생은 그를 기록하였다.

53세 4월

四月，服闋，朝中屢疏引薦。

사월에 상을 마치시어 조정에서 누차 천거를 유도하는 소를 올렸다.

霍兀涯、席元山、黃宗賢、黃宗明先後皆以大禮問，竟不答。

곽올애霍兀涯[1], 석원산席元山[2], 황종현黃宗明[3], 황종명이 먼저 오거나 나중에 와서 모두 대례에 대해 질문했다. 끝내 답하지 않았다.

주

1 곽올애霍兀涯는 곽도이다. 올애兀涯는 그의 호이다.
2 석원산席元山은 석서席書이다. 원산元山은 그의 호이다.
3 황종현黃宗賢은 황관黃绾이다. 종현宗賢은 그의 자이다.

53세 8월

八月，宴門人於天泉橋。

8월에 문하생들에게 천천교에서 연회를 베풀었다.

中秋月白如晝，先生命侍者設席於碧霞池上，門人在侍者百餘人。酒半酣，歌聲漸動。久之，或投壺聚算，或擊鼓，或泛舟。先生見諸生興劇，退而作詩，有"鏗然舍瑟春風裏，點也雖狂得我情"之句。明日，諸生入謝。

보름달이 대낮처럼 밝았다. 선생은 시자侍者[1]에게 명하여 벽하지碧夏池[2]가에 자리를 만들라고 했다. 선생을 모시는 문하생이 백여 명이었다. 술자리가 반쯤 무르익자, 노랫소리가 점점 울려왔다. 시간이 오래되면서 어떤 이는 투호投壺[3]를 하고 어떤 이는 북을 치고 어떤 이는 배를 타고 놀았다. 선생은 모든 문하생이 몹시 흥이 난 것을 보고 물러나 시를 지었는데 "쟁쟁 금 타는 소리 나더니 그치고, 봄바람에 증점[4]은 비록 광자이나 나의 정을 얻었다."라는 구절이 있었다. 다음날 문하생들이 들어와서 감사하다는 인사를 했다.

주

1 시자侍者는 귀貴한 사람을 모시고 시중드는 사람이다.
2 벽하지碧夏池는 흔히 왕아지王衙池로 불리며, 소흥 시내 상대로上大路 왕아농王衙弄 내에 위치해 있다. 이곳은 명나라 병부상서 왕수인의 생가 앞에 있는 연못이다.
3 투호投壺는 병 속에 화살 던져 넣기를 하여 화살 숫자를 세어 진 쪽이 벌주를 마시는 놀이이다.
4 증점曾點은 자가 자석子晳이다. 아들 증삼과 함께 공자를 스승으로 모시고 배운 인물이다. 늦은 봄날 기수에서 목욕하고 무우에서 바람을 쐬고 시를 읊조리며 산책하고 싶다는 포부를 밝혀 공자의 마음을 사로잡았다.

先生曰 : "昔者孔子在陳, 思魯之狂士。世之學者, 沒溺於富貴聲利之場, 如拘如囚, 而莫之省脫。及聞孔子之教, 始知一切俗緣, 皆非性體, 乃豁然脫落。但見得此意, 不加實踐以入於精微, 則漸有輕滅世故, 闊略倫物之病。雖比世之庸庸瑣瑣者不同, 其爲未得於道一也。故孔子在陳思, 歸以裁之, 使入於道耳。諸君講學, 但患未得此意。今幸見此, 正好精詣力造, 以求至於道。無以一見自足而終止於狂也。"

선생이 말했다: "옛날에 공자는 진陳 나라에서 노나라의 광자인 선비들을 생각하였다. 세상의 학자들은 부귀, 명성, 이익이 있는 곳에 빠져서 마치 구속당한 것처럼 마치 죄인인 것처럼 반성하며 벗어나지 못했다. 급기야 공자의 가르침을 듣고 비로소 일체의 속세 인연이 모두가 성의 본체가 아닌 것을 알고서야 비로소 시원하게 벗어날 수 있었다. 다만 이런 뜻을 알고 정밀하고 미미한 것에 들어가 실천을 더 보태지 않으

면 점점 세상의 일들을 경멸하고 인륜과 사물을 등한시하는 병통을 지닌다. 비록 세상의 평범하고 자질구레한 것에 비교하면 같지 않으나 도 하나를 얻지 못한다. 그 때문에 공자는 진나라에서 돌아가서 그것을 재단하여 도로 들어가게 할 뿐이라고 생각했다.[1] 여러분들은 강학을 할 때 다만 이 뜻을 얻지 못함을 걱정하라. 지금 다행히 이것을 알게 되니 때마침 학문의 경지를 정밀하게하고 힘써서 도에 이르도록 추구하라. 하나를 알고 스스로 만족하지 말고 종국에 광자에 머물러라."

주

1 『논어·공야장』: 子在陳, 曰: "歸與? 歸與? 吾黨之小子狂簡, 斐然成章, 不知所以裁之."라고 하였는데 하안, 『논어집해論語集解』에서 공안국이 말했다: "簡, 大也. 孔子在陳, 思歸欲去, 故曰: '吾黨之小子, 狂簡者進取於大道, 妄作穿鑿以成文章, 不知所以裁製, 我當歸以裁之耳.' 遂歸.[간簡은 큰 것이다. 공자가 진나라에 계실 적에 돌아갈 것을 생각하며 떠나고자 하여 말했다: '나의 제자들은 크게 진취적인 자들이 대도大道를 취하여 나가지만 문장文章을 함부로 짓기만 하고 재단하여 짓는 방법을 알지 못하니, 내가 마땅히 돌아가 가르쳐야 할 뿐이다.'하고 마침내 돌아갔다.]"

是月，舒柏有敬畏累灑落之問，劉侯有入山養靜之問。先生曰："君子之所謂敬畏者，非恐懼憂患之謂也，戒慎不睹，恐懼不聞之謂耳。君子之所謂灑落者，非曠蕩放逸之謂也，乃其心體不累於欲，無入而不自得之謂耳。夫心之本體，即天理也。天理之昭明靈覺，所謂良知也。君子戒懼之功，無時或間，則天理常存，而其昭明靈覺之本體，自無所昏蔽，自無所牽擾，自無所歉餒愧怍，動容周旋而中禮，從心所欲而不逾：斯乃所謂真灑落矣。是灑落生於天理之常存，天理常存生於戒慎恐懼之無間。孰謂敬畏之心反爲灑落累耶？"

이달에 서백舒柏[1]은 '경외함이 쇄락灑落[2]에 누가 된다.'라는 물음을 가지고 있고 유후

劉侯는 '입산하여 고요함을 기른다.'라는 물음을 가지고 있었다. 선생이 말했다: "군자가 말하는 경외라는 것은 두려워하고 근심하는 바가 있는 것을 말하는 것이 아니라 보지 않는 바에도 삼가고 듣지 않은 바에도 두려워하는 것을 말할 따름이다. 군자가 말하는 쇄락은 활달하고 방탕하고 마음대로 하는 것을 말하는 것이 아니고 바로 본래의 마음이 욕망에 얽매이지 않아 어디에 들어온들 스스로 얻지 않음이 없음을 일컫는 것일 뿐이다. 심의 본체는 즉 천리다. 천리가 밝고 영명하게 깨닫는[昭明靈覺][3] 곳이 이른바 양지이다. 군자의 삼가고 두려워하는 공부[戒懼之功][4]는 어느 때고 혹시라도 틈을 두는 것을 없앤다면 천리는 늘 보존되며 그 소명영각의 본체가 스스로 혼미한 바가 없고 스스로 끌어다 어지럽게 하는 바가 없으며 스스로 의기소침하고 부끄럽게 하는 바가 없으며 행동거지[動容周旋][5]가 예절에 맞고 마음이 하고자 하는 대로 따르고도 지나치지 않게 된다. 이것이 바로 진정한 쇄락이라고 말하는 것이다. 이 쇄락은 천리가 항상 보존되는 데서 생겨난다. 그리고 천리가 항상 보존되는 것은 계신공구함이 틈이 없는 데서 생겨나는 것이다. 누가 경외하는 마음이 도리어 쇄락의 누가 된다고 말하는가?"

주

1 서백舒柏은 자가 국용國用이며 강서성 정안현靖安縣 신흥新興 사람이다. 명 정덕 연간에 급제하여 섭현 우훈도를 맡았고, 이후 오주부 동지가 되었다. 자양, 오산, 영표 등 서원을 차례로 주관했으며, 양광 지역의 사람들은 이곳에서 많이 유학했다. 왕문성 평전주의 난을 수행한 공로로 인해 남경 형사부 원외랑으로 승진하였으나 부임하지 않았다. 저서에 『아학유고亞峬遺稿』, 『계언系言』 등이 있다.

2 쇄락灑落은 기분이나 몸이 상쾌하고 깨끗함이다. 즉 소탈하다, 초연하고 대범하다, 시원하다 등으로 쓰인다.

3 소명영각昭明靈覺은 허령명각虛靈明覺으로도 쓰인다. 소명昭明은 사리事理를 분간함이 밝고 똑똑한 것이고, 영각靈覺은 육체 밖에 따로 있다고 생각되는 정신적 실체이다. 즉 양지의 영명한 자각적 판단력이며 본연의 양지이다. 그래서 마음의 본체인 양지를 소명영각의 양지라고 말한다.

4 계구戒懼는 계신공구戒愼恐懼이며 경계하고 삼가고 두려워하는 것이다. 계구의 공부를 중단하

지 않으면 양지는 언제나 스스로 지니고 있기에 실생활에 실현할 수 있다.

5 동용주선動容周旋은 몸을 갖는 태도와 일을 해치우는 솜씨를 말한다. 즉 행동거지를 뜻한다.

謂劉侯曰："君子養心之學如良醫治病，隨其虛實寒熱而斟酌補泄之，是在去病而已，初無一定之方，必使人人服之也。若專欲入坐窮山，絕世故，屏思慮，則恐既已養成空寂之性，雖欲勿流於空寂，不可得矣。"

유후에게 일러 말했다: "군자가 마음을 함양하는 공부를 하는 것은 유능한 의사가 병을 치료하는 것과 같아서 허하고 튼튼하고 차고 더운 것에 따라서 더할지 뺄지를 짐작한다. 이는 병을 없애는 것일 따름이다. 애초에 하나로 정해진 처방은 없다. 반드시 사람마다 처방한 약을 복용하게 하는 것이다. 만약 전적으로 궁벽한 산속에 들어가 정좌하고 세상에서의 일을 끊고 생각을 물리친다면 이윽고 공적지성空寂之性[1]을 양성할까 걱정스럽다. 비록 공허 적막에 흘러 들어가지 않도록 하고자 하나 할 수 없을 것이다."

주

1 공적지성空寂之性에서 공적은 불교 용어로 만물이 모든 실체가 없어 생각할 것도 분별할 것도 없음을 이르는 말이다. 공허하고 적막한 존재로도 성립되는 일체의 법이 그대로 참된 성품[眞性]을 말한다.

論聖學無妨於舉業。德洪攜二弟德周、仲實讀書城南。洪父心漁翁往視之。魏良政、魏良器輩與遊禹穴諸勝，十日忘返。問曰："承諸君相攜日久，得無妨課業乎？"答曰："吾舉子業無時不習。"家君曰："固知心學可以觸類而通，然朱說亦須理會否？"二子曰："以吾良知求晦翁之說，譬之打蛇得七寸矣，又何憂不得耶？"家君疑未釋，進問先生。

성인의 공부는 과거시험과 무방함을 논했다. 전덕홍은 두 동생 덕주德周와 중실仲實을 데리고 도성의 남쪽에서 책을 읽었다. 부친 전심어錢心漁 어르신은 가서 그들을 만났다. 위양정과 위양기 무리들은 그들과 더불어 우혈禹穴[1]의 여러 이름난 곳을 유람했다. 10일 동안 돌아오는 것을 잊었다. 심어옹이 물었다: "제군들을 데리고 서로 같이 한 날이 오래되었는데 과거를 준비하는 수업에 방해됨이 없었는가?" 답했다: "저희는 과거 준비 수업을 익히지 않은 때가 없었습니다." 가군家君[2]이 말했다: "진실로 심학이 부류를 접촉하여 관통하는 것[觸類而通][3]을 안다. 그러나 주희의 설 또한 모름지기 다 이해해야 하는가?" 위양정, 위양기 두 사람이 말했다: "우리 양지로써 주자의 학설을 구하니 그것을 비유하면 뱀을 쳐서 일곱 마디를 얻는 것이니 또 어찌 우환이 얻어지지 않겠습니까?" 부친은 의심스럽고 풀리지 않아서 선생에게 질문을 하였다.

주

1 우혈禹穴은 두 곳이 있다. 하나는 사천성 북천현北川縣 구룡산九龍山 아래에 있고 우임금이 이곳에서 태어났다고 전한다. 다른 한 곳은 절강성 소흥시 동남으로 6km 지점의 회계산 기슭에 있다. 이곳에 우임금의 묘가 있다. 우혈은 대우가 태어난 곳과 죽은 곳 두 곳이다.

2 가군家君은 부친을 말한다. 여기서 가군은 전덕홍의 부친 전심어이다.

3 촉류이통觸類而通은 촉류방통触类旁通과 같다. 어떤 사물에 대한 지식이나 법칙을 습득한 후 같은 종류의 다른 사물에 대한 지식이나 법칙을 추론한다는 뜻이다.

先生曰: "豈特無妨, 乃大益耳! 學聖賢者, 譬之治家, 其產業、第宅、服食、器物皆所自置, 欲請客, 出其所有以享之; 客去, 其物具在, 還以自享, 終身用之無窮也。今之爲擧業者, 譬之治家, 不務居積, 專以假貸爲功, 欲請客, 自廳事以至供具百物, 莫不遍借, 客幸而來, 則諸貨之物一時豊裕可觀; 客去, 則盡以還人, 一物非所有也; 若請客不至, 則時過氣衰, 借貸亦不備; 終身奔勞, 作一窶人而已。是求無益於得, 求在外也。"

선생이 말했다: "어찌 특히 방해가 없고 크게 이익만 있겠는가! 성현을 배우는 것은 그것을 가정을 다스리는 것에 비교하면, 그 가정의 경제와 주택과 먹고 입는 것 기물 모두 자신이 갖추는 것이다. 손님을 청하고 싶을 때 그 소유물을 꺼내서 그 손님을 접대하는 것이다. 손님이 가도 그 물건들은 제자리에 갖추어져 있고 다시 자기가 누림으로써 종신토록 그것을 쓰는데도 다 씀이 없다. 지금의 과거 공부를 하는 자는 그것을 가정을 다스리는 것에 비유하여 주거에 필요한 것을 쌓는데 힘쓰지 않고 전적으로 빌려옴으로써 공을 쌓으니 손님을 청하고자 하여 자기가 일을 주관하고 가재도구를 공급하는 데에 이르기까지 모든 것은 빌리지 않음이 없으니, 객이 행차하여 오면 모든 소비하는 물건이 일시적으로 넉넉하게 보일 수 있으나 객이 가면 모두 다른 사람에게 돌려주니 하나의 물건도 나의 소유가 아니다. 만약 손님을 청했는데 오지 않으면 시간은 흘러가서 기운이 쇠약해지니 재화를 빌리는 것 또한 구비되지 않는다. 종신토록 뛰어다니고 애쓰는데 한 가난한 사람이 되었을 따름이다. 이런 구함은 얻어서 이익됨이 없고 밖에서 구한 것이다."

明年乙酉大比，稽山書院錢楩與魏良政並發解江、浙。家君聞之笑曰：“打蛇得七寸矣。”

내년 을유년은 큰 대회가 있는데 계산서원의 전편[1]과 위양정이 동시에 강소성과 절강성에서 향시에 급제[發解][2]하였다. 부친이 그것을 듣고 웃으며 말했다: 뱀을 내리쳐서 일곱 마디를 얻었다.[3]

주

1 전편錢楩(?~1551)은 자가 세림世林이고 호는 팔산八山·입재立齋이며 절강성 산음山陰 사람이다. 가정 4년(1525) 회시에 해원解元으로 급제하고 5년(1526)에 진사가 되며 다음해 진강현령晉江縣令을 제수받았다. 형부주사로 승진되나 오래 하지 않고 관직을 버리고 고향으로 돌아가 아내와 이별하고 의관을 불태우고 학업에 전념한다. 그는 소흥 동남부의 진망산秦望山 반암半

岩에 홀로 팔각정을 지어 소흥 일대에서 유명한 도사가 되었다. 후손들이 그가 수련했던 곳을 전공암錢公岩이라 불렀다.

2 발해發解는 과거科擧의 초시初試에 합격하는 것이다. 초시는 지방에서 거행하는 향시이다.

3 타사득칠촌打蛇得七寸의 뜻은 뱀을 때려 일곱 마디를 얻는다는 것인데 뱀은 7마디가 있고 머리 아래, 배 위에 급소가 있다. 이 부분을 내려쳐야 단번에 뱀을 잡을 수 있다. 만사는 반드시 주요 부분을 잡아야 함을 비유하였다.

◇ 시

是時大禮議起，先生夜坐碧霞池，有詩曰：

"一雨秋涼入夜新，池邊孤月倍精神。潛魚水底傳心訣，棲鳥枝頭說道真。莫謂天機非嗜欲，須知萬物是吾身。無端禮樂紛紛議，誰與青天掃舊塵？"

又曰：

"獨坐秋庭月色新，乾坤何處更閑人？高歌度與清風去，幽意自隨流水春。千聖本無心外訣，《六經》須拂鏡中塵。卻憐擾擾周公夢，未及惺惺陋巷貧。"蓋有感時事，二詩已示其微矣。

이때 대례의[1]가 일어나니 선생은 밤에 벽하지에 앉아서 시를 지었다. 시에서 말했다:

◇ 시: 벽하지야좌

비가 내리니 가을날 서늘함이 밤에 새롭게 들어오는데,
연못가 고독한 달은 정신과 짝하네.
물속에 잠긴 물고기 바닥에서 마음이 결심한 바를 전하고,
깃든 새 가지 끝에서 도의 참됨을 말하네.

천의 작용은 탐하고 욕망하는 것 아니라고 말하지 말고,
반드시 만물이 내 몸임을 알아야 하느니.

단서도 없이 예악이 분분히 논의되니,
누구와 더불어 푸른 하늘에 오래된 먼지를 없애줄까?"[2]

또 시에서 말했다:

◈ 시

홀로 앉으니 가을 정원 달 색 새로운 데,
천지 어느 곳에서 다시 사람들에게 막힐 것인가?
고성 노랫소리 건너가고 맑은 바람도 사라지니
그윽한 기운 절로 흐르는 물따라 봄이 되었네.

수많은 성인은 본래 무심하여 밖에서 사라지니,
육경은 반드시 거울에 낀 먼지를 털어내야 한다네.
도리어 떠들썩한 주공의 꿈을 가련해하고,
또렷한 안연의 누항의 가난함에 미치지 못하는구나.

대체로 당시의 일에 유감이 있으니 이 두 편의 시는 이미 그 미언대의微言大義[3]를 드러낸 것이다.

주

1 대례의大禮議는 명 세종의 즉위 시기에 입경의례入京儀禮와 생부인 흥원왕에 대한 존호 및 제사 등의 의론議論을 말한다. 오랜 기간을 대신들과의 갈등하였으며 황제의 생부 추존 문제로 시작된 이 사건은 세종 치세에 정치적 문란과 부패를 초래하는 원인이 되었다.
2 이 시는 『왕문성공전서』, 권20, 〈벽하지야좌〉에 보인다.
3 미언대의微言大意는 은밀히 말하여 큰 뜻을 전하는 것이다.

53세 10월

十月，門人南大吉續刻《傳習錄》。

10월 문인 남대길이 『전습록』을 이어서 새겼다.

《傳習錄》薛侃首刻於虔，凡三卷。至是年，大吉取先生論學書，復增五卷，續刻於越。

『전습록』은 설간이 먼저 건주[1]에서 각을 새겼는데 무릇 3권이나 되었다. 이해에 이르러 남대길이 선생이 학을 논한 편지를 모두 모았다. 다시 5권으로 늘었다. 월 땅에서 각을 이어서 새겼다.

주

1 건주虔州는 강서성 남강이다. 현재 강서성 감주시贛州市 남강구이다. 수나라 때 남강군南康郡을 건주로 개명하였으나 이후 몇 차례 이름이 바뀌었고 정덕 5년에 다시 건주로 이름이 붙었다.

1525년, 선생 54세

四年乙酉，先生五十四歲，在越。

가정 4년 을유년(1525) 선생 54세에 월 땅에 계시다.

正月，夫人諸氏卒。四月，祔葬於徐山。

정월에 부인 제씨가 죽었다. 4월에 서산徐山에서 장사 지냈다.

••• 존경각기尊經閣記

是月，作稽山書院《尊經閣記》。略曰：

“聖人之扶人極憂後世而述《六經》也，猶之富家者之父祖，慮其產業庫藏之積，其子孫者或至於遺亡失散，卒困窮而無以自全也，而記籍其家之所有以貽之，使之世守其產業庫藏之積而享用焉，以免於困窮之患。故《六經》者，吾心之記籍也，而《六經》之實則具於吾心；猶之產業庫藏之實，種種色色，具存於其家，其記籍者，特名狀數目而已。而世之學者不知求《六經》之實於吾心，而徒考索於影響之間，牽制於文義之末，硜硜然以爲是《六經》矣。是猶富家之子孫，不務守成規享用其產業庫藏之實積，日遺忘散失，至於窶人丐夫，而猶囂囂然指其記籍曰：‘斯吾產業庫藏之積也。’何以異於是？”

이달 계산서원에서 『존경각기』를 지었다. 대략 말했다:

“성인이 인극을 붙잡고 후세를 걱정하여 육경을 저술하셨다. 마치 부자들의 부친이나 조부들이 그들의 재산을 창고에 가득 쌓아두었는데 그 자손이 된 자에 이르러 잃어버리고 흩어져 없어지니 마침내 곤궁해지고 절로 온전함이 없게 됨을 염려하는 것과 같으니 그 가정이 소유하고 있는 것을 장부에 기록하여 그들이 대대로 그 재산이 창고에 쌓여 있는 것을 지키고 사용하여 곤궁의 우환을 면할 수 있게끔 한 것이다. 그래서 육경은 우리 마음이 기록된 서적이니 『육경』의 본질이 우리 마음에 갖추어져 있다. 마치 재산 창고가 간직하고 있는 재물이 서로 다른 여러 가지가 그 가정에서 보존하는 것과 같으며 그 기록한 장부에는 다만 명칭, 모양, 숫자, 항목일 따름이다. 세상의 학자들은 육경의 실제를 내 마음에서 구하는 것을 알지 못하고 다만 그림자와 소리 사이에서 찾고 문자가 지닌 뜻의 말단에서 끌어다가 만들어서 옹졸하게 육경으로 삼았다. 이는 마치 부잣집 자손들이 재산 창고에 재물이 쌓은 것을 누리며 써버리고 만들어진 규칙을 지키려고 힘쓰지 않으니 매일 잃어버리고 흩어지고 없어져 사람을 가난하게 하는데 이르게 된 것이다. 오직 잡다하게 기록해 둔 서적을 가리키며 말했다: '이는 우리 재산이 창고에 가득 쌓인 것이다.' 어째서 이것과 다르겠는가?"

按，是年南大吉匾涖政之堂曰"親民堂"，山陰知縣吳嬴重修縣學，提學僉事萬潮與監察御史潘仿拓新萬松書院於省城南，取試士之未盡錄者廩餼之，咸以記請，先生皆爲作記。

전덕홍이 생각하건데 이 해에 남대길이 정무를 보는 당 편액에 '신민당'이라고 하고 산음지현 오영은 산음현의 학교를 다시 수리했고 제학첨사 만조와 감찰어사 반방潘仿[1]은 만송서원을 절강성 도성 남쪽에 새로이 넓게 지었다. 과거시험에 응시한 선비의 성적이 미진한 자들에게 보조금[廩餼][2]을 제공했다. 모두 기록해 줄 것을 청하여 선생이 모두 기록했다.

주

1 반방潘仿은 하남성 낙양洛陽 사람이다. 정덕 6년 진사가 되었고 어사독찰원御史督察院의 우도어사右都御史가 되어 산서성, 절강성, 요녕성을 순무하였고 가정 초기 산서성에서 일어난 대동병변大同兵變을 평정하였다. 가정 5년(1526) 어사로 있으며 만송서원을 세웠다. 서예에 능숙하여 백마사白馬寺와 숭양서원嵩陽書院에 비각을 썼다.

2 늠희廩餼는 관청에서 공급하는 식량, 관이 과거시험 준비 중인 자에게 공급한 식사 대금의 보조금이다.

54세 6월

六月，禮部尚書席書薦。

6월 예부상서 석서가 천거하였다.

••• 석서의 상소문

先生服闋，例應起復，御史石金等交章論薦，皆不報。尚書席書爲疏特薦曰："生在臣前者見一人，曰楊一清；生在臣後者見一人，曰王守仁。且使親領誥卷，趨闕謝恩。"於是楊一清入閣辦事。明年有領卷謝恩之召，尋不果。

선생이 상을 마치니 관례에 따라 응당 기복起復[1]되어야 해서 어사 석금石金[2] 등이 교대로 글을 적어 천거를 논했다. 모두 답보가 없었다. 예부상서 석서는 특별히 상소를 올려 추천하며 말했다: "신이 태어나기 전에 태어난 한 사람을 꼽으면 양일청을 말하겠고 신의 후에 태어난 자는 한 사람 꼽으면 왕수인이라고 말하겠습니다. 또 친히 기용의 공문서를 받아 대궐로 달려와 성은에 감사하게 해주십시요." 하니 이에 양일청이 조정에 들어가 일을 처리했다. 다음 해에 공문서로 알려와 사은의 부름을 받았으나 곧바로 이루어지지 않았다.

주

1 기복起復은 복상服喪이 끝난 후에 기용되는 것을 말한다.

2 석금石金(1486~1568)은 자가 중남仲南이고 호는 연봉부군蓮峰府君이다. 호광성 황해현黃梅縣 사람이다. 홍치 17년 과거에 급제하여 정덕 6년(1511)진사가 되어 감찰어사를 제수받았다. 호북성 한양漢陽 사람 대금戴金과 함께 입조하여 간언을 직접 고하여 두 사람을 직간의 이금二金이라 불렀다. 그는 세도에 아첨하지 않았고 오히려 황사皇嗣의 일을 직언하여 세종世宗을

격분시켜 선주宣州에 유배되었다.

54세 9월

九月，歸姚省墓。

9월 여요로 돌아와 성묘를 하다.

先生歸，定會於龍泉寺之中天閣，每月以朔望初八廿三爲期。書壁以勉諸生曰：

"雖有天下易生之物，一日暴之，十日寒之，未有能生者也。承諸君子不鄙，每予來歸，咸集於此，以問學爲事，甚盛意也。然不能旬日之留，而旬日之間又不過三四會。一別之後，輒復離群索居，不相見者動經年歲。然則豈惟十日之寒而已乎?若是而求萌蘖之暢茂條達，不可得矣。

故予切望諸君勿以予之去留爲聚散，或五六日，八九日，雖有俗事相妨，亦須破冗一會於此。務在誘掖獎勸，砥礪切磋，使道德仁義之習日親日近，則勢利紛華之染亦日遠日疏：所謂相觀而善，百工居肆以成其事者也。相會之時，尤須虛心遜志，相親相敬。

抵大朋友之交，以相下爲益，或議論未合，要在從容涵育，相感以成；不得動氣求勝，長傲遂非，務在默而成之，不言而信。其或矜己之長，攻人之短，粗心浮氣，矯以沽名，訐以爲道，挾勝心而行憤嫉，以圮族敗群爲志，則雖日講時習於此，亦無益矣。"

선생이 돌아오셔서 용천사의 중천각에서 매월 1일, 15일, 8일, 23일로 날을 잡아서 모이기로 정했다. 벽에 글을 써서 재생들에게 근면하라고 말했다:

"비록 천하에 쉽게 자라는 물질이 있어도 하루 동안 그것에 해가 내리쪼이고[一日暴之] 열흘 동안 그것을 춥게 하면[十日之寒] 살 수 있는 것이 없다.[1] 군자들이 어리석지 않게 받들어 매번 내가 돌아올 때마다 모두 여기에 모여서 학문을 일로 삼으면 심히 뜻을 왕성하게 할 것이다. 그러나 열흘을 머무를 수가 없어서 열흘에 삼사일 모이는데 불과했다. 한번 헤어진 후에는 다시 무리가 거처를 찾아 떠나가니 서로 만나지 못하는 것이 걸핏하면 해가 지났다. 그렇다면 어떻게 오직 열흘의 차가움뿐이겠는가? 만약 이렇게 하여 그루터기에 싹을 내어 무성하게 나뭇가지가 뻗어나가기를 구하는 것은 이룰 수 없다.

그래서 나는 제군들에게 간절하게 바라는데 내가 떠나고 머무름에 따라 모이고 흩어지지 말고 간혹 오육일 또는 팔구일을 비록 일상 일에 방해됨이 있더라도 반드시 다 깨버리고 여기에서 한번 모여야 한다. 함께 모여 이끌어 주고 격려하며 갈고 닦아야[砥礪切磋][2] 한다. 도덕과 인의의 익힘이 날로 친숙해지고 날로 가까워지면 곧 권세나 이익이 되는 일, 분잡하고 화려함에 오염되는 일이 또한 날로 멀어지고 날로 소원해질 것이다. 서로 관찰하여 선善이라 말하는 것은 모든 장인이 공장에서 그 일을 하여[百工居肆][3] 그 일을 이룬 것이다. 서로 만날 때 더욱 마음을 비우고 뜻을 겸손히 해야 서로 친하고 서로 공경한다.

친구의 사귐은 서로 아래에 있는 것이 이롭다. 어떨 때 의론이 합치하지 않으면 조용히 함육涵育[4]하여 서로 마음을 움직여 이루어야 한다. 기를 움직여서 이길 수 없고 오만이 길어지면 반드시 잘못된다. 일은 묵묵하게 하여 그것을 해내니 말하지 않아도 믿게 된다. 어떤 이가 자기의 장점을 뽐내고 다른 사람의 단점을 공격하고 조잡한 마음과 들뜬 기분으로 바로잡아 명예를 구하려 하여 남의 단점을 지적하면서 도라고 생각하고 이기려는 마음을 품고 분노하고 시기하여 일족을 무너뜨리고 무리들을 이기는 것으로써 뜻을 삼는다면 설사 여기서 날마다 강학하고 때때로 익히더라도 역시 아무런 이익이 없다."

주

1 일폭십한一暴十寒은 고사성어로 쓰인다. 『맹자 · 고자 상』: 雖有天下易生之物也，一日暴之，十日寒之，未有能生者也。吾見亦罕矣，吾退而寒之者至矣，吾如有萌焉何哉.[설사 천하에 쉽게 자라는 식물이 있더라도, 하루 동안 그것에 햇빛을 쪼이고 열흘 동안 그것을 춥게 두면 자랄 수 있는 것이 없다.] 본래의 뜻은 식물의 생장을 설명하고 있으나 내포된 뜻은 무엇이든 꾸준히 하지 않으면 좋은 결과를 기대할 수 없음을 의미한다.

2 지려절차砥礪切磋는 절차탁마切磋琢磨와 같다. 갈고 닦는 것이다.

3 백공거사百工居肆는 『논어 · 자장』: 子夏曰, 百工居肆以成其事, 君子學以致其道.[자하가 말하길, 모든 장인은 공장에서 그 일을 하고, 군자는 학문으로써 그 도를 이룬다.] 사肆는 장인이 일하는 일터 혹은 작업장이다.

4 함육涵育은 함양涵養과 같다. 함양은 덕성을 마음에 물들듯이 스며들게 하는 것으로 마음을 닦고 기르는 것이다.

••• 편지글

答顧東橋璘書有曰："朱子所謂格物云者，是以吾心而求理於事事物物之中，如求孝子之理於其親之謂也。求孝之理果在於吾之心耶？抑果在於親之身耶？ 假而果在於親之身，而親沒之後，吾心遂無孝之理與？見孺子之入井，必有惻隱之理，是惻隱之理果在孺子之身與？抑在於吾身之良知與？以是例之，萬事萬物之理，莫不皆然。

是可以見析心與理爲二之非矣。若鄙人所謂致知格物者，致吾心之良知於事事物物也。吾心之良知，即所謂天理也。致吾心之天理於事事物物，則事事物物皆得其理矣。故曰：'致吾心之良知者，致知也。事事物物皆得其理者，格物也。'是合心與理而爲一者也。合心與理而爲一，則凡區區前之所云，與朱子晚年之論，皆可不言而喻矣。"

고동교顧東橋[1]에게 답하는 글에서 말했다:

"주자가 '격물'이라고 말한 것은 내 마음을 가지고서 각각의 사물들 속에서 이치를 구하는 것으로, 마치 효자의 이치를 그 부모에게서 구한다고 말하는 것과 같다. 효의 이치는 과연 나의 마음에 있는가? 아니면 과연 부모의 몸에 있는가? 가령 효가 부모의 몸에 있다면 부모가 죽은 후에 내 마음에 효의 이치가 없어질 것인가? 어린아이가 물에 빠지는 것[孺子入井][2]을 보면 반드시 측은의 이치가 있다. 이는 측은의 이치가 과연 어린아이의 몸에 달려 있겠는가? 아니면 내 몸의 양지에 있겠는가? 이것으로 예를 들어 만사 만물의 이치가 모두 다 그렇지 않음이 없다.

마음과 이치를 쪼개어 둘로 볼 수 있다는 것은 잘못이다. 만약에 내가 말한 치지와 격물은 내 마음의 양지가 각각의 사물[事事物物][3]에 실현되는 것이다.[4] 내 마음의 양지는 곧 천리이다. 내 마음의 천리가 모든 일에서 실현되면 각각의 사물은 모두 그 이치를 얻게 된다. 그래서 말했다: '내 마음의 양지를 실현하는 것은 치지이다. 각각의 사물들이 모두 그 이치를 얻는 것은 격물이다.' 이것은 마음과 이치가 합해서 하나가 되는 것이다. 마음과 이치가 합해서 하나가 되면 무릇 내가 앞에서 말했던 「주자만년지설」[5]과 함께 다 말하지 않고도 깨우칠 수 있다."

주

1 고린顧璘(1476~1545)는 명대 정치가이며 문학가이다. 자가 화옥華玉이며 호는 동교東橋이다. 강소성 장주長洲 사람인데 상원上元(지금의 남경)에 살았다. 홍치 9년(1496)에 진사가 되어 광평廣平 지현, 개봉開封 지부, 전주全州 지부, 태주台州 지부, 절강포정사浙江布政使를 역임했다. 가정 16년(1537)에 다시 호광 순무로 임명되었고, 이후 공부의 상서로 승진했다. 가정 23년(1544), 남경 형부 상서로 벼슬을 마치고 가정 24년(1545) 70세에 세상을 떠났다.

2 유자입정孺子入井은 『논어·공손추 상』에 나온다. 사람은 누구나 불인지심不忍之心이 있다. 차마 남의 고통을 외면하지 못하는 마음이다. 이는 사람이 마음에 본래 지닌 측은지심惻隱之心의 발로이다.

3 사사물물事事物物은 각각의 개별적 사물이다.

4 주희는 거경居敬으로 함양涵養하고 즉물卽物로 궁리窮理하여 치지致知에 이른다고 말하고, 왕수인은 내 마음에 이미 있는 천리인 양지가 각각의 개별 사물에 실현되는 것이라고 하였다.

즉 치지致知는 곧 내 마음의 양지를 사물 각각에 실현하는 것이고 그것은 바로 치양지致良知이다.

5 양명은 당시 학자들이 주자가 중년의 완성되지 않은 학설만을 따르고 다시 만년의 정론을 구하지 않았다고 하며 「주자만년정론朱子晚年定論」을 지어 '조이만동설[早異晚同之論]'을 제시하니, 이는 양명과 주자의 학설이 다르지 않음을 내포한 것이다. 이것이 바로 양명이 「주자만년정론」을 지은 기본 취지이다.

••• 편지글

又曰："心者身之主也，而心之虛靈明覺，即所謂本然良知也。其虛靈明覺之良知應感而動者，謂之意；有知而後有意，無知則無意矣。知非意之體乎？意之所用，必有其物，物即事也，如意用於事親，即事親爲一物；意用於治民，則治民爲一物；意用於讀書，即讀書爲一物；意用於聽訟，即聽訟爲一物；凡意之所在，無有無物者，有是意，即有是物，無是意，即無是物。物非意之用乎？

'格'字之義，有以'至'字訓者。如'格於文祖'，必純孝誠敬，幽明之間，無一不得其理，而後謂之格；有苗之頑，實文德誕敷而後格，則亦兼有'正'字之義在其間，未可專以'至'字盡之也。如'格其非心'，'大臣格君心之非'之類，是則一皆正其不正以歸於正之義，而不可以'至'字爲訓矣。且《大學》格物之訓，又安知不以'正'字爲義乎？如以'至'字爲義者，必曰窮至事物之理，而後其說始通。是其用功之要全在一'窮'字，用力之地全在一'理'字也。

若上去一'窮'字，下去一'理'字，而直曰'致知在至物'，其可通乎？夫窮理盡性，聖人之成訓見於《系辭》者也。苟格物之說而果即窮理之義，則聖人何不直曰'致知在窮理'，而必爲此轉折不完之語，以啟後世之弊耶？

蓋《大學》格物之說，自與《系辭》窮理大旨雖同，而微有分辨。窮理者，兼格致誠正而爲功也；故言窮理，則格致誠正之功皆在其中；言格物，則必兼舉致知、誠意、正心，而後其功始備而密。今偏舉格物而遂謂之窮理，此非惟不得格物之旨，並窮理之義而失之矣。"

또 말했다: "마음은 몸의 주재자이고 마음의 허령명각虛靈明覺[1]이니 곧 이른바 본연의 양지良知이다. 그 허령명각의 양지는 사물과 감응하여 움직이는데 그것을 의념[意]이라고 부른다. 양지가 있은 후에 의념이 있게 되고 양지가 없으면 의념이 없다. 양지가 의념의 본체가 아니겠는가? 의념이 쓰이는 곳에 반드시 그 물物이 있고 물이 바로 일[事]이다. 만약 의념이 부모를 섬기는데 쓰이면 바로 부모 섬기는 일이 하나의 물이 된다. 의념이 백성을 다스리는 데 쓰이면 백성을 다스리는 것이 하나의 물이 된다. 의념이 책을 읽는 데에 쓰이면 책 읽는 것이 하나의 물이 된다. 의념이 송사를 듣는 데에 쓰이면 송사를 듣는 것이 하나의 물이 된다. 무릇 의념이 있는 곳에 물이 없음이 있을 수 없는 것은 의념이 있으면 곧 물이 있고 의념이 없으면 물이 없으니 물은 의념의 작용이 아니겠는가?

'격格'자의 뜻은 '지至'자로 해석됨이 있다. 마치 '문조文祖에 이르다'와 같이 반드시 효를 순수하게 하고 경敬을 정성껏 하여 삶과 죽음 사이에 그 이치를 얻지 못하는 곳이 하나도 없게 된 후에 그것을 '격'이라고 말한다. 유묘有苗[2]의 완고함이 실로 문덕文德이 충분하게 펼쳐진 후에 이르게 된다면 역시 '정正'자의 '바로잡는다'라는 뜻이 그사이에 겸하여 있는 것이다. 전적으로, 지至의 뜻으로 그 뜻을 다할 수는 없다. 마치 '격기비심格其非心'[3], '대신격군심지비大臣格君心之非'[4]같은 부류의 문장이라면 한결같이 모두 그 바르지 않음을 바로잡는 것으로써 '정正'의 의미로 귀결되고 '지至'자로 풀이될 수 없다. 또 『대학』에서 격물의 풀이가 또 어찌 '정正'자로 뜻을 삼지 않음을 아는가? 만약 '지至'자로 뜻을 삼는다면 반드시 사물의 이치를 궁구하여 이르게 되고 그 후에 그 설이 비로소 통함을 말한다. 여기서 그 힘써야 하는 요지가 완전히 '궁구하다'라는 '궁窮'자에 달려있고 힘쓸 곳은 완전히 '리理' 자에 달려있다.[5] 만약에 앞의 '궁窮'자 한자를 버리고 뒤의 '리理'자 한자를 버려서 직접 '치지는 물에 이르는 데에 있다.'라고 하면 그것이 통하겠는가? 무릇 이치를 궁구하여 본성을 다하는 것은 성인이 가르침을 이룬 것인데 『계사전』에서 보인다.[6] 만약에 격물의 설이 과연 이치를 궁구하는 뜻이라면 성인이 어찌 직접 '치지는 이치를 궁구하는 데에 있다.'라고 말하지 않고 반드시 전절轉折하여[7] 불완전한 말이 되게 하여서 후세의 폐단을 이끌어야 했는가?

대개 『대학』의 격물지설에서 『계사전』의 궁리와 큰 뜻에서 비록 같더라도 자세하게 분변할 것이 있다. 이치를 궁구한다는 것은 격물, 치지와 성의, 정심을 겸하여 공효로 삼는다. 그 때문에 이치를 궁구한다고 말하면 격물, 치지, 성의, 정심의 공효가 모두 그 가운데 있다. 격물을 말하면 반드시 치지, 성의, 정심을 함께 거론한 뒤에 그 공효가 비로소 완비되고 치밀해진다. 지금 격물을 치우치게 거론하여 궁리라고 말한다면 이것은 오직 격물의 뜻을 얻을 수 없을 뿐만 아니라 아울러 궁리의 뜻을 잃는 것이다."

주

1 허령명각虛靈明覺은 마음이 텅비고 신령스러워 밝게 깨닫는 것이다.
2 유묘有苗는 삼묘三苗 혹은 묘민苗民이라 하며 상고 요순 시기에 장강 중류의 동정호에서 포양호까지 일대에서 활약한 부족이다. 그 부족은 중원 왕조와 여러 차례 전쟁을 벌였고, 순임금이 일부 부족을 삼위三危 지역으로 이주시켰고, 우임금은 70일 만에 마침내 복종시켰다.
3 격기비심格其非心는 '잘못된 마음을 바로잡다.'라는 뜻이다.
4 대신격군심지비大臣格君心之非는 '대신이 군주의 마음이 잘못됨을 바로잡는다.'는 뜻이다.
5 『대학』: 致知在格物, 物格而後知至[치지는 격물에 있고, 격물 후 앎에 이른다] '격물이후치지'를 주희는 '사물의 이치를 궁구한[窮理] 후에 앎에 이른다.'라고 해석하였다. 즉, 격格을 '이른다 혹은 나아간다.' 치致는 '이른다. 혹은 지극하게 하다.'라고 해석하여 모든 사물의 이치理致를 끝까지 파고들어 가면 앎에 이른다[致知]고 하였다. 왕수인은 격格을 '바로잡다[正]'로 해석하여, 사람의 참다운 양지良知를 발휘하기 위해서는 그릇된 생각을 바로잡아야 마음의 본체인 물物이 회복된다고 보아, 마음을 바로잡아 사사물물에 양지를 실현하는 치양지를 주장하였다.

6 『계사전』: 窮理盡性, 以至於命[이치를 궁구하고 본성을 다하여 천명에 이르다.]
7 전절轉折은 문장文章의 가락 따위가 돌다가 뚝 끊어짐을 비유하는 말이다.

其末繼以拔本塞源之論，其略曰：“聖人之心，視天下之人無內外遠近，凡有血氣，皆其昆弟赤子之親，莫不安全而教養之，以遂其萬物一體之念。”

그것은 마지막에도 발본색원[1]의 논리로 계승하였는데, 그 대략에서 말했다: “성인의 마음은 천하 사람들이 내외와 원근을 없는 것으로 보고 무릇 혈기가 있어서 모두 형제 자식의 친함이 안전하게 그들을 가르치고 길러내지 않음이 없기 때문에 만물일체의 생각을 이룬다.”

주

1 발본색원拔本塞源은 좋지 않은 일의 근본 원인이 되는 요소를 완전히 없애 버려서 다시는 그러한 일이 생길 수 없도록 한다는 뜻이다. 『춘추좌씨전春秋左氏傳』에 나온다.

天下之人心，其始亦非有異於聖人也，特其間於有我之私，隔於物欲之蔽；大者以小，通者以塞，甚有視其父子、兄弟如仇讎者。

천하 사람들의 마음은 그것이 처음에는 성인과 다름이 있지 않았다. 다만 ‘나’라는 사사로움이 있는 데에서 사이가 벌어지고 물욕의 폐해에서 간극이 생긴다. 큰 것은 이 때문에 작아지고 통하는 것은 이 때문에 막혀서 심지어 그 부자 형제를 원수처럼 보는 자가 있다.

聖人有憂之，是以推其天地萬物一體之仁以敎天下，使之皆有以克其私、去其蔽，以復其心體之同然。其敎之大端，則堯、舜、禹之相授，所謂'道心惟微，惟精惟一，允執厥中'。

성인이 그것을 걱정함을 지녀서 천지만물 일체가 인仁이라는 것을 미루어서 천하 사람들을 가르쳐 그들이 모두 그 사사로움을 극복하고 그 물욕의 폐해를 제거하여 그 마음 본체의 보편성을 회복하게 하였다. 그 가르침의 큰 단서는 요임금·순임금·우임금이 서로 주고받은 이른바 '도심은 오직 은미하니 오로지 정밀하고 전일하게 하여 그 중을 잡으라'[1]는 것이다.

주

1 『서경·대우모大禹謨』: 人心惟危, 道心惟微，惟精惟一，允執厥.[인심은 위태하고 도심은 은미하니, 오로지 정밀하게 하고 전일하게 하여 그 중을 잡으라.]는 것은 요임금이 순임금에게 또 순임금이 우임금에게 제위를 선양할 때 전한 말이다. 이는 『맹자·고자 상』: 操則存, 舍則亡, 出入無時, 莫知其鄕, 惟心之謂與.[잡으면 보존되고 놓으면 없어져서, 드나듦이 때가 없어 그 향하는 곳을 알 수 없는 것은 오직 마음을 이른 것이다.]라고 하여 마음을 바로잡는 것이 중요함을 말하였다.

而其節目，則舜之命契，所謂'父子有親，君臣有義，夫婦有別，長幼有序，朋友有信'五者而已。當是之時，人無異見，家無異習，安此者謂之聖，勉此者謂之賢，而背此者，雖啓明如朱，亦謂之不肖。下至閭井田野農工商賈之賤，莫不皆有是學，而惟以成其德行爲務。何者?無有聞見之雜，記誦之煩，辭章之靡濫，功利之馳逐，而但使之孝其親，弟其長，信其朋友，以復其心體之同然，則人亦孰不能之乎?

그 세부 항목은 순임금이 설契[1]에게 명한 것으로 이른바 '부자유친, 군신유의, 부부유

별, 장유유서, 붕우유신'의 다섯 가지일 뿐이다. 당시에는 어떤 사람도 다른 의견이 없었고 어느 집에서도 별다른 풍습이 없었다. 이것을 편안히 하는 자는 성인이라 불렀고 이것을 힘쓰는 자는 현인이라 불렀으며 이것을 배반하는 자는 비록 단주丹朱[2]와 같이 총명하더라도 불초라 말했다. 아래로는 여정閭井 · 전야田野[3]의 농, 공, 상, 고[4]의 천한 신분에 이르기까지 모두가 이러한 공부가 있지 않음이 없었으며 오직 그 덕행을 이루는 것을 임무로 여겼다. 어째서인가? 듣고 본 것의 잡다함, 암송의 번거로움, 사장의 넘침, 공리의 추구가 없이 오직 부모에게 효도하고 자기 어른을 공경하고 자기 친구를 믿는 것으로써 심체의 보편성을 회복한다면 사람이 또 누가 그것을 할 수 없겠는가?

주

1 설契은 순임금의 신하이다. 『소학집주 · 입교立敎』: 舜命契曰, 百姓不親, 五品不遜, 汝作司徒, 敬敷五教, 在寬.[순임금이 설에게 명하여 말하기를, 백성들이 서로 친하지 않고 오륜을 따르지 않으니 너를 사도로 삼아 공경히 5교를 펼치고 너그럽게 행하라.] 하였다.

2 단주丹朱는 요堯임금의 아들이다. 요임금의 삼년상을 마치자, 순舜임금이 단주에게 제위를 양보했으나 천하 사람들은 모두 순을 추앙했다. 『사기 · 오제본기』에 나온다.

3 여정閭井과 전야田野는 여리閭裏나 여항閭巷을 대신한다. 신분을 대신하는 말로 서민을 의미한다. 서민은 과거에 붙어도 아직 등용되지 않았거나 농 · 공 · 상 · 고를 하며 지내는 일반백성으로 노비와는 대비된다.

4 농農 · 공工 · 상商 · 고賈는 농업, 공업, 상업, 무역이다. 이 4부류는 서민의 살아가는 방법이고 서민의 범주이다.

學校之中, 惟以成德爲事; 有長於禮樂, 長於政教, 長於水土播植者, 則就其成德而因使益精其能。迨夫舉德而任, 則用之者惟知同心一德, 以共安天下之民, 視才之稱否, 而不以崇卑爲輕重; 效用者亦惟知同心一德, 以共安天下之民, 苟當其能, 則終身安於卑瑣而不以爲賤。

학교에서 오직 덕을 이루는 것을 일로 삼고 예악에 뛰어난 자, 정치와 교육에 뛰어난 자, 공업과 농업에 뛰어난 자가 있다면 바로 그 덕을 이루고 덕으로 인하여 그 능력을 더욱 면밀하게끔 한다. 무릇 덕 있는 자를 천거하여 임용한다면 그를 임용한 자는 오직 같은 마음과 한결같은 덕으로서 천하의 백성들을 공평하게 편안하게 하는지를 알아서 재능이 직책의 이름에 부합되는지를 보며 높고 낮음으로 경중을 삼지 않는다. 임용된 자 또한 오직 같은 마음 한결같은 덕으로서 천하의 백성들을 공평하게 편안하게 할 줄을 알며 만약 그 직책의 능력을 담당할 수 있으면 종신토록 비천하고 자질구레한 일에서도 편안해하고 천하다고 여기지 않는다.

當是時，才質之下者，則安其農工商賈之分，各勤其業以相生相養，而無有乎希高慕外之心；才能之異若皋、夔、稷、契者，則出而各效其能，或營衣食，或通有無，或備器用，集謀並力，以求遂其仰事俯育之願。譬之一身，目不恥其無聰，而耳之所涉，目必營焉；足不恥其無執，而手之所探，足必前焉；蓋其元氣充周，血脈條暢，是以癢痾呼吸，感觸神應，有不言而喻之妙。

당시에 재질이 낮은 자라면 그 농·공·상·고의 직분을 편안해하고 각자 그 직업에 힘써서 같이 살고 같이 길러주어 높이 되길 원한다거나 밖의 것을 바라는 마음이 없다. 그 재능의 다름은 마치 고요·기·후직·설[1]과 같은 자는 벼슬길에 나아가 각기 그 재능을 바치는데, 어떤 이는 먹고 입는 것을 다스리고 어떤 이는 물자를 유통하고 어떤 이는 손재주[器用][2]를 갖추고 지략를 모으고 힘을 합쳐서 위로는 부모님 섬기고 아래로는 자녀를 기르고자 하여 바램을 구하여 이룬다. 그것을 한 몸에 비유하면 눈은 귀 밝지 않음을 부끄러워하지 않고 귀가 이르는 바에 따라 눈이 반드시 다스린다. 발은 집지 못하는 것을 부끄러워하지 않고 손이 찾는 바에 따라 발이 반드시 앞으로 나간다. 대개 그 원기가 충만하고[充周][3] 혈맥이 활달[條暢][4]하여 이는 병이 들거나[癢痾][5] 호흡함으로써 귀신에 감응하니 말하지 않아도 그것을 깨닫는 묘함이 있다.

주

1 고요皐陶는 중국 삼황오제 시기 전설상의 법관이다. 전욱의 후손으로 요·순·우임금 3대를 모셨으며 순임금에게 고성皐城 땅을 하사받았다. 오교를 가르쳤고 그 공은 우왕에 뒤처지지 않는 정도라고 한다. 기夔는 순임금과 우임금의 신하로 악관이다. 직稷은 후직으로 요와 순임금의 신하이며 농사를 주관하였고 주나라의 시조이다. 설契은 전설상 상나라 시조로 제곡의 아들이다. 우임금을 도와 치수에 공을 세워 사도司徒에 임명되어 문교를 담당하였다.

2 기용器用은 손재주이다.

3 충주充周는 충만하다는 뜻이다.

4 조창條暢은 활달하다는 뜻이다.

5 양아癢痾는 병들다는 뜻이다.

此聖人之學所以惟在復心體之同然，而知識技能，非所以與論也。三代以降，教者不復以此爲教，而學者不復以此爲學。霸者之徒，竊取先王之近似者，假之於外以內濟其私，天下靡然宗之，聖人之道遂以蕪塞。世之儒者慨然悲傷，蒐獵先聖王之典章法制，而掇拾修補於煨燼之餘，聖學之門牆遂不可復覩。於是乎有訓詁之學，而傳之以爲名；有記誦之學，而言之以爲博；有詞章之學，而侈之以爲麗。相矜以知，相軋以勢，相爭以利，相高以技能，相取以聲譽。

이 성인의 학은 오직 심체의 보편성을 회복하는 데에 있는 것이고 지식과 기능은 더불어 논할 바가 아니다. 요·순·우 삼대 이후에 가르치는 자는 다시는 이것으로 가르침을 삼지 않았고 배우는 자는 더 이상 이것으로 배움을 삼지 않았다. 패자의 무리들은 선왕의 가르침에 근사한 것을 슬그머니 취해 밖으로는 선왕을 따르는 것을 가장하고 안으로는 그 사사로움을 사용하였다. 천하 사람들이 그 종지를 따랐다. 성인의 도는 마침내 이것 때문에 황폐하고 막혔다. 세상의 유학자들이 분통터지게 슬퍼하여 이전 성왕의 제도와 문물, 법제들을 수색하여 잿더미 속에서 남은 것을 주워 모아 보수하였다. 성학의 경지는 끝내 다시는 볼 수가 없었다. 여기에서 훈고학訓詁學[1]이 있게 되어 그것을 전하는 것으로 명예를 삼았고 기송학記誦學[2]이 있게 되어 그것을 말하는 것으로 박학하다고 여겼으며 사장학詞章學[3]이 있게 되어 글을 치장하는 것을 아름답게 여겼다. 아는 것으로 서로 잘난 체하고 세력 때문에 서로 삐걱거리고 이익 때문에 서로 다투고 기능 때문에 서로 높이고 명성 때문에 서로 취했다.

주

1 훈고학訓詁學은 흩어지고 소실된 유교 경전을 정리하고 그 뜻을 새롭게 해석하는 학문이다.
2 기송학記誦學은 암송을 중요한 방법으로 삼는 학문이다.
3 사장학詞章學은 한당시漢唐詩와 당송고문唐宋古文을 모범으로 수사적 기교에 중점을 둔 장식적인 문학론에 충실한 학문이다.

其出而仕也，理錢穀者，則欲並夫兵刑；典禮樂者，又欲與於銓軸；處郡縣，則思藩臬之高；居台諫，則望宰執之要。故不能其事，則不得以兼其官；不通其說，則不可以要其譽；記誦之廣，適以長其敖也；知識之多，適以行其惡也；聞見之博，適以肆其辯也；辭章之富，適以飾其僞也。嗚呼！以若是之積染，以若是之心志，而又講之以若是之學術，宜其聞吾聖人之教，而視之以爲贅疣柄鑿矣。非豪傑之士無所待而興者，吾誰與望乎！”

나아가 벼슬하여 나라의 재정을 다스리는 자는 무릇 병법과 형법까지 아우르고자 한다. 예악을 관장하는 자는 또한 인사와 행정에 참여하고자 한다. 군현에 처하면 포정사나 안찰사[藩臬][1]의 높은 관직을 생각한다. 대간의 자리에 있으면 재상의 요직을 바란다. 때문에 그 일을 잘 할 수 없다면 그 관직을 얻을 수 없다. 그 말을 잘 알지 못하면 그 명예를 요구해서는 안 된다. 기억하고 암송하는 범위가 넓은 것은 그 오만함을 기르는 데로 가고 지식이 많은 것은 그 악을 행하는 데로 가며 견문이 넓은 것은 논변을 늘어놓는 데로 가고 사장의 풍부함은 거짓을 꾸미는 데로 간다. 오호라! 이처럼 쌓이고 오염되어서 이 같은 마음의 의지로서 또 이 같은 학술로서 강독하니 그들이 우리 성인의 가르침을 듣고 군더더기[贅疣][2]나 모순된 것[枘鑿][3]으로 우리를 보는 것은 마땅하다. 호걸의 선비가 기다리지 않고 흥기하는 자가 아니라면 나는 누가 참여하기를 바라겠는가?

주

1 번얼藩臬는 번사藩司와 얼사臬司이다. 얼사는 안찰사이다. 명나라 지방에서 감찰과 사법을 담당하는 기관의 장관이다. 안찰사는 주로 지방 관료의 청렴성과 치적을 감시하고 지방의 소송사건을 처리하며 지방의 치안과 질서를 유지하는 일을 담당한다. 번사藩司는 포정사布政使이다. 지방에서 행정과 재정을 담당하는 기관의 장관이다. 얼사와 번사는 명나라 관제에서 각각 지방의 사법 감찰 기관과 행정 재정 기관을 대표하며 이들은 함께 명나라 지방 관제의 중요한 구성 요소였다.

2 췌우贅疣는 군더더기이다.

3 예착枘鑿는 '모순되다'이다.

54세 10월

> 十月，立陽明書院於越城。

10월 월 땅의 도성에 양명서원을 세우다.

門人爲之也。書院在越城西郭門內光相橋之東。後十二年丁酉，巡按御史門人周汝員建祠於樓前，匾曰："陽明先生祠"。

(선생의) 문인이 그것을 하였다. 서원은 월성의 서곽문 안, 광상교의 동쪽에 있다. 후에 가정 12년 정유년에 순안어사 문인 주여원周汝員이 누각 앞에 사당을 건립하였다. 편액에 적기를 '양명선생 사당'이라고 했다.

1526년, 선생 55세

五年丙戌，先生五十五歲，在越。

가정 5년 병술년(1526) 선생 55세에 월 땅에 계시다.

55세 3월

三月，與鄒守益書。

3월 추수익에게 편지를 주었다.

••• 편지글

守益謫判廣德州，築復古書院以集生徒，刻《諭俗禮要》以風民俗。書至，先生復書贊之曰："古之禮存於世者，老師宿儒當年不能窮其說，世之人苦其煩且難，遂皆廢置而不行。故今之爲人上而欲導民於禮者，非詳且備之爲難，惟簡切明白而使人易行之爲貴耳。中間如四代位次，及祔祭之類，向時欲稍改以從俗者，今昔斟酌爲之，於人情甚協。蓋天下古今之人，其情一而已矣。先王制禮，皆因人情而爲之節文，是以行之萬世而皆准。
其或反之吾心而有所未安者，非其傳記之訛闕，則必古今風氣習俗之異宜者矣。此雖先王未之有，亦可以義起，三王之所以不相襲禮也。後世心學不講，人失其情，難乎與之言禮。然良知之在人心，則萬古如一日，苟順吾心之良知以致之，則所謂不知足而爲屨，我知其不爲蕢矣。
非天子不議禮制度，今之爲此，非以議禮爲也，徒以末世廢禮之極，聊爲之兆以興起之，故特爲此簡易之說，欲使之易知易從焉耳。冠婚喪祭之外，附以鄕約，其於民俗亦甚有補。至於射禮，似宜別爲一書以教學者，而非所以求諭於俗。今以附於其間，卻恐民間以非所常行，視爲不切；又見其說之難曉，遂並其冠婚喪祭之易曉者而棄之也。文公《家禮》所以不及於射，或亦此意也與?"

추수익은 광덕주 판관으로 좌천되어 복고서원을 세워서 생도들을 모집하였다. 『유속예요』를 판각하여 민간에서 풍속을 불러일으켰다. 편지를 써서 선생은 다시 그를 칭찬하며 말했다:
"옛날의 예가 세상에 존재하는 것은 스승들과 덕망 있는 선비宿儒들이[1] 당대에는 그 이론을 궁구할 수 없었기에 세상 사람들이 그 번잡하고 어려운 것을 힘들게 여겨 마침내 모두 그만두고 행하지 않았다. 그 때문에 지금 다른 사람의 윗자리에서 예禮로 백성을 인도하고자 하는 자들은 비단 상세하게 갖추어 행하기가 어려울 뿐 아니라 오직 간결하고 분명하여 사람들이 쉽게 행하는 것을 귀하게 여길 따름이다. 중간에 마치 사대의 신위가 차례대로 놓은 것처럼 부제祔祭[2]를 지내는 것은 이전에도 점점 고쳐서 세속을 따르고자 했으며 지금은 옛적에 한 것을 짐작하여 그것을 하니 사람들의 정서에 심히 적합하다. 대개 천하 고금의 사람들은 그 정서가 같을 뿐이다. 선왕이 예를 제정하셨는데 모두 사람들 정서에 기인하여 절문節文[3] 하시니 이 때문에 만세토록 그것을 행하고 모두 지키는 것이다.

그것이 어떨 때 나의 마음을 돌이켜 편하지 않은 적이 있는 것은 그 기록을 전함이 왜곡되거나 빠져버린 것이 아니라면 반드시 옛날과 지금의 기풍과 습속이 다른 것이다. 이는 비록 선왕이 아직 있지 않아도 또한 새로 제정[義起][4]할 수 있는데 삼왕이 서로 예를 계승하지 않았기 때문이다. 후세에 심학이 강의되지 않아서 사람들이 그 정서를 잃었으니, 그들과 더불어 예를 말하기 어렵구나! 그러나 양지가 사람의 마음에 있다면 수천 년이 하루와 같으니 진실로 내 마음의 양지를 따라서 그것을 이르게 하면 이른바 발을 알지 못하면서 신을 만들어도 나는 그것이 잘못되지 않는다는 것을 안다.

천자가 예의 제도를 논하지 않은 것이 아니다. 지금 이것을 만든 것은 예의를 의논하여 된 것이 아니다. 다만 말세로서 예를 폐지하는 극단에 잠시 조짐이 나타나서 그것을 흥기시켰기 때문에 특히 이런 간단하고 쉬운 학설을 만들었다. 그들로 하여금 쉽게 알고 쉽게 따르게 하고자 했을 따름이다. 관·혼·상·제[5] 외에 향약鄕約[6]으로써 예를 더 보태니 그것이 민간의 풍속에 깊이 도와주는 것이 있다. 활쏘기 예에 있어서는 별도로 책 한 권으로 학문을 가르치는 것이 풍속에서 깨우침을 구하는 것이 아닌 것과 비슷하다. 지금 그사이에 덧붙여서 도리어 민간에서 늘 행하는 것이 아니라서 시각이 적절하지 않을까 두렵다. 또 그 이론이 깨닫기 어려운 것으로 보며 아울러 그 관혼상제를 쉽게 깨달은 자를 따라 그것을 버린다. 문공의 『가례』[7]에 활쏘기가 없었기 때문에 혹자 또한 이런 뜻이겠는가?"

주

1 숙유宿儒는 학식과 덕망이 높은 선비 혹은 경험이 많고 박학한 노학자를 말한다.

2 부제祔祭는 옛날 제례에서 졸곡卒哭 다음 날, 그 신주神主를 그의 조상의 신주 곁에 모실 때 지내는 제사이다.

3 절문節文은 예절에 관한 글 혹은 예절의 규정을 적은 글이다.

4 의기義起는 예禮나 규정에 없는 일을 당시 의리에 비추어 새로 제정하는 것이다.

5 관冠·혼婚·상喪·제喪는 관례冠禮, 혼례婚禮, 상례喪禮, 제례祭禮이다. 관례는 어른이 되는 의식으로 『문공가례文公家禮·사례편람四禮便覽』에 의하면 남자는 15세에서 20세 사이에 관례를 하는 것으로 되어 있다. 혼례는 혼인예식의 예이고 장례를 치르는 예절이 상례이며 제사를 지내는 예절이 제례이다. 관혼상제는 일상생활에서 필요한 예절이다.

6 향약鄕約은 명·청 시기 향리의 조직이다. 향약은 향리에서 제정한 공동 준수 규약이며 향민이 상호 약속을 통해 향리의 공동생활을 돕는 조직이기도 하다. 향약의 일은 정령 전달, 분쟁 조정 등이다. 향약의 책임자는 현감이 임명하며 현의 명령을 이행하고 향촌 내부의 갈등을 조정하는 역할을 한다.

7 문공의 「가례」에서 문공은 주자이다. 「가례」는 주희가 편찬한 관·혼·상·제의 예와 함께 『오례』에 있다.

按祠堂位祔之制。

전덕홍이 생각하건데, 사당은 위부位祔[1]가 행해지는 곳이다.

주

1 위부位祔는 신위를 한곳에 모아 제사 지내는 것이다.

或問："文公《家禮》高曾祖禰之位皆西上，以次而東，於心切有未安。"先生曰："古者廟門皆南向，主皆東向。合祭之時，昭之遷主列於北牖，穆之遷主列於南牖，皆統於太祖東向之尊，是故西上，以次而東。今祠堂之制既異於古，而又無太祖東向之統，則西上之說誠有所未安。"

어떤 사람이 물었다: "문공은 『가례』에서 고조부, 증조부, 조부, 부친의 신위는 모두 서쪽 윗자리이고 차례대로 동쪽이 되니 마음에서 간절히 편안하지 않음이 있습니다."

선생이 말했다: "옛날 사당의 문은 모두 남으로 향했고 신주는 모두 동으로 향했다. 합동으로 제사를 지낼 때 부친의 신위[昭][1]는 옮겨 주로 북쪽 창에 배열했다. 아들의 신위[穆][2]는 옮겨 주로 남쪽 창에 배열했다. 모든 혈통이 태조를 동쪽에서 존중하였기 때문에 서쪽 위에 위치하고 다음이 동쪽이 된다. 오늘날 사당 제도는 이미 옛날과 다르고 또 태조가 동쪽을 거느림도 없다. 그렇다면 서쪽이 위라는 설은 진실로 흡족하지 못하는 바가 있다."

주

1 소昭는 부친의 묘이다. 종묘의 제사는 고대 조상 숭배의 산물이다. 주나라의 종묘 제도는 일반적으로 천자의 일곱 묘인데 세 개의 소三昭와 세 개의 목三穆 그리고 태조의 묘와 합쳐 일곱 개다. 종묘에서 소는 중위의 배열을 말하며, 시조 이하부터 아버지 묘를 소昭라 하였다.

2 목穆은 시조 이하부터 아들의 묘를 목穆이라고 하였다. 소昭는 남쪽으로, 목穆은 북쪽으로 하여 부자가 함께 앉지 아니한다. 소와 목은 높고 낮나는 뜻이다.

曰:"然則今當何如?" 曰:"禮以時爲大, 若事死如事生, 則宜以高祖南向, 而曾祖禰東西分列, 席皆稍降而弗正對, 似於人心爲安。曾見浦江之祭, 四代考妣皆異席, 高考妣南向, 曾祖禰考皆西向, 妣皆東向, 各依世次, 稍退半席。其於男女之別, 尊卑之等, 兩得其宜。但恐民間廳事多淺隘, 而器物亦有所不備, 則不能以通行耳。"

(어떤 이가) 말했다: "그렇다면 오늘날은 어떠해야 마땅합니까?" 선생이 말했다: "예는 때를 중대하게 여긴다. 만약 죽음을 섬기는데 마치 삶을 섬기는 것처럼 한다면 마땅히 이로써 고조를 남쪽을 향하고, 그리고 증조부와 부친을 동서로 나누어 배열해야 한다. 자리는 모두 조금 내려서 정면으로 마주 보지 않는다. 마치 사람 마음이 편안하게 되는 것 같다. 일찍이 포강浦江의 제사[1]를 보았는데 4대 부모가 모두 다른 자리였다. 고조부와 고조모는 남쪽을 향했고 증조부와 부친은 모두 서쪽을 향했는데

조모와 모친은 모두 동쪽을 향했고 각각 세대 순서에 따라 점점 반자리를 물러났다. 그 남녀의 구별과 높고 낮음의 등급에서 두 가지가 그 마땅함을 얻었다. 다만 민간에서는 일을 알았더라도 많이 미천하고 곤궁하여서 기물 또한 준비하지 못할까봐 걱정한다면 이 때문에 일반적으로 행해질 수 없을 뿐이다."

주

1 포강浦江의 제사는 절강성 포강현에서 지내는 대우大禹의 제사이다. 지금도 민속행사로 포강의 제사를 지내고 있다.

又問："無後者之祔，於己之子侄，固可下列矣，若在高曾之行，宜何如祔?"

先生曰："古者大夫三廟，不及其高矣。適士二廟，不及其曾矣。今民間得祀高曾，蓋亦體順人情之至，例以古制，則既爲僭，況在行之無後者乎?"

古者士大夫無子，則爲之置後，無後者鮮矣。後世人情偷薄，始有棄貧賤而不嗣者。古所謂無後，皆殤子之類耳。

祭法：王下祭殤五，適子，適孫，適曾孫，適玄孫，適來孫。諸侯下祭三，大夫二，適士及庶人祭子而止。則無後之祔，皆子孫屬也。今民間既得假四代之祀，以義起之，雖及弟侄可矣。往年湖湘一士人家，有曾伯祖與堂叔祖皆賢而無後者，欲爲立嗣，則族衆不可，欲弗祀，則思其賢有所不忍。

以聞於某。某曰：'不祀二三十年矣，而追爲之祀，勢有所不行矣。若在士大夫家，自可依古族屬之義，於春秋二社之次，特設一祭。凡族之無後而親者，各以昭穆之次配祔之，於義亦可也。'"

또 물었다: “후사가 없는 신주는 자신의 아들과 조카에게 합사合祀[1]하여 본래 아래에 배열할 수 있다. 만약 고조 증조 항렬이라면 어떻게 합사해야 마땅한지요?”

선생이 말했다: “옛날 대부의 3대 사당[2]은 그것이 고조까지 미치지 않았다. 사대부에 적합한 2대 사당[3]은 그 증조까지 미치지 않았다. 오늘날 민간에서는 고조와 증조 제사를 지내는데 대개 또한 격식은 사람들 정서의 지극함을 따른다. 예를 들어 옛 제도라면 이미 참람하게 되었는데 하물며 항렬의 후손이 없는 자는 말할 게 있겠습니까?”

옛날 사대부가 자식이 없으면 제사 지내기 위해 후사를 두어 후손이 없는 자는 드물었다. 후세 사람들의 정서가 경박하게 되어 비로소 가난과 천함을 버리고 후사를 잇지 않는 자가 있었다. 옛날에 이른바 후손이 없다는 것은 모두 일찍 죽은 자식의 경우일 뿐이었다.

제법[4]에 왕은 아래로 일찍 죽은 5대를 제사 지낸다. 적자, 적손, 적증손, 적현손, 적래손이다. 제후는 아래로 3대를 제사 지낸다. 대부는 2대, 적자인 선비에서 서인까지는 자식을 제사 지내고 그친다. 그렇다면 후손이 없는 신주를 모시는 제사는 모두 아들과 손주에 속한다. 오늘날 민간에서 이미 4대 제사를 지낸다면 의로써 그것을 일으켰으니 비록 동생과 조카까지도 가능하다. 옛날 호상湖湘[5]의 한 선비 집안이 일찍이 증조부와 백조부, 당숙조부 모두 현명한 자였지만 후손이 없는 사람이 있었다. 후손을 세우고자 하면 친족들이 할 수 없다고 하고 제사를 지내려 하지 않는다면 그 현명한 인품을 생각해서 차마 어쩌지 못하는 바가 있었다.

어떤 사람에게 들었는데 어떤 사람이 말했다: ‘20~30년을 제사 지내지 않았다. 추서하여 제사를 지내니 상황이 지내지 않을 이유가 있었다. 만약 사대부 집안에서 스스로 옛 족속族屬[6]의 뜻에 따라야 하며, 봄가을 두 번의 지신제社[7] 다음에 특별히 하나의 제사祭를 둘 수도 있었다. 무릇 가족에 후사가 없는 친지는 각 소목의 서열로서 배열하여서 합사하는 것이 의리에서 또한 가능하다.’”

주

1 부祔는 합사合祀 혹은 합장合葬하는 것이다. 합사는 둘 이상의 혼령을 한곳에 모아 제사 지내

는 것이고 합장은 둘 이상의 시체를 한 무덤에 묻는 것이다.

2 『예기』에 조상 제사는 천자를 비롯하여 서인에 이르기까지 모두 봉행할 수 있는데, 천자는 7묘七廟, 제후는 5묘五廟, 대부는 3묘三廟, 사士는 1묘라고 하여 사회적 신분계급에 따라 조상을 모실 수 있는 범위가 엄격하게 제한되었다. 천자 7묘는 삼소三昭 삼목三穆과 태조太祖의 사당을 합쳐 7묘이고 제후는 이소 이목 과 태조의 5묘이며, 대부는 일소 일목과 태조의 사당까지 3묘이며, 선비는 1묘이다, 서인은 사당이 없고 집에서 제사 지낸다.

3 사대부의 사당은 조부의 사당과 부친의 사당으로 2묘二廟이다.

4 제법祭法은 제사를 지내는 예법이다.

5 호상湖湘은 호남성 동정호와 상강이 흐르는 곳이다.

6 족속族屬은 같은 종문宗門의 핏줄을 이어받은 사람이다. 족속이 신분의 상하를 분별하고 존비尊卑를 구분한다.

7 사社는 토지신土地神의 신주神主이다. 사는 봄과 가을 두 차례 제사지낸다.

55세 4월

四月，復南大吉書。

4월 다시 남대길에게 편지를 썼다.

••• 편지글

大吉入覲，見黜於時，致書先生，千數百言，勤勤懇懇，惟以得聞道爲喜，急問學爲事，恐卒不得爲聖人爲憂，略無一字及於得喪榮辱之間。先生讀之歎曰："此非真有朝聞夕死之志者，未易以涉斯境也！"

남대길이 관직에 있다가 면직당했을 때 선생에게 편지를 보냈다: "수천 마디 말은 은근하고 간절하여 오직 도를 들을 수 있으니 기뻐서 학문을 급히 묻는 것을 일삼았습니다. 마침내 성인이 될 수 없음이 근심되고 영예와 치욕을 얻고 잃는 사이에 한 글자도 얻지 못할까 두렵습니다." 선생은 편지를 읽고 탄식하며 말했다: "이것은 진실로 아침에 듣고 저녁에 죽는다는 뜻을 가진 자[1]가 아니라면 쉽게 이로써 이 경지를 넘어가는 것이 쉽지 않다.!"

주

1 조문석사朝聞夕死는 『논어』: 子曰, 朝聞道, 夕死可矣.[공자가 말했다. 아침에 도를 들으면 저녁에 죽어도 좋다.]에서 온 사자성어이다.

••• 편지글

於是復書曰 : "世之高抗通脫之士, 捐富貴, 輕利害, 棄爵祿, 長往而不顧者, 亦皆有之。彼其或從好於外道詭異之說, 投情於詩酒山水技藝之樂, 又或奮發於意氣, 牽溺於嗜好, 有待於物以相勝, 是以去彼取此而後能。

及其所之旣倦, 意衡心鬱, 情隨事移, 則憂愁悲苦, 隨之而作, 果能捐富貴, 輕利害, 棄爵祿, 快然終身, 無入而不自得已乎?夫惟有道之士, 眞有以見其良知之昭明靈覺, 廓然於太虛而同體。太虛之中, 何物不有, 而無一物能爲太虛之障礙。

故凡慕富貴, 憂貧賤, 欣戚得喪, 愛憎取舍之類, 皆足以蔽吾聰明睿知之體, 窒吾淵泉時出之用。如明目之中而翳之以塵沙, 聰耳之中而塞之以木楔也。

其疾痛鬱逆, 將必速去之爲快, 而何能忍於時刻乎?關中自古多豪傑。橫渠之後, 此學不講, 或亦於四方無異矣。自此有所振發興起, 變氣節爲聖賢之學, 將必自吾元善昆季始也。今日之歸, 謂天爲無意乎?"

이에 다시 편지에서 말했다:

"세상에서 고귀하고 소탈한 선비는 부귀를 버리고 이해를 경시하고 작록을 포기하고 희생하고도 상관하지 않는 자들도 모두 도를 가지고 있다. 저들은 어떨 때는 도 밖에서 기이하게 속이는 이론을 좋아하며, 시와 술, 산수 기예의 즐거움에 마음을 던지기도 하고, 또 의기에 분발하고 취미에 빠져 서로 뛰어나기를 기대하기도 하니 이로써 저것(정)을 버리고 이것(도)을 취한 후에 가능하다.

급기야 그 장소는 이미 권태롭고 뜻은 마음을 저울질하여 울적하고 정서가 일에 따라 옮긴다면 근심과 걱정 슬픔과 고통은 그것을 따라서 일어나는데 과연 부귀를 버리고 이해를 가볍게 여기고 작록을 버린다면 평생토록 쾌연하게 스스로 얻지 못하겠는가?

오직 도가 있는 선비만이 정말로 그 양지의 소명영각을 보고서, 넓고 텅 비어 태허太虛1와 한 몸이 된다. 태허 가운데에는 어떠한 것도 있지 않아서 어떤 것도 태허의 장애가 될 수 없다.

그러므로 무릇 부귀를 바라고 가난과 천함을 걱정하며 기쁨과 비애는 얻기도 하고 잃기도 하며 사랑과 미움을 취하고 버리는 따위는 모두 내 총명과 예지의 본체를 가려버리기에 충분하고 내 깊은 샘에서 때때로 나오는 작용을 막는다. 마치 밝은 눈에 먼지와 모래 때문에 흐려지고 총명한 귀에 나무와 쐐기로 가로막히는 것과 같다. 그 병통은 고통스럽고 거슬리고 우울하니 장차 반드시 빨리 제거하여야 상쾌하게 되는데 어찌 한순간에 참을 수 있겠는가? 관중關中[2]에는 옛적부터 호걸이 많았다. 관중 지역에서 장횡거張橫渠[3] 이후에 이 학문은 강학하지 않았거나 다른 지역의 사람들과 별다른 차이가 없었다. 앞으로 이곳에서 발분하여 일어나서 기운과 절개를 성현이 되는 학술로 바꾸어야 한다. 반드시 우리 원선元善[4] 형제로부터 시작할 것이다. 오늘 고향에 돌아가는 것을 하늘이 뜻 없이 했겠는가?"

주

1 태허太虛는 『장자 · 지북유知北遊』에 처음 나오는 말로서 만물을 포함하고 있는 거대한 공간, 구체적으로는 천공天空을 뜻하는 것이었다. 북송의 장재에 의해 '태허즉기'太虛卽氣의 명제가

확립되었다. 장재 이전의 태허는 공간인 무無였는데 장재 이후로는 기가 흩어진 상태를 허虛라고 하며 근원적인 허의 상태를 태허라 하였다.

2 관중關中은 하남성 지역이다.

3 장재張載(1020~1077)는 북송의 철학자이다. 자가 자후子厚이고 호가 횡거橫渠이며 관중關中 섬서성 출신이다. 도학 창시자 중 한 사람이지만, 기氣 철학자로서 후세에 지대한 영향을 끼쳤다. 그는 우주는 태허太虛임을 주장하는데 기의 취산聚散에 의해 설명하였다.

4 원선元善은 남대길南大吉의 자이다.

答歐陽德書。

구양덕歐陽德의 편지에 답하다.

德初見先生於虔，最年少，時已領鄉薦。先生恒以“小秀才”呼之。故遣服役，德欣欣恭命，雖勞不怠。先生深器之。嘉靖癸未第進士，出守六安州。數月，奉書以爲初政倥偬，後稍次第，始得於諸生講學。

구양덕이 건주에서 선생을 처음 뵈었다. 가장 나이가 어렸다. 이때 이미 고향의 천거를 받았다. 선생은 항상 그를 '작은 수재'라고 불렀다. 그래서 부역하러 보냈다. 구양덕은 기쁘게 흔쾌히 명령을 받들었다. 비록 힘들었지만 게으르지 않았다. 선생은 심히 그를 소중하게 여겼다. 가정 계미년 진사에 급제하고 나아가서 육안주[1]의 수령이 되었다. 수개월 승정원에 글을 올리느라 처음에는 정사가 분주하였으나 후에 점점 순서에 따라 비로소 제생들에게 강학할 수 있었다.

주

1 육안주六安州는 고대 행정구획인데 지금은 안휘성 육안시이다. 원나라 지원至元 말에 생겼다. 여주로廬州路에 속하고 치소는 육안현六安縣에 있었다. 명 홍무 초에 육안현을 폐지하고 주州로 승격했다.

••• 편지글

先生曰："吾所講學，正在政務倥偬中。豈必聚徒而後爲講學耶？"又嘗與書曰："良知不因見聞而有，而見聞莫非良知之用。故良知不滯於見聞，而亦不離於見聞。孔子云：'吾有知乎哉？無知也。'良知之外，則無知矣。故致良知是聖門教人第一義。今云專求之見聞之末，則落在第二義矣。若曰致其良知而求之見聞，則語意之間未免爲二。此與專求之見聞之末者，雖稍不同，其爲未得精一之旨則一也。"

선생은 말했다: "내가 강학하는 것은 바로 정무가 분주한 중이었다. 어찌 반드시 무리를 모은 후에 강학을 했겠는가?" 또 일찍이 편지를 보내서 말했다:
"양지는 보고 듣는 것에 원인을 삼지 않아도 존재하고, 보고 듣는 것은 양지의 작용이 아닌 것이 없다. 그러므로 양지는 보고 듣는 것에 막히지 않고 또한 보고 듣는 것에서 분리되지 않는다. 공자가 '내가 앎이 있는가? 앎이 없다.' 라고 했다. 양지 외에는 앎이 없는 것이다. 그러므로 치양지는 성인 문하의 사람을 가르치는 첫 번째 뜻이다. 이제 전적으로 견문의 끝에서 구한다고 말한다면 두 번째 뜻에서 떨어져 버린다. 만약 그 양지를 실현하는데 구하는 것이 견문이라면 말과 뜻 사이가 둘이 되는 것을 피하지 못한다. 이것은 오로지 견문의 끝에서 구하는 것이라 비록 약간은 같지 않지만, 그 알차고 한결같은 뜻을 얻지 못한다는 것은 한 가지다."

德洪與王畿並擧南宮，俱不廷對，偕黃弘綱、張元沖同舟歸越。先生喜，凡初及門者，必令引導，俟志定有入，方請見。每臨坐，默對焚香，無語。

전덕홍과 왕기는 나란히 남궁[1]에서 합격했다. 모두 전시[廷對][2]는 보지 않았다. 황홍강, 장원충과 함께 같은 배로 월에 돌아왔다. 선생은 기뻐했다. 처음 문하에 이른 자는 반드시 인도引導[3]되어 뜻이 정해지기를 기다렸다가 들어올 수 있었으니 비로소 뵙기를 청했다. 자리에 앉을 때마다 침묵으로 대하고 향을 피우고 말이 없었다.

주

1 남궁南宮은 예조의 다른 이름이다. 여기서는 예조에서 치른 회시會試이다.
2 정대廷對는 궁중의 뜰에서 황제가 직접 참관하여 실시하는 과거로 전시殿試를 말한다.
3 인도引導는 이끌어 올바른 길을 안내하는 것이다.

55세 8월

八月，答聶豹書。

8월 섭표聶豹[1]의 편지에 답하다.

주

1 섭표聶豹(1487~1563)는 자가 문울文蔚이고 호는 쌍강雙江이다. 만년의 호는 백수노농白水老農·동고거사東皐居士이다. 강서성 길안부 영풍현永豐縣 사람이다. 정덕 12년(1517) 진사가 되어 화정지현華亭知縣에 올랐다. 후에 평양지부平陽知府가 되었다. 가정嘉靖 19년(1540) 우첨도어사가 되고, 병부상서와 태자태보를 지냈다. 왕수인의 양지설良知說을 좋아해 제자를 자처했다. 나중에 송유의 주정설主靜說로 기울어 왕수인과 학문에 있어 많은 차이를 보였다. 주돈이周敦頤의 정靜과 정이程頤의 경敬이 다르지 않다고 했다. 민족 영웅이다.

··· 편지글

是年夏，豹以御史巡按福建，渡錢塘來見先生。別後致書，謂：“思、孟、周、程無意相遭於千載之下，與其盡信於天下，不若真信於一人。道固自在，學亦自在。”

이해 여름에 섭표는 어사로써 복건성을 순안巡按[1]하고 전당강을 건너와서 선생을 뵈었다. 이별 후에 편지를 보내 말했다:
"자사, 맹자, 주돈이, 정자가 생각하지도 않았는데 천년의 시간을 두고 서로 만났으니 천하 사람들이 모두 믿어주는 것보다 오히려 한 사람에게 믿음을 받는 것이 낫습니다. 도는 본디 저절로 있고 배움 또한 저절로 있습니다."

주

1 순안巡按은 여러 곳으로 돌아다니며 각 방면에 걸쳐 조사하는 것이다.

••• 편지글

先生答書略曰：
"讀來諭，誠見君子不見是而無悶之心，乃區區則有大不得已者存乎其間，非以計人之信與不信也。夫人者，天地之心；天地萬物，本吾一體者也。生民之困苦荼毒，孰非疾痛之切於吾身者乎?
不知吾身之疾痛，無是非之心者也。是非之心，不慮而知，不學而能，所謂良知也。良知之在人心，無間於聖愚，天下古今之所同也。世之君子惟務致其良知，則自能公是非，同好惡，視人猶己，視國猶家，而以天地萬物爲一體，求天下無治不可得矣。
古之人所以能見善不啻若己出，見惡不啻若己入，視民之饑溺，猶己之饑溺，而一夫不獲，若己推而納諸溝中者，非故爲是而蘄天下之信己也；務致其良知，求其自慊而已矣。後世良知之學不明，天下之人外假仁義之名，而內以行私利之實：詭詞以阿俗，矯行以幹譽；掩人之善，而襲以爲己長。

訐人之私，而竊以爲己直；忿以相勝，而猶謂之徇義；險以相傾，而猶謂之疾惡；妒賢嫉能，而猶自以爲公是非；恣情縱欲，而猶自以爲同好惡。相淩相賊，自其一家骨肉之親，已不能無彼此藩籬之隔，而況於天下之大，民物之衆，又何能一體而視之乎！

僕誠賴天之靈，偶有見於良知之學，以爲必由此而後天下可得而治，是以每念斯民之陷溺，則爲之戚然痛心，忘其身之不肖，而思以此救之，亦不自知其量者。天下之人，見其若是，遂相於非笑而詆斥，以爲是病狂喪心之人耳。嗚呼！吾方疾痛之切體，而暇計人之非笑乎！

昔者孔子之在當時，有議其爲諂者，有議其爲佞者，有毁其未賢，詆其爲不知禮，而侮之以爲"東家丘"者，有嫉而阻之者，有惡而欲殺之者。晨門荷蕢之徒，皆當時之賢士，且曰：'是知其不可而爲之者與？鄙哉硜硜乎，莫己知也，斯已而已矣。'

雖子路在升堂之列，尚不能無疑於其所見，不悦於其所欲往，而且以之爲迂。則當時之不信夫子者，豈特十之一二而已乎？然而夫子汲汲遑遑，若求亡子於道路，而不假於暖席者，寧以蘄人之信我知我而已哉？

僕之不肖，何敢以夫子之道爲己任？顧其心亦已稍知疾痛之在身，是以彷徨四顧，相求其有助於我者，相與講去其病耳。今誠得豪傑同志之士，共明良知之學於天下，使天下之人皆知自致其良知，一洗讒妒勝忿之習，以躋於大同，則僕之狂病，固將脱然以愈，而終免於喪心之患矣，豈不快哉！

會稽素號山水之區，深林長穀，信步皆是，寒暑晦明，無時不宜。良朋四集，道義日新。天地之間，寧復有樂於是者？孔子云'不怨天，不尤人，下學而上達。'僕與二三同志，方將請事斯語，奚暇外慕？獨其切膚之痛，乃有未能恝然者，輒復云爾。”

선생은 (섭표의 편지에) 답장을 써서 간략하게 말했다:

“그대의 편지를 읽고 진실로 군자가 옳다고 여기지 않아도 마음에 번민이 없으니 나도 부득이하게 그 사이에서 존재함을 알게 되었는데, 사람의 믿고 믿지 않음을 계산해서가 아니다. 사람은 천지의 마음이다. 천지 만물은 본래 나와 한 몸이다. 백성들이 고통스러운 맹독에 괴로워하는데, 누군들 질병과 고통이 나에게 절실하지 않겠는가? 내 몸의 아픔을 알지 못하면 시비지심이란 것은 없다. 시비지심은 사려하지 않아도 알고 배우지 않아도 분별할 수 있는 이른바 양지이다. 양지가 사람 마음에 있다는 것은 성인과 어리석은 사람 사이에 간극이 없고 천하 고금이 같은 것이다. 세상의 군자가 오직 그 양지를 실현하는 것에 힘쓴다면 스스로 옳고 그름을 공정하게 할 수 있고 좋아함과 싫어함이 한 가지이며 다른 사람 보기를 자기와 같이하고 나라를 보기를 가정과 같게 보아 천지 만물을 한 몸으로 여기니, 천하를 구하는데 다스려서 안 되는 것이 없다.

옛날 사람들은 선善한 모습을 보고 마치 자기에게서 나왔다고 여길 뿐 아니라 악惡한 모습을 보고도 마치 자기가 빠져들어 간 것처럼 하였을 뿐 아니며 백성이 굶주리고 물에 빠지는 것을 보고 마치 자기가 굶주리고 물에 빠지는 것처럼 여겼으며 한 사내라도 머물 곳을 얻지 못하면 마치 자기가 밀쳐서 모두 도랑 가운데 넣은 것[1] 처럼 여길 수 있었던 까닭은 옳은 것을 위해 천하 사람이 자기를 믿어주기를 바랐기 때문이 아니고 그가 지닌 양지를 실현하는 데에 힘써서 스스로 만족함[自慊][2]을 구했을 따름이다. 후세에 양지의 학문이 분명하지 않아서 천하의 사람들이 겉으로는 인의의 이름을 가장하고 안으로는 사사로이 이익이 되는 것만 행한다. 괴이한 말로서 세속에 아부하고 행동을 바로잡아 명예를 지킨다. 다른 사람의 선을 뜻하지 아니하게 자기의 장점으로 삼는다.

남의 사사로움을 들춰내어 몰래 자기의 정직으로 삼는다. 분개하여 서로 이기려 하고 마치 의리를 따른 것처럼 말한다. 거짓으로 서로 기울게 하여 마치 악을 미워하듯 말한다. 현명함을 시샘하고 능함을 시기하면서 오로지 스스로 옳고 그름을 공정하게 여긴다고 한다. 정감이 하고 싶은 대로 맡기고 욕망을 따르면서 마치 스스로 좋아함과 싫어함을 동일하게 여기는 것처럼 한다. 서로 능멸하고 서로 해치며 스스로 그 한 집안 혈육의 친족인데도 이미 이것과 저것으로 울타리 치는 간극을 없앨 수 없는데, 하물며 천하의 큰 것에서 백성과 만물의 무리를 어떻게 한 몸으로 볼 수 있겠는가?

나는 진실로 하늘의 영명함에 힘입어 우연히 양지의 학문을 알게 되었다. 반드시 이 학문을 거친 후라야 천하가 다스려질 수 있다고 여겼다. 이로써 매번 이 백성들이 물에 빠져 있을 것을 생각하면 그들을 위해 쩌릿하게 마음이 아파져서 나 자신의 부족함은 잊어버리고 이 양지를 가지고 백성을 구제할 것을 생각했고 또한 스스로 자신의 기량을 알지 못했다. 천하의 사람들은 내가 이렇게 하는 것을 보고 마침내 서로 비난하고 비웃으며 헐뜯고 배척하였고 병들고 미쳐서 마음을 잃은 사람일 뿐이라고 여겼다. 아! 나는 지금 병들어 몸이 아픈데 어느 겨를에 남들이 비난하고 비웃는 것을 헤아리겠는가!

옛날 공자가 계셨던 당시에는 공자가 아첨한다고 숙덕거리는 자가 있었고 그가 말만 잘한다고 숙덕거리는 자가 있었으며 그가 현명하지 못하다고 비방하고 그가 예를 알지 못하는 것을 비난하고 '동쪽에 사는 구[東家丘]'[3]라고 하며 업신여기는 자가 있었다. 질투해서 그를 방해하는 자가 있었고, 미워해서 그를 죽이려고 하는 자가 있었다. 신문晨門[4]과 하궤荷蕢[5]의 무리들은 모두 당시 현사들이었는데 또 말했다: '그는 할 수 없음을 알면서 하는 자가 아닌가? 비루하구나, 고집불통이고 자기를 알아주지 않으면 바로 그만둘 따름이지.'[6]

비록 자로가 승당의 대열에는 있었지만, 여전히 공자를 본 바로는 의심을 없앨 수가 없었고 공자가 가려고 하는 곳을 기뻐하지 않았다. 그뿐만 아니라 그는 세상 물정에 어둡다[7]고 여겼다. 그렇다면 당시 공자를 믿지 못하는 자들이 어찌 다만 열에 한 둘뿐이겠는가? 그러나 공자는 쉴 새 없이 바빴는데 마치 도로에서 잃어버린 자식을 찾는 것처럼 앉은 자리가 따뜻해 질 겨를이 없었다. 차라리 남들이 나를 믿고 나를 알아 주기를 바랄 뿐이었겠는가?
나는 어리석은데[不肖][8] 어찌 감히 공자의 도를 나 자신의 소임으로 삼겠는가? 공자의 마음을 돌아보니 병폐가 내 자신에게 있다는 것을 이미 조금은 알게 되었고, 이 때문에 방황하며 사방을 돌아보고 나를 도와줄 사람을 구하고 서로 더불어 강학을 하여 그 병을 제거할 뿐이다. 오늘날 진실로 호걸 동지 선비들을 얻어 함께 천하에서 양지의 학문을 밝히고 천하의 사람들이 모두 스스로 그 양지에 이르는 것을 알도록 하여 남을 모함하고 투기하고 이기려고 하고 분개하는 습성을 말끔히 씻어버리고 대동에 오르면 저의 미친병은 정말로 홀가분하게 나을 것이-고 마침내 상심하는 우환도 면하게 될 것이다. 어찌 기쁘지 않겠는가!
회계는 평소 산과 물의 구역이라고 불리는데 깊은 숲과 긴 계곡에서 발길 가는 데로 걸어보니 모두 그렇다. 춥고 덥고 어둡고 밝고 간에 아름답지 않은 때가 없다. 좋은 벗들이 사방에서 모이고 도의道義[9]는 날로 새로워지니 천지간에 어찌 다시 이것보다 즐거운 것이 있겠는가? 공자가 말했다: '하늘을 원망하지 않고 사람을 탓하지 않으며 낮은 것을 배워서 위의 것을 통달한다.'[10] 저와 두세 명 동지들은 바야흐로 장차 이 말을 섬기려고 하는데 어느 겨를에 그 외의 것을 생각하겠는가? 오로지 그 살갗을 에는 듯한 아픔이 여전히 근심을 없애지 않은 것이 있어서 문득 다시 그대에게 말했다."

주

1 『맹자·만장 하』: 匹夫匹婦, 有不與被堯舜之澤者, 若己推而內之溝中, 其自任以天下之重也.[필부匹夫와 필부匹婦가 요 임금과 순 임금이 베푼 은택을 받는 데에 끼지 않은 것은 마치 자기가 밀어서 그들을 도랑 속에 빠뜨린 것같이 하였으니, 그는 천하를 다스리는 중대한 사명을 자임한 것이다.]

2 『대학』: 誠其意者, 毋自欺也. 如惡惡臭, 如好好色, 此之謂自謙.[그 뜻을 성실히 한다는 것은 스스로 속이지 않는 것이니 악을 미워하기를, 악취를 싫어하듯이 하고 선을 좋아하기를, 호색을 좋아하듯이 하여야 하니 이것을 '자겸'이라 한다.] 자겸自慊은 스스로 만족하는 것이다.

3 동가구東家丘는 공자의 다른 이름이다. 공자의 서쪽 이웃에 사는 사람이 공자가 훌륭한 인물임을 모르고 '동쪽의 이웃인 구丘'라고 불렀다는 데서 유래한다.

4 신문晨門은 예전에 아침 일찍 성문을 여는 일을 맡았던 문지기이다.

5 하궤荷蕢에서 하荷는 메는 것이고 궤蕢'는 풀 혹은 짚으로 만든 그릇이니, 삼태기를 멘 자이다. 이러한 자는 은자이다.

6 『논어·헌문』: 子擊磬於衛. 有荷蕢而過孔氏之門者, 曰: 有心哉! 擊磬乎! 旣而曰: 鄙哉! 硜硜乎! 莫己知也, 斯已而已矣. 深則厲, 淺則揭.[공자께서 위나라에서 경쇠를 치셨다. 삼태기를 메고 공씨의 문 앞을 지나던 사람이 마음이 있구나! 경쇠를 침이여! 조금 후 "비루하구나! 군세구나! 나를 알아주지 않으면 그만두면 그만이지. 수심이 깊으면 옷을 벗고 건너고, 수심이 얕으면 옷을 걷고 건넌다네.]라고 말했다.

7 우迂는 세상 물정에 어둡다는 뜻이다. 공자는 세상 사람들로부터 비난을 받았을 뿐 아니라 제자들조차도 그를 이해하지 못하였는데, 특히 자로가 공자를 세상 물정에 어둡다고 여겼는데 공자가 위령공의 아내 남자南子를 만나러 갈 때도 기뻐하지 않았다.

8 불초不肖는 아버지를 닮지 않았다는 뜻으로, 못나고 어리석은 사람을 이르는 말이다. 또 아들이 부모를 상대하여 자기를 낮추어 이르는 일인칭一人稱 대명사이다.

9 도의道義는 사람이 마땅히 지키고 행하여야 할 도덕적 의리이다.

10 『논어·헌문』: 子曰, 不怨天, 不尤人. 下學而上達. 知我者, 其天乎![하늘을 원망하지 않고 사람을 탓하지 않으며 아래에서부터 배워 위에 도달했으니 나를 알아주는 것은 하늘일 것이니라]

按, 豹初見稱晚生, 後六年出守蘇州, 先生已違世四年矣。見德洪、王畿曰: "吾學誠得諸先生, 尚冀再見稱贄, 今不及矣。茲以二君爲證, 具香案拜先生。"遂稱門人。

전덕홍이 생각하니, 섭표는 처음 선생을 뵙고 만학도로 불렀다. 그 후 6년 소주에 부임했는데 선생은 이미 세상을 떠난 지 4년이 되었다. 전덕홍과 왕기를 보고 말했다: "내 학문은 진실로 선생에게서 얻었다. 더욱이 다시 뵙고 집지[1]를 바치기를 바랐으나 지금은 뵐 수가 없다. 이러하니 두 분을 증인으로 삼고 향안香案[2]을 갖춰 선생에게 절을 하겠습니다." 마침내 문인이라 칭했다.

주

1 집지執贄는 제자가 스승을 처음 뵐 때 폐백을 가지고 가서 경의를 표하는데 이때 가지고 가는 폐물을 집지라고 한다.

2 향안香案은 제사 지낼 때 향료나 향합을 올려놓는 상床이다.

55세 11월

十一月庚申，子正億生。

11월 경신일, 아들 정억이 태어났다.

繼室張氏出。先生初得子，鄉先達有靜齋、六有者，皆逾九十，聞而喜，以二詩爲賀。先生次韻謝答之，有曰"何物敢云繩祖武?他年只好共爺長"之句，蓋是月十有七日也。先生初命名正聰，後七年壬辰，外舅黃綰因時相避諱，更今名。

후처 장씨가 출산했다. 선생은 처음으로 아들을 얻었다. 고향에 선달先達[1]인 정재, 육유라는 자가 모두 90세가 넘었는데 소식을 듣고 기뻐했다. (그들이) 두 수의 시를 지어 축하했다. 선생은 그들 시에 차운하여 감사하는 답을 했다. 육유가 말했다: "누가 감히 조상의 무공을 계승한다고 말했던가? 지난날 지아비와 꼭 같군."이라는 문구였는데 아마도 이달 17일일 것이다. 선생은 처음 이름을 정총正聰으로 지었다. 이후 7세 임신년에 장인 황관이 시기에 따라 서로 피휘避諱[2]하여 다시 지금의 이름인 정억으로 바꾸었다.

주

1 선달先達은 과거에 급제하였으나 아직 벼슬하지 않은 사람을 말한다.

2 피휘避諱는 임금의 이름을 피하는 것이다.

55세 12월

十二月，作《惜陰說》。

12월,『석음설』을 짓다.

劉邦采合安福同志爲會，名曰'惜陰'，請先生書會籍。先生爲之說曰："同志之在安成者，間月爲會五日，謂之'惜陰'，其志篤矣。然五日之外，孰非惜陰時乎?離群而索居，志不能無少懈，故五日之會，所以相稽切焉耳。嗚乎！天道之運，無一息之或停，吾心良知之運，亦無一息之或停。良知即天道，謂之'亦'，則猶二之矣。知良知之運無一息之或停者，則知惜陰矣。

知惜陰者，則知致其良知矣。子在川上曰：'逝者如斯夫！不舍晝夜。'此其所以學如不及，至於發憤忘食也。堯、舜兢兢業業，成湯日新又新，文王純亦不已，周公坐以待旦：惜陰之功，寧獨大禹爲然?子思曰：'戒愼乎其所不睹，恐懼乎其所不聞，知微之顯，可以入德矣。'或曰：雞鳴而起，孳孳爲利，凶人爲不善，亦惟日不足，然則小人亦可謂之惜陰乎?"

유방채가 안복현의 동지들을 만나서 모임을 만들었다. 이름은 '석음惜陰'[1]이라 했다. 선생에게 회적會籍[2]을 써 주실 것을 청했다. 선생은 그를 위해 말했다: "안성군安成郡[3]에 있는 동지들이 격월로 5일 동안 만남을 하는데 석음이라 부른다. 그 의지가 돈독하다. 그러나 5일 이외에 누구인들 세월이 아깝지 않겠는가? 무리를 떠나서 혼자서 쓸쓸히 지내면 뜻이 조금이라도 게으름을 없앨 수 없으므로 5일의 만남은 서로의 절실함을 상고하는 까닭일 뿐이다.

오호라. 천도의 운행은 잠시도 쉬지 않는다. 우리 마음에서 양지의 운행 역시 잠시도 쉼이 없다. 양지는 즉 천도이다. 그것을 '역시[亦]'라고 말한다면 양지와 천도를 둘이 되도록 하는 것과 같다. 양지의 운행이 잠시도 쉬지 않는다는 것을 알면 세월이 아깝다[惜陰]는 것을 알게 된다.

세월이 아깝다는 것을 아는 사람은 그 양지를 실현하는 것을 안다. 공자가 시내 가에서 말했다: '흘러가는 것이 이와 같구나! 밤낮을 쉬지 않는구나.' 이것은 배움이 마치 미치지 못한 것 같았기 때문에 발분하여 밥 먹는 것도 잊으신 까닭이다. 요와 순임금은 조심하고 삼갔으며 성왕과 탕왕은 날로 새롭고 또 새로웠다. 문왕은 순수하여 또 그침이 없었고 주공은 앉아서 아침을 기다렸다. 세월을 아끼는 공부은 어찌 유독 우임금만 그러했겠는가? 자사가 말했다: '보지 않아도 경계하고 삼가며 듣지 않아도 두려워하여 은미함이 드러나는 것을 알아야 덕에 들어갈 수 있다.' 어떤 사람은 말했다: '새벽에 닭이 울어 일어나서 부지런히 이롭게 하는데 흉악한 사람은 선하지 않은 일을 하느라 오직 하루해가 부족하다. 그렇다면 소인 역시 시간을 아끼는 자라고 말할 수 있겠는가?'"

주

1 석음惜陰은 시간時間을 아낌이다.

2 회적會籍은 단체 조직에서 회원의 성명·관적貫籍·직업·주소 따위의 자료를 기록한 장부이다.

3 안성군安成郡은 지금 강서성에 위치한 고도古都의 한 곳이다. 삼국시대 오 땅에 해당한다. 의춘宜春, 평향萍鄉, 신여新餘로 나누어지고 중심에 안복이 있고 아래에 길안이 있다.

••• 편지글

按，先生明年丁亥過吉安，寄安福諸同志書曰："諸友始爲惜陰之會，當時惟恐只成虛語，邇來乃聞遠近豪傑聞風而至者以百數，此可以見良知之同然，而斯道大明之幾於此亦可以蔔之矣。
明道有云：'寧學聖人而不至，不以一善而成名。'此爲有志聖人而未能真得聖人之學者，則可如此說。若今日所講良知之說，乃真是聖學之的傳，但從此學聖人，卻無不至者。惟恐吾儕尚有一善成名之意，未肯專心致志於此耳。"

전덕홍이 보건데, 선생은 다음 해인 정해년에 길안吉安을 지나 안복安福의 여러 동지에게 편지를 보내 말했다:
"벗들이 비로소 석음의 모임을 만들었는데 당시에는 오직 헛된 말을 만들까 걱정했다. 근래 멀고 가까운 호걸들이 풍문을 듣고 이르는 자가 수백이 되니 이것은 양지가 똑같이 그러함을 볼 수 있으며 이 도가 여기에서 크게 밝아지는 기미라는 것을 이것에서 또한 예측할 수 있다.
정명도가 말했다. '차라리 성인을 배워서 이르지 못할지언정 선을 한번 하고서 이름을 남기지는 않겠다.' 이는 성인이 되는 것에 뜻을 두었는데 성인의 학문을 얻지 못한 자라면 이렇게 말할 수 있을 것이다. 만약 오늘 양지의 설을 강의한 것이 진실로 성학의 전수라면 다만 이 양지 학설을 따라서 성인을 배우면 도리어 성인에 이루지 않음이 없을 것이다. 오직 우리들이 아직도 선을 한번 행하여 이름을 내세우려는 뜻을 지니고 있으니 기꺼이 전심전력으로 이 양지에서 뜻을 이루려 하지 않을까 두려울 뿐이다."

1527년, 선생 56세

六年丁亥，先生五十六歲，在越。

가정 6년 정해년(1527) 선생 56세에 월 땅에 있었다.

··· 편지글

正月。先生與宗賢書曰：“人在仕途，比之退處山林時，工夫難十倍；非得良友時時警發砥礪，平日志向鮮有不潛移默奪，弛然日就頹靡者。近與誠甫言，京師相與者少，二君必須彼此約定，便見微有動氣處，即須提起致良知話頭，互相規切。

凡人言語正到快意時，便截然能忍默得；意氣正到發揚時，便翕然能收斂得；憤怒嗜欲正到騰沸時，便廓然能消化得：此非天下之大勇不能也。然見得良知親切時，其功夫又自不難，緣此數病，良知之所本無，只因良知昏昧蔽塞而後有，若良知一提醒時，即如白日一出，魍魎自消矣。

《中庸》謂：‘知恥近乎勇。’只是恥其不能致得自己良知耳。今人多以言語不能屈服得人，意氣不能陵軋得人，憤怒嗜欲不能直意任情爲恥；殊不知此數病者，皆是蔽塞自己良知之事，正君子之所宜深恥者。古之大臣，更不稱他知謀才略，只是一個斷斷無他技，休休如有容而已。諸君知謀才略，自是超然出於衆人之上，所未能自信者，只是未能致得自己良知，未全得斷斷休休體段耳。

須是克去己私，真能以天地萬物爲一體，實康濟得天下，挽回三代之治，方是不負如此聖明之君，方能不枉此出世一遭也。”

정월에 선생은 종현에게 편지를 보내 말했다:

“사람들이 벼슬길에 있을 때는 물러나 산림에 처해 있을 때에 비교하면 공부가 10배 어렵다. 좋은 친구를 얻어서 때때로 경계하며 열심히 노력하지 않으면 평소의 지향하는 것이 모르는 사이에 옮겨져 조용히 사라지지[默奪][1] 않는 경우가 드물며 느슨해져 날이 갈수록 쇠퇴하고 사라진다. 근래에 성보誠甫[2]와 이야기했는데 경사에는 함께 하는 사람이 적으니 두 분이 반드시 피차간에 약속하여 정하고 곧바로 조금이라도 동기가 되는 곳이 있는 것을 보면 곧 치양지의 화두를 제기하여 상호 경계하고 바로잡아야 한다.[規切][3]

무릇 사람의 언어가 유쾌한 뜻[快意][4]에 도달했을 시점에 곧바로 끊어내어 참으며 침묵할 수 있고, 의기意氣[5]가 한창 피어오를 때 이르러 바로 시원스레 털어버릴 수 있으며, 분노하고 욕망이 막 끓어오를 때 바로 시원하게 없앨 수 있는 것은, 천하에서 크게 용기 있는 자가 아니면 할 수 없다. 그러나 양지를 아는 것이 친근하고 절실한 때에는 그 공부 또한 저절로 어렵지 않다. 이것에 연유하는 수많은 병통은 양지에는 본래 없는 것이다. 단지 양지가 혼미하고 막히고 가려진 이후에 생기기 때문에 만약에 양지가 깨우치게 할 때는 마치 태양이 한번 나와서 도깨비가 자연스럽게 사라지는 것과 같다.

『중용』에서 말한다: '부끄러움을 아는 것은 용기에 가깝다.'[6] 오직 자기 양지를 실현할 수 없는 것을 부끄러워할 따름이다. 오늘날 사람은 많아도 언어로써 남을 굴복시킬 수 없고 의기가 남을 깔아뭉갤 수 없으며 분노와 기욕은 올바른 뜻이 될 수 없고 정에 맡겨져 부끄러움이 된다. 특히 이 수많은 병통을 알지 못하는 것은 모두 다 이것이 자기의 양지가 하는 일을 가리고 막으니 진정 군자라면 깊이 부끄러워해야 하는 것이다. 옛날 대신은 다른 사람에게 지모와 재략을 말하지 않았다. 다만 하나의 단단한 다른 재주는 없고 넉넉하게 마치 용납함이 있는 것 같을 뿐이었다. 제군들의 지모와 재략이 이 양지로부터 많은 사람에게 두드러져 드러나는데 스스로 믿을 수 없는 것은 단지 자기 양지를 실현할 수 없어서 아직 편안해하는 체단體段[7]을 얻지 못했을 뿐이다. 자신의 사사로움을 물리쳐야 진정 천지 만물이 하나가 되고 실제로 천하 백성을 편안하게 도와서 삼대의 정치를 만회할 수 있다. 이렇게 현명한 임금을 저버리지 않아야 세상에 나온 것이 헛되지 않을 수 있다."

주

1 묵탈默奪은 드러내지 않고 가만히 빼앗는 것이다.

2 성보誠甫는 황종명黃宗明이다. 자가 성보誠甫이고 호는 치재致齋이다.

3 규절規切은 경계하여 바로잡는 것이다.

4 쾌의快意는 유쾌한 뜻 혹은 시원스러운 마음이며 마음이 자기 뜻과 딱맞아 기분이 상쾌할 때를 말한다. 감정의 최고점에서 그칠 줄 알아야 한다.

5 의기意氣는 기세氣勢가 좋은 적극적인 마음 혹은 사람이 타고난 기개氣槪나 마음씨 또는 그것이 겉으로 드러난 모양을 말한다.

6 『중용』: 好學近乎知, 力行近乎仁, 知恥近乎勇[배우기를 좋아하면 지혜에 가까워지고, 힘써 행하면 인에 가까워지며, 수치를 알면 용기에 가까워진다.]

7 체단體段은 절지동물의 체절體節이다 즉, 전체에서 한 단락이나 한 부분을 말한다.

56세 4월

四月，鄒守益刻《文錄》於廣德州。

4월 추수익이 〈문록〉을 광덕주廣德州[1]에서 새겼다.

주

1 광덕주廣德州는 지금의 안휘성 광덕시이다. 선성시宣城市가 관리했다. 장강삼각주 서부, 안휘성 동남부에 위치한다.

··· 편지글

守益錄先生文字請刻。先生自標年月，命德洪類次，且遺書曰："所錄以年月爲次，不復分別體類，蓋專以講學明道爲事，不在文辭體制間也。"

추수익은 선생의 문자를 기록해서 새기기를 청했다. 선생은 스스로 연월을 표기하고

덕홍에게 종류별로 순서를 정할 것을 명했다. 또 보낸 편지에서 말했다.:
“기록한 바는 연월을 순서로 삼고 다시 따로 문체 종류별로는 나누지 마라. 오로지 강학하고 도를 밝히는 것을 일로 삼았고 문사와 문체에 있지는 않았다.”

明日，德洪掇拾所遺請刻，先生曰：“此便非孔子刪述《六經》手段。三代之教不明，蓋因後世學者繁文盛而實意衰，故所學忘其本耳。比如孔子刪《詩》，若以其辭，豈止三百篇；惟其一以明道爲志，故所取止。此例《六經》皆然。若以愛惜文辭，便非孔子垂範後世之心矣。”

다음날 덕홍은 남긴 글을 모아 정리하여 새기기를 청했다. 선생이 말했다: “이것은 곧 공자가 육경을 산술刪述[1]한 방법이 아니다. 삼대의 가르침이 밝혀지지 않았고 대체로 후세의 학자들은 번문繁文이 성하고 실제의 뜻은 쇠하게 되었기에 배운 것의 근본을 잊어버렸을 따름이다. 예컨대 공자가 산술한 『시경』은 만약 그 문사로서라면 어찌 삼백 편에 그쳤겠는가? 오직 그 한결같이 도를 밝히는 것을 뜻으로 삼았기에 취한 것들을 그만두었다. 이 예는 육경이 모두 그러하다. 만약 문사를 애석하게 여긴 것이라면 공자가 후세에게 모범을 세운 마음은 아니다.”

주

1 산술刪述은 삭제하거나 적어넣는 것이다.
2 번문繁文은 번다하고 무성하게 지은 글이다.

德洪曰：“先生文字，雖一時應酬不同，亦莫不本於性情；況學者傳誦日久，恐後爲好事者攙拾，反失今日裁定之意矣。”先生許刻附錄一卷，以遺守益，凡四冊。

전덕홍이 말했다: "선생의 문자는 비록 한 때 응수應酬[1]하여 똑같지는 않지만, 또한 성과 정을 근본 삼지 않음이 없다. 하물며 학자들이 전하여 외우는 것이 날로 오래되니 후에 호사가를 위해서 도움이 되고 도리어 오늘날 재정裁定[2]한 의미를 잃어버릴까 두렵다." 선생은 부록 1권을 새길 것을 허락했다. 이것을 가지고 추수익에게 보내니 모두 4책이다.

주

1 응수應酬는 대립되는 의견을 맞서서 주고받는 것이다.

2 재정裁定은 일의 옳고 그름을 따져서 결정決定하는 것이다.

56세 5월

五月，命兼都察院左都御史，征思、田。

5월 명으로 도찰원都察院[1] 좌도어사를 겸하고 사은과 전주를 정벌하게 했다.

주

1 도찰원都察院은 명·청의 관서명이다. 홍무 15년(1382)에 전대에 설치된 어사대를 도찰원으로 변경하였다. 감찰, 탄핵 및 건의를 주관했으며 장관은 좌·우도어사이며 그 아래에 부도어사와 첨도어사를 두었다. 13도에 따라 감찰어사를 따로 두고, 주와 현을 순시하며 관리의 조사와 탄핵을 전담하였다. 명나라 도찰원은 재판 기관을 감독할 수 있는 최고 감찰 기관이다. 형부대리사와 함께 삼법사三法司로 불리며 중대한 사건이 발생할 경우 삼법사가 공동으로 심리하며 이를 '삼사회심三司會審'이라고 한다.

56세 6월

六月，疏辭，不允。

6월 사직을 상소했는데 윤허하지 않았다.

先是廣西田州岑猛爲亂，提督都御史姚鏌征之。奏稱猛父子悉擒，已降敕論功行賞訖。遣目盧蘇、王受構衆煽亂，攻陷思恩。鏌復合四省兵征之，久弗克；爲巡按御史石金所論。

이에 앞서 광서성 전주田州에 사는 잠맹岑猛이 난[1]을 일으켜 제독도어사 요막姚鏌[2]이 그것을 정벌했다. 잠맹 부자가 모두 사로잡히어 이미 칙령을 내려 공을 논하고 상주는 것을 마쳤다고 아뢰었다. 노소, 왕수가 군중을 모아서 난을 선동하고 공격하여 사은思恩을 함락시켰다고 말했다. 요막은 다시 네 성의 병력을 합해서 그들을 쳤는데 오래도록 진압되지 않았다. 순안어사 석금石金이 논하는 바가 되었다.

주

1 잠맹岑猛의 난은 명나라 중기 서남 지역에서 발생한 토사土司의 변란이다. 가정 2년(1523) 잠맹은 동족에게 모반했다고 모함받았고, 가정 5년(1526) 도어사 요막姚鏌이 잠맹을 공격하여 다섯 길로 진군했다. 심희의沈希儀는 중간 길로 야간에 300명의 군사를 적의 후방에 파견하여 날이 밝을 무렵 적을 유인하고, 한신韓信의 발치수책拔幟樹策으로 적의 진영에 깃발을 세워 적군을 크게 무찔렀다. 그해 9월, 잠맹이 갑자기 죽었다.

2 요막姚鏌(1465~1538)은 자가 영지英之이고 호는 동천東泉이며 절강성 자계慈溪 사람이다. 홍치 6년(1493) 진사가 되어 잠맹의 난을 평정했다. 정덕 5년(1510) 복건안찰부사로 승진하고 정주汀州 대모산大帽山 도적이 무평武平을 공격하였을 때 그는 향병을 이끌고 구원하러 갔다. 관직은 병부상서와 태자소보에 올랐다.

朝議用侍郎張璁、桂萼薦，特起先生總督兩廣及江西、湖廣軍務，度量事勢，隨宜撫剿，設土官流官孰便，並核當事諸臣功過以聞；且責以體國爲心，毋或循例辭避。

조정에서 시랑侍郎 장총張璁과 계악桂萼[1]이 천거하여 기용하기를 의논했다. 특히 선생을 기용하여 양광[2]과 강서성, 호광성[3]의 군무를 총괄하여 감독하게 했다. (선생은) 일의 형세를 헤아리고 형편에 따라 토벌하였다. 토관土官[4]과 유관流官[5]을 설치하여 누구든지 함께 일을 담당하는 모든 신하의 공적과 잘못이 들어야만 했고 또 나라의 일을 마음으로 삼아 혹시나 관례에 따라 사직하고 피하지 말도록 책망했다.

주

1 계악桂萼(1478~1531)은 명 중기 정치가이다. 자가 자실子實이고 호는 견산見山이며 강서성 요주부饒州府 안인현安仁縣 사람이다. 정덕 6년(1511) 진사가 되어 단도丹徒, 무강武康, 성안成安 지현을 역임했다. 가정 원년에 남경형부주사에 올랐고 대례의에 세종에게 힘을 실어주어 가정 3년(1525)한림원학사에 다음해 첨사부첨사를 겸했다. 가정 6년(1527)예부우시랑, 예부상서, 이부상서까지 올랐다. 가정 8년(1529)무영전대학사武英殿大學士가 되고 내각에 들어가 장총張璁을 이어 내각차보內閣次輔가 되었다. 가정 10년 54세에 죽어 태보太傅로 추증되었고 시호는 문양文襄이다.

2 양광성은 당시 광동성과 광서성을 합하여 부른 명칭이다.

3 호광성湖廣省은 지금의 호북성과 호남성, 그리고 귀주성 일부분이 포함되어 전국 최대의 성이다. 치소治所는 지금의 호북성 무창에 있었다.

4 토관土官은 원, 명, 청나라 시기 서북과 서남 지역에 설치한 소수민족의 수령으로 세습되는 관직이다.

5 유관流官은 명나라와 청나라가 사천성, 운남성, 광서성 등의 소수민족 집단 거주 지역에 배치한 지방관이며 일정한 임기를 가지고 있다.

••• 상소문

先生聞命，上疏言："臣伏念君命之召，當不俟駕而行，矧茲軍旅，何敢言辭?顧臣患痰疾增劇，若冒疾輕出，至於僨事，死無及矣。臣又復思，思、田之役，起於土官仇殺，比之寇賊之攻劫郡縣，荼毒生靈者，勢尚差緩。

若處置得宜，事亦可集。鏌素老成，一時利鈍，亦兵家之常。御史石金據事論奏，所以激勵鏌等，使之善後，收之桑榆也。臣以爲今日之事，宜專責鏌等，隆其委任，重其威權，略其小過，假以歲月，而要其成功。至於終無底績，然後別選才能，兼諳民情土俗，如尚書胡世寧、李承勳者，往代其任，事必有濟。"

疏入，詔鏌致仕，遣使敦促上道。

선생이 왕명을 듣고 상소하여 말했다:

"신이 엎드려 생각해보니 군주의 명으로 부름을 받았으면 어가가 당도하기를 기다리지 않고 거행해야 마땅하거늘 하물며 이 출정을 어찌 감히 사양한다고 말하겠습니까? 신을 돌아보면 기침과 가래가 점점 심해져서 걱정입니다. 만약 병을 무릅쓰고 가벼이 여기고 출정하였다가 일에 실패하여 죽으면 정벌을 이룰 수 없습니다. 신이 또다시 사은과 전주의 싸움을 생각하니, 토관의 원한에서 시작되었기에 북방지역에서 침략군이 군현에 쳐들어와서 노략질하여 백성들을 해치는 것에 비교하면 양광지역 전란의 상황은 그다지 심각하지 않습니다.

만약 적절하게 처리할 수 있으면 일 역시 잘 이룰 수 있습니다. 요막姚鏌은 본디 노련하게 성공시켰으나 한 때 날카로움이 무뎌졌는데 전쟁하는 장수에게는 일상입니다. 어사 석금이 이 사실에 근거하여 상주할 것을 논했기 때문에 요막 등을 격려하여 그가 잘하도록 한 후에 그를 노년까지 거두십시오. 신은 오늘의 일은 마땅히 전적으로 요막 등이 책임져야 마땅하므로 큰 책임과 큰 권한을 주시고 작은 실수는 덮어주고 충분히 시간을 주시고 성공을 기다려야 합니다. 끝내 성공하지 못했을 경우, 다시 재능이 있고 백성들의 여론과 이민족 풍속을 평소에 잘 아는 사람, 예를 들어 상서 호세녕胡世寧이나 이승훈李承勳[1]과 같은 사람으로 교체하셔야 반드시 성공할 것입니다."

상소가 들어가자, 요막이 소를 올려 사직하고 사신을 보내 길을 떠날 것을 정중히 재촉했다.

주

1 이승훈李承勳(1473~1531)은 명 중기 장군이다. 자가 입경立卿이며 호광성 무창부武昌府 가어현嘉魚縣 사람이다. 홍치 6년(1493)에 진사가 되어 태호지현을 제수받았다. 남경형부주사로 옮겼고 다시 남창지부로 옮겼다. 강서성 북부 화림산華林山에서 농민 봉기가 발생하여 화림군華林軍 극주부克州府의 명장을 죽이고 봉기군의 반역자를 무마하고 군대를 이끌고 진압했으며, 내외부의 대응으로 화림군을 평정하고 공로가 절강성 안찰사를 능가했다. 가정 6년(1527), 형부의 상서를 역임하고 병부상서, 태자 태보를 역임했다. 가정 7년(1528) 도찰원을 맡았고 가정 8년(1529) 병부상서로 복직했다.

••• 객좌사축客坐私祝

八月。先生將入廣，嘗爲《客坐私祝》曰："但願溫恭直諒之友，來此講學論道，示以孝友謙和之行，德業相勸，過失相規，以教訓我子弟，使無陷於非僻；不願狂躁惰慢之徒，來此博弈飲酒，長傲飾非，導以驕奢淫蕩之事，誘以貪財黷貨之謀，冥頑無恥，扇惑鼓動，以益我子弟之不肖。

嗚乎！由前之說，是謂良士；由後之說，是爲凶人；我子弟苟遠良士而近凶人，是謂逆子。戒之戒之！嘉靖丁亥八月，將有兩廣之行，書此以戒我子弟，並以告夫士友之辱臨於斯者，請一覽教之。"

8월에 선생은 호광성으로 가려고 하며 〈객좌사축〉[1]을 지어서 말했다.

"온순하고 공손하며 정직하고 성실한 벗이 이 강학에 와서 도를 논하고 효성과 우애로써 겸손하고 온화한 행실을 보이며 덕 있는 일은 서로 권하고 과오와 실패는 서로 바로잡아 우리 자제들을 훈계하고 가르쳐서 잘못됨에 빠지지 않게 한다. 경솔하고 조급하며 태만한 무리가 여기에 와서 장기와 바둑을 두고 술 마시며 거만함을 조장하고 잘못을 감추고 교만하고 사치하며 방탕한 생활로 인도하고 재물을 탐하고 옳지 못한 방법으로 재물을 얻으려는 계략으로 사리에 어둡고 완고해서 파렴치한 행동을 하고 선동하고 현혹하여 우리 자제의 불초함을 더하는 것을 바라지 않는다.
아! 앞의 말에 따르면 이 사람들을 어진 선비라고 부르고 뒤의 말에 따르면 이 사람들을 흉악한 사람이라 부른다. 내 자제가 만약 어진 선비를 멀리하고 흉악한 사람을 가까이하면 이를 불효자식이라 한다. 경계하고 경계하라! 가정 정해년 8월에 장차 양광지역에 가서 이 말을 써서 제 자제들을 경고하고 아울러 이곳을 방문한 학자들과 친구들에게 청컨대 한번 읽어보고 그것이 잘못이라고 가르쳐 주기 바란다."

56세 9월

九月壬午，發越中。

9월 임오일 월 땅으로 가는 도중이었다.

是月初八日，德洪與畿訪張元沖舟中，因論爲學宗旨。畿曰："先生說知善知惡是良知，爲善去惡是格物，此恐未是究竟話頭。"德洪曰："何如?"畿曰："心體既是無善無惡，意亦是無善無惡，知亦是無善無惡，物亦是無善無惡。若說意有善有惡，畢竟心亦未是無善無惡。"

이달 초 8일 전덕홍과 왕기는 배에서 장원충을 만났다. 그래서 학문을 하는 종지를 논했다. 왕기가 말했다: "선생께서 선을 알고 악을 아는 것이 양지이고 선을 위하여 악을 제거하는 것이 격물이라고 했는데. 이것이 아마도 궁극적인 화두는 아닐 것이다." 전덕홍이 말했다: "어째서 그러한가?" 왕기가 말했다: "심체가 이미 선도 없고 악도 없다고 말한다면 의념[意] 역시 선도 없고 악도 없다. 앎[知]도 역시 선도 없고 악도 없으며 사물[物]도 역시 선도 없고 악도 없을 것이다. 만약 의념에 선이 있고 악이 있다고 말한다면 결국 심체에도 또한 선도 없고 악도 없는 것은 아닐 것이다."[1]

주

1 왕기의 견해는 심체·의념·앎·사물[心·意·知·物]은 서로 체용 관계에 있으므로, 심체가 선도 없고 악도 없다면 마땅히 의념·앎·사물도 모두 선도 없고 악도 없어야 한다고 하였다. 본체에 중점을 둔 그의 이론은 '사무설四無說'이라고도 한다.

德洪曰："心體原來無善無惡，今習染既久，覺心體上見有善惡在，爲善去惡，正是復那本體功夫。若見得本體如此，只說無功夫可用，恐只是見耳。"畿曰："明日先生啟行，晚可同進請問。"

전덕홍이 말했다: "심체는 원래 선도 없고 악도 없는데 오늘날 습성[1]으로 오염된 지 이미 오래되니 심체에 선을 가지고 있고 악이 존재하는 것을 보며 선을 위하여 악을 제거하는 것이 바로 그 본체를 회복하는 공부임을 깨닫는다. 만약 본체를 본 것이 이와 같다면 단지 공부가 쓰일 곳이 없다고 말하는 것이니 아마도 이런 견해일 뿐이다."[2] 왕기가 말했다: "내일 선생이 떠나신다.[3] 저녁에 가능하면 같이 가서 물어보자."

주

1 습習은 습성이다. 타고난 본성과 달리 후천적으로 익숙해진 습관이 인성으로 드러난다. 『논어』에서 "性相近 習相遠[본성은 서로 비슷한데 인성은 습성이 서로 멀어지게 한다]"라고 하였다.

2 전덕홍은 의념에는 선도 있고 악도 있으며, 반드시 선을 행하고 악을 없애야 한다고 했다. 의념에 선과 악이 있음을 부정한다면 이는 근본적으로 공부를 부정하는 것이다. 공부에 중점을 둔 그의 견해를 '사유설四有說'이라고 한다.

3 왕양명은 지방으로 반란군을 진압하러 떠나기로 예정되어 있었다.

是日夜分，客始散，先生將入內，聞洪與畿候立庭下，先生復出，使移席天泉橋上。德洪擧與畿論辯請問。先生喜曰："正要二君有此一問！我今將行，朋友中更無有論證及此者，二君之見正好相取，不可相病。汝中須用德洪功夫，德洪須透汝中本體。二君相取爲益，吾學更無遺念矣。"

이날 한밤중에 손님들이 비로소 흩어지고 선생이 안으로 들어가려는데 전덕홍과 왕기가 뜰 아래 서서 기다린다는 소식을 듣고서 선생은 다시 나와서 자리를 천천교天泉橋로 옮기도록 했다. 전덕홍이 왕기와 논변한 것을 제기하여 물음을 청했다.[1] 선생은 기뻐하면서 말했다: "마침 두 사람에게 이것을 한 번 물어보려고 하던 참이다! 나는 오늘 가려고 하는데 친구 중에 다시 논증함이 없이 여기에 미친 경우가 있는데 두 사람의 견해는 서로 취하기가 딱 좋고 서로 병통이 될 수 없다. 여중은 반드시 덕홍의 공부를 이용해야 하고 덕홍은 반드시 여중의 본체를 꿰뚫어야 한다. 두 사람이 서로 취하면 이익이 되니 내 학문은 다시 남길 것이 없구나."

주

1 천천논도天泉論道: 전덕홍과 왕기 두 제자는 사구교의 의미를 각기 다르게 해석하고 있었고, 이로 인해 천천교에서 선생과 학문적 논쟁이 있게 된다. 왕기는 본체에 중점을 두고 있었고, 전덕홍은 본체에 온전히 도달하기 위한 공부에 중점을 두고 있었다. 이 때문에 양명이 죽은 후 학파의 분화를 가져오게 된다.

德洪請問。先生曰："有只是你自有，良知本體原來無有，本體只是太虛。太虛之中，日月星辰，風雨露雷，陰霾饐氣，何物不有？而又何一物得爲太虛之障？人心本體亦復如是。太虛無形，一過而化，亦何費纖毫氣力？德洪功夫須要如此，便是合得本體功夫。"

전덕홍이 물음을 청했다. 선생이 말했다: "있는 것은 다만 너에게 저절로 있으며 양지 본체는 원래 없다. 본체는 단지 태허이다. 태허 가운데는 해, 달, 별, 바람, 비, 이슬, 천둥, 어둠, 흙비, 기를 쉬게 하는 어떤 물질이 없겠는가? 그리고 또 어떤 한 물질이라도 태허의 장애가 되겠는가? 사람 마음의 본체 역시 이같이 회복한다. 태허는 형태가 없다. 한 번 지나가면 변화하는데 또 어찌 미세한 기력을 쓰겠는가? 전덕홍의 공부는 반드시 이와 같아야 한다. 이것이 곧 본체 공부와 부합되는 것이다."

請問。先生曰："汝中見得此意，只好默默自修，不可執以接人。上根之人，世亦難遇。一悟本體，即見功夫，物我內外，一齊盡透，此顏子、明道不敢承當，豈可輕易望人？二君已後與學者言，務要依我四句宗旨：無善無惡是心之體，有善有惡是意之動，知善知惡是良知，爲善去惡是格物。以此自修，直躋聖位；以此接人，更無差失。"。

왕기가 물음을 청하여 선생이 말했다: "여중은 이 뜻을 알면 단지 묵묵히 스스로 수양하면 좋다. 사람들과 엇갈리어 고집해서는 안 된다. 총명한 사람[上根人][1]은 세상에서 만나기 어렵다. 본체를 한 번에 깨닫는 공부를 하면 사물과 나, 안과 밖 한 번에 일제히 전부 뚫는 것이나 이것은 안자顏子와 명도明道도 감히 감당하지 못했는데 어찌 가볍고 쉽게 다른 사람에게 바랄 수 있겠는가? 두 사람은 이후 배우는 사람들과 함께 말할 때 나의 사구四句의 요지[2]에 의거해야 한다. 선도 없고 악도 없는 것이 마음의 본체이고, 선도 있고 악도 있는 것은 의념의 움직임이며, 선을 알고 악을 아는 것은 양지이고 선을 위하고 악을 제거하는 것은 격물이다. 이것으로써 스스로 수양하면 곧바로 성스런 자리에 오르고 이렇게 하여 사람을 맞이하면 한층 실수가 없게 된다.

주

1 상근인上根人은 타고나며 총명한 사람이고 그 외에 중근인中根人과 하근인下根人이 있다. 이는 마치 공자가 상지자上知者, 하지자下知者로 분류한 것과 같다. 양지는 상근인을 위한 것이고

치양지는 중근인 이하 사람을 위한 가르침이다.

왕양명은 '상근인은 왕기의 견해인 양지 본체 중심의 무선악설이 맞고, 중근인 이하의 사람에게는 전덕홍의 견해인 공부하여 양지 본체를 회복하는 것이 맞다'고 하였다. 즉, 두 사람의 견해를 서로 상호 보완하여 교육해야 한다고 하였다.

2 사구교四句教: 無善無惡心之體，有善有惡意之動，知善知惡是良知，爲善去惡是格物[선악이 없는 것은 심의 본체이고, 선악이 있는 것은 의념의 동화이고, 선악을 아는 것은 양지이고, 선을 위하고 악을 제거하는 것은 격물이다.] 네 구절의 가르침을 '사구교'라고 한다.

畿曰："本體透後，於此四句宗旨何如?"先生曰："此是徹上徹下語，自初學以至聖人，只此功夫。初學用此，循循有入，雖至聖人，窮究無盡。堯、舜精一功夫，亦只如此。"

왕기가 말했다. "본체가 꿰뚫어진 후에 여기에서 네 구절의 요지는 어떠해야 합니까?" 선생이 말했다. "이것은 처음부터 끝까지 철저하게 초학에서부터 성인에 이르기까지 이 공부만을 말하는 것이다. 초학은 이것을 이용하여 순서 있게 들어가고 비록 성인에 이르더라도 궁구함에 다함이 없다. 요, 순의 정신을 하나에 집중하는 공부 또한 단지 이와 같다."

先生又重囑付曰："二君以後再不可更此四句宗旨。此四句中人上下無不接著。我年來立教，亦更幾番，今始立此四句。人心自有知識以來，已爲習俗所染，今不教他在良知上實用爲善去惡功夫，只去懸空想個本體，一切事爲，俱不著實。此病痛不是小小，不可不早說破。"是日洪、畿俱有省。

선생이 또 거듭 당부하면서 말했다: "두 사람은 이후 다시는 이 네 구절의 요지를 고칠 수 없다. 이 네 구절에서 사람들이 위아래로 계속 이어받지 않을 수 없다. 내가 올해 가르침을 세우고 또한 몇 번이나 고쳐서 오늘 비로소 이 네 구절을 세웠다. 사람의 마음은 저절로 앎이 있은 후에 습관과 세속에 오염된 것이 만들어졌는데, 지금 그들에게 양지에서 실질적으로 쓰이는 선은 행하고 악을 제거하는 공부를 가르치지 않으면 다만 허공에 매달려 본체만을 생각하여 일체의 일과 행위는 모두 실질을 드러내지 않을 것이다. 이러한 병통은 결코 작은 것이 아니므로 조기에 깨부수지 않으면 안 된다." 이날 전덕홍과 왕기는 모두 깨달음이 있었다.

◈ 시

甲申，渡錢塘。

先生遊吳山、月岩、嚴灘，俱有詩。過釣臺曰：憶昔過釣臺，驅馳正軍旅。十年今始來，復以兵戈起。空山煙霧深，往跡如夢裏。微雨林徑滑，肺病雙足胝。仰瞻臺上雲，俯濯臺下水。人生何碌碌，高尚乃如此。瘡痛念同胞，至人匪爲己。過門不遑入，憂勞豈得已。滔滔良自傷，果哉末難已。

갑신일에 전당강을 건넜다.

선생은 오산吳山[1], 월암月岩[2], 엄탄嚴灘[3]을 거닐면서 모두 시를 썼다. 약대釣臺를 지나며 말했다:

◈ 시

옛날 약대를 지났던 적을 회상해보니,
말 몰아 달리며 군대를 정렬했었지.
10년 지나 오늘 비로소 와서,
다시 군사를 일으키네.

빈산에 연기와 안개 짙은데,

지나간 흔적 꿈 속 같네.
이슬비 내린 숲 길 미끄럽고,
폐는 병들고 양쪽 발은 굳은 살 박혔네.

올려다보면 첨대 위는 구름이고,
고개 숙이면 탁대 아래는 물이네.
인생이 얼마나 녹록한가?
고상한 것이 이와 같구나.

종기의 고통은 동포를 생각했고
지인[4]은 자신을 위하지 않지.
집 대문을 지나가도 황망하게 들어가지 않으니
근심과 수고가 어찌 끝났겠는가?

도도한 선량 스스로 상처 받으니,
과연 끝내기 어렵구나.

주

1 오산吳山은 절강성 항주에 있는 산이다.
2 월암月岩은 호남성 영주시 국가삼림공원에 위치한다.
3 엄탄嚴灘은 엄자릉이 유수가 자신을 찾아올까 두려워 부춘강 변으로 은거하여 매일 낚시를 하였는데, 이 낚시터가 바로 엄탄이다. 그래서 엄자릉 낚시터로 불린다. 부춘강은 절강성 항주를 흐르는데 주변의 7리가 여울이다.
4 지인至人은 도가에서는 탈속하여 무아의 경지에 이른 사람을 말하지만 옛날 사상이나 도덕 수양이 가장 뛰어난 사람을 말하기도 하였다. 여기서는 후자의 뜻이다.

··· 발문

跋曰 : “右正德己卯獻俘行在, 過釣臺而弗及登, 今茲復來, 又以兵革之役, 兼肺病足瘡, 徒顧瞻悵望而已。書此付桐廬尹 沈元材刻置亭壁, 聊以紀經行歲月云耳。時從行進士錢德洪、王汝中、建德尹 楊思臣及元材, 凡四人。”

발문에서 말했다: “서쪽에서 정덕 기묘년에 포로를 바치는 예[獻俘][1]를 행했는데 약대釣臺를 지나가면서 그곳에 이르러 오르지는 않았다. 오늘 이곳에 다시 와서 또 전쟁에서 역할을 하게 되니 폐병에 족창까지 겹쳐 그저 두루 돌아 보고[顧瞻][2] 시름없이 바라볼 따름이다. 이것을 써서 동로윤 심원재沈元材에게 부쳐주어 새겨서 정자의 벽에 붙여두고 잠시 경전을 기리며 가는 세월을 말할 뿐이다. 이때 따른 자는 진사 전덕홍, 왕여중, 건덕윤 양사신과 심원재 모두 네 사람이다.”

주

1 헌부獻俘는 예전에 전쟁에 이기고 돌아와서 조상의 영묘 앞에 포로를 바치며 그 성공을 알리던 일을 말한다.

2 고첨顧瞻은 두루 돌아다보는 것이다.

◆ 시

丙申, 至衢。

西安雨中, 諸生出候, 因寄德洪、汝中, 並示書院諸生 : “幾度西安道, 江聲暮雨時。機關鷗鳥破, 蹤跡水雲疑。仗鉞非吾事, 傳經愧爾師。天真泉石秀, 新有鹿門期。”德洪、汝中方蓟築書院, 盛稱天真之奇, 並寄及之 : “不踏天真路, 依稀二十年。石門深竹徑, 蒼峽瀉雲泉。泮壁環胥海, 龜疇見宋田。文明原有象, 蓟築豈無緣。”今祠有仰止祠、環海樓、太極雲、泉瀉雲諸亭。

병신 일에 큰길에 이르렀다.
서안에 비가 오는데 학생들이 나와서 기다렸기에 전덕홍과 왕여중에게 시를 보내어 서원의 학생들에게 보여주게 했다:

◆ 시

몇 번이나 서안의 길을 지났던가,
강은 소리를 내고 날 저물어 비올 때였지
때마침 우는 갈매기와 새가 적막을 깨뜨리니
물과 구름 사라진 자취가 의심스럽네

무기와 도끼는 내 일이 아닌데
그대의 스승으로 경전 전하기 부끄럽네.
천진의 샘 바위 빼어나니
새로이 녹문의 기약이 있으리라.

덕홍과 여중은 비로소 복축서원에서 천진의 기이함을 열렬히 칭찬하고 아울러 시를 써서 부치니 이르렀다.

◆ 시

천진의 길 밟지 않은 지
어언 20년
돌문은 깊숙하게 좁은 대나무 길로 이어지고
푸른 골짜기에는 운천이 흐르네

학당의 벽은 모든 바다를 에워쌌고

거북모양 두둑 송나라 밭을 보네
문명은 원래 상징이 있으니
복축이 어찌 푸르지 않겠는가.

오늘날 사당은 앙지사, 환해루, 태극운, 천사운의 여러 정자를 가지고 있다.

◈ 시

戊戌, 過常山。

詩曰: "長生徒有慕, 苦乏大藥資。名山遍深曆, 悠悠鬢生絲。微軀一系念, 去道日遠而。中歲忽有覺, 九還乃在玆。非爐亦非鼎, 何坎復何離。本無終始究, 寧有死生期。彼哉遊方士, 詭辭反增疑。紛然諸老翁, 自傳困多岐。乾坤由我在, 安用他求爲。千聖皆過影, 良知乃吾師。"

무술일에 상산常山에 들렀다. 시를 지어 말했다:

◈ 시: 장생長生

장생은 모두 바라는 데
약에 의지하기 어렵네.
명산대천을 두루 다니다가,
하는 일 없이 귀밑머리 하얗네.

미천한 몸 근심에 매여
도가 날마다 멀어질 뿐이네.
중년에 홀연히 깨달음이 있으니
아홉 번 돌아 여기에 있구나

약 달이는 화로도 아니고 또 솥도 아닌데,
어찌 감괘가 되고 다시 리괘가 되는가?
본래 마침과 시작은 끝이 없는데
어찌 생사의 기약이 있겠는가.

저! 노니는 방사
괴이한 말이 오히려 의문을 더하는군.
분연히 모든 늙은이들이
스스로 전하는 고생은 여러 갈래이고

건곤이 나로 인해 있으니
어찌 다른 것을 써서 구하겠는가.
천명의 성인이 모두 지나가는 그림자이니
양지가 곧 내 스승이구나

56세 10월

十月，至南昌。

10월 남창에 이르다.

先生發舟廣信，沿途諸生徐樾，張士賢、桂軏等請見，先生俱謝以兵事未暇，許回途相見。徐樾自貴溪追至餘干，先生令登舟。樾方自白鹿洞打坐，有禪定意。先生目而得之，令舉似。

선생이 배가 광신을 출발하자 길을 따르던 제생 서월徐樾[1], 장사현, 계월桂軏 등이 뵙기를 청했다. 선생은 모두 감사하며 병사의 일로 여가가 없으니 돌아오는 길에 서로 보기로 했다. 서월이 귀계에서 여간餘干[2]까지 따라오자, 선생은 배에 오르라고 했다. 서월은 곧바로 백록동[3]에서 좌선하며 선정에 뜻을 두었다. 선생은 직접 보고서 비슷한 것을 하게 했다.

주

1 서월徐樾(?~1551)은 명재 중기 관원이다. 자가 자직子直이고 호는 파석波石이다. 강서성 귀계貴溪 사람이다. 진사에 붙어 예부시랑, 운남부 정사를 역임했다. 그는 세 번이나 왕간의 문하에서 교육받았다.

2 여간餘干은 강서성 상요시에 속한다.

3 백록동白鹿洞은 중국 강서성 여산 기슭에 있던 서원이다. 당唐나라 이발李渤이 창건하였고 흰 사슴을 길렀다고 하여 이름이 붙여졌다. 송宋나라 주희朱熹가 이곳을 재건하여 강학했다.

曰：“不是。”已而稍變前語。又曰：“不是。”已而更端。先生曰：“近之矣。此體豈有方所，譬之此燭，光無不在，不可以燭上爲光。”因指舟中曰：“此亦是光，此亦是光。”直指出舟外水面曰：“此亦是光。”樾領謝而別。

(서월은) 말했다: “아닙니다. 조금 있다가 앞의 말을 조금 변화시켰습니다.” 또 말했다: “아닙니다. 조금 뒤에 다시 고쳤습니다.” 선생이 말했다: “그것에 가깝다. 이 본체에 어찌 방향이 있겠는가. 그것을 이 양초에 비유하자면 빛은 있지 않음이 없으나 양초에서는 빛이 될 수 없다.” 이런 까닭으로 배 안을 가리키며 말했다: “이 또한 빛이다. 이 또한 빛이다.” 곧바로 배 밖의 물 위를 가리키며 말했다: “이 역시 빛이다.” 서월이 호의에 감사하며 헤어졌다.

明日至南浦，父老軍民俱頂香林立，填途塞巷，至不能行。父老頂輿傳遞入都司。先生命父老軍民就謁，東入西出，有不舍者，出且復入，自辰至未而散，始舉有司常儀。明日謁文廟，講《大學》於明倫堂，諸生屏擁，多不得聞。

다음 날 남포에 이르자 동네 어른들과 군인과 백성들이 모두 향림香林[1]을 마주하고 서 있었다. 길을 메우고 골목을 막아서 갈 수가 없었다. 동네 어른들이 가마를 머리에 이고서 전달하며 보내어 도사都司[2]로 들어갔다. 선생은 동네 어른들과 군인과 백성들에게 바로 알현할 것인데 동쪽에서 들어와 서쪽으로 나가고 관청에서 묵지 않는 자가 있으면 나갔다가 또다시 들어오되 진시[3]에서 미시[4]까지는 흩어지라고 명하자 비로소 유사가 일반적인 의식을 거행했다. 다음 날 문묘를 알현하고 명륜당에서 「대학」을 강했다. 재생들이 겹겹이 에워싸 수가 많아서 들을 수가 없었다.

주

1 향림香林은 소흥 가교구柯橋區 호당가도湖塘街道 향림촌香林村에 있다. 가암柯岩 풍경구로 풍향과 숲이 아름답고 환경이 아름답다. 대규모의 천년 계림을 특징으로 하고, 고대 민가를 기반으로 하여 종교와 민속을 융합한 관광지이다.

2 도사都司는 도의 관청 즉, 관아를 이르고 또 한 관아의 일을 도맡는다는 뜻으로 지방 장관長官을 이르는 말이다.

3 진시辰時는 오전 7시~9시이다.

4 미시未時는 오후 1시~3시이다.

唐堯臣獻茶，得上堂旁聽。初堯臣不信學，聞先生至，自鄉出迓，心已內動。比見擁謁，驚曰：“三代後安得有此氣象耶！”及聞講，沛然無疑。同門有黃文明、魏良器輩笑曰：“逋逃主亦來投降乎?”堯臣曰：“須得如此大捕人，方能降我，爾輩安能?”

당요신唐堯臣[1]은 차를 드리러 당에 올라 곁에서 들었다. 처음에 당요신은 양명의 학문을 믿지 않았으나 선생이 이르렀음을 듣고 마을에서부터 맞이하러 나갔다. 마음이 이미 안에서 움직였다. 에워싸서 알현한 것을 보고 놀라서 말했다: "삼대 후에 어디에서 이 기상이 있을 수 있으랴!" 급기야 강의를 듣고는 빠져들어 의심할 수 없었다. 동문은 황문명, 위양기 무리가 있었는데 웃으며 말했다: "죄짓고 달아난 주인이 투항하러 왔군." 당요신이 말했다: "반드시 이렇게 붙잡힌 사람처럼 되어야 비로소 나를 내려놓을 수가 있었다네. 그대들은 어떻게 가능했는가?"

주

1 당요신唐堯臣은 병비첨사兵备佥事로 있으며 가정 40년(1561) 절강성 태주台州에서 벌어진 왜倭에 항거한 신하新河 전투에서 지휘관으로 뛰어난 활약을 하였다. 사료에 따르면, 그는 척계광이 군대를 이끌고 왜에 저항하는 동안 그가 부하를 이끌고 신하성新河城을 구원하라는 명령을 받았으며, 전투에서 왜구를 물리치고 전세를 안정시켰다.

至吉安，大會士友螺川。

길안에 이르러 나천에서 선비와 벗들을 모았다.

諸生彭簪、王釗、劉陽、歐陽瑜等偕舊遊三百餘，迎入螺川驛中。先生立談不倦，曰："堯、舜生知安行的聖人，猶兢兢業業，用困勉的工夫。吾儕以困勉的資質，而悠悠蕩蕩，坐享生知安行的成功，豈不誤己誤人？"

제생 팽잠彭簪[1], 왕검王釗[2], 유양劉陽[3], 구양유歐陽瑜[4] 등 함께 오래 지낸 삼백여 명이 영접하러 나천역 안으로 들어갔다. 선생은 서서 얘기하면서 피곤해하지도 않고 말했다: "요임금과 순임금은 '생지안행生知安行'[5]하는 성인인데 오히려 신중하고 조심했다. 늘 애쓰고 근면하며 시간을 보낸 것이다. 우리들은 모두 고생하면서 애쓰는 자질로써 이리저리 떠돌아다니는데, '생지안행'하는 삶을 사는 성공을 앉아서 누린다면 어찌 자신을 그르치고 남을 그르치는 것이 아니겠는가?

주

1 팽잠彭簪은 명나라 중기 사람으로 자가 석옥石屋이고 명나라 강서성 안복安福 사람이다.

2 왕검王釗은 자는 자무子懋이고 호는 유천柳川이며 안복 사람이다. 처음 매원 동곽과 문성에게 배웠고, 후에 왕수인의 학을 따랐다.

3 유양劉陽은 강서성 안복 사람이다. 자는 일서一舒이고 호는 삼오三五이다. 본래 유효劉曉의 제자였으나 후에 왕수인 어록을 보고 그를 좋아하게 되었다. 감주贛州로 가서 그의 학문을 따랐고 가정 4년에 거인擧人이 되어 탕산碭山 지현으로 은혜로운 정치를 했다. 복건성 도어사道禦史로 있다가 병으로 귀향하여 삼봉三峰에 운하동雲霞洞을 지어 강학하였다.

4 구양유歐陽瑜는 자가 여중汝重이고 강서성 안복 사람이다 거인 출신으로 관직은 사천찬의四川參議를 했다.

5 생지안행生知安行은 천성이 총명하여 배우지 아니하고도 사물의 이치를 깨달으며 편안한 마음으로 쉽게 도道를 행하는 것이다. 즉, 타고난 지혜와 도리를 통해 평온한 삶을 살아간다는 뜻의 사자성어로 쓰인다.

又曰："良知之妙，真是周流六虛，變通不居。若假以文過飾非，爲害大矣。"臨別囑曰："工夫只是簡易真切，愈真切，愈簡易；愈簡易，愈真切。"

또 말했다: "양지의 오묘함은 진실로 육허六虛[1]를 두루 흘러 퍼지며 변통變通[2]하고 머물지 않는다. 만약 거짓으로 과실을 꾸미고 잘못을 감춘다면 해로움이 클 것이다." 헤어질 때 당부하며 말했다: "공부는 단지 간단하고 쉽게 하며 진실하고 절실해야 한다. 진실하고 절실할수록 더욱 간단하고 쉬워지며, 간단하고 쉬워질수록 더욱 진실하고 절실해진다."

주

1 육허六虛는 천지와 사방이며 육합六合이라고도 한다. 즉, 동·서·남·북·상·하를 말한다.
2 변통變通은 형편이나 경우에 따라서 일을 융통성 있게 잘 처리하는 것이다.

56세 11월

十一月，至肇慶。

11월 조경肇慶[1]에 이르다.

주

1 조경肇慶은 명청 시기에 광동성 지역에 설립된 행정구역 이름이다. 지금의 명칭은 단주구端州區 조경시이다. 광동성 중서부에 위치하며 동쪽과 남동쪽은 각각 불산시佛山市, 강문시江門市와 접하고 남서쪽은 운부시雲浮市와 연결되고 서쪽과 북서쪽은 각각 광서성 오주시梧州市와 하주시賀州市와 접하며 북쪽은 청원시淸遠市와 인접한다.

••• 편지글

是月十八日抵肇慶。先生寄書德洪、畿曰：

"家事賴廷豹糾正，而德洪、汝中又相與薰陶切劘於其間，吾可以無內顧矣。紹興書院中同志，不審近來意向如何？

德洪、汝中既任其責，當能振作接引，有所興起。會講之約，但得不廢，其間縱有一二懈弛，亦可因此夾持，不致遂有傾倒。餘姚又得應元諸友作興鼓舞，想益日異而月不同。

老夫雖出山林，亦每以自慰。諸賢皆一日千里之足，豈俟區區有所警策，聊亦以此視鞭影耳。即日已抵肇慶，去梧不三四日可到。方入冗場，紹興書院及餘姚各會同志諸賢，不能一一列名字。”

이달 18일 조경肇慶에 도착했다. 선생은 전덕홍과 왕기에게 편지를 보내어 말했다: “집안의 일은 위정표廷豹[1]에게 의뢰하여 바로잡게[糾正][2]하고 전덕홍과 왕기는 그 기간에 서로 함께 정헌을 훈육하고[薰陶][3] 학문을 닦아라.[切劘][4] 나는 집안을 돌볼 수가 없다. 소흥서원에서 뜻을 같이하는 자들은 근래 살피지 못했는데 (학문에 대한) 의향이 어떠한가?

덕홍과 여중이 이미 그 책임을 맡았으니 마땅히 진작시키고 이끌어 주면[接引][5] 흥이 일어날 수 있을 것이다. 모여서 강학한다는 약속은 지키고 폐하지 말며 그간에 설령 한두 명이 해이해지더라도 또한 이로 인하여 (공부하는 사이에) 끼어서 견딜 수 있었으니 기울거나 넘어지는데 이르지는 않을 것이다. 여요 또한 응원의 벗들을 얻어 흥을 일으키고 고무하면 날을 더할수록 달라지고 한 달이 되면 그전과 같지 않을 것으로 여겨진다.

내가 비록 산림에서 나가더라도 역시 매번 스스로 위로한다. 현명한 자들은 모두 하루에 천 리를 가는데, 어찌 하찮게 경책[6]하는 것이 있기를 기다리겠는가? 바라건데 이것을 채찍으로 볼 따름이다. 이제 하루에 이미 조경에 도착했으니 오주梧州[7]에 가는 것은 삼사일이 못되어 도착할 것이다. 비로소 용장에 들어서니 소흥서원과 여요 각각 동지와 여러 현자가 모였는데 일일이 이름자를 다 나열할 수가 없다.”

주

1 위정표魏廷豹는 천연두 치료 전문 소아과 의사이다. 왕양명은 56살(1527) 9월에 광서성 반란을 진압하러 떠나면서 집안일을 그에게 맡겼다. 첫돌을 넘긴 아들 왕정총王正聰(1526~1577)은 위정표에게 맡기고 양자 왕정헌王正憲(1508~1562)의 교육은 전덕홍과 왕기에 맡겼다.

2 규정糾正은 잘못을 바로잡는 것이다.

3 훈도薰陶는 교화敎化하고 훈육訓育하는 것이다.

4 절마切劘는 옥玉이나 돌 따위를 갈고 닦아서 빛을 낸다는 뜻으로, 부지런히 학문學問과 덕행德行을 닦음을 이르는 말이다. 『시경·위풍衛風』의 〈기오편淇澳篇〉과 『논어·학이편學而篇』에 나온다.

5 접인接引은 접견하고 인도하다, 혹은 '이끌다'의 뜻이다.
6 경책警策은 좌선坐禪할 때, 주의가 산만하거나 조는 사람을 막대기로 깨우치는 것이다.
7 오주梧州는 호남성 남쪽 광서성 동북쪽에 위치하며 옛 이름은 창오이다. 창오는 순임금이 돌아가신 곳이다.

乙未, 至梧州, 上謝恩疏。

을미일에 오주에 이르러 은혜에 감사하는 소를 올리다.

••• 상소문

二十日, 梧州開府。十二月朔, 上疏曰:

"田州之事, 尚未及會議審處。然臣沿途咨訪, 頗有所聞, 不敢不爲陛下一言其略。臣惟岑猛父子固有可誅之罪, 然所以致彼若是者, 則前此當事諸人, 亦宜分受其責。

蓋兩廣軍門專爲諸猺、僮及諸流賊而設, 事權實專且重, 若使振其兵威, 自足以制服諸蠻。夫何軍政日壞, 上無可任之將, 下無可用之兵, 有警必須倚調土官狼兵, 若猛之屬者, 而後行事。

故此輩得以憑恃兵力, 日增桀驁。及事之平, 則又功歸於上, 而彼無所與, 固不能以無怨憤。始而征發愆期, 既而調遣不至。上嫉下憤, 日深月積, 劫之以勢而威益褻, 籠之以詐而術愈窮。

由是諭之而益梗, 撫之而益疑, 遂至於有今日。今山猺海賊, 乘釁搖動, 窮追必死之寇, 既從而煽誘之, 貧苦流亡之民, 又從而逃歸之, 其可憂危奚啻十百於二酋者之爲患。

其事已兆，而變已形，顧猶不此之慮，而汲汲於二酋，則當事者之過計矣。臣又聞諸兩廣士民之言，皆謂流官久設，亦徒有虛名，而受實禍。詰其所以，皆云未設流官之前，土人歲出土兵三千，以聽官府之調遣；既設流官之後，官府歲發民兵數千，以防土人之反覆。

即此一事，利害可知。且思恩自設流官，十八九年之間，反者數起，征剿日無休息。浚良民之膏血，而塗諸無用之地，此流官之無益，亦斷可識矣。論者以爲既設流官，而復去之，則有更改之嫌，恐招物議，是以寧使一方之民久罹塗炭，而不敢明爲朝廷一言，寧負朝廷，而不敢犯衆議。

甚哉！人臣之不忠也。苟利於國而庇於民，死且爲之，而何物議之足計乎！臣始至，雖未能周知備歷，然形勢亦可概見矣。田州切近交趾，其間深山絕穀，猺、僮盤據，動以千百。必須存土官，藉其兵力，以爲中土屏蔽。若盡殺其人，改土爲流，則邊鄙之患，我自當之；自撤藩籬，後必有悔。”

20일 오주에서 관청을 열었다. 12월 음력 초하루, 소를 올려 말했다:

“전주의 일은 아직 회의하고 현장을 조사하지 못했습니다. 그러나 신은 오는 길에 가서 물어보고 들은 바가 있습니다. 폐하께 그 대략을 감히 한 말씀 올리지 않을 수 없습니다. 신이 생각하니, 잠맹岑猛[1] 부자가 본래 죽을만한 죄가 있었고 그래서 거기에 이른 까닭이 이와 같은 것이라면 이전에 일을 담당한 모든 사람은 마땅히 그 책임을 나누어 떠맡아야 합니다.

양광의 군대는 전적으로 여러 요족瑤族[2]과 동족僮族[3] 및 유적流賊[4] 때문에 설립하였습니다. 일 처리에 실질을 전담하는 막중한 권력을 주고 만약 그 병사들이 위엄을 떨치도록 했다면 절로 모든 만족蠻族[5]을 제압하고 복종시키기에 충분했을 것입니다. 무릇 어떤 군정이 날로 망가져서 위로는 책임질 만한 장수가 없고 아래로는 쓸 만한 병사가 없다면 방비는 반드시 토관과 낭병에 의존해야 하며 만약 잠맹의 병력 같다면 후에 일을 도모할 것입니다.

그러므로 이 무리들은 병력에 의지할 수 있으니 날로 사나움이 증가할 것입니다. 평정하는 데 이르게 된다면 또 공은 윗사람에게 돌아가고 저들에게는 줄 것이 없습니다. 진실로 원망하고 분노함이 없을 수 없습니다. 처음에 (병사를) 징발하면 때를 어기고 이미 배정했는데도 도착하지 않았습니다. 위에서는 질투하고 아래에서는 분노가 날로 깊어져 세월이 갈수록 쌓이니 세력으로 위협해도 위엄은 더욱 잃어가고 속임수로 제압하려니 술수가 더욱 궁해집니다.

이런 연유로 타이르면 더욱 강경해지고 달래면 더욱 의심하여서 결국 오늘의 반란이 있는 데에 이르렀습니다. 지금 산에는 요족이, 바다에는 도적이 틈을 타서 요동하니 필사적으로 도적을 끝까지 좇고 따라가 부추겨 꾈 뿐만 아니라 빈곤해서 유랑하는 백성들이 또한 그들을 따르며 도망가다 돌아오기도 합니다. 걱정과 위험은 두 명 두목보다 어찌 열 배 백 배뿐이겠습니까?

그 일은 이미 반란의 조짐이 있었고 조짐이 변하여 이미 조직이 형성되었는데 오직 이런 걱정은 하지 않고 두 명 두목을 잡는 일에만 급급하였다면 일은 담당한 자의 실책이라고 생각됩니다. 신이 또 양광도의 지식인들과 백성들의 말을 들어보니 모두 유관流官[6]이 오랫동안 설치되었는데 단지 이름만 있어 실제로 화를 입었다고 말합니다. 그 이유를 따지니, 모두 유관이 설치되기 전에는 토인土人[7]들은 한 해에 토병 삼천을 징발하여서 관청의 지시를 따랐고 이미 유관이 설치된 후에는 관청에서 한 해에 민병 수천을 징발하여 토인들의 반란과 전복을 막았습니다.

바로 이 한 가지 일이 이로움과 해로움을 알 수 있습니다. 또 사은思恩[8]에서는 스스로 유관을 두었는데 18~19년간 반역자들이 수시로 일어나 정벌하고 토벌하느라 하루도 쉬지 않았습니다. 양민의 피땀을 빼앗고 모든 쓸모없는 땅을 개간하니 이 유관의 무익 또한 확실히 알 수 있습니다. 의견을 말하는 사람들은 이미 유관을 두었는데 다시 그것을 없애면 또다시 고친다고 의심하게 되니 물의를 일으킬까 두렵다고 여겼습니다. 이 때문에 어찌 한쪽의 백성들이 오래도록 도탄에 빠졌는데도 조정에서 한마디 말로라도 밝히지 않으니 차라리 조정에 등지더라도 감히 많은 의견을 무시하지 못합니다.

신하의 불충함이 심합니다! 만일 국가에 이롭고 백성에게 도움이 된다면 죽더라도 또 할 것입니다. 그러나 어찌 물의를 일으킬 만한 일을 꾀하겠습니까! 신이 처음 도착하여 비록 비력備曆[9]을 두루 알지는 못했지만, 형세는 대략 알 수 있었습니다. 전주는 교지交趾[10]와 무척 가깝고 그사이에 깊은 산과 끊어진 계곡이 있어 요족과 장족이 근거지로 하여 백번 천번 돌아다닙니다. 반드시 토관을 보존하여 그 병력으로 중원의 울타리로 삼아야 합니다. 만약 그 사람들을 다 죽이고 토관을 유관으로 바꾼다면 변방의 우환이 되고 우리가 스스로 그것을 감당해야 하니 스스로 울타리를 철거하고 난 후에는 반드시 후회가 있을 것입니다."

주

1 잠맹岑猛(1489~1526)은 자가 제부濟夫이고 명나라 광서성 전주동지田州同知였다. 소수 민족의 세습 족장[土司]이였다. 잠맹 부자가 왕을 갈아치니 가정 5년(1526)도어사 요막姚鏌이 잠맹을 공격하여 다섯 길로 진병하였다. 심희의沈希儀는 중간 길로 야간에 300명의 군사를 적의 후방에 파견하여 날이 밝을 무렵 적을 유인하고, 한신의 전략을 써서 적진에 기치를 세워 적군을 크게 무찔렀다. 잠맹은 죽었다.

2 요족瑤族은 중국 화남 지역에서 가장 널리 분포된 소수 민족이며, 중국에서 가장 오래된 민족이다.

3 동족僮族은 광서자치구에 사는 민족이다. 이곳에 살고 있는 인구의 60% 이상이 동족이다.

4 유적流賊은 떠돌아다니며 사람을 해치고 재물을 빼앗는 도둑이다.

5 만족蠻族은 선진 시대에 처음 쓰이기 시작했는데 고대에 중원 왕조와 차별화하기 위해 주변의 소수 민족을 지칭했다. 지리적 분류에서 주변 민족은 동이東夷, 남만南蠻, 서융西戎, 북적北狄의 네 부분으로 나뉘었고 그들은 중원과 문화가 상대적으로 낙후된 집단으로 여겼다.

6 유관流官은 토사土司에 대하여 중앙정부가 선임한 관리이다. 상대되는 말은 토관土官이다.

7 토인土人은 토착민이다.

8 사은思恩은 광서성 평과현平果縣이며 후에 옹주邕州에 속했다.

9 비력備曆은 갖추어진 것들과 역사 등을 말한다.

10 교지交趾는 현재의 베트남 북부 통킹·하노이 지방의 옛 이름이다. 한漢의 무제가 남월南越을 멸망시키고 교지군交趾郡을 설치했다.

奏下，尚書王時中持之，得旨：“守仁才略素優，所議必自有見。事難遙度，俟其會議熟處，要須情法得中，經久無患。事有宜亟行者，聽其便宜，勿懷顧忌，以貽後患。”

상소가 내려지니 상서 왕시중王時中[1]이 그것을 손에 쥐고 황제의 뜻을 얻고자 했다: “왕수인은 재능과 지략이 본래 뛰어납니다. 논의한 바는 반드시 자신의 견해를 가지고 있습니다. 일이 먼 곳에서 미루어 헤아리기 어려우니 의논이 무르익기를 기다려 반드시 실정과 법에서 중도를 얻어야만 오래 지나더라도 근심이 없을 것입니다. 일은 빨리 행해야 하는데, 그 형편을 들어주어야 하며, 뒷일을 염려하고 꺼리다가 후회하는 후환을 남기지 말아야 합니다.”

주

1 왕시중王時中은 자가 도부道夫이고 호는 해산海山이며 산동성 황현黃縣 사람이다. 홍치弘治 3년(1490)에 진사가 되고 어사에 재임 중에 권력자를 두려워하지 않고 직언하다가 유근의 모함으로 투옥되었다. 다시 철령위鐵嶺衛로 좌천되었다. 유근이 주살되고 정덕 12년(1517) 호광안찰사에서 도찰원우첨도어사로 승진하여 영하寧夏를 순무했다. 가정 5년(1526) 병부상서로 승진하였고, 이후 형부상서로 자리를 옮겼다. 가정 21년(1542) 죽었다.

••• 편지글

初，總督命下，具疏辭免；及豫言處分思、田機宜，凡當路相知者，皆寓書致意。與楊少師曰：“惟大臣報國之忠，莫大於進賢去讒。自信山林之志已堅，而又素受知己之愛，不復嫌避，故輒言之。乃今適爲己地也。昔有以邊警薦用彭司馬者，公獨不可，曰：
'彭始成功，今或少挫，非所以完之矣。' 公之愛惜人才，而欲成全之也如此，獨不能以此意推之某乎？果不忍終棄，病痊，或使得備散局，如南北太常國子之任，則圖報當有日也。"

처음 총독에게 명령이 하달되니 형식을 갖추어 사면을 상소했다. 사은과 전주 상황에 맞은 처분을 미리 말하였다. 당로當路[1]에서 아는 자에게 모두 편지를 보내서 사직의 뜻을 전했다.

양소사楊少師[2]에게 편지를 보내 말했다: "오직 대신이 국가에 보답하는 충의는 현자를 들어 쓰고 간악한 자를 제거하는 것보다 더 큰 것이 없습니다. 스스로 진정 산림에서 은거하고자 하는 뜻이 이미 견고하고 또 본래 자기애를 받아들여 다시 혐오하거나 피하지 않기에 번번이 말하는데 지금이 바로 내 자신에게 적기입니다. 예전 변경에 팽사마彭司馬를 천거하여 기용하자는 자가 있었는데 공은 유독 기용할 수 없다고 말했다: '팽사마는 처음에는 성공했으나 요즈음은 어떤 때는 조금 기세가 꺾였다. 완전하지 않기 때문이다.' 공이 인재를 아끼고 완전함을 이루고자 함이 이와 같으니 유독 이러한 의도로 누군들 추천할 수 없겠습니까? 결단코 끝내 버리지 않고 병이 완쾌되면 혹시 산국散局[3]에 배치하고 만일 남북 태상국자太常國子[4]의 임무라면 은혜에 보답하는 날이 있을 것입니다."

주

1 당로當路는 정권政權을 잡은 사람으로 중요한 지위나 직분에 있는 사람이다.
2 양소사楊少師는 성이 양씨이고 직위가 소사少師이다. 소사는 태자의 스승이다. 명나라에는 태자 스승이 셋인데 태자소사太子少師, 태자소부太子少傅, 태자소보太子少保이다. 천자의 스승은 태사太師, 태부太傅, 태보太保이다.
3 산국散局은 산관散官이 배치되는 관아이다. 산관散官은 일정한 직무가 없는 벼슬아치이다.
4 태상국자太常國子는 태상太常과 국자國子인데 고대에 태학박사를 두었는데 태상박사太常博士와 국자박사國子博士가 있었다.

••• 편지글

與黃綰書曰：

"往年江西赴義將士，功久未上，人無所動，再出，何面目見之?且東南小醜，特瘡疥之疾；百辟讒嫉朋比，此則腹心之禍，大爲可憂者。諸公任事之勇，不思何以善後?大都君子道長，小人道消，疾病旣除，元氣自復。但去病太亟，亦耗元氣，藥石固當以漸也。"

又曰："思、田之事，本無緊要，只爲從前張皇太過，後難收拾：所謂生事事生是已。今必得如奏中所請，庶圖久安，否則反覆未可知也。"

황관에게 편지를 보내 말했다:

"옛날 강서에 의롭게 나섰던 장군과 병사가 오랫동안 공을 세우지 못하니 사람들 마음에 동하는 바가 없는데 다시 나왔으니 무슨 면목으로 그들을 볼 것인가? 또 동남의 소추小醜[1]는 특히 부스럼과 옴의 질병이 있고 모두 헐뜯고 친구에 대해 질투하니 이는 마음에 지닌 재앙이니 크게 우려할 만한 것이다. 모든 공들이 맡은 일에 용감할 것은 생각하지 않는데 어떻게 뒤처리를 잘할 수 있겠는가? 대부분 군자의 도는 성장하지만, 소인의 도는 사라지는데 질병이 말끔히 낫는다면 원기는 저절로 회복될 것이다. 다만 병을 없애는 것이 매우 급박하지만, 또한 원기를 소모하니 약과 침으로 치료하여 차츰 나아져야 한다."

또 말했다: "사은과 전주의 일은 본래 긴요하지 않았다. 단지 종전에 과장되고 너무 지나치게 되어 나중에 수습하기가 어려웠다. 이른바 일을 생기게 하여 일이 생겨났을 따름이다. 오늘날은 반드시 마치 상소하여 청한 바와 같아야 하며 백성들이 오래도록 편안하기를 바란다. 만약 그렇지 않다면 본래로 돌아갈 것인지 알 수 없다."

주

1 소추小醜는 보잘것없는 추악한 사람이란 뜻으로, 남을 얕잡아 이르는 말이다. 여기서는 자신

을 낮추어 한 말이다.

••• 편지글

與方獻夫書曰：

"聖主聰明不世出，今日所急，惟在培養君德，端其志向，於此有立，是謂一正君而國定。然非真有體國之誠，其心斷斷休休者，亦徒事其名而已。"

又曰："諸公皆有薦賢之疏，此誠君子立朝盛節，但與名其間，卻有所未喻者。此天下治亂盛衰所系，君子小人進退存亡之機，不可以不慎也。譬諸養蠶，便雜一爛蠶其中，則一筐好蠶盡爲所壞矣。凡薦賢於朝，與自己用人不同：自己用人，權度在我；若薦賢於朝，則評品宜定。小人之才，豈無可用，如砒硫芒硝，皆有攻毒破癰之功，但混於參苓蓍術之間而進之，鮮不誤矣。"

又曰："思、田之事已壞，欲以無事處之。要已不能；只求減省一分，則地方亦可減省一分之勞擾耳。此議深知大拂喜事者之心，然欲殺敵千無罪之人，以求成一將之功，仁者之所不忍也。"

방헌부에게 편지를 보내 말했다:

"성스런 군주께서 총명하나 세상에 나오지 않으니, 오늘날 급한 것은 오직 군주의 덕을 배양하고 그 뜻이 지향하는 바를 바르게 하는 데에 있으며 여기에서 세움이 있게 된다. 이는 한번 군주를 바르게 하면 국가가 안정된다고 말하는 것이다. 그러나 진실로 나라와 한 몸이 되는 정성이 있지 않으면 그 마음이 끊어지고 편안해지니 단지 그 이름을 섬길 뿐이다."

또 말했다: “공들은 모두 현자를 천거하는 것에 소홀함이 있는데 이는 성실한 군자가 조정의 성절盛節[1]을 세운다. 단 이름과 사이에서 도리어 깨우치지 못한 것이 있다. 이것은 천하가 다스려지고 난을 일으키고, 성하고 쇠하는 것에 관계되는 것으로, 군자와 소인은 진퇴와 존망의 분기점이니 신중하지 않을 수 없다. 많은 누에 기르기에 비유하자면, 바로 한 마리 짓무른 누에를 그중에 섞어두면 한 광주리의 좋은 누에가 모두 썩어버린다. 무릇 현자를 조정에 천거하는데, 자기와 함께 할 다른 사람을 기용하는 것과는 같지 않다. 자기가 사람을 기용할 시는 권도가 나에게 있다. 만약 현자를 조정에 천거하면 품평해서 정해야 마땅하다. 소인의 재주라도 어찌 쓸모가 없겠는가? 마치 비소, 유황, 황산나트륨 같은 물질은 모두 독소를 공격하여 악성 종기를 파괴하는 공을 가지고 있다. 단 인삼, 복령, 시초와 술수 사이에 혼합하여 조정에 나아가면 거의 잘못됨이 없다.”

또 말했다: “사은과 전주의 일은 이미 어긋났으니 이로써 아무 일 없는 것으로 처리하고자 한다. 끝낼 수 없다면, 단지 약간만 덜어 줄이기를 요구하면 지방 역시 약간의 수고를 덜어 줄일 수 있을 뿐이다. 이 논의는 일을 기뻐하는 자의 마음을 크게 거스른다는 것을 깊이 안다. 그러나 적 천 명을 죽이고도 죄가 없는 사람이고자 하니 한 장수가 공을 이루기를 구하는 것이지 인자仁者는 차마 하지 못하는 일이다.”

주

1 성절盛節은 고상한 절조節操, 성대한 의례儀禮, 좋은 법도法度 등을 말한다.

56세 12월

> 十有二月，命暫兼理巡撫兩廣，疏辭，不允。

12월에 양광을 잠시 겸하여 다스리고 순무巡撫[1]하라는 명을 받았다. 상소를 올려 고사하였으나, 윤허하지 않았다.

주

1 순무巡撫는 각처로 돌아다니면서 백성들의 인심을 위로하고 달래는 일이다.

1528년, 선생 57세

七年戊子，先生五十七歲，在梧。

가정 7년 무자년(1528), 선생 57세에 오주梧州에 있었다.

57세 2월

二月，思、田平。

2월에 사은과 전주가 평정되었다.

••• 상소문

先生疏略曰：

“臣奉有成命，與巡按紀功御史石金、布政使林富等，副使祝品、林文輅等，參將李璋、沈希儀等，會議思、田之役，兵連禍結，兩省荼毒，已逾二年，兵力盡於哨守，民脂竭於轉輸，官吏罷於奔走；今日之事，已如破壞之舟，漂泊於顛風巨浪，覆溺之患，洶洶在目，不待知者而知之矣。”

선생이 상소를 올려 간략히 말했다:

“신이 명령을 받들어 순안기공어사 석금石金, 포정사 임부林富[1] 및 부사 축품祝品[2], 임문략林文略, 참장 이장李璋[3], 심희의沈希儀[4] 등과 모여 사은과 전주의 전투에 대하여 의논하였는데, 전투의 피해가 연이어져 광동성과 광서성 두 성은 심한 고통을 당한 지 이미 2년이 넘었습니다. 병력은 경계하고 방어하는 데 소진되었고 백성들의 피땀은 군량미를 조달하고 나르느라 다 고갈되었으며 관리들은 분주하며 지쳤습니다. 오늘의 일은 마치 깨어진 배가 회오리바람과 커다란 풍랑에 정처 없이 떠돌아다니는 것 같아 뒤집혀 가라앉게 될 근심이 눈앞에 훤하니 알 만한 사람을 기다리지 않고도 알 수 있을 것입니다."

주

1 임부林富(1475~1540)는 자가 수인守仁이고 호는 성오省吾이며 복건성 보전莆田 사람이다. 명 홍치 15년(1502)에 진사가 되어 대리사평사를 제수받았다. 유근의 미움을 사서 조옥에 갇혔고 후에 조양현승潮陽縣丞으로 폄직되었다. 명 세종이 즉위하여 광서참정이 되었고 가정 2년(1523) 광동우포정사로, 가정 5년(1526) 중상을 입어 광동성에서 광서성으로 옮겨 갔고, 요막姚鏌이 사은과 전주의 병사를 그에게 위임했다. 사천좌포정사를 역임하고 도찰원우부도어사로 승진했다. 왕수인이 죽어 병부우시랑 겸 도찰원 우첨도어사, 양광총독과 순무를 겸했다.

2 축품祝品은 명대 관원이다. 자가 공숙公叔이고 용유龍遊 사람이다. 진사가 되어 형부주사를 제수받았다. 무종에게 소를 올려 간하다 옥에 갇혔다. 후에 광동제학부사가 되어 해남도를 순시했다. 참정을 보좌하고 귀향했다.

3 이장李璋(1449~1497)은 자가 사흠士欽이고 하남성 등주鄧州 사람이다. 성화 14년(1478) 상보사소경尙寶司少卿이 되고, 성화 17년(1481)상보사경尙寶司卿, 이부상서를 지내고, 9년 후 태상사소경에 승진한다. 홍치 10년(1497)경사에서 죽었다.

4 심희의沈希儀(1491~1554)는 명 중기 명장이었다. 자가 당좌唐佐이고 호는 자강紫江이며 광서성 귀현貴縣 사람이다. 정덕 3년(1508) 18세에 세습을 받아 봉의위 지휘사로 임명되었다. 정덕 12년(1517) 서도지휘첨사署都指揮僉事로 진급하고 정덕 14년1519 의영義寧의 도적 소굴을 대파했다.

••• 상소문

因詳其十患十善，二幸四毀，反覆言之。且曰：

"臣至南寧乃下令盡撤調集防守之兵，數日之內，解散而歸者數萬。惟湖兵數千，道阻且遠，不易即歸，仍使分留賓寧，解甲休養，待間而發。

初蘇、受等聞臣奉命處勘，始知朝廷無必殺之意，皆有投生之念，日夜懸望，惟恐臣至之不速。已而聞太監、總兵相繼召還，至是又見守兵盡撤，其投生之念益堅，乃遣其頭目黃富等先赴軍門訴苦，願得掃境投生，惟乞宥免一死。

臣等諭以朝廷之意，正恐爾等有所虧枉，故特遣大臣處勘，開爾等更生之路；爾等果能誠心投順，決當貸爾之死。因復露布朝廷威德，使各持歸省諭，克期聽降。蘇、受等得牌，皆羅拜踴躍，歡聲雷動；率衆掃境，歸命南寧城下，分屯四營。

蘇、受等囚首自縛，與其頭目數百人赴軍門請命。臣等諭以朝廷既赦爾等之罪，豈復虧失信義；但爾等擁衆負固，雖由畏死，然騷動一方，上煩九重之慮，下疲三省之民，若不示罰，何以泄軍民之憤?

於是下蘇、受於軍門，各杖之一百，乃解其縛，諭於今日宥爾一死者，朝廷天地好生之仁，必杖爾示罰者，我等人臣執法之義。於是衆皆叩首悅服，臣亦隨至其營，撫定其衆，凡一萬七千，濈濈道路，踴躍歡聞，皆謂朝廷如此再生之恩，我等誓以死報，且乞即願殺賊立功贖罪。臣因諭以朝廷之意，惟欲生全爾等，今爾等方來投生，豈忍又驅之兵刃之下。

爾等逃竄日久，且宜速歸，完爾家室，修復生理。至於諸路群盜，軍門自有區處，徐當調發爾等。於是又皆感泣歡呼，皆謂朝廷如此再生之恩，我等誓以死報。

臣於是遂委布政使林富、前副總張祐督令復業，方隅平安。是皆皇上神武不殺之威，風行於廟堂之上，而草偃於百蠻之表，是以班師不待七旬，而頑夷即爾來格，不折一矢，不戮一卒，而全活數萬生靈。是所謂綏之斯來，動之斯和者也。”

그래서 상세하게 그 열 가지의 근심거리와 열 가지의 잘한 일, 두 가지 다행인 일과 네 가지 망친 일을 거듭하여 말하였다. 다시 말했다:

“신이 남녕南寧[1]에 도착하여 바로 뽑아 모은 방비 병력을 모두 철수시키도록 명령을 내리니, 며칠 안에 해산하여 귀가한 자가 수만 명이 되었습니다. 그러나 호병湖兵[2] 수천 명은 길이 험하고 멀어서 바로 돌아가기 쉽지 않아 나누어 빈영賓寧[3]에 머무르게 하고 갑옷을 벗고 휴식을 취하다가 때를 기다려 출발하게 하였습니다.

처음에 노소盧蘇와 왕수王受 등은 신이 황명을 받들어 반란을 처리하고 연루된 자들을 조사하는 일을 맡았다는 소식을 듣고 비로소 조정이 자신들을 반드시 죽이려는 뜻이 없음을 알고 모두 투항하여 목숨을 구할 생각을 가졌으며 밤낮으로 희망을 걸고 오직 신이 빨리 이르지 못함을 걱정하였습니다. 오래지 않아 태감太監[4]과 총병總兵[5]이 서로 연이어 소환되었다는 소식을 듣고 또 이에 이르러서 수비병이 모두 철수한 것을 보고 살기를 도모하는 그들의 마음은 더욱 굳어져서 그 두목 황부黃富 등을 보내어 먼저 군문에 나아가서 고통을 호소하고, 또 잔당들을 소탕하여 목숨을 구하기를 바랐으며 오직 죽음을 너그럽게 면해주기를 애원하였습니다.

신 등이 조정의 뜻으로써 (그들에게) 알리기를, ‘참으로 너희들에게 억울한 바가 있을까 염려하여 특별히 대신을 보내 반란을 처리하고 연루자들을 조사하는 일을 맡겨 너희들이 새로이 살아갈 길을 열어주려는데 너희들이 과연 진심으로 투항하여 귀순할 수 있다면 너희들의 죽음을 용서해 주도록 내가 판단하여 담당하겠다.’ 하였습니다. 그래서 조정의 위엄과 덕을 거듭 포고하여 알리고 그들에게 각각 귀성유歸省諭[6]를 지니고 돌아가 기한을 정하여 항복을 청하도록 하였고 노소와 왕수 등이 패를 얻자, 모두 늘어서서 절을 하고 펄쩍 뛰며 환호성을 우레처럼 울렸습니다. 무리를 이끌고 잔당을 소탕하고 남영의 성 아래로 돌아가도록 명하고 네 개의 진영으로 나누어 주둔하였습니다.

노소와 왕수 등 죄인은 스스로 포박하고 그 두목은 수백 명과 더불어 군문으로 나아가서 명령을 청하였습니다. 신 등은 조정이 이미 너희들의 죄를 용서했거늘 어찌 다시 신의를 이지러뜨리겠는가? 다만 너희들이 무리를 끌어안고 고집을 버리며 비록 죽음을 두려워하나 한편으로는 소동을 일으켜 위로는 궁궐의 생각을 어지럽히고 아래로는 세 성[三省][7]의 백성들을 피곤하게 하니 만약 벌을 주지 않는다면 어떻게 군인과 백성의 분함을 누그러뜨리겠는가?' 하고 깨우쳐 주었습니다.

이에 노소와 왕수를 군문에서 끌어내려 각각 장형 100대를 치고는 바로 그 포박을 풀어주며 오늘 너희가 한번 죽을 것을 용서하는 것은 '조정의 천지에서 살기를 좋아하는 어짊이고, 반드시 너희에게 장형으로 벌을 내려야 하는 것은 우리 신하들이 법을 집행하는 의무'라고 알려주었습니다. 이에 무리가 모두 머리를 조아리고 기뻐하며 감복히였고 신도 그 병영에 따라 들어가 그 무리들을 위로하고 안정시키니, 일만 칠천 명 모두가 길에 모여 서서 좋아 날뛰고 기뻐하며 소식을 전하는데 모두 이르기를 '조정의 이와 같은 재생의 은혜에 우리들은 죽음으로 보답하기를 맹세하고 장차 도적을 죽이고 공을 세워 속죄하기를 원합니다.'라고 애걸하였습니다. 신이 그래서 조정의 뜻으로써 '오직 너희 모두를 온전히 살리고 싶고 지금 너희들도 와서 투항하여 살려고 하는데 어찌 차마 또 병기 아래 내몰겠느냐.' 하며 타일렀습니다.

너희들이 도망쳐 다닌 날이 오래되었으니 또한 마땅히 빨리 돌아가서 너희들의 가족과 집안사람들을 보전하고 생활을 회복해야 한다. 각 지역의 도둑 떼들에 이르러서는 군문이 스스로 형편에 따라 처리할 것이 있으니 천천히 너희들을 징집함이 마땅하다.' 하니, 이에 또한 모두가 감격의 눈물을 흘리면서 환호하고 모두 '조정이 이렇게 다시 살려주시는 은혜에 우리들은 죽음으로 보답할 것을 맹세합니다.'라고 말하였습니다.

신이 이에 마침내 포정사 임부와 전 부총 장우張祐[8]에게 감독과 명령을 위임하여 직무를 회복시키니 사방이 평안해졌습니다. 이것은 모두 황상께서 뛰어난 무용을 갖고 계시되 사람을 죽이지 않는 위엄이니, 바람이 조정에서 불어 또한 뭇 오랑캐들 위에

풀이 누운 것입니다.[9] 그래서 군사를 거느리고 돌아오는 데 70일이 걸리지 않았고, 완고한 오랑캐 즉 그들이 이르니[來格][10], 화살 하나도 꺾지 않고 군졸 한 명도 죽이지 않고 수만 명의 생명을 온전히 살렸습니다. 이것은 이른바 '편안하게 해주면 오고 마음을 움직이게 하여 이에 화합하는 것'[11]입니다."

주

1 남영南寧은 광서장족자치구 중남부에 있다. 고대에는 옹주邕州였다. 지금은 남영시南寧市이다.

2 호병湖兵은 호광성에서 모집한 병사이다.

3 빈영賓寧은 광서장족자치구 하지시河池市이다.

4 태감太監은 황제를 곁에서 모시는 환관의 우두머리이다.

5 총병總兵은 명·청 시대 군대를 통솔하고 한 지방을 지키는 벼슬이다.

6 귀성유歸省諭는 귀성을 허가하는 허가증이다. 귀성은 고향으로 가는 것이다.

7 삼성三省은 광동성, 광서성, 호남성이다.

8 장우張祐는 명대 무장이다. 관직은 서도독동지署都督同知에 이르렀다. 문무를 겸비한 것으로 유명했고 성격이 검소하며 군사를 다스리는 것이 엄격했다. 홍치 연간에 광주 우위지휘사右衛指揮使를 역임하고, 19세에 군대와 함께 남해 해구를 정벌하는 공을 세웠다. 정덕 2년에 도지휘첨사로 승진하여 덕경德慶과 용수瀧水에 주둔하며 소수민족을 위협했다. 이후 혜주惠州와 조주潮州의 도적의 난을 평정하고 광서 부총병副總兵으로 승진했다. 가정 초년에 광서성 요족과 동족의 반란을 진압하는 데 참여하여, 토병을 우대하는 계책으로 전투력을 높였다.

9 『논어·안연顔淵』: 君子之德風, 小人之德草. 草上之風必偃.[군자의 덕은 바람과 같고 소인의 덕은 풀과 같다. 풀 위에 바람이 불면 반드시 눕는다] 라고 하였다.

10 내격來格은 어떤 곳에 오거나 이르는 것이다. 특히 제사 때에 귀신이 도착하는 것을 이른다.

11 『논어·자장子張』: 夫子之得邦家者, 所謂立之斯立, 道之斯行, 綏之斯來, 動之斯和.[공자님이 나라를 다스린다면, 그가 세우신 것은 바로 세워지고, 그가 인도하신 것은 바로 실행되며, 그가 편안하게 해줘서 사람들은 모여들고, 그가 움직이게 하여 화합하게 됩니다.]

疏入, 敕遣行人奬勵, 賞銀五十兩, 紵絲四襲, 所司備辦羊酒, 其餘各給賞有差。

상소가 들어가자, 칙서로 행인을 보내 칭찬하고 격려하며, 은 50냥과 모시옷 4벌을 상으로 주고 해당 관청에서는 양고기와 술을 준비하였고 그 나머지는 각각 상을 주었는데 차이가 있었다.

••• 석각문

先生爲文勒石曰：

"嘉靖丙戌夏，官兵伐田，隨與思恩之人相比相煽，集軍四省，洶洶連年。於時皇帝憂憫元元，容有無辜而死者乎？乃令新建伯 王守仁曷往視師，其以德綏，勿以兵虔。班師撤旅，信義大宣。諸夷感慕，旬日之間，自縛來歸者一萬七千。悉放之還農，兩省以安。昔有苗徂征，七旬來格；今未期月而蠻夷率服，綏之斯來，速於郵傳，舞於之化，何以加焉。爰告思、田，毋忘帝德。爰勒山石，昭此赫赫。文武聖神，率土之濱。凡有血氣，莫不尊親。"

선생이 글을 지어 돌에 새겨 말했다:

"가정 병술년(1527) 여름에 관군이 전주를 토벌하니, 사은의 사람들과 함께 서로 편을 들고 서로 부추기며 네 성에서 군사를 모아 수년간 맹렬하게 싸웠다. 이때 황제께서 모든 백성[元元][1]을 걱정하고 불쌍히 여기셨으니 죄 없이 죽은 자를 용납하시겠는가? 이에 신건백 왕수인에게 군대로 가서 통솔하도록 명했는데 그것이 덕으로써 편안하게 하고 무력으로 빼앗지 않게 하셨다. 이에 군사를 이끌고 돌아와 군대를 철수하니 신의가 크게 떨쳤다. 모든 오랑캐가 마음으로 감복하여 10일 이내에 스스로 포박하고 귀순한 자가 일만 칠천 명이 되었다. 그들을 모두 방면하여 농민으로 돌아가게 하니, 두 성이 이로써 안정되었다. 예전에 유묘족을 정벌하였는데, 70일 만에 바로잡혔다. 이제 채 한 달이 되기 전에 만족[蠻夷]이 모두 복종하였다. 편안하게 해주면 따라오게 되는 것이 역마로 서신을 전하는 것보다 빠르고 춤을 추게 하고 교화시키는 것이니 어떻게 더할 수 있으랴. 이에 사은과 전주에 고하노니, 황제의 덕을 잊지 말라. 이에 산돌 바위에 새겨 놓아 이것을 혁혁하게 밝히노라. 문무성신文武聖神[2]과 온 나라 안에서[率土之濱][3] 무릇 생명을 지닌 이들은 어버이를 높이지 않음이 없다."

주

1 원원元元은 근본의 뜻이고 모든 백성을 뜻한다.
2 문무성신文武聖神은 문무에 뛰어난 성스러운 신이다. 문文은 공자를 뜻하고 무武는 관우를 뜻하기도 한다. 또 옛 주나라 문왕과 무왕을 비롯한 뛰어났던 황제를 뜻하기도 한다.
3 솔토지빈率土之濱은 큰 강과 바다에 접한 육지 모두를 뜻한다. 온 나라나 온 천하를 이르는 말이다.

57세 4월

四月，議遷都臺於田州，不果。

사월에 전주로 도대[1]를 옮기는 일을 논의했으나, 이루어지지 않았다.

주

1 도대都臺는 관서 상서성尚書省의 이름이다. 당唐 수공垂拱 원년，무후武後가 이름을 상서성에서 도대都臺로 고쳤다.

••• 상소문

先是有制，王守仁暫令兼理巡撫兩廣，既受命，先生乃疏言：

"臣以迂疏多病之軀，謬承總制四省軍務之命，方懷不勝其任之憂，今又加以巡撫之責，豈其所能堪乎？且兩廣之事，實重且難，巡撫之任，非得才力精強者，重其事權，進其官階，而久其職任，殆未可求效於歲月之間也。致仕副都御史伍文定，往歲寧藩之變，常從臣起兵，具見經略；侍郎梁材、南贛副都御史汪鋐，亦皆才能素著，足堪此任；願選擇而使之。”

이에 앞서 왕수인에게 양광 순무를 잠시 겸하여 다스리라는 칙서가 있었다. 이미 황명을 받은 선생은 바로 상소를 올려 말했다:

“신은 세상일에 어둡고 병이 많은 몸으로 네 성의 군무를 총괄하여 제압하라는 명령을 잘못 받들어 바야흐로 그 임무를 감당하지 못할까 걱정을 품고 있습니다. 지금 또한 순무의 직책을 더해 주시니 어찌 그것을 감당할 수 있겠습니까? 게다가 양광의 일은 실로 중요하고 어려운데, 순무의 임무는 뛰어난 재주와 강한 힘을 얻은 자가 아니라면, 그 일의 직권을 거듭 맡기고 계급을 올리고 그 직임을 오랫동안 맡더라도, 아마도 세월 가운데 거의 효과를 구할 수 없을 것입니다. 치사致仕[1]한 부도어사 오문정은 지난 삼 개월 영왕 주신호의 변란에 늘 신을 따라 병사를 일으켜 경륜과 지략을 펼쳤습니다. 시랑 양재, 남감南贛[2] 부도어사 왕횡汪鋐[3] 등도 또한 모두 재능이 본디 뚜렷하여 그 임무를 맡기 충분합니다. 원하건대 그들을 선택하여 등용하십시오.”

주

1 치사致仕는 벼슬을 사양하고 물러나는 것이다.

2 남감南贛은 순무의 명칭이다. 전체 이름은 ‘순무남감정소등처지방제독군무巡撫南贛汀韶等處地方提督軍務’이다. 명 홍치 10년(1497)에 처음 감주贛州에 설치했다. 관할 구역은 여러 번 증감이 있었다. 남감은 강서성 남안南安과 감주贛州, 광동성 소주韶州와 남웅南雄 호광성의 침주郴州, 복건성의 정주汀州를 관할했다. 청나라 강희 3년(1664)에 폐지했다.

3 왕횡汪鋐(1466~1536)은 명나라 중기 대신이었다. 자가 선지宣之이고 호는 성재誠齋 · 석이산인石耳山人이며 만호는 용동蓉東이다. 강서성 상요시 무원현婺源縣 사람이다. 홍치 15년(1502)에 진사가 되어 남경호부주사가 되었다. 가정 11년(1532)에 이부상서를 역임했다. 가정 13년(1534)에 태자태보, 이부상서, 병부상서를 하며 권력이 한때 기울어 가정 14년(1535) 총애를 잃고 관직에서 물러났다. 가정 15년(1536) 71세로 세상을 떠났고, 시호는 영화榮和이다.

會侍郎方獻夫建白，宜於田州特設都御史一人，撫綏諸夷，下議。先生復疏言：

"布政使林富可用，或量改憲職，仍聽臣等節制，暫於思、田住紮，撫綏其衆。然而要之蠻夷之區，不可治以漢法，雖流官之設，尚且弗便，而又可益之以都臺乎？

今且暫設，凡一切廩餼輿馬，悉取辦於南寧府衛，取給於軍餉，不以干思、田之人。俟年餘經略有次，思、田止責知府理治，或設兵備憲臣一人於賓州，或以南寧兵備兼理；如此，則目前既得輯寧之效，而日後又可免煩勞之擾矣。"

시랑 방헌부가 신건백을 모시고 모여 마땅히 전주에 도어사 1인을 특별히 두어 모든 이민족을 달래고 안정시키는 것을 상의했다. 선생은 거듭 상소하여 말했다:

"포정사 임부는 등용할 만하니 혹은 헤아려 헌부의 직책으로 바꾸어 주시면 오히려 신 등이 잘 조절하여 잠시 사은과 전주에 머물러 그 무리들을 위로하고 안정시키도록 하겠습니다. 그러나 중요한 것은 이민족의 지역에서는 중국의 법으로 다스릴 수 없으니, 비록 유관을 설치하더라도 오히려 또한 불편한데 또 도대를 더 둘 수 있겠습니까?

지금 일단 도대를 설치하고 일체의 녹봉과 수레와 말을 모두 남영부위에서 준비하여 군량을 공급하면 사은과 전주의 주민을 거스르지 않습니다. 1년 남짓 다스리고 경영하는 순서를 기다렸다가 사은과 전주는 단지 지부의 다스림으로 책임지게 하거나 혹은 병력을 두고 헌부의 신하 1인을 빈주에 두게 하거나, 혹은 남영 병비가 겸하여 다스리게 하십시오. 이같이 하면 눈앞에서 이미 화목하고 편안해지는 효과를 얻고 후일에 또 번거롭고 수고롭게 되는 어수선함을 면할 수 있을 것입니다."

又以柳慶缺參將，特薦用沈希儀，且請起用前副總兵張祐，俾與富協心共事。未幾，升富副都御史，撫治鄖陽以去。先生再薦布政使王大用、按察使周期雍，又以邊方缺官，且言副使陳槐、施儒、楊必進，知府朱衮，皆堪右江兵備之任；知州林寬可爲田州知府；推官李喬木可爲同知。

또 유경柳慶에는 참장參將[1]이 없어서 특별히 심희의沈希儀를 천거해 등용하고 또 전직 부총병 장우를 기용하여 임부와 함께 합심하여 같이 일을 처리하게 하도록 청하였다. 얼마 되지 않아 임부를 부도어사로 승진시키니 운양鄖陽[2] 지역을 위무하고 다스리러 갔다. 선생이 다시 포정사 왕대용과 안찰사 주기옹을 천거하고, 변방의 관리에 결원이 생겼기에 또한 부사 진괴, 시유, 양필진, 지부 주곤 등은 모두 우강의 병비를 책임질 만하며, 지주 임관은 전주지부로 추관 이교목은 동지로 삼을 만하다고 하였다.

주

1 참장參將은 명나라에 설치된 무관 장수의 서열이다. 총병總兵, 부총병副總兵 다음의 무관이다.
2 운양鄖陽은 호북성에 있었는데 지금은 폐지된 행정구역이다. 역사상 한 특구였다. 고대 인류 문명의 발상지이며 굴원이 이곳에서 《이소》, 《천문》, 《어부》 등의 명문장을 썼다.

〈상소문〉

且言："任賢圖治，得人實難，其在邊方反覆多事之地，其難尤甚。蓋非得忠實、勇果、通達、坦易之才，未易以定其亂。有其才矣，使不諳其土俗，則亦未易以得其本心。得其心矣，使不耐其水土，亦不能以久居其地，以成其功。故用人於邊方，必兼是三者而後可。如前四人者，固皆可用之才；今乃皆爲時例所拘，棄置不用，而更勞心遠索，則亦過矣。"
疏上，俱未果行。

또 말했다: "현명한 자를 임명하고 다스림을 도모함에, 인재를 얻는 일은 실로 어려우니, 이런 문제는 변방에서 많은 사건이 거듭되는 곳에서는 그 어려움이 더욱 심합니다. 아마도 충성되고 성실하고 용감하고 과단성 있고 통달하고 너그러운 재능을 얻지 못했다면 그 난리를 쉽게 평정하지 못합니다. 그런 재능을 가졌다고 해도 만일 그 지역의 풍습을 잘 알지 못하면 또한 쉽게 그들의 본심을 얻을 수 없습니다. 그들의 마음을 얻었다고 해도, 만일 그 지역의 환경을 견뎌낼 수 없다면 또한 그 지역에 오랫동안 거주하여 공을 이룰 수 없을 것입니다. 그러므로 변방에서 사람을 쓰려면 반드시 이 세 가지를 겸하고서야 가능합니다. 앞의 네 사람은 진실로 모두 쓸만한 인재이니 지금 바로 모두 시세와 관례에 구속된 바가 되었다고 버려두고 등용하지 않고 더욱 노심초사하여 멀리서 찾으려 한다면 또한 잘못입니다."
상소가 올라갔지만, 모두 다 실행되지는 않았다.

興思、田學校。

사은과 전주에 학교를 세웠다.

先生以田州新服，用夏變夷，宜有學校。但瘡痍逃竄，尚無受廛之民，即欲建學，亦爲徒勞。然風化之原，又不可緩也。乃案行提學道，著屬儒學，但有生員，無拘廩增，願改田州府學，及各處儒生願附籍入學者，本道選委教官，暫領學事，相與講肄遊息，興起孝弟，或倡行鄉約，隨事開引，漸爲之兆。俟建有學校，然後將各生徒通發該學肄業，照例充補廩增起貢。

선생이 전주를 새롭게 항복시켰기 때문에, 하夏[1] 문화를 이용하여 오랑캐를 변화시키는 데는 마땅히 학교가 있어야 했다. 다만 전쟁으로 파괴되고[瘡痍][2] 백성들은 몸을 피하여[逃竄][3] 아직 거주하는 백성이 없었으니 바로 학교를 세우려 하였으나 또한 헛수고가 되었다. 그러나 풍속과 교화의 근원은 또한 늦출 수 없다. 이에 제학도提學道[4]가 소속된 유학을 살폈다. 다만 생원을 두었는데 늠선생원廩膳生員[5]이나 증광생원增廣生員[6]을 두는 데는 구애받지 않았고 전주의 부학府學을 고치기를 원했으며 각처의 유생 중 학적에 등록하여 입학하고자 하는 자는 본도에서 교관을 뽑아 위임하여 잠시 학교의 일을 다스리고 서로 더불어 배우고 익히고 편안히 쉬며 효도와 우애를 북돋우고 혹은 향약鄕約[7]을 제창하여 일에 따라 이끌어 깨우치니 점차 좋은 조짐이 되었다. 학교가 세워지기를 기다린 후에 장차 각각 생도들이 해당 학교의 학업을 증진시켜 전례를 따라 늠선생원과 증광생원을 보충하여 공원貢員[8]을 나오게 했다.

주

1 하夏는 중국 한족漢族을 지칭한다. 고대 우왕禹王이 세운 고대 왕조 하夏나라에서 비롯되었다고 본다.

2 창이瘡痍는 병기에 다친 상처의 뜻으로, 전쟁으로 인한 파괴를 이르는 말이다.

3 도찬逃竄은 도망하여 몸을 피하는 것이다.

4 제학도提學道는 명대 학정學政이다. 학정은 지방 문화 교육 행정관으로 제학어사提學禦史와 제학도提學道를 두었다.

5 늠선생원廩膳生員은 과거 제도의 생원 중 하나이다. 생원은 과거시험의 초시 합격자이다. 초시는 향시로 치러진다. 늠선생원은 공가公家에서 곡식을 제공하는 생원이며 늠선생廩膳生이라고도 불렀다. 명나라 부, 주, 현의 학생들은 처음에 매달 곡식을 제공받아 생활에 보조했다. 생원의 정원은 명나라 초에는 부학 40명, 주학 30명, 현학 20명으로 각각 한 달에 쌀 여섯 말을 받았다.

6 증광생원增廣生員은 명초에 생원의 정원은 정해져 있는데 그 후 인원이 증가하면 늠광생원과 증광생원을 두었다. 증광생원의 지위는 늠선생원보다 높았다.

7 향약鄕約은 향리에서 제정한 공동 준수 규약을 말한다. 관청의 명을 받아 향에서 관직을 수행하는 사람을 말하기도 한다.

8 공원貢員은 과거시험에서 회시會試를 통과하여 우수한 성적을 거둔 선비를 말하며, 이들은 전시殿試에 참가할 자격이 있어 벼슬길에 오르는 중요한 단계였다.

57세 5월

五月，撫新民。

5월에 신민을 어루만지다.

先生因左江道參議等官汪必東等稱：“古陶、白竹、石馬等賊，近雖誅剿，然尚有流出府江諸處者。誠恐日後爲患，乞調歸順土官岑瓛兵一千名，萬承、龍英共五百名，或韋貴兵一千名，住紮平南、桂平沖要地方。”及該府知府程雲鵬等亦申量留湖兵，及調武靖州狼兵防守。

선생은 좌강도 참의 등으로 인하여 관원 왕필동汪必東[1] 등에게 말했다: “고도, 백죽, 석마 등 도적들을 근자에 비록 주벌하고 소탕하였으나 아직도 부강府江[2] 여러 곳에서 나와 떠도는 자들이 있다. 진실로 뒷날에 근심이 될까 염려된다. 토관 잠환의 병사 1천 명, 만승, 용영의 병사 총 5백 명, 또는 위귀의 병사 1천 명을 불러내어 귀순시켜 평남, 계평의 요충 지역에 머물러 살기를 바란다.” 더불어 해당 지방의 지부 정운붕 등이 또한 거듭 헤아려 호광성의 병사들을 머물게 했고, 또한 무정주武靖州[3]의 낭병들을 뽑아 방어하고 지켰다.

주

1 왕필동汪必東은 명대 관료이며 시인이다. 자가 희회希會이고 숭양崇陽 사람이다. 정덕 신미년 진사가 되고 하남참정河南參政을 역임했다.

2 부강府江은 광서성 계림桂林에서 평락현平樂縣과 소평현昭平縣을 지나 오주梧州까지 흐르는 강이다.

3 무정주武靖州는 광서성의 지명이다. 명나라 때 심주부潯州府의 3개 현이 공식적으로 형성되었다. 대등협大藤峽 봉기 후, 성화 연간에 벽탄역碧灘驛에 군사 주둔지를 설치하여 무정주武靖州라고 명명했다.

乃諭之曰："始觀論議，似亦區畫經久之計；徐考成功，終亦支吾目前之計。蓋用兵之法，伐謀爲先；處夷之道，攻心爲上。今各瑤征剿之後，有司即宜誠心撫恤，以安其心。若不服其心，而徒欲久留湖兵，多調狼卒，憑藉兵力，以威劫把持，謂爲可久之計，則亦末矣。

殊不知遠來客兵，怨憤不肯爲用，一也。供饋之需，稍不滿意，求索訾詈，將無抵極，二也。就居民間，騷擾濁亂，易生仇隙，三也。困頓日久，資財耗竭，適以自弊，四也。欲借此以衛民，而反爲民增一苦；欲借此以防賊，而反爲吾招一寇，其可行乎？

合行知府程雲鵬、公同指揮周胤宗，及各縣知縣等官，親至已破賊巢各鄰近良善村寨，以次加厚撫恤，給以告示，犒以魚鹽，待以誠信，敷以德恩。諭以朝廷所以誅剿各賊者，爲其稔惡不悛，若爾等良善守分村寨，我官府何嘗輕動爾等一草一木？爾等各宜益堅向善之心，毋爲彼所扇惑搖動。

從而爲之推選衆所信服，立爲酋長，以連屬之。若各賊果能改惡遷善，實心向化，今日來投，今日即待以良善，決不追既往之惡。爾等即可以此意傳告開諭之。我官府亦就實心撫安招來，量給鹽米，爲之經紀生業。亦就爲之選立酋長，使有統率，毋令渙散。

一面清查侵占田土，開立里甲，以息日後之爭。禁約良民，毋使乘機報復，以激其變。如農夫之植嘉禾，以去稂莠，深耕易耨，芸菑灌溉，專心一事，勤誠無惰，必有秋獲。夫善者益知所勸，則助惡者日衰；惡者益知所懲，則向善者益衆：此撫柔之道，而非專有恃於甲兵者也。"

바로 그들을 깨우치며 말했다: "처음 논의를 살펴보니 또한 지나온 오랜 계책을 구분하여 획을 그은 것 같았다. 이룬 공을 찬찬히 생각해 보니 역시 끝내 내 목전의 계책만을 유지했다. 대개 병사를 부리는 방법은 모반자를 징벌함이 우선이고, 오랑캐를 다루는 도는 마음을 공격하는 것이 상책이다. 지금 각각 요족瑤族을 정벌하고 소탕한 다음에 유사有司들은 곧바로 성심으로 어루만지고 도와서 그들의 마음을 안정시켜야 마땅하다. 만약 그들의 마음을 복속시키지 못하고 다만 오랫동안 호광성의 병사들을 주둔시키려 한다면 낭병들을 길들이며 병력의 힘을 빌려서 위엄으로써 겁박하고 움켜쥐려 할 것이니, 이른바 오래 지속될 계책은 또한 없게 된다.

특히 멀리에서 와 주둔하고 있는 병사를 알아보지 못하여 원망하고 분개하며 기꺼이 쓰지 못하게 되는 것이 첫 번째다. 들여온 음식의 수요에 점차 불만이 생겨 헐뜯고 욕하는 자를 색출하자니 장차 끝이 없을 것이라 두 번째이다. 민간에 나가 거처하며 소란을 일으키고 어지럽혀 원수 같은 사이가 되기 쉬우니 세 번째이다. 오랫동안 고달프고 재물은 다 소모되어 메말라서 스스로 망함에 이르는 것이 네 번째다. 낭병들을 빌려와서 백성들을 보호하려 하였으나, 도리어 백성들에게 한 부류의 고통을 더하게 되었고, 낭병들을 빌려와서 도적을 막으려 하였으나 도리어 내가 한 부류의 도적을 더 부른 꼴이 되었으니 어찌 실행할 수 있겠는가?

지부 정운붕과 공동지휘 주윤종 및 각 현 지현 등의 관리들은 이미 파괴된 도둑 소굴이 있는 인근 각처의 선량한 마을과 성채[寨][1]에 몸소 이르러서 두텁게 위로하고 어루만지고 공고하여 알려주고 물고기와 소금으로 호궤犒饋[2]하고 성실과 믿음으로 대우하고 덕과 은혜를 펴는 것을 행해야 한다. 조정에서 각 도적을 주벌하고 소탕한 것을 알린 것은 그들이 악을 쌓고도 반성할 줄 모르기 때문이다. 만약 너희들이 어질고 착하여 마을과 성채를 잘 지키고 제 몫을 다한다면 우리 관부에서 어떻게 일찍이 너희들의 풀 한 포기 나무 한 그루인들 가볍게 보았겠는가? 너희들은 각각 마땅히 선을 향한 마음을 더욱 굳건히 해야 하며 그들이 부채질한다고 미혹되거나 동요되지 말라.

그러하고 그들을 위하여 백성들이 믿고 따르는 자를 추천하여 추장으로 세우는 것으로 이어지게 하라. 만약 각처의 도적들이 과연 지난 악행을 고쳐 착하게 될 수 있고, 실심實心[3]으로 교화로 나아가서 오늘 투항해 온다면 지금 바로 어짊과 착한 백성으로 대우하고 결코 이미 지나간 악행을 묻지 않겠다. 너희들은 곧 이 뜻을 전하여 알리고 그들을 타일러 깨우쳐라. 우리 관부 역시 실심으로 편하게 해서 불러와 어루만져 주고 소금과 식량을 헤아려 공급할 것이며 그들을 위하여 생업을 돌보게 하겠다. 또한 곧 그들을 위하여 추장을 뽑아 세워서 통솔하게 하여 흩어짐이 없게 하겠다.

한편으로는 침범하여 점령당한 농토를 깔끔하게 조사하고 이갑里甲[4]을 열어 세워 후일의 다툼을 종식하라. 백성을 단속하여 그들이 기회를 틈타 보복하고 그 변란을 격화시키지 않게 하라. 마치 농부가 벼를 심어 잡초를 제거하고 깊게 밭을 갈아 김매기 쉽게 하고 묵은 밭에 김매고 물을 대어 한 가지 일에 마음을 다하고 부지런하고 성실하여 사사로운 마음을 갖지 않는다면, 가을에 반드시 얻는 것이 있을 것이다. 대저 선한 이가 움직여 할 바를 더욱 잘 안다면 악을 돕는 자는 날로 줄어들 것이며 악한 이가 징벌 될 것을 잘 안다면 선으로 향하는 자는 더욱 늘어날 것이다. 이것은 부드럽게 어루만지는 방법이니, 오로지 무력에 의지하는 것만 있는 것이 아니다."

주

1 채寨는 성채城砦이다. 성과 요새를 아울러 이르는 말이다.
2 호궤犒饋는 군사에게 음식을 주어 위로하는 것이다.
3 실심實心은 진심眞心이다.
4 이갑里甲은 명나라 때 시행한 부역법賦役法과 그에 따른 촌락의 자치 행정 조직이다. 110호戶를 1리里로 하고 그 가운데 부유한 10호를 이장호里長戶로 지정하고, 나머지 100호는 갑수호甲首戶라 하여 10갑으로 나누어, 이장이 1년씩 번갈아 조세를 징수하고 조세 대장과 호적부의 작성 및 치안 유지 따위를 맡았다.

又曰:"該府議欲散撤顧倩機快等項,調取武靖州土兵,使之就近防守一節,區畫頗當。然以三千之衆,而常在一處屯頓坐食,亦未得宜。必須分作六班，每五百名爲一班，每兩個月日而更一次。若有雕剿等項，然後通行起調，然必須於城市別立營房，毋使與民雜處，然後可免於騷擾嫌隙。蓋以十家牌門之兵，而爲守土安民之本；以武靖起調之兵，而備追捕剿截之用：此亦經權交濟相須之意也。自今以後，免其秋調各處哨守等役，專在潯州地方聽憑守備參將調用。凡遇緊急調取，即要星馳赴信地，不得遲違時刻。守巡各官，仍要時加戒諭撫輯，毋令日久玩弛，又成虛應故事。"

또 말했다: "해당 부에서 고천의 기괘 등을 흩어 철수시키려는 조항을 논의하니, 무정주의 토병을 징집하여 그들에게 가까운 한 부분을 막아 지키게 하고 구획을 짓는 것이 마땅하다. 그러나 삼천 명의 무리가 늘 한곳에 주둔하여 앉아 식사하니 또한 마땅치 않다. 반드시 여섯 반으로 나누어서 오백 명씩을 한 반으로 만들고 두 달마다 같은 날에 한 번씩 바꿔야 한다. 만약 토벌하는 등의 조항이 있을 경우, 그 후에 병사들을 징발하여[起調][1] 통행하게 하고 반드시 도시에 별도로 병영을 세우지만, 그들이 백성들과 더불어 섞이는 곳이 없게 한 다음에야 소요와 악감정을 면할 수 있을 것이다. 십가패문十家牌門[2]의 병사들은 영토를 지키고 백성을 편안하게 하는 근본이 된다. 무정주에서 징발한 병사들로서 추격하여 소탕할 능력을 갖추는데 이것 또한 원칙과 방편[經權][3]으로 서로 돕고 서로 필요로 한다는 생각이다. 지금 이후로 가을 징집은 각 지역의 보초 등의 군역을 면제하며 심주 지방에 있어서만은 수비를 맡은 참장에게 용병을 뽑아 쓰도록 맡긴다. 긴급한 징집에 마주쳤을 때는 곧바로 밤새워 달려 목적지에 도달해야 하고 시각을 지체하거나 어겨서는 안 된다. 순찰하는 각 관리는 필요한 때에 경계하고 타이르고[戒諭][4] 위로[撫輯][5]를 더해 주고 좋은 날이 오래 계속되어 해이해지면 또 헛되이 시간을 때우는 일이 없게 하라."

주

1 기조起調는 병사를 징집하는 것이다.

2 십가패문十家牌門은 향리를 관리하는 방법이다. 명 중기 왕양명이 만들었다. 이는 10집마다

1개씩 패를 지급하여 패에는 각 가구의 인구, 출신지, 직업을 표시하고 교대로 순찰한다. 한 집에 도적을 숨기면 나머지 아홉 집은 연좌하여 벌을 받는 제도이다. 만약 인구 변동이 있을 경우, 관부에 신고해야 하며, 그렇지 않으면 호적이 없는 주민으로 간주한다.

3 경권經權은 아주 고치지 못할 근본 되는 법인 경법經道과 형편에 맞게 처리하는 권도權道를 말한다.

4 계유戒諭는 경계하여 타이르는 것이다.

5 무집撫輯은 위로, 위안, 위무하는 것이다.

57세 6월

六月，興南寧學校。

6월, 남영에 학교를 세우다.

先生謂："理學不明，人心陷溺，是以士習日偷，風教不振。"日與各學順生朝夕開講，已覺漸有奮發之志。又恐窮鄉僻邑，不能身至其地，委原任監察御史降合浦縣丞陳逅主教靈山諸縣，原任監察御史降揭陽縣主簿季本主教敷文書院。

선생이 말했다: "이학이 분명하지 않아서 인심이 구렁텅이에 빠졌고, 이로써 선비의 학습은 날마다 건성으로 되어 풍속과 교화는 떨치지 못했다."라고 하며, 날마다 각 학교에서 따르는 생도들과 더불어 아침저녁으로 강학을 여셨으며, 점차 분발할 뜻이 있음을 얼마 뒤 깨우치게 되었다. 또한 가난한 시골과 멀리 떨어진 고을에는 자신이 그 지역에 이르지 못할까 두려워 원임原任[1] 감찰어사에게 위임하여 합포현승 진후陳逅[2]가 영산靈山[3]의 여러 현의 교육을 주관하도록 하고, 원임 감찰어사가 게양현揭陽縣[4] 주부 계본에게 부문서원敷文書院[5]의 교육을 주관하게 하였다.

주

1 원임原任은 전에 그 벼슬에 있던 사람이다. 전관前官과 같다.

2 진후陳逅(1493~1557)는 자가 양회良會·노산魯山이며 강소성 상숙常熟 사람이다. 정덕 6년 진사가 되어 복청福清 지현을 제수받고 후에 합포현승을 지내며 귀양 간 합포주부合浦主簿 두 사람을 구하고 하남부사河南副使로 좌천당했다. 저서에 『석종산인만고石淙山人漫稿』가 있다.

3 영산현靈山縣은 광서장족자치구 흠주시欽州市 관할 현이다. 흠주시 중북부에 있다.

4 게양현揭陽縣은 광동성의 역사적인 곳이다. 게양현은 게령揭嶺의 남쪽에 있어 게양揭陽으로 이름 지어졌다. 진秦에서 진晉나라까지 남해군南海郡 게양현揭陽縣이었고 송宋에서 청清까지 조주부潮州府 게양현이었다.

5 부문서원敷文書院은 고대 교육기관으로 광서성 남영南寧에 있다. 가정 7년(1528) 왕수인王守仁이 군사를 이끌고 남영에 가서 성의 북문구현北門口縣에 있는 학교의 옛 땅에 서원을 세웠다.

仍行牌諭曰：

"仰本官每日拘集該府縣學諸生，爲之勤勤開誨，務在興起聖賢之學，一洗習染之陋。其諸生該赴考試者，臨期起送；不該赴試者，如常朝夕聚會。考德問業之外，或時出與經書論策題目，量作課程；就與講析文義，以無妨其舉業之功。大抵學絕道喪之餘，未易解脫舊聞舊見，必須包蒙俯就，涵育薰陶，庶可望其漸次改化。諒本官平素最能孜孜汲引，則今日必能循循善誘。諸生之中，有不率教者，時行檟楚，以警其情。本院回軍之日，將該府縣官員師生查訪勤惰，以示勸懲。"

이에 패유牌諭[1]를 행하여 말했다:

"존경하는 본관本官들은 매일 해당 부현府縣의 여러 학생을 규합하여, 그들을 위해 부지런히 깨우침을 열어서 성현의 학문을 일으키고, 깊이 물든 더러움을 깨끗이 씻어 내는 데 힘썼다. 과거 응시에 해당하는 모든 유생은 응시할 기한이 임박하면 보내고,

응시에 해당하지 않는 자는 평상시와 같이 아침저녁으로 모인다. 덕을 살피고 학업을 묻는 외에, 혹은 때로 경서와 더불어 논책論策[2]의 제목을 내어 주어 과정課程[3]을 헤아려 짓고, 강학과 함께 글의 뜻을 분석하여 거업擧業[4]의 공부에 방해가 없게 한다. 배움이 끊어지고 도를 잃어버린 나머지 아직 낡은 견문을 쉽게 벗어나지 못하니, 반드시 몽매한 사람을 포용하고[5], 자기를 굽혀 남을 따르며 몸에 배도록 기르고 김을 쐬어 익히듯 기르면 거의 그들이 점차 개화改化[6] 되기를 바랄 수 있다. 참으로 본관들이 평소에 부지런히 인재를 발탁[孜孜汲引][7]할 수 있으면, 오늘날 반드시 차근차근 잘 가르칠[循循善誘][8] 수 있을 것이다. 모든 유생 중에 가르침을 따르지 않는 자가 있으면 때때로 회초리[檟楚][9]를 가하여 그 게으름을 경계하라. 본원은 회군하는 날에 장차 해당 부현의 관원과 사생이 근면한지 게으른지를 조사해서 이로써 권면과 징벌을 보이겠다."

주

1 패유牌諭는 가르침의 말이 적힌 패이다.

2 논책論策은 시사時事 문제 혹은 현안 문제에 대한 방책을 논한 글 또는 그러한 문체文體를 말한다.

3 과정課程은 과업課業의 정도이다. 학교 등에서 어느 일정 기간에 할당된 학습의 범위를 말한다.

4 거업擧業은 과거科擧에 응시應試하는 일이다.

5 『주역·몽괘蒙卦』, 九二: 包蒙吉, 納婦吉, 子克家.[어리석음을 포용함이니 길하다. 며느리를 들이니 길하다. 자식이 집안을 이룬다]라고 하였다. 포몽包蒙은 어리석음을 포용함이다.

6 개화改化는 교화로 인성을 바꾸는 것이다. 즉, 악을 버리고 선을 좇는 것이다.

7 자자급인孜孜汲引에서 자자孜孜는 '부지런하다'의 뜻이고 급인汲引은 물을 길어 올리는 것으로 '일꾼을 발탁하다' 혹은 '등용하다'의 뜻이다.

8 순순선유循循善誘는 '차근차근 잘 타일러 가르치다'라는 의미를 지닌 성어이다.

9 분초檟楚는 개오동나무나 가시나무로 만든 회초리이다.

又牌諭曰：“照得安上治民，莫善於禮，冠婚喪祭，固宜家喻而戶曉者。今皆廢而不講，欲求風俗之美，其可得乎？況茲邊方遠郡，土夷錯雜，頑梗成風，有司徒具刑驅勢迫，是謂以火濟火，何益於治？若教之以禮，庶幾所謂小人學道則易使矣。福建 莆田生員陳大章，前來南寧遊學，叩以冠婚鄉射諸儀，頗能通曉。近來各學諸生，類多束書高閣，飽食嬉遊，散漫度日。豈若使與此生朝夕講習於儀文節度之間，亦足以收其放心，固其肌膚之會，筋骸之束，不猶愈於博弈之爲賢乎？仰南寧府官吏即便館穀陳生於學舍，於各學諸生之中，選取有志習禮及年少質美者，相與講解演習。自此諸生得於觀感興起，砥礪切磋，修之於其家，而被於里巷，達於鄉村；則邊徼之地，遂化爲鄒 魯之鄉，亦不難矣。”

또 패유牌諭에서 말했다.

“말하자면, 임금을 편안하게 하고 백성을 다스림에는 예보다 좋은 것이 없으니, 관혼상제는 진실로 가정에서 깨우쳐야 집집이 환히 아는 것이다. 지금은 모두 없어지고 가르치지 않는데 풍속의 아름다움을 구하려 해도 그것을 얻을 수 있겠는가? 하물며 이곳 변방의 먼 군郡에는 토착민과 오랑캐가 어지러이 뒤섞여 우둔함이 풍속을 이루었는데, 유사有司[1]는 다만 형벌로 다스리고 위세로 핍박하는 것만 갖췄으니, 이것은 이른바 불로 불을 구제하는 것이니 다스림에 무슨 도움이 되겠는가? 만약 그들을 예로써 가르친다면 거의 이른바 소인이 도를 배우면 부리기 쉽다[2]는 것과 가까우리라. 복건성 보전의 생원 진대장이 전에 남영에 와서 유학하였는데 관혼과 향사鄕射[3]의 여러 의례로써 문의하니 자못 깨달을 수 있었다. 요즈음에는 각 학교의 여러 유생이 많이는 높은 다락에 책을 묶어 두고 배불리 먹고 즐겁게 놀며, 산만하게 세월을 지낸다. 어찌 만약 이 유생들과 함께 아침저녁으로 예의와 법도 사이에서 가르치고 익히게 하여 그 놓친 마음을 충분히 거두어들인다면 정말 그 몸의 기부肌膚와 근해筋骸가 단단하게 서로 결속하는 것[4]이니 장기와 바둑을 두며 즐기는 현명함보다 못하겠는가? 존경하는 남영부의 관리들이 때를 넘기지 않고 학당에서 생도들에게 관에서 제공하는 음식을 베풀어 주고, 각 학당의 여러 유생 중에서 예를 배울 뜻을 지니고 있고 게다가 나이 어리고 바탕이 아름다운 이를 뽑아서 서로 함께 해석하며 강론하고 되풀이하여 익히게 한다. 이로부터 유생들은 눈으로 보고 감동하고 귀로 듣고 분발하고 갈고 닦아서 그 가정에서 배움을 닦은 것이 마을에 미치고 향촌에 이르게 된다면 변방의 지역이 마침내 추鄒와 노魯의 고을[5]로 변화되는 것 또한 어렵지 않다."

주

1 유사有司는 어떠한 단체의 사무를 맡아보는 일 또는 담당자이다.

2 『논어 · 양화陽貨』: 君子學道則愛人, 小人學道則易使也.[군자가 도를 배우면 남을 사랑하고, 소인이 도를 배우면 부리기가 쉽다] 하였다.

3 향사鄕射는 시골에서 한량閑良이 모여서 활 쏘는 재주를 겨루고 술을 먹던 일이다.

4 기부지회肌膚之會는 살갗과 피부가 붙어있는 것이고, 근해지속筋骸之束는 힘줄과 뼈가 달라붙어 있는 것이다.

5 추노지향鄒魯之鄕에서 추鄒는 맹자의 고향이고, 노魯는 공자의 고향으로 예절을 알고 학문이 왕성한 곳이었다.

57세 7월

七月, 襲八寨、斷藤峽, 破之。

7월, 팔채八寨와 단등협斷藤峽[1]을 습격하여 그곳을 파괴했다.

주

1 팔채와 단등협은 귀주성에 있다. 단등협은 대등협이었다. 성화 원년(1465)에 한옹이 대등협大藤藤 봉기를 평정하고 협곡을 절단하여 단등협으로 이름을 고쳤다.

八寨、斷藤峽諸蠻賊，有衆數萬，負固稔惡，南通交趾諸夷，西接雲、貴諸蠻，東北與牛場、仙台、花相、風門、佛子及柳慶、府江、古田諸瑤回旋連絡，延袤二千餘里，流劫出沒，爲害歲久。比因有事思、田，勢不暇及。

팔채와 단등협의 만적蠻賊[1]들은 무리가 수만이 있는데 단단한 악행을 등에 업고 남쪽으로 교지交趾의 여러 오랑캐와 통하고 서쪽으로는 운남성과 귀주성의 여러 오랑캐와 접촉하고 동북쪽으로는 우장, 선대, 화상, 풍문, 불자와 유경, 부강, 고전의 요족들과 돌아가며 연락하여 뻗친 길이가 2천여 리이며 돌아다니며 빼앗고 나타났다 사라지니 여러 해에 걸쳐 재앙이 되었다. 이때 사은과 전주에서 일이 있었기 때문에 관군의 세력이 미칠 겨를이 없었다.

주

1 만적蠻賊은 남쪽에서 할거하는 도적이다. 중원에서 변방 이민족을 남만南蠻, 북적北狄, 서융西戎, 동이東夷라고 불렀다.

至是，先生以思、田既平，蘇、受新附，乃因湖廣保靖歸師之便，令布政使林富、副總兵張祐等，出其不意，分道征之。富、祐率右江及思、田兵進剿八寨諸賊。參議汪必東、副使翁素、僉事汪溱，率左江及永、保土兵進剿斷藤峽諸賊。令該道分巡兵備收解，紀功御史冊報，及行太監張賜並各鎮巡知會，一月之內，大破其衆，斬獲三千有奇。先生見諸賊巢穴既已掃蕩，而我兵疾疫，遂班師奏捷。

이에 이르러 선생께서 이미 사은과 전주를 평정하고 노소와 왕수가 새로이 붙었으며 곧 호광성 보정保靖[1]에서 귀향하는 군사들 편에 포정사 임부와 부총병 장우 등이 뜻하지 않게 출정하게 하여 길을 나누어 오랑캐를 쳤다. 임부와 장우가 우강右江, 사은,

전주의 병사를 이끌고 나아가 팔채의 도적들을 소탕하였다. 참의 왕필동, 부사 옹소, 첨사 왕진은 좌강左江[2]과 영주永州[3], 보정의 토병을 이끌고 나아가 단등협의 도적들을 소탕하였다. 해당하는 도에서 몇 군데로 나누어 순찰하고 군사 장비는 거두어들이고 공적을 기록하는 어사는 문서로 보고하고 또 아울러 태감 장사는 각 진영을 돌며 널리 사람들이 알게 하도록 했다. 한 달 안에 그 무리를 크게 무너뜨렸으며 죽이거나 사로잡은 도적이 3천여 명이었다. 선생은 도적들의 소굴이 이미 소탕되었고 우리 병사들이 돌림병에 걸린 것을 알기에 곧 군사를 철수시키고 승리를 보고하는 상소를 올렸다.

주

1 보정현保靖縣은 호남성 상서湘西 토가족土家族과 묘족苗族 자치주의 현이다. 운남성과 귀주성 고원의 동쪽, 무릉산맥武陵山脈 중단, 호남성 북서부에 위치한다. 춘추전국에서는 초나라에 속했고 한 고조 5년(BC 202)에 천릉현遷陵縣이 세워져 무릉군武陵郡에 속했다. 남북조 시대에 영릉현零陵縣으로 이름이 바뀌었다. 원 지정 26년(1366)에 보정현으로 바뀌고 군민안무사를 두었다.

2 좌강左江은 서강西江의 상류 지류인 울강鬱江의 가장 큰 지류로, 고대에는 근남수斤南水 혹은 근원수斤員水로 불렀다. 베트남과 광서성의 경계에 있는 고륭산枯隆山에서 발원한다.

3 영주永州는 호남성 관할 시로 약칭 영永이고 별칭은 영릉零陵 또는 소상瀟湘이다. 중국 호남성 남부에 위치한 소강瀟江와 상강湘江 두 물줄기가 합류하는 곳으로, 지형은 세 면이 산으로 둘러싸여 있으며 지형이 복잡하고 다양하다.

••• 상소문

按，疏言：

"斷藤峽諸賊，犄角屯聚，自國初以來，屢征不服。至天順間，都御史韓雍統兵二十萬，然後破其巢穴。撤兵無何，賊復攻陷潯州，據城大亂。後復合兵，量從剿撫。自後竊發無時，凶惡成性，不可改化。至於八寨諸賊，尤爲凶猛，利鏢毒弩，莫當其鋒；且其寨壁天險，進兵無路。自國初都督韓觀，嘗以數萬之衆圍困其地，亦不能破，竟從招撫而罷。報後興師合剿，一無所獲，反多撓喪。惟成化間，土官岑瑛嘗合狼兵深入，斬獲二百。已而賊勢大湧，力不能支，亦從撫罷。今因湖廣之回兵，而利導其順便之勢，作思、田之新附，而善用其報效之機。兩地進兵，各不滿八千之衆，而三月報捷，共已逾三千之功。兩廣父老皆以爲數十年來未有此舉也。”

전덕홍이 보건데 (선생이) 상소하여 말했다:

“단등협의 도적들은 변방의 한 귀퉁이에 여럿이 한데 모여 살았는데 명나라 초부터 여러 번 정벌해도 복종하지 않았습니다. 천순天順 연간[1]에 이르러 도어사 한옹韓雍[2]이 병사 20만을 거느린 다음에야 그 소굴을 부수었습니다. 병사를 물리고 얼마 되지 않아 도적들이 돌아와 심주潯州를 공격해 함락하고, 성을 근거지로 크게 난을 일으켰습니다. 뒤에 다시 병사를 합쳐 헤아려서 종전대로 무찌르거나 어루만졌습니다. 그 뒤로부터 시도 없이 도둑들이 일어났는데 거칠고 사나움이 본성을 이루어 고쳐서 교화할 수 없었습니다. 팔채의 도적들은 더욱 흉악하고 사납게 되었으니, 창끝은 날카롭고 활에는 독이 발라져 있어 그 병기를 당해내지 못했습니다. 또한 그 성채와 방벽은 하늘이 내린 험한 땅이라 군대가 나아가려 해도 길이 없습니다. 국초부터 도독 한관韓觀[3]이 일찍이 수만 명의 무리로써 그 땅을 포위하여 괴롭혔는데 역시 무너뜨릴 수 없었기에 결국 종전대로 불러서 어루만져 위로하고 놓아주었습니다. 보고한 뒤에 병사를 일으켜 싸워서 소탕하였으나, 하나도 얻은 바 없이 도리어 손실만 더했습니다. 오직 성화 연간[4]에 토관 잠영岑瑛[5]이 일찍이 낭병을 모아 깊이 들어가서 2백 명을 죽이거나 생포했습니다. 오래지 않아 도적들의 세력이 크게 용솟음쳐서 힘으로 지탱할 수 없으니 또한 마침내 종전대로 어루만져 위로하고 놓아주었습니다. 지금 호광성에서 회군하는 병사들로 인하여 그 여세를 유리하게 이끌어 사은과 전주에서 새로 귀순한 백성을 일으켜서 그 보복의 기회를 잘 이용했습니다. 두 지역에서 나선 병사는 각각 8천 명의 무리도 채우지 못했는데 삼 개월에 승리를 보고했고 하나로 합하니 이미 3천 명이 넘게 공을 세웠습니다. 양광의 어르신들이 모두 수십 년 이래로 이런 큰일은 없었다고 했습니다.”

주

1 천순天順 연간(1457~1464)은 6대 황제였던 영종 정통제 주기진이 토목의 변으로 오라이트군에게 잡혀가서 배다른 동생 주기옥이 경태제로 즉위했으나 그가 돌아와 다시 정권을 찾아 천순제가 된다. 이 시기가 천순 연간이다.

2 한옹韓雍(1422~1478)은 명나라 중기의 명신이며 시인으로 자는 영희永熙이다. 강서성 소주부 창주현 사람이다. 그는 정통 7년(1442)에 진사에 급제하고 처음 어사를 제수받았다. 하도河道과 강서江西을 순시하며 절강성 엽종류葉宗留 봉기와 복건성 등무칠鄧茂七 봉기에 참여하여 평정했다. 대종 때 우첨도어사로 승진하여 강서성을 순무하였으며, 영왕을 탄핵하여 죄를 받았다. 천순 연간에 복직하여 대리소경大理少卿과 병부우시랑兵部右侍郎을 역임하였다. 헌종 성화 원년(1465)에 우첨도어사右僉都禦史의 직책으로 대등협大藤藤 봉기를 평정했다. 우두머리를 붙잡아 죽이고 강 위의 대등협을 절단하여 지명을 단등협斷藤峽으로 고쳤다.

3 한관韓觀(?~1414)은 명나라 전기의 장수로 고양충장후高陽忠壯侯 한성韓成의 아들이다. 자가 언빈彥賓이고 안휘성 봉양홍현鳳陽虹縣 사람이다. 그는 홍무 연간(1368~1398)에 주원장의 사랑을 받아 계림우위지휘첨사桂林右衛指揮僉事를 제수받아 광서성 소수민족을 진압하였다.

4 성화成化 연간(1464~1487)은 9대 헌종 성화제의 재위 기간 사용한 연호이다. 헌종은 영종의 맏아들 주견심이다.

5 잠영岑瑛(1386~1478)은 명 초기 광서성 토관이었다. 영락 18년(1420), 그는 형을 이어 잠서岑瑞의 사명주자사思明州刺史를 계승했다. 정통제는 원년1436에 주州를 부府로 변경하고, 잠영을 광서참정廣西參政과 도지휘사都指揮使를 봉했다. 경태 6년(1455), 잠영은 병사하였다. 그는 황제의 신임을 받은 토관으로 낭병의 도움으로 조정을 도와 각종 반대 세력을 소탕했으며 자신도 승승장구하여 정2품의 지휘관이 되었다. 당시 사람들은 그를 토신의 영걸土臣之英傑이라고 불렀다.

疏請經略思、田及八寨、斷藤峽。

사은, 전주와 팔채, 단등엽을 다스리는 것에 대해 소를 올려 청했다.

••• 상소문

初，先生既平思、田，乃上疏曰：

“臣以迂庸，繆當兵事於玆土，承制假以撫剿便宜。是陛下之心惟在於除患安民，未嘗有所意必也。又諭令賊平之後，議設土流孰便。是陛下之心惟在於安民息亂，未嘗有所意必也。始者思、田梗化，既舉兵而加誅矣，因其悔罪投降，遂復宥而釋之。

固亦莫非仰承陛下不嗜殺人之心，惓惓憂憫赤子之無辜也。凡爲經略事宜有三：特設流官知府以制土官之勢；仍立土官知府以順土夷之情；分設土官巡檢以散各夷之黨。

擬府名爲田寧，以應讖謠，而定人心。設州治於府之西北，立猛第三子邦相爲吏目。待其有功，漸升爲知州。分設思恩土巡檢司九，田州土巡檢司十有八，以蘇、受並土目之爲衆所服者世守之。”

초기에 선생은 이미 사은과 전주를 평정하고 곧바로 상소를 올려 말했다:

“제가 부족한데도 잘못되어 이 땅에서 군사의 일을 맡아 제도를 받들고 빌려서 어루만지고 소탕하는 일이 한층 쉬워졌습니다. 이는 폐하의 마음이 오직 환란을 없애고 백성을 편안하게 하는 데에 있었고 반드시 의도하는 바가 있은 적은 없었습니다. 또 적이 평정된 후에 토관과 유관 어느 것을 설치하는 것이 편한지를 의논하도록 지시했는데 이는 폐하의 마음이 오로지 백성을 편안하게 하고 난을 종식시키는 데에 있었으니, 일찍이 의도가 반드시 그러한 바가 있었던 것은 아닙니다. 처음에 사은과 전주에서 교화를 저지하여 이미 거병하였고 주살을 가했습니다. 그들이 죄를 뉘우치고 투항하였기 때문에 마침내 다시 용서하고 그들을 풀어주었습니다.

진실로 폐하가 사람을 죽이는 것을 좋아하지 않으시는 마음을 우러러 받들지 않는 것이 아니고 백성들이 죄가 없음을 간절하게 근심한 것입니다. 일을 다스리기 위해서 세 가지가 마땅히 있어야 하는데, 특별히 지부에 유관을 두어서 토관의 세력을 제압하고 또 지부에 토관 지부를 세워서 원주민과 이족의 실상을 따르며 토관 순검을 따로 둠으로써 각 이족들 도당을 흩어지게 하십시오.

부의 명칭은 '전영田寧'으로 하려고 하여 참요讖謠[1]에 응답하여 민심을 안정되게 합니다. 전영부의 서북쪽에 주를 설치하여 다스리고 잠맹의 셋째 아들인 방상邦相을 세워 이목吏目[2]으로 삼습니다. 그들이 공적이 있기를 기다려 점차 지주로 승진시킵니다. 사은에서는 토관이 순시하고 감독하는 부서를 9등분으로, 전주에서는 토관이 순시하고 감독하는 부서를 18등분으로 나누어 설치하고 노소와 왕수가 토목土目[3]을 병행하여 대중을 위하여 복종하는 자는 대대로 그곳을 지키게 하십시오."

주

1 참요讖謠는 어떤 정치적 징후를 암시하고 있는 것으로 해석되는 민요이다. 정치 예언으로 독특한 역사 문화 현상이다.

2 이목吏目은 고대 관직 이름이다. 문서와 관리를 담당하는 관료로 관청에서는 없어서는 안 될 일원이다.

3 토목土目은 고대 토사土司 제도에서 토사 산하의 세습 관직 칭호이다. 주로 송나라부터 청나라까지의 소수 민족 지역에 존재하며 군정 관리 기능을 겸비하고 있다.

··· 상소문

既而復破八寨、斷藤峽。又上疏曰："臣因督兵親曆諸巢，見其形勢要害，各有宜改立衛所，開設縣治，以斷其脈絡，而扼其咽喉者。若失今不爲，則數年之間，賊復漸來，必歸聚生息；不過十年，又有地方之患矣。臣以

遵制便宜，相度舉行，凡爲經略事宜有六：移南丹衛城於八寨；改築思恩府治於荒田；改鳳化縣治於三里；增設隆安縣治；置流官於思龍，以屬田寧；增築守鎮城堡於五屯。”

얼마 안 있어 다시 팔채와 단등협을 깨뜨렸다. 또 상소에서 말했다:
“저는 병사들을 감독하였기 때문에 친히 모든 소굴을 거쳐 지나와서 그 지형의 요해要害[1]한 곳을 보았는데 각각은 마땅히 위소衛所[2]를 고쳐 세우고, 현의 치소[縣治][3]를 새로 설립하여 그들의 맥락을 끊고 그 요충지[咽喉][4]를 지킵니다. 만약 지금의 기회를 잃어버리고 하지 않으면 몇 년 안에 적이 다시 점점 오게 되어 반드시 돌아와 모여드니 그 수가 늘어날 것이며 10년도 되지 않아 또 지방의 걱정거리가 있게 됩니다. 신이 법제를 따라서 적당한 조치를 하고 거행할 것을 따져보니, 대체로 보아 다스리는 일은 응당 6가지가 있게 됩니다. 남단의 위성을 팔채에다 옮기고, 사은부 치소를 황전荒田에 새로 지으며, 봉화현 치소를 삼리에 개축하고, 융안현 치소를 증설하고, 사룡에 유관을 두어서 전영에 속하게 하고, 오둔에 수진성 보루를 증축하는 것입니다.”

주

1 요해처要害處는 적을 막기에는 편리하고 적이 쳐들어오기에는 불리하게 지세地勢가 험한 곳이다.
2 위소衛所는 명나라의 가장 주요한 군사 제도이다. 명 태조 주원장에 의해 창립되었으며, 그 구상은 수당 시대의 부병제에서 비롯되었다.
3 현치縣治는 현縣의 치소이다. 즉, 현縣 정부의 소재지이다.
4 인후咽喉는 목구멍인데 식도食道와 기도氣道가 통하는 곳이라 매우 중요한 길목을 이르는 말이다. 요긴要緊한 곳 즉, 요충지의 의미로 쓰인다.

··· 곽도의 상소문

事下，本兵持之，戶部復請覆勘，學士霍韜等上疏曰：

“臣等廣人也，是役也，臣等嘗 爲守仁計曰：‘前當事者，凡若三省兵若干萬，梧州軍門費用軍儲若干萬，復從廣東布政司支用銀米若干萬，殺死、疫死官兵、土兵若干萬，僅得田州小寧五十日，而思恩叛矣。’

今守仁不殺一卒，不費鬥米，直宣揚威德，遂使思、田頑叛，稽首來服。雖舜格有苗，何以過此？乃若八寨賊、斷藤峽賊，又非思、田之比。八寨爲諸賊淵藪，而斷藤峽爲八寨羽翼也。廣西有八寨諸賊，猶人有心腹病也。

八寨不平，則兩廣無安枕期也。今守仁沉機不露，一舉平之。百數十年豺虎窟穴，掃而清之，如拂塵然。臣等是以歎服守仁能體陛下之仁，以懷綏思、田向化之民；又能體陛下之義，以討服八寨、斷藤梗化之賊：仁義兩得之也。

夫守仁之成功，有八善焉：乘湖兵歸路之便，兵不調而自集，一也。因思、田效命之助，勞而不怨，二也。機出意外，賊不能遁，所誅者渠惡，非濫殺報功者比，三也。因歸師無糧運費，四也。一舉成功，民不知擾，五也。平八寨、平斷藤峽，則極惡者先誅，其細小巢穴，可漸德化，得撫剿之宜，六也。八寨不平，則西而柳、慶，東而羅旁、祿水、新寧、思平之賊，合數千里，共爲窟穴，雖調兵數十萬，未易平伏，今八寨平定，則諸賊可以漸次撫剿，兩廣良民可以漸次安業，紓聖明南顧之憂，七也。韓雍雖平斷藤峽賊矣，旋復有倡亂者，八寨乃百六十年所不能誅之劇賊。今守仁既平其巢窟，即徙建城邑以鎮定之，則惡賊失險，後日不能爲變，逋賊來歸，且化爲良民矣。誅惡綏良，得民父母之體，八也。

或議：‘守仁奉命有事思、田，遂剿八寨，可乎？’

臣則曰：昔吳、楚反攻梁，景帝詔周亞夫救梁。亞夫不奉詔，而絕吳、楚糧道，遂破吳、楚，而平七國，安漢社稷。傳曰：‘閫以外，將軍制之。’又曰：

'大夫出疆，有可以安國家、利社稷，專之可也，古之道也。'是故亞夫知制吳、楚，在絕其食道，而不在於救梁；是故雖有詔命，有所不受。今守仁知思、田可以德懷也，遂納其降而安定之。知八寨諸賊未易服也，遂因時仗義而討平之。雖無詔命，先發後聞可也，況有便宜從事之旨乎？"

或曰：'建置城邑，大事也；區處錢糧，戶部職也；不先奉命而輒興工，可乎？'

臣則曰：昔者範仲淹之守西邊也，欲築大順城，慮敵人爭之，乃先具版築，然後巡邊，急速興工，一月成城。西夏覺而爭之，已不及矣。守仁於建置城邑之役，不仰足戶部而後有處，其以一肩而分聖明南顧之憂，不以爲功，反以爲過，可乎？

臣等目擊八寨之賊，爲地方大患百數十年，一旦仰賴聖明，任用守仁，以底平定，不勝慶忭，今兵部功賞未行，戶部覆題再勘，臣恐機會一失，大功遂阻，城保不築，逋賊復聚，地方可慮。是故冒昧建言，唯聖明察焉。"

일이 하달되어 본래 병부가 그곳을 관리했는데 호부가 다시 조사하기를 청하니 학사 곽도 등이 상소를 올려 말했다:

"신 등은 양광성 사람입니다. 이번 토벌에서 저희가 일찍이 왕수인이 계획했던 것을 말합니다: '이전에 일을 담당하던 자는 대략 세 개 성의 병사가 대략 몇만 명인데 오주 군대에서 쓴 비용과 군량이 몇 만 냥이었습니다. 다시 광동 포정사에서 은과 쌀 몇만 명분을 지급 받아 소비했는데 죽임을 당하여 죽고 돌림병으로 죽은 관병과 토병이 몇만 명이었습니다. 겨우 전주가 조금 편안해진 지가 50일 되었는데 사은에서 반란이 일어났습니다.'

지금 왕수인은 한 명의 병사도 죽이지 않고 한 말의 쌀도 헛되이 소비하지 않고 직접 위엄의 덕을 드날리어 마침내 사은과 전주의 무지한 반란군이 머리를 숙이고 항복하러 오게 하였습니다. 비록 순임금이 유묘족을 굴복시켰다고 하더라도 어찌 그것으로써 이것을 뛰어넘겠습니까? 마치 팔채의 도적과 단등협의 도적이 또 사은과 전주의 도적과는 비할 바가 아닌 것 같습니다. 팔채는 모든 적이 흘러들어온 구석진 곳이 되었고 단등협은 팔채의 날개가 됩니다. 광서성에서 팔채에 도적들이 있는 것은 마치 사람에게 마음과 배에 병을 가지고 있는 것 같습니다.

팔채가 평정되지 않았다면 양광도에서 편안하게 잠자는 시기는 없습니다. 지금 왕수인이 가라앉은 기회를 노출하지 않고 단 한 번 거동하여 그곳을 평정하였습니다. 백수십 년 된 이리와 호랑이 굴이 쓸어내어 그곳이 깨끗하게 되었으니, 마치 티끌까지 털어낸 것 같았습니다. 신 등은 이 때문에 왕수인이 폐하의 인仁을 몸소 실천하여 사은과 전주에 귀화하는 백성을 편안하게 품을 수 있었던 것에 탄복하였습니다. 또 폐하의 의義을 몸소 실천하여 팔채와 단등협에서 교화되기 힘든 적을 토벌하여 항복시켰습니다. 인仁과 의義의 둘을 얻은 것입니다.

왕수인이 공을 이룬 것은 여덟 가지 잘한 것이 있는데, 호湖 지역의 병사가 돌아가는 길에 병사들을 징집하지 않았는데 스스로 모였으니 그 하나입니다. 사은과 전주의 백성들이 목숨을 바치는 도움으로 인하여 고생하였으나 원망하지 않은 것이 둘입니다. 뜻밖에 기민하게 나아가 도적들이 달아날 수 없었고 주살된 자는 악이 컸고, 함부로 죽이지 않았고 공훈에 보답함이 공정했다는 점이 셋입니다. 돌아가는 군사들에게는 식량과 운행 비용을 쓰지 않은 것이 넷입니다. 단번에 거동하여 성공하니 백성들이 어수선함을 알지 못한 것이 다섯입니다. 팔채를 평정하고 단등협을 평정하면 극도로 죄악을 저지른 자는 먼저 죽이고 소굴에서 머물렀어도 죄가 적은 자는 점차 덕행으로 교화할 수 있었으니 어루만지고 처벌하는 마땅함을 얻은 것이 여섯입니다. 팔채가 평정되지 않는다면 서쪽의 유주柳州와 경주慶州, 동쪽의 나방羅旁, 녹수淥水, 신영新寧, 사평思平의 적과 합하여 수 천리가 모두 소굴이 되어 비록 군사 수십만을 징집하더라도 평정하여 굴복하게 하는 것이 쉽지 않습니다. 지금 팔채가 평정되었으니 다른 모든 적은 점점 어루만져서 소탕할 수 있습니다. 양광의 선량한 백성들은 점차 생업을 편안하게 할 수 있고 황제가 남방을 돌보는 근심을 느슨하게 하였으니 일곱입니다. 한옹이 비록 단등협의 적을 평정했더라도 선회하여 다시 난을 일으키는 자가 있었는데 팔채는 바로 백육십 년 주멸할 수 없는 극악한 적들의 장소였습니다. 지금 왕수인이 이미 그 소굴을 평정하여 곧바로 성읍을 옮기고 건설하여서 그곳을 진정시키니 악한 적들이 험지를 잃어 후일 재앙을 만들 수 없게 되고 체포한 적은 돌아와서 재차 교화하여 양민이 되게 했습니다. 악인은 주살하고 양인은 편안하게 하니 백성이 부모의 근본을 얻은 것이 여덟입니다.

어떤 이가 이의를 제기했습니다: "왕수인은 사은과 전주에서 생긴 일을 명 받았는데 팔채를 소탕하니 가능한가?" 신이 말했습니다: "옛적 오나라와 초나라가 양나라를 반격[1]하였는데 경제는 주아부周亞夫[2]에게 양나라를 구하라고 명령했다. 주아부는 명을 받들지 않고 오나라와 초나라의 군량을 나르는 길을 끊었고 마침내 오나라와 초나라를 무너트려 일곱 나라를 평정하여 한나라 사직을 안정시켰다. 전기에서 말한다: '왕비의 거처[閫][3] 외에는 장군이 그곳을 통제한다.' 또 말한다: '대부가 국경에 나아가 국가를 안정시킬 수 있고 사직을 이롭게 할 수 있는 것은 그 일을 전적으로 하는 것이 가능하고 옛 도이다.' 이 때문에 주아부는 오나라와 초나라를 제압하는 것이 식량 수송 도로를 끊는 데에 있었던 것이지 양나라를 구하는 데에 있지 않다는 것을 알고 있었다. 이 때문에 비록 명령이 있었어도 받아들이지 않은 바가 있었던 것이다. 지금 왕수인이 사은과 전주는 덕으로 품을 수 있다는 것을 알고 마침내 그들의 항복을 받아내고 그곳을 안정시켰다. 팔채의 적들은 쉽게 복종하지 않는다는 것을 알고, 즉시 시세에 따라 의로움을 중시하여 토벌하여 그곳을 평정했다. 비록 황제의 명이 없더라도 먼저 행동을 취한 후에 알리는 것도 가능한데 하물며 종사從事[4]의 뜻으로 그때그때에 적당한 처치를 함은 가능하지 않겠는가?"

어떤 이가 말했습니다: "성읍을 건립하고 설치하는 일은 큰일인데 세세하게 돈과 식량을 처리하는 곳은 호부의 일이다. 먼저 명을 받들지 않고 갑자기 공사를 시행하는 것이 가능한가?"

신이 말했습니다: "옛적 범중엄範仲淹[5]이 서쪽 변방을 지키며 대순大順에 성을 건축하고자 하였는데 적들이 그곳을 쟁탈할 것을 염려하여 곧바로 먼저 담을 쌓을 판자 구조물版築[6]을 갖추고 난 후에 변방을 순시하고 급히 공사를 시행하였고 한달 만에 성을 완성했다. 서하西夏[7]가 알아차리고 그곳을 다투었으나 이미 미치지 못했다. 왕수인은 성읍을 건설하고 설치하는 직무에 대해서 호부에서 필요한 것을 의뢰하지 않았고 나중에 처리가 있었다. 그것은 일체 책임을 짐으로써 황제가 남방을 돌아보는 근심을 나누었는데 공으로 여기지 않고 반대로 과실로 여기는 것이 가능한가?

신 등이 직접 목격했던 팔채의 도적은 백수십 년간 지방의 큰 걱정거리가 되었는데 일단 황제의 명으로 왕수인을 기용하여 평정에 이르게 되었으니 대단히 기쁩니다. 지금 병부에서 공상이 아직 행해지지 않았는데 호부가 문제를 뒤집어 다시 조사하니 신은 한 번의 기회가 잃어버려져 큰 공이 도리어 기운을 잃어 성보가 건축되지 않아서 달아난 적이 다시 모여 지방이 걱정스러울지 걱정입니다. 이 때문에 어리석게도 건의하니 오직 황제께서 살펴주십시오."

주

1 오초7국吳楚七國의 난은 기원전 154년, 중국 전한 경제景帝의 시기에 중앙 정부와 오왕 유비劉濞를 비롯한 제후왕들이 벌인 전쟁이다. 반란을 일으킨 일곱 제후국인 오吳, 초楚, 교서膠西, 교동膠東, 치천菑川, 제남濟南, 조趙 중에 오나라와 초나라의 세력이 가장 강성했기에 오초7국의 난이라고 불린다. 이 반란의 진압을 기점으로 중국은 군현제郡縣制를 확립하였고 향후 2,000년간 이어지는 중앙 집권 시스템의 근간이 되었다.

2 주아부周亞夫(BC.199~BC.143)는 서한의 무장이자 군사가이다. 개국공신 강후絳侯 주발의 아들이다. 하남성 하내군河內郡 태수太守를 지냈다. 경제가 즉위한 후에 주아부는 거기장군車騎將軍으로 승진했다. 경제 3년(BC.154)에 오, 초나라를 비롯한 7국의 난이 발생하자 주아부는 태위가 되어서 난을 성공적으로 진압했다. 그 공으로 승상이 되었다. 후에 모반의 누명을 쓰고 자결하였다.

3 곤閫은 규방閨房으로 부녀자가 거처하는 방이다. 왕실에서 곤은 왕비의 방이다.

4 종사從事는 어떤 사람을 좇아 섬기는 사람이며 재량권을 위임받아 일에 마음과 힘을 다하는 사람이다.

5 범중엄範仲淹(989~1052)은 북송北宋의 사상가이자 정치가, 군사가, 문학가이다. 자는 희문希文이고 강소성 서주徐州 사람이다. 대중상부大中祥符 8년(1015)에 진사로 급제했다. 1043년에 인종仁宗이 그를 조정으로 불러 추밀부사樞密副使에 제수했다. 그는 참지정사參知政事가 되어 경력신정慶曆新政에 참여했고, 상소문 《답수조조진십사答手詔條陳十事》를 올려 10가지 개혁을 주장했다. 1045년, 신정新政이 실패하자 좌천되어 빈주邠州, 등주鄧州, 항주杭州, 청주青州에서 지주를 지냈다. 그가 64세에 중앙으로 다시 불러오던 중 죽자, 인종은 친히 "포현지비褒賢之碑"라고 비액碑額을 썼다. 죽은 후에 태사太師, 중서령 겸 상서령과 위국공魏國公을 제수했다. 그가 악양루기에 쓴 '선우후락先憂後樂' 글귀는 정치인에게 큰 교훈을 남겼다. 시호는 문정文正이다.

6 판축版築은 판자 건축물이다. 지금은 건물을 지을 때 철골 구조물을 먼저 쌓으나 시멘트를 쓰거나 목조건물을 지을 때 거푸집을 쌓는데 이런 것이 판축이다.

7 서하西夏(1038~1227)는 당항인黨項人이 중국 북서부에 세운 왕조로, 스스로 '방니정국邦泥定國' 혹는 '대백고국大白高國'이라고 불렀으며, 서북쪽에 있었기 때문에 서하라고 부르기도 했다. 전기에는 요나라와 북송, 후기에는 금나라와 남송과 병립하였다. 열 명의 왕을 두었고 189년 계속되었는데 881년 이사공李思恭이 정난군 절도사로 임명된 이후 봉기하여 정권을 잡은 이씨 정권까지 총 346년간 이어졌다.

57세 9월

九月，疏謝獎勵賞賚。

9월, (선생은) 장려獎勵[1]와 상뢰賞賚[2]를 사양하는 상소를 올렸다.

주

1 장려獎勵는 칭찬하여 북돋아 주는 것이다. 직위의 보상을 뜻한다.

2 상뢰賞賚는 상으로 물건을 내려주는 것이다.

賞思、田功也。九月初八日，行人馮恩齎捧欽賜至鎮，故有謝疏。

사은과 전주의 공적에 상을 주는 것이다. 9월 8일 행인 풍은馮恩[1]이 황제가 내리는 상을 받들어 진鎭[2]에 도착했다. 그래서 사양의 상소가 있었다.

주

1 풍은馮恩(1496~1576)은 자가 자인子仁이고 송강부 화정華亭, 지금의 상해 사람이다. 가정 5년(1526) 진사가 되어 관직은 대리사승大理寺丞에 이르렀다. 관리로 있으며 정직하여 직언으로 세종에게 간언하였다. 가정 11년(1532) 그는 장부경張孚敬, 방헌부方獻夫, 왕횡汪鋐을 탄핵하는 서한을 올렸고, 이에 분노한 세종은 감옥에 가두었다. 가정 12년(1533) 그는 사형을 선고받았고, 그의 장남 풍행馮行이 부친의 억울함을 호소하였다. 당시 도어사였던 왕정상이 풍은을 위해 청을 올렸지만, 세종은 용서하지 않았다. 가정 13년(1534) 아들이 혈서를 써서 세종을 감동시켜 사형을 면했다. 목종이 즉위하고, 대리사승大理寺丞으로 추대되었다. 만력 4년(1576) 81세로 세상을 떠났다.

2 진鎭은 명·청 시기 군대의 편제 단위이다.

••• 편지글

與德洪、畿書：

"地方事幸遂平息，相見漸可期矣。近年不審同志聚會如何，得無法堂前今已草深一丈否？想臥龍之會，雖不能大有所益，亦不宜遂爾荒落；且存餼羊，後或興起，亦未可知。餘姚得應元諸友相與倡率，爲益不小。近有人自家鄉來，聞龍山之講，至今不廢，亦殊可喜。書到，望遍寄聲，益相與勉之。九十弟與正憲輩，不審早晚能來親近否？誘掖接引之功，與人爲善之心，當不俟多喋也。魏廷豹決能不負所托，兒輩或不能率教，亦望相與夾持之。"

덕홍과 왕기에게 서신을 보냈다:

"지방의 변란이 다행히 마침내 평정되고 종식되었으니 서로 만나는 시기가 거의 다

되었다. 요사이 동지들의 모임이 어떠한지 살피지 못했고, 법당 앞에는 지금 이미 풀이 한 길이나 깊지는 않아야 할 터인데 그렇지 않겠지? 와룡의 모임을 상상하니 비록 이익이 된 것은 크게 있을 수 없더라도 또한 끝내 그대들이 황량하고 쓸쓸해서는 안 된다. 또 희양餼羊[1]을 보존하여 후에 누군가가 흥기 할 것이지 또한 알 수 없다. 여요餘姚는 응원의 벗들이 서로 함께 이끌 수 있어야만 적지 않게 이익이 된다. 근래 어떤 이가 우리 고향에서 왔는데 부친 용산공의 강의가 지금까지 폐하지 않았다는 말을 들으니 유달리 기뻤다. 편지가 도착하면 두루 말을 전해 더욱 서로 함께 힘쓰기를 바란다. 아홉째 동생과 열째 동생은 정헌의 무리와 아침저녁으로 와서 가까이 지내는지 살폈겠지? 꾀어서 도와주고 회합하여 인도하는 공부는 다른 사람에게 선을 행하는 마음이니 마땅히 여러 말을 기다리지 않아도 된다. 위정표는 결코 내가 청탁한 것을 저버리지 않을 것이고 어린아이들이 혹시 가르침을 따를 수가 없어도 역시 서로 더불어 그들을 붙잡아 주기를 바란다."

주

1 희양餼羊은 고삭告朔 때 바치는 희생양犧牲羊이라는 뜻으로, 비록 형식뿐인 예禮라 할지라도 없애는 것보다는 낫다는 비유이다. 여기서는 화룡의 모임이 계속되어 후대에 본보기가 되기를 바라는 마음에서 희양餼羊이라 한듯하다.

57세 10월

十月，疏請告。

10월 고별을 알리는 상소를 올렸다.

••• 상소문

先生以疾劇，上疏請告，且言：

“臣自往年承乏南、贛，爲炎毒所中，遂患咳痢之疾。歲益滋甚。其後退休林野，稍就醫藥，而疾亦終不能止。自去歲入廣，炎毒益甚。力疾從事，竣事而出，遂爾不復能興。今已輿至南寧，移臥舟次，將遂自梧道廣，待命於韶、雄之間，夫竭忠以報國，臣之素志也。受陛下之深恩，思得粉身齏骨以自效，又臣之所日夜切心者也。病日就危，而尚求苟全以圖後報，而爲養病之擧，此臣之所以大不得已也。”疏入，未報。

선생은 병이 심하여 상소를 올려 고별을 청했는데 다시 말했다:

“저는 자신이 몇 년 전에 재능도 없이[承乏][1] 남창과 감주를 맡아서 염독炎毒[2]에 걸려서 마침내 기침과 설사를 하는 병을 앓게 되었습니다. 세월이 지나면서 더욱 심해졌습니다. 그 후 물러나 임야에서 쉬면서 조금씩 의약을 썼는데도 병세는 역시 끝내 그칠 수가 없었습니다. 작년 광서에 들어간 이래로 염독이 더욱 심해졌습니다. 힘써 빠르게 일을 처리했고 일을 끝내고 (광서를) 나왔는데 결국 다시 (몸을) 일으킬 수 없었습니다. 지금 이미 마차가 남녕에 도착하여 배가 정박한 곳에서 옮겨 타고 막 오주로부터 광주로 가려는 길에 소주韶州와 웅주雄州[3] 사이에서 명을 기다립니다. 충성을 다함으로써 국가에 보은하는 것은 신이 평소에 지닌 뜻입니다. 폐하의 깊은 은혜를 받아서 몸을 가루로 만들고 뼈를 부수어서도 스스로 정성을 다할 것을 생각하고 또 제가 밤낮 마음으로 간절하게 바라는 바입니다. 병이 날마다 위중해지는데도 여전히 구차하게 목을 온전하게 하여 후일 보은을 도모할 것을 갈구하였으나 병을 돌보는 것을 일삼으니 이는 제가 크게 부득이한 까닭입니다.”

상소가 들어갔으나 답이 오지 않았다.

주

1 승핍承乏은 인재人材가 없어서 재능이 없거나 부족한 사람이 벼슬을 하는 것이다.
2 염독炎毒은 습하고 더운 장기瘴氣이다. 장기는 축축하고 더운 땅에서 생기는 독한 기운이며 일종의 풍토병이다.
3 소주韶州는 지금의 광동성 소관시韶關市이다. 웅주雄州는 광동성 남웅시南雄市이다.

◆ 시

謁伏波廟。

先生十五歲時嘗夢謁伏波廟，至是拜祠下，宛然如夢中，謂兹行殆非偶然。因識二詩。其一曰：“四十年前夢裏詩，此行天定豈人爲？徂征敢倚風雲陣，所過如同時雨師。尚喜遠人知向望，卻慚無術救瘡痍。從來勝算歸廊廟，恥說兵戈定四夷。”

其二詩曰：“樓船金鼓宿烏蠻，魚麗群舟夜上灘。月繞旌旗千嶂靜，風傳鈴木九溪寒。荒夷未必先聲服，神武由來不殺難。想見虞廷新氣象，兩階干羽五雲端。”

복파伏波[1]의 사당을 참배했다.

선생이 15살 때 일찍이 꿈에서 복파의 사당에 참배했는데 이곳에 이르러 사당 아래에서 절을 올리니 완연히 마치 꿈속에서 본 것과 같으며 이번 행차는 거의 우연이 아니라고 말했는데 (스승이 적은) 두 수의 시를 알기 때문이다.

그 한 수에서 말했다:

◆ 시 1수

40년 전 꿈속 일의 시인데,
이번 행차는 하늘이 정해준 것이지 어찌 사람이겠는가?

정벌을 나가면 감히 풍운의 대열에 의지하고,
지나간 곳은 시우時雨[2]와 같은 군사들이었지.

더욱이 멀리 있는 사람들이 바라는 것을 아는 것은 기쁘지만,
만신창이가 된 백성들을 구할 방법이 없는 것을 부끄럽게 여기어
이제까지의 승리는 조정에 돌리고자 하노니,
군대가 사방 오랑캐를 평정하였다고 말하는 것은 부끄럽네.

그 두 번째 시에서 말했다:

◆ 시 2수

누선[3]의 징과 북소리 오만[4]에서 머물고,
어리[5]가 배들에서 밤에 여울 위로 오르네.
달빛은 깃발을 둘렀고 천 봉오리 고요한데,
바람결에 방울소리 전하니 구계[6]가 차갑네.

황이[7]는 반드시 성복[8]을 앞세워서는 안 되고
신무[9]는 본래 어려운 사람을 죽이지 않는다네.
우임금의 조정에 새로운 기상을 상상해보니,
양 계단에 간우[10]들이 춤추고 오색구름이 상서로웠다네.

주

1 복파伏波는 파도를 제압한다는 뜻으로 고대 장군의 봉호이다. 역대 왕조 및 역대 여러 차례 복파장군에게 수여된 인물들이 등장했는데, 가장 유명한 복파장군은 동한 광무제 때의 마원이다.
2 시우時雨는 때맞춰 내리는 비 즉, 단비이다.
3 누선樓船은 망루가 있는 큰 배, 2층 배, 집처럼 생긴 배이다.
4 오만烏蠻은 고대 민족의 이름이며 저강족氐羌族이다. 당나라 때는 지금의 운남성과 사천성

남부, 귀주성 서부에 분포했으며, 동찬東爨, 육조六詔, 동만東蠻의 주요 주민이었다. 목축 또는 농업 또는 반농반목이다. 육조의 수령 중 한 명이 운남성을 통일하여 남조국南詔國을 세운 적이 있다. 원나라와 명나라는 오만을 흑분黑爨 또는 나라羅羅라고도 한다. 현재의 이족彝族, 나시족納西族, 리수족傈僳族과 인연이 있다.

5 어리魚麗는 물고기 이름이다. 여기서는 어리진魚麗陣을 뜻하며 군사들을 의미한다. 물고기가 떼를 지어 앞으로 나아가는 것처럼 둥글고 긴 대형이나 진법을 어리진이라고 한다. 『시경 · 소아』에 <어리魚麗>편이 있다.

6 구계九溪는 구계진九溪津이다. 운남성 옥계시玉溪市에 있다.

7 황이荒夷는 고대 해강海疆, 변수邊陲 지역에 살던 주민 혹은 민족의 범칭이다.

8 성복聲服은 음성이복淫声异服이다. 음성淫声은 음란한 음악이고 이복异服은 특이한 복장이다.

9 신무神武는 뛰어난 무용武勇이다.

10 간우干羽는 고대 무용수들이 춤출 때 사용한 도구이다. 무무武舞를 추는 사람이 손에 드는 방패防牌와 문무文舞를 추는 사람이 손에 드는 새의 깃이다. 무무武舞와 문무文舞를 일컫는 말이다.

••• 편지글

是月與豹書：“近歲山中講學者，往往多說勿忘勿助工夫甚難。問之，則云：‘才著意，便是助；才不著意，便是忘；所以甚難。’區區因問之云：‘忘是忘個甚麼?助是助個甚麼?’其人默然無對，始請問。

區區因與說:‘我此間講學，卻只說個必有事焉，不說勿忘勿助。必有事焉者，只是時時去集義。若時時去用必有事的工夫，而或有時間斷，此便是忘了，即須勿忘。時時去用必有事的工夫，而或有時欲速求效，此便是助了，即須勿助。其工夫全在必有事焉上用，勿忘勿助，只就其間提撕警覺而已。

若是工夫原不間斷，即不須更說勿忘；原不欲速求效，即不須更說勿助。此其工夫何等明白簡易，何等灑脫自在。今卻不去必有事上用工，而乃懸空守著一個勿忘勿助，漭漭蕩蕩，只做得個沉空守寂，學成一個癡騃漢，事來，即便牽滯紛擾，不復能經綸宰制。此皆由學術誤人之故，甚可憫矣。

이달에 위정표에게 편지를 썼다: "근래 산 중에서 강학하는 자는 대다수가 자주 '물망물조勿忘勿助'[1] 공부가 심히 어렵다는 것을 말하며 그것을 물어 곧 말했다: 뜻이 있으면 바로 조장하는 것이고, 뜻이 없으면 바로 잊는 것이다. 그래서 매우 어렵다. 사소한 까닭을 물었기 때문에 말했다: '망'은 무엇을 잊는다는 것인가? '조'는 무엇을 돕는다는 것인가? 그 사람은 묵묵히 대답하지 않고 바로 물음을 청했다.

내가 그래서 사소한 것까지 설명했다: 내가 이 공간에서 강학하는 것은 도리어 '필유사언必有事焉'[2]을 말한 것이지 '물망물조'를 말하지 않았다. '필유사언'이라는 것은 바로 때마다 의義를 모으는 것[3]일 뿐이다. 만약 때마다 '필유사언' 공부를 쓰지만 간혹 어떨 때는 사이가 끊어지면 이것이 바로 '망忘'이다. 즉 반드시 잊지 말아야 한다. 때마다 '필유사언' 공부를 쓰지만 간혹 어떨 때는 빨리 효과를 구하고자 하는데 이것이 바로 '조助'이다. 반드시 돕지 말아야 한다. 그 공부는 반드시 일이 있는 데에서 쓰임을 온전히 하는 것이다. '물망물조'는 바로 그 사이에서 분발시키고 경각시킬 따름이다.

만약 이 공부의 근원이 중간에서 끊어지지 않는다면 반드시 '물망'을 더 말할 필요가 없다. 원래 효과를 빨리 얻고자 하지 않는다면 반드시 재차 '물조'를 말할 필요가 없다. 여기서 그 공부는 얼마나 명백하고 간단하며 쉬운가? 얼마나 시원하고 편안한가? 지금 도리어 '필유사언'에서 쓰는 공부는 하지 않고, 곧 헛된 것에 매달려 하나의 '물망물조'를 지키면 아득하고 끝이 없어 다만 공허에 빠지고 적막을 지키니[4] 학문이 한 어리석은 놈을 만든다. 일이 닥쳐서 바로 이끌려 막히고 혼란스럽게 되어서 다시는 식견으로 통제[經綸宰制][5]할 수 없다. 이는 모두 학술이 사람을 잘못되게 하는 이유이기 때문에 매우 걱정할 만하다."

주

1 『맹자·공손추 상』: 心勿忘勿助長.[마음속에 잊지도 말고, 조장하지도 말라] 물망물조勿忘勿助는 해야 할 일만 하는 것이지 억지로 조장하지 말고 그렇다고 잊고 있어서도 안 된다는 뜻이다.

2 『맹자·공손추 상』: 必有事焉而勿正 心勿忘 勿助長.[반드시 해야 할 일을 할 뿐 바로 잡으려고 하지 말며, 마음속에 잊지도 말고, 조장助長 하지도 말라. 필유사언必有事焉은 반드시 해야 할 일이다.

3 『맹자·공손추 상』: 是集義所生者, 非義襲而取之也.[이것은 의를 모아서 생겨나는 것이고 의가 엄습해서 취하는 것이 아니다.]라고 했는데 주자가 "集義, 猶言積善, 蓋欲事事皆合於義也.[집의는 선을 쌓는다고 말한 것과 같고 대체로 일마다 모두 의에 합하려고 하는 것이다]"라고 집의集義를 해석하였다. 즉, 집의는 의에 맞는 행동을 하려고 애쓰는 것이다.

4 침공수적沉空守寂에서 침공은 헛된 것에 빠지는 것이고 수적은 적막을 지키는 것이다. 불교에서 공적空寂을 뜻한다. 공적은 조용하고 쓸쓸한 것이며 불교 수양법이다.

5 경륜재제經綸宰制에서 경륜經綸은 잘 다듬은 누에 실인데, 어떤 포부를 가지고 일을 조직하고 계획하는 것 또는 나라를 다스리는 포부와 재능이며 또 정치적인 식견이다. 재제宰制는 전권全權을 잡고 처리하는 것으로 '통제하다' 혹은 '관제하다'의 뜻이다.

••• 편지글

又與鄒守益書曰 : "隨處體認天理, 勿忘勿助之說, 大約未嘗不是。只要根究下落, 即未免捕風捉影。縱令鞭辟向裏, 亦與聖門致良知之功尚隔一塵。若復失之毫厘, 便有千里之繆矣。世間無志之人, 既已見驅於聲利辭章之習, 間有知得自己性分當求者, 又被一種似是而非之學兜絆羈縻, 終身不得出頭。緣人未有真爲聖人之志, 未免挾有見小欲速之私, 則此種學問極足支吾眼前得過。是以雖在豪傑之士, 而任重道遠, 志稍不力, 即且安頓其中者多矣。"

또 추수익에게 편지를 써서 말했다:

"어디서나 천리를 체인[1]하니 '물망물조'설은 대략 일찍이 아닌 적이 없다. 다만 근본에서 떨어지는 곳을 연구하면 곧 바람을 잡고 그림자를 잡는 일을 면할 수 없다. 설령 내면적으로 깊이 채찍질한다고 해도 성인 문하의 치양지 공부와는 여전히 티끌만큼의 간격이 있다. 만약 잘못이 조금이더라도 곧 천리의 오류가 있게 된다. 세간에서 뜻한 것이 없는 사람은 이미 말과 문장을 익히는 것을 명성과 이익으로 몰아가는 것을 본다. 간간이 자기 본성의 직분이 마땅히 구하는 것을 아는 자가 있지만 또 일종의 비슷한 것 같으나 다른 학설에 미혹 당하여 죽을 때까지 머리를 내밀 수 없다. 사람에 따라서 진정으로 성인이 되겠다는 뜻은 없고 보이는 적은 욕심에 빠르게 이루려는 사욕마저 끼어 있음을 면할 수 없다면 이런 종류의 학문은 극히 내 눈앞에 지나치는 지류라 할만하다. 이 때문에 비록 호걸의 선비라고 하더라도 맡은 것이 막중한데 도가 멀어지니 의지가 점점 힘이 없고 곧 또 그 가운데에 안착하는 자가 많다."

주

1 체인천리體認天理는 본체로서의 천리를 몸소 깨닫는 것이다.

祀增城先廟。

증성에 있는 선조의 사당에 제사를 지냈다.

◆ 시

先生五世祖諱綱者，死苗難，廟祀增城。是月，有司復新祠宇，先生謁祠奉祀。過甘泉先生廬，題詩於壁曰："我祖死國事，肇禮在增城。荒祠幸新復，適來奉初蒸。亦有兄弟好，念言思一尋。蒼蒼見葭色，宛隔環瀛深。入門散圖史，想見抱膝吟。賢郎敬父執，童僕意相親。病軀不遑宿，留詩慰殷勤。落落千百載，人生幾知音。道同著形跡，期無負初心。"

선생의 5대조 이름이 강이신 분은 묘족의 난에 돌아가셨다. 증성에다 사당을 지어 제사를 지냈다. 이달 유사는 다시 사당을 새롭게 하였다. 선생은 사당을 알현하고 제사를 받들었다. 감천 선생의 초려[廬][1]를 지나며 벽에 시를 적었는데, 시에서 말했다:

◆ 시

우리 조상은 나랏일 하다가 돌아가셔서
증성에 예를 갖추었다.
황량한 사당은 다행히 새롭게 복원하였고
때마침 와서 처음 제사를 받드네.

또 형제들 있어 좋으니
염원했던 일 한결같이 찾아 생각하네.
푸르름이 어린 갈대색으로 보이는데
언덕 멀리 대해를 둘러싼 것이 심하구나.

문에 들어오니 그림과 책들이 흩어져 있고
무릎 껴안고 읊조리던 것을 상상하네.
감천의 아들[賢郎][2]은 부친의 벗인 나를 존경했고
사내 종과 뜻이 맞아 친하게 지냈지.

병든 몸은 한가로이 머무를 수 없어
시를 남겨 은근히 위로하네.
지나온 천백 년
인생에 얼마나 많은 지음知音[3]이 있겠는가?

도가 같아 형적形跡[4]을 드러내니
초심을 저버리지 않기를 바라네.

주

1 려廬는 논밭 가운데 간단히 지은 농막農幕 혹은 초려인 띠풀로 지붕을 이은 오두막집이다. 유비가 제갈량을 모시려고 세 번 농막을 찾아가 '삼고초려' 했다고 하였다.

2 현랑賢郞은 남의 아들을 높여 일컫는 말이다. 영랑令郎, 영식令息, 영윤令胤으로도 불린다. 감천甘泉은 담약수湛若水의 호이다.

3 지음知音의 원래 뜻은 음악적 재능을 알아주는 관계인데 담약수와 왕양명은 서로 학문적 재능을 알아주는 관계여서 지음이다. 지음은 백아와 종자기의 고사성어 '백아절현伯牙絶絃'에서 비롯되었다.

4 형적形跡은 사물의 형상과 자취를 아울러 이르는 말이다. 또는 남은 흔적痕跡을 말한다. 여기서는 양명이 감천의 집 담에 시를 써서 남긴 흔적을 말하였다.

◈ 시

又題甘泉居曰："我聞甘泉居，近連菊坡麓。十年勞夢思，今來快心目。徘徊欲移家，山南尚堪屋。渴飲甘泉泉，饑食菊坡菊。行看羅浮雲，此心聊復足。"

또 감천의 집에서 글을 지었는데, 말했다:

◈ 시

나는 감천이 거주했다고 들었는데
가까이 국파 기슭과 이어져 있네.
10년간 꿈속에서 생각하려고 애썼는데
지금에 와서 마음과 눈이 시원하구나.

배회하여 집을 옮기고자 하였는데
산 남쪽 여전히 집이 그대로 있네.
목이 말라 감천甘泉[1]에서 물 마시고

배가 고파 국파菊坡[2]에서 국화 먹었네.

가다가 나부羅浮[3]의 구름을 보니
이 마음이 잠시 다시 만족스럽군.

주

1 감천甘泉은 물맛이 좋은 샘이며 담약수의 호이다.
2 국파菊坡는 국화가 많이 피는 언덕이다.
3 나부羅浮는 광동성 혜주에 있는 나부산이다.

••• 편지글

與德洪、畿書：

"書來見近日工夫之有進，足爲喜慰！而餘姚、紹興諸同志又能相聚會講切，奮發興起，日勤不懈，吾道之昌，真有火燃泉達之機矣，喜幸當何如哉！此間地方悉已平靖，只因二三大賊巢，爲兩省盜賊之根株淵藪，積爲民患者，心亦不忍不爲一除剪，又復遲留二三月；今亦了事矣，旬月間便當就歸途也。

守儉、守文二弟，近承夾持啟迪，想亦漸有所進。正憲尤極懶惰，若不痛加針砭，其病未易能去。父子兄弟之間，情既迫切，責善反難，其任乃在師友之間。想平日骨肉道義之愛，當不俟於多囑也。"

전덕홍과 왕기에게 편지를 썼다:
"편지를 받고 근래 공부에 진전이 있다니 충분히 기쁘고 위안이 된다. 여요와 소흥의 동지들이 또한 모여 강학하며 서로 분발하고 흥기하여 매일 같이 힘써 나태하지 않으니 우리 도의 창성함은 정말 불이 타오르고 샘물이 넘쳐나는 기회가 있다. 기쁘고 다행함이 그 무엇과 같겠는가! 이곳은 모두 이미 평정되었고 다만 두세 군데 큰 적의 소굴이 두 성에서 도적들의 근거지가 되어 백성들의 근심거리가 되니 또한 차마 제거하지 않을 수가 없어서 다시 두세 달을 지연하여 머무르게 되었고 이제야 일을 마쳤다. 10일이나 한 달 사이에 곧 반드시 귀향길에 나설 것이다.

수검과 수문 두 동생은 근래 깨우침에 힘입어 역시 (학문이) 점점 진척되는 바가 있다고 생각한다. 정헌은 특히 심하게 나태하고 게으르니 일침을 가하여 통증을 주지 않는다면 그 병은 쉽게 없앨 수 없을 것이다. 부자와 형제 사이는 정이 이미 절실하니 책선은 도리어 어렵고 책선責善의 임무는 곧 스승과 벗의 관계에만 있다. 평소 골육의 도리와 의리는 사랑이니, 마땅히 많은 당부를 기다리지 않아야 한다고 생각한다."[1]

주

1 왕양명의 교육 방법은 학생 스스로 바뀌기를 기다리는 것이고 부모가 직접 많은 당부를 하지 않는 것이다. 책선責善의 임무는 부모에게 있지 않고 스승과 벗에게만 있다는 것이다. 일찍이 맹도가 말했다. 『맹자·이루』: 父子之間, 不責善. 責善則離, 離則不祥, 莫大焉. 責善, 朋友之道也.[부자의 사이는 선하라고 책망하지 아니한다. 선을 하라고 나무라면 거리가 생긴다. 부자간에 거리가 생기면 이보다 좋지 않은 게 없다. 책선은 친구 사이에 가능한 도이다.]

••• 편지글

與何性之書：

"區區病勢日狼狽，自至廣城，又增水瀉，日夜數行不得止。至今遂兩足不能坐立，須稍定，即逾嶺而東矣。諸友皆不必相候。果有山陰之興，即須早鼓錢塘之舵，得與德洪、汝中輩一會聚，彼此當必有益。區區養病本去已三月，旬日後必得旨。亦遂發舟而東，縱未能遂歸田之願，亦必得一還陽明洞，與諸友一面而別，且後會又有可期也。千萬勿復遲疑，徒耽誤日月。總及隨舟而行，沿途官吏送迎請謁，斷亦不能有須臾之暇。宜悉此意，書至即撥冗。德洪、汝中輩，亦可促之早爲北上之圖。伏枕潦草。"

하성지何性之[1]에게 편지를 썼다:

"나는 병세가 날로 안 좋아져서 광주성에 도착하고부터 또 설사병을 보탰다. 밤낮으로 자주 설사하고 그치지 않았다. 지금에 이르러서는 두 다리가 앉고 설 수 없으니 조금 안정을 기다렸다가 재를 넘어 동으로 가겠네. 벗들 모두 서로 기다릴 필요는 없네. 만약 산음의 흥기가 있으면 즉시 새벽을 기다려 전당강의 배 키를 잡을 것이니, 전덕홍과 왕여중 무리와 함께 한꺼번에 모여야 하고 피차간에 반드시 도움이 있어야 한다. 내가 병을 돌본 것이 벌써 3개월이 지났으니 10일 후에는 반드시 회복되는 뜻을 얻게 될 것이다. 마침내 배가 출발하여 동쪽으로 향하니 설령 고향으로 돌아가고자 하는 소원을 이룰 수 없더라도 또한 반드시 양명동陽明洞[2]으로 돌아가 벗들을 한번 만나보고 헤어질 것이며 앞으로 만남도 다시 기약할 수 있을 것이다. 절대로 다시는 주저하지 말고 공연히 시간을 지체하여 일을 그르치지 마라. 갑자기 배를 타러 가는데 도중에 관리가 송영하고 알현을 청하니 단연코 잠시의 여가도 있을 수 없다. 응당 이 뜻을 알아서 편지가 도착하면 바쁘더라도 시간을 내어다오. 덕홍과 여중 무리도 역시 제촉하여 일찍 북상을 도모하는 게 좋겠다. 병상에서 대강대강 쓴다."

주

1 하성지는 하정인何廷仁이다. 성지는 정인의 자이다.

2 양명동陽明洞은 귀주성 귀양시 근교에 있다. 왕수인이 용장 역승으로 좌천되어 양명동에서 공부와 묵상에 전념하던 중 1508년 서른여섯 살에 큰 깨우침을 얻었다. 그것은 곧 심즉리[내 마음이 곧 진리]이다.

57세 11월

十一月乙卯，先生卒於南安。

11월 을묘일에 선생이 남안南安[1]에서 돌아가시다.

주

1 남안南安은 복건성 관할 현급의 시로 천주시泉州市가 관리하며 복건성 동남해안과 진강晉江 중류에 있다. 남안南安 치현은 삼국지 동오東吳 영안永安 3년(260)에 동안현東安縣으로 불렸다. 이후 왕조가 교체되면서 진안晉安, 양안梁安 등으로 바뀌었고, 수 개황 9년(589)부터 남안현으로 불렸으며, 당나라 사성嗣聖 초(684)에 무영주武榮州를 두었기 때문에 무영武榮이라고도 불린다. 남안은 역사적으로 한때 민남閩南의 정치, 경제, 문화의 중심지였으며 추로鄒魯의 학풍이 이어진 곳이라 해빈추로海濱鄒魯로 불렸다.

是月廿五日，逾梅嶺至南安。登舟時，南安推官門人周積來見。先生起坐，咳喘不已。徐言曰："近來進學如何?"積以政對。遂問道體無恙。先生曰："病勢危亟，所未死者，元氣耳。"

이달 25일, 매령梅嶺[1]을 넘어 남안에 이르렀다. 배에 올랐을 때 남안 추관인 문인 주적周積[2]이 와서 알현하였다. 선생은 일어나 앉았는데 기침이 그치지 않았다. 천천히 말했다: "근래 학문에 진척함이 어떠한가?" 주적은 가르침으로 대답하였다. 비로소 도체道體[3]에 병이 없는지를 물었다. 선생이 말했다: "병세가 위독하다. 죽지 않는 것은 원기元氣[4]일 뿐이다.

주

1 매령梅嶺은 광동성에서 강서성으로 넘어가는 관문이다. 대유령大庾嶺 산맥에 위치하는데 대유령의 중간 부분은 유령庾嶺이고, 유령의 요새 부분은 매령이다. 매령의 정상에 관문이 있는데 소관韶關·매관梅關이라고 하고 그 길을 매관고도梅關古道라 한다. 소관은 광둥성 남웅시南雄市와 강서성 대여현大餘縣 현성縣城 사이에 있다. 당대 재상이었던 장구령이 조서를 받아 매령에서 산을 가르며 새로이 편리하게 매관을 건설했다.

2 주적周積(1483~1565)은 자가 이선以善이고 호는 이봉二峰이며 강산江山 사람이다. 거인으로 먼저 채허재蔡虛齋에게 수학하고 후에 왕수인을 스승으로 삼았다. 가정 연간 역관曆官이 되고

남안추관, 원주지부沅州知府, 덕왕부장사를 역임했다.

3 도체道體는 '도를 닦는 몸'이라는 뜻으로, 한문에서 편지 따위에 쓰여 상대를 높여 이르는 말이다. 특히 스승의 몸을 높여 부른 것이다.

4 원기元氣는 사람의 생명력이다.

積退而迎醫診藥。廿八日晚泊，問："何地?"侍者曰："青龍鋪。"明日，先生召積入。久之，開目視曰："吾去矣！"積泣下，問"何遺言?"先生微哂曰："此心光明，亦復何言?"頃之，瞑目而逝，二十九日辰時也。贛州兵備門人張思聰追至南安，迎入南埜驛，就中堂沐浴衾斂如禮。先是先生出廣，布政使門人王大用備美材隨舟。

주적은 물러나 의사를 불러와 진찰하고 약을 지었다. 28일 늦게 배를 대고 물었다: "어디냐?" 모시는 자가 말했다: "청룡포青龍鋪[1]입니다." 다음날 선생이 불러서 주적이 들어왔다. 시간이 오래 지나 눈을 뜨고 보면서 말했다: "나는 간다" 주적이 눈물을 흘리며 물었다: "유언은 무엇입니까?" 선생은 미미하게 미소를 지으며 "이 마음이 밝은데 다시 더 무슨 말을 하겠는가?" 잠시 뒤에 눈을 감고 돌아가셨으니 29일 진시이다. 감주 병비 문인 장사총이 추가로 남안에 이르러 남야역南埜驛[2]에서 시신을 맞아 들였다. 중당으로 나아가 예에 따라 목욕시키고 이불을 덮고 염을 하였다. 이에 앞서 선생이 호광성을 나올 때 포정사 문인 왕대용王大用[3]이 좋은 목재를 준비하여 배에 실려 보냈다.

주

1 청룡포青龍鋪는 강서성 남안南安 대여현大餘縣에 있으며 왕양명이 돌아가신 곳이다.

2 남야역南埜驛은 강서성 감주시贛州市 남강구南康區에 위치해 있다. 안남의 사자가 북경에 가서 조공을 하려면 먼저 국경을 넘어 광서성으로 가서 다시 광동성으로 그리고 대유령을 넘어 강서성에 도착한다. 이곳은 수로를 돌릴 수 있는데 남야역은 바로 이 수로 위쪽 작은 곳이다.

3 왕대용王大用(1479~1553)은 자가 시행時行이고 호는 벽곡檗穀이며 복건성 흥화위興化衛 사람이다. 정덕 3년(1508) 진사가 되고 이듬해 공부도수주사를 제수받아 조운선을 감독했다. 5년(1510)에 유육刘六 봉기군이 제영濟寧을 함락하였고, 곧바로 청원清源을 취했다. 7년(1512) 형부절강사주사가 되고 다시 형부귀주사서원외랑으로 승진했다. 8년(1513)에 병가를 내고 고향으로 돌아왔고 10년(1515)에 병세가 완쾌되어 벼슬을 회복했다. 16년(1521) 광동안찰부사로 승진했고 가정 6년(1527)에 광동우포정사로 승진했으며 8년(1529) 광서좌포정사로 옮겼다. 11년(1532)에 우도어사로 승진하였으나, 장록张禄에 의해 탄핵당했다가 23년(1544)에 사천성 순무로 다시 임명되었다. 25년(1546) 남경형부우시랑으로 승진했으나 병과급사중 호영통扈永通에게 탄핵받았다. 왕대용은 진주로 돌아와 육걸陆杰, 호시胡侍 황행가黃行可 등을 가르쳤다.

思聰親敦匠事，鋪梱設褥，表裏裼襲。門人劉邦采來奔喪事。十二月三日，思聰與官屬師生設祭入棺。明日，輿櫬登舟。士民遠近遮道，哭聲振地，如喪考妣。至贛，提督都御史汪鋐迎祭於道，士民沿途擁哭如南安。至南昌，巡按御史儲良材、提學副使門人趙淵等請改歲行，士民昕夕哭奠。

장사총은 친히 장인의 일에 힘써서 통나무를 늘어놓고 요를 설치하여 안팎의 옷을 벗기고 염했다. 문인 유방채가 초상에 급히 달려왔다. 12월 3일 장사총이 관리들과 사생들과 함께 제사를 지내고 입관하였다. 다음 날 관을 수레에 싣고 배에 올랐다. 멀고 가까운 곳에서 모여든 선비와 백성들이 길을 막아선 채 곡하는 소리가 땅을 진동하니 마치 부모를 잃은 것 같았다. 감주에 이르러 제독도어사 왕횡汪鋐이 길에서 맞이하여 제사를 지냈고 선비와 백성들이 길을 따라 에워싸며 곡을 하니 남안에서와 같았다. 남창에 도착하여 순안어사 저양재儲良材[1]와 제학부사 조연趙淵 등이 해를 바꾸어 가자고 청하니 선비와 백성들이 아침저녁으로 곡을 하며 제사 지냈다.

주

1 저양재儲良材는 자가 방륜邦掄이고 광서성 유주柳州 마평馬平 사람이다. 정덕 12년(1517)진사가 되고 강서도어사를 제수받았다. 가정 3년(1524) 산서성을 순행했고 가정 6년(1527) 어사로

도읍을 순시했다. 7년 동안 강서성을 순행하며 일찌기 『석명』, 8권을 새겼다.

1529년, 선생 58세

八年己醜正月，喪發南昌。

가정 8년 기축년(1529) 정월 상여는 남창을 출발했다.

是月連日逆風，舟不能行。趙淵祝於柩曰："公豈爲南昌士民留耶？越中子弟門人來候久矣。"忽變西風，六日直至弋陽。先是德洪與畿西渡錢塘，將入京殿試，聞先生歸，遂迎至嚴灘，聞訃，正月三日成喪於廣信，訃告同門。是日，正憲至。初六日，會於弋陽。初十日，過玉山，弟守儉、守文，門人欒惠、黃洪、李珙、範引年、柴鳳至。

이달은 연일 역풍이 불어 배가 갈 수가 없었다. 조연趙淵[1]이 선생의 영구에다 빌며 말했다: "공은 어찌 남창의 선비와 백성을 위하여 머물려고 하십니까? 월 땅에서 자제들과 문인들이 기다린 지 오래되었습니다." 갑자기 서풍으로 변하여 6일 곧바로 익양弋陽[2]에 이르렀다. 이에 앞서 전덕홍과 왕기가 전당강을 서쪽으로 건너 전시를 치르러 북경에 가려고 하다가 선생이 돌아온다는 소식을 듣고 엄탄嚴灘에 이르러 맞이했다. 부고를 듣고 1월 3일 광신廣信에서 문상처를 차리고 동문들에게 부고하였다. 이날 정헌이 도착하였고 초 6일에 익양에서 모였다. 초 10일에 옥산을 지나는데 동생 수검, 수문과 문인 난혜, 황홍, 이공, 범인년, 시봉이 도착했다.

주

1 조연趙淵은 자가 택명澤明이며 회계 사람이다. 홍무 초에 양곡지현陽穀知縣으로 천거되어 산서안찰사山西安察使로 발탁되었고, 부정을 저지르는 관리를 제거하고 학교를 일으켜 뛰어난 명성을 얻었다. 벼슬을 내놓고 날마다 공부하며 지냈다.

2 익양弋陽은 강서성 상요시上饒市에 있다. 강서성 동북부, 신강信江 중류, 동으로 횡봉현橫峰縣과 남으로 연산현鉛山縣과 서로는 만년현萬年縣, 귀계시貴溪市, 북으로는 덕흥시德興市, 낙평시樂平市와 접해있다.

58세 2월

二月庚午，喪至越。

이월 경오일 상여가 월 땅에 이르렀다.

四日，子弟門人奠柩中堂，遂飾喪紀，婦人哭門內，孝子正憲攜弟正億與親族子弟哭門外，門人哭幕外，朝夕設奠如儀。每日門人來吊者百餘人，有自初喪至卒葬不歸者。書院及諸寺院聚會如師存。是時朝中有異議，爵蔭贈謚諸典不行，且下詔禁僞學。

4일 자식과 동생들, 문인들이 중당에서 관을 안치하여 비로소 상례의 틀이 꾸며졌다. 부인은 문 안에서 울고 효자 정헌은 동생 정억을 데리고 친족의 자제들과 문밖에서 울었다. 문인들은 장막 밖에서 울었다. 아침과 저녁에 의례대로 제물을 진설했다. 매일 문인들이 조문하러 오는 자가 백여 명이었다. 상례가 시작될 때부터 마칠 때까지 돌아가지 않는 자들이 있었다. 서원과 모든 사원에서는 마치 선생이 계신 것처럼 모였다. 이때 조정안에서는 다른 의견이 있었다. 작위 세습을 주고 시호를 내리는 모든 전례는 행해지지 않았다. 또 소를 내려 위학을 금지하였다.

詹事黃綰上疏曰："忠臣事君，義不苟同；君子立身，道無阿比。臣昔爲都事，今少保桂萼時爲擧人，取其大節，與之交友。及臣爲南京都察院經曆，見大禮不明，相與論列。相知二十餘年，始終無間。

昨臣薦新建伯王守仁堪以柄用，萼與守仁舊不相合，因不謂然，小人乘間構隙。然臣終不以此廢萼平生也。但臣於事君之義，立身之道，則有不得不明者。臣所以深知守仁者，蓋以其功與學耳。然功高而見忌，學古而人不識，此守仁之所以不容於世也。

蓋其功之大者有四：其一，宸濠不軌，謀非一日，內而內臣如魏彬等，嬖幸如錢寧、江彬等，文臣如陸完等，爲之內應；外而鎭守如畢真、劉朗等，爲之外應；故當時中外諸臣，多懷觀望。若非守仁忠義自許，身任討賊之事，不顧赤族之禍，倡義以勤王，運籌以伐謀，則天下安危未可知。今乃皆以爲伍文定之功，是輕發縱而重走狗，豈有兵無勝算，而濠可徒搏而擒者乎？

其二，大帽、茶寮、浰頭、桶岡諸賊寨勢連四省，兵連累歲。若非蚤平，南方自此多事。守仁臨鎭，次第底定。

其三，田州、思恩構釁有年，事不得息，民不得已，故起守仁以往，定以兵機，感以誠信，乃使盧、王之徒崩角來降，感泣受杖，遂平一方之難。

其四，自來八寨爲兩廣腹心之疾，其間守戍官軍，與賊爲黨，莫可奈何。守仁假永順狼兵，盧、王降卒，並而襲之，遂去兩廣無窮之巨害，實得兵法便宜之算。夫兵凶戰危，守仁所立戰功，皆除大患，卒之以死勤事。夫兵政國之大事，宜爲後世法，可以終泯其功乎？

첨사詹事[1] 황관黃綰이 상소를 올려 말했다: "충신이 임금을 섬기는데, 의리는 구동苟同[2]하지 않는 것입니다. 군자가 입신하여 도가 어긋남이 없었지요. 제가 옛적에 도사都事[3]가 되었을 때 지금 소보 계악桂萼이 당시 거인이었습니다. 신이 그 큰 절개를 취하여 그와 벗으로 사귀었습니다. 급기야 제가 남경도찰원으로 있던 경력으로 대례가 분명하지 않은 것을 보고 서로 논의하게 되었습니다. 서로 안지 이십여 년 동안 시종 틈이 없습니다.

지난날 제가 추천한 신건백 왕수인은 큰일을 감당했습니다. 계악과 왕수인이 예전에 마음이 서로 맞지 않아서 말씀을 드리는 것은 아닙니다. 소인이 기회를 보아 그 벌어진 틈을 메워 보려고 하였습니다. 그러나 제가 이 때문에 계악의 평생을 망치고자 함은 아닙니다. 단지 제가 임금을 섬기는 의리와 입신의 도리에서라면 분명하지 않으면 안 되는 것이 있습니다. 제가 깊숙이 왕수인을 잘 아는 것은 대체로 그의 공적과 학문 때문일 따름입니다. 그러나 공은 높은데 시기 받고 학문은 오래되었는데 사람들이 알지 못하니 이것이 왕수인이 세상에서 잘 받아들여지지 못하는 까닭입니다.

대체로 그의 공이 큰 것은 네 가지가 있습니다: 그 첫 번째는 주신호가 원칙에 어긋나게 도모한 것이 비단 하루가 아니었는데, 안으로 위빈魏彬[4] 등과 같은 내신들과 전영, 강빈 등과 같은 아첨하여 총애받는 신하들과 육완陸完[5] 등과 같은 문신들이 신호를 위하여 안으로 통하였고, 밖으로 필진, 유랑 등과 같이 군대를 주둔시켜 군사적으로 중요한 곳을 지키는 사람들은 그를 위하여 밖으로 통하였습니다. 그런고로 당시 안팎의 대다수 신하가 관망하기를 마음에 품었습니다. 만약 왕수인이 충의가 스스로 허락하여 자신이 토벌의 책임을 맡아 가족이 화를 당하는 것을 돌아보지 않고 의거를 창도함으로써 왕의 안위를 근심하여 계획을 세워서 신호의 도모를 치지 않았더라면 천하의 안위는 알 수 없었을 것입니다. 지금 도리어 모두가 오문정의 공이라고 여기니 이것은 매어둔 사냥개를 풀어놓은 시발점을 가볍게 여기면서 달리는 개를 중히 여기는 것입니다. 어찌 전쟁이 승산이 없는데 신호가 다만 사로잡힐 수 있었겠습니까?

그 두 번째는 대모, 차료, 이두, 통강에서 여러 도적의 근거지인 산채의 세력이 네 성에까지 연이어 있고 전쟁이 이어진 지가 여러 해가 되었습니다. 만약 일찍 평정하지 않았더라면 남방은 이로부터 일이 많았을 것입니다. 왕수인이 주둔지에 임하여 차례로 안정시킨 것입니다.

그 세 번째는 전주와 사은이 피비린내에 얽힌 지가 여러 해입니다. 일이 종식되지 않아 백성들이 어쩔 수 없었기에 왕수인을 기용하여서 가게 하니, 무기로써 안정시키고 성실과 신의로써 감복시키니 이에 노소와 왕수의 무리가 머리를 땅에 대고 항복하러 와서 감격하여 눈물을 흘리며 곤장을 맞으니 마침내 한쪽의 어려움을 평정하였습니다.

그 네 번째는 예로부터 팔채가 양광 내부의 골칫거리가 되어 그 사이에서 지키던 관군이 적들과 패거리가 되니 어찌할 도리가 없었습니다. 왕수인이 영순永順[6]의 낭병과 노소와 왕수의 항복한 병졸들을 얻어서 함께하여 그들을 습격하여 마침내 양광의 끝없이 거대한 골칫거리를 제거하니 실로 병법의 알맞은 계산을 얻은 것이지요. 무릇 전쟁이 흉악하고 위험한데 왕수인이 세운 바의 전공은 모두 큰 환란을 제거하고 죽음으로써 일에 힘 쏟아서 그것을 마쳤습니다. 군사는 나라를 다스리는 대사인지라 후세의 법이 되는 것이 마땅한데 끝내 그 공을 없앨 수 있겠습니까?

주

1 첨사詹事는 고대의 관명이다. 황후와 태자의 집안일을 처리하였다. 명대에는 첨사부를 설치하고, 첨사 및 소첨사를 두어 3, 4품 벼슬을 맡았다.

2 구동苟同은 남에게 아부하고 분별없이 남의 말에 맞장구를 치는 것이다.

3 도사都事는 관명이다. 서진과 남북조 시대에는 상서도령사尚書都令史가 설치되어 좌승과 우승의 보조 인원으로 상서성의 일상 업무를 처리하였으며 인원은 8명이다. 수나라 초기에 도사都事로 개칭하였다. 양제煬帝가 6명으로 감원되어 육상서六尚書에 속하게 되었다. 당나라 또한 6명을 두었다. 송나라 이후 상서성은 3명을 두었으며, 서열은 8품이었다.

4 위빈魏彬(?~1529)은 자가 문질文質이고 호는 약암藥庵이며 섬서성 평량부平涼府 융덕현隆德縣 사람으로 별명은 음사陰蛇이다. 정덕 연간에 조정을 장악하고 권세가 막강했던 내시 조직

팔호 중 한 명이다.

5 육완陸完(1458~1526)은 자가 전경全卿이고 호는 수림水林이며 강소성 장주長洲 사람이다. 성화 23년(1487) 진사가 되었고 유육유칠劉六劉七 봉기를 진압하는 데 공을 세워 병부상서와 이부상서에까지 올랐다. 하지만 공명에 눈이 멀어 영왕 주신호와 내통하다가 주신호의 난이 진압되자 투옥되었다.

6 영순永順은 호남성 상서湘西 토가족土家族·묘족苗族 자치주에 속하며 호남성 북서부, 상서주湘西州 북동부에 위치하고 동쪽은 장가계張家界와 접하고 서쪽은 용산현龍山縣·보정현保靖縣과 접하며 북쪽은 상식현桑植縣과 경계이다. 남쪽은 고장현古丈縣과 임하고 남동쪽은 부화懷化 지구 원릉현沅陵縣의 경계와 접해있다.

••• 상소문 계속

其學之大要有三：一曰'致良知'實本先民之言，蓋致知出於孔氏，而良知出於孟軻性善之論。二曰'親民'，亦本先民之言，蓋《大學》舊本所謂親民者，即百姓不親之親，凡親賢樂利，與民同其好惡，而爲潔矩之道者是已。此所據以從舊本之意，非創爲之說也。三曰'知行合一'，亦本先民之言，蓋知至至之，知終終之，只一事也。

守仁發此，欲人言行相顧，勿事空言以爲學也。是守仁之學，弗詭於聖，弗畔於道，乃孔門之正傳也，可以終廢其學乎？"然以蕚之非守仁，遂致陛下失此良弼，使守仁不獲致君堯、舜，誰之過與？臣不敢以此爲蕚是也。況賞罰者，御世之權。以守仁之功德，勞於王事，乃常典不及，削罰有加，廢褒忠之典，倡黨錮之禁，非所以輔明主也。

守仁客死，妻子孱弱，家童載骨，槁埋空山，鬼神有知，當爲惻然。臣實不忍見聖明之世有此事也。假使守仁生於異世，猶當追崇，況在今日哉？且永順之衆，盧、王之徒，素慕守仁威德；如此舉措，恐失其望，關系夷情，亦非細故。

臣昔與守仁爲友，幾二十年。一日憤寡過之不能，守仁從而覺之，若有深省，遂復師事之。是臣於守仁，實非苟然相信，如世俗師友者也。

臣於君父之前，處師友之間，既有所懷，不敢不盡。昔蕚爲小人所讒，臣爲之憤；既而得白，臣爲之喜；固非臣之私也。今守仁之抱冤，亦猶蕚之負屈。伏願擴一視之仁，特敕所司，優以恤典贈謚，仍與世襲，並開學禁，以昭聖政。若此事不明，則蕚之與臣，終不能以自忘。故臣敢言及於此，所以蓋事陛下之忠，且以補蕚之過，亦以盡臣之義也。"

그 학문의 대요는 세 가지가 있습니다. 첫 번째 말하는 것은 '치양지'인데 실로 앞선 백성의 말을 근원으로 삼았습니다. 대체로 치지는 공자에게서 나왔고 양지는 맹자의 성선의 이론에서 나왔습니다. 둘째에서 말하는 것은 '친민'인데 역시 선대 백성의 말을 근원으로 삼았고 대개 『대학』 구본에서 '친민'이라고 말하는 것은 즉 백성이 친하지 않다고 할 때 친親입니다. 무릇 현인을 친애하고, 이익을 즐기며, 백성과 함께 좋아하고 싫어하는 것을 같이하고, 혈구의 도絜矩之道[1]가 되는 것이 이것일 뿐이다. 이는 종래의 구본의 뜻을 근거로 하는 것이지 새로 만들어 낸 이론이 아닙니다. 세 번째 '지행합일'을 말하였는데 또한 선대 백성의 말을 근본으로 삼은 것입니다. 대개 이를 곳을 알고 그곳에 이르고, 끝을 알고 그것을 마치는 것이니 단지 한 가지일 뿐입니다. 왕수인이 이것을 밝히어 사람들의 언행이 서로 돌아보고 헛된 말을 일삼지 말도록 하는 것으로 학문을 삼고자 하였다. 이 왕수인의 학문은 성인을 기만하지 않고 도에 위반되지 않으며 공자 문하의 올바름을 전한 것이니, 어찌 끝내 그 학문을 없앨 수 있겠습니까? 그러나 계악이 그것을 가지고 수인을 비난하여 마침내 폐하께서 이 선량한 신하를 잃게 했으니, 왕수인에 의해 임금을 요순에 이르지 못하게 한 것은 누구의 잘못입니까? 신은 감히 이 때문에 계악이 옳다고 여기지 않습니다. 하물며 상벌은 세상을 다스리는 권도입니다. 왕수인의 공덕으로써 왕의 일을 수고롭게 하고도 상전

常典[1]이 미치지 않았는데, 공을 깎아내고 벌이 가해지니 충성을 기리는 규정을 폐하고 당고의 금[黨錮之禁][2]을 창도한 것은 총명한 임금을 보필한 것이 아닙니다.

왕수인이 객사하였고 처자는 병약하여 집의 종복 아이가 유골을 실어 빈산에 묻었으니, 귀신이 알아도 마땅히 슬퍼할 것이다. 저는 실제로 황제의 치세에 이런 일이 있다는 것을 차마 볼 수가 없습니다. 가령 왕수인이 다른 세상에 태어났더라도 오히려 마땅히 그를 추존하였을 것인데 하물며 오늘날에 있었어야? 또 영순의 무리인 노소와 왕수의 도적무리들도 왕수인의 위엄과 덕을 평소 높이 받드는데 (조정의) 이와 같은 거동은 그들의 바람을 잃을까 걱정입니다. 오랑캐의 실정에 관계되니 역시 작은 일은 아닙니다.

제가 옛적 왕수인과 벗이 되었는데, 어언 20년입니다. 하루는 과실을 적게 하는 것이 능하지 못함을 분개했습니다. 수인이 행하는 것을 따르면서 그것을 깨닫게 되니, 마치 깊은 성찰이 있는 듯했습니다. 마침내 다시 스승으로 그를 섬기니 제가 왕수인에 대한 이것은 실로 서로의 믿음이며 마치 세속의 사우와는 같지 않은 것입니다.

제가 군주와 부모 앞에서 사우 간에 처하며 이미 느낀 바가 있으니 감히 다하지 않을 수가 없습니다. 옛적 계악이 소인을 참소하여 제가 그것을 분하게 여겼으나 얼마 지나지 않아 명백함을 얻어 그것을 제가 기뻐했지만, 정말로 저의 사사로움이 아닙니다. 오늘날 왕수인의 억울함은 또한 계악이 지난날 굴욕을 짊어짐과 같습니다. 엎드려 원하오니 인자하게 널리 한번 보시어 특별히 담당 부서에 칙령을 내려 넉넉하게 휼전恤典[3]과 시호를 내려주시고 여전히 세습하게 하시고 아울러 그의 학문 금지를 풀어서 성덕의 정치를 밝히소서. 만약 이 일이 명확하게 되지 않으면 계악은 저와 함께 끝내 잊을 수 없을 것입니다. 그래서 신이 감히 이것을 언급하는 것은 폐하에게 충성을 다하는 것이요. 또 계악의 잘못[4]을 메꾸어 줌으로 또한 신하의 의리를 다하는 것입니다."

주

1 상전常典은 상규常規와 같은 뜻으로 늘 변變하지 아니하는 규칙規則이다.

2 당고지금黨錮之禁은 당고지옥黨錮之獄 혹은 당고지화黨錮之禍라고도 한다.
한나라 환제桓帝와 영제靈帝 때 환관들의 국정농단으로 사대부와 귀족 등이 불만을 품고 환관과 당쟁을 벌인 사건을 말한다. 이 사건은 한나라 환제가 '당인黨人'이라는 죄명으로 사대부들을 평생 가두었기 때문에 붙여진 이름이다.

3 휼전恤典은 정부政府에서 이재민罹災民을 구제救濟하는 은전恩典이나 여기서는 공신에게 주는 은전이다.

4 가정제가 즉위하고 황고皇考의 칭호를 친부인 흥원왕興元王에게 주고 정덕제의 부친이자 선황 홍치제를 황백부黃伯父로 부르기를 원했다. 이에 양정화를 비롯한 대신들이 법도에 어긋남을 내세워 반대했다. 이때 장총과 계악이 가정제의 뜻을 지지하는 소를 올렸다. 결국 양정화는 실각되고 주모자들은 변경으로 유배되었다. 4품 관리들은 녹봉을 빼앗겼고 5품 이하는 장형을 맞아 죽은 이가 16명이었으며 190명이 투옥되었다. 계악은 재앙의 근원이었다. 그는 왕수인의 공로와 학문을 모두 부정했다. 이 모두가 잘못이나 여기서는 왕수인 일만 연관된다.

疏入，不報。於是給事中周延抗疏論列，謫判官。

소가 들어갔으나 통보가 없었다. 여기에서 급사중 주연周延[1]이 상소를 올려 논한 것을 항소하였다. 판관을 귀양보냈다.

주

1 주연周延(1499~1561)은 자가 남교南喬이고 호가 엄산崦山이며 강서성 길수吉水 사람이다. 가정 2년(1523) 진사가 되어 잠강지현潛江知縣을 제수받고 가정 7년(1528)에 병과급사중에 발탁되었다. 그는 왕수인의 죄를 논하고 작위를 뺏으려 할 때 상소를 올려 직언으로 왕수인을 옹호하였다. 후에 남경 이부랑중을 역임하였고 광동참정이 되어 안남을 위무하고 여구黎寇를 정벌했다. 가정 34년(1555) 좌도어사가 되고 당시 주연과 상서 오붕 등의 언행은 모두 인망이 높았고, 공적이면서도 사심이 없었다. 남경병부상서와 좌도어사로 관직에 있으며 죽었다. 죽은 뒤 태자태보로 추증되었고 시호는 간숙簡肅이다.

58세 11월

十一月，葬先生於洪溪。

11월 홍계[1]에서 선생을 장사 지냈다.

주

1 홍계洪溪는 절강성 소흥시에 있다.

是月十一日發引，門人會葬者千餘人，麻衣衰屨，扶柩而哭。四方來觀者莫不交涕。

이달 11일 발인하였고 문인이 모여서 장례 지낸 자가 천여 명이었다. 베옷과 남루한 신발을 신고 관을 붙들고 울었다. 사방에서 와서 본 자는 눈물을 서로 흘리지 않은 자가 없었다.

洪溪去越城三十里，入蘭亭五里，先生所親擇也。先是，前溪入懷與左溪會，沖齧右麓，術者心嫌，欲棄之。有山翁夢神人緋袍玉帶立於溪上，曰："吾欲還溪故道。"明日雷雨大作，溪泛，忽從南岸，明堂周闊數百尺，遂定穴。門人李珙等築治，更番，晝夜不息者月餘，而墓成。

홍계는 월성越城[1]에서 거리가 30리, 난정蘭亭[2] 입구에서 5리인데 선생이 친히 택한 곳이다. 이에 앞서 무덤 앞은 계천이 들어와 두르고 왼쪽 계천과 합쳐져 오른쪽 산기슭과 부딪치니 지관은 마음속으로 이곳을 싫어하여 그곳을 버리고자 했다. 한 산 중에 늙은이가 꿈을 꾸었는데 신인이 도포를 입고 옥대를 차고 개울 앞에 서서 말했다:

"내가 계곡의 옛길을 돌려놓고자 하노라."라고 하였다. 다음날 우레와 큰비가 내려 계곡이 범람하여 갑자기 남쪽 언덕에 모시니 명당이 주위가 수백 척 넓어졌다. 마침내 무덤 자리를 정하였다. 그때 문인 이공 등이 쌓고 다져 바로잡아 여러 차례 고치느라 주야로 쉬지 않으니 한 달 남짓이 되어 묘가 만들어졌다.

주

1 월성越城은 강소성 남경시南京市 진회구秦淮區 서남부에 있다.
2 난정蘭亭은 절강성 소흥시에 있으며 왕희지의 별서이다.

〈소흥 왕양명 묘〉

年譜 附錄 一 연보 부록 1

上篇 獵書人掃校

연보 상편에서 사람들이 없앤 글을 찾아서 교정하여 적었다.

1530년~1567년까지

自嘉靖庚寅建精舍於天真山至隆慶丁卯復伯爵

가정 9년 경인년(1530) 천진산에 정사를 건립한 때로부터 융경 원년 정묘년(1567) 백작을 회복하기까지

가정 9년(1530)

1530년 5월

嘉靖九年庚寅五月，門人薛侃建精舍於天真山，祀先生。

가정 9년 경인년(1530) 오월, 문인 설간이 천진산에 정사[1]를 짓고 선생을 제사 지냈다.

주

1 천진정사天真精舍는 절강성 항주 남쪽에 있다. 명나라 전여성田汝成이 편찬한 『서호유람지』에 "천진서원天真書院은 본래 천진사天真寺, 천룡사天龍寺, 정명사淨明寺 세 절터에 자리 잡았다. 가정 9년(1530), 첨사僉事 왕신王臣, 제양의 설간薛侃, 회계의 왕기王畿와 전덕홍錢德洪이 서원을 개축하여 신건백 왕공을 제사 지냈다. 가운데는 사당이고 뒤에는 문명각文明閣, 장서실,

망해정望海亭이 있다. 왼쪽에는 가회당嘉會堂, 유예소遊藝所, 전경루傳經樓가 있고 오른쪽에는 명덕당明德堂, 일신관日新館이 있다. 옆 익실翼室에서는 식전을 마련하여 사방의 학자들이 와서 함께 하기를 기다린다."라고 적혀있다.

天真距杭州城南十里，山多奇岩古洞，下瞰八卦田，左抱西湖，前臨胥海，師昔在越講學時，嘗欲擇地當湖海之交，目前常見浩蕩，圖蔔築以居，將終老焉。起征思、田，洪、畿隨師渡江，偶登玆山，若有會意者。臨發以告，師喜曰："吾二十年前遊此，久念不及，悔未一登而去。"

천진산은 항주성 남쪽에 십리 떨어져 있다. 산은 기이한 암석과 오래된 동굴이 많고 팔괘전八卦田[1]이 내려다보이고 왼쪽은 서호를 품고 앞은 서해胥海를 내려다본다. 선생은 지난날 월 땅에서 강학하실 때 일찍이 호수와 바다가 맞닿는 곳, 눈앞에서 항상 넓은 전망을 볼 수 있는 땅을 택하여 집을 짓고 거주하면서 장차 노년을 마치고자 했다. 군사를 일으켜 사은과 전주를 정복하고 전덕홍과 왕기가 선생을 따라 강을 건너 우연히 이 산에 올랐는데 (이 자리가) 마치 마음에 맞는 것 같았다. 출발할 때가 되어 그 말을 하자 선생은 웃으시며 말했다: "나는 20년 전 이곳을 유람했는데 오랜 염원이 이루어지지 못했다. 한 번 올라가지 않음이 후회된다."

주

1 팔괘전八卦田은 절강성 항주 옥황산玉皇山 남쪽 기슭에 있다. 이곳은 팔괘전 유적 공원으로 한때 남송 황가의 적전籍田 유적지이다. 동쪽은 남복로南複路와 접하고, 남쪽은 호옥로虎玉路, 서쪽은 백운로白雲路와 접해있다. 적전籍田은 고대 중국에서 농업을 중심으로 한 농경 문화의 축소판이며 팔괘전은 밭을 팔각형 모양으로 만들어 마치 『주역』의 팔괘와 같아 이름 지어졌다.

◈ 시

至西安，遺以二詩，有"天真泉石秀，新有鹿門期"及"文明原有象，蔔築豈無緣"之句。侃奔師喪，既終葬，患同門聚散無期，憶師遺志，遂築祠於山麓。

서안에 이르러 두 편의 시를 남기셨다.

◈ 시

'천진은 샘과 바위가 수려하니,
새로이 녹문산의 기약을 가지네.'

'문명은 원래 조짐이 있는데,
집 짓는 것이[蔔築][1] 어찌 인연이 없었던가.'

설간은 선생의 상에 달려갔는데 장례를 마친 후 동문들이 모이고 헤어짐에 일정한 기한이 없는 것을 근심하고 선생이 남기신 뜻을 추억하며 마침내 산기슭에 사당을 지었다.

주

1 복축蔔築은 살 만한 땅을 가려서 집을 짓는 것이다.

同門董沄、劉侯、孫應奎、程尚寧、範引年、柴鳳等董其事，鄒守益、方獻夫、歐陽德等前後相役；齋廡庖湢具備，可居諸生百餘人。每年祭期，以春秋二仲月仲丁日，四方同志如期陳禮儀，懸鍾磬，歌詩，侑食。祭畢，講會終月。

동문 동운, 유후, 손응규, 정상영, 범인년, 시봉 등은 그 일을 감독하고 추수익, 방헌부, 구양덕 등은 전후에서 힘을 보탰다. 서재, 행랑, 주방, 목욕탕이 구비되어 재생 백여 명이 거주할 수 있었다. 매년 제사 지내는 시기는 봄과 가을로 가운데 달 가운데 정일丁日에 두 번 지내고 사방에서 동지들이 같은 날 의례를 진열하고 종과 경쇠를 매달고 시를 노래하고 음식을 제공한다. 제사가 마치면 한 달을 강독 모임으로 한다.

가정10년(1531)

1531년 5월

十年辛卯五月，同門黃弘綱會黃綰於金陵，以先生胤子王正億請婚。

가정 10년 신묘년(1531) 5월에 동문 황홍강黃弘綱[1]이 금릉金陵[1]에서 황관黃綰[2]을 만나서 (딸을) 선생의 맏아들[胤子][3] 왕정억과 혼인시킬 것을 청했다.

주

1 금릉金陵은 지금의 강소성 남경이다.
2 황관黃綰은 종현宗賢으로 왕수인이 죽은 후 그의 아들 왕정억을 사위 삼는다.
3 윤자胤子는 맏아들 혹은 대를 이을 아들이다.

先是師殯在堂，有忌者行譖於朝，革錫典世爵。有司默承風旨媒孽其家,鄉之惡少遂相煽，欲以魚肉其子弟。胤子正億方四齡，與繼子正憲離仳竄逐，蕩析厥居。

이에 앞서 선생의 빈소가 당에 있었는데 선생을 시기하여 조정에서 참소하고 석전과 세작을 혁파하자고 하는 자가 있었다. 유사는 묵묵히 그 뜻을 받들어 그 집안에 재앙을 얽었고 향리의 악소배들은 서로 선동하며 그 자제들을 짓밟으려고[魚肉][1] 했다. 맏아들 정억은 막 4살인데 양자 정헌과 함께 달아나서 숨었고, 그 거처는 사라졌다.

[蕩析][2]

주

1 어육魚肉은 물고기와 짐승의 고기이지만 아주 짓밟아서 결딴냄의 비유하여 쓰인다.

2 탕석蕩析은 망亡하여 뿔뿔이 흩어져 없어지는 것이다.

明年夏，門人大學士方獻夫署吏部，擇刑部員外王臣升浙江僉事，分巡浙東，經紀其家，奸黨稍阻。弘綱以洪，畿擬是冬赴京殿試，恐失所托。適綰升南京禮部侍郎，弘綱問計。

다음 해 여름 문인 대학사 방헌부는 서리부에서 형부원외 왕신을 택하여 절강첨사로 승진시키고 절강성 동쪽을 나누어 순시하며 그 집안을 돌보았다. 간사한 무리들은 약간 기가 꺾였다. 홍강은 전덕홍과 왕기가 이 겨울에 서울에서 있는 전시에 응시하려 한다고 여기고 부탁한 것을 어길까 걱정했다. 때마침 황관이 남경 예부시랑으로 승진하여 홍강이 (혼사의) 계획을 물었다.

綰曰："吾室遠莫計，有弱息，願妻之。情關至戚，庶得處耳。"是月，洪、畿趨金陵爲正億問名。綰曰："老母家居，未得命，不敢專。"洪、畿復走台，得太夫人命，於是同門王艮遂行聘禮焉。

황관은 "우리 집은 다른 계획은 없지만 부족한 여식이 있으니, 처로 삼게 하고 싶다. 정이 지척에 관계되니 처분을 얻기를 바랄 뿐이다."고 했다. 이달에 전덕홍과 왕기가 금릉으로 달려와 정억을 위하여 문명問名[1]했다. 황관이 말했다: "노모가 집에 계시는데 명을 아직 받지 못하여 감히 (의사를) 전할 수 없다." 전덕홍과 왕기는 다시 태주로 달려가서 태부인의 명을 얻었다. 이에 동문 왕간이 비로소 빙례聘禮[2]를 행했다.

주

1 문명問名은 혼인을 청할 때 새색시가 될 여자와 그 집안에 관하여 묻는 일이다.

2 빙례聘禮는 혼인의 예절이며 물건을 선사膳賜하는 예절이다.

가정 11년(1532)

十一年壬辰正月，門人方獻夫合同志會於京師。

가정 11년 임진년(1532), 정월에 문인 방헌부가 경사에서 동지들을 모아 회의를 하였다.

自師沒，桂萼在朝，學禁方嚴。薛侃等既遭罪譴，京師諱言學。至是年，編修歐陽德、程文德、楊名在翰林，侍郎黃宗明在兵部，戚賢、魏良弼，沈謐等在科，與大學士方獻夫俱主會。於時黃綰以進表入，洪、畿以趨廷對入，與林春、林大欽、徐樾，朱衡、王惟賢、傅頤等四十餘人始定日會之期，聚於慶壽山房。

스승이 돌아가시고부터 계악이 조정에 있었고 왕학의 금지가 바야흐로 엄중했다. 설간 등은 이미 죄로 견책을 당했다. 도심에서는 왕학을 언급하기를 꺼렸다. 이 해에 이르러 편수 구양덕, 정문덕程文德[1], 양명楊名[2]은 한림원에 있었고 시랑 황종명은 병부에 있었고 척현戚賢[3], 위양필魏良弼, 심밀沈謐[4] 등은 과거에 있었는데, 대학사 방헌부와 함께 회의를 주관했다. 이 때에 황관이 표表를 올려바쳤고 전덕홍과 왕기는 조정으로 달려가 입대하여 들어갔고, 임춘, 임대흠, 서월, 주형, 왕유현, 부이 등 사십여 명이 비로소 만나는 시기에서 날짜를 정했다. 경수산방에 모였다.

주

1 정문덕程文德(1497~1559)은 자는 순부舜敷이고 호는 송계松溪이며 절강성 영강永康 사람이다. 가정 8년(1529) 전시 갑과에 2등으로 급제하였다. 관직은 이부좌시랑과 한림원학사를 겸했고 장첨사부사掌詹事府事를 역임했다. 만력 연간에 예부상서로 추증되고 시호를 문공文恭이다.

2 양명楊名(1505~1559)은 자는 실경實卿, 호는 방주方洲, 사천성 수영현遂寧縣 사람이다. 가정 8년(1529) 진사에 붙어 한림편수가 되었으며 11년(1532)에 직언으로 상소를 올려 구당위瞿塘衛로 좌천되었다. 융경隆慶 원년에 광록소경光祿少卿으로 추증되었다.

3 척현戚賢(1492~1553)은 명 중기 관원으로 성은 호胡이다. 자는 수부秀夫이고 호는 남산南山이며 만호는 남현南玄이다. 안휘성 저주滁州 전초현全椒縣 사람이다.

4 심밀沈謐(1501~1553)은 명조 관리이며 장서가이다. 자가 정부靜夫이고 호는 석산石山·석운石雲이며 절강성 가흥부 수수현秀水縣 사람이다. 어려서 말을 타다 다리가 부러져 공부에 전념했다. 가정 8년(1529)에 진사가 되어 행인을 제수받았고 호광포정사湖廣布政司의 우참의右參議가 되었다. 이후 산동첨사, 강서첨사를 역임하였고 또 호광 포정사우참의에 임명되었는데, 이틀 뒤 가정 32년(1553)에 병으로 사망하였다.

1532년 9월

九月，正億趨金陵。

9월 정억이 금릉으로 달아났다.

正億外侮稍息，內釁漸萌。深居家扃，同門居守者，或經月不得見，相懷憂逼。於是同門僉事王臣、推官李逢，與歐陽德、王艮、薛僑、李珙、管州議以正億趨金陵，將依舅氏居焉。至錢塘，悪少有躡其後載者。跡既露，諸子疑其行。請蓍，得鼎二之上吉，乃佯言共分胤子金以歸。悪黨信爲實，弛謀。有不便者，遂以分金騰謗，流入京師。臣以是被中黜職。

정억은 외부의 억압이 약간 멈추었는데 내부의 화근이 점차 싹텄다. 집 문을 굳게 닫고 깊이 은거했다. 동문 중에 거주하며 지키는 자가 어떤 때는 한 달이 가도록 볼 수가 없어서 우환이 닥칠 것을 생각했다. 이에 동문인 첨사 왕신王臣, 추관 이봉李逢[1]은 구양덕, 왕간, 설교薛僑[2], 이공李珙, 관주管州 등과 의논하여 정억이 금릉으로 달아나 외삼촌에 의지하여 기거하게 하기로 했다. 전당강에 이르렀을 때 악소배 중에 그 뒷자취를 밟은 자가 있었다. 자취가 이미 드러나자 제자들은 그의 행방을 의심했다. 점을 쳐주기를 청하니 정괘의 구이九二[3]의 상이 길하다는 점괘를 얻었다. 이에 맏아들이 돈을 함께 나누어 가지고 돌아온다고 거짓말을 했다. 악한 무리들은 사실로 믿고서 도모를 느슨하게 했다. 어떤 편하지 않게 여긴 자가 돈을 나눈 것을 비방하였는데 소문이 경사로 흘러들었다. 왕신은 이 때문에 관직에서 축출당했다.

주

1 이봉李逢은 자가 방길邦吉이고 호는 약재約齋이다. 강서성 남창부 봉성현豐城縣 사람이며 남경 병부상서 이수李遂의 동생이다. 가정 8년(1529) 진사가 되어 이과급사중吏科給事中을 제수받았다. 호과좌급사중으로 올라 남쪽을 순무하며 간언하다 하옥되고 영복전사永福典史로 좌천된다. 덕안德安지부로 관직을 마쳤다.

2 설교薛僑는 중기 관리로 설간薛侃의 6째 동생이다. 가정 2년(1523)에 진사가 되고 국자감 교수를 제수받았다.

3 『주역』, 정鼎괘, 구이효: 鼎有實, 我仇有疾, 不我能卽, 吉[솥에 음식이 있으나 내 원수가 병이 생기니, 내가 능히 나아가지 않으면 길할 것이다] 정鼎괘 솥이라는 상징적 이미지를 통해 삶의 풍요로움과 조화를 이야기한다. 여기서 구이는 정괘에서 가장 안정적인 자리에 해당한다. 그래서 길한 조짐으로 보았다.

가정 12년(1533)

十二年癸巳，門人歐陽德合同志會於南畿。

가정 12년 계사년(1533) 문인 구양덕이 동지들을 모아서 남경 근교에서 회의했다.

自師沒，同門既襄事於越。三年之後歸散四方，各以所入立教，合並無時。是年，歐陽德、季本、許相卿、何廷仁、劉陽、黃弘綱嗣講東南，洪亦假事入金陵。遠方志士四集，類萃群趨，或講於城南諸刹，或講於國子雞鳴。倡和相稽，疑辯相繹，師學復有繼興之機矣。

선생이 돌아가시고부터 동문들이 이윽고 월 땅에서 일을 도왔다. 3년 후에 사방으로 돌아가서 흩어져 각자 들어간 곳에서 가르침을 세우고 일정한 때를 정하지 않고 함께 모였다. 이 해에 구양덕, 계본, 허상경, 하정인, 유양劉陽[1], 황홍강은 동남지방에서 강학을 이어갔다. 전덕홍 역시 일을 핑계 삼아 금릉으로 들어갔다. 먼 곳의 뜻있는 선비들이 사방에서 모였는데 무리가 모여들었다가 떼를 지어 빠져나갔다. 어떨 때는 성의 남쪽 여러 사찰에서 강독하였고 어떨 때는 계명雞鳴[2]에 있는 국자감에서 강독하였다. 이끌어서 화합하고 서로 쌓아서 의심되는 곳은 서로 풀어내어 선생의 학은 다시 이어서 흥하는 기틀을 가졌다.

주

1 유양劉陽은 자가 일서一舒이고 호는 삼오三五이며 강서성 안복安福 사람이다. 가정 연간 거인擧人이 되어 탕산碭山지현, 복건도어사 등을 역임했다. 나중에 엄숭嚴嵩을 피하다 병을 얻어 귀향하였다. 왕수인의 문인인 추수익이 죽자, 강우江右 학자들은 모두 그에게 돌아왔다.

2 계명雞鳴은 운남성 진웅현鎮雄縣, 귀주성 비제시畢節市, 사천성 서영현敘永縣 사이에 닭 모양으로 끼여져 있다. 행정구역은 운남성 진웅현이다. 이족彝族, 백족白族, 묘족苗族 등 소수민족이 살고 있다. 계명은 산으로 둘러싸여 있고, 봉우리가 우뚝 솟아 물이 수려하며, 깊은 계곡과 숲이 그윽한 쾌적한 자연 특색을 지닌다.

가정 13년(1534)

十三年甲午正月，門人鄒守益建復古書院於安福，祀先生。

가정 13년 갑오년(1534) 정월에 문인 추수익이 안복에 복고서원을 건축하여 선생을 제사 지냈다.

師在越時，劉邦采首創惜陰會於安福間月爲會五日。先生爲作《惜陰說》。既後，守益以祭酒致政歸，與邦采、劉文敏、劉子和、劉陽、歐陽瑜、劉肇衮、尹一仁等建復古、連山、復真諸書院，爲四鄉會。春秋二季，合五郡，出青原山，爲大會。凡鄉大夫在郡邑者，皆與會焉。於是四方同志之會，相繼而起，惜陰爲之倡也。

스승이 월 땅에 있을 때 유방채劉邦采가 석음회를 수창하여 안복에서 간월間月[1] 5일에 모이기로 했다. 선생이 『석음설』을 지었다. 그 후 추수익이 좨주祭酒[2]로서 사직하고 돌아와서 방채, 유문민, 유자화, 유양, 구양유. 유조곤, 윤일인尹一仁[3] 등과 복고, 연산, 복진 서원[4]을 세우고 사향회를 만들었다. 봄과 가을 두 계절에는 다섯 군에서 모여 청원산을 나와 큰 모임을 만들었다. 군과 읍에 있는 향대부鄉大夫[5]들이 모두 함께 모였다. 여기서 사방 동지들의 모임은 서로 계속해서 일어났는데 석음회가 창도한 것이다.

주

1 간월間月은 한 달씩 거르는 격월이다.

2 좨주祭酒는 벼슬 이름이다. 한나라 때 박사의 우두머리가 좨주가 되었다. 서진은 국자 좨주로 바꾸었는데, 수당 이후에는 국자감 좨주로 불리며, 국자감의 일을 주관하는 관리이다. 명나라의 좨주는 특정한 기능과 품위를 가진 관직이었다. 주로 국자감의 최고 장관으로서 교육과 행정을 관장했다.

3 윤일인尹一仁은 자가 임지任之이며 강서성 안복 사람이다. 가정 연간에 거인擧人이 되었고 관직은 공부우형주사工部虞衡主事를 제수받고 도수랑중都水郎中에 올랐다. 귀덕지부歸德知府로 있던 중 황제가 총애하는 근신에게 미움을 받아 귀향하였다.

4 복고서원, 연산서원, 복진 서원은 모두 강서성 안복에 있다. 가정 13년(1534) 왕수인 문하의 추수익은 국자좨주로 정치를 마치고 향리로 돌아가 지현 정문덕程文德과 함께 복고 서원 창건을 제안하였다. 먼저 유방채가 석음회를 창설하고, 복고 서원도 복진과 연산 서원처럼 관사館舍를 마련했는데 당각堂閣, 재사齋舍, 포벽庖湢, 몇 개의 침대와 기구를 갖추었다. 약간의 논밭이 있어 식사 비용으로 썼다. 추수익, 섭표, 정문덕이 각기 기記를 적었다. '복고復古'라고 쓴 자는 고인의 학문을 배운다는 뜻을 담았다. 41년, 윤일인과 유양수劉陽修가 서원을 수리했다.

5 향대부鄕大夫는 관명이다. 『춘추』에 '한 고을을 장악한 관리이다.'라고 적혀있다. 당 이후에는 군과 읍에서 행정을 책임진 관리를 말하여 향장鄕長으로 부르기도 한다.

1534년 3월

三月，門人李遂建講舍於衢麓，祀先生。

3월 문인 이수가 구록衢麓[1]에 강학하는 집을 지었다. 선생을 제사 지냈다.

주

1 구록衢麓은 절강성 구주시衢州市에 있다. 가정 연간에 이수李遂가 구주지부로衢州知府 있을 때 구록서원衢麓書院을 세우고 왕양명의 학문을 강학했다.

先自師起征思、田，舟次西安，門人欒惠、王璣等數十人雨中出候。師出天真二詩慰之。明年師喪，還玉山，惠偕同門王修、徐霈、林文夔等迎櫬於草萍驛，憑棺而哭者數百人。至西安，諸生追師遺教，莫知所寄。洪、畿乃與璣、應典等定每歲會期。

먼저 스승이 사은과 전주에서 군사를 일으켰고 그로부터 배를 타고 서안에 머물렀다. 문인 난혜와 왕기 등 수십 명이 비가 오는 데 나와서 기다렸다. 스승이 천진산 두 시를 꺼내어 그들을 위로했다. 다음 해 스승의 상여가 옥산玉山[1]으로 돌아오니 동문 왕수, 서패, 임문기 등이 함께 초평역에서 널을 맞이하였는데 관에 붙어서서 우는 자가 수백 인이었다. 서안에 이르러 스승을 따라 가르침을 받은 재생들이 의지할 곳을 알지 못했다. 전덕홍과 왕기는 이내 기畿와 응전 등과 매년 모이는 시기를 정했다.

주

1 옥산玉山은 강서성 상요시上饒市이다. 강서성 동북부에 위치한다. 동쪽은 절강성 개화현開化縣, 상산현常山縣, 강산시江山市와 인접하고, 남쪽은 광풍현廣豐縣, 서쪽은 신주구信州區, 북쪽은 덕흥시德興市와 접한다.

是年遂爲知府，從諸生請，築室於衢之麓。設師位，歲修祀事。諸生柴惟道、徐天民、王之弼、徐惟緝、王之京、王念偉等，又分爲龍遊、水南會，徐用檢、唐汝禮、趙時崇、趙志皐等爲蘭西會，與天真遠近相應，往來講會不輟，衢麓爲之先也。

이 해에 이수가 지부가 되어서 재생들이 구주의 기슭에 건물을 짓자고 청했다. 선생의 신위를 세워놓고 매년 제사 지냈다. 재생 시유도柴惟道[1], 서천민, 왕지필王之弼[2], 서유집, 왕지경, 왕염위 등이 또 용유와 수남회를 나누어 만들고 서용검, 당여례, 조시숭, 조지고 등이 난서회를 만들었다. 천진과 거리가 상응하여 강회에 왕래하는 것이 그치지 않았다. 구록에 만들어진 모임 중에서 처음이었다.

주

1 시유도柴惟道는 자가 윤중允中이고 호는 백암산인白岩山人이며 엄주嚴州 사람이다. 재능이 뛰어나고 어리석지 않았으나 관직을 바라지 않고 왕수인 선생에게 공부하며 곳곳 마을을 돌아다니며 지냈다.

2 왕지필王之弼은 자가 우헌右軒이고 섬서성 경양涇陽 사람이다. 가정 임자년(1552) 거인이 되고 처음 여현교유蠡縣教諭를 제수받았다. 문안지현文安知縣으로 승진했는데 하북성 문안에 있을 때 법규를 엄격히 준수하고 간악한 도적을 제거하였다. 그때 한 명의 사악한 승려가 절 안에

여성을 몰래 숨겨두었다. 그는 이를 탐문하여 그 절을 없앴다. 다시 탁주지주涿州知州로 승진하자 문안현 주민들이 만류하여 문안지주로 있게 되었다. 이후 영평도永平道 병비첨사로 승진하였고, 다시 2품인 계주도薊州道 병비부사로 승진하였다. 78세를 일기로 세상을 떴다.

1534년 5월

五月，巡按貴州監察御史王杏建王公祠於貴陽。

5월, 귀주를 순안巡按[1]하던 감찰어사 왕행王杏[2]은 귀양에 왕공사를 세웠다.

주

1 순안巡按은 그 지역을 돌아다니며 각 방면에 걸쳐 조사하는 일이다.

2 왕행王杏은 자가 세문世文이고 호는 리호鯉湖이며 절강성 봉화 사람이다. 가정嘉靖 2년(1523) 진사가 되었고 후에 귀주 감찰어사가 되어 귀주를 순시하라는 명을 받았다.

師昔居龍場，誨擾諸夷。久之，夷人皆式崇尊信。提學副使席書延至貴陽，主教書院。士類感德，翕然向風。是年杏按貴陽，聞里巷歌聲，藹藹如越音；又見士民歲時走龍場致奠，亦有遙拜而祀於家者；始知師教入人之深若此。門人湯哻、葉梧、陳文學等數十人請建祠以慰士民之懷。乃爲贖白雲庵舊址立祠，置膳田以供祀事。杏立石作《碑記》。

스승이 옛적 용장에서 거주할 때 오랑캐들을 가르쳐 인도했다. 그것이 오래되어 오랑캐들은 모두 격식을 숭상하고 신의를 존중하였다. 제학부사 석서가 귀양에서 기간을 연장하고 서원에서 교육을 주관했다. 선비들이 덕에 감복하고 대단한 풍모를 우러렀다. 이 해는 왕행이 귀양을 순시했는데 동네 골목에서 들리는 노랫소리가 마치 월땅의 가락처럼 우렁찼다. 또 선비와 백성들은 세시歲時[1]에 용장으로 가서 제사를 지냈고 또 멀리 용장을 바라보며 절하거나 집에서 제사 지내는 자도 있었다. 비로소 스승의 가르침이 사람들의 마음 깊은 곳에 들어감이 이와 같음을 알게 되었다. 문인 탕한, 섭오, 진문학, 등 수십 명이 사당을 지어서 선비들과 백성들의 마음을 위로하자고 청했다. 이에 백운암 옛터를 사들여 사당을 세웠다. 선전膳田[2]을 사들여서 제사를 제공했다. 왕행은 돌에 『비기』를 적었다.

주

1 세시歲時는 1년 중 때때로, 혹은 1년 동안의 제철을 말한다.

2 선전膳田은 인전印田, 봉록전俸祿田과 같다. 송나라부터 청나라까지 광서성과 귀주성에 장족壯族, 포의족布依族들이 사는 지역 토사土司의 농지 이름이다. 토사는 그 영지에서 일부 좋은 토지를 나누어 농민에게 농사를 지어 임대하거나, 인근 각 마을의 농민들에게 가축과 농기구를 무상으로 경작하게 하고, 토지의 수확물은 모두 토사에 귀속시켜 체록體祿으로 삼았다고 하여 이름이 붙여졌다.

••• 비기碑記

記略曰：“諸君之請立祠，欲追崇先生也。立祠足以追崇先生乎?構堂以爲宅，設位以爲依，陳俎豆以爲享，祀似矣。追崇之實，會是足以盡之乎?未也。夫尊其人，在行其道，想像於其外，不若佩教於其身。先生之道之教，諸君所親承者也。德音鑿鑿，聞者飫矣；光範不不，炙者切矣；精蘊淵淵，領者深矣。

諸君何必他求哉?以聞之昔日者而傾耳聽之，有不以道，則曰：‘非先生之法言也，吾何敢言?’以見之昔日者而凝目視之，有不以道，則曰‘非先生之德行也，吾何敢行?’以領之昔日者而潛心會之，有不以道，則曰：‘非先生之精思也，吾何敢思?’言先生之言，而德音以接也；行先生之行，而光範以睹也；思先生之思，而精蘊以傳也，其爲追崇也何尚焉！”

『비기』의 대략에서 말한다: "여러분들이 사당을 세우자고 요청한 것은 선생을 추숭追崇[1]하려는 것이다. 사당을 세우는 것으로 선생을 추숭하는 것이 충분하겠는가? 당을 지어 집으로 삼고 신위를 세워 의복으로 삼으며, 제기를 진열해 놓고 제사음식으로 삼으니, 제사와 같다. 추숭의 실질은 모임이 다할 수 있겠는가? 아니다. 그 사람을 우러러보고 그의 도를 행하는 데에 있다. 그것 밖에서 상상하는 것은 그 몸에 가르침을 지니는 것만 못하다. 선생의 도가 가르치는 것은 여러분이 친히 받드는 것이다. 덕음德音[2]이 명확하여 듣는 자가 만족하고 광범위하여 아님이 없으며 영향을 받는 자가 절실하여[3] 정밀하게 쌓고 모아야 앎이 깊어진다.

여러분들은 하필 다른 곳에서 구하는가? 옛적에 그것을 듣는 자가 귀를 기울이며 그것을 들었는데 도로써가 아닌 것이 있다면 말했다: '선생의 법언이 아닌데 내가 어찌 감히 말하겠는가?' 옛적에 그것을 보는 자가 의심하며 그것을 보았는데 도로써가 아닌 것이 있다면 말했다: '선생의 덕행이 아닌데 내가 어찌 감히 행동하겠는가?' 옛적에 가르침을 받는 자가 마음을 숨기고 그것을 모으는데 도로써가 아닌 것이 있다면 말했다: '선생의 정밀한 생각이 아닌데 내가 어찌 감히 생각하겠는가?' 선생의 말을 말하는 것이 덕있는 소리로서 접하는 것이고 선생의 행동으로써 행동하는 것이 광범위하게 보는 것이며 선생의 생각을 사유하는 것이 정밀하게 쌓아서 전하는 것이다. 그것이 추숭을 하는 것이지 무엇이 숭상이겠는가?"

주

1 추숭追崇은 왕위에 오르지 못하고 죽은 이에게 임금의 칭호를 주던 일이다. 죽은 사람에게 작호爵號를 내리는 일도 추숭이다.

2 덕음德音은 도리道理에 맞는 말 혹은 좋은 평판이나 명망名望을 말한다.

3 『비기』에 아무리 선생의 말씀이 훌륭한 말씀이지만 듣는 이가 받지 않으면 소용없고 모두 옳은 이론이나 듣고 싶은 사람에게만 절실한 것이다. 재생들이 다가가 관심을 가지고 노력했으면 좋겠다는 생각을 비유로 담아 글을 적었다.

가정 14년(1535)

十四年乙未，刻先生《文錄》於姑蘇。

가정 14년 을미년(1535) 선생의 『문록』을 고소姑蘇[1]에서 각을 세기다.

주

1 고소姑蘇는 강소성 소주시에 있다. 고소는 오吳 문화의 발상지이다. 당시 도읍의 성곽이 고소성姑蘇城이었다.

先是洪、畿奔師喪，過玉山，檢收遺書。越六年，洪教授姑蘇，過金陵，與黃綰、聞人詮等議刻《文錄》。洪作《購遺文疏》，遣諸生走江、浙、閩、廣、直隸搜獵逸稿。至是年二月，鳩工成刻。

이보다 앞서 전덕홍과 왕기가 선생의 상을 치르느라 분주했다. 옥산을 지나며 보내온 편지들을 거두어 정리했다. 6년이 넘도록 전덕홍은 고소에서 학생들을 가르치고, 금릉을 방문하여 황간과 문인전 등과 함께 『문록』을 새길 것을 의논했다. 전덕홍은 『구견문소』를 짓고 재생들에게 강서성, 절강성, 복건성, 호광성, 직예로 달려가서 빠진 원고를 수집하러 보냈다. 이해 이월에 이르러 원고를 모아서 장인들이 각을 완성했다.

巡按直隸監察御史曹煜建仰止祠於九華山，祀先生。

직예直隸[1]를 순시하던 감찰어사 조욱曹煜[2]이 구화산九華山[3]에서 앙지사를 건립하고 선생을 제사 지냈다.

주

1 직예直隸는 행정구획이다. 직예는 송나라 시기 수도에 직속된 땅이었다. 명 영락제가 처음

북경에 도읍을 정한 뒤 북경에 직속 지역을 '직예'라 하였고 남경 직속은 '남직예'라고 불렀다.

2 조욱曹煜은 강서성 부량浮梁 사람이다. 가정 5년에 진사가 되었다.

3 구화산九華山의 명칭은 이백의 시구에서 유래되었으며 주봉은 십왕봉十王峰으로 해발 1342m이다. 안휘성 지주시池州市 청양현青陽縣 서남에 있다. 황산 산맥의 지맥에 속한다.

九華山在青陽縣，師嘗兩遊其地，與門人江口、柯喬等宿化城寺數月。寺僧好事者，爭持紙索詩，通夕灑翰不倦。僧蓄墨跡頗富，思師夙範，刻師像於石壁，而亭其上，知縣祝增加葺之。

구화산은 청양현에 있다. 선생은 일찍이 그곳을 두 차례 여행하셨다. 문인 강구, 가교 등과 함께 화성사化城寺[1]에서 수개월 묵으셨다. 일 벌이기를 좋아하는 중이 다투어 종이를 들고 시를 구하여서 밤이 새도록 붓을 씻는 것을 게을리하지 않았다. 중들이 쌓아둔 묵적이 자못 많았다. 스승이 일찍이 본보기였던 것을 생각하며 석벽에 스승의 상을 새기고 그 위에 정자를 세우고 지현 축증이 지붕을 더 이었다.

주

1 화성사化城寺는 청양현 구화산에 있다. 원래의 이름은 지장사地藏寺였다. 구화산 불교에서 가장 오래된 사찰로 개산조사開山祖寺로 불린다. 동진 융안隆安 5년(401), 스님 배도杯渡가 이곳에 암자를 지었다. 당나라 지덕 연간(756~758)에 개축되어 이름을 화성사로 하였으며, '화성化城'은 『법화경』의 불교 고사에서 유래되었다.

是年煜因諸生請，建祠於亭前，扁曰"仰止"。鄒守益捐資，令僧買贍田，歲供祀事。越隆慶戊辰，知縣沈子勉率諸生講學於斯，增葺垣宇贍田。煜祭文見《青陽志》。

이 해에는 조욱이 재생들이 청하였기 때문에 정자 앞에 사당을 건립하여 편액에 '앙지'라고 썼다. 추수익이 재산을 기부하여 중에게 섬전贍田[1]을 사들이게 하여 해마다 제사를 지냈다. 융경 무진년을 지나 지현 심자면은 재생을 거느리고 이곳에서 강학했고 섬전에 집의 담장과 지붕을 잇는 일을 추가로 했다. 조욱의 제문이 『청양지』에 보인다.

주

1 섬전贍田은 식구를 봉양하는 밭이다. 섬은 '구제하다'의 의미를 지녔다.

가정 15년(1536)

十五年丙申，巡按浙江監察御史張景、提學僉事徐階，重修天真精舍，立祀田。

가정 15년 병신년(1536) 절강성을 순안하던 감찰어사 장경張景[1]과 제학첨사 서계徐階[2]가 천진정사를 중수하고 제전祀田[3]을 세웠다.

주

1 장경張景(1436~1511)은 신현新縣 사람이다. 성화 연간 공생이 되고 형주 세과대사稅課大使와 무창령武昌令을 지내며 청렴하고 근면하였다. 홍치 2년(1489) 고향으로 돌아가 노후를 보내며 홍엽산방을 지어 자손들이 독서하는 방으로 제공했다. 향리에 관심을 두어 다리를 건설하고 길을 닦고 시주를 하여 어려운 사람을 도와 사람들이 그를 존경했다.

2 서계徐階(1503~1583)는 명 중기 명신이다. 자가 자승子升이고 호는 소호少湖·존재存齋이며 송강부松江府 화정현華亭縣 사람이다. 초에는 섭표를 스승으로 모시고 후에 왕수인을 모셨다. 가정 2년(1523) 탐화探花로 급제하여 한림원 편수編修를 제수받았다. 가정 9년(1530) 그는 공자 제사 문제에서 세종의 총신 장총張璁의 미움을 사서 복건성 연평부延平府로 좌천되었다. 이후 절강·강서 교육감으로 관직을 복위하고 가정 18년(1539)에 사경국司經局 세마世馬 겸 한림원시독, 국자감제주·예부우시랑·이부좌시랑·예부상서를 역임하고 가정 31년(1552) 내각에 입성하여 엄숭을 물러나게 하고 내각의 수석 보좌관을 맡았다. 그는 내각수보에 재임할

때 경사 영제궁靈濟宮에 강연을 열어 오양덕, 섭표, 정문덕이 나누어 주관하여 양명학을 전파하는 데 큰 역할을 했다. 서계는 악비의 유문을 집록하여 세상에 알렸다. 이는 문화에 대한 큰 공헌이다.

3 제전祀田은 소작료 수입으로 제사를 지내는 밭이다.

••• 전기田記

門人禮部尚書黃綰作《田記》。記曰：

“今多書院，興必由人，或仕於斯，或遊於斯，或生於斯，或功德被於斯；必其人實有足重者，表表在人，思之不見，而後立書院以祀之。聚四方有志，樹之風聲，講其道以崇其化。

浙江之上龍山之麓，有曰天真書院，立祀陽明先生者也。蓋先生嘗遊於斯，既沒，故於斯創精舍，講先生之學，以明先生之道。夫人知之，豈待予言哉?正德己卯，寧濠之變，起事江右，將窺神器，四方岌岌，日危於死。浙爲下遊，通衢八道，財賦稱甲。濠意欲先得之。故陰置腹心，計爲之應。

因先生據其上遊，奮身獨當之，濠速敗，浙賴以寧，卒免鋒刃荼毒之苦：皆先生之功也。則今日書院之創，非徒講學，又以明先生之功也。書院始於先生門人行人薛侃、進士錢德洪、王畿，合同志之資爲之。繼而門人僉事王臣、主事薛僑，有事於浙，又增治之，始買田七十餘畝。蒸嘗輯理，歲病不給。

侍御張君按浙，乃躋書院而歎曰，‘先生之學，論同性善。先生之功，在於社稷。皆所宜祀，矧覆澤茲土尤甚，惡可忽哉！’乃屬提學僉事徐君階，命紹興推官陳讓，以會稽廢寺田八十餘畝爲莊，屬之書院。又出法臺贖金三百兩，命杭州推官羅大用及錢塘知縣王釴買宋人所爲龜疇田九十餘畝以益之。

於是需足人聚，風聲益樹，而道化行矣。昔宋因書院而爲學校，今於學校之外復立書院，蓋久常特新之意與？予嘗登玆山，坐幽岩，步危磴，俯江流之洄浙，引蒼渤之冥茫，北覽西湖，南目禹穴，雲樹蒼蒼，晴嵐窅窅。於是愴然而悲，悄然而戚，恍見先生之如在而能不忘也。

乃知學校之設既遠，遠則常，常則玩，玩則怠，怠則學之道其疏乎？書院之作既近，近則新，新則愓，愓則勵，勵則學之道其修乎？玆擧也，立政立教之先務，益於吾浙多矣。"

문인 예부상서 황관이 『전기田記』를 지었다. 『전기』에 말한다:

"지금은 서원이 많은데 성행하는 곳은 반드시 사람에 말미암는다. 어떤 이는 이곳에서 벼슬을 하고 어떤 이는 이곳에서 유람하며, 어떤 이는 이곳에서 태어나고 어떤 이는 이곳에서 공덕이 생겼다. 그 사람이 정말 중시해야 할 만한 자라서 눈에 띄게 두드러지는 것은 사람에게 달려있는데 그를 생각해도 볼 수 없어서 후에 서원을 건립하여 그를 제사 지내는 것이다. 사방의 뜻있는 사람을 모아서 풍성風聲[1]을 수립하고, 그 도를 강론하여 그 교화를 숭상하는 것이다.

절강성의 위쪽 용산 기슭에 있는 것이 '천진서원'이라고 불리는데 양명선생의 제사를 위해 세운 것이다. 대체로 선생은 일찍이 이곳을 유람하셨는데 돌아가셨기 때문에 이곳에 정사를 짓고 선생의 학을 강학함으로써 선생의 도를 밝혔다. 사람들이 그것을 아는데 어찌 내 말을 기다리겠는가? 정덕 기묘년(1519)에 주신호의 변이 강우에서 일어나 장차 신기神器[2]를 살피니 사방이 위태로웠고 날마다 죽음에서 위태로웠다. 절강은 하류여서 길이 팔도로 통하니 재물과 부세가 으뜸이라고 한다. 주신호의 뜻은 먼저 그곳을 얻고자 하였다. 그 때문에 암암리에 복심을 지니게 되었고 계획이 그것에 응한 것이다.

선생은 그 상류를 거점으로 하여서 몸소 분발하여 싸워 그곳을 지켰는데 신호가 속히 패하자, 절강성은 그것에 힘입어 편안해지고 마침내 칼날과 심한 고통에서 면하게 되었다. 모두 선생의 공이다. 그렇다면 오늘날 서원의 창건은 비단 강학하는 것만이 아니라 또 선생의 공을 밝히기 위해서이다. 서원이 선생 문인인 행인 설간, 진사 전덕홍, 왕기에서 시작되어 동지들이 자금을 합하여 그것을 만든 것이다. 이어서 문인 첨사 왕신과 주사 설교가 절강에서 관리로 있으며 또 그곳을 다스리는 것을 더하니 비로소 밭 70여 묘를 샀다. 제사는 일찍이 모아서 치렀는데 해마다 공급하지 못함이 걱정거리였다.

시어사 장경이 절강성을 순안 할 때 서원에 올라가 탄식하며 말했다: '선생의 학은 성이 선하다는 것을 같이 논하였다. 선생의 공은 사직에 있다. 모두 마땅히 제사를 지내야 한다. 하물며 이곳에서 은택을 입음이 더욱 깊으니 어찌 소홀히 할 수 있겠는가?' 제학첨사 서계에게 부탁하여 소흥 추관 진양에게 명하여서 회계의 황폐한 절의 밭 80여 묘로써 장전莊田[3]을 만들어 서원에 그것을 속하게 하라고 했다. 또 법대法臺[4]의 속금贖金[5] 300량을 내어서 항주 추관 나대용과 전당지현 왕익에게 송나라 사람이 구주전龜疇田 90여 묘를 만들었던 것을 매매하여 그것을 늘리도록 명하게 했다. 이렇게 함으로써 공급이 충족하고 사람들이 모여서 풍성이 더욱 수립되고 도화道化[6]가 행해졌다. 옛적 송나라는 서원이 학교가 되었기 때문에 지금 학교 외에 다시 서원을 설립했다. 아마도 특별하고 새로운 의미를 영원하게 하려는 것인가? 내가 이 산에 올랐던 적이 있는데 그윽한 바위에 앉기도 하고, 위태로운 돌 비탈길을 걸으면서 강이 흐름이 절강을 돌아 흐르는 것을 내려다보기도 하였다. 푸른 바다가 어둑함을 자아냈고 북에서는 서호西湖[7]를 보았고 남에서는 우혈禹穴[8]이 눈에 들어왔다. 구름 낀 숲이 푸르고 맑은 산안개가 으슥했다. 이에 창연히 슬프고, 초연히 근심스러우니, 황홀하게 선생이 있는 것 같아서 잊을 수가 없다.

더구나 학교의 설립이 이미 요원한 것을 아는데 요원하면 일상이 되고, 일상이 되면 익숙해지고 익숙해지면 나태해진다. 나태해지면 학교의 도는 아마 소원해지지 않겠는가? 서원이 세워짐이 이윽고 가까워지니 가까워지면 새롭고 새로우면 두려워지고 두려우면 힘쓰게 되며 힘쓰면 학의 도가 닦아지지 않겠는가? 도를 닦는 행위는 정치를 세우고 교육을 세우는 것이 우선할 일이다. 우리 절강성에 이익이 됨이 많을 것이다."

주

1 풍성風聲은 교육이나 정치의 힘으로 풍습을 잘 교화敎化하는 일이다.
2 신기神器는 임금의 자리를 비유적으로 이르는 말이다.
3 장전莊田은 귀족의 사유지로 장원莊園에 딸린 논과 밭이다.
4 법대法臺는 도교에서 잿날 의식을 거행하는 장소이다.
5 속금贖金은 죄를 면하기 위하여 바치는 돈이다.
6 도화道化는 도道로써 바른길로 이끄는 것이다.
7 서호西湖는 절강성 항주시에 있다. 다른 이름은 전당호錢塘湖라고 한다. 강남 3대 호수 중 하나이다.
8 우혈禹穴은 절강성 소흥시 동남 6km 되는 회계산會稽山 기슭이다. 고대 치수의 영웅이던 우임금의 묘혈이 있는 곳을 말한다.

가정 16년(1537)

1537년 10월

十六年丁酉十月，門人周汝員建新建伯祠於越。

가정 16년 정유년(1537) 10월 문인 주여원이 월 땅에 신건백사를 건립했다.

是年汝員以御史按浙。先是師在越，四方同門來遊日衆，能仁、光相、至大、天妃各寺院，居不能容。同門王艮、何秦等乃謀建樓居齋舍於至大寺左，以居來學。師沒後，同門相繼來居，依依不忍去。

이 해 주여원은 어사로써 절강을 순시했다. 이보다 앞서 선생은 월 땅에 계셨는데, 사방의 문인들이 놀러 오는 것이 날로 많아졌다. 능인, 광상, 지대, 천비 각 사원은 거처에 수용할 수 없었다. 동문 왕간과 하진 등은 곧 지대사 좌측에 누대와 기거할 재사를 건립하는 것을 의논하여 와서 배우려는 사람들을 기거하게 했다. 스승이 돌아가신 후 동문들이 서로 계속하여 와서 기거하였는데 섭섭하여 차마 떠날 수가 없었다.

是年，汝員與知府湯紹恩拓地建祠於樓前。取南康 蔡世新肖師像，每年春秋二仲月，郡守率有司主行時祀。

이 해에 주여원과 지부 탕소은湯紹恩[1]은 땅을 넓혀서 누대 앞에 사당을 건립하였다. 남강의 채세신蔡世新[2]은 선생 초상을 취하여 매년 봄가을 두 중월에 군수가 유사를 거느리고 시제 행하는 것을 주관했다.

주

1 탕소은湯紹恩(1499~1556)은 중기 저명한 수리水理 전문가이다. 자가 여승汝承이고 호는 독재篤齋이다. 사천성 안악安嶽 사람이다. 가정 5년(1526)진사가 되어 가정 14년(1535) 호부랑중, 안덕지부安德知府, 소흥지부가 되고 뒤에 산동우포정사 등의 직책을 맡았다. 가정 17년, 고감호古鑒湖의 동당東塘, 남당南塘 및 막힌 댐과 수문을 개조하는 것을 주관하였으며, 동서로 백여 리에 걸쳐 이어져 통로를 형성하여 저수에도 유리하고 교통에도 편리하게 되었다.

2 채세신蔡世新은 중후기 화가이다. 인물 초상화를 주로 그렸다. 특히 왕양명의 초상화를 그린 것이 유명하다. 예술 작품은 수려하고 전아한 특징을 지녔으며 그의 진적은 행방이 묘연하지만, 모조품은 상해박물관 등 기관에 소장 전시되어 있다.

1537년 11월

十一月，僉事沈謐建書院於文湖，祀先生。

11월 첨사 심밀은 문호文湖[1]에 서원을 건립하고 선생을 제사 지냈다.

주

1 문호文湖는 절강성 가흥부嘉興府 수수현秀水縣 북쪽에 있다.

文湖在秀水縣北四十里，廣環十里，中橫一州，四面澄碧，書院創焉。謐初讀《傳習錄》，有悟師學，即期執贄請見。師征思、田，弗遂。及聞訃，追悼不已。後爲行人，聞薛子侃講學京師，乃歎曰："師雖沒，天下傳其道者尚有人也。"遂拜薛子，率同志王愛等數十人講學於其中，置田若幹畝以贍諸生。

문호는 수수현에서 북으로 40리에 있다. 넓이는 10리를 둘렀고 중간에 한 주州를 가로지르고, 사면이 맑고 푸르러 서원이 창건되었다. 심밀은 초기에 『전습록』을 읽고 선생의 학에서 깨친 바가 있어 즉시 집지를 드리는 날짜를 잡아 뵙기를 청했다. 선생이 사은과 전주에서 정벌하고 있어서 이룰 수가 없었는데 급기야 부고를 듣게 되니 선생을 생각하는 슬픔이 그치지 않았다. 후에 행인이 되어 설간이 경사에서 강학한다는 소식을 듣고 이에 탄식하며 말했다: "선생이 비록 돌아가셨으나 천하에는 그 도를 전하는 사람이 여전히 있구나." 비로소 설간에게 절하고 동지 왕애 등 수십 명을 따라서 그 가운데에서 강학을 들었다. 밭을 마련하여 몇 묘 정도는 재생들을 돕도록 남겨 두었다.

是年，巡按御史周汝員立師位於中堂，春秋二仲月，率諸生虔祀事，歌師詩以侑食。既後，謐起僉江西，爲師遍立南贛諸祠。比沒，參政孫宏軾、副使劉慤設謐位，附食於師。謐子進士啟原增置贍田，與愛等議附薛子位。祭期定季丁日。同志與祭天真者俱趨文湖，於今益盛。

이 해는 순안어사 주여원이 중당에서 선생의 신위를 세우고 봄과 가을 두 번 중월에 재생을 이끌고 제사를 지냈다. 선생의 시를 읊으며 음식을 나누었다. 얼마 후 심밀이 강서성에서 첨사가 되어 선생을 위하여 남창과 감주에 여러 사당을 두루 세웠다. 최근 첨밀이 죽어 참정 손굉식孫宏軾[1]과 부사 유각이 심밀의 신위를 세워서 선생의 사당에서 제사를 받게 했다. 심밀의 자식이며 진사였던 계원은 섬전贍田을 더 내놓았다. 서애 등과 함께 설간의 신위를 덧붙일 것을 의논하였다. 제사 시기는 계정일季丁日로 정했다. 동지들은 천진서원에서 제사를 지내는 자들이 문호서원을 따라서 갖추어 지냈고 지금에 와서 더욱 번성하였다.

주

1 손굉식孫宏軾은 자가 이첨以瞻이며 사천성 자현資縣 사람이다. 가정 14년 을미년(1535) 에 진사가 되고 절강해도부사浙江海道副使와 강서참정을 하였다.

가정 17년(1538)

十七年戊戌，巡按浙江監察御史傅鳳翔建陽明祠於龍山。

가정 17년 무술년(1538) 절강성을 순찰하는 감찰어사 부봉상傅鳳翔[1]이 용산에 양명사를 건립하였다.

주

1 부봉상傅鳳翔(1487~1551)은 자가 덕휘德輝이고 호는 응태應台이며 호북성 응산현應山縣 사람이다. 가정 2년(1523) 진사가 되고 관직은 병부좌시랑에 올랐고 죽어서 우도어사를 추증받았다. 음서로 아들이 국자감독서國子監讀書로 들어갔다.

龍山在餘姚縣治右。辛巳年，師歸省祖塋，門人夏淳、孫升、吳仁、管州、孫應奎、範引年、柴鳳、楊珂、周於德、錢大經、應揚、穀鍾秀、王正心、正思、俞大本、錢德周、仲實等，侍師講學於龍泉寺之中天閣。師親書三八會期於壁。

용산은 여요현 치소 우측에 있다. 신사년(1521) 선생이 조상의 무덤을 살피러 고향으로 돌아와 문인 하순夏淳[1], 손승孫升[2], 오인吳仁[3], 관주, 손응규孫應奎[4], 범인년範引年[5], 시봉, 양가楊珂[6], 주어덕周於德[7], 전대경, 응양, 곡종수, 왕정심, 정사, 유대본, 전덕주錢德周[8], 중실 등이 용천사의 중천각에서 선생을 모시고 강학했다. 선생은 친히 벽에 38회 시기를 적었다.

주

1 하순夏淳은 자가 유초惟初이고 호는 복오複吾이다. 향시에 붙어 거인이 되고 사명부思明府동지를 했다. 위장거魏莊渠와 천근천기설天根天機說을 주장하였는데, "고요함[靜]은 천근天根이고 움직임[動]은 천기天機이라면 가능하다. 마치 고요함으로 천근을 기르고 움직임으로 천기를 관찰하는 것으로 갈린다. 정동은 두 가지로 성性을 말하지 않는다."라고 주장하였다.

2 손승孫升(1501~1560)은 자가 지고志高이고 호는 계천季泉이다. 도어사 손수孫燧의 막내아들이다. 남경이부상서 손롱孫鑨의 부친이다. 가정 4년(1525) 거인이 되고 가정 6년(1527) 태학에 유학하여 엄숭의 인정을 받았고 가정 14년(1535)에 진사 방안榜眼(2등)에 급제하여 『열성어문列聖禦文』, 『오경』, 『이십일사』 편찬에 참여했다. 가정 25년(1546)에 남경 향시를 주관했고 가정 28년(1549) 국자감 좨주로 승진하고 가정 30년(1551) 예부시랑이 되었다. 관직은 남경 예부상서까지 했고 죽어서 태자소보를 추증받았다. 시호는 문각文恪이다.

3 오인吳仁은 본명이 오이산吳頤山이며 시화詩畫에서 '명 사대가' 중 한 명인 당백호唐伯虎의 벗이다. 정덕 9년(1514) 진사가 되고 문학에 이름을 남겼다. 그는 금사사金沙寺에 머물며

공부했고 정덕 9년 진사가 되었다.

4 손응규孫應奎는 자가 문숙文宿이고 호는 동곡東穀이다. 하남성 낙양현 사람이다. 정덕 16년(1521) 진사가 되어 장구章丘지현을 제수받았다. 가정초 병과급사중이 되고 말로 인해 고평승高平丞으로 좌천되었고 후에 우부도어사로 옮기고 순천順天을 순무하였다. 남경공부상서로 있다가 31년(1552)에 북경에 있는 예비 추곡이 부족하여 재정적 어려움을 겪자, 그는 호부상서로 옮겨갔다.

5 범인년範引年은 자가 조기兆期이고 호는 반야半野이다. 왕수인의 제자이다. 왕수인이 강서성 남안南安에서 세상을 떠나 관이 상요上饒 옥산현玉山縣을 지날 때 시봉柴鳳과 함께 그곳에 도착했다. 가정 9년(1530) 손응규孫應奎와 함께 항주 천진서원의 일을 주관했다. 가정 21년(1542)에 청전의 유사로 초빙되었고, 범인년은 청전青田의 교육을 주관하였다. 제자가 상당히 많았다. 청전 사람들은 왕수인을 기리기 위해 문성사文成祠를 세웠으며, 범인년을 사당에 함께 배향했다.

6 양가楊珂는 자가 여명汝鳴이고 호는 비도秘圖이며 본래 성은 사史씨였다. 소년시절 왕학을 배웠다. 과거를 감독하는 관리가 소흥을 시찰하여 여러 가지를 조사하며 마치 범인을 취조하는 것 같았다. 그 때문에 과거를 포기하고 스스로 천태산과 사명산 사이에서 시를 쓰고 왕희지 글씨를 임모하며 은둔생활을 하였다. 여요지현 호종헌胡宗憲이 그를 자신의 참모로 데리고 있으려고 글씨를 써달라고 하며 거금을 주고 모셔오라고 했다. 호종헌과 왕학을 공부하며 지냈다.

7 주어덕周於德은 호가 난돈蘭墩이다. 그는 무술 가문에서 태어나 대하위大河衛에 군적을 두고 17세에 지휘관이 되었다. 대하위 주둔지는 지금의 회안시 회안구이다. 가정 14년에 무진사武進士가 되었고 복건도사福建都司, 정주참장靖州參將, 우군도독, 강회총병관, 남경전군도독, 광서진수, 정만부장군, 남경좌부도독 등을 역임했다.

8 전덕주錢德周는 전덕홍의 동생이다. 가정 3년(1524) 형은 동생 덕주를 데리고 소흥으로 가서 함께 왕수인에게 공부했다.

吳仁聚徒於閣中，合同志講會不輟。丁亥秋，師出征思、田，每遺書洪、畿，必念及龍山之會。是年傳以諸生請建祠於閣之上方，每年春秋二仲月，有司主行時祀。

오인이 중천각에 무리들을 모으고 동지를 합하여 강학하는 모임은 그치지 않았다. 정해년(1527) 가을 선생은 사은과 전주로 출정하셨는데, 편지마다 전덕홍과 왕기에게 반드시 용산의 모임에 생각이 이르러야 한다고 했다. 이해에 재생들이 중천각 위쪽에 사당 건립을 청하여 전달하였고 매년 봄과 가을 두 번 중월에 유사가 시사時祀[1]를 주관하여 거행했다.

주

1 시사時祀는 철마다 지내는 시제時祭이다. 음력 2월, 5월, 8월, 11월에 지내는 제사이다.

가정 18년(1539)

十八年己亥，江西提學副使徐階建仰止祠於洪都，祀先生。

가정 18년 기해년(1539) 강서성 제학부사 서계는 홍도洪都[1]에 앙지사를 건립하고 선생을 제사 지냈다.

주

1 홍도洪都는 지금의 강서성 남창의 별칭이다.

自階典江西學政，大發師門宗旨，以倡率諸生。於是同門吉安鄒守益、劉邦采、羅洪先，南昌李遂、魏良弼、良貴、王臣、裘衍、撫州陳九川、傅默、吳悌、陳介等，與各郡邑選士俱來合會焉。魏良弼立石紀事。

서계가 강서 학교 행정을 맡고부터 선생 문하의 종지宗旨[1]가 크게 빛을 발하게 되어서 재생들을 앞장서서 이끌었다. 여기에서 동문 길안의 추수익, 유방채, 나홍선, 남창의 이수, 위양필, 양귀, 왕신, 구연, 무주의 진구천, 부묵, 오제吳悌[2], 진개 등이 각 군 읍에서 선발된 선비들과 함께 모여서 회의했다. 위양필이 돌을 세워 일을 기록하였다.

주

1 종지宗旨는 존숭하는 분의 문하에서 가르침의 큰 근본 혹은 취지趣旨이다. 종宗은 선조 중의 덕망이 있는 조상이거나 존숭하는 스승 등을 뜻하고 지旨는 주장이 되는 요지要旨나 근본이 되는 중요한 뜻이다.

2 오제吳悌(1502~1568)는 자가 사성思誠이고 호는 소산疏山이며 학자들은 그를 소산선생疏山先生이라 불렀다. 강서성 금계金溪 사람이다. 가정 연간에 진사가 되어 악안樂安의 지현이 되고 선성宣城의 어사가 된다. 엄숭嚴嵩이 정치를 마음대로 하여 그에게 미움을 사서 20여 년 가족이 고생했다. 엄숭이 물러나고 다시 관직에 나아가 남경 대리경이 되었다. 오악吳嶽, 호송胡松, 모개毛愷와 병칭하여 '남도사군자'라고 불렸다. 융경 원년(1567) 형부시랑으로 옮겼고 다음 해 죽어 고향에서 사당을 건립하여 육구연, 오징, 오여필, 진구천과 함께 제사 지냈다. 그리고 이 사당을 '오현사五賢祠'라고 불렀다. 죽은 뒤 예부상서에 추증되고 시호는 문장文莊이다.

吉安士民建報功祠於廬陵，祀先生。

길안의 선비와 백성들은 여릉에 보공사를 건립하고 선생을 제사 지냈다.

祠在廬陵城西隅。師自正德庚午涖廬陵，日進父老子弟告諭之，使之息爭睦族，興孝悌，敦禮讓，民漸向化。興利剔蠹，賑疫禳災，皆有實惠。七越月而去，民追思之。既提督南贛，掃蕩流賊，定逆濠之亂，皆切民命。

사당은 여릉성 서쪽 모퉁이에 있다. 선생은 정덕 5년 경오년(1510)에 여릉 강학에 참석하셨다. 매일 부로와 자제들에게 가서 알려주고 그들을 깨우쳤다. 다툼을 그만두고 가족을 화목하게 하고 효제를 일으키고 예의와 양보를 돈후하게 하여 백성들은 점점 교화되었다. 좀도둑을 제거하고 이로움을 일으키며 돌림병을 구제하여 재앙을 물리치니 모두가 실질적 혜택이 있었다. 선생이 7월을 넘기고 돌아가시니 백성들은 그를 추모하고 생각하였다. 이미 남창과 감주의 제독으로 떠도는 적을 소탕하고 역적 신호의 난을 평정하였으니 다 백성의 목숨을 간절하게 여긴 것이다.

及聞師訃，喪過河下，沿途哀號，如喪考妣。乃相與築祠，名曰："報功"，歲修私祀。後曾孔化、賀鈞、周祉、王時椿，王時槐、陳嘉謨等相與協成，制益宏麗，春秋郡有司主祀。十九年庚子，門人周桐、應典等建書院於壽岩，祀先生。

선생의 부고를 막 들었는데 상여가 강 아래를 지나가니 길을 따라 애절하게 울부짖는 소리가 마치 죽은 어미를 장사 지내는 것 같았다. 급기야 서로 함께 사당을 건립하고 이름을 '보공報功'이라고 하였다. 매년 개별적으로 제사를 지냈다. 훗날 증공화, 하균賀鈞[1], 주지, 왕시춘, 왕시괴王時槐[2], 진가모陳嘉謨[3] 등이 서로 함께 협력하여 완성하니 모양새가 더욱 크고 수려했다. 봄과 가을은 군의 유사가 제사를 주관하였다. 가정 19년 경자년(1540)에 문인 주동, 응전 등이 수암에 서원을 건립하고 선생을 제사 지냈다.

주

1 하균賀鈞은 자가 신부信夫이고 강서성 여릉廬陵(지금의 길안) 사람이다. 정덕 11년(1516) 거인이 되었고 관직은 응천부학應天府學 교수를 지냈다.

2 왕시괴王時槐(1522~1605)는 교육가이다. 자가 자직子直이고 호는 당남塘南이며 강서성 안복安福 사람이다. 어려서 유문민劉文敏을 스승 삼았고 후에 왕수인의 제자로 옮겼다. 가정 26년(1547) 진사가 되어 남경 병부주사로 임명되었고 후에 섬서성과 귀주성의 참정을 했다. 남경 병부주사, 예부랑중, 태복경을 역임했다. 만력 20년1592 길안지부 왕가수汪可受가 백로주白鷺洲 서원을 재건하고 왕시괴와 추원표鄒元標를 서원의 주 강사로 임명했다. 만력 연간에 귀주참정와 홍려태상鴻臚太常으로 기용되었으나 나가지 않고 강학하다가 83세에 죽었다.

3 진가모陳嘉謨(1521~1603)는 자가 세현世顯이고 호는 몽산蒙山이며 여릉 사람이다. 가정 26년 진사가 되고 급사중에 부임하였으나 엄숭과 같이하지 못해 관직에 나가지 않았다. 엄숭이 퇴각하고 사천안찰사부사에 기용되나 융경 4년에 병을 얻어 돌아왔다. 호광포개사좌참정으로

부름을 받았으나 나가지 않았다. 왕시괴와 함께 사원에서 양지의 설을 밝히다가 세상을 떴다.

壽岩在永康西北鄉，岩多瑞石，空洞塏爽。四山環翠，五峰前擁。桐、典與同門李珙、程文德講明師旨。嵌岩作室，以居來學。諸生盧可久、程梓等就業者百有餘人。立師位於中堂，歲時奉祀，定期講會，至今不輟。

수암은 영강 서북의 향리에 있다. 바위는 상서로운 돌이 많았고, 빈 골짜기는 높고 시원하였다. 사방의 산이 비취색을 두르고, 다섯 봉오리가 전면에 가려져 있다. 주동과 응전은 동문 이공, 정문덕과 더불어 선생의 가르침을 강독하여 분명히 하였다. 산골짜기 바위 동굴은 방을 만들어서 공부하러 오는 학생들을 거처하게 했다. 재생 노가구, 정재 등 수업 받으러 오는 자가 백여 명이 있었다. 중당 앞에 선생의 신위를 모시고 매년 새해 첫날에 제사를 올렸다. 정기적으로 강학 모임을 하였는데 지금까지도 쉬지 않고 하고 있다.

가정 21년(1542)

二十一年壬寅，門人範引年建混元書院於青田，祀先生。

가정 21년 임인년(1542) 문인 범인년이 청전青田[1]에 혼원서원을 건립하고 선생을 제사 지냈다.

주

1 청전青田은 청전현으로 절강성 동남에 있다. 여수시麗水市 관할 현이다.

書院在青田縣治。引年以經師爲有司延聘主青田教事，講藝中時發師旨。

諸生葉天秩七十有餘人，聞之惕然有感，復肅儀相率再拜，共進師學。又懼師聯無所，樹藝不固，乃糾材築室，肖師像於中堂；謂範子之學出於王門，追所自也。

서원은 청전현 소재지에 있다. 범인년은 경학을 가르치는 선생으로서 유사로 초빙되어 청전青田에서 교육 일을 주관했으며, 기예를 강의하는 중에 때때로 선생의 뜻을 밝혔다. 재생 섭천질 등 70여 명은 그것을 듣고 애통한 감정이 있었다. 다시 엄숙한 예의를 서로 갖추고 두 번 절하고 함께 선생의 학으로 나아갔다. 또 선생과 연결 짓는 장소가 없고, 심은 나무가 견고하지 않아 걱정스러웠다. 자재를 모아서 집을 짓고 중당에 선생의 사진을 모셨다. 범인년의 학문은 왕문에서 나왔다고 말하는 것은 추구함에 유래가 있다.

••• 비기碑記

範子卒，春秋配食。乞洪作《仰止祠碑記》，御史洪恒紀其詳。後提學副使阮鶚增建爲心極書院，鐵作《碑記》。記略曰：

"心極之義，其昉諸古乎？孔子'《易》有太極，是生兩儀'，以至定吉凶而生大業，所以通神明之德，類萬物之情，而冒天下之道，無非《易》也。

《易》者無他，吾心寂感、有無相生之機之象也。天之道爲陰陽；地之道爲剛柔；人之道爲仁義：三極於是乎立。象也者，像此者也。陰陽相摩，剛柔相蕩，仁義相禪，藏乎無扃之鍵，行乎無轍之途，立乎無所倚之地，而神明出焉，萬物備焉。

故曰：'無思也，無爲也，寂然不動，感而遂通天下之故。'此孔子之精蘊也。當時及門之徒，惟顏氏獨得其宗。觀夫喟然之歎，有曰：'如有所立，卓爾。'有無之間不可以致詰，雖欲從之，未由也已。故曰：'發聖人之蘊，顏子也。'顏子沒而聖學遂亡。

後千餘載，濂溪 周子始復追尋其緒，發爲'無極而太極'之說，蓋幾之矣。而後儒紛紛之議，尙未能一無惑乎！千載之寥寥也。蓋漢之儒者泥於有象，一切仁義、忠孝、禮樂、教化、經綸之跡，皆認以爲定理，必先講求窮索，執爲典要，而後以爲應物之則，是爲有得於太極似矣，而不知太極爲無中之有，不可以有名也。

隋、唐以來，老、佛之徒起而攘臂其間，以經綸爲糟粕，乃復矯以竊冥玄虛之見，甚至掊擊仁義，蕩滅禮教，一切歸之於無，是爲有得於無極似矣，而不知無極爲有中之無，非可以無名也。周子洞見二者之弊，轉相謬溺，不得已而救之，建立《圖說》，以顯聖學之宗，定之以中正仁義而主靜。

中正仁義云者，太極之謂；而主靜云者，無極之謂；人極於是乎立焉。議者乃以無極之言謂出於老氏，分中正仁義爲動靜，而不悟主靜無欲之旨，亦獨何哉？夫自伏羲一畫以啟心極之原，神無方而易無體，卽無極也。孔子固已言之矣，而周子之得聖學之傳無疑也。

夫聖學以一爲要。一者，無欲也。人之欲大約有二：高者蔽於意見；卑者蔽於嗜欲：皆心之累也。無欲則一；無欲則明通公溥而聖可學矣。君子寡欲，故修之而吉；小人多欲，故悖之而凶。吉凶之幾，極之立與不立於此焉分，知此則知函峰 阮子所謂心極之說矣。"

범인년이 죽고 봄과 가을에 식사를 나누었다. 전덕홍이 『앙지사비기』를 지어 어사 홍항에게 그것을 상세하게 기록하게 했다. 후에 제학부사 완악阮鶚[1]은 심극서원을 증축하고 왕기는 『비기』를 지었다. 기에서 대략 말한다:

"심극의 뜻은 그것이 옛것으로부터 시작되는가? 공자가 '『역경』에 태극이 있으니, 이것이 양의를 낸다.'라는 말로써 길흉을 정하고 대업을 생성하는데 이르니 그래서 신명의 덕을 통하게 하고 만물의 실정을 분류하여 천하의 도에 나아가니 『역경』이 아님이 없다.

『역경』은 다른 것이 없다. 내 마음의 고요함과 유무가 상생하는 기틀의 형상이다. 하늘의 도는 음양이 되고 땅의 도는 강유가 되고 인간의 도는 인의가 된다. 여기에서 삼극이 선다. 상象은 이것을 비추어 본 모양이다. 음양은 서로 부딪히고 강유가 서로 움직여 인의가 서로 선위하니 문고리의 빗장도 없이 보관하는 것이고 수레바퀴 자국의 길이 없는 곳을 가는 것이고 의지할 곳이 없는 곳에 서 있는 것이다. 신명이 나와서 만물이 구비된다.

그래서 말한다: '더 생각할 것도 없고 더 할 것도 없으며 고요하여 움직임이 없다가 감응하여 천하의 연고를 통한다.'[2] 이것은 공자의 정미하고 심오함이다. 당시 공자의 문하에 이른 자는 오직 안연이 홀로 그 종지宗旨를 얻었다. (공자를) 보고는 길게 탄식하며 말했다: '마치 서 계신 곳이 우뚝 솟은 것 같다.'[3] 유와 무 사이가 따져 물을 수 없다. 비록 그의 학문을 좇아가려 하여도 말미암을 것이 없을 따름이다. 그래서 말했다: '성인의 심오함을 발현한 이는 안연이다.'[4] 안연이 죽어 성학이 사라졌다. 천여 년 후에 염계 주돈이가 처음으로 다시 그 실마리를 좇아 찾았는데 '무극이 태극'이라는 이론을 내놓으니, 대부분 접근한 것이다. 그러나 후세 유자들의 분분한 의론은 여전히 한 점의 의혹을 없앨 수 없었다. 천년이 적막했다. 대체로 한나라의 유학자들은 상象이 있는 데에서 막혔다. 일체 인의, 충효, 예악, 교화, 경륜의 자취가 모두 정리가 된다고 인식하여 반드시 먼저 강구하고 끝까지 탐색하여 잡은 것이 가르침의 요체가 되어 훗날 물에 응하는 원칙[5]으로 삼는다. 이는 태극에서 얻은 듯하지만 태극이 무 가운데 유이지만 이름이 있을 수 없다는 것을 모른 것이다.

수나라, 당나라 이래로 노와 불의 무리가 일어나 그 사이에서 소매를 걷어 올리고 경륜을 쓸모없는 것으로 삼았다. 이에 절명현허竊冥玄虛[6]의 견해로써 고치고 심지어 인의를 공격하고 예교를 쓸어버림으로써 일체가 무로 돌아가게 하였으니 이는 무극에서 얻은 듯하지만, 무극이 유 가운데의 무이고 무명으로써 할 수 없다는 것을 모르는 것이다. 주돈이는 노·불 둘의 폐단을 간파하고 서로 오류에 빠진 것을 전환하여 부득이 그것을 구제하였다. 『도설』을 세워서 성학의 종지를 드러내고 중정과 인의로써 그것을 정하고 고요함[靜]을 중심 사상으로 삼았다.[7]

중정과 인의가 말하는 것은 태극을 일컫는 것이고 고요함[靜]을 주로 한다고 말하는 것은 무극을 일컫는 것이다. 인극은 이것에서 서게 된다. 의론하는 자들은 곧 무극이라는 언어 때문에 노자에게서 나왔다고 말하고 중정과 인의를 나누어 정과 동이 되고[8] 주정과 무욕의 종지를 깨우치지 않는 것은 또 유독 어째서인가? 복희씨로부터 일획으로써 심극의 근원을 가르쳤는데 신은 방소가 없고 역은 본체가 없으니 바로 무극이다. 공자는 진실로 그것을 이미 말씀하셨고 주돈이 선생이 성학을 전한 것임을 의심하지 않는다.

무릇 성학은 한결같음으로 요점을 삼는다. 한결같음은 무욕이다. 인간의 욕은 대략 둘이 있는데 고명한 자는 의견에 가려지고, 비루한 자는 지나친 욕망에 가려지니, 모두 심이 얽어맨 것이다. 무욕은 한결같음인데 무욕은 밝게 통하고 공평하게 두루 미치니 성인도 배울 만하다. 군자는 욕이 적기 때문에 그것을 닦으면 길하고 소인은 욕이 많아서 그것을 어그러트려서 흉하다. 길흉의 기미는 지극하게 세우는 것과 세우지 않는 것이 여기에서 나뉜다. 이것을 알면 완함봉阮函峰[9]이 심극의 설을 말한 것임을 안다."

주

1 완악阮鶚(1509~1567)은 명대 관원이고 문학가이며 왜국을 물리친 명장이다. 자가 응천應薦이고 호는 함봉函峰이다. 가정 23년(1544) 진사가 되어 복건순무를 했다. 재임하는 동안 군대와 민중을 잘 이끌어 절강과 민 땅 해안에 침입한 왜구를 물리친 전공이 빛났다. 만년에 고향으로 돌아가 강학하였다.

2 『주역·계사전』: 易, 無思也, 無爲也. 寂然不動, 感而遂通, 天下之故.

3 『논어·자한』: 顔淵喟然歎曰, ……, 欲罷不能. 旣竭吾才, 如有所立卓爾. 雖欲從之, 末由也已. [안연이 길게 탄식하며 말하기를, …… 그만둘 수도 없는데 이미 내 재주를 다했으니 서 계신

곳이 우뚝 솟은 것 같다. 비록 따르고자 하나 말미암음이 없다.]

4 『논어·위정』: 發聖人之蘊, 顏子也.[성인의 심오함을 발현한 이는 안연이다.] 여기서 온蘊은 심오한 이치이고 발發은 말한 바의 이치를 밝게 드러내는 것이다.

5 응물지칙應物之則은 여러 이론이 있다. 주자학에서는 사물이 다가오면 순응한다[物來而順應]라고 응물을 말하고, 기학에서 왕정상은 외물이 있고 심이 찾아가서 외물에 응하는 심연외이기心緣外而起를 내세워 응심應心을 주장한다. 왕수인은 '남진관화南鎭觀花'의 예를 들어 물이 거기에 있어도 마음이 그것에 닿아야 동하는 '응물應物과 동심動心'을 말한다. 즉, 외물보다 마음이 먼저 움직이는 것이다.

6 절명현허竊冥玄虛 절명竊冥은 어두컴컴한 것이고 현허玄虛는 복잡하고 헛갈리게 하여 뭐가 뭔지 알 수 없도록 만들어 사실을 속이는 수단이다. 절명현허는 분명하지 않고 헛갈리게 하는 것이다.

7 『태극도설』: 聖人定之以中正仁義而主靜, 立人極焉.[성인께서 인의를 중정으로써 정하시어 정을 주장하여 그곳에 인극을 세우셨다]

8 『태극도설』: 無極而太極, 太極動而生陽, 動極而靜, 靜而生陰. 靜極復動.[무극이면서 태극이다. 태극이 움직여서 양陽이 생겨나고 움직임이 끝까지 다하면 고요해지며, 고요해지면 음陰이 생겨나고 고요함이 끝까지 다하면 다시 움직인다.]

9 완함봉阮函峰은 완악阮鶚이다. 함봉은 그의 호이다. 제학부사 완악阮鶚이 심극서원을 증축하여 비를 세우고 왕기가 비기를 적은 것이다.

가정 23년(1544)

二十三年甲辰, 門人徐珊建虎溪精舍於辰州, 祀先生.

가정 23년 갑진년(1544) 문인 서산徐珊이 진주辰州[1]에 호계정사를 세워 선생을 제사 지냈다.

주

1 진주辰州는 호남성 부화시懷化市 북부 지역이다. 수隋나라 개황開皇 9년(589)에 생겨났고 관할지는 지금의 부화懷化 원릉현沅陵縣에 있다.

精舍在府城隆興寺之北。師昔還自龍場，與門人冀元亨、蔣信、唐愈賢等講學於龍興寺，使靜坐密室，悟見心體。是年，珊爲辰同知，請於當道，與諸同志大作祠宇、置贍田。鄒守益爲作《精舍記》，羅洪先作《性道堂記》。又有見江亭、玉芝亭、鷗鷺軒，珊與其弟楊珂俱多題志。

호계정사는 부성의 융흥사 북쪽에 있다. 스승은 옛적에 용장으로부터 돌아와 문인 기원형, 장신, 당유현唐愈賢[1] 등과 함께 용흥사에서 강학했는데, 밀실에 조용히 앉아 심체를 깨닫게 했다. 이 해에 서산이 진주辰洲 동지同知가 되어 해당 도에 청해 모든 동지와 더불어 신주 모시는 집을 크게 세우고 섬전을 두었다. 추수익은 《정사기》를 지었고, 나홍선은 《성도당기》를 지었다. 또한 현강정, 옥지정, 구로헌이 있었는데, 서산이 동생 양가와 함께 대부분의 기록을 적었다.

주

1 당유현唐愈賢은 왕수인이 진주에서 강학할 때 초기 제자로서, 그는 정덕 6년(1511년)에 호계서원 강학 활동에 참여하여 유관시, 왕자수 등과 함께 양명 심학을 호남성에 전파하였다. 가정 27년 만안 동지가 운흥서원을 세우고 선생을 모셨다. 가정 연간 어사에 재임하는 동안 그는 수보 장총張璁의 탄핵을 받아 관직을 내놓고 부당함을 상소했다. 장총은 '대례의' 사건에서 가정제의 생부 존호 확립을 지지하여 총애를 받았기에, 그의 상소로 수보직에서 해임되었다. 그는 만년에 영순선위사永順宣慰使 팽세기彭世麒의 묘지명을 썼다.

가정 27년(1548)

二十七年戊申八月，萬安同志建雲興書院，祀先生。

가정 27년 무신년(1548) 8월에 만안萬安[1]의 동지들이 운흥서원을 세워 선생을 제사 지냈다.

주

1 만안萬安은 강서성 길안시吉安市 만안현萬安縣이다.

書院在白雲山麓，前對芙蓉峰，幕下秀出如圭，大江橫其下。同志朱衡、劉道、劉弼、劉峴、王舜韶、吳文惠、劉中虛等迎予講學於精修觀，諸生在座者百五十人有奇。晩遊城煙，見民居井落，邑屋華麗。

서원은 백운산 기슭에 자리했다. 앞에는 부용봉을 마주하고 봉우리 아래는 옥으로 만든 홀[圭][1]같이 수려하며 대강大江이 그 아래로 가로지른다. 동지 주형朱衡[2], 유도, 유필, 유현, 왕순소, 오문혜, 유중허 등이 나를 맞이하여 정수관精修觀에서 강학했다. 앉아있는 재생은 150명 남짓 되었다. 해질녘 노닐며 도성에 밥 짓는 연기, 사람들이 사는 우물가 촌락, 마을의 가옥들이 화려함을 보았다.

주

1 규圭는 옥玉으로 만든 홀笏이다. 위 끝은 뾰족하고 아래는 네모졌다. 옛날 중국에서 천자가 제후를 봉하거나 신神을 모실 때에 썼다.

2 주형朱衡(1512~1584)은 명 중기 대신이다. 자가 사남士南이고 호는 진산鎭山이며 강서성 길안부 만안현萬安縣 사람이다. 가정 11년(1532) 진사가 되어 우계尤溪와 무원婺源 지현을 제수받았고 가정 44년(1565) 남경 형부상서로 승진되고 다시 공부상서 겸 우부도어사로 옮겼다. 융경 원년(1567) 태자소보에 봉해졌지만 만력 2년(1574) 장거정張居正의 미움을 사서 탄핵되었다. 죽어서 태자태보에 추증되었다.

洪曰：“民庶且富，而諸君敷教之勤若此，可謂禮義之鄕矣。”衡曰：“是城四十年前猶爲赤土耳。”問之。曰：“南、贛峒賊，流劫無常，妻女相率而泣曰：‘賊來曷避，惟一死可恃耳。’師來，蕩平諸峒，百姓始得築城生聚，乃有今日，皆師之賜也。” 洪嘉歎不已。乃謂曰：“沐師德澤之深若此，南來郡邑，俱有祠祀，何是地獨無?”衆皆蹙然曰：“有志未遂耳”

전덕홍이 말했다: “백성들이 숫자가 늘어나고 부유해지면서 그대들이 가르침을 베푸는 근면함이 이와 같으니, 예와 의의 고향이라 말할 만하다.” 주형이 말했다.: “이 성은 40년 전에는 다만 황폐한 땅이었을 뿐이다.” 그것을 물으니, 주형이 말했다: “남안과 감주의 산적은 돌아다니며 겁탈함이 일정한 때가 없었다. 부녀자들이 서로 갑자기 울면서 말하기를 ‘도적이 오니 어찌 피하리오. 오직 한 가지 죽음만 있을 뿐이다.’ 하였다. 선생님이 와서 모든 산굴을 평정하니 백성은 비로소 성을 쌓고 생산하여 부를 취할 수 있었으니, 이에 오늘이 있는 것이다. 모두 선생님의 베풂이다.” 전덕홍은 끊임없이 아름답게 여기고 감탄했다. 이에 이르러 말했다: “선생님의 은덕과 혜택에 흠뻑 젖음이 이와 같이 심하니 남쪽에서 이 군읍으로 와서 함께 제사를 지냈다. 어찌 이 지역에만 유독 (서원이) 없는가?” 대중 모두가 근심스럽게 말했다: “아직 뜻이 이루어지지 않았을 뿐이다.”

乃責洪作疏糾材。是夕來相助者盈二百金。擧人周賢宣作文祀土，衆役並興。中遭異議，止之。至嘉靖甲子，衡爲尚書，賢宣爲方伯，與太僕卿劉憼復完書業，祭祀規制大備，名曰：“雲興書院”云。

이에 전덕홍에게 소를 짓고 자재를 모으는 책임을 지웠다. 오늘 저녁에 서로 돕겠다고 하는 액수가 200금을 넘었다. 거인 주현선이 문장을 지어 토지신에 제사 지냈는데 무리가 힘써 함께 서원을 일으킨 것이다. 도중에 다른 의견에 부딪히면 그것을 그만두었다. 가정 43년 갑자년(1564)에 이르러 주형은 상서가 되고 주현선周賢宣[1]은 방백이 되어 태복경 유각과 다시금 학업 준비를 완수했으며 제사 지내는 법규를 크게 정비했다. 이름을 “운흥서원”이라 하였다.

주

1 주현선周賢宣은 자가 중사仲舍이고 강서성 만안 사람이다. 구양덕의 제자이다. 가정 32년(1553) 진사가 되어 선부주사繕部主事를 제수받았다. 낭중을 했고 연평부 지부에 나가 풍속을 후하게 이루고 선비들의 학습을 최고의 업무로 삼았다. 해도부사로 발탁되어 여러 차례 왜구를 무찌르고 복건 안찰사, 복건 우포정사를 역임했다.

1548년 9월

九月，門人陳大倫建明經書院於韶，祀先生。

9월, 문인 진대륜은 소주韶州[1]에 명경서원을 세우고 선생을 제사 지냈다.

주

1 소주韶州는 지금의 광동성 소관시韶關市이다. 명나라 시기 명칭은 소주韶州였다. 광동성 북부에 위치하고 북으로 호남성, 동으로 강서성과 접해있으며 광동성 안에서는 하원河源, 혜주惠州, 광주廣州와 청원清遠 등의 시와 접해있다.

書院在府城。先是同門知府鄭騮作明經館，與諸生課業，倡明師學。至是大倫守韶，因更建書院，立師位，與陳白沙先生並祀。是月，洪謁甘泉湛先生，逾庾嶺，與諸生鄧魯、駱堯知、胡直、王城、劉應奎、鍾大賓、魏良佐、潘槐、莫如德、張昂等六十三人謁師祠，相與入南華二賢閣，與鄧魯、胡直等共闡師說。至隆慶己巳，知府李渭大修祠宇，集諸生與黃城等身證道要，師教復振。

서원은 소주부의 성에 있다. 이에 앞서 동문인 지부 정유鄭騮[1]가 명경관明經館을 지었고, 재생들과 공부하며 선생님의 학문을 분명히 했다. 이에 이르러 대륜이 소주 지역을 지켰기 때문에 다시금 서원을 건립해 스승의 위패를 세우고 백사 진헌장陳獻章[2] 선생과 같이 제사 지냈다. 이달 전덕홍은 감천 담약수 선생을 뵙고 대유령을 넘어 제생 등로, 낙요지, 호직胡直[3], 왕성, 유응규, 종대빈, 위량좌, 번괴, 막여덕, 장앙 등 63명과 선생님의 사당을 찾았다. 서로 더불어 남화의 이현각二賢閣으로 들어가 등로, 호직 등과 함께 스승의 말씀을 상세히 설명했다. 융경 3년 기사년(1569)에 이르러 지부 이위가 사당을 크게 개수하고 재생을 모아놓고 황성과 함께 도의 요지를 몸소 증명하니 선생의 가르침이 다시금 떨쳤다.

주

1 정유鄭騮는 자가 덕부德夫이고 호는 녹계鹿溪이며 강산江山 사람이다. 일찍이 스승 왕수인의 학문을 연구하며 '학문은 성의를 중시하고, 양심을 이해하면 성의가 더욱 투철해진다.'고 굳게 믿었다. 가정 12년(1533)에 광동성 소주韶州지주가 되어 관용과 화합으로 정치하고 교화를 중시하여 학문을 강론하며, 학문하는 풍속을 진흥시켰다. 후에 운남성 부안찰사로 발탁되어 안남을 정벌한 공으로 향현사에 배향되었다.

2 진헌장陳獻章(1428~1500)는 명나라 유학자이다. 자가 공보公甫이고 호는 백사白沙 · 석재石齋이며 광동 백사白沙 사람이다. 그는 오강재吳康齋에게 사사하고, 송대宋代 육상산陸象山의 학풍을 계승하였다. 주자학에 반발하고 실천을 강조하였다. 양명의 학문과 이어진다고 볼 수 있다.

3 호직胡直(1517~1585)은 자가 정보正甫이고 호는 여산廬山이며 학자들은 여산선생이라 칭한다. 강서성 길안 태화현泰和縣 사람이다. 처음에 병부주사를 제수받았고 호광첨사로 나가 호북도를 이끌었다. 사천참의로 있을 때 부사가 학정을 감독하는 것을 살펴보고 돌아가게 하고 소를 올려 호광독학이 되었다. 광서참정으로 옮기고 다시 광동안찰사 , 복건안찰사를 역임했다. 그는 26세에 왕수인의 제자 구양덕에게 수학하며 입지立志의 가르침을 얻었고, 31세에 나홍선을 스승으로 모시고 주정무욕主靜無欲의 가르침을 얻었다.

가정 29년(1550)

二十九年庚戌正月，吏部主事史際建嘉義書院於溧陽，祀先生。

가정 29년 경술년(1550) 정월에 이부주사 사제史際가 율양溧陽[1]에 가의서원을 세워 선생을 제사 지냈다.

주

1 율양溧陽은 강소성 남부에 있다.

書院在溧陽救荒淹。史際因歲眚，築淹塘以活饑民，塘成而建書院於上。延四方同志講會，館穀之。籍其田之所入，以備一邑饑荒，名曰'嘉義'，欽玉音也。際與呂光洵議延洪主教事。乃先幣聘，越三年，茲來定盟。是月，同志周賢宣、趙大河、諸生彭若思、彭適、袁端化、王襞、徐大經、陳三謨等數十人，際率子侄史繼源、繼志、史銓、史珂、史繼書、繼辰、致詹，偕吾子婿葉邁、鄭安元、錢應度、應量、應禮、應樂定期來會，常不下百餘人。立師與甘泉湛先生位，春秋奉祀。

서원은 율양 구황엄에 있다. 사제는 그 해 재앙으로 인하여 침수된 제방을 쌓아서 굶주리는 백성을 살렸는데 제방이 완성되어 그 위에다 서원을 건립했다. 사방의 동지를 불러 강독회를 하고 그들을 머물게 하고 음식을 주었다. 그 밭에서 들어오는 것을 장부에 적어서 한 읍의 기근을 준비하였는데, 이름을 '아름다운 뜻[嘉義]'이라고 했고 황제의 답신을 공경한 것이다. 사제는 여광순呂光洵[1]과 전덕홍을 불러 가르치는 일을 주관하도록 의논했다. 이에 예물을 먼저 준비하였고, 3년이 지나고 이곳에 오기로 약속을 정했다. 이달에 동지 주현선, 조대하, 제생 팽약사, 팽적, 원단화, 왕벽, 서대경, 진삼모 등 수십 명, 사제의 아들, 조카 사계원, 사계지, 사전, 사가, 사계서, 사계진,

사치첨을 이끌었고, 전덕홍의 아들과 사위 섭매, 정안원, 전응도, 응량, 응예, 응악과 함께 시기를 정해 모임에 왔는데, 항상 백여 인을 밑돌지 않았다. 왕양명 선생과 담감천 선생의 위패를 세우고 봄가을에 제사를 받들었다.

주

1 여광순呂光洵은 세종 가정 11년(1532)에 진사가 되어 한림원 서길사를 제수받았고 복건성 숭안현령으로 옮겼다. 다시 강서성 율양현령溧陽縣令으로 임명되어 학문과 농업을 장려하고, 농지를 고르게 하고 세금을 정리하여 선정을 베풀었다. 가정 19년 하남 감찰어사로 승진하여 진변陳邊의 방어와 수비를 맡았고, 섬서성과 감숙성을 순시했다. 그 후 소蘇, 송松, 상常, 진鎮 등의 부府를 순시하여 제방을 건설하고 수로를 준설하였다. 세종이 금과 비단을 상으로 내렸다. 태복사, 대리사 소경, 남경 광록사경, 응천부윤으로 옮겼고 남경 공부시랑과 병부상서로 승진했다. 운남 검국공 목씨의 미움을 사서 남경 공부상서로 지위가 내려갔다. 낙향하여 학문에 전념했다.

《天成篇》揭嘉義堂示諸生曰：“吾人與萬物混處於天地之中，爲天地萬物之宰者，非吾身乎？其能以宰乎天地萬物者，非吾心乎？心何以能宰天地萬物也？天地萬物有聲矣，而爲之辨其聲者誰歟？天地萬物有色矣，而爲之辨其色者誰歟？天地萬物有味矣，而爲之辨其味者誰歟？天地萬物有變化矣，而神明其變化者誰歟？

《천성편》이 가의당에 게양되어 제생에게 제시하며 말했다: “내가 만물과 천지의 가운데에 뒤섞여 있는데 천지 만물의 주재가 되는 것은 내 몸이 아닌가? 그 능력으로 천지 만물을 주재하는 것은 내 마음이 아닌가? 마음은 어째서 천지 만물을 주재할 수 있는가? 천지 만물은 소리가 있으니 그것을 위해 그 소리를 분별하는 자는 누구인가? 천지 만물은 색이 있으니 그것을 위해 그 색을 분별하는 자는 누구인가? 천지 만물은 맛이 있으니 그것을 위해 그 맛을 분별하는 자는 누구인가? 천지 만물은 변화가 있으니 그 변화를 신령스럽게 밝히는 자는 누구인가?

是天地萬物之聲非聲也，由吾心聽，斯有聲也；天地萬物之色非色也，由吾心視，斯有色也；天地萬物之味非味也，由吾心嘗，斯有味也；天地萬物之變化非變化也，由吾心神明之，斯有變化也：然則天地萬物也，非吾心則弗靈矣。吾心之靈毀，則聲、色、味，變化不得而見矣。聲、色、味變化不可見，則天地萬物亦幾乎息矣。

이 천지 만물의 소리는 소리가 아니고 나의 마음을 통해 들으니 이에 소리가 있다. 천지 만물의 색은 색이 아니고 나의 마음을 통해 보니 이에 색이 있다. 천지 만물의 맛은 맛이 아니고, 나의 마음을 통해 맛보니, 이에 맛이 있다. 천지 만물의 변화는 변화가 아니고, 나의 마음으로 그것을 신령스럽게 밝히니, 이에 변화가 있다. 그렇다면 천지 만물은 내 마음이 아니면 즉 영명하지 않다. 내 마음의 영명함이 훼손되면 즉 소리, 색, 맛, 변화를 얻지도 보지도 못한다. 소리, 색, 맛, 변화가 볼 수 없으면, 천지 만물은 또한 거의 멸한다.

故曰：'人者，天地之心，萬物之靈也，所以主宰乎天地萬物者也。'吾心爲天地萬物之靈者，非吾能靈之也。吾一人之視，其色若是矣，凡天下之有目者，同是明也；一人之聽，其聲若是矣，凡天下之有耳者，同是聰也；一人之嘗，其味若是矣，凡天下之有口者，同是嗜也；一人之思慮，其變化若是矣，凡天下之有心知者，同是神明也。

그리하여 말했다: '사람은 천지의 마음이고, 만물의 영명함이며 천지 만물을 주재하는 자이다. 내 마음이 천지 만물의 영명함이 되는 것은 내 능력이 그것을 영명하게 하는 것이 아니다. 나 한 사람이 보아서 그 색이 이와 같으니 무릇 천하의 눈을 가진 자는 그것의 밝음을 같이한다. 한 사람이 듣고 그 소리가 이와 같으니 무릇 천하의 귀를 가진 자는 그것의 귀 밝음을 같이한다. 한 사람의 맛보아 그 맛이 이와 같으니

무릇 천하의 입을 가진 자는 그 맛있음을 같이한다. 한 사람이 사려하여 그 변화가 이와 같으니 무릇 천하의 심지를 가진 자는 그것의 신명함을 같이한다.

匪徒天下爲然也，凡前乎千百世已上，其耳目同，其口同，其心知同，無弗同也；後乎千百世已下，其耳目同，其口同，其心知同，亦無弗同也。然則明非吾之目也，天視之也；聰非吾之耳也，天聽之也；嗜非吾之口也，天嘗之也；變化非吾之心知也，天神明之也。故目以天視，則盡乎明矣；耳以天聽，則竭乎聽乎；口以天嘗，則不爽乎嗜矣；思慮以天動，則通乎神明矣。天作之，天成之，不參以人，是之謂天能，是之謂天地萬物之靈。

비단 천하가 그러할 뿐만 아니라 무릇 천백 년 전으로 올라가도 그 귀와 눈이 같고 그 입이 같으며 그 심지가 같으니 같지 않은 것이 없다. 천백 년 후로 이미 내려가도 그 귀와 눈이 같고 그 입이 같으며 그 마음의 지각이 같을 것이니 역시 같지 않은 것이 없다. 그렇다면 밝은 것은 나의 눈이 아니고 하늘이 그것을 보는 것이다. 귀가 밝음은 나의 귀가 아니고 하늘이 그것을 듣는 것이며 맛있다는 것은 나의 입이 아니고 하늘이 그것을 맛보는 것이다. 변화는 내 마음의 지각이 아니고 하늘이 그것을 신령하게 밝히는 것이다. 그리하여 눈으로서 하늘이 보이면 바로 밝음을 다하는 것이고 귀로서 하늘의 소리가 들리면 바로 듣는 것을 다하는 것이며 입으로서 하늘의 맛을 보면 바로 맛있음을 상하게 하지 않는 것이다. 사려로서 하늘이 움직여지면 바로 신명을 통하는 것이다. 하늘이 그것을 만들고 하늘이 그것을 이루어 사람을 참가시키지 않는 것이 하늘의 능력이라 불리는 것이고 이는 천지 만물의 영명함이라 일컫는 것이다.

吾心爲天地萬物之靈，惟聖人爲能全之，非聖人能全之也，夫人之所同也。聖人之視色與吾目同矣，而目能不引於色者，率天視也；聖人之聽聲與吾耳同矣，而耳能不蔽於聲者，率天聽也；聖人之嗜味與吾口同矣，而口能不爽於味者，率天嘗也；聖人之思慮與吾心知同矣，而心知不亂於思慮者，通神明也。

내 마음이 천지 만물의 영명함이 되는데 오직 성인만이 그것을 온전하게 할 수 있는 것은 성인이 온전하게 할 수 있음이 아니라 모든 사람이 같은 것이다. 성인이 색을 봄은 내 눈과 같지만, 눈이 색에 끌리지 않을 수 있는 것은 천시天視를 따르는 것이고 성인이 소리 들음은 내 귀와 같지만, 귀가 소리에 가리지 않을 수 있는 것은 천청天聽을 따르는 것이며 성인이 맛을 봄은 내 입과 같지만, 입이 맛에 상하지 않을 수 있는 것은 천상天嘗을 따르는 것이고 성인의 사려가 내 마음의 지각과 같지만, 마음의 지각이 사려에 혼란되지 않는 것은 신명을 통하는 것이다.

吾目不引於色，以全吾明焉，與聖人同其視也；吾耳不蔽於聲，以全吾聰焉，與聖人同其聽也；吾口不爽於味，以全吾嗜焉，與聖人同其嘗也；吾心知不亂於思慮，以全吾神明焉，與聖人同其變化也。故曰："聖人可學而至，謂吾心之靈與聖人同也。然則非學聖人也，能自率吾天也。"

내 눈이 색에 이끌리지 않아서 내 밝음을 온전하게 하여 성인과 그 봄을 같게 한다. 내 귀가 소리에 가리지 않아서 내 들음을 온전하게 하여 성인과 그 들음을 같게 한다. 내 입이 맛에 상하지 않아서 내 맛봄을 온전하게 하여 성인과 그 맛봄을 같게 한다. 내 마음의 지각이 사려에 어지러워지지 않아서 내 신명을 온전하게 하여 성인과 그 변화를 같게 한다. 그러므로 말한다: "성인의 경지는 배워서 이를 수 있으나 내 마음의 영명은 성인과 같다. 그렇다면 성인을 배우는 것이 아니라 스스로 내 천성을 따라서 할 수 있다.”

吾心之靈與聖人同，聖人能全之，學者求全焉。然則何以爲功耶？有要焉，不可以支求也。吾目蔽於色矣，而後求去焉，非所以全明也；吾耳蔽於聲矣，而後求克焉，非所以全聰也；吾口爽於味矣，而後求復焉，非所以全嗜也；吾心知亂於思慮矣，而後求止焉，非所以全神明也。

내 마음의 영명이 성인과 같은데 성인은 영명을 온전하게 할 수 있고, 배우는 사람은 그것을 온전하게 하기를 구한다. 그렇다면 어찌 공이라고 여기겠는가? 요지가 있으니, 지엽으로 구할 수 없다. 내 눈이 색에 가리어진 이후에 제거하기를 구한다면 밝음을 온전하게 하는 것이 아니고, 내 귀가 소리에 가리어진 이후에 극복하기를 구한다면 듣기를 온전하게 하는 것이 아니고, 내 입이 맛에 더럽혀진 이후에 회복하기를 구한다면 맛보기를 온전하게 하는 것이 아니다. 내 마음의 지각이 사려에 어지럽혀진 이후에 그치기를 구한다면 신명을 온전하게 하는 것이 아니다.

靈也者，心之本體也，性之德也，百體之會也；徹動靜，通物我，亙古今，無時乎弗靈，無時乎或間者也。或生而知之，或學而知之，或困而知之，皆自率是靈以通百物，勿使間於欲焉已矣。其功雖不同，其靈未嘗不一也。

영명함은 마음의 본체이고, 본성의 덕이고, 몸 온갖 곳의 회통이다. 움직임과 고요함을 꿰뚫고 대상과 나를 통하게 하며 옛날과 지금을 이어주고 언제라도 영명하지 않을 때가 없는데 정해진 때가 없지만 간혹 있는 것이다. 혹은 태어나면서 그것을 알고 혹은 배워서 그것을 알고 혹은 열심히 해서 그것을 아는데 모두 스스로 이 영명을 따라서 온갖 것들과 통하니 사욕에 틈을 주지 말아야 한다. 그 공은 비록 다르지만, 그 영명함은 같지 않은 적이 없다.

吾率吾靈而發之於目焉，自辨乎色而不引乎色，所以全明也；發之於耳焉，自辨乎聲而不蔽乎聲，所以全聰也；發之於口焉，自辨乎味而不爽乎味，所以全嗜也；發之於思慮焉，萬感萬應，不動聲臭，而其靈常寂大者，立而百體通，所以全神明也。人一能之，己百之；人十能之，己千之；必率是靈而無間於欲焉，是天作之，人復之，是之謂天成，是之謂致知之學。"

내가 내 영명을 따라서 눈에서 그것을 드러내어 자신이 색을 변별해서 색에 이끌리지 않는 것이 밝음을 온전하게 하는 것이다. 귀에서 그것을 드러내어 자신이 소리를 분별해서 소리에 가리지 않는 것이 듣기를 온전하게 하는 것이다. 입에서 드러내어 절로 맛을 분별해서 맛을 더럽히지 않는 것이 맛보기를 온전하게 하는 것이다. 사려에서 드러내어 만 가지에 감응해서 소리와 냄새에 동요되지 않으니 그 영명이 항상 고요하고 위대한 것이다. 존립하여 몸의 온갖 곳에 통하는 것이 신명을 온전하게 하는 것이다. 다른 사람이 한 번에 할 수 있다면 나는 백번을 하고, 다른 사람이 열 번에 할 수 있다면 나는 천 번을 한다. 반드시 이 영명을 따라서 사욕에 끼임이 없어야 하는데, 이것은 하늘이 일으키고 사람이 회복하였으니 이를 천성天成이라고 하고 치지致知의 학문이라고 한다.

增刻先生《朱子晩年定論》。《朱子定論》，師門所刻止一卷，今洪增錄二卷，共三卷，際令其孫致詹梓刻於書院。

선생의 《주자만년정론》을 추가로 판각했다. 《주자정론》을 스승의 문하에서 판각한 것이 한 권에 그쳤는데, 지금 전덕홍이 두 권을 추가로 기록하여 모두 세 권을 사제가 그 손자 사치첨에게 서원에서 가래나무 판자에 새기게 했다.

重刻先生《山東甲子鄉試錄》。《山東甲子鄉試錄》皆出師手筆，同門張峰判應天府，欲番刻於嘉義書院，得吾師繼子正憲氏原本刻之。

선생의 《산동갑자향시록》을 거듭 판각했다. 《산동갑자향시록》은 모두 선생이 직접 손으로 적어 기록한 것이고, 동문 장봉張峰[1]이 응천부應天府[2]에서 판관일 때 가의서원에서 살펴보고 판각하고자 했고 우리 선생의 계자 정헌에게 원본을 얻어 판각을 했다.

주

1 장봉張峰(1501～?)은 자가 자기子奇이고 호는 옥병玉屛이며 강서성 길안부 태화현泰和縣 사람이다. 가정 7년(1528) 향시에 붙어 거인이 되고 회시에 떨어졌다. 강우왕문의 대표적 인물 구양덕과 태주학파를 창시한 왕간에게 수년간 수학했다. 왕양명 심학의 영향을 깊이 받은 인물이다.

2 응천부應天府는 경사京師 남경을 가리킨다. 남경은 명조 때 명칭이다. 영락제가 경사를 순천부順天府로 옮기며 응천부는 배도陪都가 되었다. 배도는 제2의 경사이다.

1550년 4월

四月，門人呂懷等建大同樓於新泉精舍，設師像，合講會。

4월 문인 여회呂懷[1] 등이 신천정사에 대동루를 세우고 스승의 초상을 세우고 학생을 모아 강독회를 했다.

주

1 여회呂懷(1492~1573)는 중기 사상가이고 음악가이며 시인이다. 자는 여덕汝德이고 호는 건석巾石이며 강서성 영풍(지금의 상요) 사람이다. 담약수를 스승 삼았다. 하천何遷, 홍원洪垣, 당추唐樞과 함께 담약수의 4대 제자로 알려져 있다. 가정 11년(1532) 진사 시험에서 한림제일로 뽑혔다. 그래서 서길사 병과급사중을 제수받았다. 관직은 남경 태복소경에 올랐다.

精舍在南畿崇禮街。初，史際師甘泉先生，築室買田爲館穀之資。是年，懷與李遂、劉起宗、何遷、餘胤緒、呂光洵、歐陽塾、歐陽瑜、王與槐、陸光祖、龐嵩、林烈及諸生數十人，建樓於精舍，設師與甘泉像爲講會。會畢，退坐昧昧室，默對終夕而別。是月，洪送王正億入冑監。至金山，遂入金陵趨會焉。

신천정사는 남기南畿[1] 숭례가에 있다. 처음에 사제가 감천 선생을 스승으로 삼고 집을 짓고 밭을 사서 관곡館穀[2]의 밑천으로 만들었다. 이 해 여회가 이수, 유기종, 하천, 여윤서, 여광순, 구양숙, 구양유, 왕여괴, 육광조, 방숭, 임열과 재생 수십 명이 정사에 누각을 세우고 스승과 감천의 초상을 걸고서 강독회를 열었다. 강독회가 끝나고 물러나 매매실에 앉아서 저녁까지 묵대하고 헤어졌다. 이달 전덕홍이 왕정억을 국자감[冑監][3]으로 들여보냈다. 금산에 도착했고, 마침내 금릉에 들어가서 강독회로 달려갔다.

주

1 남기南畿는 명조에 남경의 별칭이 되었으며, 남직예 지역의 행정구역 명칭으로 사용되었다.
2 관곡館穀은 숙소에 머무는 것과 먹는 비용을 말한다.
3 주감冑監은 국자감을 말한다.

何遷時爲吏部文選司郎中，偕四司同僚邀餘登報恩寺塔，坐第一層，問曰："聞師門禁學者靜坐，慮學者偏靜淪枯槁也，似也。今學者初入門，此心久濡俗習，淪浹膚髓，若不使求密室，耳目與物無所睹聞，澄思絕慮，深入玄漠，何時得見真面目乎？師門亦嘗言之，假此一段以補小學之功。又云：'心罹疾痼，如鏡面斑垢，必先磨去，明體乃見，然後可使一塵不容。'今禁此一法，恐令人終無所入。"

하천何遷[1]이 당시 이부 문선사랑중이 되어 사사四司[2]의 동료를 불러서 함께 보은사탑에 올랐는데 1층에 앉아서 물었다: "스승의 문하에서 배우는 사람들에게 정좌靜坐를 금한다고 들었는데 배우는 사람들이 고요한 데 치우쳐서 고목과 같은 상태에 빠질까 염려한 것 같다. 지금 배우는 사람들이 처음 입문하여 이 마음이 오래도록 세속의 풍습에 빠져 피부와 골수에 스며들었는데, 만약 밀실에서 구하여서 이목이 사물과 함께해도 보이는 것도 없고 들리는 것도 없게 하지 않는다면 사려를 맑게 하고 끊어버려서 오묘하고 막막함에 깊이 들어가니 어느 때에 진면목을 볼 수 있겠는가? 스승의 문하에서는 이 한 단계를 빌려다 소학의 공부를 보충한다고 말한 적이 있다. 또 말했다: '마음에 질고를 근심하는 것은 마치 거울 표면에 먼지와 같으니, 반드시 먼저 닦아 없애야 밝은 본체가 드러나고 그런 연후에 하나의 티끌도 받아들이지 않을 수 있게 된다.' 지금은 이 방법을 금하니 아마도 사람들이 끝내 들어갈 곳이 없게 된다."

주

1 하천何遷(1501~1574)은 명 중기 관원이며 학자이다. 자가 익지益之이고 호는 길양吉陽이며 호북성 덕안德安 사람이다. 가정 20년(1541) 진사가 되어 호부주사, 구강지부를 했다. 그는 담약수에게 사사 받았고 태상경이 되어 강서성을 순찰하였으며 왕수인의 학문에 관심을 가졌다. 그래서 스스로 자신의 학문은 담천과 양명 사이에 있다고 했다고 전한다. 후에 남경형부시랑으로 관직을 마치고 강학에 힘썼다.

2 사사四司는 명대 조정에서 기관 편성 단위이다. 4사四司 6국六局을 두었다. 4사는 기능이 문서, 의례 등 분야를 담당했다. 환관의 관서를 통칭하기도 한다. 즉, 석신사惜薪司, 종고사鍾鼓司, 보초사寶鈔司, 혼당사混堂司이다. 각 사司에는 태감太監, 첨서僉書, 감공監工 등을 두었다.

洪對曰：“師門未嘗禁學者靜坐，亦未嘗立靜坐法以入人。”曰：“舍此有何法可入？”曰：“只教致良知。良知即是真面目。良知明，自能辨是與非，自能時靜時動，不偏於靜。”曰：“何言師門不禁靜坐？”曰：“程門歎學者靜坐爲善學，師門亦然。但見得良知頭腦明白，更求靜處精煉，使全體著察，一滓不留；又在事上精煉，使全體著察，一念不欺。此正見吾體動而無動，靜而無靜，時動時靜，不見其端，爲陰爲陽，莫知其始：斯之謂動靜皆定之學。”

전덕홍이 대답하여 말했다: “스승의 문하에는 배우는 사람들에게 정좌를 금한 적이 없었지만, 또한 정좌의 법도를 세워서 사람들을 들어가게 한 적도 없었다.” (하천이) 말했다: “정좌를 내버려 두고 어떤 방법으로 들어갈 수 있는가?” (전덕홍이) 말했다: “단지 양지를 실현하게 한다. 양지는 곧 진면목이다. 양지가 밝아지면 절로 옳음과 그름을 분변할 수 있고, 절로 때에 맞게 고요하고 때에 맞게 움직일 수 있어서 고요함에 치우치지 않는다.” (하천이) 말했다: “어찌 스승의 문하에는 정좌를 금하지 않았다고 말합니까?” (전덕홍이) 말했다: “정자의 문하[程門][1]에는 배우는 사람들이 정좌가 바람직한 배움이 된 것을 찬탄했는데, 스승의 문하에서도 그러했다. 다만 내 마음의 양지는 두뇌가 명백하게 할 수 있는데, 다시 고요한 곳에서 정련하기를 구하는 것은 전체가 분명하게 살펴서 조금의 찌꺼기도 남기지 않게 하는 것이다. 또한 일에서 정련하여 전체가 조사되면 하나의 생각도 속이지 않는다. 이것은 정견正見[2]으로 내 몸이 움직이면서도 움직임이 없는 것이고 고요하면서도 고요함이 없는 것이니, 때때로 움직이고 때때로 고요하여 그 단서를 볼 수 없으며 음이 되었다가 양이 되니 그 처음을 앎이 없다. 이것을 움직이고 고요함이 모두 정해져 있다[動靜皆定][3]는 배움이라고 말한다.”

주

1 정문程門은 정명도程明道의 제자들을 말하고 정명도는 북송의 이학자이다.

2 정견正見은 진리를 믿고 이해하는 바른 견해이다.

3 동정개정動靜皆定은 정명도의 「정성서」에 나온다. 마음이 고요할 뿐만 아니라 늘 움직인다는 뜻이다. 즉, 동動하는 가운데 정靜이 있고 정靜하는 가운데 동動도 있다. 반면에 장재張載는 성性은 마음이 고요한 상태[心之靜]이고 정情은 마음이 움직이는 상태[心之動]이라고 하여 심통성정心統性情을 말하였다.

曰:"偏於求靜,終不可與入道乎?"曰:"離喜怒哀樂以求中,必非未發之中;離仁敬孝慈以求止,必非緝熙之止;離視聽言動以求仁,必非天下歸仁之仁。是動靜有間矣,非合內合外,故不可與語入道。"曰:"師門亦有二教乎?"曰:"師嘗言之矣,'吾講學亦嘗誤人,今較來較去,只是致良知三字無病。"

(하천이) 말했다: "고요함을 구하는 데 치우치면 끝내 도에 들어간 것을 허여할 수 없습니까?" (전덕홍이) 말했다: "희·노·애·락을 떠나서 중中을 구한다면 반드시 미발의 중中이 아닐 것이고, 인·경·효·자를 떠나서 그치기를 구한다면 반드시 밝게 빛나는 그침이 아닐 것이고, 시·청·언·동을 떠나서 인을 구한다면 반드시 천하가 인으로 돌아가는 인이 아닐 것이다. 이는 움직이고 고요함에 틈이 있는 것이고, 내외가 합한 것이 아니므로 도에 들어갔다고 허여할 수 없는 것이다." (하천이) 말했다: "스승의 문하에는 또한 두 가지 가르침이 있습니까?" (전덕홍이) 말했다: "스승이 말씀하시길, '나의 강학은 또한 사람을 잘못되게 한 적이 있으나 지금 이리저리 비교해 보니 단지 치양지 세 글자는 잘못됨이 없다.'"

衆皆起而歎曰：“致知則存乎心悟，致知焉盡矣！”下塔，由畫廊指《真武流形圖》曰：“觀此亦可以證儒佛之辯。”衆皆曰：“何如?”曰：“真武山中久坐，無得，欲棄去。感老嫗磨針之喻，復入山中二十年，遂成至道。今若畫《堯流形圖》，必從克明峻德，親九族，以至協和萬邦；畫《舜流形圖》，必從舜往於田，自耕稼陶漁，以至七十載陟方；又何時得在金碧山水中枯坐二三十年，而後可以成道耶?”諸友大笑而別。

사람들이 모두 일어나 감탄하며 말했다: “치지는 마음의 깨침에 달려있으니, 치지를 다할 뿐이다.” 보은사탑에서 내려와 화랑畫廊[1]을 지나가다 《진무유형도》를 가리키며 (전덕홍이) 말했다: “이 그림을 보면 유교와 불교의 차이[2]를 논증할 수 있다.” 여러 사람이 모두 말했다: “어떻게요?” (전덕홍이) 말했다 : “진무真武[3]는 산 중에 오래 앉아있어도 득도함이 없어서 포기하고 떠나고자 했다. 노파가 쇠를 갈아서 바늘을 만들었다는 깨우침에 감화하여 다시 산으로 들어가 20년을 보내고 마침내 지극한 도를 이루었다. 지금 만약 그림이 《요유형도》라면, 반드시 큰 덕을 밝혀 구족을 친하게 하는 것을 좇아서 만방을 화합하는데 이를 것이고 그림이 《순유형도》라면, 순이 밭으로 달려가 경작하고 밭 갈고 토기 만들고 낚시하는 것을 좇아서 70세에 천자로 외방으로 순시를 나갈텐데 언제 금수강산에서 고목처럼 20~30년을 보내고 난 이후에 도를 이룰 수 있겠는가?” 벗들이 크게 웃고 헤어졌다.

주

1 화랑畫廊은 그림으로 장식한 복도이다.

2 유교와 불교의 차이는 도를 얻는 방법에 있다. 불교에서는 진무조사처럼 산에 들어가 20년 이상을 정좌하여 고목처럼 지낸 후 도를 얻는 것이고 유교에서는 요임금처럼 일상생활에서 구족의 친지에게 덕을 베풀던 것을 임금이 되어 만방에 베풀었고 순임금은 평소 농사짓고 질그릇 만들고 물고기 잡던 일을 천자가 되어서도 그대로 좇아서 외방으로 나아가 순시하니 큰 도를 이루었다. 전덕홍이 양명학의 ‘사상마련事上磨鍊’ 사상을 설명하고 있다.

3 진무真武는 진무조사真武祖師, 현천상제玄天上帝, 현무대제玄武大帝, 무량조사無量祖師라고도

불린다. 정식 명칭은 진무탕마대제真武蕩魔大帝이다. 신화의 전설 속 북방의 신으로, 도교 신선 중에서 특히 유명한 옥경존신이다. 현재 호북성 무당산武當山에 모셔진 주신은 진무대제이며, 도경에서는 그를 '진무제군'이라고 부른다.

가정 30년(1551)

三十年辛亥，巡按貴州監察御史趙錦建陽明祠於龍場。

가정 30년 신해년(1551) 귀주성을 순찰하던 감찰어사 조금趙錦[1]이 용장에 양명사를 세웠다.

주

1 조금趙錦(1516~1591)은 중기 대신이며 송 태조 조광윤의 21세손이다. 자가 원박元樸이고 호는 인양麟陽이며 절강성 소흥 여요 사람으로 왕수인과 동향이다. 가정 23년(1544)에 진사가 되어 강음현령江陰縣令을 제수받았다. 가정 27년(1548) 남경 어사가 되었다. 가정 32년(1553) 상소하여 엄숭을 탄핵하자 명 세종이 진노하여 조금을 체포하여 옥에 넣고 40차례 고문했으며 그를 백성으로 강등하였다. 융경 초에 복직하여 태상소경太常少卿이 되었고 다시 광록경光祿卿으로 승진했다. 만력 2년(1574) 형부상서를 했다. 장거정張居正과의 불화로 학문에 매진하다가 장거정이 세상을 떠난 후 다시 조정으로 돌아갔다. 만력 19년(1591) 다시 형부상서에 올랐고 그해 76세의 나이로 사망하여 태자태보로 추증되었다. 시호는 단숙端肅이다.

龍場舊有龍岡書院，師所手植也。至是錦建祠三楹於書院北，旁翼兩序，前爲門，仍題曰"龍岡書院"，周垣繚之，奠師位於中堂。巡撫都御史張鶚翼、廉使張堯年、參政萬虞愷、提學副使謝東山，共舉祠祀。羅洪先撰《祠碑記》。

용장에는 옛날 용강서원이 있었는데 스승이 친히 지었다. 지금에 이르러 조금이 용강서원 북쪽에 세 칸의 사당을 세우고 옆 양쪽 날개에 두 개의 학당을 세우고 앞에 문을 세우고 '용강서원'이라고 적었다. 사방으로 담장을 둘러서 중당에 스승의 위패를 두고 제사 지냈다. 순무도어사 장악익張鶚翼[1], 안찰사 장요년張堯年[2], 참정 만우개, 제학부사 사동산謝東山[3]이 함께 제사 지냈다. 나홍선은 『사비기』를 지었다.

주

1 장악익張鶚翼은 자가 습지習之이고 호는 수야須野이며 상해 법화진法華鎮 사람이다. 가정 20년 진사가 되어 방사주사方司主事를 제수받았고 그 후 문선랑중文選郎中, 순무도어사, 태상소경 등 여러 요직에 있었다. 후세에 충의사忠義祠에 제사 지냈다.

2 장요년張堯年은 자가 원과原果이고 자계慈溪 사람이다. 가정 14년(1535)에 진사가 되어 금단현金壇縣 지현에 제수받았다. 급사중으로 있을 때 엄숭嚴嵩, 곽훈郭勳 등이 무고하여 포정사 조마照磨로 좌천되었다. 후에 운남 우포정사를 역임하고 귀향하여 학문에 매진하였다.

3 사동산謝東山은 자가 양승陽升이고 호는 고천高泉이며 사천성 사홍시射洪市 사가패謝家壩 태화진太和鎮 사람이다. 가정 7년(1528) 거인이 되고 가정 20년에 진사에 급제하여 병부주사를 제수받은 후 낭중으로 옮기고 다시 우첨도어사, 산동순무를 역임했다. 벼슬한 지 20년 만에 귀향하여 학문에 전념하였다. 부지런하고 학문에 열중하였고 관직에 있을 때도 그 지역의 유명 인사들을 모아 좌담회를 열고 기이한 이야기를 찾으며 학문을 연구했다.

••• 사비기祠碑記

記略曰："予嘗考龍場之事，於先生之學有大辨焉。夫所謂良知云者，本之孩童固有，而不假於學慮，雖匹夫匹婦之愚，固與聖人無異也。乃先生自敘，則謂困於龍場三年，而後得之。

固有不易者，則何以哉？今夫發育之功，天地之所固有也。然天地不常有其功，一氣之斂，閉而成冬，風露之撼薄，霜霰之嚴凝，隕積摧敗，生意蕭然，其可謂寂莫而枯槁矣。鬱極而軋，雷霆奮焉。百蟄啟，群草茁，氤氳動蕩於宇宙之間者，則向之風霰爲之也。是故藏不深則化不速，蓄不固則致不遠，屈伸剝復之際，天地且不違，而況於人乎?

先生以豪傑之才，振迅雄偉，脫屣於故常，於是一變而爲文章，再變而爲氣節。當其倡言於逆瑾蠱政之時，撻之朝而不悔，其憂思懇款，意氣激烈，議論鏗訇，真足以淩駕一時而托名後世，豈不快哉！

及其擯斥流離，而於萬里絕域，荒煙深箐，狸鼯豺虎之區，形影孑立，朝夕惴惴，既無一可騁者；而且疾病之與居，瘴癘之與親，情迫於中，忘之有不能，勢限於外，去之有不可，輾轉煩瞀，以需動忍之益，蓋吾之一身已非吾有，而又何有於吾身之外。

至於是，而後如大夢之醒，強者柔，浮者實，凡平日所挾以自快者，不惟不可以常恃，而實足以增吾之機械，盜吾之聰明。

其塊然而生，塊然而死，與吾獨存而未始加損者，則固有之良知也。然則先生之學，出之而愈張，晦之而愈光。鼓舞天下之人至於今日不怠者，非雷霆之震，前日之龍場，其風霰也哉?嗟乎！今之言良知者，莫不曰固有固有。問其致知之功，任其固有焉耳，亦嘗於枯槁寂寞而求之乎?所謂盜聰明、增機械者，亦嘗有辨於中否乎?生於憂患，死於安樂，豈有待於人乎?”

『사비기』에서 대략 말한다: “나는 용장의 일을 살핀 적이 있는데 선생의 학문에는 큰 지혜로움이 있었다. 이른바 양지라고 하는 것은 어린아이가 본래 가지고 있으니 배우고 생각함을 빌리지 않는다. 비록 평범한 남녀의 어리석음도 본래 성인과 차이가 없다. 이에 선생이 직접 서술하기를 용장에서 3년 괴로움을 겪고 난 이후에 그것을 얻었다’라고 했다.

본래 지녀서 바뀌지 않는 것은 무엇인가? 지금 발육의 기능은 천지가 본래 지닌 것이다. 그러나 천지가 항상 발육의 기능을 가지고 있는 것은 아니고 한 기가 거두어들여서 닫히면 겨울이 되는데 바람과 이슬은 조금 흔들이고 서리와 눈은 심하게 엉겨 붙어 떨어져 쌓이고 부러져 무너진다. 마음이 쓸쓸해지니 그것은 적막하게 말라간다고 말할 수 있다. 답답함이 극에 달하여 삐걱거리니 천둥, 번개가 요동친다. 각종 겨울잠 자던 벌레들이 나오고 풀들이 싹 트며 따뜻한 봄기운이 우주 간에 출렁이니 이전의 바람과 눈이 그것이 되었다. 이 때문에 간직함이 깊지 않으면 변화가 빠르지 않고, 쌓음이 견고하지 않으면 도달함이 멀지 않다. 구부렸다 펴고 깍고 회복되는 사이에도 천지는 천지의 운행을 어기지 않는데 하물며 사람에 있어서 어떠하겠는가!

선생이 호걸의 재주로 뛰어남을 떨치고 통례通例를 벗어나니 이에 한 번 변해서 문장이 되고, 두 번 변해서 굽힐 줄 모르는 기개가 되었다. 당시 유근이 정치를 마음대로 할 때 잘못을 당당하게 말하다가 조정에서 매질을 당해도 후회하지 않았으니, 그 근심하는 마음이 충성스럽고 의기가 격렬하며 의론이 강건하여 진실로 한 시대를 능가하여 후세에 이름을 남기기에 충분하니 어찌 기쁘지 않은가!

급기야 쫓겨나 귀양 가는 데 만 리 떨어진 곳이며 깊은 대나무 숲에 인가는 드물고 수목 울창한 골짜기에 살쾡이, 날다람쥐, 승냥이, 호랑이가 사는 곳에 내 그림자만 외롭게 서 있었다. 아침저녁으로 두려워도 마음 달랠 곳이 전혀 없다. 게다가 온갖 병이 함께 살아 풍토병과 창병도 친하게 지내야 하니 실정이 마음에서 절박하다. 잊으려 해도 잊을 수 없고 형세가 이 땅 밖을 제한하니 떠나려 해도 떠날 수 없다. 이리저리 뒤척이며 번민하여 움직이고 인내하는 도움이 필요했다. 아마도 내 한 몸이 이미 내게 속한 것이 아닌데 또 무엇이 내 몸 밖에 있겠는가?

이곳에 도착한 이후, 마치 큰 꿈에서 깬 것 같이 강한 것은 부드러워지고 텅없던 것은 충실해지니 무릇 평소 몸에 지닌 것으로써 스스로 즐거운 것은 항상 믿을 수 없을 뿐만 아니라 진실로 나의 잔재주를 증가시킬 만하니 나의 총명을 도둑질한 것이다. 쓸쓸히 홀로 태어나 쓸쓸히 홀로 죽는다. 나에게 주어져 홀로 존재하며 더하거나 덜한 적이 없는 것은 본래 지닌 양지良知이다. 그래서 선생의 학문은 드러내면 더 번성하고 어둑어둑하면 더 빛난다. 천하 사람들을 격려하여 용기를 북돋아 주었는데 지금도 태만하지 않은 것은 천둥과 번개의 요동이 아니라 예전의 용장에서 그 바람과 눈 때문인가? 아! 지금 양지를 말하는 것은 본래 지닌 고유한 것을 말하지 않음이 없다. 그 양지에 이르는 공부를 물으면 본래 지닌 것에 맡길 뿐이니 또한 어찌 일찍이 초췌하고 적막한 데서 그것을 구하겠는가? 이른바 총명을 도둑질하고 잔재주를 더하는 것 역시 일찌기 마음에 분별함이 있어서가 아니겠는가? 우환에서 살고 안락에서 죽으니 어찌 다른 사람에게 기대하겠는가?"

가정 31년(1552)

三十一年壬子, 提督南贛都御史張烜建復陽明王公祠於鬱孤山。

가정 31년 임자년(1552) 제독 남강과 감주 도어사 장훤張烜[1]이 다시 울고산에 왕양명의 사당을 지었다.

주

1 장훤張烜은 명 관원이며 강서성 흥국현興國縣 사람이다. 절강 승선포정사 우포정사를 역임했다.

祠在贛州鬱孤臺前, 濂溪祠之後。嘉靖初年, 軍衛百姓思師恩德不已, 百姓乃糾材建祠於鬱孤臺, 以虔尸祝。軍衛官兵建祠於學宮右, 塑像設祀, 俱有成式。繼後異議者, 移鬱孤祠像於報功祠後, 湫隘慢褻, 軍民懷忿。至是, 署兵備僉事沈謐訪詢其故, 父老子弟相與涕泣申告。謐謁師像, 爲之泫然出涕。報功祠舊有贍田米三十八石, 見供春秋二祭。鬱孤祠則取諸贛縣, 均平銀兩。乃具申軍門。

사당은 감주의 울고대鬱孤臺[1] 앞, 염계사濂溪祠[2] 뒤에 있다. 가정 원년(1522)에 민병대와 백성들은 스승의 은덕을 생각하는 것이 그치지 않았고 백성들은 이에 재목을 모아 울고대에 사당을 세우고 경건하게 죽음에 축원했다. 민병대와 관병들이 학궁 오른쪽에 사당을 세우고 흙으로 상을 빚고 제사를 차렸는데 정해진 법식이 모두 갖춰져 있었다. 이어서 나중에 의견이 다른 자가 울고사의 상을 보공사 뒤에 옮겼는데, 자리가 좁고 낮으며 거칠고 더러워 군인들과 백성들이 원망을 품었다. 이에 이르러 병비첨사에 임명된 심밀이 찾아가서 그 까닭을 살펴 묻자, 나이 많은 어른과 젊은이들이 서로 함께 눈물을 흘리며 거듭 알렸다. 심밀이 스승의 상을 알현하니 이렇게 되었음에 눈물이 그치지 않고 줄줄 흘렀다. 보공사는 예전에 쌀 38석을 수확하는 섬전을 가지고 있어 봄과 가을 두 차례 제사를 받들었다. 울고의 사당은 감주의 현들에서 공평하게 은량을 거두었기에 군영에 사정과 형편을 알렸다.

주

1 울고대鬱孤臺는 감주贛州 북서부 하란산賀蘭山 정상에 위치하며, 감주 시내의 최고봉이다.
2 염계사濂溪祠는 염계 주돈이의 사당이다.

烜如其議，修葺二祠，迎師像於鬱孤臺，廟貌嚴飾，煥然一新。軍衛有司各申虔祝，父老子弟歲臘駿奔。烜作記，立石紀事。

장훤이 그 논의대로 두 사당에 지붕을 새로 이어 수리하고 스승님의 상을 울고대에 모셔 맞이하니 사당의 모양새가 엄숙하게 꾸며져 환하게 빛나고 새로워졌다. 민병대와 유사들이 각각 경건하게 빌고, 어른과 젊은이들은 섣달에 신주를 분주히 받들었다. 장훤이 기記를 지어 돌을 세우고 일을 기록하였다.

師自征三浰，山寇盡平。即日班師，立法定制。令贛屬縣俱立社學，以宣風教。城中立五社學，東曰義泉書院，南曰正蒙書院，西曰富安收院，又西曰鎭寧書院，北曰龍池書院。

스승이 삼리를 정벌하고부터 산적들이 모조리 다 평정되었다. 그날로 군대를 되돌리고, 법을 세우고 규칙을 정하였다. 감주에 속한 현들에는 모두 사학을 세워 이로써 풍교風教[1]를 베풀게 했다. 성안에 다섯 개의 사학社學[2]을 세웠으니, 동쪽에 있는 것은 의천서원이라 부르고, 남쪽은 정몽서원이라 부르며, 서쪽을 부안서원이라 부르며, 또 서쪽에는 진영서원이라 부르며, 북쪽에 있는 것을 용지서원이라 불렀다.

주

1 풍교風教는 교육이나 정치의 힘으로 풍습을 교화하는 일이다.

2 사학社學은 민간의 자제를 교화하기 위하여 향촌에 설치한 교육기관이다. 남송 때에 생겼으며 명나라에서 특히 융성하였다.

選生儒行義表俗者，立爲教讀。選子弟秀穎者，分入書院，教之歌詩習禮，申以孝悌，導之禮讓。未期月而民心丕變，革奸宄而化善良。市廛之民皆知服長衣，叉手拱揖而歌誦之聲溢於委巷。浸浸乎三代之遺風矣。繼後異議者盡墮成規，而五院爲強暴者私據，禮樂之教息矣。至是，謐詢士民之情，罷逐僭據，修舉廢墜，五社之學復完。愼選教讀子弟而淬礪之，風教復興，渢渢乎如師在日矣。

유생으로 의를 행하고 모범이 되는 이를 골라 뽑아 세워 교독教讀[1]으로 삼았다. 자제로 우수하고 뛰어난 자를 뽑아 서원에 나누어 들여보내 시를 읊고 예를 익히도록 하고 효도와 우애를 알게 하며 그들에게 예의와 사양을 실행하도록 했다. 한 달도 채 되지 않아 민심이 변하여 나쁜 풍습을 고치고 선량하게 되었다. 저자의 백성들 모두 긴 옷 입을 줄 알고 손을 모아 잡고 인사하며 백성들이 모여 사는 곳[委巷][2]에 노랫소리가 가득하였다. 삼대三代[3]가 남긴 풍속에 스며들었다. 이어서 뒤에 의견이

다른 자가 세워둔 규칙을 죄다 무너뜨렸으며, 다섯 서원은 강하고 난폭한 자가 사사롭게 웅거하여 예악의 가르침이 그쳤다. 이에 이르자 심밀이 선비와 서민들의 실정을 헤아려 묻고 참람한 자에게 죄 주어 쫓아내고 무너지고 부서진 곳을 일으켜 수리하니 다섯 개의 사학이 완전하게 회복되었다. 교독과 자제들을 신중하게 뽑아서 그들을 공부에 힘쓰게[淬礪][4]하니, 풍교가 부흥하여 스승이 계시던 날과 같이 성행했다.

주

1 교독教讀은 공부를 가르치는 선생이다.
2 위항委巷은 좁은 골목길이다. 일반 백성이 사는 자그마한 동네이다. 여항閭巷과 비슷하다.
3 삼대三代는 하나라, 은나라, 주나라를 합쳐서 말한다.
4 쉬려淬礪는 칼이나 도끼 따위의 날을 달구어서 물에 담갔다가 숫돌에 가는 것이다. 즉, 스스로 힘씀을 말한다.

建復陽明王公祠於南安。

다시 남안에 '양명왕공사'를 지었다.

南安 青龍鋪，師所屬纊之地也，士民哀號哭泣，相與建祠於學宮之右。歲時父老子弟奔走祝奠，有司即爲崇祀，廟貌宏麗。後爲京師流言，承奉風旨者，遂遷祠於委巷，隘陋汙穢，人心不堪。謐與有司師生議，復舊址原制，樓五楹，前門五楹，取委巷祠址之值於民助。完工作，具申軍門。烜從之。自是師祠與聖廟並垂不朽矣。

남안 청룡포는 스승님이 임종하신[屬纊][1] 땅으로, 선비와 백성이 슬피 통곡하고 곡하고 눈물 흘렸으며 서로 더불어 학궁 오른쪽에 사당을 세웠다. 1년 중 때가 되면 어른들과 젊은이들이 분주히 제사에 쓸 술과 음식을 준비하고 유사는 높이 존경하며 제사를 받들었는데 사당의 모양은 웅장하고 화려하였다. 뒤에 경사京師에서 떠도는 말이 천자의 뜻을 받든 이가 마침내 사당을 위항으로 옮기니, 좁고 비루하며 더러워 사람들의 마음이 견디어 내지 못했다. 심밀은 유사, 교사, 학생과 의논하여 옛터와 원래 제도, 누각 다섯 칸, 앞문 다섯 칸을 회복하였다. 위항 사당의 터를 취하는 것은 민간인이 보조하여 값을 치렀다. 건축을 완공하고 군영에 알렸다. 장훤이 따라갔다. 이로부터 스승의 사당과 공자의 사당을 나란히 길이길이 전하였다.

주

1 속광屬纊은 임종臨終을 뜻한다. 붙일 속屬과 솜 광纊으로, 옛날 중국에서 사람이 죽어 갈 무렵 고운 솜을 코끝에 대어 생사의 기운을 조사하였다. 이 때문에 속광屬纊이 임종臨終의 뜻으로 쓰이게 되었다.

가정 32년(1553)

三十二年癸醜，江西僉事沈謐修復陽明王公祠於信豐縣。

가정 32년 계축년(1553), 강서첨사 심밀이 신풍현에 '양명왕공사'를 수복하였다.

按謐《虔南公移錄》曰："贛州府所屬十一縣，俱有前都察院右副都御史陽明王公祠，巍然並存。蓋因前院功業文章，足以匡時而華國；謀猷軍旅，足以禦暴而捍災。南、贛士民咸思慕之。歌頌功德，久而不衰，尚有談及而下淚者。本縣原有祠堂，後有塞門什主者，廢爲宴憩之所，是誠何心哉！爲此仰本縣官史照牌事例，限三日內即查究清理，仍爲灑掃立主，因舊爲新。不惟一邑師生故老，得以俱興瞻仰之私，而凡過信豐之墟者，咸得以盡展拜俎豆之禮。古人所謂愛禮存羊，禮失求野之意，即是可見矣。" 時謐署南贛兵備事，故云。

전덕홍이 심밀의 《건남공이록》에 근거하여 말했다: "감주부에 속한 11개의 현은 전 도찰원 우부도어사가 양명왕공사를 갖추니 우뚝하게 나란히 존재한다. 대체로 이전의 사원들은 공업功業[1]과 문장 때문이었으나 시폐를 바로잡고 나라를 융성하게 하기에 충분했으며 지략과 군려軍旅[2]는 사나운 무리를 제어하고 재앙을 막기에 충분했다. 남강과 감주의 선비와 백성은 모두 왕양명을 사모하였다. 공덕을 노래하고 기림이 오래 가도 쇠하지 않고 이야기하기에 미쳐서는 눈물을 흘리는 이가 늘 있었다. 이 현에 원래 사당이 있었는데 나중에 어떤 이가 10패의 신주를 모시는 문을 막아버리고 사당을 폐하여 잔치하고 쉬는 곳으로 만들었으니 이는 참으로 어떤 마음이겠는가! 이 때문에 본 현에서 관의 역사, 조패照牌[3], 있었던 일의 예에 의거하여 3일 안으로 기한을 정해 조사하여 깨끗하게 정리하도록 했다. 이에 옛 그대로 청소하고 신주를 세우니 옛 모습 그대로 새로워졌다. 오직 한 마을에서 스승, 제자, 노인이 우러러 사모하는 마음이 다시금 일어남을 얻었을 뿐만 아니라, 신풍현의 터를 지나는 자 모두가 절하고 제물을 바치는 예를 다함을 얻었다. 옛사람이 '예를 아껴 양을 살리니, 예가 없어지면 들에 가서 찾아야 한다.'[4]는 뜻은 바로 알 수 있다." 이때에 심밀이 남강과 감주의 병비사를 맡았기 때문에 말한 것이다.

주

1 공업功業은 공훈과 업적이다.
2 군려軍旅는 나라 안팎에서 무력을 사용하는 큰 싸움이거나 전쟁터에 나와 있는 군대를 말한다.
3 조패照牌는 승당에서 자기가 앉는 자리를 나타내는 패牌이다.
4 『논어·팔일』: 子貢欲去告朔之餼羊, 子曰 賜也 爾愛其羊 我愛其禮.[자공이 곡삭례의 희양을 없애고자 하였다. 공자가 말했다: 사야, 너는 그 양을 아까워하지만, 나는 그 예를 아까워한다.] 하였다. 주자가 주석하였다: "보통 사람은 그저 자잘하게 작은 소비를 아까워할 뿐이나 성인은 마음으로 아까워한 것은 예禮이니, 보존하고자 하는 바가 매우 크다."

1553년 3월

三月，改建王公祠於南康。

3월, 왕공사를 남강에 고쳐 세웠다.

南康舊有祠，在學宮右。後因異議者遷師像於旭山 韓公祠內。謐往謁祠，見二像並存於一室：王公有祭而無祠；韓公有祠而無祭。其室且卑陋。訪祠西有鄉約所，前有堂三間，後有閣一座，規模頗勝。乃置師像於堂而復其祭。韓公祠另爲立祭。使原有祠者，因祠而舉祭；原有祭者，因祭而立祠。則兩祠之勢並峙，而各全其尊；報功之典同行，而咸盡其義矣。

남강은 예전에 학궁 우측에 사당이 있었다. 뒷날 뜻을 달리하는 자로 인하여 스승의 상이 욱산旭山[1] 한공사韓公祠[2] 안으로 옮겨졌다. 심밀이 가서 사당에 알현하고 두 분의 초상이 한 방에 함께 있는 것을 보았다. 왕양명 공은 제사는 있는데 사당이 없었으며, 한공은 사당은 있는데 제사가 없었다. 그 방은 또 누추했다. 사당을 살펴보니 서쪽에 향약소가 있고 앞에는 세 칸의 당堂이 있으며 뒤에는 누각 한 채가 있는데 규모가 자못 훌륭했다. 이에 스승님의 상을 당에 놓고 제사를 회복하였다. 한공사는 따로 제사를 지내게 하였다. 원래 사당이 있던 것은 사당에서 제사를 지내게 했고 원래 제사가 있는 것은 제사를 지내기 위해 사당을 세웠다. 곧 두 사당의 모양은 나란히 우뚝 섰으며 각각 그 공경함을 온전히 하였다. 공에 보답하는 전례를 똑같이 행하여 모두 그 뜻을 다하였다.

주

1 욱산旭山은 강서성 감주시贛州市 남강구南康區 성 북쪽에 위치하며, 지역 내 번화한 태강로泰康路와 동문북로가 인접해 있다.

2 한공사韓公祠는 남송의 명장 한세충韓世忠1090~1151을 기리기 위해 세워진 사당이다. 한세충은 자는 양신良臣이고 호는 청량거사淸涼居士이며 연안부延安府 수덕현綏德縣 사람이다. 중국 남·북송 시대의 명장이자 사인으로 악비嶽飛, 장준張俊, 유광세劉光世와 함께 '중흥사장中興四將'으로 불렸다. 죽어서 태사太師에 추증되었고 시호는 충무忠武이다.

三月，安遠縣知縣吳蔔相請建王公報功祠。

3월, 안원현安遠縣[1]의 지현 오복상이 왕공보공사王公報功祠[2]를 세우자고 청하였다.

주

1 안원현安遠縣은 강서성 감주시와 남강현의 아래에 있고 신풍현信豊縣 동쪽에 있다.

2 왕공보공사王公報功祠는 왕양명 공의 공로에 보답하는 사당

安遠舊無師祠，百姓私立牌於小學，父老子弟相率饋奠，始伸歲臘之情。蔔相見之，乃惕然曰："此吾有司之責也。"乃具申舊院道謂："前都御史陽明王公，功在天下，而安遠爲用武之地；教在萬世，而虔州爲首善之區。

안원현에는 예전에 스승의 사당이 없어 백성들이 사사로이 소학에 위패를 세우고 나이 많은 어른과 젊은이들이 서로 이끌어 제사를 드렸고 비로소 납제 지내는 실정[歲臘之情][1]을 펼쳤다. 복상蔔相[2]이 그것을 보고 이내 걱정하며 말했다: "이는 우리 유사들의 책임이다." 이에 옛 서원의 도리를 일일이 알리며 말했다: "전 도어사 왕양명의 공로는 천하에 있으며 안원현은 군사를 지휘했던 땅이다. 가르침이 만세에 있으며[教在萬世][3], 건주虔州[4]는 가장 모범이 되는 지역이 되었다.

주

1 세납지정歲臘之情은 세말歲末 납월臘月에 제사 지내는 납제臘祭를 말한다. 정情은 당시 제사

지내는 실정을 말한다.

2 복상蔔相(1530~1614)은 자가 몽량夢良이고 호는 기암起岩이며 절강성 수수현 사람이다. 가정 41년(1562)에 진사가 되어 태평부 추관을 제수받았고 이후 형부원외랑, 호광첨사, 운남참의 등을 역임했다. 그의 가문은 가정회회세족嘉定回回世族으로 명대의 특수 민족 정책으로 인해 대대로 권력을 이어받았다. 홍무 연간에 입부회회아入附回回兒의 후손으로 가문의 공로로 인해 복씨 성으로 바꾸었다.

3 교재만세教在萬世는 양명의 가르침이 만세 후에도 이어져 영원할 것임을 알렸다. 공자를 영원한 스승이라는 뜻으로 만세사표萬世師表라고 한다.

4 건주虔州는 수隋 개황開皇 9년에 남강군南康郡을 건주로 고쳤다. 명대에는 이곳이 안원현이 되었다. 그래도 당시 건주라는 이름도 혼용되었다.

本縣正德年間中，有廣寇葉芳擁衆數千，肆行剽掠，民不聊生。自受本院撫剿以來，立籍當差，無異於土著之齊民；後生小子，不忘乎良知之口授。今詢輿情，擇縣西舊堤備所空處，堪以修建祠堂。本縣將日逐自理詞訟銀兩，買辦供費，庶財省而功倍，祀專而民悅。”嘉靖二十九年。申據前提督軍門盧，俱如議行之。見今像貌森嚴，祠宇宏麗，申兵備僉事沈、提督軍門張，扁其堂曰“仰止”，門曰“報功祠”。烜爲作記，立石紀事。

본 현은 정덕 연간에 광 땅의 도적 섭방이 수천 명의 무리를 끼고 방자하게 협박하며 노략질하여 백성이 편안하게 살지 못하였다. (왕공이) 본원을 제수받고부터 어루만지며 소탕한 이래로 호적에 올리고 부역을 부과했는데, 토착의 백성과 다름이 없었다. 훗날에 태어난 어린아이들은 양지의 가르침을 입으로 전하는 것을 잊지 않았다. 지금 지역의 여론을 살펴 묻고는 현의 서쪽 옛 제방을 골라 공터를 준비하니 사당을 지을 만하였다. 본 현에서 장차 날마다 민사소송을 스스로 처리하여 은을 추구하고, (백성들의) 일손을 팔아서 비용을 제공하니, 거의 재물이 절약되고 공은 두 배가 되었고, 제사를 오로지하니 백성이 기뻐하였다.” 가정 29년(1550) 전 제독 군문 노씨를 거듭 의지하여, 함께 의논한 대로 행하였다. 이제 상의 모양이 삼엄하고 사우가 화려함을 보니 병비첨사 심밀과 제독 군문 장씨에게 알리고, 편액을 하여 그 집은 '앙지'라 하였고, 문은 '보공사'라 하였다. 장훤이 글을 짓고, 돌을 세워 일을 기록하였다.

1553년 4월

四月，瑞金縣知縣張景星請建王公報功祠。

사월, 서금현瑞金縣[1] 지현 장경성이 '왕공보공사'를 짓자고 청하였다.

주

1 서금현瑞金縣은 강서성 감주 시의 동쪽에 있다. 지금은 서금시로 승격하였다.

按《虔南公移錄》，景星申稱："正德初年，歲祲民饑，輋賊沖熾，民不聊生，逃亡過半。賴提督軍門王公剪除凶惡，宣布德威，發粟賑饑，逃民復業。感恩思德，欲報無酎。今有耆民蘇振等願自助財鳩工，拓鄉校右，以崇祠像；李珩祿願自助旱田八十畝，以承春秋尸祝。"僉事沈謐嘉獎之，申照軍門，張烜嚴立規制，題曰"報功"，立石紀事。

첨밀의 《건남공이록》에 근거하여 장경성이 거듭 말했다: "정덕 원년(1506)에 흉년이 들어 백성이 굶주리고, 요족 도둑이 왕성하게 날뛰어 백성이 삶을 편안하게 하지 못하니 도망친 사람이 절반이 넘었다. 제독 군문 왕공에게 힘입어 흉악범을 제거하고, 덕과 위엄을 널리 알리며 곡식을 풀어 굶주린 백성을 구제하니 도망쳤던 백성이 생업으로 돌아왔다. 은혜에 감사하고 덕을 생각하여, 보답하고자 하나 올릴 좋은 술이 없다. 지금 어떤 늙은 백성 소진 등은 스스로 비용을 원조하고 장인을 모아서 향교 오른쪽을 넓히고 사당에 초상을 걸어 존경하고 이연록은 스스로 조전旱田 80묘를 원조하여서 봄과 가을의 제사를 받들기를 원했다." 첨사 심밀이 이를 칭찬하여 권장했고, 군문에 거듭 알렸으며, 장훤은 엄히 규정을 세우고 이름을 '보공'이라 이르고, 돌을 세워 일을 기록하였다.

1553년 6월

六月，崇義縣知縣王廷耀重修陽明王公祠。

6월, 숭의현 지현 왕정요가 '양명왕공사'를 다시 고쳤다.

崇義縣在上猶、大庾、南康之中，相距各三百餘里，師所奏建也。數十年來，居民井落，草木茂密，生聚繁衍。百姓追思功德，家設像以致奠祝。至是，廷耀請於前軍門盧會民，建師祠於儒學東隅。盧從之。僉事沈謐、巡縣廷耀，請新舊制。謐爲增其未備，設制定祀如信豐諸縣，立石紀事。

숭의현은 상유, 대유, 남강의 가운데 있으며, 각각은 서로 삼백여 리 떨어져 있고, 스승님이 나라에 상소하여 세운 곳이다. 수십 년이 지나, 백성이 사는 촌락에는 초목이 무성히 우거지고, 생활이 번성했다. 백성이 스승의 공덕을 추모하여, 집에 상을 두고 제사를 지냈다. 이에 이르러, 왕정요가 전 군문 노회민에게 유학의 동쪽 모퉁이에 스승님의 사당을 짓기를 청했다. 노회민이 이를 따랐다. 첨사 심밀과 순현 왕정요는 옛 규정을 새로이 하길 청하였다. 심밀이 그 미비한 것을 보충하고, 신풍의 여러 현에서처럼 규정을 세우고 제사 시기 등을 정하여 돌을 세워 기록하였다.

1553년 9월

九月，太僕少卿呂懷、巡按御史成守節改建陽明祠於琅琊山。

9월, 태복소경 여회呂懷와 순안어사 성수절이 낭야산에 양명사를 옮겨 세웠다.

山去城五里。舊有祠在豐樂亭右，湫隘不容俎豆。玆改建紫薇泉上。是年，畿謁師祠，與懷、戚賢等數十人大會於祠下。

낭야산[1]은 도성과 5리 떨어져 있다. 예전에 풍락정 오른쪽에 사당이 있었는데, 비좁고 축축하여 제사를 드릴 수 없었다. 이에 자미천 가장자리에 옮겨 지었다. 이 해에 왕기가 스승의 사당을 찾아뵙고 여회, 척현 등 수십 명과 함께 사당에서 크게 모였다.

주

1 낭야산琅琊山은 안휘성 저주시滁州市 서남 약 5천m에 위치한다.

1553년 10월

十月，洪自寧國與貢安國謁師祠，見同門高年，猶有能道師教人初入之功者。

10월, 전덕홍이 영국寧國[1]에서부터 공안국貢安國[2]과 함께 스승님의 사당을 찾아뵈었는데 동문이 나이가 많은 이를 보고는 스승은 사람들에게 입문의 공부까지도 말할 수 있는 자였다.

주

1 영국寧國은 안휘성 관할 시이다. 선성시宣城市가 관리하며 안휘성 동남부에 있다.

2 공안국貢安國은 명 학자이며 서원산장書院山長이다. 자가 원략元略이고 호는 수헌受軒이며 남직예 안휘성 선성宣城 사람이다. 처음에 추수익의 문하생이 되었다. 가정 27년(1548) 전덕홍과 왕기를 따라 청원의 모임靑原之會에 가담했다. 광려와 복고를 오가며 강학에 따라다녔다. 또 구영덕歐陽德을 스승으로 삼아 경현涇縣 수서水西 등 6개 읍에서의 모임에 참여했다. 30년에 수서정사水西精舍를 세웠다.

가정 33년(1554)

三十三年甲寅，巡按直隸監察御史閭東、寧國知府劉起宗建水西書院，祀先生。

가정 33년 갑인년(1554) 직예를 순찰하던 감찰어사 여동과 영국지부 유기종劉起宗[1]이 수서서원을 세우고, 선생에게 제사 지냈다.

주

1 유기종劉起宗은 자가 종지宗之이고 호는 초천初泉이다. 사천성 중경부重慶府 파현巴縣 사람이다. 예부상서 유춘지劉春之의 아들이다. 가정 17년(1538) 진사가 되어 호부급사중을 제수받았다. 엄숭嚴嵩을 거역하여 부자가 장을 맞고 유배되었다. 유배에서 풀려 호광제학부사에 오르고 요동원마사경遼東苑馬寺卿을 하고 사임했다.

水西在涇縣、大溪之西，有上中下三寺。初與諸生會集，寓於各寺方丈。既而諸生日衆，僧舍不能容，乃築室於上寺之隙地，以備講肆。又不足，提學御史黃洪毗與知府劉起宗創議建精舍於上寺右。未就，巡按御史閭東、提學御史趙鏜繼至。起宗復申議。於是屬知縣邱時庸恢弘其制，督成之。邑之士民好義者，競來相役。南陵縣有寡婦陳氏，曹按妻也，遣其子廷武輸田八十畝有奇，以廩餼來學。於時書院館穀具備，遂成一名區云。起宗禮聘洪、畿間年至會。

수서서원은 경현涇縣[1]과 대계의 서쪽에 있고, 위쪽 중간 아래쪽에 세 개의 절이 있었다. 처음에는 유생들과 함께 모여서 각 절의 방장方丈[2]에 거주하였다. 얼마 안 되어 유생들이 날로 많아져서 절 방에 수용할 수 없어서 곧 위쪽 절의 빈 땅에 집을 지어서 강당을 갖추었다. 또 부족하여 제학어사 황홍비黃洪毗[3]가 지부 유기종과 함께 위쪽 절 오른편에 정사를 세우자고 건의하였다. 아직 일이 시작되지도 않았는데 순안 어사 여동과 제학어사 조당趙鏜[4]이 연이어 이르렀다. 유기종이 거듭 건의하였다. 이에 지현 구시용에게 부탁하여 그 규정을 관대히 해서 완성하도록 독려했다. 읍의 사민 중에 의리를 좋아하는 자가 다투어 와서 모두 부역하였다. 남릉현 과부 진씨가 조안의 처인데 그의 아들 정무에게 수전輸田 80무 남짓을 보내어 학생들에게 식사를 제공했다. 이때 서원의 관곡이 모두 갖추어졌고 마침내 한 유명한 지역을 이루었다고 말한다. 유기종이 예를 갖추어 전덕홍과 왕기를 초빙하였고 한 해 걸러 모임에 왔다.

주

1 경현涇縣은 이전에는 유주猷州라고 했다. 안휘성 선성시宣城市 관할 현이다. 안휘성 동남부에 있는데, 선성시의 서부이고 동으로 영국시와 인접해 있다. 남은 황산시, 정덕현旌德縣과 이어지고 있고, 서는 지주池州 청양현青陽縣과 경계하고 있다.

2 방장方丈은 화상和尙, 국사國師 등의 고승이 거처하는 처소이다.

3 황홍비黃洪毗(1507~?)는 명대 서예가이다. 자가 협공協恭이고 보전莆田 사람이다. 가정 16년(1537) 복건 향시와 예부 회시를 치르고 이듬해 진사가 되었다. 송강부(지금의 상해) 추관을 제수받았다. 가정 22년(1543) 광서성 감찰어사, 산서 순안이 되었고 가정 27년(1548) 때마침 진사晉祠 사당을 중수한 것이 완성되니 감개무량하여 〈알진사가공성謁晉祠嘉功成〉 시 한 수를 지어 진사의 풍광을 서술했다. 가정 28년(1549) 남직례 학교에 발령받아 경현涇縣에 수서정사水西精舍 설립하기로 했다. 어사 재임 기간에 품행이 단정하고 공명정대하며 세금과 노역을 줄이고 오래된 폐단을 제거하여 '철면순안鐵面巡按'이라고 불렸다. 하남포정사우참의, 강서안

찰사부사를 역임했다.

4 조당趙鏜(1513~1584)은 자가 중성仲聲이고 호는 방천方泉·유재거사留齋居士이며 강산 사람이다. 가정26년(1547) 진사가 되어 하남도감찰어사를 제수받아 장로長蘆의 염정鹽政을 감독하였다. 염세의 구제도를 개혁하여 그 공으로 응천부應天府(지금의 남경) 순안이 되었고 다시 남기학정이 되었다. 만력 초에는 중추대각의 중신이 되었다. 그 후 순천부승, 대리사소경, 도찰원 우첨도어사를 역임했다. 융경 원년(1567)에 고향으로 돌아와 유재서원留齋書院을 설립하고 의전義田을 마련했다.

가정 34년(1555)

三十四年乙卯，歐陽德改建天真仰止祠。

가정 34년 을묘년(1555) 구양덕이 천진 앙지사를 고쳐서 세웠다.

德揭天真祠曰："據師二詩，石門、蒼峽、龜疇、胥海皆上院之景，吾師神明所依也。今祠建山麓，恐不足以安師靈。"適其徒御史胡宗憲、提學副使阮鶚，俱有事吾浙，即責其改建祠於其上院，扁其額曰"仰止"。江西提學副使王宗沐訪南康生祠，塑師像，遣生員徐應隆迎至新祠，爲有司公祭，下祠塑師燕居像，爲門人私祭。鄒守益撰《天真仰止祠記》。

구양덕이 천진사에서 쉬며 말했다: "선생님의 두 시에 근거하니, 석문·창협·귀주·서해는 모두 서원 주위의 풍경이고, 우리 스승이 신명을 편안하게 한 곳이다. 지금 사원이 산록에 세워져 있으니, 아마도 스승의 신령을 편안히 하기에 부족할 것 같다." 마침 문하생인 어사 호종헌胡宗憲[1]과 제학부사 완악이 모두 우리 절강성에서 일하고 있으니 즉각 그 상원에서 사당을 고쳐 세우고 그 편액에 "앙지"라고 쓰도록 책임 지웠다. 강서 제학부사 왕종목王宗沐[2]은 남강의 생사生祠[3]를 방문하고 선생님의 모습을 소조하였는데 생원 서응융을 보내어 새로운 사당에 도착하여 맞이하니, 유사가 공제를 지내기 위함이고, 아래쪽 사당은 선생님 한가로이 계신 모습을 소조하니 문인들이 사제를 지내기 위함이다. 추수익이 『천진앙지사기』를 지었다.

주

1 호종헌胡宗憲(1512~1565)은 명의 명장이다. 자가 여정汝貞·여흠汝欽이고 호는 매림梅林이다. 적계현績溪縣 용천龍川 사람이다. 그는 어릴 때부터 좋은 교육을 받고 문무를 겸비했다. 가정 17년(1538)에 진사가 되어 지현을 제수받았다. 가정 33년(1554), 절강순안어사에 임명되었는데 당시 왜적이 해주현海州縣 연안을 침공하여 우첨도어사로 승진하였고, 이후 병부우시랑으로 총독을 맡았다. 가정 39년(1560) 해적을 평정하고 태자태보가 되었다. 세종의 총애를 받아 병부상서로 직을 마쳤다. 가정 44년(1565) 자살하였다.

2 왕종목王宗沐(1523~1591)은 자가 신보新甫이고 호는 경소敬所이다. 임해臨海 사람이다. 가정 23년(1544) 진사가 되어 형부주사를 제수받았다. 광서안찰첨사, 독학정을 했다. 재임 중 선성서원宣成書院을 개축하고 숭유당을 세웠다. 가정 35년(1556), 강서제학부사를 역임하며 왕양명의 사당을 짓고, 정학과 회옥서원을 세워 백록동에 재생들을 모아 직접 강의했다. 39년 안찰사, 산동좌포정사, 우부도어사, 형부좌시랑 등을 역임했다.

3 생사生祠는 감사 혹은 수령이 선정에 보은하기 위해 그가 살아 있을 때부터 백성들이 제사 지내는 사당이다.

••• 천진앙지사기

記曰："嘉靖丙辰，錢子德洪聚青原、連山之間，議葺《陽明先生年譜》，且曰：'仰止之祠，規模聳舊觀矣，宜早至一記之。'未果趨也。乃具顚末以告。天真書院本天真、天龍、淨明三寺地。歲庚寅，同門王子臣、薛子侃、王子畿暨德洪建書院，以祀先生新建伯。中爲祠堂，後爲文明閣、藏書室、望海亭，左爲嘉會堂、遊藝所、傳經樓，右爲明德堂、日新館，傍爲翼室。置田以供春秋祭祀。

歲甲寅，今總制司馬梅林 胡公宗憲按浙，今中丞阮公鶚視學，謀於同門黃子弘綱、主事陳子宗虞，改祠於天真上院，距書院半里許。以薛子侃、歐陽子德、王子臣附，俱有事師祠也。

左爲敘勳堂，右爲齋堂，後崖爲云泉樓，前爲祠門。門之左通慈雲嶺，磴道橫亙若虹。立石牌坊於嶺上，題曰'仰止'。下接書院，百步一亭，曰'見疇'，曰'瀉雲'，曰'環海'。右拓基爲淨香庵，以居守僧。外爲大門，合而題之曰'陽明先生祠'。門外半壁池。跨池而橋曰'登雲橋'。外即龜田亭。其上曰'太極'云。

歲丁巳春，總制胡公平海夷而歸，思敷文教以戰武士，命同門杭二守、唐堯臣重刻先生《文錄》、《傳習錄》於書院，以嘉惠諸生。重修祠宇，加丹堙泉石之勝，闢凝霞、玄陽之洞，梯上真，躡蟾窟，經蒼峽，釆十真以臨四眺，湘煙越嶠，縱足萬狀，窮島怒濤，坐收樽俎之間。四方遊者愕然，以爲造物千年所秘也。文明有象，先生嘗詠之。而一旦盡發於群公，鬼神其聽之矣。

기에서 말했다: "가정 병진년(1556) 전덕홍이 청원과 연산의 사이에서 취하여『양명선생연보』를 의론하여 엮었고, 또 말했다: '앙지지사仰止之祠는 규모가 옛날 양식을 넘어섰으니 마땅히 일찍 기를 써야 한다.' 제촉하지는 않았다. 마침내 전말을 갖추어 아뢴다.

천진서원은 본래 천진사, 천용사, 정명사 세 사찰의 땅이다. 경인년(1530) 동문 왕신, 설간, 왕기가 이르렀고 전덕홍은 서원을 세워서 선생님 신건백을 제사 지냈다. 중간에는 사당을 만들고, 후면에는 문명각·장서실·망해정을 만들고, 좌측에는 가회당·유예소·전경루를 만들고, 우측에는 명덕당·일신관을 만들고, 옆에는 익실翼室[1]을 만들었다. 밭에 채소를 심어 봄가을 제사를 받들었다.

갑인년(1554) 지금 총제 사마 매림의 호종헌이 절강성을 순시하였다. 지금 중승中丞[2] 완악이 학당을 시찰하니 동문 황홍강과 주사 진종우에게 천진상원을 사당으로 고치기로 모의하였는데 서원과 거리가 반 리쯤이다. 설간, 구양덕, 왕신은 모두 스승의 사당에서 일했다.

좌측은 서훈당을 만들었고 우측은 재당을 만들었고, 후면 언덕에 운천루를 만들었고 전면에 사당의 문을 만들었다. 문의 좌측은 자운령과 통하고 돌 비탈길이 횡으로 뻗어 마치 무지개 같았다. 석패방石牌坊[3]을 자운령 꼭대기에 세우고 이름 지어 '앙지'라고 했다. 아래로 서원과 이어져서 백 걸음에 하나의 정자가 있으니, '견주見疇'라고 하고, '사운瀉雲'이라 하고, '환해環海'라고 하였다. 우측으로 터를 넓혀 정향암을 만들고 수승守僧을 두었다. 밖은 대문이 되고, 합쳐서 이름 지어 '양명선생사陽明先生祠'라고 했다. 문밖에 반은 담에 연못을 팠다. 연못을 건널 다리를 '등운교登雲橋'라고 했다. 밖은 바로 귀전정龜田亭이다. 그 위에 '태극太極'이라고 했다.

정사년(1557) 봄 총제 호종헌이 해변에 거주하는 이민족을 평정하고 돌아와서 문교를 넓히고 무사를 잡도리하고는 동문 항이수와 당요신에게 선생의 『문록』과 『전습록』을 서원에서 다시 판각하게 하는 것이 유생들에게 도움이 되겠다고 생각했다. 사당을 다시 보수하며 붉은 흙으로 산수의 빼어남을 증가시키고 응하와 현양은 동굴을 파서 위쪽 천진[真][4]에 오르고 달빛 비취는 동굴에 올라 푸른 골짜기를 경유하며 열 곳 진경을 채택하여서 사방을 바라보니, 상湘[5]의 물안개, 월 땅의 높은 산세, 발 닿는 온갖 형상, 궁벽한 섬, 성난 파도가 앉아서 제사 지내는 순간에 거두어들였다. 사방에서 들리러 온 자들이 놀라며 천 년간 만든 신비한 것들이라고 여겼다. 문명은 형상을 가지기에 선생은 이를 시로 읊곤 했다. 그리고 일단 그대들에게 펼치니 귀신이 그것을 들을 것이다.

주

1 익실翼室은 집의 대청 좌, 우에 딸린 방이다.

2 중승中丞은 어사중승이다. 전에서 일을 보기 때문에 중승이라 불렀다. 명나라에서는 어사대를

도찰원으로 개칭했는데, 도찰원의 부직인 도어사는 전조에서 어사 중승에 해당한다.

3 석패방石牌坊은 중국 전통 건축에서 매우 중요한 건축 유형으로, 석재로 지어진 패방은 봉건 사회에서 공훈, 과거제, 덕정 및 충효절의를 표창하기 위해 세운 건축물이다. 또 패방은 사당의 부속 건축물로 가문에서 선조들의 고상한 미덕과 위대한 공적을 나타내며 조상 제사 기능을 겸비하고 있다.

4 진真은 진경산수를 의미하나 추수익이 말하고자 하는 것은 천진天眞이다. 즉 하늘이 만든 꾸밈없이 순수한 곳, 즉 멋진 진경을 의미한다.

5 상湘은 상강이다. 광서성 서쪽 흥안현興安縣을 수원水源으로 광서성 전주全州, 호남성 영주永州, 형양衡陽, 주주株洲, 상담湘潭, 장사長沙로 흘러 동정호洞庭湖로 유입되어 소강瀟江과 합쳐진다.

〈천진앙지사기〉

守益拜首而復曰："真之動以天也微矣，果疇而仰應，又疇而止之。" 先師之訓曰：'有而未嘗有，是真有也；無而未嘗無，是真無也；見而未嘗見，是真見也。'而反覆師旨，慨乎顏子知幾之傳。故其詩曰：'無聲無臭，而乾坤萬有基焉'，是無而未嘗無也。又曰：'不離日用常行，而直造先天未畫焉'，是有而未嘗有也。無而未嘗無，故視聽言動於天則，欲罷而不能；有而未嘗有，故天則穆然，無方無體，欲從而末由。

茲顏氏之所以爲真見也。吾儕之服膺師訓久矣，飭勵事爲，而未達行著習察之蘊，則倚於滯像，研精性命，而不屑人倫庶物之實；則倚於浚虛，自邇而遠，自卑而高，未免於歧也。而入門升堂，奚所仰而止乎！獨知一脈，天德所由立，而王道所由四達也。慎之爲義，從心從真，不可人力加損。稍涉加損，便入人爲而僞矣。

추수익이 머리를 조아려 절하고 다시 말했다: '진眞은 천으로서 움직임이라 은미하여[1]

정말로 누구라도 받들고 또한 누구라도 거기에 머문다.' 선사先師[2]의 가르침에서 말했다: '있으면서 있었던 적이 없으니, 이것이 진정 있음이다. 없으면서 없었던 적이 없으니, 이것이 진정 없음이다. 보면서 본 적이 없으니, 이것이 진정 봄이다.' 선생의 뜻을 여러 번 돌이켜보니, 놀랍게도 안연이 기미를 알았다고 전한 것이다.[3] 그래서 그의 시에서 말한다: '소리도 없고 냄새도 없는데 건곤乾坤의 만물은 행함이 있다.' 이는 없으면서 없었던 적이 없음이다. 또 말했다: '일상의 행위에서 떨어지지 않고 곧장 선천에서 시작되었는데 아직 나뉘지 않았다.' 이는 있으면서 있던 적이 없고4 없으면서 없던 적이 없으므로 천칙天則[4]에서 보고 듣고 말하고 행동하여 그만두고자 해도 그만둘 수 없다. 있으면서 있던 적이 없으므로 천칙天則[5]이 환하게 빛나더라도 방소도 모습도 없어서 따르고자 하더라도 말미암음이 없다.

이는 안연이 진견眞見[6]이 된 까닭이다. 우리는 스승의 가르침을 오래도록 마음속에 간직해야 한다. 경계하여 권면하고 일삼아 행하여도 아직 행위가 드러내고 익히면서 살피는 마음에 도달하지 못한다면 막히는 형상에 치우치고, 성명性命[7]을 정밀하게 연구하는데 인륜과 만물의 실질을 중히 여기지 않는다면 허무를 파내는 데 치우치고, 가까운 데로부터 먼 데까지 낮은 데로부터 높은 데까지 아직 곁가지에서 벗어나지 못했다. 그리고 문에 들어가고 당에 올랐다고 어찌 우러르고 그치는 바이겠는가? 유독 한 계통을 아는 것은 천덕天德이 말미암는 것[8]이 세워짐이고, 왕도가 말미암는 것이 사방에 도달함이다. '신愼[9]'의 의미는 마음을 따르고 천진을 따르는 것이지 사람의 힘으로 더하거나 덜어내서는 안 된다. 약간이라도 더하거나 덜어내는 데 이르면 곧바로 인위人爲에 들어가서 거짓이다.

주

1 천진天眞은 꾸밈이나 거짓이 없이 자연 그대로 깨끗하고 순수함이며 불생불멸의 참된 마음이다. 즉, 인위적이지 않다. 그래서 은미하다. 천진은 바로 대자연의 그러함이고 대자연의 법칙인 천칙天則이다.

2 선사先師는 돌아가신 스승을 말한다. 옛날 어질고 사리에 밝아 스승으로 삼은 자도 선사이다.

3 『논어·안연』: 顏淵問仁, 子曰, 克己復禮爲仁, 一日克己復禮, 天下歸仁焉…… 顏淵曰, 請問其目. 子曰,

非禮勿視, 非禮勿聽, 非禮勿言, 非禮勿動.[안연이 인을 물으니, 공자가 말했다: 극기복례가 인이니, 하루 극기복례를 하면 천하 사람이 인한 행동으로 돌릴 것이다. 안연이 그 조건을 물으니, 공자가 말했다: 예가 아니거든 보지 말며 예가 아니거든 듣지 말며 예가 아니거든 말하지 말며 예가 아니거든 동하지 말라.]라고 한 것을 『논어집주』에서 정자程子가 "안연이 이 말씀에 종사함은 이로써 성인의 영역에 나아간 것이니 후세 성인을 배우는 자들은 마땅히 이것을 가슴에 새겨야 하니 잠언을 지어서 경계한다." 하였고, 「잠언」: 哲人知幾, 誠之於思, 志士勵行, 守之於爲.[철학자 안연은 기미를 알아 모든 일을 생각에서 정성스럽게 하고 지사는 힘써 행하여 지켜낸다.]라고 하며 정자가 '안연은 이미 기미를 알았다.'라고 후세에 전했다.

4 우리의 일상에서 볼 때 선천은 분명히 있다. 천지 만물은 선천에서 시작되지만, 하늘과 땅 그리고 인간과 만물은 구분되지 않았다. 그 때문에 분명 선천은 있지만 있다고 할 수 없는 것이다.

5 천칙天則은 대자연의 저절로 그러한 운행 법칙이다. 그래서 있고 없음을 말하지 않고 시視·청聽·언言·동動은 모두 천칙을 따라야 한다고 했다.

6 진견眞見은 자연의 운행을 예측하여 기미를 미리 아는 것이다.

7 성명性命은 천명이며 곧, 본성이다.

8 천덕天德은 만물을 태어나 성장하게 하는 하늘의 덕이다. 천덕이 말미암는 것과 왕도가 말미암는 것 역시 천진天眞이다. 즉, 천의 저절로 그러한 참되고 순수함이며 천의 운행 법칙인 천칙天則이다.

9 신愼은 언행에 보탬이 있거나 덜어냄이 없도록 삼가는 것이고 천진을 따르는 것이다. 언행에 보탬이 있거나 덜어냄이 있게 되면 인위가 되어 거짓이 되고 참이 되지 않는다.

••• 천진앙지사기

古之人受命如舜，無憂如文，繼志述事如武王、周公，格帝饗廟，運天下於掌，舉由孝弟以達神明，無二塗轍。故曰：'夫微之顯，誠之不可掩如此，指真之動以天也。'

先師立艱履險，磨瑕去垢，從直諫遠謫，九死一生，沛然有悟於千聖相傳之訣。析支離於衆淆，融闕漏於二氏，獨揭良知以醒群夢。故惠流於窮民，威襲於巨寇，功昭於宗社，而教思垂於善類。雖罹讒而遇娼，欲掩而彌章。身沒三十年矣，干戈倥傯中，表揚日力。此豈聲音笑貌可襲取哉？

惟梅林子嘗受學於金臺，至取師門學術勳烈相與研之。既令餘姚，諳練淬勵，薦拜簡命，神謀鬼謀，出入千古，旁觀駭汗，而竟以成功，若於先師有默解者。繼自今督我同遊暨於來學，駿奔詠歌，務盡齋明盛服之實。

其望也若跂，其至也若休，將三千三百，盎然仁體，罔俾支離闕漏。雜之以古所稱忠信篤敬，參前倚衡，蠻貊無異於州里，省刑薄斂，親上死長，持挺於秦、楚。是發先師未展之秘，達爲赤舄，隱爲陋巷，俾聖代中和位育之休熙，光天化日之中，是謂仰止之真。”

옛날 사람들은 명을 수행함이 순임금 같고, 근심을 없도록 함은 문왕과 같고, 뜻을 잇고 일을 함은 무왕·주공과 같아서 상제에 이르고 사당에 제사를 드려 천하를 손바닥에서 움직였는데 모두 효제孝弟로 말미암아 신명에 도달한 것이며 두 개의 바퀴 자국이 없다.[1] 그래서 말한다: '은미함이 드러나고 진실이 가리어질 수 없음이 이와 같음은 진眞은 천으로서 동함을 가리킨다.'

스승이 고립되어 위태하고 험난함을 겪었는데, 허물을 갈아 버리고 티끌을 제거하려고 직접 간언하다가 멀리 귀양 갔는데 구사일생하여 많은 성인이 서로 전한 요결에서 큰 깨달음이 있었다. 여러 학문의 뒤섞임에서 지리함을 분석하고, 불교와 도교에서 궐루闕漏함[2]을 융합하며 오직 양지를 들어서 여러 몽매함을 깨우쳤다. 그러므로 은혜가 궁핍한 백성에게 흘러갔고 위엄이 도적들에게 파고들었으며 공적은 종사宗社[3]를 빛나게 했고 교육과 사상이 선한 사람들에게 드리웠다. 비록 참소당하고 음란함을 만나 공을 가리려고 해도 점점 드러났다. 돌아가신 지 30년 지났고 전쟁으로 힘들고 일이 많아 분주한데도 그를 찬양함이 날로 힘차다. 이 어찌 그 위력을 웃는 낯으로 본받을 수 있겠는가?

오직 매림자梅林子[4]가 금대金臺에서 배운 적이 있으니 선생님 문하의 학술과 공훈을 취해서 서로 함께 연구하는 데 이르렀다. 이미 여요餘姚에서 공부하며 부단히 훈련하고 힘썼는데 간명簡命[5]을 받고 임명되니, 귀신같은 계략을 세워 천고千古[6]를 출입하며 놀라고 힘든 것은 방관하고 마침내 공을 이루었으니, 마치 스승님에게 묵묵히 아는 것이 있는 것 같았다.[7] 이어서 지금부터 나의 동학이 후학에게 영향이 미치게 하고 (스승의 학문을) 분주히 읊조리고 시가를 읊조리며 재명성복齋明盛服[8]의 실질을 힘써 다하도록 독려했다.

그 그리움은 마치 달려 나갈 것 같고, 그 지극함은 마치 높이 기리는 것 같으며 삼천 삼백 명을 온화하게 인으로 대하시니, 지리支離와 궐루闕漏에는 가까움이 없다. 옛날에 칭했던 충신독경忠信篤敬으로 합하여 앞서 참여하고 공평함에 의지하여 만맥蠻貊[9]은 주리州里[10]에서와 다름이 없이 형벌을 가볍게 하고 세금을 박하게 하며 친히 황제에게 목숨 바쳐 죽을 각오로 임하여 진나라와 초나라 전쟁에서 기세를 잡은 것[11]이다. 이는 스승님이 아직 드러내지 않았던 비법을 밝히는 것이고 적석赤舄[12]에 도달했는데도 누항陋巷[13]에 은거하시니 성세[聖代][14]에 중화中和와 위육位育이 크게 빛나게 더 하셨고, 빛나는 하늘 변화하는 나날 가운데 있게 하였으니, 이것이 '앙지의 진[仰止之真]'이라고 일컫는다."

주

1 바퀴자국은 인위적으로 만들어진 길이다. 요·순·우·탕·문·무·주공은 천칙에 따라 행하였기에 신명에 도달한 것이다.

2 궐루闕漏는 빠뜨려서 없어진 것이다.

3 종사宗社는 종묘宗廟와 사직社稷이다. 종묘는 왕실을 의미하고 사직은 국토를 말한다.

4 매림자梅林子는 호종헌의 호이다.

5 간명簡命은 죽간에 써 준 간략한 명령이다.

6 천고千古는 먼 옛날 혹은 오랜 세월을 뜻한다. 여기서는 영원永遠히 사라지지 않을 중대한 일을 뜻한다. 왕양명이 천고에 빛날 일을 한 것이다.

7 추수익이 '마치 스승님은 마음으로 이 모든 시작과 끝을 알고 묵묵하게 성공하신 것 같다.'라고 자기 의견을 적었다.

8 재명성복齋明盛服은 공경하고 숭상하고 장하게 여기고 따르는 것이다.

9 만맥蠻貊에서, 만蠻은 만족으로 중원에서 남방에 사는 이민족이고 맥貊은 중국 북방에 사는 이민족이다. 남북의 이민족을 얕보아 부르는 명칭이다.

10 주리州裏는 행정구역으로 주州와 리裏이다.

11 지정어진초持挺於秦楚는 전국 말기 진시황 20년(BC225)~24년(BC223) 2여 년간 있었던 진나라와 초나라 사이 전쟁에서 진나라가 육국을 멸한 후 잔여 세력인 초나라를 상대로 선 기세를 잡고 세웠던 전쟁의 양상이다.

12 적석赤舃은 고대 제왕이 하늘에 제사 지낼 때 신는 신발이다. 즉, 중시되는 물건이다. 왕양명이 이미 높은 지위에 올라 귀하게 되었음을 의미한다.

13 누항陋巷은 누추陋醜하고 좁은 마을이다.

14 성대聖代는 성세聖世로 어진 임금이 다스리는 세상 또는 그 시대를 높여 이르는 말이다.

가정 35년(1556)

1556년 2월

三十五年丙辰二月，提學御史趙鏜修建復初書院，祀先生。

가정 35년 병진년(1556) 2월 제학어사 조당이 복초서원을 건설하여 선생을 제사 지냈다.

書院在廣德州治。初鄒守益謫判廣德，創建書院，置贍田，以延四方來學。率其徒濮漢、施天爵過越，見師而還。復初之會，遂振不息。

서원은 광덕주廣德州[1] 치소에 있다. 처음에 추수익은 광덕으로 유배되어 서원을 창건하고 섬전을 두고서 사방에서 공부하러 오는 학생을 맞아들였다. 제자 복한과 시천작을 데리고 월 땅을 방문하여 선생을 뵙고 돌아왔다. 복초 모임은 마침내 떨쳐 일어나 그치지 않았다.

주

1 광덕주廣德州는 안휘성 동남부에 있다. 지금은 시가 되었다.

後漢、天爵出宦遊，是會興復不常者二十年。至洪、畿主水西會，往來廣德，諸生張槐、黃中、李天秩等邀會五十人，過必與停驂信宿。是年，漢、天爵致政歸，知州莊士元、州判何光裕，申鏜復大修書院，設師位，以歲修祀事。

나중에 복한과 시천작은 벼슬을 하러 떠났다. 이 모임이 다시 일어난 것은 일상적이지 않은 지 20년이나 되어서이다. 전덕홍과 왕기가 수서회에 이르러 광덕을 왕래하였고 장괴, 황중, 이천질 등 제생 50명을 불러 모았더니 방문하여 말을 묶어 놓고 반드시 이틀 밤을 함께 머물렀다. 올해 복한과 시천작은 조정으로 돌아가게 되었고 지주 장사원, 주판州判[1] 하광유는 제학어사 조당에게 알려 다시금 서원을 크게 보수하고 스승의 위패를 세워서 매년 제사를 지냈다.

주

1 주판州判은 고대 문관의 관직 명칭이다. 주판은 보통 지방 아문衙門 행정을 보좌하는 관리이다.

1556년 5월

五月，湖廣兵備僉事沈寵建仰止祠於崇正書院，祀先生。

5월에 호광지역의 병비첨사 심총沈寵[1]은 숭정서원에 앙지사를 건립하고 선생을 제사 지냈다.

주

1 심총沈寵은 남중南中 왕문의 제자이다. 자는 사외思畏이고 호는 고림古林이며 선성宣城 사람이다. 가정 16년(1537)에 향서鄕書에 올랐고 관직은 광서참의廣西參議에 이르렀다. 그는 남야와 왕기王畿를 스승으로 모시고 왕학에 입문했다. 그는 "왕문의 학은 남기南畿에 있는데 어찌 가서 배우지 않느냐?"라고 했다. 남기는 남야南野와 왕기이다. 그는 민 땅에 양정서원, 호북에 숭정서원을 세웠다.

書院在蘄州麒麟山。寵與州守同門瑴鍾秀建書院，以合州之選士，講授師學。是年，與鄉大夫顧問、顧闕，迎洪於水西。諸生鍾沂、史修等一百十人有奇，合會於立誠堂。寵率州守首舉祀事。

서원은 기주蘄州[1] 기린산에 있다. 심총은 동문인 주수州守[2] 곡종수와 함께 서원을 건립하여 주州에서 선발한 선비들을 모아 스승의 학문을 가르쳤다. 이 해에 향대부 고문, 고궐顧闕[3]과 수서水西에서 전덕홍을 영접했다. 종기, 사수 등 제생 110여 명이 입성당에서 함께 모였다. 심총은 주수 곡종수를 데리고 수장이 되어 제사를 거행했다.

주

1 기주蘄州는 호북성 황강시黃岡市 기춘현蘄春縣에 속하며 기현 남단에 있다.

2 주수州守는 주州의 일급 행정장관이다.

3 고궐顧闕(1528~1613)은 자가 자량子良이고 호는 계암桂岩이다. 고문顧問의 동생이다. 호북성 기주蘄州 사람이다. 가정 시기 진사가 되어 형부주사, 예부의제사禮部儀制司, 남도형부원외랑, 복건안찰사부사 등의 직책을 맡았다. 고향으로 돌아간 후 숭정서원崇正書院의 주지가 되었는데 문하생이 수백 명이었다.

屬洪撰《仰止祠記》。

其略曰："二三子，爾知天下有不因世而異，不以地而隔，不爲形而拘者，非良知之謂乎?夫子於諸生，世異地隔形疏，而願祠而祀之，屍而祝之，非以良知潛通於其間乎?

昔舜、文之交也，世之相後，千有餘歲；地之相去千有餘里，揆其道則若合符節者，何也?爲其良知同也。苟求其同，豈惟舜、文爲然哉?赤子之心與大人同；夫婦之愚不肖與聖人同；蒸民之不識不知與帝則同。

故考諸往聖而非古也；俟諸百世而非今也；無弗同也，無弗足也。故曆千載如一日焉，地不得而間也；通千萬人如一心焉，形不得而狗也。三代而降，世衰道微，而良知真體炯然不滅。故夫子一登其端，而吾人一觸其幾，恍然如出幽穀而睹天日。故諸生得之易而信之篤者，爲良知同也。

雖然，諸生今日得之若易，信之若篤矣，亦尚思其難而擬其信之若未至乎?昔者夫子之始倡是學也，天下非笑詆訾，幾不免於陷阱者屢矣。

夫子憫人心之不覺也，忘其身之危困，積以誠心，稽以實得，見之行事。故天下之同好者，共起而以身承之，以政明之。故諸生之有今日，噫亦難矣！諸生今日之得若火燃泉達，能繼是無間，必信其燎原達海，以及於無窮，斯爲真信也已。是在二三子圖之。"

전덕홍을 위촉해《앙지사기》를 지었다. 그 대략은 말한다:

"제생 그대들이 천하에 세대 때문에 다르지 않고 지역 때문에 막히지 않으며, 모습 때문에 얽매이지 않는다는 것을 아는데, 이것이 양지라 하지 않겠는가? 제생들에게 스승은 세대가 다르고 지역이 떨어져 있으며 모습이 생소해도 사당에서 기원하고 그를 제사 지내며 시체인데도 축원하는 것이 스승과 그대들 사이에 양지가 잠재적으로 통하기 때문이 아니겠는가?

예전에 순임금과 문왕이 도래함은 세대가 서로 차이가 천여 년이고, 지역은 서로 거리가 천여 리인데 그 도를 헤아려 보면, 마치 부절을 합친 것과 같으니 어째서인가? 그 양지가 같기 때문이다. 진실로 그 같음을 구하면 어찌 다만 순임금과 문왕만 그러하겠는가? 갓난아이의 마음도 어른과 같고 지아비와 지어미의 어리석음도 성인과 같다. 뭇 백성이 인식하지 못하고 알지 못함은 상제의 규칙과 같다.

그러므로 무릇 지나간 성인을 고찰해도 옛날이 아니며 무릇 백 세를 기다려도 지금이 아니니 같지 않음이 없고 충분하지 않음이 없다. 그래서 천 년을 지나온 것이 마치 하루 같고 지역은 사이를 벌릴 수 없으며, 천만 인을 통하는 것이 마치 한마음 같으며 형체는 얽매일 수 없다. 3대三代[1] 이후에 세상이 쇠하고 도가 미미해도 양지의 참된 실체는 빛이 나고 사라지지 않는다. 그런 이유로 스승이 단번에 그 끝단에 올랐고 우리는 단번에 그 기미를 느끼니 문득 마치 깊은 계곡에서 나와 하늘에 있는 해를 보는 것 같다. 그래서 제생들이 쉽게 얻어서 그것을 독실하게 믿는 것은 양지가 같기 때문이다.

그렇지만 제생들이 오늘 그것을 얻음이 쉬운 것 같고 그것을 믿음이 독실한 것 같은데도 여전히 그 어려움을 생각하고 그 믿음이 아직 이르지 못한 것 같다고 의심하는가? 예전에 스승이 이 학문을 처음 제창했는데 천하 사람들이 비웃고 꾸짖는 말로 헐뜯어 거의 함정에 빠질뻔한 적이 여러 번이었다.

스승은 안타깝게도 사람들의 마음은 알아채지도 못하고, 자신의 위험과 곤궁을 잊고서 성심으로 다하고 실질적으로 얻을 것을 헤아리며 일을 행하는 것을 보여주었다. 그러므로 세상에서 함께 그를 좋아하는 자들은 전부 일어나 몸으로써 그를 이어받고 가르침으로 밝혔다. 그 때문에 제생들에게 오늘이 있으니 아 어렵구나! 제생들은 오늘 얻은 것이 마치 불이 타오르고 샘이 막힘이 없이 트이는 것과 같아서 이어질 수 있는 것은 빈틈이 없으니, 들판을 불사르고 바다에 도달하여 무궁함에 이르는 것을 반드시 믿어야 한다. 이것이 오직 참된 믿음일 뿐이다. 이것이야말로 여러분이 도모함에 달려 있다."

주

1 3대三代는 하나라(BC2070?~BC1600?), 은나라(BC1600?~BC1046), 주나라(BC1046~BC221)를 말한다. 3대는 대략 1850년이 된다.

가정 42년(1563)

1563년 4월

四十二年癸亥四月，先師年譜成。

가정 42년 계해년(1563) 4월에 스승의 연보가 완성되었다.

師既沒，同門薛侃、歐陽德、黃弘綱、何性之、王畿、張元沖謀成年譜，使各分年分地搜集成稿，總裁於鄒守益。越十九年庚戌，同志未及合並。洪分年得師始生至謫龍場，寓史際嘉義書院，具稿以復守益。

스승이 이미 돌아가셔서 동문 설간, 구양덕, 황홍강, 하성지, 왕기, 장원충張元沖이 연보를 만들자고 모의하였는데 각각 연도를 나누고 지역을 나누어 자료를 수집하여 초벌 원고를 만들고 추수익에게 총괄하게 하였다. 19년이 지나 경술년(1550)이 되었는데, 동지들의 뜻이 아직 합치는데 이르지 않았다. 전덕홍이 연도를 나누어 선생이 태어나면서부터 용장으로 귀양 갈 때까지 자료를 얻어, 사제의 가의서원에 기거하며, 준비한 원고를 추수익에게 돌려주었다.

又越十年，守益遣書曰：“同志注念師譜者，今多爲隔世人矣，後死者寧無懼乎?”譜接龍場，以續其後，修飾之役，吾其任之。”洪復寓嘉義書院具稿，得三之二。壬戌十月，至洪都，而聞守益訃。遂與巡撫胡松吊安福，訪羅洪先於松原。洪先開關有悟，讀《年譜》若有先得者。乃大悅，遂相與考訂。促洪登懷玉，越四月而譜成。

또 십 년이 지나, 추수익은 편지를 보내 말했다:
“동지들이 선생의 연보에 전념하는 것이 오늘날 세상 사람들의 일과 간격이 많으니 후에 죽는 자가 어찌 두려움이 없겠는가? 이미 연보가 용장 체험 시기에 이르렀고 그 뒤를 잇고 고치고 꾸미는 노역은 내가 연보의 수정을 담당하겠다.”
전덕홍이 돌아와 가의서원에 머무르며 원고를 준비하였는데 2/3를 얻었다. 임술년(1563) 10월 홍도에 이르러 추수익(1491～1561)의 부고를 들었다. 그리하여 순무 호송과 더불어 안복현에서 조문하고 나홍선을 송원에서 방문하였다. 홍선은 문을 닫고 수행하여 깨달음이 있어 연보를 읽고 먼저 얻은 것이 있는 것 같았다. 이에 크게 기뻐서 마침내 서로 더불어 점검하고 정정하였다. 전덕홍을 재촉하여 회옥산에 올라 4개월이 지나 연보가 완성되었다.

1563년 8월

八月，提學御史耿定向、知府羅汝芳建志學書院於宣城，祀先生。

8월에, 제학어사 경정향耿定向[1]과 지부 나여방이 지학서원을 선성에 건립하고, 선생을 제사 지냈다.

주

1 경정향耿定向(1524~1596)은 명 중기 대신이고 학자이며 시문학자였다. 자가 재륜在倫이고 호는 초동楚侗·천태天台이다. 호북성 황안 사람이다. 가정 35년(1556), 진사에 급제하여 행인이 제수되었고, 가정 38년(1559), 운남도어사였는데 예부상서 오붕육吳鵬六을 탄핵하여 엄숭의 미움을 샀기에 관직을 그만두었다. 융경 초에 대리사우승이 되었고, 이후 좌승으로 옮겼으나 고공高拱과 화목하지 않아 광서횡주판관橫州判官으로 귀양가게 되었고 다시 절강성 구주부추관衢州府推官으로 옮겼다. 만력 12년(1584)이후 좌부도어사, 형부좌시랑, 남경우도어사로 옮겨 창장倉場호부상서를 역임했다.

洪、畿初赴水西會，過寧國府，諸生周怡、貢安國、梅守德、沈寵、餘珊、徐大行等二百人有奇，延至景德寺，講會相繼不輟。是年，畿至。定向、汝芳規寺隙地，建祠立祀，於今講會益盛。後知府鍾一元扁爲"昭代真儒"，遵聖諭也。

전덕홍과 왕기는 처음에 수서회로 가서, 영국부를 방문하였고, 제생 주이, 공안국, 매수덕梅守德[1], 심총, 여산餘珊[2], 서대행 등 이백 명 남짓이 경덕사로 초청되어, 강회가 서로 이어져 그치지 않았다. 이 해에 왕기가 왔다. 경정향과 나여방이 절의 빈터를 측정하여, 사당을 건립하여 제사를 세웠는데, 오늘까지 강회가 더욱 성하였다. 후에 지부 종일원이 "소대전유昭代真儒[3]"라고 대문 위에 편액을 써서 붙였는데, 황제의 조령을 따랐다.

주

1 매수덕梅守德(1510~1577)은 자가 순보純甫이고 호는 완계宛溪이다. 사람들은 그를 완계선생宛溪先生이라 불렀다. 안휘성 선성宣城 사람이다. 가정 20년(1541) 진사가 되고 급사중을 제수받았다. 절강태주추관, 호부주사, 산동학정, 운남참정을 지냈다.

2 여산餘珊(1471~1529)은 자가 덕휘德輝이고 호는 죽성竹城이며 안경부安慶府 동성현桐城縣 사람이다. 정덕 3년(1508) 진사가 되어 행인을 제수받았고 이어 어사, 북직예산동순안을 했다.

한림 17인 중 한 명이 되었다. 관직은 호광안찰부사, 사천안찰사를 역임하였다. 그는 강서와 사천에서 평생 청렴한 관리로 이름나 명환사名宦祠에 배향되었다.

3 소대전유昭代真儒는 '밝은 시대의 진정한 유학자'라는 뜻이다.

가정 43년(1564)

四十三年甲子，少師徐階撰《先生像記》。

가정 43년 갑자년(1564), 젊은 선생 서계가 《선생상기》를 지었다.

••• 선생상기

記曰："陽明先生像一幅，水墨寫。嘉靖己亥，予督學江西，就士人家摹得先生燕居像二，朝衣冠像一。明年庚子夏，以燕居之一贈呂生，此幅是也。先生在正德間，以都御史巡撫南贛，督兵敗宸濠，平定大亂，拜南京兵部尚書，封新建伯。其後以論學爲世所忌，竟奪爵。予往來吉、贛，問其父老云，濠之未叛也，先生奉命按事福州，乞歸省其親，乘單舸下南昌。至豐城聞變，將走還幕府，爲討賊計。

而吉安太守松月 伍公議適合。郡又有積穀可養士，因留吉安。征諸郡兵與濠戰湖中，敗擒之，其事皆有日月可按覆。而忌者謂先生始赴濠之約，後持兩端，遯歸。

爲伍所強，會濠攻安慶不克，乘其沮喪，幸成功。夫人苟有約，其敗征未見，必不遁。凡攻討之事，勝則侯，不勝則族。苟持兩端，雖強不必不留。武皇帝之在御也，政由嬖倖。濠悉與結納，至或許爲內應。方其崛起，天下皆不敢意其遽亡。

《선생상기》에서 말한다:

"양명선생의 초상 한 폭은 수묵으로 그렸다. 가정 18년 기해년(1539) 나는 강서성에서 학사를 감독했는데, 어떤 사대부의 집에 가서 선생이 조정에서 물러 나와 북경에 거처하는 초상 두 점과 조정 의관을 한 초상 한 점을 모사하였다. 이듬해 경자년(1540) 여름, 북경에 거주하는 초상 한 점을 여씨 생도에게 주었는데 그 그림이 이것이다. 선생이 정덕 연간에, 도어사로서 남안과 감주를 순무하였는데 병사를 통솔하여 신호를 물리치고, 큰 내란을 평정하여 남경병부상서를 제수받고, 신건백에 봉해졌다. 그 후에 학문을 논하는 것이 세상에서 시기하는 것이 되어, 결국 작위를 빼앗겼다. 나는 길안과 감주를 왕래하며 어르신들에게 물어보니 이르기를, '신호는 반역하지 않았다'[1] 하였고, 선생은 명을 받들어 복주에서 일에 종사하다가 그 친가의 귀성을 애걸하여 홀로 배를 타고 남창으로 내려갔다. 풍성에 이르러서 변란 소식을 듣고 막부로 돌아가 도적에 대한 계책을 토론하였다.

그리고 길안태수 송월松月 오공伍公[2]의 공적 의논이 적합했다. 군郡에는 또 쌓아둔 곡식이 군사들에게 먹일 만큼 충분히 있었기에, 길안에 머물렀다. 모든 군의 병사를 출정하여 신호와 파양호에서 전투했는데 그들을 패하게 하여 사로잡으니, 그 일은 모두 시간을 가지고 검증할 수 있다. 그러나 시기하는 자들은 선생이 처음에 신호를 잡으러 가기로 약속하고 후에 두 마음을 품고 달아나게 하였다고 말했다.

오문정이 강하게 된 것은 때마침 신호가 안경安慶[3]을 공격하여 이기지 못하였는데 그들이 기운이 약해진 틈을 타 다행히 성공했다. 무릇 사람은 만일 약속이 있었더라도 그 패배의 징후가 보이지 않는다면 반드시 숨지 않는다. 무릇 공격하여 토벌하는 일은 이기면 고관대작이 되고 이기지 못하면 멸족이다. 정말로 두 마음을 품었다면 억지로 지체하지 않도록 할 필요가 없었다. 무황제의 재위에 정치는 충신과 간신으로 말미암았다. 신호가 그들 모두와 함께 결탁하였으니, 아마도 내통까지 하였을 것이다. 바야흐로 신호가 우뚝 일어남에 천하 사람들 모두 신호가 갑자기 망하게 될 것은 감히 생각지도 못하였다.

주

1 지방의 어르신들이 역적 신호와 전쟁한 것을 알지 못하는 까닭은 왕수인이 지략을 써서 속전속결로 조용히 패배시켰기 때문이다.

2 송월松月 오공伍公은 오문정伍文定(1470~1530)이다. 그의 자는 시태時泰이고 호가 송월松月이다. 그는 신호의 난에서 큰 공적을 세웠다.

3 안경安慶의 다른 이름은 의성宜城이다. 안휘성 서남부에 있다. 장강 하류의 북쪽 해안이 옆에 있고 서쪽으로 호북성이 접해있고 남쪽은 강서성이다.

••• 선생상기 계속

先生引兵而西，留其家吉安之公署，聚薪環之。戒守者曰：'兵敗即縱火，毋爲賊辱。'嗚乎！此其功豈可謂幸成，而其心事豈不皎然如日月哉？忌者不與其功足矣。又舉其心事誣之，甚矣小人之不樂成人善也。自古君子爲小人所誣者多矣，要其終必自暴白。

乃予所深慨者，今世士大夫，高者談玄理，其次爲柔願，下者直以貪黷奔競，謀自利其身。有一人焉，出死力，爲國家平定大亂，而以忌厚誣之，其勢不盡驅士類入於三者之途不止。凡爲治不患無事功，患無賞罰。議論者，賞罰所從出也。

今天下漸以多事，庶幾得人焉，馳驅其間，而平時所議論者如此，雖在上智，不以賞罰爲勸懲，彼其激勵中才之具，不已乎？此予所深慨也。濠之亂，孫、許二公死於前，先生平定之於後，其跡不同，同有功於名教。江西會城，孫、許皆廟食，而先生無祠。

予督學之二年，始祀先生於後圃。未幾被召，因摹像以歸，將示同志者，而首以贈呂生。予嘗見人言，此像於先生極似。以今觀之，貌殊不武，然獨以武功顯於此，見儒者之作用矣。呂生誠有慕乎，尚於其學求之。”

선생이 병사를 일으켜 서쪽으로 가서, 신호의 가족을 길안의 관공서에 두고, 땔나무를 모아서, 그들을 에워쌌다. 지키는 자에게 타일러 말했다: “병사가 패하면 즉시 불을 놓을 것이니, 적에게 욕되게 하지 마라” 오호라! 이러한 그 공적이 어찌 요행으로 이룬 것이라고 말할 수 있으며 그 마음에서 생각하는 일이 어찌 해와 달처럼 환하게 밝지 않은가? 시기하는 자는 그 공적을 함께 할 수 없다. 또한 그 마음에서 생각하는 일을 들어 그를 모함하는 것은 참으로 소인이 남들이 잘 되는 것을 좋아하지 않는 것이다. 예로부터 군자는 소인에게 모함당하는 것이 많았지만, 그 결말은 반드시 스스로 폭망했다.

이에 내가 깊이 개탄하는 것은 지금 세상의 사대부는 경지가 높은 자는 오묘한 이치를 담론하고, 그 경지가 다음인 자는 부드럽고 공손하며 그 경지가 낮은 자는 줄곧 이익을 위해 탐하고 출세를 위해 달리니 자신의 이익과 그 몸을 도모한다. 어떤 한 사람이 죽을 힘을 내어 국가를 위해 큰 난을 평정하였는데 공적을 시기함으로써 그를 모함하고 그 기세가 선비를 몰아 세 가지의 길에 유입시키는데 다함이 없고 그만두지 않았다. 무릇 다스린다는 것은 공적이 없음을 걱정하지 않고 상벌이 없음을 걱정하는 것이다. 논의함은 상벌이 나오게 된 원인[所從出][1]이다.

오늘날 천하에 점점 많은 일 때문에 쓸만한 사람을 얻는데, 그 사이를 치달리며 평소에 의논한 것이 이와 같으니 비록 상지上智[2]에 있는데도 상벌로써 격려와 처벌이 되지 못하고 저들이 그 중간 정도 재능을 지닌 인물을 격려하는 도구가 되니 끝난 것이 아니겠는가? 이것이 내가 깊이 개탄하는 바이다. 신호의 난에 손수과 허공은 난이 있기 전에 죽었고 선생은 후에 신호의 난을 평정하였으니 그 공적이 같지 않음에도 명교名教[3]에는 공적에 같음이 있다. 강서에서 도성에 모였는데, 손수과 허공은 모두 종묘에서 제사를 지내지만, 선생은 사당도 없다.

내가 학사를 감독한 지 2년에 선생을 후원 채소밭에서 처음 제사 지냈다. 오래지 않아 조정에서 나를 불렀기 때문에 초상을 베껴서 돌아오다가 문득 동지에게 보이고, 우선 여씨 생도에게 주었다. 내가 다른 사람에게 보인 적이 있는데 이 초상이 선생에 가장 유사하다고 말했다. 이로써 오늘 그것을 보면, 용모가 특별히 무인답지는 않으나 유독 무공으로써 여기에 명성을 드러내었으나 유학자의 역할을 보았다. 여생은 진정으로 스승을 사모하였기에 여전히 그의 학문을 구하였다."

주

1 소종출所從出은 나오게 된 이유이다. 소종출을 논의함은 상과 벌이 있게 한 상황과 사실을 파악하는 것이다.
2 『논어·양화』: 子曰, 唯上知與下愚不移.[공자께서 말했다. 오직 최상급의 지혜로운 사람과 최하급의 어리석은 사람은 바뀌지 않는다.] 하였다. 상지上智는 태어나면서부터 자질이 우수하고 총명하며 지혜로운 생이지지자生而知之者이고 하우자下愚는 어리석어서 무시하거나 아예 변하려는 노력 자체를 포기한 자포자自暴者와 자기자自棄者이다.
3 명교名教는 지켜야 할 인륜의 명분을 가르침으로 유가의 대표 사상이다.

巡按江西監察御史成守節重修洪都 王公仰止祠。

순안강서감찰어사 성수절成守節[1]이 홍도의 왕공앙지사를 다시 수리하였다.

주

1 성수절成守節(?~1569)은 자가 자안子安이고 호는 감재甘齋이며 산동성 조주曹州 사람이다. 가정 32년(1553) 진사가 되어 원씨지현元氏知縣을 제수받았다. 관직은 감찰어사, 대리사승大理寺丞을 했다.

••• 비기碑記

大學士李春芳作《碑記》。記曰："陽明先生祠，少師存翁 徐公督學江右時所創建也。公二十及第宏詞博學，燁然稱首詞林，一時詞林宿學，皆自以爲不及。而公則曰：'學豈文詞已也。'日與文莊 歐陽公窮究心學。聞陽明先生良知之說而深契焉。

대학사 이춘방李春芳[1]이 《비기》를 지었다. 비기에서 말한다: "양명 선생의 사당은 젊은 선생 존재 서계가 강우江右[2]의 학사를 감독할 때 창건한 것이다. 서계는 20세에 급제하였는데 글이 웅장하고 박학하며, 찬란하여 사림詞林[3]의 우두머리로 불렸고, 한때 사림에서 학당에 묵고 있는 모두가 스스로 미치지 못할 것으로 여겼다. 그러나 서계는 말했다: '배움이 어찌 문사뿐인가?' 매일 문장文莊 구양공歐陽公[4]과 더불어 심학을 궁구하였다. 양명 선생의 양지 학설을 듣고 깊게 의기 투합하였다.

주

1 이춘방李春芳(1511~1584)은 명 중기 대신이다. 자가 자실子實이고 호는 석록石麓이며 강소성 남직예 양주부 흥화현興化縣 사람이다. 가정 26년(1547) 장원 급제하여 한림원수찬을 제수받았다. 세종에 의해 서원찬사청사西苑撰寫青詞에 뽑혔고, 한림학사에 초빙되었으며, 곧바로 태상소경, 예부 우시랑을 맡았고 예부 좌시랑, 예부 상서로 승진하고 태자태보를 했다. 융경 2년(1568), 서계를 대신하여 내각의 수보가 되었다. 만력 12년(1584) 75세의 나이로 세상을 떠났고 태사太師에 추증되고 시호는 문정文定이다.

2 강우江右는 행정상의 개념이 아니고 문화와 지리의 개념이다. 이곳은 주로 감어贛語를 모국어로 쓰는 민족이 거주하여 이들을 강우 민족이라고도 한다. 대체로 강서성 일대가 여기에 속한다. 왕수인의 제자 중 '강우왕문'에 속하는 자들이 많다.

3 사림詞林은 문사의 무리가 한 곳에 모인 것을 가리키며 사단詞壇에서는 한림翰林 혹은 한림원의 별칭이다.

4 구양공歐陽公은 시호가 문장文莊인 구양덕歐陽德이다.

江右爲陽明先生過化，公既闡明其學以訓諸生，而又爲崇祀無所，不足以擊衆志，乃於省城營建祠宇，肖先生像祀之。遴選諸生之俊茂者，樂群其中，名曰'龍沙會'。公課藝暇，每以心得開示諸生。而一時諸生多所興起云。

강우는 양명 선생에 의하여 과화過化[1]되었고 서계가 이미 그 학문을 천명하여 제생들을 가르쳤는데, 또 존경하여 제사를 지낼 곳이 없고 사람들의 뜻을 연계시키는 것이 부족하여 이에 성의 도성에 사당을 건설하고 선생의 초상을 베껴서 그를 제사 지냈다. 제생에서 준수하고 빼어난 자를 신중하게 뽑아 즐겁게 무리지었고 이름을 '용사회'라 불렀다. 서계공은 한가할 때 기예를 공부했는데 매번 마음에 얻은 것을 제생들에게 가르쳐주었다. 그리고 한때 제생이 많아 흥기했던 바를 말했다.

주

1 『맹자 · 진심』: 夫君子, 所過者化, 所存自神.[군자는 지나는 곳에 교화가 되며, 마음에 두고 있으면 신묘해진다.] 과화過化는 교화시키려고 애쓰지 않아도, 덕이 있는 스승 옆에만 있어도 자연스럽게 교화가 된다는 뜻이다.

既公召還，濟躋綸閣，爲上所親信，蓋去江右幾二十年矣。有告以祠宇傾圮者，則愀然動心，捐賜金九十，屬新建錢令修葺之。侍御甘齋成君聞之曰：'此予責也。'遂身任其事，鳩工招材，飾其所已敝，增其所未備，堂宇齋舍，煥然改觀。不惟妥神允稱，而諸生之興起者，益勃勃不可御矣。噫！

서계공이 소환되어 내각에 올라 왕이 친히 믿는 바가 되었는데, 대개 강우를 떠난 지 거의 20년이 되었다. 사당이 무너진다고 고하는 자가 있어, 걱정하는 마음이 동하여 금 90냥을 주고는 신건전新建錢에 귀속시켜 사당을 개축하도록 했다. 시어사侍御史[1]인 감제 성수절이 그것을 듣고 말했다: '이는 나의 책임이다.' 즉시 자신이 그 일을 맡아 일꾼을 규합하고 재료를 모아 그 이미 낡은 곳을 꾸미고 그 미비한 것을 보태니 사당과 학사가 환하게 변모하였다. 귀신을 편안하게 하고 명칭을 윤택하게 할 뿐 아니라 제생의 흥기함이 더욱 왕성하여 막을 수 없다. 아!

주

1 시어사侍御史는 관직명인데 어사중승 아래의 직책이다. 조정의 고위 관리가 법을 어기면 시어사가 어서중승御史中丞에게 보고하고 다시 황제에게 보고한다. 낮은 직책의 관리는 시어사가 직접 탄핵할 수도 있다.

公當樞筦之任，受心膂之寄，無論幾務叢委，即宸翰咨答，日三四至，而猶之不可以已也。夫致知學發自孔門，而孟子良知之說，則又發所未發。陽明先生合而言之曰'致良知'，則好善惡惡之意誠，推其極，家國天下可坐而理矣。公篤信先生之學，而日以驗之身心，施之政事，秉鈞之初，即發私饋，屏貪墨，示以好惡，四海響風。不數年而人心吏治，翕然不變。此豈有異術哉?

서계는 중추적인 임무를 담당하여 심복의 의지를 받았는데 거의 모든 업무를 통째로 맡김은 논할 것도 없고 황제가 서신으로 묻고 답함이 하루에 서너 차례 이르렀는데 그것을 계속하고 그치지 않았다. 무릇 치지의 학문은 공자의 문하에서 일어났으나 맹자의 양지설은 또한 밝히지 않은 것을 꽃피운 것이다. 양명 선생이 합하여 그것을 일러 '치양지'라 하였는데, 바로 선한 것을 좋아하고 악한 것을 싫어하는 뜻이 진실하여 그것을 최고도로 확충하면 가정과 국가와 천하에서 앉아서 다스려질 수 있다. 서계는 선생의 학문을 독실하게 믿고 매일 몸과 마음에서 체험함으로써 정사를 시행하는데 정권을 잡은 초기에 바로 은밀한 뇌물을 찾아내고 탐오를 제거하여 호오好惡로써 보여주니 온 천하에 풍조로 흘러갔다. 몇 년 되지 않아 사람들의 마음이 다스려 한 곳에 쏠릴 정도로 크게 변하지 않았다. 어찌 다른 술수가 있었겠는가?

好善惡惡之意誠於中也。故學非不明之患，患不誠耳。知善知惡，良知具存。譬之大明當天，無微不照，當好當惡，當賞當罰，當進當退，錙銖不爽，各當天則。循其則而應之，則平平蕩蕩，無有作好，無有作惡，而天下平矣。故誠而自謙，則好人所好，惡人所惡，而爲仁；不誠而自欺，則好人所惡，惡人所好，而爲不仁。苟爲不仁，生於其心，害於其事，蠹治戕民，有不可勝言者矣。

선한 것을 좋아하고 악한 것을 싫어하는 뜻은 마음에서 진실한 것이다. 그러므로 배움은 밝지 못한 것이 근심이 아니고, 근심은 진실하지 못한 것일 따름이다. 선을 알고 악을 아는 것은 양지가 갖춘 것이다. 예를 들어 큰 밝음은 하늘에서 담당하여 비추지 않는 곳이 조금도 없으니 호오를 담당하고 상벌을 담당하며 진퇴를 담당하여 아주 사소한 것도 어긋나지 않는데 각기 하늘에서 담당한 규칙이다. 그 규칙에 따라서 그것에 응하면 평탄하여 좋은 것도 없고 싫은 것도 없으니, 천하가 편안해진다. 그리하여 진실하고 스스로 겸손하면[1] 남이 좋아하는 것을 좋아하고 남이 싫어하는 것을 싫어하니, 인仁[2]이 된다. 진실하지 않고 스스로 속이면 남이 싫어하는 것을 좋아하고 남이 좋아하는 것을 싫어하니, 인仁이 되지 못한다. 진실로 인仁이 되지 못하는 것은 그 마음에서 생겨나 그 일을 해치게 되니 정치를 해치고 백성을 죽이는 것이라 말할 수 없다.

주

1 『대학』: 如好好臭 如好好色 此之謂自謙.[마치 나쁜 냄새를 싫어하고 좋은 색을 좋아하는 것과 같은 것이니, 이것을 일컬어 스스로 만족하는 '자겸'이라 한다.]

2 『논어·이인』: 子曰, 我未見好仁者, 惡不仁者.[공자께서 말씀하시기를, "나는 인仁을 좋아하는 자과 불인不仁을 미워하는 자을 보지 못하였다.] 라고 인을 강조하였다. 인이란 무엇인가? 『논어·이인』: 子曰, 參乎! 吾道一以貫之. …… 曾子曰, 夫子之道, 忠恕而已矣.[공자께서 말씀하시길, 삼아! 나의 도는 하나로 관통된다. …… 증자가 말하였다. 선생님의 도는 충忠과 서恕일 뿐이다.] 공자의 도는 인이다. 인은 곧 충서인데 충忠은 자기 마음을 남에게 다하는 것이고 서恕는 자기 마음을 미루어 남에게 미치는 것이다.

公爲此懼，又舉明道《定性》、《識仁》二書發明其義，以示海內學者，而致知之學益明以切。諸生能心惟其義而體諸身，則於陽明先生之學幾矣。業新舍者，其尚體公之意，而殫力於誠，以爲他日致用之地哉！”

서계공은 이 두려움 때문에, 또 정명도의 「정성」과 「식인」 두 글을 거론하여 그 의의를 밝혀서 국내의 학자에게 제시하였고 그래서 치지의 학문은 더욱 정확하게 밝혀져 절실해졌다. 제생들이 그 의의를 마음으로 사유하고 모두의 몸에 체득할 수 있다면 양명 선생의 학문에 거의 가까운 것이다. 새로운 학사에서 수업하는 것은 서계공의 뜻을 숭상하고 체득하여 진실함에 힘을 다함으로써 다른 날 치용致用[1]의 곳으로 삼는 것이다!”

주

1 치용致用은 경세치용經世致用으로 세상을 다스리는 데에 실질적인 이익을 줄 수 있는 것이다.

가정 45년(1566)

四十五年丙寅，刻先生《文錄續編》成。

가정 45년 병인년(1566) 선생의 『문록속편』을 출간했다.

師《文錄》久刻於世。同志又以所遺見寄，彙錄得爲卷者六。嘉興府知府徐必進見之曰：“此於師門學術皆有關切，不可不遍行。”同志董生啟予徵少師存齋公序，命工入梓，名曰《文錄續編》，並《家乘》三卷行於世云。

스승의 『문록』은 세상에서 출간된 지 오래되었다. 동지들 또한 유실되었던 것을 보내주었고 기록을 모아서 책으로 만든 것이 여섯 권이다. 가흥부 지부 서필진이 그것을

보며 말했다 : "이는 스승 문하의 학술에서 모두 중요하고 긴밀한 것이니, 간행하지 않을 수 없다." 동지 유생 동계여는 소사少師 존재공의 서문을 구하여서 공인에게 판각할 것을 명하고, 이름하여 『문록속편』이라고 하였고, 아울러 『가승家乘』 3권을 세상에 간행했다고 하였다.

융경 원년(1567)

1567년 5월

今上皇帝隆慶元年丁卯五月，詔贈新建侯，謚文成。

지금 황제가 재위에 올라 융경 원년 정묘년(1567) 오월에 신건후新建侯라는 칭호를 내려주었고 시호는 문성文成이다.

丁卯五月，詔病故大臣有應得恤典贈謚而未得者，許部院科道官議奏定奪。於是給事中辛自修、岑用賓等，御史王好問、耿定向等上疏："原任新建伯兵部尚書兼都察院左都御史王守仁，功勳道德，宜膺殊恤。"下吏、禮二部會議，得："王守仁具文武之全才，闡聖賢之絕學，筮官郎署，而抗疏以犯中璫，甘受炎荒之謫。建臺江右，而提兵以平巨逆，親收社稷之功。偉節奇勛，久見推於輿論。封盟錫典，豈宜遽奪於身終？"疏上，詔贈新建侯，謚文成。

정묘년(1567) 오월에 아프거나 죽은 대신은 마땅히 법으로 구휼하고 시호를 내려주어야 하는데 아직 받지 못한 자는 부원과도部院科道[1]의 관원들이 정탈定奪[2]을 의주議奏[3]하기 바란다고 상소했다. 이에 급사중 신자수辛自修[4], 잠용빈岑用賓[5] 등과 어사御史

왕호문王好問[6], 경정향耿定向 등이 소를 올렸다: "원래 신건백 병부상서 겸 도찰원 좌도어사를 맡은 왕수인은 공훈과 도덕으로 마땅히 특별히 구휼해야 합니다." 이부와 예부 두 부서에서 회의하여 결론을 내렸다: "왕수인이 학문과 무예의 완전한 재주를 갖추었고 성현의 끊어진 학문을 밝혔으며 관직이 낭서郞署[7]였는데 상소로 환관에게 저항하다 죄를 얻어 덥고 황폐한 남방에서 유배를 달게 받았습니다. 강우에 누대를 세우고 부대를 이끌고 큰 역적을 평정하였으니 친히 사직의 공을 세웠습니다. 위대한 절조, 기특한 공훈으로 오래도록 여러 사람이 의론하여 그를 추천하였습니다. 석전에서 공을 봉하였는데, 어찌 황급히 죽을 때에 공을 빼앗아야 했습니까?" 상소가 올라가자, 신건후新建候라는 칭호를 보내주었고 문성文成이라는 시호를 내려주었다.

주

1 부원과도部院科道는 부部는 이부吏部, 호부戶部, 예부禮部, 병부兵部, 형부刑部, 공부工部의 6부이고 6부에 주사主事가 있고 원院은 도찰원이고 감찰어사가 있으며 과科는 이과, 호과, 예과, 병과, 형과, 공과 6개와 급사중이 있다. 도道는 15도道이고 감찰어사가 있다.

2 정탈定奪은 신하들이 올린 몇 가지의 논의나 계책 중에서 임금이 가부를 논하여 그 어느 한 가지만을 택하는 것이다.

3 의주議奏는 어떤 문제를 토의하고 그 의견을 임금에게 글로 써서 내는 일이다.

4 신자수辛自修는 자가 자길子吉이고 양성襄城 사람이다. 가정 35년(1556) 진사가 되어 해영海寧 지현을 제수받고 이과급사중에 발탁되었다. 융경 6년(1572) 응천부승應天府丞, 광록경, 대리경, 병부좌시랑, 남경좌도어사로 승진하여 융경 15년 남경형부상서, 공부상서로 관직을 했고 죽어서 태자태보에 추증되고 시호는 숙민肅敏이다.

5 잠용빈岑用賓은 자가 윤목允穆이고 광동성 순덕順德 사람이다. 하남우포정사 잠만岑萬의 아들이다. 가정 38년(1559) 진사가 되어 구주부衢州府추관과 지주부池州府추관, 남경호부급사중을 역임했다. 그가 복건순무 왕도곤汪道昆을 탄핵하여 왕도곤이 파직되었다. 융경 연간에 대학사 고공高拱을 탄핵하였는데 그가 복직하여 잠용빈을 소흥부지부로 좌천시켰고 다시 이부를 장악하고 언관을 감찰하여 잠용빈을 섬서성 이천宜川 현승으로 좌천시켰다. 한 달 후 임기 중 사망했다.

6 왕호문王好問(1517~1582)은 자가 유경裕卿이고 호는 서당西塘이며 하북성 영평부永平府 사람이다. 가정 29년(1550) 진사가 되어 관직은 남경호부상서에 올랐고 죽어서 태자소보로 추증되

었다.

7 낭서郎署는 경성에서 지방을 관리하는 관원이다. 중요한 행정기구 중 한 곳이다. 관리의 선발, 시험, 배치, 및 관리의 임명, 승진, 강등, 처벌의 업무를 담당한다.

••• 칙서

制曰："竭忠盡瘁，固人臣職分之常；崇德報功，實國家激勸之典。矧通侯班爵，崇亞上公，而節惠易名，榮逾華衮。事必待乎論定，恩豈容以久虛？爾故原任新建伯南京兵部尚書兼都察院左都御史王守仁，維嶽降靈，自天佑命. 爰從弱冠，屹爲宇宙人豪。

甫拜省郎，獨奪乾坤正論。身瀕危而志愈壯；道處困而造彌深。紹堯、孔之心傳，微言式闡；倡周、程之道術，來學攸宗。蘊蓄既宏，猷爲不著；遺艱投大，隨試皆宜；戡亂解紛，無施勿效。閩、粵之箐巢盡掃，而擒縱如神，東南之黎庶舉安，而文武足憲。爰及逆藩稱亂，尤資仗鉞淵謀。旋凱奏功，速於吳、楚之三月；出奇決勝，邁彼淮、蔡之中宵。是嘉社稷之偉勳，申盟帶礪之異數。既復撫夷兩廣，旋至格苗七旬。

謗起功高，賞移罰重；爰遵遺詔，兼采公評，續相國之生封；時庸旌伐，追曲江之殊恤，庶以酬勞。茲贈爲新建侯，謚文成，錫之誥命。於戲！鍾鼎勒銘，嗣美東征之烈；券綸昭錫，世登南國之功。永爲一代之宗臣，實耀千年之史冊。冥靈不昧，寵命其承！"

칙서에서 말했다: "충심을 다하고 수고로움을 다하는 것이 진실로 신하가 된 직분의 떳떳함이다. 덕을 숭상하고 공을 보답하는 것은 실로 국가가 고무하고 권면하는 제도이다. 하물며 제후와 상통하는 벼슬을 나누는 것은 공을 숭상함이 황제에 버금가서 절혜節惠[1]로 이름을 바꾸니 영화가 삼공[衮][2]을 넘어선다. 일은 반드시 논의가 정해지

기를 기다려야 하지만, 은혜는 어찌 오래 비워 둘 수 있겠는가? 이 때문에 원래 신건백 남경 병부상서 겸 도찰원 좌도어사를 맡은 왕수인은 큰 산에서 신령을 내려주고 하늘에서 명으로 도우니 이에 젊은 나이에 우뚝 솟아 우주의 뛰어난 인재가 되었다. 갓 성랑省郞[3]을 제수받았는데 유독 천하의 정론을 빼앗겼다. 몸이 위험에 처해도 의지는 더욱 굳건했고 도는 곤궁에 처해도 성취가 더욱 깊어졌다. 요 임금과 공자의 마음을 이어 전하니 미언微言[4]이 드러나서 밝혀졌다. 주돈이와 정명도의 도덕과 학술이 후학의 근본이 되었다. 학식을 쌓은 것이 이미 많았는데 오히려 드러나지 않았고 중대하고 어려운 임무를 맡아서 시도하는 모두가 마땅했다. 난을 평정하고 분쟁을 해결했는데도 포상을 시행함이 없어 애쓴 보람도 없었다. 복건성과 광동성의 산속 도적 소굴이 다 소탕되고 포로로 사로잡음과 용서하여 놓아준 것이 귀신 같아서 동남쪽의 백성들이 모두 평안하게 지낼 수 있게 되었으니, 문관과 무관에게 모범이 될 만하다. 이 때에 이르러 번왕의 반역[逆藩][5]이 내란이라고 칭하자 한층 더 무기와 지략을 이용했다. 승리하고 공을 아뢴 것이 오와 초의 석 달 전쟁[6]보다 빨랐다. 기묘한 계략을 써서 승리를 결정했고 저들은 회淮와 채蔡로 멀리 달아나 밤을 지냈다. 이는 사직을 아름답게 만든 위대한 공훈이고 사직에 굳은 맹세[申盟帶礪][7]이니 경우가 다르다. 그러는 동안에 양광도에서 이족을 어루만지고 묘족 70명을 포박하여 돌아왔다. 공로가 높아서 비방이 일어나니 상이 무거운 벌로 옮겼다. 이에 유소遺詔[8]를 따라 벼슬은 공평하게 겸비하고 상국相國[9]이 살아있을 때 봉한 작위를 후손에게 이어가게 한다. 당시 깃발을 들고 정벌에 나서서 곡강曲江[10]의 특별한 구휼을 좇으니 여러모로 공로에 대하여 보답해야 했다. 이에 신건후를 내리고 시호는 문성을 내려주고 부인에게 고명誥命[11]을 하사하였다. 오호라! 종과 솥에 동쪽을 정벌한 공적을 나열하여 새겼고 비단에 공적을 밝히고 말아서 끈으로 묶었다. 세상에서 남국南國[12]의 공로를 등재하여 영원히 한 세대의 종신宗臣[13]이 되고 실로 천년의 역사책에서 빛날 것이다. 명령冥靈[14]하여 어둡지 않으니, 총명寵命[15]은 후손에게 이어지리니!

주

1 절혜節惠는 제왕이나 재상, 유현儒賢들이 죽은 뒤에 그들의 공덕을 칭송하여 붙인 이름을 말한다. 즉 절혜는 시호이다.

2 곤袞은 곤룡포로 천자 또는 삼공의 예복이다. 삼공三公은 태위太尉, 사도司徒, 사공司空의 세 벼슬이다.

3 성랑省郎은 관직 명칭이다. 주로 황제의 시종관이나 중추적인 여러 성의 관리를 가리킨다.

4 미언微言은 뜻이 깊은 말 혹은 넌지시 하는 말이다.

5 역번逆藩은 번藩의 왕이던 주신호가 반역하여 그렇게 불렀다. 번왕은 지방의 독립적 군주 혹은 통치자를 말한다.

6 오와 초의 석 달 전쟁[吳、楚之三月]은 BC506년 11월 경오일 오왕 합려가 백거柏擧에서 초를 공격해 속전속결로 승리한 백거전투이다.

7 신맹대려申盟帶礪는 황하黃河가 허리띠같이 가늘어지고 태산泰山이 숫돌 만큼 작아진다 할지라도 변하지 않겠다는 굳은 맹세의 말을 뜻한다.

8 유소遺詔는 임금이 남긴 말이다.

9 상국相國은 영의정, 좌의정, 우의정 통틀어 이르는 말이다. 즉 재상이다.

10 곡강曲江은 광동성 소주부韶州府이며 지금의 소관시韶關市이다.

11 고명誥命은 황제가 조정 관리를 임명하고 관리 가족에게 수여하는 명예 증서이다.

12 남국南國은 도읍인 북경을 중심으로 남방지역을 말한다. 왕수인은 강서성, 복건성, 광동성, 광서성에서 공을 세웠다.

13 종신宗臣은 나라에 큰 공을 세운 신하이다.

14 명령冥靈은 신령하고 명철하다는 뜻이다. 『장자·소요유』: 楚之南有冥靈者，以五百歲爲春，五百歲爲秋.[초나라 남쪽에 '명령'이 있는데 500년을 산다.] 라고 하였다. 여기서 명령은 남쪽에 자라는 신령한 나무 이름이다. 왕수인이 남국의 공로를 인정하여 명령에 빗댄 것으로 보인다.

15 총명寵命은 임금이 총애하여 내리는 명령을 이르던 말이다.

六月十七日，遣行人司行人賜造墳域，遣浙江布政使司堂上正官參政，與祭七壇。

6월 17일 황제께서 행인사行人司[1]에서 행인을 보내 그 무덤을 만들어 주었고 절강성

포정사 사당상정관참정을 보내 칠단七壇 제사를 지내게 했다.

주

1 행인사行人司는 명대 관서명이다. 홍무 13년(1380)에 설치하여 행인行人을 두었다. 정9품, 좌·우행인, 종9품 행인이 있다. 후에 행인은 사정司正으로 바뀌었고 좌·우행인은 좌·우사부司副로 바꾸고 그 외에 행인 345명을 두었다.

융경 2년(1568)

1568년 6월

二年戊辰六月，先生嗣子正億襲伯爵。

융경 2년 무진년(1568) 6월 선생의 아들 정억이 백작의 자리를 이었다.

元年三月，給事中辛自修、岑用賓等爲開讀事上疏，請復伯爵。吏部尙書楊博奉旨移咨江西巡撫都御史任士憑，會同巡按御史蘇朝宗查覆征藩實跡，及浙江巡撫都御史趙孔昭、巡按御史王得春奏應復爵蔭相同。於是吏部奉欽依會同成國公朱希忠、戶部尙書馬森等議得：

"本爵一聞逆濠之變，不以非其職守，急還吉安，倡義勤王。未逾旬朔，而元凶授首，立消東南尾大之憂。不動聲色，而奸宄蕩平，坐貽宗磐石之固。較之開國佐命，時雖不同，擬之靖遠咸寧，其功尤偉。委應補給誥劵，容其子孫承襲，以彰與國咸休，永世無窮之報。"

융경隆慶 원년 3월 급사중 신자수, 잠용빈 등이 개독開讀의 일[1]로 상소를 올리며 (왕수인에게) 백작을 회복해 주기를 청했다. 이부상서 양박楊博[2]이 교지를 받아 강서 순무도어사 임사빙任士憑[3]에게 자문[咨][4]을 했고 순안어사 소조종을 회동하여 왕수인이 번국을 정벌하는 실적을 다시 조사했다. 절강 순무도어사 조공소趙孔昭[5]와 순안어사 왕득춘은 왕정억에게 봉작과 음사를 회복해 주는 것이 마땅하다고 아뢴 것이 서로 같았다. 이에 이부는 공경히 받들고 성국공 주희충朱希忠[6]과 호부상서 마삼馬森[7] 등을 회동하고 의논하였다:

"본 작위는 역적 주신호의 반란을 듣자, 그가 직책을 수행하던 데에 잘못이 없게 하고 급히 길안으로 돌아가 군사를 일으켜 황제에게 충성을 다했다. 열흘이 지나지 않았는데 원흉이 항복하니 동남쪽 꼬리에 커다란 우환을 사라지게 했다. 소리 내지 않고 감정을 드러내지 않으면서도 간악한 우환을 평정하였으니, 종묘를 지킴이 반석처럼 견고해졌다. 나라를 세우면서 명을 보좌하는 것과 비교하면 때가 비록 다르지만 편안함이 오래 지속되고 모두 안녕함을 헤아려 보면 그 공이 훨씬 크다. 응당 고권을 보급하여 그 자손들이 봉작을 이어받게 함으로써 나라와 더불어 쉬고 오랜 세월 무궁하게 보답하는 것을 밝힌 것이다."

주

1 개독開讀의 일은 중국 황제의 조서詔書를 맞이하는 의식에 관한 일이다.

2 양박楊博(1509~1574)은 중기의 명신이다. 자가 유약惟約이고 호는 우파虞坡이며 산서성 포주蒲州 사람이다. 가정 8년(1529) 진사가 되어 장안지현을 했다. 가정 25년(1546) 우첨도어사로 임명되었고 가정 35년(1556) 총독 선부, 대동, 산시의 군무에 임명되어 여러 차례 표창을 받았다. 그 후 조정으로 돌아와 병부상서와 소보, 이부상서가 되었다. 명 목종 때 소부 겸 태자태부, 소사 겸 태자태사에 봉해졌다. 만력 2년(1574) 향년 66세로 세상을 떠났다. 태부에 추증되고 시호는 양의襄毅이다.

3 임사빙任士憑(1526~1571)은 자가 가의可依이고 호는 사정思亭이다. 산동성 평원현平原縣 사람이다. 가정 26년(1547) 22세에 진사가 되어 한림원 서길사를 제수받았다. 그 후 이부 문선사 주사, 원외랑, 낭중, 광록사소경, 통정사 통정, 순천 부윤, 강서순무, 병부우시랑 겸 도찰원 우첨도어사를 역임했다. 순무 강서 시기에 왕수인이 영왕 주신호의 반역을 평정한 일을 재조사하였고 왕수인이 반란을 평정한 것으로 보고하여 작위를 세습하게 하고 역사적인 일에 한 획을 긋게 되었다. 융경 5년(1571) 남경 형부의 우시랑에 기용되고 재임 중에 병사했다.

4 자咨는 자문이다. 자문은 옛날 동급 관청 간이나 예속 관계가 없는 단체와 관청 사이에 왕래되던 공문이다. 또 공문으로 서로 묻는 일이다.

5 조공소趙孔昭는 자가 자잠子潛이고 하북성 형태邢台 사람이다. 가정 23년(1544) 진사가 되어 언릉鄢陵지현을 제수받았다. 가정 37년(1558) 남경도찰원 우첨도어사, 조강操江제독, 도찰원 우첨도어사, 선부宣府순무를 했다. 융경 2년(1568) 호부좌시랑 겸 도찰원우첨도어사, 조운총독, 봉양鳳陽순무를 역임했다. 병부좌시랑 겸 도찰원우첨도어사, 산서순무를 지내고 만력 원년(1575) 65세에 별세했다.

6 주희충朱希忠(1516~1573)은 공훈을 세운 신하이다. 자가 정경貞卿이고 성국공 주릉朱能의 현손 주봉朱鳳의 아들이며 안휘성 남직예 부원현懷遠縣 사람이다. 가정 15년(1536)성국공成國公의 봉작을 받았다. 그는 세 황제를 모시며 많은 훈장과 총애를 받았다. 만력 원년(1573) 서거하여 정양왕定襄王에 추증되었으며 시호는 공정恭靖이다.

7 마삼馬森(1506~1580)은 자가 공양孔養이고 복건성 부안懷安(지금의 福州) 사람이다. 가정 14년(1535) 진사가 되어 호부주사를 제수받고 원외랑으로 옮겼다. 형부우시랑이 되어 호부상서로 승진하여 전국의 재산을 관리했다. 한때 병으로 사직하고 귀향했으며 이후 남경공부우시랑이 되었다. 융경 원년(1567) 북경호부상서를 했다. 만력 8년(1580)에 집에서 죽고 태자 태보에 추증되고 시호를 받았다. 향리 사람들이 그를 기리기 위하여 구선산에 보공사를 세웠다.

議上，詔遵先帝原封伯爵，與世襲。至三年五月，御史傅寵奏議爵蔭，吏部復請欽依，會同成國公朱希忠、戶部尚書劉體乾議得："誠意伯劉基食糧七百石，乃太祖欽定；靖遠伯王驥一千石，新建伯王守仁一千石，系累朝欽定，多寡不同。夫封爵之典，論功有六：曰開國，曰靖難，曰禦胡，曰平番，曰征蠻，曰擒反；而守臣死綏，兵樞宣猷，督府剿寇，咸不與焉。

의논에서 전 황제가 원래 백작을 봉하고 세습하게 한 것을 따른다고 조서를 내렸다. 융경 3년(1569) 5월에 이르러서 어사 부총傅寵이 봉작과 음서를 의논하여 아뢰었고 이부에서 다시 전과 같이 공경할 것을 청했으며 성국공 주희충과 호부상서 유체건劉體乾[1]이 회동하여 의논하여 방책을 얻었다: "성의백 유기劉基[2]의 식량은 칠백 석이다. 이는 태조太祖가 정한 것이다. 정원백 왕기王驥[3]의 식량은 일천 석이니, 신건백 왕수인[4]의 식량도 일천 석이다. 조정에 따라 황제의 명으로 정한 것이니 많고 적음이 같지 않다. 대저 봉작의 규정에서 공로를 논할 때 6가지 표준이 있다. 나라를 세운 것, 나라의 위난을 평정한 것, 오랑캐를 막아주는 것, 번국을 평정하는 것, 남만을 정벌하는 것, 역적을 사로잡은 것이다. 그러나 지키는 신하가 전사하는 것, 병권을 널리 꾀하는 것, 관아에서 도적을 소탕하는 것은 모두 두루 주지는 않는다.

주

1 유체건劉體乾(?~1574)은 자가 자원子元이고 호는 청구淸腹이다. 하북성 북직예 동안현東安縣 사람이다. 가정 23년(1544) 진사가 되어 행인行人, 병과급사, 중사례태中司禮太, 호부상서를 역임했다. 목종에게 원한이 쌓여 직책을 내놓게 된다. 다시 신종이 즉위하여 남경병부상서로 임명된다. 만력 2년(1574) 병사하여 태자소보로 추증되었다.

2 유기劉基(1311~1375)는 자가 백온伯溫이고 세상 사람들은 그를 유청전劉青田, 유성의劉誠意 유문성劉文成으로 부른다. 절강성 청전현青田縣 남전南田 사람이다. 원말 명초의 정치가이며 문학가이고 군사 전략가로 명나라 개국의 공신이다. 명초 시문 삼대가 중 한 명이다. 어려서부터 경전과 역사, 천문, 역법, 병법, 성리학을 두루 섭렵하였으며, 특히 상위象緯의 학에 정통했다. 지순 4년(1333) 진사가 되어 강서 고안현승高安縣丞을 제수받았다. 이후 강소성 절강성 유학부제거儒學副提舉, 절동 원수부도사浙東元帥府都事, 강서성 절강성 도사都事, 낭중 등의 직책을 역임하고 낙향하여 은거하여 저술에 전념했다. 지정 20년(1360) 주원장의 요청에 따라 응천(지금의 남경)에서 중요한 정책 결정에 참여했다. 시무 18책을 제안하여 채택되었고, 이후 많은 대책을 세웠다. 주원장은 황제가 된 후 어사중승 겸 태사령을 맡아 역법 제정과 군위법軍衛法 제정에 참여했다. 홍무 4년(1371) 좌승상 호유용胡惟庸과 사이가 나빠 고향으로 돌아갔고 홍무 8년 울분으로 죽었다. 그는 주원장을 보좌하여 제업을 완성하고 명나라를 개척하며 국가의 안정을 유지하기 위해 힘썼고, 후세에 제갈무후와 비교된다.

3 왕기王驥(1378~1460)는 명 전기 장군이다. 자가 상덕尙德이고 하북성 보정부保定府 속록현束鹿縣 사람이다. 그는 강인하고 전략에 밝았다. 영락 4년(1406) 병과에 급제하여 진사가 되었다. 명 선종 때 병부상서가 되고 정통 3년(1438), 장귀蔣貴와 함께 길을 나누어 협공하며 이천여 리를 전전하여 변방을 방해하는 아대칸阿岱汗 군대를 격파하였다. 정통 6년(1441)부터 정통 13년(1448) 사이에 그는 여천麓川 사씨思氏 전쟁을 주도하여 군대를 이끌어 세 차례에 걸쳐 정벌했다. 공로로 정원백靖遠伯에 봉해졌다. 천순 4년(1460)에 83세에 서거하여 정원후靖遠侯에 추증되고 시호는 충의忠毅이다.

4 문관이 군공으로 봉작된 세 명이 있는데 정원백 왕기, 위령백 왕월, 신건백 왕수인이다.

蓋六功者，關社稷之重輕，繫四方之安危，自非茅土之封，不足以報之。至於死綏、宣猷、剿寇，則皆一身一時之事，錫以錦衣之蔭則可，概欲剖符，則未可也。竊照新建伯 王守仁，乃正德十四年親捕反賊宸濠之功。南昌、南贛等府，雖同邦域，分土分民，各有專責，提募兵而平鄰賊，不可不謂之倡義。

대개 여섯 가지 공로는 사직의 경중에 관계하고 사방의 안위와 연계하니 자연히 왕이나 제후로 봉해 주지 않으면 충분히 보답할 수 없다. 전사하는 것, 잘 꾀하는 것, 도적을 죽이는 것은 모두 한 사람과 한 때의 일이라서 비단옷을 하사하는 음서蔭敍[1]로 충분하고 대체로 제후로는 봉하지 않는다. 신건백 왕수인을 슬그머니 비추어 볼 때 정덕 14년 친히 반역한 적 주신호를 잡은 공이 있다. 남창, 남강, 감주 등 도시는 비록 같은 나라의 영역에 있지만 땅이 나누어지고 백성들도 나누어져서 각자 전적으로 맡김이 있었다. 모병을 이끌고 이웃 도적을 평정하는 것은 창의倡義[2]라고 말하지 않을 수 없다.

주

1 음서蔭敍는 공신이나 현직 당상관의 자손을 과거에 의하지 않고 관리로 채용하던 일이다.
2 창의倡義는 국난國難을 당하였을 때 나라를 위하여 의병을 일으킨 것이다.

南康、九江等處，首罹荼毒，且進且攻，人心搖動，以藩府而叛朝廷，不可不謂之勁敵。出其不意，故俘獻於旬月之間。若稍懷遲疑，則賊謀益審，將不知其所終。攻其必救，故績收乎萬全之略。若少有疏虞，則賊黨益繁，自難保其必濟。膚功本自無前，奇計可以範後。靖遠、威寧，姑置不論，即如寧夏、安化之變，比之江西，難易迥絕。遊擊仇鉞，於時得封咸寧伯，人無間言。同一藩服捕反，何獨於新建伯而疑之乎？

남강, 구강 등지에서 첫째 심한 해독[荼毒][1]에 걸려 진격하려 하고 또 공격하려 하니 사람의 마음이 흔들렸다. 번부藩府[2]에서 조정에 반역하니 강한 적이라고 말하지 않을 수 없다. 미처 생각하지도 않았는데 출정하여 열흘 만에 포로를 잡아들였다. 만약 조금이라도 주저하고 의심했다면 적은 더욱 살피고 주의하여 꾀할 것이니 장차 전쟁을 종식할 시점을 알지 못했을 것이다. 그들을 공격하여 반드시 (나라를) 구해야 했기 때문에 완전한 계책을 세워 성과가 거두어졌다. 만약 조금이라도 실수가 있었다면 적의 무리는 더욱 날뛰게 되어 스스로 반드시 성공한다고 보장하기가 어려웠다. 큰 공로는 전례가 없어서 시초가 되니 기묘한 계책은 뒷날의 본보기가 될 수 있다. 정원靖遠[3]과 위영威寧[4]은 잠시 논하지 않고 내버려 두더라도 마치 영하寧夏[5]와 안화安化[6]의 변란은 강서성과 비교하면 그 어렵고 쉬움이 현저히 다르다. 영하 유격장군 구월仇鉞[7]은 그때 함영백에 봉해졌고, 사람들이 헐뜯는 말이 없었다. 같은 한 번국을 항복하게 하고 역적을 잡았는데, 어찌 유독 신건백에게만 결정하지 못하는가?

주

1 도독荼毒은 심한 해독害毒 혹은 심한 고통이다. 여기서는 출정出征을 의미한다.

2 번부藩府는 조정에서 볼 때 규모가 큰 부府로 황제의 종친이나 공신을 보내 다스리게 했는데 이를 번국이라 했다. 변란의 장소는 강서성 남창부인데, 영왕寧王이 다스리는 번국이다.

3 정원靖遠은 정원현이다. 감숙성 백은시白銀市에 속한다.

4 위영威寧은 위영 이족 회족 묘족 자치현이다. 귀주성 필절시畢節市이며 귀주성의 서북부에 있다.

5 영하寧夏는 영하회족자치구이다. 중심 도시는 은천시銀川市이다. 중국 서북 지구에 위치하고 동으로 섬서성과 접하고 서북으로 내몽고자치구와 인접해 있다. 남으로는 감숙성과 이어져 있다. 영하는 안화가 쳐들어와 반격하여 승리했다.

6 안화安化는 호남성 안화현으로 익양시益陽市 관할 구역이다. 안화왕安化王 주치번朱寘鐇이 반란을 일으켰다.

7 구월仇鉞(1465~1521)은 명 중기 장군이다. 자가 정위廷威이고 섬서성 평량부平涼府 진원현鎮原縣 사람이다. 그는 초기에는 영하에서 군인이었는데 신뢰를 받아 습도襲都를 지휘하는 영하전위지휘동지寧夏前衛指揮同知가 되고, 그 후에 다시 도지휘첨사都指揮僉事가 되었다. 정덕 2년(1507) 영하 유격장군에 발탁되었다. 정덕 5년(1510) 안화왕安化王 주치번朱寘鐇이 반란을 일으켰고, 그는 주치번을 체포했고 공로로 진서도독첨사가 되었다. 영하총병관이 되어 함영백咸寧伯에 봉해졌다. 정덕 7년(1512) 평적 장군으로 임명되어 하남성 유혜와 조수의 봉기를 진압하고, 또 유칠이 강북에서 봉기하는 것을 진압했다. 정덕 8년(1513년) 타타르 어린 왕자가 대동을 범하고 총병관으로 임명되자, 구월은 경군을 이끌고 그를 토벌했다. 정덕 16년(1521) 57세로 세상을 떠났고 시호는 무양武襄이다.

所據南京各道御史，欲要改蔭錦衣衛，於報功之典未盡，激勸攸關，難以輕擬。合無將王守仁男正億襲新建伯，不必改議，以後子孫仍照臣等先次會題，明旨許其世襲。” 詔從之，准照舊世襲。

남경 각 도의 어사가 음서로 준 금의위錦衣衛[1]를 바꾸자고 요구한 것을 근거하는 것은 공로를 보답하는 규정을 다하지 않고 격려하고 권하는 데에 관련이 있으니, 트집을 잡아 가벼이 헤아린 것이다. 장차 왕수인의 아들 정억이 신건백의 봉호를 세습하는 것은 고치자고 의논할 필요가 없으니 후대 자손에게도 신들이 먼저 제기한 것을 그대로 따라서 세습을 허락하는 뜻을 밝힙니다.” 조서는 이를 따르고 전과 같이 세습하는 것을 허락하였다.

주

1 금의위錦衣衛는 명 중기의 각 관청의 우두머리인 당관堂官 혹은 난을 평정하고 민심을 가라앉히는 진무사관鎭撫司官의 직책이다. 병부에서 뽑는다.

年譜 附錄 二 연보 부록 2

年譜舊序至論年譜書

연보 옛 서문이 연보를 논하여 쓰기까지

沈啓原 심계원

增訂年譜刻成, 啓原檢舊譜, 得爲序者五, 得論年譜者二十。乃作而歎曰：“譜之成也，非苟然哉！陽明夫子身明其道於天下，緒山、念庵諸先生心闡斯道於後世；上以承百世正學之宗，下以啟百世後聖之矩。讀是譜者，可忽易哉！乃取敘書彙而錄之，以附譜後。使後之志師學者，知諸先生爲道之心身，斯譜其無窮乎！”

연보를 거듭 바로잡아 판각이 이루어졌다. 계원啓原[1]이 옛 연보를 검토하여 서문 된 것 5편을 얻었고, 연보를 논한 것 20편을 얻었다. 이에 글을 지어 탄식하며 말했다: “연보의 완성은 터무니없는 것이 아니다. 양명 스승은 몸소 천하에 도를 밝혔고, 서산緖山[2]과 염암念庵[3] 등 여러 선생은 마음으로 이 도를 후세에 밝혔다. 위로는 백세 바른 학문의 종지를 이었고, 아래로는 백세 후대 성인의 법도를 열어놓았다. 이 연보를 읽는 자가 소홀히 바꿀 수 있겠는가! 이에 펴낸 글을 취해서 모으고 기록하여서 연보 뒤에 붙였다. 후에 스승의 학문에 뜻을 두는 자들이 여러 선생이 도를 위한 신심을 알게 하였으니 이 연보는 무궁하리라!”

주

1 심계원沈啓原(1526~1591)은 서예 · 전각가이며 장서가이다. 자가 도경道卿 · 도초道初이고 호는 예천霓川 · 존석存石이며 절강성 가흥부 수수현秀水縣 사람이다. 양명학자 심밀沈謐의 아들이다. 가정 38년(1559) 진사가 되었고, 남경공부둔전사원외랑, 예부의제사랑중, 사천포정사우참의 등의 관직을 역임했고, 만력 2년(1574) 산동포정사우참의, 만력 4년 섬서안찰사부사가 되었는데 이듬해 섬서순무 동세언董世彦의 탄핵으로 파직되어 귀향하였다. 66세에 세상을 하직했다.

2 서산緖山은 전덕홍이다.

3 염암念庵은 나홍선이다.

陽明先生年譜序 양명선생 연보 서문

錢德洪 전덕홍

1563년 5월

嘉靖癸亥夏五月，陽明先生年譜成，門人錢德洪稽首敘言曰：昔堯、舜、禹開示學端以相授受，曰'允執厥中，四海困窮，天祿永終。'

가정 42년 계해년(1563) 여름 5월에 양명선생 연보가 완성되었다. 문인 전덕홍은 머리를 조아리고 펴내는 말을 써서 말하였다: "옛적에 요, 순, 우임금이 학문의 실마리를 열어 보여주고 서로 주고받으며 말하기를, '진실로 알맞음[中]을 잡아라. 사해에 곤궁하면 하늘의 복이 영원히 끝나리라.'

噫！此三言者，萬世聖學之宗與?'執中'，不離乎四海也。'中'也者，人心之靈，同體萬物之仁也。'執中'而離乎四海，則天地萬物失其體矣。故堯稱峻德，以自親九族，以至和萬邦；舜稱玄德，必自定父子以化天下。

아! 이 세 마디 말은 만세 성학聖學의 종지인가? '알맞음을 잡음[執中]'은 온 세상에서 분리되지 않는다. '알맞음[中]'이라는 것은 인간의 마음이 영명하여 만물을 한 몸으로 삼는 인仁이다. '알맞음을 잡음'이 온 세상에서 분리된다면 천지 만물은 그 본체를 잃는 것이다. 그 때문에 요임금은 준덕峻德이라고 칭하고 준덕으로 구족을 친애하는 것으로부터 준덕으로 만방을 조화롭게 하는 데에까지 이르렀다. 순임금은 현덕玄德이라고 일컫는데, 반드시 스스로 부자 관계를 안정시켜서 천하를 교화했다.

堯、舜之爲帝，禹、湯、文、武之爲王，所以致唐虞之隆，成三代之盛治者，謂其能明是學也。後世聖學不明，人失其宗，紛紛役役，疲極四海，不知"中"爲何物。

요, 순은 황제가 되고, 우, 탕, 문, 무는 왕이 되었다. 당우唐虞[1] 시대의 성대함을 이루게 되고 삼대三代[2]가 왕성한 다스림을 이룬 것은 그것이 이 학문을 밝힐 수 있었다고 말한다. 후세에는 성학聖學이 밝혀지지 않아 사람들이 그 종지를 잃어버렸다. 번잡하게 애써서 온 세상을 극도로 지치게 했다. 중中이 무엇인지를 알지 못했다.

주

1 당우唐虞는 중국 고대 도당씨陶唐氏 요堯와 유우씨有虞氏 순舜을 아울러 이르는 말이다.
2 삼대三代는 유가儒家의 인仁·덕德이 바탕이 된 왕도정치王道政治가 행해졌던 하夏·은殷·주周 시대를 말한다. 시기적으로 BC2070~BC256년까지 약 1800년간이다.

伯術興，假借聖人之似以持世，而不知逐乎外者遺乎內也。佛老出，窮索聖人之隱微以全生，而不知養乎中者遺乎外也。教衰行弛，喪亂無日，天祿亦與之而永終。

패술이 일어나니 성인의 비슷함을 빌려서 세상을 지키고, 밖을 좇는 것이 안을 버렸음을 알지 못한다. 부처와 노자가 나와서 성인의 은미함을 끝까지 찾아내어 생을 온전히 하였으나 알맞음을 기르는 것이 밖을 버렸음을 알지 못했다. 가르침이 쇠하고 행함이 느슨하여 상란喪亂[1]이 군주[2]를 없애버리니 천록天祿[3]도 그것과 더불어 영원히 끝나버린다.

주

1 상란喪亂은 전쟁, 전염병, 천재지변 따위로 인하여 사람이 많이 죽는 일이다.

2 일日은 해이며 군주를 가리킨다.

3 천록天祿은 하늘이 주는 복록이다. 즉, 행복, 부귀 등을 뜻한다.

噫，夫豈無自而然哉！寥寥數千百年，道不在位，孔子出，祖述堯、舜，顏、曾、思、孟、濂溪、明道繼之，以推明三聖之旨，斯道燦燦然復明於世。惜其空言無徵，百姓不見三代之治，每一傳而復晦，寥寥又數百年。

아! 어찌 저절로 그러함이 없겠는가? 거의 수천수백 년간 도가 자리에 있지 않았는데 공자가 나와서 요순을 조술祖述[1]하고 안회, 증삼, 자사, 맹자, 주렴계, 정명도가 그것을 이어서 세 성인[2]의 종지를 미루어 밝혔고 이 도가 빛나게 다시 세상에 밝혀졌다. 애석하게도 그 헛된 말이 징험할 것이 없어서 백성들이 삼대의 다스림을 보지 못했고 한 번 전할 때마다 다시 어두워졌다. 거의 또 수백 년 잠잠했다.

주

1 조술祖述은 선인先人이 말한 바를 근본으로 하여 서술하고 밝히는 것이다. 『논어·태백』: 舜有臣五人 而天下治. 五人 禹, 稷, 契, 皐陶, 伯益.[순임금은 신하 다섯 사람이 있었는데 천하가 다스려졌다. 다섯 사람은 우, 직, 설, 고요, 백익이다.]
『논어·태백』: 孔子曰 才難不其然乎 唐虞之際 於斯爲盛 有婦人焉 九人而已[공자께서 말씀하시기를, "인재를 얻기 어렵다고들 하니, 그렇지 아니한가? 요·순임금 때만이 주나라보다 성하였으나 열 명 신하 중에 부인이 있었으니, 아홉 명일 뿐이다.
『중용』: 子曰, 舜其大孝也. 與德爲聖人, 尊爲天子, 富有四海之內, 宗廟饗之, 子孫保之[공자께서 말씀하셨다. 순임금은 그 대효이실 것이다. 더불어 덕은 성인이 되시고, 존귀함은 천자가 되시고, 부는 사해의 안을 소유하시어, 종묘를 흠향하시며 자손을 보전하셨다] 등의 많은 내용을 조술하였다.

2 세 성인[三聖]은 요임금, 순임금, 공자이다. 세 성인의 종지는 인仁·덕德으로 정치하는 왕도정치이다.

吾師陽明先生出，少有志於聖人之學。求之宋儒不得，窮思物理，卒遇危疾，乃築室陽明洞天，爲養生之術。靜攝既久，恍若有悟，蟬脫塵盆，有飄飄遐舉之意焉。然即之於心若未安也，復出而用世。

내 스승 양명선생이 세상에 나오셔서 어려서 성인의 학문에 뜻을 가졌다. 주자학에서 구했으나 얻지 못하고, 물의 이치를 끝까지 생각하다 마침내 위급한 병을 얻어 이에 양명동천陽明洞天에 거처를 지었는데 양생의 수단을 위해서였다. 고요하게 섭생한 것이 오래되니 황홀하게 마치 깨달음이 있는 것 같았고, 매미가 허물을 벗고 세차게 멀리 거동하는 뜻을 가진 것 같았다. 그러나 마음에서 다가갔지만 아직 평안하지 않은 것 같았다. 다시 나와서 세상에 쓰일 것이다.

謫居龍場，衡困拂鬱，萬死一生，乃大悟'良知'之旨。始知昔之所求，未極性真，宜其疲神而無得也。蓋吾心之靈，徹顯微，忘內外，通極四海而無間，即三聖所謂'中'也。

용장으로 유배 가서 거주하는데, 어려움을 뚫고 답답함을 떨치고 죽음을 만 번 겪고 살아나서는 곧 양지의 종지를 크게 깨우쳤다. 비로소 옛적에 구했던 것이 본성의 참된 것에 도달하지 않는다는 것을 알게 되었고 진정 그것은 정신만 피곤하게 하고 얻음이 없었다. 대개 내 마음의 영명함은 드러남과 은미함을 꿰뚫고 안팎을 잊어버리고 온 세계를 다 통하며 틈이 없다. 즉, 세 성인이 말한 '중'이다.

本至簡也而求之繁，至易也而求之難，不其謬乎?征藩以來，再遭張、許之難，呼吸生死，百煉千摩，而精光煥發，益信此知之良，神變妙應而不流於蕩，淵澄靜寂而不墮於空，徵之千聖莫或紕繆，雖百氏異流，咸於是乎取證焉。

근본은 지극히 간단하지만, 그것을 구함이 번거롭고, 지극히 쉽지만, 그것을 구함이 어렵다. 그것은 잘못된 것이 아닌가? 번을 정복한 이래로 다시 장충과 허태에게 어려움을 당하여 생사를 넘나드는 순간 백 번 연마하고 천 번 갈아서 고운 빛이 환하게 피어났다. 더욱 이 양지를 믿게 되고 정신이 변하여 신묘하게 응하니 흐린 데로 흐르지 않는다. 연못이 맑고 고요하며 평온하여 공중에서 떨어지지 않는다. 천 명의 성인을 소집하거나 아니면 혹 착오로 비록 백씨가 다르게 흘러가더라도 모두 다 여기에서 증거를 취할 것이다.

噫！亦已微矣。始教學者悟從靜入，恐其或病於枯也，揭'明德'、'親民'之旨，使加'誠意'、'格物'之功，至是而特揭'致良知'三字，一語之下，洞見全體，使人人各得其中。

아! 아직 미미하다. 처음 배우는 자들은 따라서 조용하게 들어가 깨치며 그것이 혹은 메마름에서 병통이 될까 두려워하였다. '명덕明德'과 '신민親民'의 종지를 들어 '성의誠意'와 '격물格物'의 공부를 덧붙이게 하고 이에 이르러 특별히 '치양지致良知' 세자를 들어 한 마디로 동굴에서 전체를 보았으며 사람마다 각기 그 올바름을 얻게 하였다.

由是以昧入者以明出，以塞入者以通出，以憂憤入者以自得出。四方學者翕然來宗之。噫！亦云兆矣。天不慭欲遺，野死遐荒，不得終見三代之績，豈非千古一痛恨也哉！

이로 말미암아 어두워서 들어간 자가 밝아져 나오고 막혀서 들어간 자가 통해져 나오며 근심과 번민으로서 들어간 자가 자득하여 나온다. 사방의 학자들이 일제히 와서 그것을 종지로 삼는다. 아! 역시 조짐을 말하였다. 하늘은 억지로 버리려고 하지 않는데 들은 죽어 오래 황무지가 되었으니, 끝내 삼대의 업적을 볼 수 없는 것은 어찌 천고에 원한이 아니겠는가?

師既沒，吾黨學未得止，各執所聞以立教。儀範隔而真意薄，微言隱而口說騰。且喜爲新奇譎秘之說，淩獵超頓之見，而不知日遠於倫物。甚者認知見爲本體，樂疏簡爲超脫，隱幾智於權宜，蔑禮教於任性。未及一傳而淆言亂衆，甚爲吾黨憂。

선생이 이미 돌아가셨는데도 우리 동아리의 배움은 그치지 않았고 각자 들은 것을 가지고서 가르침을 세웠다. 모범적 태도는 차이가 있고 진정한 뜻은 얕으며 뜻이 깊은 말은 숨었고 입으로 하는 말들이 높았다. 또 속이고 숨기는 학설을 새롭고 기이하게 여기어 기뻐하고 뛰어넘어 조아리는 견해를 달려가 잡으니, 날마다 윤리적인 것들에서 멀어짐을 알지 못했다. 심한 자는 보고 인지한 것을 본체로 여기고 즐거움은 적고 간단한 것은 초탈한 것으로 여기니, 권도의 마땅함에서 몇몇 지혜를 숨기고 타고난 본성에 맡겨서 예교를 업신여겼다. 오로지 전한 것에 미치지 않고 말을 뒤섞어 대중을 어지럽히니 심히 우리 동아리의 걱정거리가 되었다.

邇年以來，亟圖合並，以宣明師訓，漸有合異統同之端，謂非良知昭晰，師言之尚足徵乎？譜之作，所以徵師言耳。始謀於薛尚謙，顧三紀未就。同志日且凋落，鄒子謙之遺書督之。

이해 이래로 합병을 빠르게 꾀하고 스승의 가르침을 널리 밝힘으로써 점점 이단자를 모아서 같음을 통합하는 실마리를 가졌다. 양지가 아니고 밝게 빛나는 것을 말하여도 스승의 말이 여전히 사람을 불러들일 만한가? 연보는 선생의 말을 수집하여서 만들었을 따름이다. 처음에는 설상겸薛尚謙[1]에게 의논하여 세 기록을 살펴보았고 더 나아가지 않았다. 동지들은 날로 또 시들하여 떨어져 나갔다. 추겸지鄒謙之가 남긴 글이 제작을 독려했다.

주

1 설상겸薛尚謙(1486~1546)는 설간薛侃이다. 자가 상겸이다. 왕수인의 제자로 월민왕문粵閩王門에 속한다.

2 추겸지鄒謙之(1491~1562)는 추수익鄒守益이다. 자가 겸지이다. 남경 국자감 좨주를 했고 왕수인의 제자로 강우왕문江右王門에 속한다.

洪亦大懼湮沒，假館於史恭甫嘉義書院，越五月，草半就。趨謙之，而中途聞訃矣。偕撫君胡汝茂往哭之。返見羅達夫閉關方嚴，及讀譜，則喟然嘆曰："先生之學，得之患難幽獨中，蓋三變以至於道。今之談'良知'者，何易易也！"遂相與刊正。

나는 또 자취도 없이 사라질까 크게 두려웠다. 사공보史恭甫[1]의 가의서원에서 객사를 빌렸고 5개월을 넘겨서 초안이 반쯤 나아갔다. 겸지를 찾아가는 중도에 부고를 들었다. 함께 상대를 위로하는데 호여무胡汝茂[2]가 이따금 울었다. 도리어 나달부羅達夫[3]가 빗장을 잠그니 바야흐로 엄숙하였고 급기야 연보를 읽으며 한숨을 쉬고 탄식하여 말했다: "선생의 학문은 환란에서 조용히 홀로 있는 중에 얻었다. 대개 세 번 변하여 도에 이르렀다. 지금 이야기하는 양지는 어찌 바꾸기가 쉽겠는가! 이윽고 서로 함께 교정하였다.

주

1 사공보史恭甫는 사제史際(1494~1571)이며 자가 공보恭甫이다.

2 호여무胡汝茂는 호송胡松(1503~1566)이며 자가 여무汝茂이다.

3 나달부羅達夫는 나홍선羅洪先(1504~1564)이며 자가 달부達夫이다.

越明年正月，成於懷玉書院，以復達夫。比歸，復與王汝中、張叔謙、王新甫、陳子大賓、黃子國卿、王子健互精校閱，曰：'庶其無背師說乎?' 命壽之梓。

올해 정월이 지나 회옥서원에서 완성하여 나달부에게 돌려보냈다. 편집하여 돌아와 다시 왕여중王汝中[1], 장숙겸, 왕신보, 진대빈, 황국경, 왕건과 서로 정밀하게 교정보고 검열하고 말했다: "거의 스승의 말씀에 어긋남이 없지요?" 오래가는 것은 가래나무에 새기는 것이다.

주

1 왕여중王汝中은 왕기王畿(1498~1583)이며 자가 여중汝中이다.

然其事則核之奏牘，其文則稟之師言，罔或有所增損。若夫力學之次，立教之方，雖因年不同，其旨則一。洪竊有取而三致意焉。噫！後之讀譜者，尚其志逆神會，自得於微言之表，則斯道庶乎其不絕矣。

僭爲之序。

그러나 그가 한 일은 조사한 것이 상소의 글이고 그의 문장은 선생이 말한 것이니 없거나 혹은 보태거나 빠트린 것은 있다. 만약 힘써 공부하는 것이 부차적이라면 가르침을 세우는 쪽이 비록 해에 따라 달라도 그 종지는 하나이다. 내가 몰래 취함이 있으나 셋이 보내온 뜻이다. 아! 후에 연보를 읽는 자는 오히려 그 뜻이 신회神會[1]를 만나 깊이 있는 말의 표현을 스스로 얻는다면 이 도는 거의 끊어지지 않을 것이다. 감히 서문을 쓰다.

주

1 신회神會는 깨닫고 이해하는 것이다.

陽明先生年譜考訂序 양명선생 연보 고정 서

羅洪先 나홍선

가정 27년(1548)

嘉靖戊申，先生門人錢洪甫聚青原，言年譜，僉以先生事業多在江右，而直筆不阿，莫洪先若，遂舉丁醜以後五年相屬。又十六年，洪甫攜年譜稿二三冊來，謂之曰："戊申青原之聚，今幾人哉！洪甫懼，始堅懷玉之留。"

가정 27년 무신년(1548) 선생의 문인 전홍보錢洪甫[1]가 청원青原[2]에서 사람들을 모아 연보를 언급하며 모든 선생의 일과 업적은 강우江右[3] 지역에 많이 있지만 직접 글을 쓰는 것은 공정해야 하기에 나홍선이 최고의 적임자라고 하고 마침내 정축년에 거행하여 이후 5년 함께 엮었다. 또 16년이 되어 전홍보가 연보를 두세 권을 교정해 가지고 와서 말했다: "무신년 청원의 모임에서 지금 몇 사람 남았는가! 전홍보가 걱정스러워하며 비로소 회옥의 유지를 견고하게 했다."

주

1 전홍보錢洪甫는 전덕홍錢德洪(1496~1574)이며 자가 홍보洪甫이다.

2 청원青原은 강서성 길안吉安의 현이다.

3 강우江右는 지리적으로 장강의 우측이지만 문화적 개념으로 쓰인다. 민족은 감족과 한족으로 이 지역 사람을 강우민계江右民系라고 한다. 지역은 강서성 대부분, 호남성 동부, 호북성 동남부, 안휘성 서남부, 복건성 서북부, 섬서성 상남현商南縣 일대이다. 강우민계가 모여사는 주요

도시는 남창南昌, 무주撫州, 길안吉安, 의춘宜春, 신여新餘, 평향萍鄉 등이다. 대표적 강우왕문으로는 나홍선, 추수익, 구양덕, 진구천, 위량정, 유방채, 황홍강 등이 있다.

明年四月，年譜編次成書，求踐約，會滁陽。胡汝茂巡撫江右，擢少司馬，且行，刻期入梓，敬以旬日畢事。已而即工稍緩，復留月餘。自始至卒，手自更正，凡八百數十條。其見聞可據者，刪而書之。歲月有稽，務盡情實，微涉揚詡，不敢存一字。大意貴在傳信，以俟將來。於是年譜可觀。

내년 사월에 연보는 차례로 엮어서 책을 완성하기로 했다. 약속을 실천하도록 요구하여 저양滁陽[1]에서 모였다. 호여무는 강우지역을 순무하였고 어린 사마를 발탁했으며 또 가다가 판각을 할 기한을 정하여 가래나무를 구입하고 잡도리하여 열흘에 일을 마쳤다. 그런 후 곧 일이 조금 느슨해져서 다시 한 달 넘도록 지체하였다. 시작부터 마칠 때까지 손수 고치고 바로 잡았는데 대체로 팔백수십 조항이었다. 보고 들은 것이 근거가 될 만한 것은 취하여 그것을 적어넣었다. 세월이 흘러 헤아릴 것이 있도록 일에 최선을 다했고 미약하나마 널리 자랑한 것은 감히 한 글자도 없다. 큰 뜻은 사실을 전하는 것을 중히 여겼다. 그래서 연보가 볼만하다.

주

1 저양滁陽은 안휘성 저주滁州이다.

洪先因訂年譜，反覆先生之學，如適途者顛仆沉迷泥淖中，東起西陷，亦既困矣，然卒不爲休也。久之，得小蹊徑，免於沾途，視昔之險道有異焉。在他人宜若可以已矣，然卒不爲休也。久之，得大康莊，視昔之蹊徑又有異焉。

나는 연보를 교정하기 위하여 선생의 학문을 반복해서 공부했는데 마치 길을 가는 자가 엎어지고 넘어져 진흙 가운데에 빠져 헤매는 것 같았고, 동에서 일어나 서에서 함몰되어 이미 곤란하였는데도 결국 그만두지 않았다. 그것을 오랜 시간 계속하여 작은 지름길을 얻고, 다른 길로 가지 않았으니, 시야가 옛적의 험한 길과는 다름이 있었다. 타인에게 마땅히 끝낼 수 있다고 약속하였기에 끝까지 쉬지 않았다. 그것을 긴 시간 하여 크고 넓은 길을 얻으니, 시야가 옛적의 좁은 길과는 달랐다.

在他人宜若可以已矣，乃其意則以爲出於險道而一旦至是，不可謂非過幸。彼其才力足以特立而困爲我者固尚衆也，則又極力呼號，冀其偕來以共此樂。而顚迷愈久，呼號愈切。其安焉而弗之悟者，顧視其呶呶，至老死不休，而翻以爲笑。

타인에게 당연히 끝낼 수 있다고 약속하였고 이에 그 생각이 험한 길을 출발하여 하루아침 이곳에 이르렀다고 여겨지는데, 행운으로 도달한 것이 아니라고 말할 수 없다. 저 스승의 재주와 힘은 특별히 세우기 충분하지만, 우리를 지치게 한 것은 오히려 무리들이 있는 힘을 다하여 불러서 모두 와서 이 즐거움을 같이 하기만을 바란 것이다. 미혹에 넘어진 것이 더욱 오래되어 더욱 절실함을 부르짖었다. 편안하게 지내며 깨치려 하지 않는 자는 돌아다보면 조잘조잘하며 늙어 죽을 때까지 쉬지 않고 번다한 것으로 웃음을 삼았다.

不知先生蓋有大不得已者惻於中。嗚呼！豈不尤異也乎?故善學者竭才爲上，解悟次之，聽言爲下。蓋有密證殊資，嘿持妙契，而不知反躬自求實際，以至不副夙期者，多矣。

선생은 아마도 어쩔 수 없이 마음에서 측은함을 알지 못한 것이다. 아! 어찌 더욱 다르지 않은가? 그래서 잘 배우는 자는 재주를 다하여 상이 되고 깨달은 자는 그다음이 되며 말을 듣는 것은 하가 된다. 대개 뛰어난 자질을 세밀하게 증명함이 있으니 말하지 않는데도 오묘한 계합[妙契][1]을 가지고 있으나 반대로 스스로 구하는 실제에서 궁구함을 알지 못하여 옛 이치를 따르지 않는 데에 이르는 자가 많았다.

주

1 묘계妙契는 묘하게 서로 뜻이 맞음을 뜻한다.

固未有曆涉諸難，深入真境，而觸之弗靈，發之弗瑩，必有俟於明師面臨，至語私授，而後信久遠也。洪先談學三年，而先生卒，未嘗一日得及門。然於三者之辨，今已審矣。學先生之學者視此何哉？無亦曰是必有得乎其人，而年譜者固其影也。

진실로 모든 어려움을 겪지 않고 깊이 실지의 경계에 들어가서 영명하지 않은 것을 접촉하고 명백하지 않은 것을 드러내니 반드시 존중하는 스승의 얼굴을 대하기를 기다려야 하는데, 지극한 말이 사사로이 내려진 후에 믿는 것은 오래되고 멀어졌다. 나는 삼 년간 말씀을 직접 듣고 공부했으나, 스승이 돌아가셔서 하루도 문하에 이를 수 없다. 그러나 세 명의 입장을 지금 알게 되었다. 선생의 학을 배우는 자는 이를 무엇으로 보겠는가? 말하는 것이 반드시 그 사람에게 얻은 것이 있는지는 상관없이 연보는 진실로 스승의 그림자이다.

刻陽明先生年譜序 양명선생 연보 서문을 새기다

王畿 왕기

年譜者何?纂述始生之年，自幼而壯，以至於終，稽其終始之行實而譜焉者也。其事則仿於《孔子家語》，而表其宗傳，所以示訓也。

연보란 무엇인가? 처음 태어난 해를 시작으로, 어렸을 적부터 어른이 되고 죽음에 이르기까지를 자료를 모아 서술하고 그 처음부터 마지막까지의 행실을 헤아려 적은 것이다. 그 일은 곧 『공자가어』를 본떠서 그 직계로 전함을 밝혀서 그로써 보여주고 가르치는 것이다.

《家語》出於漢儒之臆說，附會假借，鮮稽其實；致使聖人之學黯而弗明，偏而弗備，駁而弗純，君子病焉。求其善言德行，不失其宗者，莫要於《中庸》。蓋子思子憂道學之失傳，發此以詔後世。

『가어』는 한나라 유학자의 억설臆說[1]에서 비롯되었으며 부회하고 가차하여 그 진실을 드물게 논의했다. 성인의 학문을 어둡고 분명하지 않게 하고 치우치고 완전하지 않게 하였으며 섞어서 순수하지 않게 하여 군자가 병드는 데 이르렀다. 그 선한 말과 덕 있는 행동을 구하여 그 근본을 잃지 않는 것은 『중용』보다 요긴한 것이 없다. 무릇 자사子思[2]는 도학이 전해지지 않을까 걱정하여 이를 펴서 후세에 알리고자 하였다.

주

1 억설臆說은 억측臆測하는 말이며 개인적 생각이다.

2 자사子思는 공자의 손자이다. 공자의 학문을 증자를 통해 공부하고 맹자에게 이었다. 공자의 사상을 바탕으로 『중용』을 지었다고 전한다.

其言明備而純，不務臆說；其大旨則在"未發之中"一言，即虞廷道心之微也。本諸心之性情，致謹於隱微顯見之幾，推諸中和位育之化，極之乎無聲無臭，而後爲至，蓋家學之秘藏也。

그 말은 분명하게 갖추어져 순수하며 억설에 힘쓰지 않았다. 그 큰 뜻은 곧 "미발지중未發之中"[1]이라는 하나의 말, 즉 우虞가 한쪽으로 치우치지 않는 '도심은 은미하다'[2]고 한 데에 있다. 본래 마음에서 성과 정은 은근하고 미미하게 드러나 보이는 기미에서 삼가기를 다하여 중화中和·위육位育[3]의 변화로 이끌어 그것을 지극히 하니 소리도 냄새도 없어지고 그런 후에 지극함에 이르게 되면 대체로 가문의 학문이 비밀리에 보존된다.

주

1 미발지중未發之中은 『중용』: 喜怒哀樂未發之中, 發而皆中節謂之和[희노애락의 정이 밖으로 드러나지 않은 때를 중이라 하고, 발현될 때 그 상황에 알맞는 것을 화라고 한다] 정이 밖으로 드러나지 않았을 때를 미발이라 하고 중의 상태이며 이미 정이 발하여 중절中節하는 것은 정의 올바름이다. 주희朱熹는 사람이 고요하게 행동하지 않을 때가 미발이 되고 중(中)이 된다고 하였다.

2 도심지미道心之微는 『서경·대우모』: 人心惟危 道心惟微[인심은 위태롭고, 도심은 미미하다]에 나온다. 인간의 마음은 항상 욕망에 이끌리기 쉽고 하늘의 도리를 따르는 마음은 아주 미세하여 자칫 놓치기 쉽다는 뜻이다. 이는 유가의 핵심 교훈으로, 인간 내면의 갈등과 수양의 필요성을 말한다. 이는 요임금이 순임금에게 전했고 순임금이 다시 우임금에게 전한 말이다.

3 중화中和·위육位育은 유가에서 수양을 위한 학설이다. 중화는 목적으로 편향되지 않고 조화롭게 알맞음을 이루는 것이고 위육은 수단으로 각자의 몫을 지키고 상황에 적응하는 것이다.

孟某氏受業子思之門，自附於私淑，以致願學之誠；於尹、夷、惠則以爲不同道；於諸子則以爲姑舍是；自生民以來，莫盛於孔子，毅然以見而知之爲己任，差等百世之上，若觀諸掌中，是豈無自而然哉?所不同者何道，所舍者何物，所願者何事，端緒毫厘之間，必有能辨之者矣。

맹자가 자사 문하에서 수업하여 스스로 사숙私淑[1]에 의탁하여서 학문이 참되기를 원하기에 이르렀다. 이윤, 백이, 유하혜[2]는 공자와 도를 같이 하지 않는다고 여겼고 여러 제자에게서는 잠시 이것을 버렸다고 여겼다. 백성이 있게 된 이래 공자보다 도가 성했던 사람이 없었고 의연하게 보고서 아는 것을 자신의 임무로 삼아 오래전에 등급을 달리함이 손바닥 안에서 본 듯하니 이것이 어찌 저절로 그렇게 된 것이겠는가? 다른 것은 어떤 도인가, 버린 것은 어떤 사물인가, 원하는 것은 어떤 일인가, 단서端緒[3]가 아주 작아도 반드시 그것을 분별할 수 있는 것이 있다.

주

1 사숙私淑은 직접 가르침을 받지는 않았으나 마음속으로 그 사람을 본받아서 도나 학문을 닦거나 그 사람의 제자를 통해서 그의 학문을 익히는 것이다.

2 윤, 이, 혜尹, 夷, 惠는 이윤, 백이, 유하혜이다. 『맹자·만장』: 伯夷，目不視惡色，耳不聽惡聲。非其君不事，非其民不使。治則進，亂則退。……故聞伯夷之風者，頑夫廉，懦夫有立志[백이는 눈으로 나쁜 모습을 보지 않고, 귀로 나쁜 소리를 듣지 않았다. 자기 군주가 아니면 섬기지 않았고, 자기 백성이 아니면 부리지 않았다. 나라가 잘 다스려지면 나아가고, 혼란하면 물러났다. …… 백이의 풍모를 들은 사람은 완고한 자도 청렴해지고, 나약한 자도 뜻을 세우게 되었다.]

伊尹，治亦進，亂亦進。…… 思天下之民匹夫匹婦有不與被堯舜之澤者，若己推而內之溝中，其自任以天下之重也。[이윤은 나라가 잘 다스려질 때도 나아가고, 혼란할 때도 나아간다.…… 천하의 백성 중에 한낱 남자나 여자라 할지라도 요와 순의 은혜를 받지 못하는 사람이 있다면, 그것은 마치 자신이 그들을 밀어 도랑 속에 빠뜨리는 것과 같다. 그는 스스로 천하의 무거운 책임을 짊어지고 있다고 여겼다]

柳下惠，不羞汙君，不辭小官。進不隱賢，必以其道。遺佚而不怨，阨窮而不憫。與鄉人處，由由然不忍去也。…… 故聞柳下惠之風者，鄙夫寬，薄夫敦[유하혜는 더러운 군주를 부끄러워하지 않았고, 낮은 벼슬도 사양하지 않았다. 나아갈 때는 어진 이를 숨기지 않고 반드시 올바른 도리로 행했다. 버려져도 원망하지 않았고, 곤궁해도 불쌍히 여기지 않았다. 고향 사람들과 함께할 때에도 유유자적하며 차마 떠나지 못했다. …… 유하혜의 풍모를 들은 사람은 천박한 자도 너그러워지고, 얄팍한 자도 두터운 정을 가지게 되었다]

3 단서端緖는 어떤 일의 시초이며 어떤 문제를 해결하는 방향으로 이끌어가는 실마리이다.

漢儒不知聖人之學本諸性情，屑屑然取證於商羊萍實，防風之骨，肅慎之矢之跡，以遍物爲知，必假知識聞見助而發之，使世之學者不能自信其心，倀倀然求知於其外，漸染積習，其流之弊曆千百年而未已也。

한나라 유학자는 성인의 학문이 본래 성과 정에서 비롯되었다는 것을 알지 못하고 세세하게 상양평실商羊萍實[1], 방풍防風의 뼈[2], 숙신肅慎의 화살[3] 자취에서 증거를 취하고, 편재한 사물로써 지식을 삼고, 반드시 지식이 듣고 본 것에 의탁하여 그것을 펼치니, 세상의 학자들이 스스로 그 마음을 믿을 수 없어 갈팡질팡하며 그 밖에서 앎을 구하고 점차 물들고 버릇을 쌓아 그 흘러들어온 폐단이 천백 년을 거치면서 끊이지 않았다.

주

1 상양평실商羊萍實에서 평실은 감미로운 길상의 과일이고 상양은 재앙을 부르는 새이다.《공자성적도孔子聖蹟圖》에 '평실통요萍實通謠', '상양지우商羊知雨'의 고사가 있다. 〈평실통요萍實通謠〉는 평실의 노래인데, 초나라 소왕이 강을 건너는데 한 말 크기의 둥글고 붉은 물건이 있었다. 뱃사람에게 건지게 하여 사신을 보내 공자에게 물어보게 했다. 공자가 이름은 평실이며 쪼개어 먹을 수 있고 길상의 조짐이라고 했다. 또 패자만이 이것을 얻을 수 있다고 했다. 〈상양지우商羊知雨〉는 상양으로 비 올 것을 안다는 뜻이다. 제나라에 다리가 하나인 새들이 조정에 날아와서 모여 날개를 펴고 뛰었다. 제후가 괴이하여 사신을 보내 공자에게 물어보았더니 공자가 이 새는 이름이 상양인데 수재가 일어날 징조라고 했다. 아이들이 노래하기를, "큰비가 내리려 하니 상양이 춤추는구나." 하였다.

2 방풍지골防風之骨은 오나라가 월나라를 정벌하니 뼈마디로 만든 수레를 얻었다. 오나라 사신을 공자에게 보내 "뼈는 무엇이 가장 큽니까?"하고 물으니 "우왕이 회계산에서 여러 신들에게 다가가 방풍씨防風氏가 뒤에 와서 우임금을 죽이니 그 뼈마디가 수레가 되었지요."라고 하였다.

3 숙신지시肅慎之矢는 『죽서기년』에 순임금 25년(BC2209)에 "숙신씨가 방문하여 활과 화살을 선물했다."라고 하였고 주무왕 15년(BC1087~BC1043)에 "숙신씨가 사신을 보내왔다." 했으

며, 『숙신기』에 "옛날에 무왕이 상나라를 이기고 구이와 백만에 길이 통하게 하여, 그들에게 각각 방회를 가져와 바치게 함으로써, 직분과 본업을 잊지 않게 하였다. 이에 숙신은 호시와 석노를 바쳤는데, 그 길이가 한 자 여덟 치였다. 선왕이 그 아름다운 덕이 멀리까지 이르렀음을 밝히고, 후인에게 보여주고 길이 거울삼도록 하였다. 그러므로 그 오늬(화살에 활시위를 끼우는 부분) 에 새겨 말하길, '숙신씨가 공납한 화살[肅愼氏之貢矢]'이라고 하였다. 『사기세가·공자세가』에 "공자가 대답했다. 매는 멀리서 날아왔고 이것은 숙신의 화살입니다." 라고 나온다. 『상서尚書』에 "성왕이 동이東夷을 정벌하자 숙신이 하례를 왔다."라고 하였다.

我陽明先師崛起絕學之後，生而穎異神靈，自幼即有志於聖人之學。蓋嘗泛濫於辭章，馳騁於才能，漸漬於老釋，已乃折衷於群儒之言，參互演繹，求之有年，而未得其要。

우리 양명 스승은 끊어진 학문의 뒤를 일으켜 세웠고, 태어나면서 남보다 뛰어나 신령하였고, 어려서부터 곧 성인의 학문에 뜻이 있었다. 대체로 일찍이 사장에서 범람하고 재능에서 뛰어나서 점차 노장과 석가를 무너뜨리고 이미 이에 여러 유가의 말을 절충하고 서로 비교하여 결론을 끌어내며 그 답을 구하기를 여러 해가 되었으나 그 핵심을 깨닫지 못하였다.

及居夷三載，動忍增益，始超然有悟於"良知"之旨：無內外，無精粗，一體渾然，是即所謂"未發之中"也。其說雖出於孟某氏，而端緒實原於孔子。其曰："吾有知乎哉，無知也。蓋有不知而作，我無是也。" 言"良知"無知而無不知也。而知識聞見不與焉。此學脈也。

이민족 마을에 거처하기를 삼 년에 이르자, 움직이며 참아야 하는 것이 점차 늘어나 비로소 초연히 '양지'의 뜻에 깨달음이 있었다. 안과 밖이 없으며 조밀함과 거침이 없고, 혼연일체로 하니, 이것이 곧 '미발지중'이라 일컫는 것이다. 그 말은 비록 맹자에게서 나왔으나 실마리는 참으로 공자에게서 비롯된 것이다. 공자가 말했다: "나는 아는 것이 있는가, 아는 것이 없다. 대개 알지 못하며 만드는데 나는 그렇지 않다." 하였다. '양지'를 말하는 것은 아는 것이 없어도 모르는 것이 없다. 그리고 지식과 듣고 보는 것은 함께하지 않는다. 이것이 학맥이다.

師以一人超悟之見，呶呶其間，欲以挽回千百年之染習，蓋亦難矣。浸幽浸昌，浸微浸著，風動雷行，使天下靡然而從之，非其有得於人心之同然，安能舍彼取此，確然自信而不惑也哉？雖然，道一而已，學一而已。"良知"不由知識聞見而有，而知識聞見莫非"良知"之用。

스승님 한 사람이 깨달은 견해로써 그간에 말을 많이 하며 천백 년 물들고 익숙한 것을 만회하고자 했지만 역시 어려웠다. 아득함과 흥성함에 스며들고 희미함과 드러남에 스며들며 바람과 번개가 휘몰아쳐 천하 사람들이 쏠리어 그것을 따르게 하는 것은 사람의 마음에서 같은 것을 얻음이 있지 않다면 어찌 그것은 버리고 이것을 취할 수 있으며, 확연히 스스로 믿고 미혹되지 않겠는가? 하지만 도는 하나일 뿐이고 배움도 하나일 뿐이다. '양지'는 지식과 견문에서 비롯되어 있는 것이 아니고 지식과 견문은 '양지'의 작용이 아님이 없다.

文辭者，道之華；才能者，道之幹；虛寂者，道之原；群儒之言，道之委也，皆所謂"良知"之用也。有舍有取，是內外精粗之見未忘，猶有二也。無聲無臭，散爲萬有，神奇臭腐，隨化屢遷，有無相乘之機，不可得而泥也。是故溺於文辭，則爲陋矣。道心之所達，"良知"未嘗無文章也。役於才藝，則爲鄙矣。

문사는 도의 꽃이고 재능은 도의 줄기이며 비움과 고요함은 도의 근본이다. 여러 유자의 말은 도가 쌓인 것이고 모두 '양지'의 작용이라 말하는 것이다. 버림이 있고 취함이 있는데 이는 안과 밖, 정밀함과 거침을 보고 버릴 수 없어 마치 둘을 가지는 것과 같다. 소리도 냄새도 없고 흩어져 만물이 되니 신묘하고 기이하고 냄새나고 썩기도 하고 따라서 변화하고 여러 번 바꾸고 상승하는 때가 있기도 하고 없기도 하며 어쩔 수 없이 진흙이 된다. 그러므로 문사에 빠지면 비루해진다. 도심이 다다르는 곳에는 '양지'가 문장에 없는 적이 없다. 재능과 기예에 힘쓰면, 곧 비루해진다.

天之所降，百姓之所與，"良知"未嘗無才能也。老佛之沉守虛寂，則爲異端。無思無爲，以通天下之故，"良知"未嘗無虛寂也。世儒之循守典常，則爲拘方。有物有則，以適天下之變，"良知"未嘗無典要也。蓋得其要則臭腐化爲神奇，不得其要則神奇化爲臭腐。非天下之至一，何足以與於此？夫儒者之學，務於經世，但患於不得其要耳。

하늘이 내려준 백성이 함께하는 곳은 '양지'가 재능이 아닌 적이 없다. 도가와 불가의 비움과 적막을 지키는 데에 빠진다면 이단이 된다. 생각도 없고 행위도 없는데 이로써 천하를 통하는 이유는 '양지'가 비움과 적막에 없던 적이 없기 때문이다. 세상의 유자들이 전상典常[1]을 따르고 지키면 곧 옛 방식에 구애되는 것이다. 사물이 있으면 법칙이 있고 이로써 천하의 변화를 마땅하게 하니 '양지'는 전요典要[2]가 없었던 적이 없었다. 대개 그 핵심을 얻으면 추하고 썩은 것이 신묘하고 기이하게 변화되고 그 핵심을 얻지 못하면 신묘하고 기이한 것이 추하고 썩은 것으로 변화된다. 천하가 하나에 이르지 못하였는데 어찌 이와 함께 하기에 충분하겠는가? 유자들의 학문은 경세에 힘쓰는데 다만 그 핵심을 얻지 못할까를 걱정할 뿐이다.

주

1 전상典常은 늘 지켜야 하는, 변하지 아니하는 도리道理이다.

2 전요典要는 준칙이 되는 핵심이다.

昔人謂以至道治身，以土苴治天下，是猶泥於內外精粗之二見也。動而天遊，握其機以達中和之化，非有二也。功著社稷而不居其有，澤究生民而不宰其能，教彰士類而不居其德，周流變動，無爲而成，莫非"良知"之妙用，所謂渾然一體者也。如運鬥極，如轉戶樞，列宿萬象，經緯闔辟，推蕩出入於大化之中，莫知其然而然。信乎儒者有用之學，"良知"之不爲空言也。師之纘承絕學，接孔孟之傳以上窺姚姒，所謂聞而知之者非耶？

옛날 사람들은 지극한 도로써 자신을 다스리고 토자土苴[1]로써 천하를 다스린다고 말하는데 이는 마치 안과 밖, 정밀함과 거침이라는 두 가지 견해에 빠진 것 같다. 움직이면서 하늘이 돌고 그 기틀을 잡아서 중화中和[2]의 변화에 이르니 둘이 있지 않다. 사직에 공을 드러내며 그것이 있음에 임하지 않고, 백성을 윤택하도록 헤아리며 그 능력을 주재하지 않고, 선비 부류를 교화하여 밝히되 그 덕에 거만하지 않고, 두루 흐르고 변화하며 움직여서 하지 않아도 이루어지니 '양지'의 오묘한 작용이 아닐 수 없어서 혼연일체라고 말하는 것이다. 마치 북두칠성[鬥極]이 움직이는 것과 같고 문의 지도리[戶樞]를 돌리는 것과 같아서 여러 별의 만 가지 모습, 경도와 위도가 열리고 닫히고, 큰 변화의 가운데로 들어가고 나오도록 밀고 흔드는데 그것이 그래서 그런지를 알지 못한다. 유자가 쓰임이 있는 학문을 하는 것이라 믿는다면, '양지'가 헛소리가 되지 않는다. 스승이 끊어진 학문을 이어서 계승하고, 공맹이 전한 것을 받아들여서 위로 요사姚姒[3]를 엿보니, 이른바 듣고서 그것을 안다는 것이 아니겠는가?

주

1 토자土苴는 두엄, 쓰레기 더미, 등 아주 작고 하찮은 것이다.

2 중화中和는 서로 다른 성질을 가진 것이 섞여 각각의 성질을 잃거나 그 중간의 성질을 띠게 함. 또는 그런 상태狀態를 말한다.

3 요사姚姒는 중국의 순임금과 우임금을 아울러 이르는 말이다. 요姚는 순임금의 성이고, 사姒는 우임금의 성이다.

友人錢洪甫氏與吾黨二三小子慮學脈之無傳而失其宗也，相與稽其行實終始之詳，纂述爲譜，以示將來。其於師門之秘，未敢謂盡有所發；而假借附會，則不敢自誣，以滋臆說之病。善讀者以意逆之，得於言銓之外，聖學之明，庶將有賴，而是譜不爲徒作也已。故曰所以示訓也。

왕기의 벗 전덕홍은 우리 당의 제자들에게 학맥이 전해지지 않고 그 종지[宗][1]를 잃을 것을 걱정하여 서로 함께 스승의 행실 처음과 끝이 상세하도록 조사하고 찬술하여 연보로 만들어서 장래에 보여주려고 했다. 그것이 스승 문하의 비밀을 감히 다 드러냈다고 말하지 않았다. 가차假借나 부회附會[2]는 감히 자신을 속이는 것이라서 억측의 병통을 키우지 않았다. 잘 읽는 자는 뜻으로써 그것을 맞이하고 말로 따지는 것 외에 성학의 밝음에서 얻으며 여럿이 장차 의지함이 있을 것이니, 이 연보는 제자들을 위해서만 만들어진 것이 아닐 따름이다. 그래서 보여주고 가르치는 까닭이라고 말했다.

주

1 종宗은 일의 근원, 근본이며 존숭하는 사람을 뜻하기도 한다. 여기서는 존숭하는 스승 왕수인 학문의 요지를 말한다.

2 가차假借는 없는 것을 빌려다 쓰는 것이고 부회附會는 이치에 맞지 않는 말을 억지로 끌어 붙이는 것이다.

人有恒言，真才固難，而全才尤難也。若陽明先生，豈不亶哉其人乎？方先生抗議忤權，投荒萬里，處約居貧，困心衡慮，斃然道人爾。及稍遷令尹，漸露鋒穎矣。未幾內遷，進南太僕若鴻臚，官曹簡暇，日與門人學子講德問業，尚友千古。人皆譁之爲禪。後擢僉副都御史至封拜，亦日與門人學子論學不輟。而山賊逆藩之變，一鼓殲之。於是人始服先生之才之美矣。雖服先生之才，而猶疑先生之學，誠不知其何也？

사람들이 항상 하는 말이 있는데, 참된 재능은 진실로 어렵고 만능은 더욱 어렵다. 만약 양명 선생이라면, 어찌 그 사람을 믿음직하게 여기지 않겠는가? 바야흐로 선생은 정치를 어지럽히는 권력에 항의하여 만 리의 황무지로 보내져 검소하게 지내고 빈곤하게 살며 고심횡려困心衡慮[1]하여 의연하게 도인에 가까웠다. 급기야 갑자기 영윤令尹[2]으로 벼슬이 바뀌어 점차 날카로움을 드러내었다. 곧 중앙관직으로 옮겨 남태복南太僕 홍려鴻臚[3]로 승진하였는데, 관조官曹[4]에서 짬을 내어 매일 문인 학자들과 더불어 덕을 이야기하고 학업을 물으며 상우천고尙友千古[5]하였다. 사람들은 모두 그것을 떠들어대며 선禪으로 여겼다. 첨부도어사로 뽑혀 작위를 받기에 이른 후에도 또한 매일 문인 학자들과 더불어 학문을 논하기를 멈추지 않았다. 그리고 산적이 번을 거스르는 변을 일으켰는데 단번에 섬멸했다. 여기에서 사람들은 선생의 재능에 탄복하기 시작했다. 비록 선생의 재능에 탄복하나 마치 선생의 학문을 의심하는 것 같았다. 정말로 그것이 무엇인지 모르겠다.

주

1 고심횡려困心衡慮는 여러 방면으로 마음을 쓰고 생각을 짜내는 것이다. 즉 골똘히 생각하는 것이다.

2 영윤令尹은 지방의 장관을 이르는 말이다.

3 홍려鴻臚는 홍려시鴻臚寺라 하는데 중국 고대의 관서명으로 외빈과 조회 의절의 일을 주관하였다.

4 관조官曹는 관리가 집무하던 기관이나 장소를 의미한다.

5 상우천고尙友千古는 역사상 뛰어난 인물을 존경하고 친구가 되며, 시간과 공간을 넘어 교류하고 배우는 것을 의미한다.

松嘗謂先生之學與其教人，大抵無慮三變。始患學者之心紛擾而難定也，則教人靜坐反觀，專事收斂。學者執一而廢百也，偏於靜而遺事物，甚至壓世惡事，合眼習觀，而幾於禪矣，則揭言知行合一以省之。其言曰："知者行之始，行者知之成。"又曰："知爲行主意，行爲知工夫。"而要於去人欲而存天理。其後，又恐學者之泥於言詮，而終不得其本心也，則專以"致良知"爲作聖爲賢之要矣。

나는 선생의 학을 말하여 다른 사람에게 가르친 적이 있는데 무릇 세 번 변한 것을 생각하지 않았다. 처음에 배우는 자들의 마음이 어수선하여 안정하기 어렵다면 가르치는 자도 조용히 앉아 반관反觀[1]하며 오로지 수렴收斂[2]을 일삼을까 걱정했다. 배우는 자가 그 하나를 잡고 백 개를 버리고 조용함에 치우쳐 사물을 잊고 심지어 세상에서의 일을 싫어하며 눈을 감고 관찰하니 거의 선과 같아서 지행합일을 들어 말함으로써 그것을 분명하게 하였다. 그 말이 이러하다: "앎은 행위의 시작이고, 행위는 앎의 완성이다." 또 말하였다: "앎은 행위가 되는 주된 의미이고, 행위는 앎이 되는 공부이다." 그리고 인욕을 없애고 천리를 보존하는 것을 중요하게 한다. 그런 후에 또 배우는 자가 언전言詮[3]에 막혀 결국 그 본심을 얻을 수 없다면 전적으로 '치양지'로써 작성作聖[4]으로 삼고 현명함의 요점으로 삼는다.

주

1 반관反觀은 선종에서는 '반관심성反觀心性'이라고 하는데, 즉 "일체법은 모두 마음으로부터 일어남을 의미한다.

2 수렴收斂은 불교에서 마음 안으로 거두어들이는 것을 뜻하여 심신을 다잡는 것이다.

3 언전言詮은 사리事理를 상세하게 설명하는 것이다.

4 작성作聖은 성인이 되는 것이다.

不知者與未信者，則又病"良知"之不足以盡道，而群然吠焉。豈知"良知"即"良心"之別名。是"知"也，維天高明，維地廣博，雖無聲臭，萬物皆備；古今千聖萬賢，天下百慮萬事，誰能外此"知"者。

모르는 자와 믿지 않는 자는 '양지'가 도를 다하기에 부족하다고 더욱 꺼리며 떼거리로 짖어대고 헐뜯는다. 어찌 '양지'가 곧 '양심'의 다른 이름이라는 것을 알겠는가. 이 '지'라는 것은 하늘에서 높이 빛나고 땅에서 넓고 두터우며 비록 소리와 냄새는 없어도 만물에 모두 갖추어져 있다. 고금의 수많은 성현과 천하 사람들이 많은 일을 고려하고 많은 일을 하는데 누군들 이 '지'를 벗어날 수 있겠는가?

而"致"之爲言，則篤行固執，允迪實際，服膺弗失，而無所弗用其極，並舉之矣。豈專守靈明，用知而自私耶？用智自私，而不能流通著察於倫物云爲之感，而或牽引轉移於情染伎倆之私，雖名無不周遍，而實難於研慮，雖稱莫之信果，而實近於蕩恣，甚至藐兢業而病防檢，私徒與而挾悻嫉，廢人道而群鳥獸，此則禪之所以病道者爾！先生之學則豈其然乎？故其當大事，決大疑，夷大難，不動聲色，不喪匕鬯，而措斯民於衽席之安，皆其"良知"之推致而無不足，而非有所襲取於外。

그러나 '치'라는 말은 독실하게 행하고 고집하며 실제를 진실로 따르고 마음에 품고 잃지 않아서 그 근본을 사용하지 않은 바가 없으니, 그것을 일러 '실행하는 것이다.' 하였다. 어찌 오로지 영명함만을 지키며 '지'를 사용하여 스스로 사사롭겠는가? '지'를 사용하여 스스로 사사로워 사물의 도리와 언행의 감정을 드러내어 살피고 흘러 통하게 할 수 없거나, 혹은 정에 물들어서 개인적 재주로 이끌어 옮겨가는 것은 비록 명칭은 주위에 두루 퍼졌지만, 실질은 연구하고 고려하기에 어렵고 비록 명칭이 믿을 만한 결과가 없어도 실질은 쉽게 마음 내키는 대로 하지만, 심하게는 아득하여 삼가고 조심하는 학업이나 방어하고 단속해야 하는 흠이 있다. 이기적인 무리가 참여하여 협박하고 성내고 시샘하며 사람의 도리를 폐지하고 새와 짐승을 모았으니 이것은 선禪이 도를 헐뜯는 이유이다. 선생의 학문이 어찌 그러하겠는가? 그러므로 그가 큰일을 당하여, 큰 의심을 없애고, 큰 난을 평정하고도, 소리를 내지 않고 얼굴색을 바꾸지 않고, 종묘 제사[匕鬯][1]를 잃지 않으며 그 백성을 잠자리衽席가 편안하게 조처하였으니 모두 그 양지에 미루어 실행하는데 부족함이 없는 것이고 밖에서 스며들어 취한 것은 없다.

주

1 비창匕鬯은 종묘 제사를 의미한다. 『주역』, 중뢰진괘重雷震卦 : 震亨, 震來虩虩, 笑言啞啞. 震驚百里, 不喪匕鬯.[진震은 형통하니, 우레가 옴에 두려워하고 두려워하면 웃고 말하여 기뻐할 것이다. 우레가 백 리를 놀라게 함에 숟가락과 울창주를 잃지 않는다] 여기서 비匕는 제사를 지낼 때 쓰는 숟가락이며, 창鬯은 제사를 지낼 때 쓰는 술잔이다.

他日讀書，竊疑孔子之言，而曰："我戰則克，祭則受福。"夫聖非誇也，未嘗習爲戰與鬥也，又非有祝詛厭勝之術也，而云必克與福，得無殆於誣歟?是未知天人之心之理之一也。夫君子齋戒以養心，恐懼而慎事，則與天合德，而聰明睿知，文理密察，溥博淵泉，而時出之矣。則何福之不獲，何戰之弗克，而又奚疑焉? 不然，傳何以曰："明乎郊社之禮，禘嘗之義，治國其如視諸掌乎?"夫郊社、禘嘗之禮，則何與於治國之事也?夫道一而已矣，通則皆通，塞則皆塞。文豈爲文，武豈爲武，蓋尚父之鷹揚本於敬義，而周公之東征破斧實哀其人而存之。彼依托之徒，呼喝叱咤，豪蕩弗檢，自詭爲道與學，而欲擧天下之事，只見其勞而敝矣。

다른 날 책을 읽으며, 공자의 말을 슬쩍 가져와서 말했다: "우리는 전쟁을 하면 이기고 제사를 지내면 복을 받는다."[1] 성인은 과장하지 않는데, 전투와 싸움을 위하여 훈련한 적도 없고 또 저주를 빌고 억누르고 이기는 술책도 없었다. 말한 것은 반드시 이겨야 복을 함께하니 아마도 과장이 아니겠는가? 이는 하늘과 사람의 마음이 지닌 이치가 같다는 것을 알지 못한 것이다. 군자가 몸과 마음을 깨끗이 하여 마음을 수양하고, 두려워하며 일을 신중히 한다면, 곧 하늘과 덕을 합쳐 총명하고 예지해져서 문리가 세밀하게 살펴져 넓고 깊은 샘에서 시시때때로 흘러나온다. 그렇다면 어찌 복이 얻어지지 않고 어찌 싸워서 이기지 못하겠으며 또한 어째서 의심하겠는가? 그렇지 않기에 전傳에서 무엇 때문인지를 말했다: "교제와 사제의 예법과 체제와 상제의 뜻을 분명하게 하면 나라 다스림은 그 손바닥을 들여다보는 것과 같을 것이다."[2] 도는 하나일 뿐이니, 통하면 모두 통하고 막히면 모두 막힌다. 문은 어찌 문이 되고 무는 어찌 무가 되는지 대개 상보尚父[3]의 위엄[鷹揚][4]은 공경하는 의리에서 근본한 것이며, 주공이 동방을 무력으로 정벌한 것[5]은 참으로 그 사람들을 가엽게 여겨 그들을 보존한 것이다. 저 의탁한 무리에게 고함치고 꾸짖고 질타하며 호탕하게 단속하지 않았고, 자신에게 책임을 지우고 학문과 더불어 도를 삼아 천하의 일을 일으키고자 하였는데 단지 그 노고를 알지만 버렸다.

주

1 『예기 · 예기禮器』: 孔子曰, 我戰則克, 祭則受福, 蓋得其道矣[공자가 말씀하셨다. 고인의 말에 '나는 싸우면 반드시 이기고 제사 지내면 반드시 복을 받았다.'고 되어 있으나, 아마 그것은

도를 얻은 것이다]

2 『중용장구』, 19장 : 郊社之禮, 所以事上帝也, 宗廟之禮, 所以祀乎其先也. 明乎郊社之禮, 禘嘗之義, 治國其如示諸掌乎.[교제郊祭와 사제社祭의 예법은 상제를 섬기기 위한 제사요. 종묘제의 예법은 그 선조들에게 제사를 지내기 위한 것이니 교제와 사제의 예법과 체제禘祭와 상제嘗祭의 뜻에 밝으면 나라 다스림은 그 손바닥을 들여다보는 것과 같을 것이다] 라고 하였다. 즉, 상제와 조상을 받드는 예를 잘 행하면 복을 받아서 다스림도 쉽게 될 것이라는 의미이다.
제사의 종류에는 여러 가지가 있다. 봄의 제사는 사제祠祭, 여름의 제사는 약제禴祭, 가을의 제사는 상제嘗祭, 겨울의 제사는 증제蒸祭라 한다. 또한 하늘에 지내는 제사를 교제郊祭, 토지신에게 지내는 제사를 사제社祭라 하여 상제를 섬기고, 종묘의 제사는 왕가의 선조를 제사 지내는 것이다. 체제禘祭는 천자가 시조始祖를 하늘에 배향하여 지내는 제사를 말한다.

3 상보尙父는 주周나라 때 여망呂望을 가리킨다. 성은 여呂이고 이름은 상尙이고 자가 자아子牙이다. 제 땅에 봉하면서 제나라를 건국하고 강씨 성을 받아 강상薑尙, 강자아薑子牙, 강태공으로 알려져 있다. 상보는 부모를 숭상한다는 뜻이다.

4 응양鷹揚은 '매가 하늘로 날아오른다.'라는 뜻으로, 위엄威嚴이나 무력武力을 드날림을 이르는 말이다.

5 주공은 주 무왕이다. 무왕이 무력으로 상나라를 정벌하였다. 당시 상나라 주紂왕의 학정에 시달린 신하들이 목숨을 걸고 선정을 간언하였으나 듣지 않았고, 백성들은 더욱 살아가기 힘들었다. 때마침 주 무왕이 상나라에 쳤는데 이는 그들을 가엽게 여겨 그들을 보존하고자 한 것이다. 그래서 그들에게 고함치고 꾸짖고 질타하지 않았고 전쟁으로 고생스러웠으나 그 마음을 다 버린 것이다.

緖山錢子，先生高第弟子也，編有先生年譜舊矣。而猶弗自信，溯錢塘，逾懷玉，道臨川，過洪都，適吉安，就正於念庵諸君子。念庵子爲之删繁擧要，潤飾是正，而補其闕軼，信乎其文則省，其事則增矣。

서산의 전자錢子[1]는 선생의 뛰어난 제자인데 선생의 연보 구본을 편집하여 가지고 있었다. 그러나 마치 스스로 믿지 않는 것처럼 전당강을 거슬러 올라가 회옥을 넘어 임천에 가고 홍도를 지나 길안에 가서 바로 염암念庵[2]의 군자들에게 갔다. 염암은 복잡한 것을 없애고 중요한 것은 거론했으며 그릇된 것을 바로잡아 매끄럽게 다듬고 그 빠진 것은 보충하니 그 문장이 곧 분명해지고 그 일은 늘어난 것을 믿었다.

주

1 서산緒山의 전자錢子는 전덕홍이다.

2 염암念庵은 나홍선의 호이다.

計爲書七卷，既成，則謂予曰："君滁人，先生蓋嘗過化，而今繼居其官，且與討論，君宜敘而刻之。"餘謝不敢而又弗克辭也，則以竊所聞於諸有道者論次如左，俾後世知先生之才之全，蓋出於其學如此。必就其學而學焉，庶幾可以弗畔矣夫。

책 7권을 계획했는데 이미 완성되어 나에게 말하였다: "그대는 저주 사람이니 선생은 일찍이 과화過化[1]한 적이 있고 지금 계속하여 그 관직에 머물며 또 더불어 토론도 하였으니 그대가 서술하고 새기기에 마땅하다." 충분한 감사는 감히 하지 못했고 또한 말씀을 사양하지 못하였으니 그렇다면 남몰래 여러 도를 지닌 자들에게 들은 바를 가지고 왼쪽에 적힌 것처럼 순서대로 논하여, 후세 사람들이 선생의 재능이 완전함을 알게 하였으니 대체로 그의 학문이 이렇게 나오게 되었다. 반드시 그 학문을 쫓아 공부해야 하니 바라건대 어기지 말아야 한다.

주

1 과화過化는 『맹자·진심상』에 과화존신過化存神으로 나오며 성인이 지나는 곳에는 그곳의 백성이 그 덕에 감화된다는 뜻이다. 여기서 호송이 저주 사람이니 양명 선생의 덕에 감화받았을 것으로 여긴 것이다.

昔者孔子自序其平生得學之年，自十五以至七十，然後能從心所欲，不逾矩。其間大都詣入之深，如浚井者，必欲極底裏以成；而修持之漸，如歷階者，不容躐一級而進。至哉粹乎！千古學脈之的也。

옛날에 공자가 자신이 평생 학문을 한 시기는 15세부터 70세에 이르고 그 연후에야 마음을 따라서 하고자 하는 대로 하더라도 법도에 어긋남이 없었다고 스스로 서술했다. 그 기간에 대다수 들어가 도달하는 깊이는 마치 우물을 깨끗이 하는 것과 같아서 반드시 바닥 밑을 끝까지 내려가서 이루려고 해야 한다. 그리고 닦고 보전하는 것이 점차 나아가면 마치 계단을 밟는 것과 같아서 한 단계라도 뛰어넘고 나아가는 것을 허용하지 않는다. 지극하구나! 순수함이여! 천고 학맥의 정통이다.

然宗沐嘗仰而思之，使孔子不至七十而沒，豈其終不至於從心耶？若再引而未沒也，則七十而後，將無復可庸之功耶？嗟呼！此孔子所謂苦心，吾恐及門之徒，自顏、曾而下，有不得而聞者矣。

그래서 나는 일찍이 그를 우러러 사모했다. 설령 공자가 70에 이르지 않고 죽었다고 하더라도 어찌 그 죽음이 마음을 따르는 데 이르지 않았겠는가? 만약 다시 연명하여 아직 죽지 않았다면 70세 이후에 장차 다시 쓸만한 공이 없겠는가? 오호라! 이는 공자가 말한 심혈을 기울이는 마음인데 나는 문하생들의 무리가 안회와 증자 이후로부터 얻어들을 것이 없을까 걱정했다.

夫矩，心之體而物之則也。心無定體，以物爲體。方其應於物也，而體適呈焉，炯然煥然，無起無作，不以一毫智識意解參於其間，是謂動以天也，而自適於則。

무릇 구矩[1]는 마음의 본체이고 사물의 법칙이다. 마음에는 정해진 본체가 없고 사물을 본체로 삼는다. 바야흐로 마음이 외물에 응하여 본체가 외물에서 알맞게 드러난다. 밝고 빛나게 일으킴도 없고 만들어 냄도 없어서 적은 지식으로써 의미가 해석되어 그 간격을 간여하지 못한다. 이것을 일러 하늘로써 움직이며 저절로 법칙에 들어맞는다고 한다.

주

1 구矩는 공자가 '종심소욕불유구從心所欲不踰矩'라고 하였는데 이때 구矩는 법도나 상규를 뜻한다. 사물의 법칙인 구를 '마음의 본체'라고 했다.

加之則涉於安排，減之則闕而不貫。毫釐幾微，瞬目萬里，途轍倚著，轉輿則背，此非有如聖人之志，畢餘生之力，精研一守，以至於忘體忘物，獨用全真，則固未有能湊泊其藩者。而況於橫心之所欲，而望其自然不逾於矩哉？此聖學所以別於異端，斃而後已，不知老之將至者也。不逾矩由不惑出。而不惑者，吾心之精明本體，所謂知也。自宋儒濂溪、明道之沒，而此學不傳。

구矩를 더하는 것은 안배하는 것에 관계하지만 구矩를 빼면 빠뜨리고 꿰뚫지 못한다. 터럭만큼 적은 기미가 눈 깜작할 사이에 만 리를 볼 수 있다. 일을 하는 방도에 의존하여서 방향을 바꾸면 어긋나게 되는데 이는 성인의 뜻과 같은데 남은 생의 힘을 다하고 한결같이 정밀하게 연구하여 몸을 잊고 외물을 잊는 것에 이르며 홀로 온전한 진실을 사용하지 않는다면 본래 그 울타리에 머물 수 없다. 하물며 마음이 하고 싶은 대로 하면서 그것이 저절로 법도에서 넘지 않기를 바라는가? 이 성학聖學이 이단과 다른 이유는 죽은 후에야 그칠 뿐이어서 늙음이 장차 이르는 것을 알지 못하기 때문이다. 법도를 벗어나지 않는 것은 불혹으로 말미암아 나온다. 미혹하지 않는다는 것은 내 마음이 정밀하고 밝은 본체이며, 이른바 양지이다. 송나라의 유자 염계, 명도가 죽은 이후로부터 이 학문은 전해지지 않았다.

我朝陽明 王先生，蓋學聖人之學者。其事功文章，與夫曆涉發跡，頗爲世所奇，而爭傳之以爲怪。年幾六十而沒。而其晩歲，始專揭"致良知"爲聖學大端，良有功於聖門。

우리 명나라 왕양명 선생은 대개 성인의 학문을 공부한 사람이다. 그 사공事功의 문장[1]은 저 걸어온 뚜렷한 흔적과 함께 자못 세상 사람들에게 기이한 것이 되어서 다투어 전하면서 괴상하다고 여겼다. 그는 거의 60세에 죽었는데 그의 늦은 나이에 비로소 오로지 "치양지"만을 들어서 성학의 큰 실마리로 삼았으니 참으로 성인의 문하에 공을 세웠다.

주

1 사공事功의 문장은 과거에 쓰이거나 실용적인 문장을 뜻한다. 송대에 심성의 수양보다 국가정책, 국방, 재정, 민생의 안정 등 사회·정치적 문제를 주된 관심으로 삼던 사람들을 사공파事功派라고 했다. 진량陳亮, 설계선薛季宣, 진부량陳傅良, 섭적葉適 등이 그들이다. 양명학자들은 주자학도 사공의 문장으로 보았다.

予嘗覽鏡其行事，而參讀其書，見其每更患難，則愈精明，負重難，則愈堅定；然後知先生英挺之稟雖異於人，而所以能邃於此學，而發揮於作

用者，亦不能不待於曆歲踐悟之漸。而世顧奇其發跡與夫事業文章之餘，夫亦未知所本也與?

나는 일찍이 그의 행동과 일을 거울삼았고 그의 책을 참조하여 읽어보았더니, 그가 매번 환란이 갈마들면 더욱더 알차고 밝아졌고, 힘든 어려움을 짊어지면 더욱더 견고해졌다는 것을 알았다. 그런 후에 선생의 영민하고 빼어난 천성이 비록 다른 사람과 달라서 이 학문에 정통할 수 있었으며, 일에 영향을 미치고 재능을 떨친 것은 역시 여러 해를 지나며 점차로 깨달음을 실천하기를 기다리지 않을 수 없었다는 것을 알았다. 세상 사람들이 그가 일으킨 업적, 사업, 문장을 보고 기이하게 여긴 나머지 근본으로 여긴 것을 알지 못한 것인가?

先生高弟餘姚錢洪甫氏以親受業，乃能譜先生履曆始終，編年爲書。凡世所語奇事不載，而於先生之學，前後悟入，語次猶詳。書成而俾予爲之序。論年譜書

선생의 뛰어난 제자 여요의 전덕홍은 친히 수업받았기 때문에, 선생 이력의 처음에서 끝까지를 적을 수 있었고 그래서 연보를 엮어서 책을 만들 수 있었다. 무릇 세상에서 말하는 기이한 일은 기재하지 않고 선생의 학문에 대해서 앞뒤로 깨달아 들어가니 말하는 순서가 오히려 상세하다. 책이 완성되자 나에게 서문을 쓰도록 했다.
연보를 논하여 쓴다.

浮峰公歸浙，托書促聚復真，以了先師年譜，竟不獲報。烏泉歸，審去歲兄在燕峰館修年譜，以大水乃旋。今計可脫稿，爲之少慰。同門群公如中離、靜庵、善山、洛村、南野皆勤勤在念，又作隔世人矣。

부봉浮峰[1]이 절강성에 돌아와 편지를 보내 복진서원에 모이기를 재촉하여 돌아가신 스승의 연보를 마치기로 하였는데, 결국 보고를 받지 못했다. 오천에서 돌아갔고 지난해 형이 연봉관에서 연보를 수정하는 것을 살폈는데 큰물 때문에 돌아왔다. 지금 탈고하려고 하니 조금은 위로가 된다. 동문인 중리中離[2], 정암靜庵[3], 선산善山[4], 낙촌洛村[5], 남야南野[6]와 같은 여러 공들이 모두 염두에 두고 부지런히 했으며 더욱이 세상 사람과 동떨어진 생활을 했다.

주

1 부봉浮峰은 장원충張元沖의 호이며 자는 숙겸叔謙이다.
2 중리中離는 설간薛侃(1486~1546)이며 자는 상겸尙謙이고 사람들이 중리선생이라고 불렀다.
3 정암靜庵은 주형周衡이며 자가 도통道通, 호가 정암이다.
4 선산善山은 하정인何廷仁이고 자는 성지性之이며 호가 선산이다.
5 낙촌洛村은 황홍강黃弘綱이며 자는 정일이고 호는 낙촌이다.
6 남야南野는 구양덕歐陽德이고 자는 숭일이며 호가 남야이다.

努力一來，了此公案，師門固不藉此，然後死者之責，將誰執其咎，佇望佇望！歸自武夷，勞與暑並，靜養寡出，始漸就愈。老年精力，更須愛惜，願及時勵之。風便，早示瑤音，以快懸跂。

노력하여 이 (연보에 대한) 건을 마쳤다. 선생 제자들은 본디 이것을 바탕으로 삼지 않았지만, 이는 더 늦게 죽는 자의 책임이니 누가 장차 허물로 삼겠는가? 멀리 바라보자! 멀리 바라보자! 무이로부터 돌아와 힘들고 더웠지만 고요하게 수양하며 외출을 자제하니 비로소 점점 나아갔다. 노년의 정력은 더욱 아껴서 때에 미쳐서 힘쓰기를 원한다. 바람결에 일찍 아름다운 소리를 드러내니, 빠르게 발걸음을 내디뎠다.

찾아보기

/ 바 /

/ 사 /

/ 아 /

/ 자 /

/ 차 /

/ 타 /

/ 파 /

/ 하 /

••• 왕수인의 가족 계보

증조부 : 왕세걸王世傑

조 부 : 왕천서王天敍

부 친 : 왕화王華(남경이부상서)

장 인 : 제양화諸養和(강서참의)

부 인 : 제씨諸氏(제양화의 여식), 장씨張氏(계실, 왕정억의 모)

동 생 : 왕수검王守儉, 왕수문王守文, 왕수장王守章

매 부 : 서애徐愛(왕수인의 첫 제자)

아 들 : 왕정헌王正憲(사자嗣子), 왕정억王正億(장자長子)

손 자 : 왕승훈王承勳, 왕승학王承學, 왕승은王承恩

증 손 : 왕선진王先進, 왕선달王先達, 왕선통王先通, 왕선횡王先鋐, 왕선탁王先鐸

현 손 : 왕업순王業洵(왕선진의 사자), 왕업홍王業弘(왕선달의 장자)

| 옮긴이 소개 |

해여海餘 권오향權五香

이화여대 자연과학대학 수학과 졸
성균관대학교 문학석사, 철학박사
성균관대학교 동양철학과 겸임교수
국가교육위원회 전인교육 분과위원
(사) 인문예술연구소 연구원
(현) 해여 인문예술 연구소 대표
(사) 인문예술학회 수석 부회장

저서 및 역서

『실학의 태두 왕정상』(2022, 교육부 우수 학술도서 선정) 저
『시와 고사로 들려주는 그림이야기(2023, 문체부 세종 우수 학술도서 선정)저
왕정상의 『신언愼言』(2019) 역
왕정상의 『아술雅述』(2024) 역
『세종은 과연 성군인가 우문에 대한 현답』(2020) 공저
『백가쟁명』(2019) 공저
『철학자의 창고』(2021) 공저

정인재鄭仁在

고려대학교 대학원 박사(중국철학 전공)
타이완 중국문화대학 박사
영남대학교 철학과 교수
중앙대학교 철학과 교수
서강대학교 철학과 교수
서우철학상 수상
벽사학술상 수상
2024년 11월 23일 별세

저서 및 역서

『양명학의 정신』(2014) 저
『풍우란의 중국철학사』(1977) 역
『노사광의 중국철학사』4권(1986~1993) 역
『채인후의 중국철학사』상하 2권(2019) 역
『평유란의 중국현대철학』(2002)역
『전습록』(2001) 공역
여영시의 『중국 종교윤리와 상인정신』 역
방동미의 『중국인의 생철학』 역

王陽明 年譜

왕양명의 평생과 사상

초판 1쇄 인쇄 2025년 10월 21일
초판 1쇄 발행 2025년 10월 31일

지 은 이 | 전덕홍
옮 긴 이 | 권오향·정인재
펴 낸 이 | 하운근
펴 낸 곳 | 學古房

주 소 | 경기도 고양시 덕양구 통일로 140 삼송테크노밸리 A동 B224
전 화 | (02)353-9908 편집부(02)356-9903
팩 스 | (02)6959-8234
홈페이지 | http://hakgobang.co.kr
전자우편 | hakgobang@naver.com
등록번호 | 제311-1994-000001호

ISBN 979-11-6995-698-7 93150

값 : 55,000원

■ 파본은 교환해 드립니다.